三國遺事의 綜合的 解釋(上)

— 王曆 · 紀異 —

譯解 李範敎 / 監修 金源周 · 李根直 · 宋錦梅

민족사

2005

三國遺事의 綜合的 解釋(上)

― 王曆 · 紀異 ―

머리말

『삼국유사』가 국보에 속하는 귀중한 사서라는 말만 믿고 아무런 준비 없이 읽는다면 대부분 실망할 뿐만 아니라 몇 쪽 읽지도 않고 책을 덮어버린다. 물론 내용도 어렵지만 어린 학생도 웃어버릴 허무맹랑한 소리를 비빔밥 · 잡탕식으로 엮었다고 생각하기 때문이다. 필자도 다섯 번 책을 덮은 후 불혹의 나이가 되어서야 체제와 의미의 일단을 이해할 수 있었다. 즉 귀신이야기는 거룩하고 성스러운 우리 조상들의 삶을 은유와 상징으로 표현한 것이며 잡탕식 편집인 듯이 보이는 것은 일연이 하고 싶은 이야기를 행간에 숨겼기 때문이라는 것을 알았다.

자연과 교감하며 살았던 일연의 시대에는 상징과 함축은 이해되었을 것이다. 그러나 합리주의에 젖은 현대인은 원문번역 자체만으로 그 의미 전체를 알기는 참으로 어렵다. 시판되고 있는 대부분의 『삼국유사』 역주본은 원문번역에 충실하여 그 나름대로의 역할은 다하였으나 항상 무엇인가 결핍감을 느끼게 한 것도 바로 이러한 이유일 것이다.

이 책은 이러한 점을 반영하여 전체와 각 편 및 조목별 체제를 분석하였으며, 설화와 신화가 내포하고 있는 은유와 상징의 의미 해석에 중점을 두어 학계에서 발표된 여러 학설을 제시했다. 또 이해의 편의를 위해 도표와 그림을 활용하였고 『삼국유사』와 관련된 유적지나 유물의 사진도 게재하여 역사현장과 연계되도록 편성하였다.

이처럼 『삼국유사』를 이해하는데 유용한 자료집이 되도록 미력이나마 최선을 다했다. 그러나 워낙 소견도 좁거니와 연구도 일천할뿐더러 참고문헌의 취합 편성도 한정적이었다. 이러한 과정에서 발생한 오류나 미흡한 점이 있다면 독자와 학계 여러분들의 비판을 바라마지 않는다.

이 책은 경주박물관회의 절대적인 지원에 의해서 이루어졌다. 2년에 걸친 김원주 고문님의 『삼국유사』 강독과 현장답사, 고현우 회장님의 지도와 격려, 그리고 박물관회 운영위원인 송금매 선생님과 오향스님의 참여가 없었다면 본고는 시작할 엄두조차 낼 수 없었을 것이다. 또 이근직 교수님의 철저한 감수와 수차에 걸쳐 번거로움을 무릅쓰고 교정을 한 이병헌 씨, 원고를 정리할 거처를 마련해준 테크노 코리아 윤상돈 소장님, 끝까지 관심을 보여준 진병길 신라문화원장에게도 감사드린다. 잘 다니던 직장도 그만두고 보잘것없는 글을 쓰는 것을 적극 지원해준 아내와 부모님 그리고 형제자매들에게도 고마움을 전한다. 끝으로 이 책의 원고 몇 쪽만 보고 출판을 쾌히 승낙해 주신 도서출판 민족사 윤재승 사장님과 편집을 해주신 김창현 차장님 그리고 이애란 님에게 감사드린다.

2004. 8.

이범교 씀

일러두기

1. 책의 구성 : 上 · 下 두 권으로 편성

● 上 : 왕력 · 기이편

● 下 : 흥법 · 탑상 · 의해 · 신주 · 감통 · 피은 · 효선편

2. 대본(臺本)과 원문의 구두점 및 오 · 탈자 처리

● 대본(臺本) : 하정룡 · 이근직의 『《삼국유사》교감연구』, 1997

● 원문의 구두점 : 최남선의 『증보삼국유사』

● 대본의 오 · 탈자 처리 : 『최남선증보삼국유사』 · 『이병도역주본』 · 『리상호역주본』 · 『삼국유사 고증본(미시나[三品])』을 중심으로 비교 판단하여 원문의 오른쪽에 교정 표기

3. 번역 · 역주 · 해설의 방향

● 번역

- 번역의 완벽을 기하기 위해 2002년 이전에 발간된 주요 삼국유사 역주본 참고
- 번역은 직역을 원칙으로 하되 직역의 의미가 불분명할 시 의역
- 원문의 오 · 탈자는 정정하여 번역
- 서기 연대는 독자의 편의를 위해 필자가 임의로 보충

● 역주 · 해설

- 저명학자들의 의견 중심으로 편집하여 필자의 주관적 판단 최소화
- 가능한 주장학자와 출전을 밝힘
- 독자의 이해를 돕기 위해 도표와 그림을 최대한 활용
  - 도표 : 219개, 지도 · 그림 : 143개
- 본문의 내용이 유적지 및 유물과 연계될 경우 사진 게재
  - 사진 : 332매

4. 부호 · 참고문헌 · 찾아보기

● 부호 : 원문 · 번역 · 역주 · 해설에 사용된 부호는 일반적으로 사용되는 원칙 준용

● 참고문헌 : 역주와 해설에 밝혔으므로 별도로 표기하지 않음

차 례

삼국유사 권 제2

차 례

삼국유사 권 제3

흥법 제3

탑상 제4

삼국유사 권 제4

의해 제5

삼국유사 권 제5

신주 제6

감통 제7

해 제

1. 서문

『삼국유사』와 『삼국사기』 중 하나를 택하라면 마땅히 『삼국유사』를 택하겠다고 한 육당 최남선의 말을 빌리지 않더라도 『삼국유사』는 『삼국사기』에 실려 있지 않는 우리의 옛 모습과 뒷 모습을 생생하게 기록한 한국 고대사의 가장 귀중한 사서이다. 또 육당은 "『삼국유사』는 어느 의미로 말하면 조선 상대를 혼자 담당하는 문헌이라고 할 만하니 조선의 생활과 문화의 원두(元頭)와 고형(古形)을 보여 주는 것은 오직 이 책만이 있을 따름이니라 …… 『삼국유사』는 조선 고대사의 최고 원천이며, 일대백과전림(一大百科典林)으로 일연의 공은 서방의 '헤로도투스' 에도 비(比)할 것이니라. 누가 『삼국유사』를 출발점으로 하지 않고서 조선의 신학 · 고어학(古語學) · 지명학 · 씨족학(氏族學) · 문화사 · 사상사 · 종교사를 말할 수 있으랴 ……" 고 했듯이 『삼국유사』는 우리 선조들의 문화 · 사상 · 생활의 단면 등을 보여 주는 신화와 전설들이 풍부하게 실려 있는 유일한 사서로 고고학 · 신화학 · 국문학 · 민속학 · 불교학 등의 연구에 있어서 가장 귀중한 문헌적 자료를 제공하고 있다.

그러나 『삼국유사』는 합리적인 유교의 정치도덕 관점에서 저술된 『삼국사기』와는 달리 비합리적이고 초인간적인 힘의 작용이 국가의 흥망을 좌우한다는 관점에서 편찬되었다. 따라서 그 내용을 언뜻 보면 허무맹랑한 속설이며 아동도 설득하지 못할 황당무계(荒唐無稽)한 내용의 설화로 보일 수 있다. 또 『삼국유사』라는 이름이 의미하듯이 『삼국사기』에서 빠진 일들을 적당히 편집한 것과 같은 인상을 주기도 한다. 그러나 자세히 살펴보면 일연선사가 꼭 말하고 싶은 곤륜산의 옥돌을 설화라는 티끌 속에 감추어 놓았음을 간파할 수 있다. 즉 『삼국유사』의 설화는 허무맹랑한 귀신과 허깨비의 이야기와 같은 비속함이 아니라 그 근본이 거룩하고 성스러운 우리 조상들의 삶을 상징으로 나타낸 것이다.

상징은 인간정신의 에너지이다. 합리주의는 상징에 의한 창조적인 능력을 파괴하여 버렸다. 천둥은 이미 분노한 신의 음성이 아니며 동굴은 더 이상 산신령의 거처가 아니다. 즉 인간과 자연과의 접촉이 없어져 버린 동시에 상징적 결합이 창출하여 온 정감적 에너지도 소멸되었던 것이다. 이러한 합리주의에 젖은 현대인들에게는 상징화된 『삼국유사』의 설화가 해석되고 분석되어야만 그 의미와 가치를 알 수 있다. 그것은 비속함이 아니라 신성(神聖)임을 밝혀내야 한다. 신성임을 밝히는 체계적인 연구를 위해서는 먼저 『삼국유사』의 전반적인 개요를 고찰할 필요가 있다. 여기서는 『삼국유사』의 내용을 분석하기 전에 일연의 생애, 저술 동기 및 전체의 구성과 체재(體裁) 등에 대해서 살펴보고자 한다.

2. 一然의 생애와 역사관

2-1. 편찬자 일연(一然)의 생애

일연의 생애는 〈그림1〉과 같이 크게 네 단계로 구분할 수 있다. 즉 첫째 출생 및 수행시기(1206~1226), 둘째 내면적 성숙기(1226~1249), 셋째 불교계 지도자로 활약(1249~1277), 넷째 교권주도 및 입적(1277~1289)의 네 단계이다.

일연은 경주에 속한 장산군(현 경산)에서 고려 희종 2년(1206)에 태어났다. 이름은 견명(見明)이었는데 뒤에 일연으로 바꾸었다. 그의 부(父)는 지방토호인 김언필이며 모(母)는 이씨였다. 9세에 무량사로 들어가 학업에 정진했으며 14세에 설악산 진전사의 대웅장로(大雄長老)로부터 구족계를 받았다.

일연이 21세에 승과에 합격한 후 포산의 여러 사찰에서 머무른 시기를 내면적 성숙기라 볼 수 있다. 이 시기는 최충헌·최우 등의 무신이 정권을 담당하던 때로 대몽 항쟁기에 해당한다. 이때 그가 속해 있던 가지산문은 무신정권에 대한 항쟁과 그들에 의한 핍박으로 그 세력이 크게 위축된 시기이기도 하다. 이러한 어려운 때에 일연은 현풍 비슬산에서 22년간을 보내면서 현실에는 소극적인 태도를 취하여 수행에만 전념한 결과 32세 때(1237) 포산 무주암에서 「생계불감 불계불증(生界不減 佛界不增 : 중생의 세계는 감하지 않으며, 부처의 세계도 늘어나지 않는다)」을 화두로 깨달음을 얻었다. 그 해에 나라에서는 그에게 삼중대사〔고려시대 선종의 승계 : 대덕→대사→중대사→삼중대사→선사→대선사〕의 승계를, 그후 41세 때(1246)에는 선사를 내렸다.

진전사지 삼층석탑

출생 및 수행(1206~1226)
• 1206년 장산군(현 경산군)에서 출생 • 1214년 무량사(海陽 : 전라도 광주)에서 학업 • 1219년 진전사(설악산)에서 삭발, 대웅장로로부터 구족계를 받음

내면적 성숙기(1226~1249)
• 1226년(21세) 승과에서 상상과(上上科) 합격 • 포산(현 현풍군) 주위 사찰에서 22년 간 주석 · 수행에만 전념 · 1237년 포산 무주암에서 깨달음

불교계 지도자로 활약(1249~1277)
• 정안에 의해 집권층과 연계 • 1261년 원종의 명으로 선월사 주석 · 지눌 보조국사의 계승자로 인정 · 일연을 통한 정치적 차원의 불교계 통솔 *가지산문의 세력규합 및 확장 계기

교권주도 및 삼국유사 찬술(1277~1289)
• 충렬왕의 명에 의해 운문사에 주석 • 1283년 국존(國尊) 책봉 · 일연의 가지산문이 지배층의 지원으로 불교 교권 주도 *1280년 전후 삼국유사 찬술

입적 : 1289. 7. 인각사에서

〈그림1〉 일연의 생애

44세(1249) 때 일연은 정안의 초청으로 남해 정림사에 10년간 머물렀다. 최씨 정권과 밀접한 유대관계가 있는 정안에 의해 일연은 중앙정계와 연결되면서 불교계 지도자로 활약하는 계기가 되었다. 이후 일연은 54세(1259)에 대선사가 되고 56세(1261)에 원종의 명으로 선월사에 주지로 부임하였다. 이는 일연을 목우화상(牧牛和尙) 지눌의 계승자로 인정했다고 볼 수 있다. 이것은 원종이 일연을 통해서 정치적 차원에서 불교계를 통솔하기 위한 조처인 것으로 보인다. 이 시기에 일연은 대장경 제작에 참여했으며 저술활동 특히 『삼국유사』의 편찬 자료가 되는 「역대연표」(歷代年表)를 간행하였다. 또한 경상도 여러 사찰에 머무르면서 가지산문의 재건에 힘을 쏟았으며 고승 100명을 초청, 법회를 주관하는 등 불교계의 지도자로 자리잡았다.

72세(1277) 때 충렬왕의 명에 의해 운문사의 주지로 취임하여 교권을 주도했다. 이 시기를 전후로 『삼국유사』를 찬술하기 시작하여 고려 충렬왕 2년인 1281년경에 1차 완성한 후, 그의 제자인 무극 등에 의해 14세기 전반에 완료한 것으로 보인다. 일연이 77세(1282) 때 왕은 그를 대궐로 초청하여 선문회를 열어 설법을 청하기도 하면서 개경의 광명사에 머물게 하였다. 그 이듬해에는 일연이 최고의 선사임을 공인하는 징표로 국존(國尊)으로 추봉하고 원경충조(圓徑沖照)라는 호를 내렸다. 이러한 일련의 과정은 국가가 일연의 가지산문을 지원하여 가지산문이 불교계 교권을 주도하도록 한 것으로 볼 수 있다.

78세(1283) 때부터는 인각사에 머물면서 선도(先導)에 정진하였을 뿐만 아니라 후학의 교육에도 게으르지 않았다. 그 후 84세(1289)에 입적하였고 시호를 보각이라 하였다.

인각사

보각국사 부도

2-2. 편찬배경과 일연의 역사관

● 일연 당시의 역사 상황

일연이 살았던 시대는 온 민족이 함께 시련을 겪어야 했던 험난한 시기였다. 일연이 출생하기 전인 1010년부터 10년간 3차에 걸친 거란과의 전쟁 끝에 송에 대한 국교를 끊고 거란의 연호를 사용하였다. 또한 금(金)나라를 세운 여진족이 거란을 치고 송을 양자강 밖으로 쫓은 뒤 고려에게 군신관계를 요구해 왔다. 당시 고려는 국제정세와 고려영토의 지리적 위치를 고려하여 야만인이라고 멸시하던 여진족의 요구를 받아들이지 않을 수 없었다.

그 후 중원을 지배한 몽고는 일연의 나이 26세 되던 1231년에 고려를 침입하였다. 몽고원

수 살례탑은 파죽지세로 평양과 개경을 점령하더니 경기 · 충청지방을 휩쓸며 인마를 살육하는 등 전 국토를 초토화하였다. 그 이듬해 고려는 강화 천도를 단행하고 몽고와 끝까지 싸울 것을 결심, 1259년까지 30년 동안 항전을 지속했다. 그로 인한 백성들의 고통과 피해는 상상할 수도 없을 정도였다.

특히 일연이 48세 되던 1253년의 『고려사』 기록을 보면 한 해 동안 몽고에 포로로 잡혀간 백성의 숫자가 무려 20만 6,800명이나 되고 살해된 숫자는 이루 헤아릴 수 없을 정도였다고 한다. 그 이듬해에도 죽은 자를 계산할 수 없을 정도로 많았으며 해골은 산야를 덮었다고 하였다. 이러한 참상 끝에 1270년에 단행된 개경 환도로 고려는 완전히 몽고에 굴복하고 말았다. 이후 고려는 비단과 같은 공물과 처녀 · 내시 등의 요구에 응해야 했으며 야만시 하던 몽고의 풍습도 받아들이지 않을 수 없었다. 즉 몽고풍의 조발 형식(앞이마에서부터 위 부분을 깎고 옆과 뒷머리를 기르는 방식)을 받아들였으며 흰옷을 금지하고 몽고식의 의상을 착용토록 하였다. 이 같은 몽고에 의한 피압박은 한민족의 역사 가운데 그 어느 시기와도 견줄 수 없는 민족의 주체성 위기를 느낄 수밖에 없었다.

내부적으로도 문신 귀족정치는 모순을 드러내기 시작했다. 귀족들은 관직의 독점에 혈안이 되었고 농장 확대에 광분하였다. 뇌물이 공공연히 행해졌고 농민에 대한 수탈이 자행되었다. 정치기강이 문란해지고 국가의 재정난이 날로 심해졌다. 이러한 모순으로부터 지배층인 귀족과 기층 민중간의 괴리가 발생하였다.

고려의 귀족정치의 모순이 극도에 도달했을 때 일어난 것이 정중부 등 무신들의 쿠데타였다. 1170년에 일어난 무신 쿠데타는 최충헌 · 최우 등에 의해 1259년까지 80년 간 지속되었다. 무인정권 시대는 사회경제적인 면에도 많은 변화를 가져왔다. 즉 문신의 학대를 받던 무신이 문신을 호령하게 되었으며 학대에 신음하던 노예 · 농민 등 하부층의 신분해방 운동이 빈번히 일어났다. 한편 무신들에 의한 토지 횡탈로 농장의 확대는 더욱 진전되었다. 이리하여 권문세가들이 대부분의 토지를 소유함에 따라 농민의 빈곤화는 한층 더 하였다.

이상과 같이 밖으로는 외침에 의한 민족의 주체성 위기와 안으로는 민중과 지배층이 분열할 위기에 처하자 이를 극복하기 위한 민족공동체 의식이 대두하기 시작했다. 즉 현실적 수난을 민족의 자주적인 전통의식의 강조를 통해 극복해 보려는 역사의식이 이규보 · 이승휴와 같은 신진 선비층이나 일연과 같은 선승에게 구체적으로 인식되기 시작하였다.

일연 당시의 민족 공동체 의식이 형성하게 된 배경을 〈그림2〉에 요약하였다.

국 제 정 세	
1019	• 거란과의 3차 전쟁 끝에 거란국호 사용 • 국가적 위기 점차 증가
1126	• 거란과 송을 친 금(金)의 요구로 고려는 금의 신하의 나라로 전락 • 국가의 명맥만 유지
1231~1269	• 30년 간에 걸친 몽고와의 전쟁으로 전국 초토화
1270	• 몽고에 완전 굴복 · 약탈적 요구로 전국민 수난 · 민족고유의 풍속을 버리고 몽고풍 수용

↓

민족의 주체성 위기

국 내 정 세	
1170 이전	• 문신귀족의 독선적 지배 • 기층 민중과 괴리 발생
1170~1259	• 정중부 · 최충헌 · 최우 등에 의한 무신통치⇒무신의 폭압과 토지 횡탈 • 경제질서 붕괴 · 정치기강 해이⇒ 민중과의 괴리 심화 • 민중의 분노와 저항의식 축적 · 빈번한 농민 · 노예 반란 발생

↓

민중과 지배층의 분열 위기

↘ ↙

민족 공동체 의식 강화 필요성 대두

〈그림2〉 국내외 정세에 의한 민족 공동체 의식 형성

● 편찬동기

『삼국유사』는 고려 후기 충렬왕 7년(1281)경에 완성된 승려 일연의 개인저술이다. 사관도 아닌 불승(佛僧)의 신분으로 삼국유사를 편찬하였다는 것은 결코 우연이 아니다. 『삼국유사』는 그 이름만 보면 신라 · 고구려 · 백제의 3국에 관한 정사에 기록되지 아니한 빠진 일들을 기록했다는 의미로 이해될 것이다. 그러나 정제(整齊)된 체재(體裁)와 의미 깊은 상징을 보면 분명 어떤 목적, 즉 몽고침략의 극복과 붕괴된 사회질서의 유지를 위한 의도가 강력하게 작용하고 있음을 느끼게 한다.

북방 이민족으로부터의 수난 특히 몽고 침략은 우리의 산야를 흙먼지로 뒤덮이게 하였으며 백성의 간과 뇌를 땅에 바르게 하는 비참한 상황이었다. 또한 몽고에 굴복한 후 일본 정벌을 위해 고려에 강요된 경제적 · 군사적 부담은 몽고와의 30년 전쟁으로 피폐할 대로 피폐한 고려사회에는 더욱 큰 짐이었다.

이러한 민족적 수난은 극복해야만 하는 과제였다. 그러나 아시아는 물론 유럽의 일부까지 정복한 원에 대항하여 민족의 주체성을 확보한다는 것은 현실적으로 실현 불가능한 일이다. 원의 침략에 물리적인 힘으로 극복할 수 없음을 인식한 신진선비층이나 선승들은 소극적이나마 정신적 · 관념적인 방법을 선택하지 않을 수 없었다. 즉 돌파구를 봉쇄당한 국민의 분노와 저항의식은 곧 역사전통에 대한 민족적 의식으로 심화된 것이다.

『삼국유사』는 이러한 의식에서 빚어진 산물이다. 『삼국유사』에는 민족사의 자주성과 문화의 우위성을 강조하는 관념이 전편을 지배하고 있다. 우선 단군을 민족공동의 시조로 하여 중국역사의 시작이라는 요임금과 동시대로 인식하였다. 그리고 단군 이후 이어지는 국가들의 계통을 분명히 밝히지는 않았으나 대체로 고조선→위만조선→마한→부여→삼국시대로 연결시키고 있다. 이는 우리의 역사가 하늘과 직결된 신성한 것이며 또 자주성의 이어짐이 오래 되었다는 것을 강조하는 의식의 소산이라 할 수 있다. 이처럼 『삼국유사』가 중국에 대한 역사의 대등성, 그 유원한 자주성을 역설하고 있음은 이민족인 원의 압제를 뿌리칠 수 없게 되어 있던 당시의 현실에서는 저항적 민족의식의 표현이었다고 해석된다.

또 하나의 저항적 민족의식의 표현은 『삼국유사』 전편에 짙게 스며든 불국토사상이다. 불국토사상이란 우리나라가 석가모니불 이전의 과거세부터 무한한 미래세에 이르기까지 불타의 정법과 가장 깊은 인연을 맺어온 땅이라는 의식을 말한다. 즉 우리나라는 먼 과거세에 가섭불을 비롯한 여러 부처가 불법을 펼친 땅이요, 현재도 수많은 보살의 진신(眞身)이 상주하는 곳이며, 미래세에도 미륵불을 비롯한 부처나 보살이 불법을 펼칠 불토(佛土)라고 생각하는 것이 불국토사상이다.

이러한 불국토사상은 원나라(몽고)에 대한 저항의식의 표현이 될 수 있다. 곧 이 땅이 부처와 인연이 깊은 나라라는 사실을 강조함으로써 침략해온 야만 몽고족에 비해 우리나라가 문화적으로 우월하다는 것을 확인하려 했던 것이다. 고려의 불교문화가 중국에 비해서도 오히려 앞선 것이라고 할 정도로 대단한 자부심과 긍지를 갖기도 했던 고려인들이고 보면 그들이 몽고족에 대해 우월감을 갖는다는 것은 당연한 것이었다.

불국토사상의 강조를 통한 몽고민족에 대한 저항의식은 호국불교 사상과도 밀접한 관련이 있다. 부처와 깊은 인연이 있는 땅이기에 이 땅은 부처의 힘에 의해 지켜져야 하고 진신

(眞身) 즉 불(佛)이 머무는 이 불국토는 마땅히 침략자로부터 보호되어야 했기 때문이다.

아래의 〈그림3〉에 몽고침략에 대한 관념적 극복 방법을 요약해서 나타내었다.

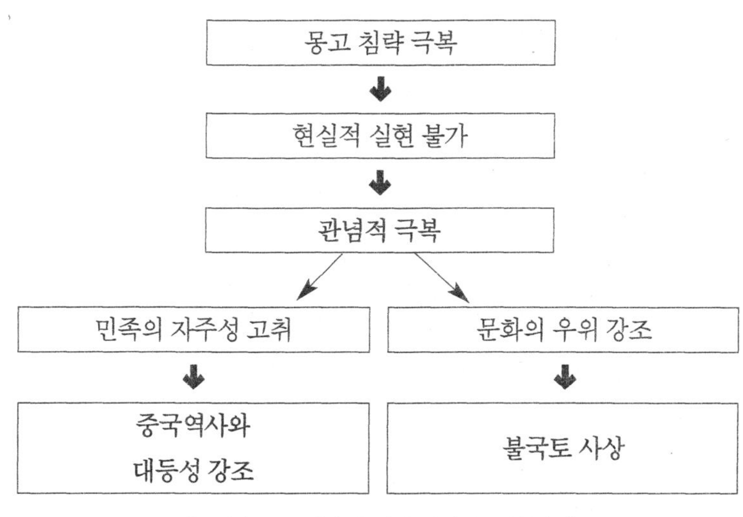

〈그림3〉 몽고침략에 대한 관념적 극복 방법

일연 당시의 사회를 혼란케 하는 또 하나의 요인은 지배층의 타락과 수탈에 의해 형성된 계층간 불신과 반목이었다. 문신귀족에 이은 무신정권의 폭압은 민중들을 절망케 하였으며 돌파구를 봉쇄당한 그들은 차라리 몽고의 지배를 원할 정도였다. 이러한 지배층과 민중간의 괴리는 국가의 존속을 위해서는 어떠한 형태로든 해결되어야만 했다.

고려는 지연 중심의 호족을 상위계층으로 하는 엄격한 수직적 계층구조로 이루어졌다. 또 무신정권에서도 호족대신 무신을 정점으로 하는 계층구조였다. 그러한 지배구조를 깨뜨리기 위한 농민과 노예의 반란이 빈번히 발생했으나 그 어느 것도 성공하지 못했으며 혼란만 가중될 뿐이었다. 일연과 같은 지도층들은 이러한 혼란을 방지하기 위해서는 현상을 유지하면서 문제점을 개선하는 것이 유리하다고 생각했을 것이다.

일연은 기존체계 유지 모델을 신라에서 찾았다. 신라의 지배층은 혈연 집단으로서의 골품제도라는 수직적 계층구조를 가지고 있었다. 이는 고려의 신분구조와 매우 유사하다. 또한 고려의 내우외환은 신라의 통일전후시대의 혼란과 비슷한 상태였다. 이러한 이유로 기존의 질서를 합리화하기 위한 이론적 기반을 신라의 불교사상에서 발견했을 것이다.

신라의 불교는 왕즉불(王卽佛: 왕이 즉 부처이다)사상을 도입하여 국왕을 찰리종(刹利種)으로 미화시킴으로써 왕권을 강화하는데 기여하였다. 또 불교의 윤회사상은 골품제도라는 엄격한 신분제도를 긍정할 수 있는 이론적 근거를 제공하였다. 윤회사상은 전생에 공덕을 쌓으면 귀족이 되고 공덕을 쌓지 못하면 축생이 되든가 가난한 서민이 된다. 현세에서 공덕을 쌓으면 후세에는 귀족이 된다. 그러므로 현세에서 불만을 갖지 말고 부지런히 공덕을 쌓으라는 것이다. 이러한 가르침은 결과적으로 민중들이 현실을 개혁하려는 의욕을 무산시키는데 기여하였을 것이다.

윤회사상을 한 단계 넘어선 곳에 정토신앙이 있다. 원래 정토신앙이란 모든 번뇌와 망상만 끊어진다면 현재 살고 있는 이 현실이 정토이다. 정토는 죽은 뒤에 다시 태어나는 곳이 아니다. 살아 있는 상태에서 깨달으면 우리가 살고 있는 이 땅이 정토이다. 그러나 복을 구하는 즉 기복신앙에 의해서 정토사상이 변질되면서 이 땅이 아닌 피안에 정토를 설정하였다. 그리고 염불에만 정진하면 극락왕생할 수 있다는 신앙이 되었다. 이는 곧 비극적인 현실에도 방관적인 태도를 취함으로써 기존체제의 유지에 도움을 주었다.

『삼국유사』에서는 주술적이고 현세 기복적인 설화가 주류를 이룬다. 이들 설화는 주술적인 수단에 호소하면 소망이 간단히 달성된다. 어떠한 고뇌도, 갈등도, 대결도 없다. 모든 것은 낙관적으로 막을 내린다. 일연 당시의 민중은 극한에 다다르면 지배층에 저항도 불사했다. 그러나 삼국유사의 설화에는 화해적으로 끝난다. 저항과 대결이 없는 곳에서 체제나 제도의 개선이 있을 수 없다. 오로지 현상유지만 있을 뿐이다.

이러한 현상유지, 즉 사회질서 유지를 위한 사상적 기반을 요약하면 〈그림4〉와 같다.

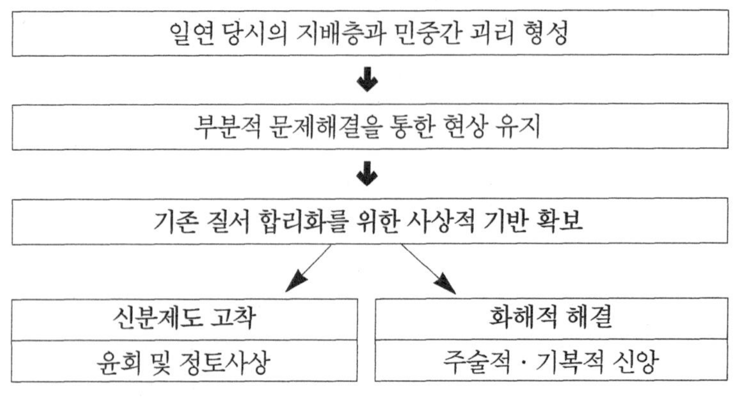

〈그림4〉 사회질서 유지를 위한 사상적 기반

● 『삼국사기』와 『삼국유사』의 비교

『삼국유사』를 이해하기 위해서는 『삼국사기』와 비교해 보는 것도 하나의 좋은 방법이다. 이 두 사서는 140년 정도의 간격을 두고 저술된 우리나라 고대사에 관한 사서의 쌍벽이라고 할 수 있는 책이기 때문이다.

『삼국사기』는 왕명을 받들은 김부식 외 10여 명의 편찬위원들이 저술한 정사이나 『삼국유사』는 일연 개인이 편찬한 사찬서(私撰書)이다. 이것은 저술 당시의 배경과 목적이 비슷함에도 『삼국사기』와 『삼국유사』의 성격을 극히 다른 것으로 만들었다.

『삼국사기』는 묘청의 난으로 분열된 민심을 수습하여 국왕중심의 중앙집권체제를 강화하고 대륙의 강자로 등장한 금과의 관계에서 유연한 평화적 외교술로 안정을 찾으려는 목적에서 편찬된 것이다. 따라서 이 책은 유교의 도덕적 합리주의에 기초를 두어 삼국의 역사를 기록하였다. 또한 금을 의식하여 사대주의적 요소도 고려하지 않을 수 없었을 것이다. 그러나 『삼국유사』는 앞에서 기술하였듯이 기존체제의 안정을 통한 혼란 수습과 원나라(몽고)의 침략에 대한 정신적 극복을 위한 내용으로 구성되었다. 그러므로 유교의 합리주의보다는 신비적 · 관념적 · 현실 초월적인, 즉 비합리적인 형태로 편성하였다.

두 사서의 서술형태를 보면 먼저 『삼국사기』는 중국 정사의 표준체재인 기전체이다. 비록 삼국사기가 중국의 정사에 비해 본기가 많고 열전이 적으나 기전체임에는 분명하다. 또한 춘추필법에 의한 역사적 사실기록이어서 체제가 정연하고 문장이 미려하다. 『삼국유사』의 서술형태는 자유로운 형식의 사서류이긴 하나 전체적인 구성은 기전체와 비슷하다. 즉 왕력편은 연표에 해당하고 기이편은 본기라고 볼 수 있다. 흥법 등 7편은 열전 형태를 취했다. 그러나 그 의미는 중층(重層)의 상징체계로 구성했을 뿐만 아니라 향가나 전해 내려오는 설화의 원형을 제시하여 체제가 미비하며 문장도 소박하다.

두 사서의 내용은 더욱 큰 차이를 보인다. 『삼국사기』는 정사로서의 성격상 왕실 즉 통치자 중심의 사료가 주된 편집 대상이 되었다. 『삼국사기』에 민중관계 사료를 찾아보기 힘든 것은 그 때문이다. 또 고구려 · 백제 · 신라 3국에 국한하여 정치 · 제도 · 인물 중심의 역사를 기술하였다 그러나 『삼국유사』는 귀족이나 민중이나 간에 아무런 제약 없이 관심의 대상이 된 사료를 수집하여 기록하였다.

또 『삼국사기』가 3국만을 기술한데 대해 『삼국유사』는 고조선 · 부족국가 · 삼국시대 등을 기록하여 우리의 상고사를 확장시켰다. 그 주된 내용도 우리나라 고대의 사회 · 문화 · 생활의 유형으로서 민족 · 종교 · 민속 중심을 기록한 우리 민족의 일대 서사시라 할 수 있겠다.

아래에 『삼국사기』와 『삼국유사』를 비교하여 요약정리하였다.

〈표1〉 『삼국사기』와 『삼국유사』의 비교

구 분	삼 국 사 기	삼 국 유 사
저 자	• 김부식(1075~1151) ＊국가 주관 하에 편찬[官撰] - 최우보 · 허홍재 등 10명 참여	• 일연(1206~1289) ＊일연 개인 저술[私撰] - 무극 등 일부 승려 참여
저자의 역사관	• 유교의 **합리주의** · 중국의 역사적 방법 · 기준으로 우리 역사 기술	• **비합리적 정신사관** : 불교적 · 신화적 세계 · 유교의 합리주의에 대한 한계 인식 · 우리의 기준으로 역사기술
편찬시기	1145년(고려 인종 53년)	1280년(고려 충렬왕) 전후
저술당시 사회적 배경	• 문벌귀족 간 갈등 첨예화 • 여진(금)의 압력 가중 • 북벌을 주장한 묘청의 난으로 민심 분열	• 무신난과 그 폭압으로 민심 분열 · 노예 및 농민반란 빈발 • 몽고의 침략과 압제로 사회 피폐
저 술 목 적	• 분열된 민심수습으로 국왕중심의 **중앙집권 체제 강화** · 이상적 · 합리적 유교정치의 구현 • 금(金)과의 평화적 외교정책의 일환	• 기존체제 안정을 통한 사회 혼란 수습 • 원(몽고)의 침략에 대한 **정신적 극복** · 신비적 · 관념적 · 현실 초월적 사상 전개
저 술 형 태	• 기전체 · 연표 · 지 : 20% · 본기 : 60% · 열전(69명) : 20% • 춘추필법에 의한 역사적 사실 기록 · 중국의 역사기술 방법으로 전개 ＊체제 정연 · 문장 미려	• 자유로이 편찬하였으나 기전체와 유사 · 왕력편(연표) : 10% · 기이편(본기) : 40% · 홍법 등 7편(열전) : 50% • 중층의 의미와 상징체계로 구성 · 우리 사료의 원형제시 ＊체제 미비 · 문장 소박
내 용 구 성	• 고구려 · 백제 · 신라 3국에 국한 • 정치 · 제도 · 인물 중심의 역사 기술	• 고조선 · 부족국가 · 삼국시대 · 고려시대(일부)까지 기술 ⇒ **우리의 상고사 확장** • 민족 · 종교 · 민속 중심으로 기술
인용서	• 총 142종 · 불교서적 : 14 · 중국서적 : 58 · 삼국역사 : 23 · 기타 : 47	• 총 185종 · 불교서적 : 86 · 중국 및 일본서적 : 43 · 삼국역사 : 17 · 기타 : 39

3. 삼국유사의 체재(體裁)와 해석

3-1. 체재(體裁)

● 전체의 구조

『삼국유사』는 언뜻 보면 그 이름이 의미하는 바와 같이 『삼국사기』에서 빠진 일들을 적당히 편집한 것과 같은 인상을 준다. 그러나 자세히 살펴보면 자료 모집과 편찬에 있어서 어떤 의도가 강력하게 작용하고 있음을 알 수 있다. 즉 일연은 잘 갖추어진 체제 하에서 하고 싶은 이야기를 분명하게 나타낸 것이다. 이는 『삼국유사』의 체제를 이해하면 그의 찬술 의도를 알 수 있다는 것을 의미한다.

『삼국유사』는 전체 5권으로 이루어져 있으며, 5권 속에 다시 9편(篇)으로 나누어져 있다. 권수(卷數)는 사건 · 사실의 유형에 의해 분류한 것이 아니라 분량 등 그 편의에 따라 나눈 듯하다. 실제 유별(類別)에 의해 체계적으로 분류한 것은 편(篇)이다. 따라서 권(卷)보다는 편(篇)이 중요하다고 볼 수 있다.

『삼국유사』는 9개의 편(篇)으로 구성되어 있다. 이들 각 편(篇)은 부분의 독자성을 유지하면서 유기적으로 짜여져 있다. 즉 불국토(佛國土) 구현이라는 『삼국유사』의 주제를 논리적으로 설명하고 있는 것이다.

제1편인 왕력(王曆)은 신라 건국시기인 B.C. 57년부터 A.D. 936년의 고려 태조의 통일에 이르기까지 왕대(王代)와 연표(年表)를 도표식으로 기록하였다. 다시 말해서 신라 · 고구려 · 백제 · 가락 · 후고구려 · 후백제의 왕력을 표시하고 그 위쪽에 중국의 역대 왕조와 연호를 제시하여 시대적인 기준이 되도록 하였다. 왕력을 제1편으로 한 것은 제2편인 기이(紀異)가 신이(神異)의 기록이기 때문에 기이편을 보완하는 의미로 역사적 사실을 선행시킨 것이라고 볼 수 있다.

제2편인 기이(紀異)는 고조선에서 고려 건국 이전까지 존재했던 여러 국가의 건국설화와 신이사(神異事)를 59조목(條目)으로 분류하여 서술하였다. 기이편은 건국설화를 비롯한 무속 및 불교설화를 통해 우리 민족의 고대 정신사를 체계적으로 정리했다고도 볼 수 있다. 또 이 편은 민족의 현실적 삶의 기반인 국가의 흥망을 불교적 시각에서 이해하려 했다는 점에서 『삼국유사』 전체 주제의 총론적, 서론적 성격을 가지고 있기도 하다.

기이편이 총론적, 서론적 부분이라면 제3편인 홍법부터는 각론이면서 본론이라고 할 수 있다. 홍법편은 『삼국유사』의 중심이요, 본론격인 불교사 관계의 시작인 삼국의 불교전래 ·

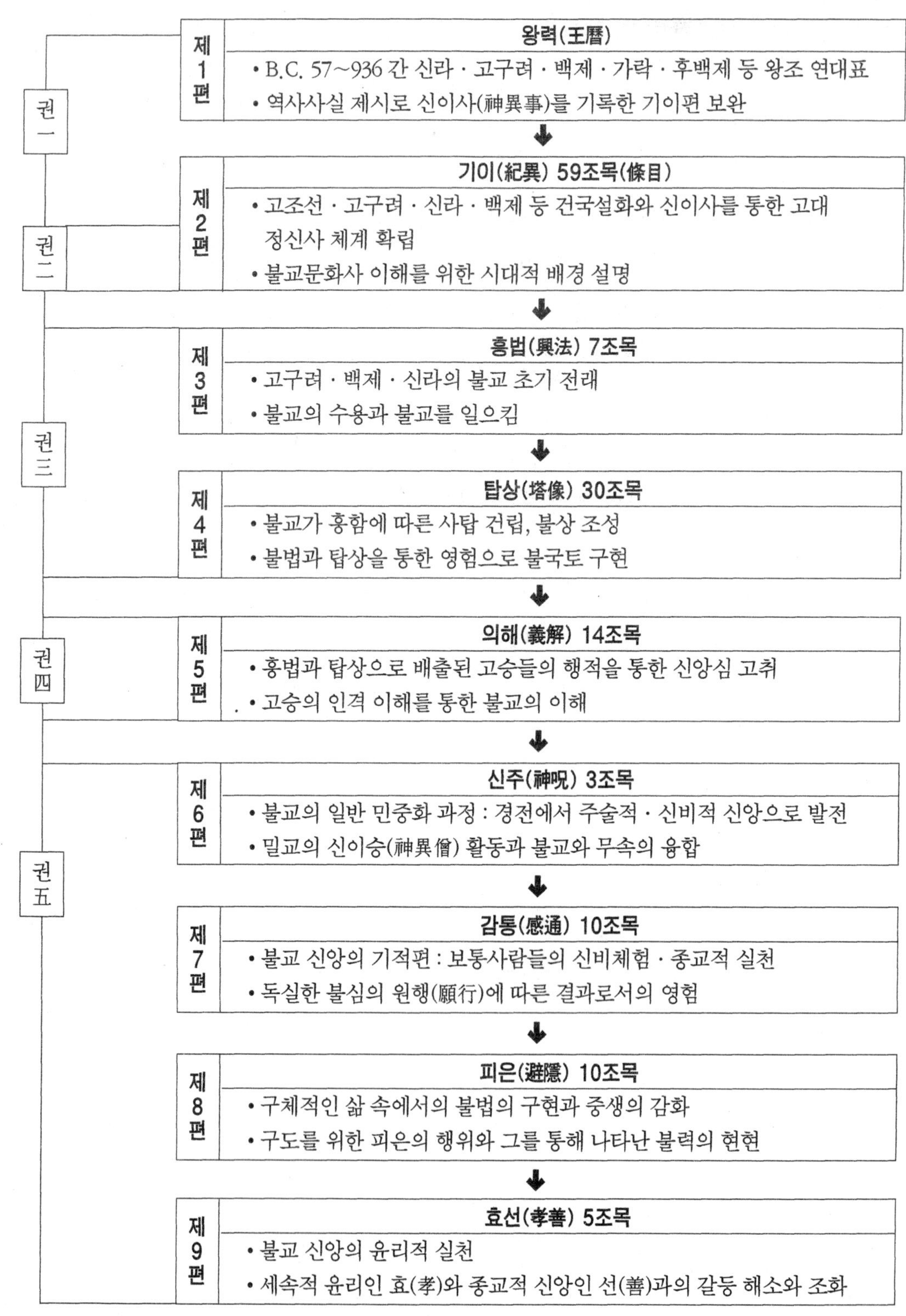
권一
권二
권三
권四
권五
제1편
왕력(王曆)
• B.C. 57~936 간 신라 · 고구려 · 백제 · 가락 · 후백제 등 왕조 연대표
• 역사사실 제시로 신이사(神異事)를 기록한 기이편 보완
제2편
기이(紀異) 59조목(條目)
• 고조선 · 고구려 · 신라 · 백제 등 건국설화와 신이사를 통한 고대 정신사 체계 확립
• 불교문화사 이해를 위한 시대적 배경 설명
제3편
흥법(興法) 7조목
• 고구려 · 백제 · 신라의 불교 초기 전래
• 불교의 수용과 불교를 일으킴
제4편
탑상(塔像) 30조목
• 불교가 흥함에 따른 사탑 건립, 불상 조성
• 불법과 탑상을 통한 영험으로 불국토 구현
제5편
의해(義解) 14조목
• 홍법과 탑상으로 배출된 고승들의 행적을 통한 신앙심 고취
• 고승의 인격 이해를 통한 불교의 이해
제6편
신주(神呪) 3조목
• 불교의 일반 민중화 과정 : 경전에서 주술적 · 신비적 신앙으로 발전
• 밀교의 신이승(神異僧) 활동과 불교와 무속의 융합
제7편
감통(感通) 10조목
• 불교 신앙의 기적편 : 보통사람들의 신비체험 · 종교적 실천
• 독실한 불심의 원행(願行)에 따른 결과로서의 영험
제8편
피은(避隱) 10조목
• 구체적인 삶 속에서의 불법의 구현과 중생의 감화
• 구도를 위한 피은의 행위와 그를 통해 나타난 불력의 현현
제9편
효선(孝善) 5조목
• 불교 신앙의 윤리적 실천
• 세속적 윤리인 효(孝)와 종교적 신앙인 선(善)과의 갈등 해소와 조화

〈그림5〉 삼국유사의 체재

수용 및 불교를 일으킨 사실을 수록하고 있다.

제4편부터 9편까지는 홍법의 불교전개 이후의 불교사(佛敎史)를 기록하고 있다. 즉 탑상편(塔像篇)은 불교가 흥함에 따라 절과 탑이 건립되고 불상이 조성된 유래와 영험을 기록하였다. 탑상편에서 궁극적으로 보여 주려고 하는 것은 불법과 탑상을 통해 드러나는 영험으로 불국토의 구현이라는 『삼국유사』의 주제를 지향하고 있다.

제5편인 의해(義解)는 홍법과 탑상으로 배출된 고승들의 행적을 통해 신앙심을 고취시킴으로써 불법을 이해토록 하였다.

제6편인 신주(神呪)는 경전에서 주술적 · 신비적 신앙으로 발전하는 것이다. 신주는 신을 감동시키고 신을 통해 목적을 달성하려는 주문이다. 이는 밀교적인 성격을 띠면서 불교의 사회화 과정을 서술한 것이다.

제7편인 감통(感通)은 불교 신앙의 기적편이다. 발원자의 지극한 정성이 부처를 감응하게 하여 영험이 드러난 이야기를 다루고 있다. 이는 스님이 아니라 보통사람들의 신비체험이나 종교적 실천에 관한 이야기들이다.

제8편인 피은(避隱)은 피하고 숨어사는 사람에게 내재되어 있는 능력과 가치를 주제로 하고 있다. 스님들이 숨어사는 것은 도를 구한다는 의미를 지닌 것으로, 피은을 통해 신이(神異)로운 사건이 발생한다. 신이로운 사건은 중생의 감화라는 결과를 낳는다.

제9편인 효선(孝善)은 세속적 윤리인 효(孝)와 종교적 신앙인 선(善)과의 관계를 정립하여 불교적 윤리실천을 이루기 위한 편이다. 윤리적인 효와 불교의 선은 갈등과 충돌이 일어난다. 이러한 효와 선의 갈등문제를 해결하고 조화시켜 주기 위한 것이 효선편이다.

● 조목(條目)의 구성

『삼국유사』는 편목(篇目)과 조목(條目)으로 분류되어 있다. 즉 9편 138조로 이루어졌다. 이들 편들은 앞에서 설명한 바와 같이 유기적으로 짜여져 있다. 또 편목 내의 구성도 유사의 주제를 논리적으로 구체화하기 위한 형태로 구성되어 있다. 그러나 이들 편목들은 독립적인 요소로 인하여 보편적 구도로 일반화시키기가 어렵다. 따라서 여기서는 최소 단위 이야기인 조목의 구성에 대해 서술하였다.

조목별로 다소의 차이가 있으나 대체로 서론 · 본론 · 결론 및 요약정리로 구성되어 있다. 서론부는 환웅이나 혁거세와 같은 신성의 징표를 가진 주체가 등장하거나 만파식적 조와 같이 본론 전개를 위한 자료 제시로부터 시작한다. 주체자들은 어떤 문제가 발생하든가, 시련에 직면한다. 이러한 시련은 부처나 스님, 절대자와 같은 조력자의 도움으로 해결을 모색하게 된다. 문제의 해결은 대체로 주체자가 적극적인 해결을 모색하기보다는 외부로부터의 구원이나 행운 등에 의해 문제를 해결하고자 한다. 즉 주술에 기대거나 관음에 기도를 올리는 등의 수단이 동원된다. 이때 그 과정에 있어서도 복잡한 갈등이라든가 극심한 고뇌 없이 용이하게 모든 문제가 해결된다. 즉 화해적 · 낙천적으로 그들의 희망은 쉽게 이루어진다.

많은 부분의 설화는 해결의 결과로서 국가건설 · 재앙소멸 · 깨달음이나 불전을 건립한다. 마지막으로 편찬자인 일연의 의견과 느낌을 표현하기 위해 의왈(議曰) · 시론(試論) · 찬시(讚詩) 등에 의한 요약정리로 끝맺는다.

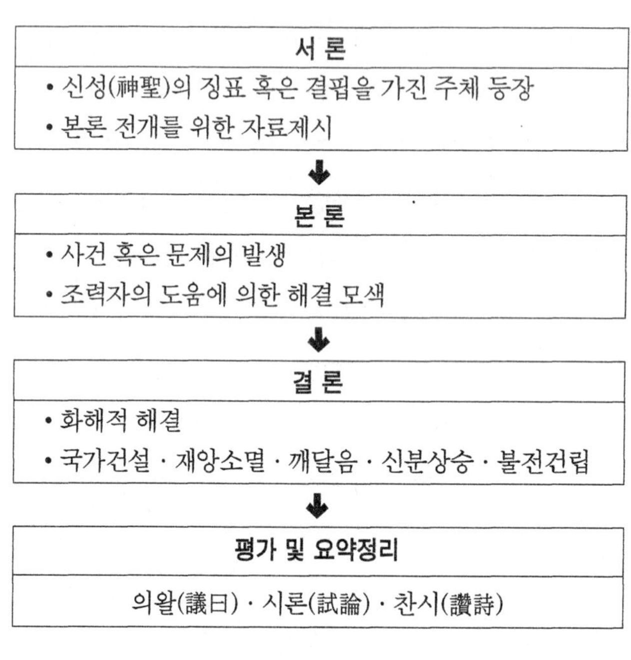

〈그림6〉 조목의 구성

3-2. 삼국유사의 해석 방법

● 설화 상징의 해석 사례 : 경덕왕 설화

『삼국유사』에 실려 있는 설화는 인간성의 여러 면을 상징으로 표현하였다. 상징이란 모든 사람들이 알고 있는 어떤 것을 덮어 감추는 기호가 아니라 우리들의 무의식에 묻혀 있는 원형을 표현한 것이다. 원형이라는 것은 인간성의 모든 면을 에워싸고 대립하는 힘들을 버리고 하나의 통일체를 만들고 실현하려는 결정체이다. 이를테면 탈춤이나 연극에 사용되는 가면의 상징원형은 「사회에의 적응」이다. 즉 가면은 개인의 사적(私的) 감정을 없애고 공적(公的)인 모습을 보여줌으로써 대립을 극복하고 통합체로 갈 수 있는 뛰어난 인간의 발명품 중의 하나이다.

설화를 해석한다는 것은 결국 상징의 원형을 찾는 것이 가장 중요하다. 여기서는 『삼국유사』 설화 중 경덕왕 설화의 해석을 통해서 원형이 무엇인가를 고찰해 보자.

경덕왕 설화의 원형 : 리더쉽 즉 이상적인 지도자상

설화내용

…상략… 경덕왕은 옥경(玉莖)의 길이가 여덟 치였다. 아들이 없어 왕비를 폐하고 사량부인에 봉했다. 후비 만월부인의 시호는 경수태후이니 의충 각간의 딸이었다. …하략…

『삼국유사』에서 왕의 성기에 관한 언급은 기이편 경덕왕 조의 '경덕왕은 옥경의 길이가 여덟 치였다' 와 지철로왕 조에 '왕은 음경의 길이가 1자 5치나 되어 배필을 구하기 어려웠다' 의 두 곳이다. 일반적으로 남성의 성기 크기는 낮은 차원에서는 남성의 물리적 힘을, 높은 차원에서는 권력지향적인 추진력을 상징한다.

이를테면 지철로왕은 음경의 길이가 1자 5치나 되었다고 하는 것은 왕권을 강화했다는 의미이다. 신라는 눌지왕 이후 고구려의 정치적 간섭을 벗어나면서 왕권의 강화과정을 걷게 된 바 이러한 전환은 지증왕으로부터 시작하였다고 볼 수 있다. 즉 지증왕 때 부자 상속제가 확립되고 왕비족(박씨)이 존재하여 왕통의 권위를 높였다. 이때를 전후하여 마립간의 칭호를 대신하여 왕이라는 호칭을 사용하고 신라를 국호로 삼았다. 또 군현제의 실시와 군주의 임명도 이때에 이루어졌다. 이러한 일련의 왕권강화 정책을 일연은 지철로왕의 음경 크기로 기술하였다.

경덕왕의 옥경 길이가 8치라는 것은 그 길이가 평균치보다 커서 권력지향적 왕권강화정책을 실시했다는 의미를 내포하고 있다. 즉 경덕왕은 중국의 중앙집권체제를 도입한 후 관료조직을 통제할 수 있도록 중앙에는 시중과 정찰관을 두고 지방에는 검찰제도를 실시했다. 또 불교의 권위에 의지하여 군주의 권위를 과시하기도 하였다. 삼화령에서 미륵세존에게 차를 공양하고 돌아가는 충담사가 경덕왕에게 미륵에 공양한 향차를 진상하였다. 이는 왕이 위엄을 보이고자 당시 풍미하던 정토신앙의 미륵과 경덕왕을 동일시한 것을 나타낸 것이다. 충담사는 경덕왕을 위해 향가인 안민가를 지어 바쳤다. 안민가는 군주에 대한 가부장적 전제와 그에 대한 피지배자의 순종을 바탕으로 하는 유교주의적 통치 이념을 수용하는 내용으로 볼 수 있다. 이와 같이 경덕왕의 왕권강화정책은 율령제의 확충에 따른 전면적인 통치체제의 강화와 불교에 의지한 왕의 권위강화 그리고 유교주의적 정치이념의 접근으로 나타났다.

'옥경의 길이가 여덟 치였으나 아들이 없다'는 것은 경덕왕의 왕권강화정책이 실패했다는 것을 뜻한다. 실패의 대표적인 정책은 녹읍제(祿邑制)의 부활이다. 녹읍이란 식읍(食邑)과 같이 귀족에게 일정한 지역을 주어 그 지역에서 세금과 부역을 받는 제도를 말한다. 귀족들의 세력을 억제하기 위해 실시되던 월급 개념의 관료전(官僚田) 대신 녹읍제가 부활한 것은 왕권에 대한 귀족들의 승리를 뜻한다. 경덕왕 때인 월명사 도솔가 조에서 왕을 상징하는 해가 둘 나타나 10여 일간 없어지지 않았다고 하는 의미도 왕과 대등한 귀족세력이 있음을 뜻하는 것이다. 즉 왕권강화정책은 실패한 것이다.

'아들이 없어 왕비를 폐하고 사량부인에 봉했다'는 의미도 왕권강화정책과 관련이 있다. 왕비를 폐한 것은 후사가 없어서가 아니라 왕비의 배후에 경덕왕의 정책에 도움을 줄 세력이 없었기 때문으로 추정된다. 『삼국사기』에 사량부인이라는 이름은 없고 다만 이찬 순정의 딸이라고 기록되어 있으나 『삼국유사』 왕력편과 탑상편 '황룡사종' 조에는 삼모(三毛)부인이라 명기하였다. 여기서 삼모(三毛)는 세 부분의 털, 즉 머리카락 · 겨드랑이털 · 음모를 의미했다고 볼 수 있다. 즉 자신의 몸 외에 가진 것이 없는 것을 의미했을 것이다.

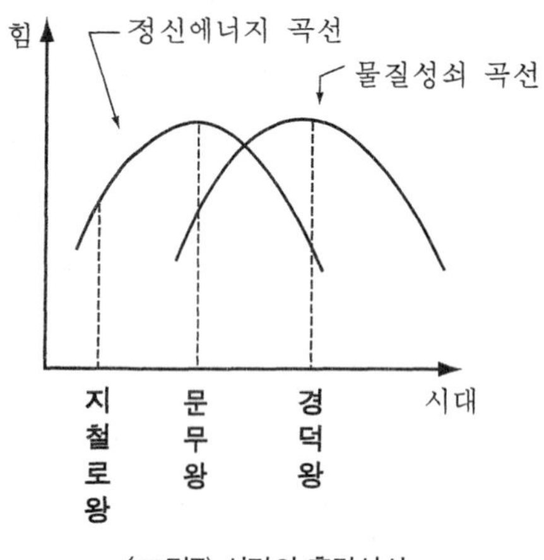

〈그림7〉 신라의 흥망성쇠

지철로왕과 경덕왕은 똑같이 왕권강화정책을 실시하였으나 지철로왕은 성공하고 경덕왕은 실패하였다. 그들의 성공과 실패 원인을 신라의 흥망성쇠에서 찾아볼 수 있다.

모든 국가가 흥망이 있듯이 신라의 역사도 성장기와 쇠퇴기로 나눌 수 있다. 이것을 다시 정신적 흥망과 물질적 흥망으로 구분할 수 있으며, 대체로 정신적인 것이 물질적인 것보다 앞선다. 〈그림7〉에서 보듯이 신라의 정신적 흥망의 변환점은 문무왕 때이며 물질적 홍망의 전환점은 경덕왕 때라고 할 수 있다.

지철로왕은 신라의 성장기에 해당한다. 성장기의 이상적인 지도자 상은 백성들을 따르게 하는 카리스마와 그들을 이끌 강력한 지도력이 요구된다.

그러나 쇠퇴기(정신적)의 이상적인 지도자 상은 성장기와 다르다. 이 시기에는 이해집단간 대립과 분열이 나타나서 지도자가 강력한 리더쉽을 발휘하면 오히려 분열을 촉진하여 나라를 혼란에 빠뜨린다. 그래서 철학자 이븐칼둔은 '군주가 너무 지나치게 강하면 보통 그 나라에 재해가 일어난다' 고 하였다. 결국 쇠퇴기에 경덕왕은 왕권강화 정책을 씀에 따라 왕과 귀족세력간 분열이 일어났다. 그의 아들 혜공왕은 반란의 와중에 살해되며 백성은 도탄에 빠지게 되었다.

●찬시(讚詩)의 구성과 해석

『삼국유사』 내에 편찬자 일연의 주장이 담긴 부분은 크게 세 가지가 있다. 첫째는 일연의 논리적 주장이 담긴 산문형태의 의왈(議曰)이며 두 번째는 시론(試論)이다. 시론도 의왈(議曰)처럼 산문형태이다. 셋째는 편찬자 일연의 감동을 표현한 운문형태의 찬이 있다. 산문형태의 의왈(議曰)은 사건의 전체 내용에 대한 간단한 평론과 일연의 감상을 서술하여 조목을 요약 정리하는 방식을 취하고 있다. 시론(試論)은 사건 내용과 편찬자 일연의 의견 차이점을 다른 근거를 통해 논리적이고 이론적으로 기술하였다. 일연은 의왈(議曰)과 시론(試論)을 적절한 곳에 배치하여 자신의 주장을 개진한 것 외에도 48수의 찬시를 통하여 편찬자의 의도 내지 감동을 읊었다.

〈표2〉 편목별 찬의 분포

편목 (총조목수)	찬의 수
왕력	–
기이 (59)	1
흥법 (6)	7
탑상 (31)	12
의해 (14)	12
신주 (3)	2
감통 (10)	7
피은 (10)	6
효선 (5)	1
계 (138)	48

찬(讚)은 찬양이나 찬송의 취지를 가지고 있다. 찬양의 대상이 되는 것은 부처나, 보살 및 고승들의 영험과 불교적인 사적이다. 이는 『삼국유사』에서 편목별 찬의 분포를 보면 찬미의 대상을 쉽게 이해할 수 있다. 일연은 『삼국유사』를 편찬하면서 총 138조목에 48편의 찬시를 수록하였다. 그 중 역사적 사건을 기록한 기이편은 총 분량이 40%임에도 찬은 단 1편뿐이다. 이는 국가흥망에 관련된 것으로 감동적인 요소를 기술할 필요가 적었기 때문일 것이다. 그러나 흥법에서 피은까지의 6편에서 찬시가 집중되어 있다. 이 편들은 고승대덕들의 덕화가 감동적으로 서술된 부분이다. 이와 같은 점은 일연이 승려이며, 찬시가 결국 불교를 찬미한다는 사실을 말하는 것이라 할 수 있다.

일연은 이들 찬시에서 불교적 사실에 대한 주관적인 감흥을 노래하고 있다. 즉 찬시를 통해 사건의 해설자·감상자·비평자적 입장을 취하고 있다. 결국 일연은 해당 조목의 내용을 모두 파악하여 그 내용이 지니고 있는 의미를 찬시로 비유 또는 상징 압축하여 재구성함으로써 밀도 높은 감동을 이끌어 내고 있다.

이러한 예로 〈그림8〉에 나타낸 감통편 진신수공 조의 구성도를 통해서 찬시의 의미를 알 수 있다.

서론 : 효소왕이 망덕사 낙성회 때 남루한 비구의 참석을 허락하다

- 효소왕 원년에 당나라 황실의 덕을 기리는 망덕사 창건. 64년 뒤 경덕왕 14년에 안사의 난이 일어나며 탑이 흔들림
- 망덕사 낙성회 때 효소왕 참석. 남루한 비구가 재에 참석 요청 및 말석 참석 허락

본론 : 효소왕이 진신석가를 몰라보다

재가 끝난 후 왕은 비구에게 "왕이 친림한 재에 갔었다는 말을 퍼트리지 말라"고 조롱하니 비구는 왕에게 "누구에게도 진신을 공양했었노라고 하지 말라" 하고 사라짐

결론 : 왕은 깨닫고 불전을 건립하다

왕은 비구가 진신임을 깨닫고 비파암 밑에 석가사를 건립하고 사라진 곳에 불무사 창건

보조설명 : 대도지론(大度智論) 소재 설화로 그 의미 설명

지론(智論)에서 말하기를 삼장법사가 절의 큰 모임에 참석하려 하자 옷이 누추하다고 문지기가 번번이 못 들어가게 했다. 그는 좋은 옷을 빌려 입고 가니 문지기가 들어가게 했다. 이렇게 참석하여 좋은 음식을 얻어 옷에 먼저 주니 여러 사람이 왜 그렇게 하느냐 물었다. 그의 대답은 '내가 여기에 들어오게 된 것은 이 옷 때문이니 이 옷에 음식을 주어야 할 것이다' 하였다.

요약정리 : 찬시

향 사르고 부처님에 예배하며 새 불화를 볼 제	燃香擇(拜)佛看新繪
공양하는 재승들은 옛 친구나 부르네.	辦供齋僧喚舊知
이로부터 비파암 위의 달은	從此琵琶嵓上月
때때로 구름에 가려 못에 더디 비추네.	時時雲掩到潭遲
	*擇은 拜의 오기(誤記)인 듯함

〈그림8〉 진신수공 조의 구성

찬시의 앞 두 구절〔起承句〕은 망덕사라는 절을 새로 짓고 낙성회를 개최한다고 법석대는 모습을 그린 것이다. 뒤의 두 구절〔轉結句〕은 그 같은 외면적 화려함에 수반되는 감통(感通)의 장애를 상징하였다. 세 번째 구〔轉句〕의 **비파암**은 초라한 비구의 거처이다. **달**은 불(佛) 즉 불법을 상징한 것이다. 그리고 마지막 구〔結句〕의 **구름**은 무명(無明)으로써 감통의 장애를 의미하며 못은 인간의 마음을 상징한 것이다.

전체적인 의미는 향을 피우고 불화를 보며 친구를 부르는 등 공양한다고 법석을 떤다. 그러나 왕과 귀족은 외세와 외양에 의지하여 내면을 바로 볼 수 없어서 즉 무명의 구름에 가려 자기가 스스로 부처임을 모르든가 늦게야 알게 된다. 즉 진정한 부처는 가까이 있는 것이며 이것을 찾을 줄 알아야 한다는 것이다.

● 향가의 구성과 해석

신라시대에는 한자의 발음과 뜻인 훈(訓)을 빌려 우리말을 표기하였다. 예를 들면 간봄(지난봄)을 신라시대 언어로 표기하면 **去隱春**이 된다. 즉 **去**(거)는 훈(訓)인 **가다**에 **가**를, **隱**(은)은 발음 **은**에서 ㄴ을 빌린다. 또 **春**(춘)은 훈인 **봄**이 된다. 이것을 결합하면 간봄 즉 **지난봄**이 되는 것이다. 이러한 표기 방법을 향찰(鄕札)이라 한다.

향가는 한시나 외래 소리에 대한 신라 언어로 된 가요이다. 즉 향가는 선율이 있는 신라인들의 노래이며 그 가사는 향찰로 표기했다. 향찰로 표기된 가사인 향가는 노랫말에서는 문학이고 가락과 장단에 있어서는 음악이다. 우리는 향찰로 기록된 시(詩)로서 향가를 읽고 있지만 신라시대에는 가(歌), 즉 노래로 인식하였다.

『삼국유사』에서 향가의 명칭은 〈표3〉에서 보듯이 가(歌)·향가·사뇌가·요(謠)·사(詞)·사(辭) 등으로 붙여져 있으나 크게 사뇌가와 민요 두 종류로 분류할 수 있다. 『삼국유사』에 수록된 14수의 향가 중 모죽지랑가·안민가·찬기파랑가·도천수관음가·원왕생가·도솔가·제망매가·혜성가·원가·우적가는 사뇌가이며 헌화가·처용가·서동요·풍요는 민요에 속한다.

『삼국유사』에 실려 전하는 향가 14수는 각 편목에 산재되어 있다. 기이편에 6수, 탑상편에 1수, 의해편에 1수, 감통편에 4수, 피은편에 2수가 기록되어 있다. 즉 기이와 감통편에 상대적으로 많이 분포되어 있다. 이는 일연이 향가는 천지와 귀신을 감동시킬 수 있다고 믿었기에 신이(神異)의 기이편과 영험의 감통편에 집중된 것이라고 추정할 수 있다.

향가에 대한 일연의 관심은 향가가 천지귀신을 감동〔能感動天地鬼神〕시키는가의 여부였다.

〈표3〉 삼국유사의 향가 내역

편 목	향 가 명	작 가	제작연대	삼국유사에서 호칭	성격 · 기능
기 이	모죽지랑가	득오(화랑)	효소왕(692~702)	가(歌)	사모가
	헌화가	노인	성덕왕(702~737)	가(歌)	애정시 · 제의
	안민가	충담사(승려)	경덕왕(742~765)	향가	치국의 도
	찬기파랑가	〃	〃	사뇌가	화랑찬가
	처용가	처용랑	헌강왕(879)	가(歌)	귀신추방 · 주술
	서동요	백제 무왕	진평왕(579~632)	요(謠)	선동가 · 무가(巫歌)
탑 상	도천수관음가	희명(부녀자)	경덕왕(742~765)	사(詞)	구원 · 발원
의 해	풍 요	-	선덕왕(632~647)	요(謠)	불교포교
감 통	원왕생가	광덕(승려)	문무왕(661~681)	가(歌)	구원 · 발원
	도솔가	월명사(승려)	경덕왕(760)	사(詞)	불교의식 · 주술
	제망매가	〃	경덕왕(742~765)	향가	제의(祭儀)
	혜성가	융천사(승려)	진평왕(579~632)	향가	제의 · 주술
피 은	원 가	신충(화랑)	효성왕(737)	가(歌)	주가(呪歌) · 제의
	우적가	영제(승려)	원성왕(785~798)	사(辭)	불교적 감화

＊향가의 명은 양주동의 견해에 따름

능감동천지귀신의 효과 또는 현상을 보이는 노래이면 그것을 향가로 인식하였고, 노랫말이 전하는 것을 『삼국유사』 속에 향찰로서 수록하였다. 향가가 어떻게 천지귀신을 감동시키는 가는 월명사의 제망매가에서 볼 수 있다.

여기현(呂基鉉)은 차사(嗟辭)의 음악성이 귀신을 감동시키는 장치로 보고 있다. 즉 그의 「제망매가 해설」을 보면 「제망매가의 제1구에서 8구까지는 그것이 자연현상에 비유하였든 은유하였든 간에 현재 작가가 누이를 잃은 아픔을 노래한다. 생과 사가 여기와 저기처럼 분별되는 것이 아니라 한 발자국만 내디디면 죽음이고 한 발자국만 뒤로 물러서면 삶인 것을, 작가는 그러한 진리를 알지 못하고 세상을 떠난 누이를 애달파하고 있다. 그 애달픔은 누이와 작가는 본디 한 뿌리에서 태어난 혈육이기 때문이다. 그렇기에 생과 사가 두 길이 아니라 한 길이라고 말하는 작가의 본 심정은 실은 그것을 모르고 떠난 누이에 대한 애달픔이 아니라 사랑하는 혈육을 잃은 아픔이다. …(중략)…

그러면서도 가슴속 깊은 곳에서 솟구쳐 오르는 누이의 온갖 감정이 뒤섞여 가슴을 도려낸다. 누이는 곧 한 가지에 난 다른 잎이기에. 그러나 더 이상 북받치는 격정을 어쩌지 못하고 "아… 아…" 하고 탄식하게 된다. 이 탄식이 바로 9구의 차사이다. 차사를 길게 읊조림으로 월명의 격정은 점차로 평정을 되찾게 된다. "아… 아…" 하고 노래하는 시간이 길면 길수록

서론	• 경덕왕 때 해가 둘 나타나 10일간 없어지지 않다. • 인연 있는 스님인 월명사를 청하여 기도하는 글을 짓게 하다.

본론	월명사는 주술적 향가인 도솔가를 지어 바치다.

결론	해의 변괴가 사라지고 왕은 월명에게 차와 염주를 선물한다.

제망매가로 월명사의 영험함을 제시	제망매가(祭亡妹歌)	
	〈원문 및 15세기 해석문〉	〈현대어 해석문〉
	1. 生死路隱 生死路ᄂᆞᆫ	생사의 길은
	2. 此矣有阿米 次肹伊遣 예 이샤매 저히이고	이에 있으매 저어하고
	3. 吾隱去內如辭叱都 나ᄂᆞᆫ가ᄂᆞ다말ㅅ도	나는 간다는 말도
	4. 毛如云遣去內尼叱古 몯다닏고가ᄂᆞ 닛고	못다 이르고 갑니까
	5. 於內秋察早隱 風 未 어ᄂᆞᄀᆞᆯ이른 ᄇᆞᄅᆞ 매	어느 가을 이른 바람에
	6. 此矣彼矣 浮良落 尸葉 如 이에저에 ᄡᅥ 딜 닙다이	여기 저기에 떨어지는 나뭇잎 같이
	7. 一等隱枝良出古 하 ᄃᆞᆫ 가재나고	한 가지에 나고
	8. 去奴隱處毛冬乎丁 가 논 곧모ᄃᆞ온뎌	가는 곳은 모르온저
	9. 阿也 아으	아아……
	10. 彌陀刹良 逢 乎吾 彌陀刹애맛보올내	미타찰에서 만날 나는
	11. 道修良 待 是古如 道닷가기드이고다	도 닦으며 기다리겠노라.

〈해석 : 양주동〉

〈그림9〉 제망매가의 구성과 해석

월명의 마음은 죽은 누이에 대한 집착으로부터 벗어날 수 있다. 자신을 객관적으로 바라볼 수 있게 된다. 드디어 아! 삶과 죽음의 이치란 바로 이런 것인데 하는 평정의 탄식을 한다. 이 평정의 탄식에는 삶과 죽음의 이치가 담겨 있다. …(중략)… 그 길게 읊조리고 노래하는 시간에 마음의 평정을 얻고 내세에서의 재회에 대한 믿음이 생기는 순간 그에 응답이라도 하듯 죽은 누이의 혼이 담긴 지전은 서방정토를 향해 날아가게 된다. 그러한 믿음이 월명에게 생기는 것이다. 이것이 능감동천지귀신(能感動天地鬼神)이다. 이는 바로 차사의 음악적 시간 길이에 말미암은 것이다. 다시 말하여 차사의 음악성이 능감동천지귀신(能感動天地鬼神)의 효과를 획득하는 장치인 것이다.」

4. 삼국유사의 간행 · 유통 · 소장

『삼국유사』가 처음 간행된 시기를 명확히 알게 해 주는 기록은 없다. 이 때문에 초간(初刊)에 대한 논의는 추측의 범위를 벗어나지 못한다. 지금까지 학계에서는 『삼국유사』 초간에 대해 두 가지 견해가 대두되어 왔다. 그 하나는 일연에 의한 초간 가능성을 배제하고 그 제자 무극에 의해 처음 간행되었다는 것이다. 또 하나의 설은 일연의 『삼국유사』에 대한 각별한 관심과 노력에 비추어 볼 때 『삼국유사』의 초간은 일연의 생존시에 이루어졌을 것이라고 하는 설이다. 그러나 학계의 일반적 견해는 일연의 사후인 1289~1322년으로 상정하고 있다.

현존하는 『삼국유사』 목판본은 두 가지 종류가 있다. 하나는 조선조 초에 간행된 바 있는 고판본(古板本)이며, 또 하나는 1512년(중종 7년, 임신년)에 간행한 임신본(일명 정덕본 : 정덕은 명나라의 연호)이다.

4-1. 고판본(古板本)의 유통

① 곽영대(郭英大) 목판본

이인영 · 이병직을 거쳐 현재 곽영대가 소장하고 있는 목판본은 보물 419호로 지정되어 있다. 『삼국유사』 후반부인 권3 · 권4 · 권5만 실려 있다.

② 고려대 만송 문고 필사본

송석하(宋錫夏)를 거쳐 김형필(金瀅弼)이 소장하다 6.25때 불타 버렸으며 현재는 필사본만 고려대 중앙도서관 만송문고에 소장되어 있다. 왕력과 권1만 실려 있다. 또 학산 이인영 고판본의 필사본도 만송문고에 같이 소장되어 있다.

③ 조종업(趙鍾業) 목판본

이 판본은 권2와 권3이 함께 보관되어 있었다가 권3을 잃어버리고 권2만 보관되어 있다.

4-2. 임신본(壬申本)의 유통

① 고려대 만송 목판본

만송 김완섭(金完燮)이 고려대 도서관에 기증한 판본으로 보존상태가 가장 양호하다. 훼손되거나 없는 부분이 13면이나 최고의 선본(善本)이므로 교감(校勘)에 자주 이용된다.

② 일본 천리대(天理大) 목판본

순암수택본(順庵手澤本)이라고 불렸던 이 임신본은 5권 전부 실려 있다. 이 본은 순암 안정복이 소장하면서 붓으로 가필하였기 때문에 순암수택본이라 불린다. 이마니시 류[今西龍]를 거쳐 일본 천리대(天理大)에서 소장하고 있다. 완질본이나 가필(加筆)과 윤필(潤筆)이 심하다.

③ 고려대 육당문고 목판본

원래 승려가 소장하던 것을 육당 최남선을 거쳐 고려대 중앙도서관 육당문고에 보관하고 있다. 권3 · 권4 · 권5만 남아 있으며, 권3의 일부는 낙장(落張)되어 있다.

④ 최남선 교정(校訂) 활자본

최남선의 교정본은 우리나라 학자에 의해 이루어진 최초의 활자본이다. 이 교정본은 출판사에 따라 계명본(啓明本) · 신정본(新訂本) · 증보본(增補本) 세 종류가 있다.

ㄱ) 계명본 : 계명구락부가 간행하던 계명 제18호(1927년 3월)에 수록된 것이다. 이는 육당이 순암수택본(今西龍을 거쳐 일본 天理大에 보관된 목판본) 영인본과 고려대 육당문고 임신본을 대본으로 교감(校勘)한 것이다.

ㄴ) 신정본 : 성남 송석하 고판본으로 왕력 및 기이편을 교정하고, 그 외는 계명본을 그대로 1946년에 간행한 것이다.

ㄷ) 증보본 : 신정본에 역사학보 5집에 실렸던 이홍직의 색인(索引)을 첨가한 것이다. 1954 민중서관에서 간행되었으며 1990년 서문문화사에서 재판되었다.

⑤ 서울대 목판본

6.25 이후 황의돈(黃義敦)이 소장하던 것으로 현재는 서울대 규장각에 소장되었다. 다소의 첨가와 삭제된 부분이 있고 이마니시 류[今西龍]의 가필본보다 선명하지 못한 부분이 많다.

그 외에 일본에 소장된 몇 종류의 임신본이 있다. 그 중 도쿠가와 가[德川家]를 거쳐 蓬左문고에 보관된 것은 일부가 낙장된 완질본이다. 이것은 임진왜란 때 카토오 키요마사[加藤淸正]가 가지고 간 것이다. 그 외 몇 본의 임신본이 일본에 있으나 소재 불명 상태이다.

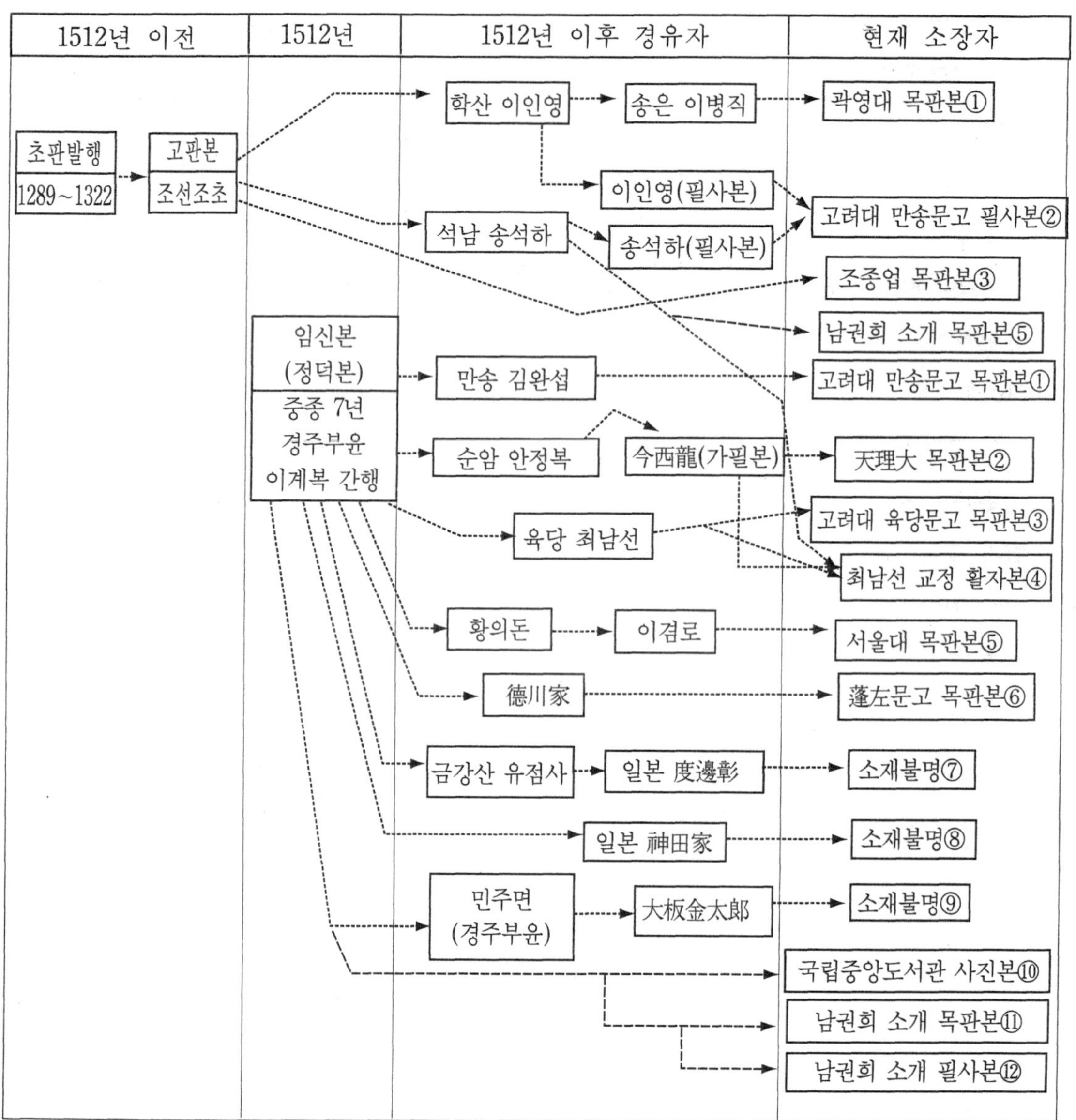

〈그림10〉 삼국유사 판본의 계통도

*본서의 대본(臺本)으로 삼은 하정룡 · 이근직의 『《삼국유사》 교감연구』는 위의 그림에서 현재 소장자가 알려진 것 중 최남선 교정 활자본을 제외한 12개의 판본을 대교(對校)한 교감본(校勘本)임.

5. 삼국유사에 인용된 문헌

구 분	권 수	인용된 서명(書名)
불경 및 불경 관련서	54	금강반야 · 금광경 · 관음예찬 · 광한구법고승전 · 기신론 · 귀계감찬 · 동파지장도 · 대승경전 · 대장경 · 대품경 · 문수예참 · 미타예참 · 미타불화광후기 · 범망경 · 법계무차별론소 · 보살계본 · 보전 · 불보사경 · 백라설경 · 사미계법 · 사함 · 삼매경소 · 삼보감통록 · 삼장 · 삼장석론 · 성도기 · 성전 · 성실론 · 심원장 · 십이문소 · 법아함경 · 역사경 · 연경 · 열반경 · 요본대장경 · 장경 · 장문장경 · 점찰선악업보경 · 지장경 · 찰례참 · 천수주 · 촉향분례 · 불경성문 · 추동기 · 탐현기 · 팔권금경 · 팔권법화 · 현의장 · 후분화엄경 · 화엄경 · 화엄범어 · 화엄신종 · 화엄신중예참 · 화엄경소
개인전기 (스님 포함)	21	교분기 · 낭지전 · 대각국사실록 · 보양전 · 비허전 · 삼화상전 · 성도기별 · 삽현소 · 승전 · 안신사심론 · 양지법사전 · 옥룡집 · 원효법사행장 · 원광전 · 의상전 · 자장전 · 진표전 · 초장관문 · 최후본전 · 해동고승전 · 해동 안홍기
사찰기록	12	금광사본기 · 부석사본비 · 사기 · 사중고기 · 사중기 · 산사고전 · 삼랑사비 · 아도본비 · 영취사기 · 오대산오만진신전 · 찰주기 · 황룡사탑편
중국 및 일본서적	43	개황록 · 관녕전 · 관사의소 · 군국지 · 논어정의 · 논형 · 당배거전 · 당사 · 당서 · 당속고승전 · 당승전 · 당전 · 만남관기 · 북사 · 배구전 · 사고 · 송전 · 신당서 · 신지 · 안국병법 · 양당이승전 · 육도삼략 · 이승전 · 위략 · 위서 · 위지 · 일본서기 · 일본제기 · 전한서 · 제가제기 · 조론 · 주림전 · 지리지 · 지장도 · 찬고도 · 천태교관 · 책부원귀 · 칠종오갑 · 동전 · 한서 · 후한서 · 후위서 · 회남자
삼국역사 자료	17	가락기찬 · 고려본기 · 국사 · 단군기 · 동명기 · 본조사략 · 백제본기 · 백제지리지 · 신라고기 · 신라고전 · 신라이전 · 신라별기 · 제계 · 제왕연대력 · 최후본전 · 토론삼한집 · 한남관기
관가기록	8	도전장부 · 동도성립기 · 대일역법 · 양전대장 · 왕대실록 · 왕대종록 · 자문일지 · 진양부첩
문학과 음악	5	도솔가 · 어법집 · 역대가 · 영사시 · 향가
기타 (서적불명 포함)	25	고기 · 고본 · 고인소식 · 고전 · 고전기 · 개황력 · 권전 · 군중고적비본기 · 도적 · 별기 · 별본 · 별전 · 사론 · 사전 · 속전 · 신서 · 신지 · 언전기 · 이비가전 · 이제가기 · 패엽 · 향고기 · 향언 · 향전 · 황권
총	185	

왕력 제1

삼국유사 왕력 제1				
전한 선제 오봉 갑자(전. 57)부터 4년 감로 무진(전. 53)부터 4년 황룡 임신(전. 49)부터 1년 **원제** 초원 계유(전. 48)부터 5년 영광 무인(전. 43)부터 5년 건소 계미(전. 38)부터 6년 **성제** 건시 기축(전. 32)부터 4년 하평 계사(전. 28)부터 4년 양삭 정유(전. 24)부터 4년 홍가 신축(전. 20)부터 4년 영시 을사(전. 16)부터 4년 원연 기유(전. 12)부터 4년 애제 2 애제	**신 라** **제1대 혁거세** 성은 박씨로 알에서 탄생. 나이 13세 되던 갑자(전. 57)에 즉위. 치세 60년간. 비는 아이영 또는 아영. 국호를 서라벌 또는 서벌 또는 사로 또는 계림이라 함. 일설에는 탈해왕 대에 이르러 처음으로 계림이란 국호를 두었다고도 함. 갑신(전.37)에 금성을 쌓음	**고구려** **제1대 동명왕** 갑신(전.37)에 즉위. 치세 18년간. 성은 고. 이름은 주몽 혹은 추몽. 단군의 아들. **제2대 유리왕** 누리 또는 유류라고도 함. 동명왕의 아들. 임인(전. 19)에 즉위. 치세 36년. 성은 해씨.	**백 제** **제1대 온조왕** 동명왕의 셋째 아들 혹은 둘째 아들이라고도 함. 계묘(전 18)에 즉위. 치세 45년간. 위례성에 도읍. 혹은 사천이라고도 하며 지금의 직산.	

三國遺事王曆第一

前漢 宣帝 五鳳 甲子 四 甘露 戊辰 四 黃龍 壬申 一 元帝 初元 癸酉 五 永光 戊寅 五	**新 羅** **第一赫居世** 姓朴.卵生.年十三.甲子卽位.理六十年.徕[1]娥伊英·娥英.國号徐羅伐.又徐伐.或斯.[2] 或雞林.之[3]說云[4]脫解王時.始置雞林之号			
		高麗 **第一東明王** 甲申立.理十八.姓高.名朱蒙.一作鄒蒙.壇君之子.		
建昭 癸未 六 成帝 建始 巳丑 四 河平 癸巳 四 陽朔 丁酉 四 鴻嘉 辛丑 四 永始 乙巳 四 元延 己酉 四	甲申 築金城			
		第二瑠璃王 一作累利又□[5]留.東明子.立壬寅.理三十六年.姓解氏.	**百 濟** **第一溫祚王** 東明第三子.一云第二.癸卯.[6] 在位四十五.都□[7]礼城.一云蛇川.今社[8]山.	
哀帝二 哀帝				

理(성종의 이름 治의 避諱)와 虎(혜종의 이름 武의 避諱)는 주를 달지 않고 밑줄로만 표시

巳·已·己와 大·太의 오기에 대해서도 주를 달지 않고 밑줄로만 표시

1) 徕 → 妃
2) 斯 → 斯盧
3) 之 → 一
4) 云 → 至

5) □ → 孺
6) 卯 → 卯立
7) □ → 慰

8) 社 → 稷의 오기

중　국	신　라	고 구 려	백　제	가　락
건평 을묘(전. 6)부터 4년				
원수 기미(전. 2)부터 2년			병진(전. 5)에 한산으로 도읍을 옮기니 지금의 광주.	
평제 **원시** 신유(1)부터 7년	**제2대 남해 차차웅** 아버지는 혁거세이며 어머니는 알영. 성은 박씨이며 비는 운제부인. 갑자(4)에 즉위, 치세 20년간. 이 왕의 위호는 거서간이라고도 함.	계해(3)에 도읍을 국내성으로 옮겼으며 불이성이라고도 함.		
유자 **초시** 무진(8) 1년 **신실** **건국** 기사(9)부터 5년				
천봉 갑술(14)부터 6년				
지황 경진(20)부터 3년	**제3대 노례 또는 유래 니즐금** 아버지는 남해왕이며 어머니는 운제부인. 비는 사요왕의 딸 김씨. 갑신(24)에 즉위하였으며, 치세 33년간. 니즐금 또는 니사금이라고도 함.	**제3대 대무신왕** 이름은 무휼 혹은 미류라고도 하며, 성은 해씨. 유리왕의 셋째 아들로 무인(18)에 즉위. 치세 26년간.		
경시 계미(23)부터 2년				**가락국** 가야라고도 하는데 지금의 금주.
후한 무제 **건무** 을유(25)부터 31년			**제2대 다루왕** 온조왕의 둘째아들로 무자(28)에 즉위. 치세 49년간.	
		제4대 민중왕 이름은 색주이며 성은 해씨로 대무신왕의 아들. 갑진(44)에 즉위. 치세 4년간.		**수로왕** 임인(42) 3월에 알에서 태어나 이 달에 즉위하였으며 치세 158년간. 금으로 된 알에서 나왔다고 해서 성이 김씨. 개황력에 실려 있음.

中　國	新　羅	高句麗	百　濟	駕　洛
建平 乙卯 四 元壽 巳未 二			丙辰移都漢山.今廣州	
平帝 元始 辛酉 七 孺子 初始 戊辰 二[2] 新室 建國巳己[3]五 天鳳 甲戌六	**第二南解次氵[1]雄** 父赫居世.母閼英.姓朴氏.妃雲帝夫人.甲子立.理二十年.此王位亦云居西干.	癸亥移都國內城.亦云不而城.		
地鳳[4] 丙[5]辰 三 更始 癸未二 後漢虎帝 建虎 乙酉 三十一	**第三弩礼一作弩[6]尼叱今** 父南解.母雲帝.妃辭要王之女金氏.甲申立.理三十三年.尼叱今或作尼師今.	**第三大虎神王** 名無恤.一作味留.姓解氏.瑠璃王第三子.戊寅立.理二十六年.		
		第四閔中王 名色朱.姓解氏.大虎之子.甲辰立.理四年	**第二多婁王** 溫祚第二子.戊子立.理四十九年.	**駕洛國** 一作伽耶今金州 **首露王** 壬寅三月卵生.是月卽位.理一百五十八年.因金卵而生.故姓金氏.開皇曆載.

1) 氵→次

2) 二→一

3) 巳己→己巳

4) 鳳→皇

5) 丙→庚

6) 弩→儒礼

중 국	신 라	고 구 려	백 제	가락
중원 병진(56)부터 2년 **명제** **영평** 무오(58)부터 18년 **장제** **건초** 병자(76)부터 8년 **원화** 갑신(84)부터 3년 **장화** 정해(87)부터 2년 **화제** **영원** 기축(89)부터 16년 **상제** **원흥** 을사(105) **안제** **연평** 병오(106) **영초** 정미(107)부터 7년 **원초** 갑인(114)부터 6년 **영녕** 경신(120) **건광** 신유(121) **영광** 임술(122)부터 4년 **순제**	**제4대 탈해 혹은 토해니즐금** 석(昔)씨. 아버지는 완하국 함달파왕 혹은 화하국왕이라고도 함. 어머니는 적녀국왕의 딸이며 비는 남해왕의 딸 아로부인. 정사(57)에 즉위. 치세 23년간. 왕이 죽으니 미소소정구중에 수장했다가 뼈로 소상을 만들어 동악에 안치하니 지금의 동악대왕. **제5대 파사니즐금** 성은 박씨이며 아버지는 노례왕. 어머니는 사요왕의 딸이며 왕비는 사초부인임. 경진(80)에 즉위. 치세 32년간. **제6대 지마 니즐금** 지미라고도 하며 성은 박씨. 아버지는 파사왕. 어머니는 사초부인. 비는 마제국왕의 딸 □례부인 혹은 애례부인이라고도 하며, 김씨. 임자(112)에 즉위. 치세 23년간. 이 왕 때 지금의 안강인 음질국과 지금의 양산인 압량국을 멸망시킴.	**제5대 모본왕** 민중왕의 형으로 이름은 애류 혹은 애우라고도 함. 무신(48)에 즉위. 치세 5년간. **제6대 국조왕** 이름은 궁 또는 태조왕이라고도 함. 계축(53)에 즉위. 치세 93년간. 『후한서』에 전하기를 처음 태어났을 때 눈을 뜨고 능히 보았다고 함. 뒤에 아우 차대왕에게 양위.	**제3대 기루왕** 다루왕의 아들. 정축(77)에 즉위. 치세 55년간.	

中國	新羅	高句麗	百濟	駕洛
中元丙辰二 明帝 永平 戊午 十七[1] 章帝 建初 丙子十八[4] 元和 甲申三 章和 丁亥二 和帝 永元 巳丑十七[6] 殤帝 元興 乙巳 安帝 延平 丙午 永初 丁未七 元初 甲寅六 永寧 庚申 建光 辛酉 迎光 壬戌四 順帝	**第四脫解一作吐解尼叱今** 昔氏.父琓夏國含達婆王.一作花夏國王.母積女國王之女.妃南解王之女阿老夫人.丁巳立.理二十三年.王崩木[2]葬.未□[3]疏井丘中.塑骨安東岳.今東岳大王. **第五婆娑尼叱今** 姓朴氏.父弩礼王.母辭要王之女.妃史肖夫人.庚辰立.理□[5]十二年. **第六祇磨尼叱今** 一作祇味.姓朴氏.父婆娑□[7].母史肖夫人.妃磨帝國王之女·□礼夫人.一作愛礼.金氏.壬子立.理二十三年.是王代滅音質國今安康·及押梁國今□[8]山.	**第五慕本王** 閔中之兄.名愛留.一作憂.戊申立.理五年. **第六國祖王** 名宮.亦云大祖王.癸丑立.理九十三年.後漢傳云.初生開目能視.後遜位于母弟次大王.	**第三巳婁王** 多婁子.丁丑立.理五十五年.	

1) 十七 → 十八
2) 木 → 水
3) 未□ → 未召

4) 十八 → 八
5) □ → 三
6) 十七 → 十六

7) □ → 王

8) □ → 梁

중 국	신 라	고 구 려	백 제	가 락
영건 병인(126)부터 6년 양가 임신(132)부터 4년 영화 병자(136)부터 6년 한안 임오(142)부터 2년 건강 갑신(144) **충제** 영가 을유(145) **질제** 본초 병술(146) **환제** 건화 정해(147)부터 3년 화평 경인(150) 원가 신묘(151)부터 2년	**제7대 일성 니즐금** 아버지는 노례왕의 형으로 혹은 지마왕이라고도 함. 비는 □례부인으로 일지 갈문왕의 딸. □□□례부인으로 지마왕의 딸이라고도 함. 어머니는 이간생부인 혹은 □□왕부인이라고도 하며 박씨. 갑술(134)에 즉위. 치세 20년간.	**7대 차대왕** 이름은 수이며 국조왕의 아우. 병술(146)에 즉위. 치세 19년간.	**제4대 개루왕** 기루왕의 아들. 무진(128)에 즉위. 치세 38년간.	
영흥 계사(153)부터 2년 영수 을미(155)부터 3년 연희 무술(158)부터 9년 영강 정미(167) **영제** 건녕 무신(168)부터 4년 희평 임자(172)부터 6년 광화 무오(178)부터 6년 중평 갑자(184)부터 5년 홍농 또는 헌제 영한 기사(189) 초평 경오(190)부터 4년 흥평 갑술(194)부터 2년 건안 병자(196)부터 24년 **조위** **문제** 황초 경자(220)부터 7년	**제8대 아달라 니즐금** 또 왜국과 더불어 □□□□령……. 입현은 지금 미륵대원의 동쪽 고개임. **제9대 벌휴 니즐금** **제10대 내해 니즐금**	을사(165)에 국조왕의 나이가 119세였는데, 형제 두 임금이 모두 신대왕에게 시해됨. **제8대 신대왕** 이름은 백고 혹은 백구라고도 하며, 을사(165)에 즉위. 치세 14년간. **제9대 고국천왕** 이름은 남무 혹은 이모라고도 하며, 기미(179)에 즉위. 치세 20년간. 국천을 국양이라고도 하는데 장지(葬地)의 이름. **제10대 산상왕**	**제5대 초고왕** 소고라고도 하며 개루왕의 아들. 병오(166)에 즉위. 치세 50년간. **제6대 구수왕** 혹은 귀수라고도 함. 초고왕의 아들. 갑오(214)에 즉위. 치세 21년간.	**제2대 거등왕** 수로왕의 아들. 어머니는 허황후. 기묘(199)에 즉위. 치세 55년간. 성은 김씨.

中國	新羅	高句麗	百濟	駕洛
永建丙寅六 陽嘉壬申四 永和丙子六 漢安壬午二 建康甲申 冲帝	**第七逸聖尼叱今** 父弩礼王之兄.或云祗磨王.妃□礼夫人.日知葛文王之父[1].□□□礼夫人.□[2]磨王之女.母伊刊生夫人.或云□□王夫人.朴氏.甲戌立.理二十年	**第七次大王** 名遂.國祖王母弟.丙戌立.理十九□[4].	**第四** **蓋婁王** 巳婁子. 戊辰立.理三十八年.	
永嘉乙酉 □[3]帝 本初丙戌 桓帝 建和丁亥三 和平庚寅 元嘉辛卯二		乙巳.國祖王年百十九歲.兄□[5]二王俱見弑于新王.		
永興癸巳二 永壽乙未三 延熹戊戌九 永康丁未 靈帝 建寧戊申四 熹平壬子六	**第八** **阿達羅尼叱今** 又與倭國相嶺□□□□ 立峴今彌勒大院東嶺是也.	**第八新大王** 名□□.[6]一作伯句.乙巳立.理十四年. **第九故國川王** 各[7]男虎.或云夷謨.巳□[8]立・理二十年・國川・亦日國壤.乃葬地名.	**第五** **肖古王** 一作素古.蓋婁子.丙午立.理五十年.	
光和戊午六 中平甲子五 洪農又獻帝 永漢巳巳 初平庚午四 興平甲戌二	**第九伐休尼叱今**	**第十□□□**[11]	**第六** **仇首王** 一作貴須□□□[12]之子.甲午立.理二十一年.	**第二** **居登王** 首露子.母許皇后.巳卯立.理五十五年.姓金氏.
建安丙子※[9] 曹魏文帝 黃初庚子七	**第十奈□**[10] **尼叱今**			

1) 父 → 女
2) □ → 祗
3) □ → 質
4) □ → 年
5) □ → 弟
6) □□ → 伯固
7) 各 → 名
8) 巳□ → 己未
9) ※ → 二四
10) □ → 解
11) □□□ → 山上王
12) □□□ → 肖古王

중 국	신 라	고 구 려	백 제	가 락
명제 태화 정미(227)에서 6년 청룡 계축(233)부터 4년 경초 정사(237)부터 3년	**제11대 조분 니즐금**	**제11대 동천왕**	**제7대 사반왕** 사□□라고도 하며 구수왕의 아들. 즉위하자 곧 폐위됨.	
제왕 정시 경신(240)부터 9년 가평 기사(249)부터 5년 **고귀경** 정원 갑술(254)부터 2년 감로 병자(256)부터 4년	**제12대 이해 니즐금** 점해왕이라고도 하며 석씨로 조분왕의 아우. 정묘(247)에 즉위. 치세 15년간. 고구려와 국교를 시작함.	**제12대 중천왕**	**제8대 고이왕** 초고왕의 아우. 갑인(234)에 즉위. 치세 52년간.	
진류왕 경원 경진(260)부터 4년 함희 갑신(264) **서진** **무제** 태시 을유265)부터 10년 함녕 을미(275)부터 5년	**제13대 미추 니즐금** 미소(未炤) 또는 미조(未祖) 또는 미소(未召)라고도 함. 김씨. 김씨가 처음으로 즉위. 아버지는 구도갈문왕. 어머니는 생호부인인데, 술례부인이라고도 함. 이비갈문왕의 딸인데 박씨. 비는 제분왕의 딸인 광명랑. 임오(262)에 즉위. 치세 22년간.	**제13대 서천왕** 이름은 약로 또는 약우. 경인(270)에 즉위. 치세 20년간.		**제3대 마품왕** 아버지는 거등왕. 어머니는 천부경 신보의 딸 모정부인. 기묘(259)에 즉위. 치세 32년간.
태강 경자(280)부터 11년	**제14대 유례 니즐금** 세리지왕이라고도 함. 석씨로 아버지는 제분왕이며, 어머니는 □소부인 박씨. 갑진(284)에 즉위. 치세 15년 간. 월성을 보수함.		**제9대 책계왕** 고이왕의 아들. 청체라고도 하나 잘못임. 병오(286)에 즉위. 치세 12년간.	

中國	新羅	高句麗	百濟	駕洛
明帝 大和丁未六 青龍癸丑四 景初丁巳三 齊王	**第十一助□[1]尼叱今**	**第十一 東川王**	**第七沙泮王** 一作沙□□.仇首之子.立卽廢.	
正始庚申九 嘉平巳巳五 高貴鄉[3] 正元甲戌二 甘露丙子四 陳留王 景元辰庚[4]四	**第十二理解尼叱今** 一作詁解王.昔氏.助賁王之同母弟也.丁卯立.理十五年.始與高麗通聘.	□□□□ □□[2]	**第八古尒王** 肖故之母弟.甲寅立.理五十二年.	
西晋虎帝 泰始乙酉十 咸寧乙未五	**第十三未鄒尼叱今** 一作味炤.又未祖.又未召.姓金氏.始立.父仇道葛文王.母生乎.一作述礼夫人.伊非葛文王之女.朴氏.妃諸賁王之女光明娘.壬午立.理二十二年.	**第十三 西川王** 各[5]藥盧.又若友.庚寅立.理二十年.		**第三 麻品王** 父居登王.母泉府卿申輔之女今[6]貞夫人.巳卯立.理三十二年.
大康庚子十一	**第十四儒禮尼叱今** 一作世里智王.昔氏.父諸賁 母□召夫人朴氏.甲辰立.治十五年.補築月城.		**第九責稽王** 古尒子.一作責[7]替.誤.丙午立.治十二年.	

1) □ → 賁

2) □□□□□□ → 第十二中川王

3) 鄕 → 卿

4) 辰庚 → 庚辰

5) 各 → 名

6) 今 → 慕

7) 責 → 青

중 국	신 라	고 구 려	백 제	가 락
혜제 원강 신해(291)부터 9년 영녕 경신(300)부터 2년 태안 임술(302)부터 2년 영흥 갑자(304)부터 2년 광희 병인(306)	**제15대 기림 니즐금** 기림왕이라고도 함. 석씨로 제분왕의 둘째 아들. 어머니는 아이혜부인. 무오(298)에 즉위. 치세 12년간. 정묘(307)에 신라로 국호를 정했는데 신은 덕행과 사업이 날로 새로워지고, 라는 사방의 백성을 망라한다는 뜻이라고 함. 혹은 지증·법흥왕의 치세 때 정했다고도 함.	**제14대 봉상왕** 혹은 치갈왕이라고도 하며 이름은 상부. 임자(292)에 즉위. 치세 8년간. **제15대 미천왕** 호양이라고도 하며 이름은 을불 또는 우불. 경신(300)에 즉위. 치세 31년간.	**제10대 분서왕** 책계왕의 아들. 무오(298)에 즉위. 치세 6년간. **제11대 비류왕** 구수왕의 둘째 아들. 사반왕의 아우. 갑자(304)에 즉위. 치세 40년간.	**제4대 거질미왕** 혹은 금물이라고도 함. 아버지는 마품왕. 어머니는 호구부인. 신해(291)에 즉위. 치세 55년간.
회제 영가 정묘(307)부터 6년 **민제** 건흥 계유(313)부터 4년 **동진** **중종** 건무 정축(317) 태흥 무인(318)부터 4년 **명제** 영창 임오(322) 태녕 계미(323)부터 3년 **현종**	**제16대 걸해 니즐금** 석씨로 아버지는 우로음각간이니 바로 내해왕의 둘째 아들. 경오(310)에 즉위. 치세 46년간. 이 왕 때 백제 군사가 처음으로 침공해 옴.			
함화 병술(326)부터 9년 함강 을미(335)부터 8년 **강제** 건원 계묘(343)부터 2년	기축(329)에 처음으로 벽골제를 쌓음. 둘레가 □만 7천 26보. □□□백6십6보. 논이 1만 4천 7십□□.	**제16대 국원왕** 이름은 쇠 또는 사유. 강상왕이라고도 함. 신묘(331)에 즉위. 치세 40년간. 갑오(334)에 평양성을 증축. 임인(342) 8월에 도읍을 안시성에 옮기니 곧 환도성임.	**제12대 계왕** 분서왕의 맏아들. 갑진(344)에 즉위. 치세 2년간.	

中國	新羅	高句麗	百濟	駕洛
惠帝 元康辛亥九 永寧庚申二 大安壬戌二 永興甲子三[3] 光熙丙寅	**第十五基臨尼叱今** 一作基立王.昔氏.諸賁王之第二子也.母阿尒□[2]夫人.戊午立.治十二年. 丁卯年定國号曰新羅.新者·德業日新.羅者·網羅四方之氏[4]云.或系智證法興之世.	**第十四烽上王** 一云雉菖[1]王.名相夫.壬子立.治八年. **第十五美川王** 一云好攘.名乙弗.又憂弗.庚申立.理三十一年.	**第十汾西王** 責稽子.戊午立.治六年. **第十一比流王** 仇者[5]第二子.沙泮之弟也.甲子立.治四十年.	**第四居叱旀王** 一作今勿.父麻品.母好仇.辛亥立.治五十五年.
懷帝 永嘉丁卯六 愍帝 建興癸酉四 東晉中宗 建虎丁丑 大興戊寅四 明帝 永昌壬午 大寧癸未三 顯宗 咸和丙戌九 咸康乙未八 康帝 建元癸卯二	**第十六乞解尼叱今** 昔氏.父子[6]老音角干.卽奈解王第二子也.庚午立.治十[7]六年.是王代.百濟兵始來侵.. 己丑始築碧骨堤.周□万七千二十六步.□□□百六十六步.水日[8]一万四千七十□□	**第十六國原王** 名釗.又斯由.或云岡上□.[9]辛卯立.理四十年.□□[10]增築平壤城.壬寅八月移都安市城.卽□[11]都城.	**第十二契王** 汾西元子.甲辰立.理二年.	

1) 菖 → 葛
2) 尒□ → 爾兮
3) 三 → 二
4) 氏 → 民
5) 者 → 首
6) 子 → 于
7) 十 → 四十
8) 日 → 田
9) □ → 王
10) □□ → 甲午
11) □ → 丸

중국	신라	고구려	백제	가락
효종 영화 을사(345)부터 12년 승평 정사(357)부터 5년 **애제** 융화 임술(362) 흥녕 계해(363)부터 3년 **폐제** 태화 병인(366)부터 5년 **간문제** 함안 신미(371)부터 2년 **열종** 영강 계유(373)부터 3년	**제17대 내물 마립간** 혹은 □□왕이라고도 함. 김씨로 아버지는 구도갈문왕이며 미소왕의 아우인데 말구각간이라고도 함. 어머니는 휴례부인 김씨. 병진(356)에 즉위. 치세 46년간. 능은 점성대의 서남쪽에 있음.	**제17대 소수림왕** 이름은 구부. 신미(371)에 즉위. 치세 13년간.	**제13대 근초고왕** 비류의 둘째 아들. 병오(346)에 즉위. 치세 29년간. 신미(371)에 도읍을 북한산으로 옮김.	**제5대 이품왕** 아버지는 거즐며왕. 어머니는 아지. 병오(346)에 즉위. 치세 60년간.
태원 병자(376) 21년		**제18대 국양왕** 이름은 이속 또는 어지지. 갑신(384)에 즉위. 치세 8년간.	**제14대 근구수왕** 근초고왕의 아들. 을해(375)에 즉위. 치세 9년간. **제15대 침류왕** 근구수왕의 아들. 갑신(384)에 즉위 **제16대 진사왕** 침류왕의 아우. 을유(385)에 즉위. 치세 7년간.	
안제 융안 정유(397)부터 5년 원흥 임인(402)부터 3년	**제18대 실성 마립간** 실주왕 또는 보금이라고도 함. 아버지는 미추왕의 아우 대서지각간이며 어머니는 □예생부인 석씨로 등야아간의 딸. 비는 아류부인. 임인(402)에 즉위. 치세 15년간. 왕은 곧 치술의 아버지.	**제19대 광개토왕** 이름은 담덕. 임진(392)에 즉위. 치세 21년간.	**제17대 아신왕** 혹은 아방이라고도 하며 진사왕의 아들. 임진(392)에 즉위. 치세 13년간. **제18대 전지왕** 진지왕이라고도 하며, 이름은 영. 아신왕의 아들. 을사(405)에 즉위. 치세 15년간.	

中國	新羅	高句麗	百濟	駕洛
□[1]宗 永和乙巳十二 昇平丁巳五 哀帝 隆和壬戌 興寧癸亥三 廢帝 大和丙寅五	**第十七** **奈勿麻立干** 一作□□王.金氏.父仇道葛文王.一作未召王之弟□□[2]角干.母□□□□[3]金氏.丙辰立.理四十六年.陵在占星臺西南.		**第十三近肖古王** 比流第二子.丙午立.理二十九年.	**第五伊品王** 父居叱旀.母阿志.丙午立.理六十年.
簡文帝 咸安辛未		**第十七** **小獸林王** 名丘夫.辛未立.理十三年	辛未.移都北浦[4]山.	
烈宗 寧康癸酉三 大元丙子二十一		**第十八** **國壤王** 名伊速.又於只支.甲申立.治八年.	**第十四近仇首王** 近肖古之子也.乙亥立.理九年. **第十五枕流王** 近仇首子.甲申立.	
安帝		**第十九** **廣開[5]王** 名談德.壬辰立.治二十一年.	**第十六辰斯王** 枕流王弟.乙酉立.治七年	
隆安丁酉五			**第十七阿莘王** 一作河[6]芳.辰斯子.壬辰立.治十三年.	
元興壬寅三	**第十八** **實聖麻立干** 一作實主王.又宝金.又文[7]末[8]鄒王弟大西知角干.□□[9]礼生夫人昔氏.登也阿干□[10]也.妃阿留夫人.壬寅立.治十五.王卽鵄述之父.		**第十八腆支王** 一作眞支王.名腆.[11]阿莘子.乙巳立.治十五年.	

1) □ → 孝
2) □□ → 末仇
3) □□□□ → 休礼夫人
4) 浦 → 漢
5) 開 → 開土
6) 河 → 阿
7) 文 → 父
8) 末 → 未
9) □□ → □母
10) □ → 女
11) 腆 → 映

중 국	신 라	고 구 려	백 제	가 락
의희 을사(405)부터 14년 **공제** 원희 기미(419) **송 무제** 영초 경신(420)부터 3년 **소제** 경평 계해(423) **문제** 원가 갑자(424)부터 29년 **세조** 태초 계사(453) 효건 갑오(454)부터 3년 대명 정유(457)부터 8년 **태종** 태시 을사(465)부터 8년 **후폐제** 원휘 계축(473)부터 4년 **순제** 승명 정사(477)부터 2년	**제19대** **눌지 마립간** 내지왕이라고도 함. 김씨로 아버지는 내물왕. 어머니는 내례희부인 김씨로 미추왕의 딸. 정사(417)에 즉위. 치세 41년간. **제20대** **자비 마립간** 김씨로 아버지는 눌지왕이며 어머니는 아로부인 혹은 차로부인으로 실성왕의 딸. 무술(458)에 즉위. 치세 21년간. 비는 파호갈문왕의 딸. 미즐희각간 혹은 미흔각간의 딸이라고도 함. 처음으로 오나라와 교통함. 기미(479)에 왜병이 내침. 처음으로 명활성을 쌓고 들어가 피하니 왜병이 양주의 두 성을 포위하였으나 이기지 못하고 돌아감.	**제20대** **장수왕** 이름은 신련. 계축(413)에 즉위. 치세 79년간. 정묘 (427)에 도읍을 평양성으로 옮김.	**제19대 구이신왕** 전지왕의 아들. 경신(420)에 즉위. 치세 7년간. **제20대 비유왕** 구이신왕의 아들. 정묘(427)에 즉위. 치세 28년간. **제21대 개로왕** 근개로왕이라고도 함. 이름은 경사. 을미(455)에 즉위. 치세 20년간. **제22대** **문주(文周)왕** 문주(文州)왕이라고도함 . 개로왕의 아들. 을묘(475)에 즉위. 도읍을 웅천으로 옮김. 치세 2년간. **제23대 삼근왕** 혹은 삼걸왕이라고도함. 문주왕의 아들. 정사(477)에 즉위. 치세 2년간.	**제6대 좌지왕** 김토왕이라고도 함. 아버지는 이품왕. 어머니는 정신. 정미(407)에 즉위. 치세 14년간. **제7대 취희왕** 김희라고도 함. 아버지는 좌지왕. 어머니는 복수. 신유(421)에 즉위. 치세 30년간. **제8대 질지왕** 김질이라고도 함. 아버지는 취희왕. 어머니는 인덕. 신묘(451)에 즉위. 치세 36년간

中國	新羅	高句麗	百濟	駕洛
義熙乙巳十四 恭帝 元喜巳未	**第十九 訥祗麻立干** 一作內只王.金氏.文[1]奈勿王.母內礼希夫人金氏.未鄒王女.丁巳立.治四十一年.	**第二十 長壽王** 名臣□[2].癸丑立.治七十九年. 丁卯.移都平壤城.		**第六坐知王** 一云金吐王.父伊品.母貞信.丁未立.治十四年.
宋武帝 永初庚申三 小帝 景平癸酉[4] 文帝 元嘉甲子二十九			**第十九久尒辛王** 腆文[3]子.庚申立.治七年.	**第七吹希王** 一云金喜.父坐知王.母福[5].辛酉立.治三十年.
世祖癸巳大初[6] 孝建甲午三			**第二十毗有王** 久尒辛子.丁卯立.治二十八年.	
大明丁酉八 大宗 泰始乙巳八 後廢帝 元徽癸丑四	**第二十 慈悲麻立干** 金氏.父訥祗.母阿老夫人.一作次老夫人.實聖王之女.戊戌立.治二十一年.妃巴胡葛文王女.一作未叱希角干.一作□□[8]角干女.		**第二十一蓋鹵王** 一云近蓋鹵王.名慶司.乙未立.治二十年.	**第八銍知王** 一云金銍.□□[7]希.母仁德.辛卯立.治三十六年.
順帝 昇明丁巳二			**第二十二文周王** 一作文明.[9]蓋鹵子.乙卯立.移都熊川.理二年.	
	始與吳國通.巳未年倭國兵來侵.始築明活城入避.來圍梁州□[10]城.不克而還.		**第二十三三斤王** 一作三乞王.文周子.丁巳立.理二年.	

1) 文 → 父
2) □ → 連
3) 文 → 支
4) 酉 → 亥
5) 福 → 福壽
6) 癸巳大初 → 太初癸巳
7) □□ → 父吹
8) □□ → 未欣
9) 明 → 州
10) □ → 二

중　　국	신　　라	고 구 려	백　　제	가　락
제 태조 건원 기미(479)부터 4년 영명 계해(483)부터 11년 **폐제** **고종** 건무 갑술(494)부터 4년 **영태 무인**(498) 영원 기묘(499)부터 2년 **화제** 중흥 신사(501)부터 1년	**제21대 비처 마립간** 소지왕이라고도 하며 김씨로 자비왕의 셋째 아들. 어머니는 미흔각간의 딸. 기미(479)에 즉위. 치세 21년간. 비는 기보갈문왕의 딸. **제22대 지정 마립간** 지철로 혹은 지도로왕이라고도 함. 김씨로 아버지는 눌지왕의 아우 기보갈문왕. 어머니는 오생부인으로 눌지왕의 딸. 비 영제부인은 검람대 한지부의 등허 혹은 □□각간의 딸. 경진(500)에 즉위. 치세 14년간. 이상을 상고라 하고 이하를 중고라고 함.	**제21대** **문자명왕** 이름은 명리호 또는 개운 또는 고운이라고 함. 임신(492)에 즉위. 치세 27년간.	**제24대 동성왕** 이름은 모대. 마제 또는 여대라고도 함. 삼근왕의 6촌 동생. 기미(479)에 즉위. 치세 22년간. **제25대 무녕왕** 이름은 사마. 동성왕의 둘째 아들. 신사(501)에 즉위. 치세 22년간. 『남사』에 이름을 부여융이라 했으나 잘못임. 융은 의자왕의 태자이며 『당사』에 상세히 실려 있음.	**제9대** **겸지왕** 아버지는 질지왕. 어머니는 방원. 임신(492)에 즉위. 치세 29년간.

中　國	新　羅	高句麗	百　濟	駕　洛
齊大祖 建元巳未四 永明癸亥十一	**第二十一** **毗處麻立干** 作□[1]知王.金氏.慈悲王第三子.母未欣角干之女.巳未立.理二十一年.妃期宝葛文王之女.		**第二十四** **東城王** 名年[2]大.一云麻帝.又餘大.三斤王之堂弟.巳未立.理二十六[3]年.	
廢帝 高宗 建虎甲戌四		**第二十一** **文咨明王** 名明理好.又个雲.又高雲.壬申立.理二十七年.		**第九鉗知王** 父銍知王.母邦媛.壬申立.理二十九年.
永泰戊寅 永元己卯二 和帝 中興辛巳一	**第二十二** **智訂麻立干** 一作智哲名.[4]又智度路王.金氏.父訥祇王弟期宝葛文王.母烏生夫人.訥祇王之女.妃迎帝夫人.儉攬代漢只登許□[5]作□角干之女.庚辰立.理十四年. 巳上爲上古 巳下爲中古		**第二十五** **虎寧王** 名斯摩.卽東城第二子.辛巳立.理二十二年.南史云名扶餘隆.誤矣.隆乃寶藏[6]王之大子.詳見唐吏[7]	

1) 作□ → 一作炤
2) 年 → 牟
3) 六 → 二
4) 名 → 老
5) □ → 一
6) 寶藏 → 義慈
7) 吏 → 史

중 국	신 라	고 구 려	백 제	가 락
양 고조 천감 임오(502)부터 18년 보통 경자(520)부터 7년 대통 정미(527)부터 2년 중대통 기유(529)부터 6년 대동 을묘(535)부터 11년 중대동 병인(546)	**제23대 법흥왕** 이름은 원종이며 김씨. 『책부원귀』에 성은 모, 이름은 진이라 했음. 아버지는 지정왕. 어머니는 영제부인. 법흥은 시호로서 시호는 이 때부터 시작됨. 갑오(514)에 즉위. 치세 26년간. 능은 애공사 북쪽에 있음. 비는 파도부인으로 출가한 후 이름은 법류이고 영흥사에 살았음. 처음으로 율령을 시행하고 십재일을 시행하여 살생을 금하고 속인이 비구니가 되는 것을 허락함. 병진(536)에 처음으로 건원 연호를 쓰기 시작하니 연호는 이로부터 시작됨.	**제22대 안장왕** 이름은 흥안. 기해(519)에 즉위. 치세 12년간. **제23대 안원왕** 이름은 보영. 신해(531)에 즉위. 치세 14년간.	**제26대 성왕** 이름은 명농. 무녕왕의 아들. 계묘(523)에 즉위. 치세 31년간. 무오(538)에 도읍을 사비로 옮기고 남부여라 일컬음.	**제10대 구형왕** 겸지왕의 아들로 어머니는 □녀. 신축(521)에 즉위. 치세 43년간. 중대통 4년 임자(532)에 나라를 바치며 신라에 귀순하니 수로왕 임인(42)으로부터 임자(532)에 이르기까지 합계 490년에 나라가 없어짐.
태청 정묘(547)부터 3년 **간문제** 대보 경오(550) **후경** 태시 신미(551) **원제** 승성 임신(552)부터 3년 **경제** 소태 을해(555) 태평 병자(556)부터 1년	**제24대 진흥왕** 이름은 삼맥종 혹은 심□이며 김씨로 아버지는 법흥왕의 아우 입종갈문왕. 어머니인 지소부인 혹은 식도부인은 박씨로 모량리 영실각간의 딸. 임종시에 머리를 깎고 출가하여 죽음. 경신(540)에 즉위. 치세 37년간. 개국 연호는 신미(551)부터 17년.	**제24대 양원왕** 양강왕이라고도 하며 이름은 평성. 을축(545)에 즉위. 치세 14년간.	**제27대 위덕왕** 이름은 창 또는 명. 갑술(554)에 즉위. 치세 44년간.	

中國	新羅	高句麗	百濟	駕洛
梁高祖 天監壬午十八 普通庚子七 大通丁未二 中大通己酉六	**第二十三法興王** 名原宗.金氏.明府山[1]龜云姓募.名秦.父智訂.母迎帝夫人.法興謚.謚始乎[3]此.甲午立.理二十六年.陵在哀公寺北.妃曰丑[5]夫人.出家名法流.住永興寺.始行律令.始行十行[7]日禁殺.度□[8]爲僧尼.建元丙辰.是年始置.年号始此.	**第二十二安藏王** 名興安.巳亥立.理十二年. **第二十三安原王** 名宝迎.癸[6]亥立.理十四年.	**第二十六聖王** 名明穠.虎寧子.癸巳[4]立.理三十一年. 戊午 移都泗泚.[9] 称南扶余.	**第十仇衝[2]王** 鉗知子.母□女.辛丑立.理十二年.中大通四年壬子.納土投羅.自首露王壬寅至壬子合四百九十年.國除
大同乙卯十一 中大同丙寅 大清丁卯三 簡文帝 大寶庚午 侯景 大始辛未 ※[13] 承聖壬申四[14] 敬帝 紹泰乙亥 大平丙子一	**第二十四眞興王** 名彡麥宗.一作深□.金氏.父卽法興之弟立宗葛文王.母只召夫人.一作息道夫人朴氏.牟梁里□失伯□[10]之女.□[11]時亦剌[12]髮而卒.庚申立.理三十七年. 開國辛未十七	**第二十四陽原王** 一云陽崗王.名平成.乙丑立.理十四年.	**第二十七威德王** 名高.[15]又明.甲戌立.理四十四年.	

1) 明府山 → 冊府元
2) 衝 → 衡
3) 乎 → 于
4) 癸巳 → 癸卯
5) 曰丑 → 巴刀
6) 癸 → 辛
7) 行 → 齋
8) □ → 人
9) 泚 → 沘

10) □失伯□ → 英失角干
11) □ → 終
12) 剌 → 剃
13) ※ → 元帝
14) 四 → 三
15) 高 → 崗

중 국	신 라	고 구 려	백 제
진 고조 영정 정축(557)부터 3년 **문제** 천가 경진(560)부터 6년 천강 병술(566) 광대 정해(567)부터 2년		**제25대 평원왕** 평강왕이라고도 함. 이름은 양성이나 『남사』에는 고양이라 함. 기묘(559)에 즉위. 치세 31년간.	
선제 태건 기축(569)부터14년	대창 연호는 무자(568)부터 4년. 홍제 연호는 임진(572)부터 12년.		
지덕 계묘(583)부터 4년 정명 정미(587)부터 3년	**제25대 진지왕** 이름은 사륜 또는 금륜. 김씨로 아버지는 진흥왕이며 어머니는 박영실각간의 딸인데 식도 혹은 색도부인으로 박씨. 왕비는 지도부인으로 기오공의 딸 박씨. 병신(576)에 즉위. 치세 4년간. 묘는 애공사의 북쪽에 있음.		
수 문제 개황 경술(590)부터 11년 인수 신유(601)부터 4년	**제26대 진평왕** 이름은 백정. 아버지는 동륜(銅輪) 혹은 동륜(東輪)태자. 어머니는 입종갈문왕의 딸인데 만호 혹은 만녕부인으로 이름은 행의. 첫째 비는 마야부인 김씨로 이름은 복힐구. 둘째 왕비는 승만부인으로 손씨. 기해(579)에 즉위. 건복 연호는 갑진(584)부터 50년간.	**제26대 영양왕** 평양왕이라고도 함. 이름은 원 혹은 대원. 경술(590)에 즉위. 치세 28년간.	**제28대 혜왕** 이름은 계이며 혹은 헌왕이라고도 함. 위덕왕의 아들. 무오(598)에 즉위. **제29대 법왕** 이름은 효순 또는 선. 혜왕의 아들. 기미(599)에 즉위.
양제 대업 을축(605)부터 12년			
공제 의녕 정축(617)			**제30대 무왕** 무강 또는 헌병이라고도 함. 어릴 때의 이름은 일기사덕. 경신(600)에 즉위. 치세 41년간.

中　國	新　羅	高句麗	百　濟
陳高祖 永定丁丑三 文帝 天嘉庚辰六		**第二十五** **平原王** 一作平國[1].名陽城.動之[2]云高陽.己卯立.理三十一年.	
天康丙戌 光大丁亥二	大昌戊子四 鳿[3]濟壬辰十二		
宣帝 大建巳丑十四 ※[4] 至德癸卯四 禎明丁未三 隋文帝 開皇庚戌十一 仁壽辛酉四	**第二十五眞智王** 名舍輪.一作金輪.金氏.父眞興.母未氏尼[5]□[6]干之女.息□[7]一作色刁[8]夫人.朴氏.妃如刁[9]夫人.起烏公之女.朴氏.□□[11]立.□[12]四年.治[13]裵[14]公寺北.	**第二十六** **嬰湯[10]王** 一云平湯.名元.一云大元.庚戌立.治三十八年.	**第二十八惠王** 名季.一云獻王.威德子.戊午立.
	第二十六眞平王 名白□□□□[15]一云東語[16]大子.母立宗葛文王之女万呼.一云万寧夫人.名行義.先妃摩耶夫人.金氏.名福肹口.後妃僧滿夫人.孫氏.己亥立. ※[17]		**第二十九法王** 名孝順.又宣.惠王子.巳未立.
煬帝 大業乙丑十二			
恭帝 義寧丁丑			**第三十武王** 或云武康.獻丙.或小名一耆篩德.申[18]立.治四十一年.

1) 國 → 岡
2) 動之 → 南史
3) 鳿 → 鴻
4) ※ → 後主
5) 未氏尼 → 朴英失
6) □ → 角
7) □ → 刀
8) 刁 → 刀
9) 如刁 → 知刀
10) 湯 → 陽
11) □□ → 丙申
12) □ → 理
13) 治 → 墓
14) 裵 → 哀
15) □□□□ → 淨父銅輪
16) 語 → 輪
17) ※ → 建福 甲辰五十
18) 申 → 庚申

중 국	신 라	고 구 려	백 제
당 고조 무덕 무인(618)부터 9년 **태종** 정관 정해(627)부터 23년	**제27대 선덕여왕** 이름은 덕만이며 아버지는 진평왕. 어머니는 마야부인으로 김씨. 성골의 남자가 끊어졌으므로 여왕이 즉위함. 왕의 남편은 음갈문왕. 인평 갑오(634)에 즉위. 치세 14년간.	**제27대** **영류왕** 이름은 □□ 또는 건무. 무인(618)에 즉위. 치세 24년간.	
고종 영휘 경술(650)부터 6년	**제28대 진덕여왕** 이름은 승만으로 김씨. 아버지는 진평왕의 아우 국기안갈문왕이며 어머니는 아니부인 박씨로 비는 □추추서천갈문왕의 딸 혹은 월명이라고도 하나 잘못임. 정미(647)에 즉위. 치세 7년간. **태화** 연호는 무신(648)부터 6년간. 이상은 중고로 성골이 왕이고 이하는 하고로 진골이 왕임.	**제28대** **보장왕** 임인(642)에 즉위. 치세 27년간.	**제31대** **의자왕** 무왕의 아들. 신축(641)에 즉위. 치세 20년간.
현경 병진(656)부터 5년 용삭 신유(661)부터 3년	**제29대 태종 무열왕** 이름은 춘추로 김씨. 진지왕의 아들인 용춘 탁문흥갈문왕의 아들임. 용춘을 용수라고도 함. 어머니인 천명부인의 시호는 문정태후로 진평왕의 딸. 비는 훈제부인이며 시호는 문명왕후로 유신의 누이동생. 어릴 때 이름은 문희. 갑인(654)에 즉위. 치세 7년간.		경신(660)에 나라가 없어짐. 온조왕 계묘(전.18)로부터 경신(660)에 이르기까지 678년간임.
인덕 갑자(664)부터 2년 건봉 병인(666)부터 2년 총장 무진(668)부터 2년 함형 경오(670)부터 4년 상원 갑술(674)부터 2년 의봉 병자(676)부터 3년 조로 기묘(679) 영륭 경진(680)	**제30대 문무왕** 이름은 법민으로 태종의 아들. 어머니는 훈제부인. 비는 자의로 혹은 눌왕후라고도 하는데 선품해간의 딸. 신유(661)에 즉위. 치세 20년간. 능은 감은사 동쪽 바다 가운데 있음.	무진(668)에 나라가 없어짐. 동명왕 갑신(전.37)으로부터 무진(668)에 이르기까지 합계 705년간임.	

中　國	新　羅	高句麗	百　濟
唐大[1]祖 武德戊寅九 大宗 貞觀丁亥卄三	**第二十七善德女王** 名德曼.父眞平王.母麻耶美[2]人金氏.聖骨男盡.故女王立.王之匹飮葛文王.仁平甲午立.治十四年.	**第二十七榮留王** 名□□.又建歲.[3]戊寅立.治二十四年.	
高宗 永徽庚戌六	**第二十八眞德女王** 名勝曼.金氏.父眞平王之弟國其安葛文王.母阿尼夫人朴氏.奴[4]□追雒書天葛文王之女也.或云月明.非也.丁未立.治七年. 大和戊申六 已上中古,聖骨. 已上[5]下古,眞骨.	**第二十八宝藏王** 壬寅立.治二十七年.	**第三十一義慈王** 武王子.辛丑立.治二十年.
現慶丙辰五 龍朔辛酉三	**第二十九太宗武烈王** 名春秋.金氏.眞智王子龍春卓文興葛文王之子也.龍春一作龍樹.母天明夫人.謚又[6]貞丈[7]后.眞平王之女也.妃訓帝夫人.謚文明王后.庾立[8]之妹.小名文熙也.甲寅立.治七年.		
麟德甲子二 乾封丙寅二 總章戊辰二 咸亨庚午四 上元甲戌二 儀鳳丙子三 調露己卯 永隆庚辰	**第三十文武王** 名法敏.大宗之子也.母訓帝夫人.妃慈義.一作訥王后.善品海于[9]之女.辛酉立.治二十年.陵在感恩寺東海中.	戊辰國除 自東明甲申至戊辰.合七百五年.	庚申國除 自溫祚癸卯至庚申.六百七十八年.

1) 大 → 高
2) 美 → 夫
3) 歲 → 武
4) 奴 → 妃
5) 上 → 下
6) 又 → 文
7) 丈 → 太
8) 立 → 信
9) 于 → 干

중 국	신 라
개요 신사(681) 영순 임오(682) **무후** 홍도 계미(683) 문명 갑신(684) 수공 을유(685)부터 4년 영창 기축(689)부터 1년	**제31대 신문왕** 김씨로 이름은 정명이며 자는 일소. 아버지는 문무왕이며 어머니는 자눌왕후. 비는 신목왕후로 김운 공의 딸. 신사(681)에 즉위. 치세 11년간.
주 천수 경인(690)부터 2년 장수 임진(692)부터 2년 연재 갑오(694) 천책 을미(695) 통천 병신(696) 신공 정유(697) 성력 무술(698)부터 2년	**제32대 효소왕** 이름은 이공 혹은 이홍이라고도 하며 김씨. 아버지는 신문왕이며 어머니는 신목왕후. 임진(692)에 즉위. 치세 10년간. 능은 망덕사 동쪽에 있음.
구시 경자(700) 장안 신축(701)부터 4년 **중종** 신룡 을사(705)부터 2년 경룡 정미(707)부터 3년 **예종** 경운 경술(710)부터 2년 **현종** 선천 임자(712) 개원 계축(713)부터 29년	**제33대 성덕왕** 이름은 흥광이나 본래 이름은 융기. 효소왕의 아우. 첫째 비는 배소왕후로 시호는 엄정이며 원대아간의 딸. 둘째 비는 점물왕후로 시호는 소덕이며 순원각간의 딸. 임인(702)에 즉위. 치세 35년간. 능은 동촌 남쪽에 있는데 혹은 양장곡이라고도 함.
	제34대 효성왕 김씨이며 이름은 승경. 아버지는 성덕왕이며 어머니는 소덕태후. 비는 혜명왕후로 진종각간의 딸. 정축(737)에 즉위. 치세 5년간. 법류사에서 화장하여 뼈를 동해에 흩어 뿌림.
천보 임오(742)부터 14년 **숙종** 지덕 병신(756)부터 2년 건원 무술(758)부터 2년 상원 경자(760)부터 2년 보응 임인(762)부터 1년	**제35대 경덕왕** 김씨이며 이름은 헌영. 아버지는 성덕왕이며 어머니는 소덕태후. 첫째 비는 삼모부인으로 궁중에서 폐출되어 후사가 없음. 후비는 만월부인으로 시호는 경수왕후인데 경수는 경목이라고도 하며 의충각간의 딸. 임오(742)에 즉위. 치세 23년간 . 처음에 경지사의 서쪽 봉우리에 장사지내고 돌을 다듬어 능을 만들었으나 후에 양장곡 가운데로 이장함.
대종 광덕 계묘(763)부터 2년 영태 을사(765) 대력 병오(766)부터 14년	**제36대 혜공왕** 김씨이며 이름은 건운. 아버지는 경덕왕이며 어머니는 만월왕후. 첫째 비는 신파부인으로 위정각간의 딸. 둘째 비는 창창부인으로 김장각간의 딸. 을사(765)에 즉위. 치세 15년간.
덕종 건중 경신(780)부터 4년 흥원 갑자(784)	**제37대 선덕왕** 김씨이며 이름은 양상. 아버지는 효방해간인데 개성대왕으로 추봉되니 곧 원훈각간의 아들. 어머니인 사소부인의 시호는 정의태후로 성덕왕의 딸. 비는 구족왕후로 낭품각간의 딸. 경신(780)에 즉위. 치세 5년간.

中國	新羅
開耀辛巳 永淳壬午 虎后 洪道癸未 文明甲申 垂拱乙酉四 永昌乙[2]丑一 周	**第三十一神文王** 金氏.名政明.字曰[1]炤.父文虎王.母慈訥王后.妃神穆王后.金運公之女.辛巳立.理十一年.
天授庚寅二 長壽壬辰二 延載甲午 天冊乙未 通天丙申 神功丁酉	**第三十二孝昭王** 名悝[3]恭.一作洪.金氏.父神文王.母神穆王后.□[4]辰立.理十年.陵在望德寺東.
聖曆戊戌二 久視庚子二[5] 長安辛丑四 中宗 神龍乙巳二 景龍丁未三 睿宗	**第三十三聖德王** 名興光.本名隆基.孝昭之母弟也.先妃陪昭王后.謚嚴貞.元大□□[6]之女也.後妃占勿王后.謚炤德.順无[7]角干之女.壬寅立.理三十五年.陵在東村南.一云楊長谷.
景雲庚戌二 玄宗 先天壬子 開元癸丑二十九	**第三十四孝成王** 金氏.名承慶.父聖德王.母炤德大后.妃惠明王后.眞宗角干之女.丁丑立.理五年.法流寺火葬.骨散東海.
天寶壬午十四 肅宗 至德丙申二 乾元戊戌二 上元庚子二	**第三十五景德王** 金氏.名憲英.父聖德.母炤德大后.先妃三毛夫人.出宮无後.後妃滿月夫人.謚景垂王后.垂一作穆.依忠角干之女.壬午立.理二十三年.初葬頃只寺西岑.鍊石爲陵.後移葬楊長谷中.
寶應壬寅一 代宗 廣德癸卯二 永泰乙巳 大曆丙午十四	**第三十六惠恭王** 金氏.名乾運.父景德.母滿月王后.先妃神巴夫人.魏正角干之女.妃昌昌夫人.金將角干之女.乙巳立.理十五年. **第三十七宣德王** 金氏.名亮相.父孝方海干.追封開聖大王·卽元訓角干之子.母四召夫人.謚□[8]懿大后.聖德王之女.妃具足王后.狼品角干之女.庚申立.理五年.
德宗 建中庚申四 興元甲子	

1) 曰 → 日
2) 乙 → 己
3) 悝 → 理
4) □ → 壬
5) 庚子二 → 庚子
6) □□ → 阿干
7) 无 → 元
8) □ → 貞

중 국	신 라
정원 을축(785)부터 20년	**제38대 원성왕** 김씨이며 이름은 경신(敬愼) 또는 경신(敬信). 『당서』에는 경칙이라 하였음. 아버지는 효양대아간으로 명덕대왕으로 추봉됨. 어머니는 인□ 또는 지오부인이라고도 하며 시호는 소문왕후로 창근이기의 딸. 비는 숙정부인으로 신술각간의 딸. 을축(785)에 즉위. 치세 14년간. 능은 곡사에 있는데 지금의 숭복사이며 최치원이 □한 비석이 세워져 있음.
	제39대 소성왕 혹은 소성왕(昭成王)이라고도 하며 김씨. 이름은 준옹으로 아버지는 혜충태자이며 어머니는 성목태후. 비는 계화왕후로 숙명공의 딸. 기묘(799)에 즉위한 후 세상을 떠남.
순종 영정 을유(805)	**제40대 애장왕** 김씨이며 이름은 중희 혹은 청명이라고도 함. 아버지는 소성왕. 어머니는 계화왕후. 경진(800)에 즉위. 치세 10년간. 원화 4년 기축(809) 7월 19일에 왕의 숙부되는 헌덕 · 흥덕 두 이간에게 시해되어 세상을 떠남.
헌종 원화 병술(806)부터 15년 **목종** 장경 신축(821)부터 4년 **경종** 보력 을사(825)부터 2년	**제41대 헌덕왕** 김씨이며 이름은 언승으로 소성왕의 아우. 비는 귀승랑으로 시호는 황아왕후인데 충공각간의 딸. 기축(809)에 즉위. 치세 19년간. 능은 천림촌의 북쪽에 있음.
문종 태화 정미(827)부터 9년 개성 병진(836)부터 5년	**제42대 흥덕왕** 김씨이며 이름은 경휘로 헌덕왕의 아우. 비는 창화부인이니 시호는 정목왕후인데 소성왕의 딸. 병오(826)에 즉위. 치세는 10년간. 능은 안강 북쪽 비화양에 있는데 왕비 창화부인과 합장함.
	제43대 희강왕 김씨이며 이름은 개융 또는 제옹이라고도 함. 아버지는 헌정각간으로 시호는 흥성대왕 혹은 익성이라고도 하는데 예영잡간의 아들. 어머니는 미도부인 또는 심내부인 혹은 파리부인이라고도 함. 시호는 순성태후이며 충연대아간의 딸. 비는 문목왕후로서 충효각간의 딸인데 혹은 중공각간의 딸이라고도 함. 병진(836)에 즉위. 치세 2년간.
	제44대 민애왕(閔哀王) 혹은 민애왕(敏哀王) 김씨이며 이름은 명. 아버지는 충공각간으로 추봉하여 선강대왕으로 함. 어머니는 추봉된 혜충왕의 딸인 귀파부인으로 시호는 선의왕후. 비는 무용황후로 영공각간의 딸. 무오(838)에 즉위. 기미(839) 정월 22일에 세상을 떠남.
	제45대 신무왕 김씨로 이름은 우징. 아버지는 균정각간이니 추봉되어 성덕대왕이고 어머니는 정교부인. 할아버지 예영을 혜강대왕에 추봉함. 비인 정종은 계태후라고도 하며 명해□의 딸. 기미(839) 4월에 즉위. 11월 13일에 세상을 떠남.

中國	新羅
貞元乙丑二十	**第三十八元聖王** 金氏.名敬愼.一作敬信.唐書云敬則.父孝讓大阿干.追封明德大王.母仁□.一云知鳥[1]夫人.諡昭文王后.昌近伊巳[2]之女.妃淑貞夫人.神述角干之女.乙丑立.理十四年.陵在鵠寺.今崇福寺.有也或[3]遠所□立碑.
順宗 永貞乙酉	**第三十九昭聖王** 一作昭成王.金氏.名俊邕.父惠忠大子.母聖穆大后.妃桂花王后.夙明公女.巳卯立而崩.
憲宗 元和丙戌十五 穆宗 長慶辛丑四 敬宗 寶曆乙巳二 文宗 大和丁未九 開成丙辰五	**第四十哀莊王** 金氏.名重熙.一云淸明.父昭聖.母桂花王后.辛卯[4]立.理十年.元和四年巳丑七月十九日.王之叔父憲德興德兩伊干所害而崩. **第四十一憲德王** 金氏.名彦升.昭聖之母弟.妃貴勝娘.諡皇娥王后.忠恭角干之女.巳丑立.理十九年.陵在泉林村北.
	第四十二興德王 金氏.名景暉.憲德母弟.妃昌花夫人.諡定穆王后.昭聖之女.丙午立.理十年.陵在安康北比火壤.與妃昌花合葬.
	第四十三僖康王 金氏.名愷隆.一作悌顒.父憲貞角干.諡興聖大王.一作□[5]成.礼英匝于[6]子也.母美道夫人.一作深乃夫人.一云巴利夫人.諡順成大后.忠衍大阿干之女也.妃文穆王后.忠孝角干之女.一云重恭角干.丙辰年立.理二年.
	第四十四閔(一作敏)哀王 金氏.名明.父忠恭角干.追封宣康大王.母追封惠忠王之女貴巴夫人.諡宣懿王后.妃无容皇后.永公角干之女.戊午立.至巳未正月二十二日崩.
	第四十五神虎王 金氏.名佑□[7].父均貞角干.追封成德大王.母貞□[8]夫人.追封祖礼英□□□[9]惠康大王.妃□[10]從.一作繼大后□.明海□之女.巳未四月立.至十一月一十三日崩.

1) 鳥 → 烏
2) 巳 → 己
3) 或 → 致
4) 辛卯 → 庚辰
5) □ → 翌
6) 于 → 干
7) □ → 徵
8) □ → 矯
9) □□□ → 爲
10) □ → 貞

중 국	신 라	후고구려	후백제
무종 회창 신유(841)부터 6년	**제46대 문성왕** 김씨이며 이름은 경응. 아버지는 신무왕이며 어머니는 정종태후. 비는 소명왕후. 기미(839) 11월에 즉위. 치세 19년간.		
선종 대중 정묘(847)부터 13년	**제47대 헌안왕** 김씨이며 이름은 의정으로 신무왕의 아우. 어머니는 흔명부인. 무인(858)에 즉위. 치세 3년간.		
의종 함통 경진(860)부터 14년	**제48대 경문왕** 김씨이며 이름은 응렴. 아버지는 계명각간에 추봉된 의공(義恭) 혹은 의공(懿恭)대왕인데 곧 희강왕의 아들. 어머니는 신무왕의 딸 광화부인. 비는 문자황후로 헌안왕의 딸. 신사(861)에 즉위. 치세 14년간.		
희종 건부 갑오(874)부터 6년 광명 경자(880)	**제49대 헌강왕** 김씨이며 이름은 정이라 하며. 아버지는 경문왕. 어머니는 문자황후. 비는 의명(懿明)부인 혹은 의명(義明)왕후. 을미(875)에 즉위. 치세 11년간.		
중화 신축(881)부터 4년	**제50대 정강왕** 김씨이며 이름은 황으로 민애왕의 아우. 병오(886)에 즉위한 후 세상을 떠남.	**궁예** 대순 경술(890)에 북원의 도적 양길에게 드디어 투항. 병진(896)에 철원성에 도읍. 지금의 동주. 정사(897)에 송악군에 도읍을 옮김. 신유(901)에 고려라 일컬음.	**견훤** 임자(892)에 비로소 광주에 도읍함.
광계 을사(885)부터 3년 **소종** 문덕 무신(888) 용기 기유(889) 대순 경술(890)부터 2년 경복 임자(892)부터 2년	**제51대 진성여왕** 김씨인데 이름은 만헌이며 바로 정강왕의 누이동생. 왕의 남편은 위홍대각간으로 혜성대왕에 추봉. 정미(887)에 즉위. 치세 10년간. 정사(897)에 소자 효공왕에게 양위하고 12월에 세상을 뜨니 화장하고 뼈를 모량 서악에 뿌렸는데, 미황산에 뿌렸다고도 함.		

中　國	新　羅	後高麗	後百濟
虎宗 會昌辛酉六	**第四十六文聖王** 金氏.名慶膺.父神虎王.母貞從大后.妃炤明王后.巳未十一月立.理十九年.		
宣宗 大中丁卯十三	**第四十七憲安王** 金氏.名誼淸.[1]神虎王之弟.母昕明夫人.戊寅立.理三年.		
懿宗 咸通庚辰十四	**第四十八景文王** 金氏.名膺廉.父啓明角干・追封義一作懿恭大王.卽僖康王之子也.母神虎王之女光和夫人.妃文資□[2]后.憲安王之女.辛巳立.理十四年.		
僖宗 乾符甲午六 廣明庚子	**第四十九憲康王** 金氏.名日政.[3]父景文王.母文資皇后. ※[4] 一云義明王后.乙未立.理十一年.		
中和辛丑四	**第五十定康王** 金氏.名晃.閔哀王之母弟.丙午立而崩.		
光啓乙巳三 昭宗 文德戊申 龍紀巳酉 大順庚戌一[8] 景福壬子二	**第五十一眞聖女王** 金氏.名曼憲.卽定康王之同母妹也.王之匹□□[5]大角干.追封惠成大王.丁未立.理十年.丁巳遜位于小子孝恭王.十二月崩.火葬.散骨于年[6]梁西弁[7].一作未黃山	**弓裔** 大順庚戌.始投北原賊良吉屯.丙辰都鐵圓[9]城.今東州也.丁巳移都松岳郡. 辛酉.稱高麗.	**甄萱** 壬子始都光州.

1) 淸 → 靖
2) □ → 皇
3) 政 → 晸
4) ※→妃懿明夫人
5) □□ → 魏弘
6) 年 → 牟
7) 弁 → 岳
8) 一 → 二
9) 圓 → 原인듯.

중 국	신 라	후 고 구 려	후백제
건녕 갑인(894)부터 4년 **광화** 무오(898)부터 3년 **천복** 신유(901)부터 3년 **경종** **천우** 갑자(904)부터 3년 **주량 태조** **개평** 정묘(907)부터 4년 **건화** 신미(911)부터 4년	**제52대 효공왕** 김씨이며 이름은 요. 아버지는 헌강왕. 어머니는 문자왕후. 정사(897)에 즉위. 치세 15년간. 사자사 북쪽에서 화장하고 뼈는 구지제 동쪽 산허리에 묻음.	갑자(904)에 국호를 고쳐 마진이라 하고 연호를 두어 무태라고 함.	
말제 **정명** 을해(915)부터 6년 **용덕** 신사(921)부터 2년	**제53대 신덕왕** 박씨이며 이름은 경휘이나 본래 이름은 수종. 어머니는 정화부인이며 부인의 아버지는 순홍각간으로 뒤에 시호를 성무대왕으로 추증함. 조부 원홍각간은 아달라왕의 먼 후손. 아버지 문원이간은 홍렴대왕으로 추봉. 조부는 문관 해간. 의부인 예겸각간은 선성대왕으로 추봉. 비는 자성왕후인데 의성 또는 효자라고도 함. 임신(912)에 즉위. 치세 5년간. 화장하여 뼈를 잠현 남쪽에 묻음. **제54대 경명왕** 박씨이며 이름은 승영. 아버지는 신덕왕. 어머니는 자성왕후. 비는 장사댁인데 대존각간 즉 추봉된 성희대왕의 딸. 대존은 바로 수종이간의 아들. 정축(917)에 즉위. 치세 7년간. 황복사에서 화장하여 뼈를 성등잉산 서쪽에 뿌림.	갑술(914)에 철원으로 환도. **태조** 무인(918) 6월에 궁예가 죽으니 태조가 철원경에서 즉위. 기묘(919)에 송악군으로 도읍을 옮김. 이해에 법왕사 · 자운사 · 왕륜사 · 내제석사 · 사나사를 짓고, 또 대선원(곧 보제원) · 신흥사 · 문수사 · 원통사 · 지장사 □□□□ □□ 앞의 10대 절은 모두 이해에 창건함. 경진(920)에 유암 밑에 유시를 설치함. 그러므로 지금 풍속에 이시를 유하라고 함. 10월에 대홍사를 창건하였는데 혹은 임오(922)의 일이라고도 함. 또 일월사를 창건하였는데 혹은 신사(921)의 일이라고도 함. 갑신(924)에 외제석사 · 신중원사 · 홍국사를 창건하고 정해(927)에는 묘□사, 기축(929)에 귀산사를 세움. 경인(930)에 안(이하는 글이 빠졌음).	

中　國	新　羅	後高麗	後百濟
乾寧甲寅四 光化戊午三 天復辛酉三 景宗 天祐甲子三	**第五十二孝恭王** 金氏.名嶢.父憲康王.母文資王后.丁巳立.理十五年.火葬師子寺北.骨藏于仇知堤東山脇.		
朱梁※[1] 開平丁卯四 乾化辛未四	**第五十三神德王** 朴氏.名景徽.本名秀宗.母貞花夫人.夫人之父順弘角干·追諡成虎大王.祖元弘角干.乃何達[2]王之遠孫.父父[3]元伊干.追封興廉大王.祖文官海干.義父銳謙角干.追封宣成大王.妃資成王后.一云懿成.又孝資.壬申立.理五年.火葬.藏骨于箴峴南.	甲子.改國号摩震.置元虎泰.	
末帝 貞明乙亥六 龍德辛巳二	**第五十四景明王** 朴氏.名昇英.父神德.母資成.妃長沙宅.大尊角干·追封聖僖大王之子[4].大尊卽水宗伊于[5]之子.丁丑立.理七年.火葬皇福寺.散骨于省等仍山西.	甲戌.還鐵原. **大祖** 戊寅六月裔死.太祖卽位于鐵原京.巳卯.移都松岳郡.是年.創法王·慈雲·王輪·內帝釋·舍那.又創天[6]禪院卽普膺[7]·新興·文殊·通[8]·地藏.□□□□□□前十大寺.皆是年所創.庚辰乳岩下立油市.故今俗利市云乳下.十月創大興寺.或系壬午.壬午又創日月寺.或系辛巳.甲申.創外帝釋·神衆院·興國寺.丁亥創妙[9]寺.巳丑.創龜山.庚寅安※[10]	

1) ※ → 太祖
2) 何達 → 阿達羅
3) 父 → 文
4) 子 → 女
5) 于 → 干
6) 天 → 大
7) 膺 → 濟
8) 通 → 圓通
9) 妙 → 妙□
10) ※ → 문장 결락

중 국	신 라	후고구려	후백제
후당 **장종** 동광 계미(923)부터 3년 **명종** 천성 병술(926)부터 4년 장흥 경인(930)부터 4년 **민제 · 말제** 청태 갑오(934)부터 2년 **석진** 천복 병신(936)부터 8년	**제55대 경애왕** 박씨로 이름은 위응. 경명왕의 아우. 어머니는 자성왕후. 갑신(924)에 즉위. 치세 2년간. **제56대 경순왕** 김씨로 이름은 부. 아버지 효종이간은 신흥대왕으로 추봉. 조부는 관□각간으로 의흥대왕으로 추봉. 어머니는 계아태후인데 헌강왕의 딸. 정해(927)에 즉위. 치세 8년 간. 을미(935)에 영토를 바치고 태조에게 귀순하였으며 태평흥국 3년 무인(978)에 죽음. 능은 □□□□ 동향의 골에 있음. 오봉 갑자(전.57)로부터 을미(935)에 이르기까지 합계 992년 간 임.	병신(936)에 삼국을 통일함.	을미(935)에 견훤의 아들 신검이 아버지의 왕위를 빼앗고 스스로 즉위함. 이해에 나라가 없어짐. 임자(892)로부터 이에 이르기까지 44년 만에 망함.

전한(前漢)	고조(高祖)	혜제(惠帝)	소제(小帝)	문제(文帝)	경제(景帝)
	무제〔虎帝〕	소제(昭帝)	선제(宣帝)	원제(元帝)	성제(成帝)
	애제(哀帝)	평제(平帝)	유자영(孺子嬰)		
후한(後漢)	광무제(光武帝)	명제(明帝)	장제(章帝)	화제(和帝)	상제(殤帝)
	안제(安帝)	순제(順帝)	충제(冲帝)	질제(質帝)	환제(桓帝)
	영제(靈帝)	홍농왕(弘農王) 또는 헌제(獻帝)			
위(魏) 진(晉) 송(宋) 제(齊) 양(梁) 진(陳) 수(隋)					
이당(李唐)	고조(高祖)	태종(太宗)	고종(高宗)	측천무후(則天武后)	중종(中宗)
	예종(睿宗)	현종(玄宗)	숙종(肅宗)	대종(代宗)	덕종(德宗)
	순종(順宗)	헌종(憲宗)	목종(穆宗)	경종(敬宗)	문종(文宗)
	무종(武宗)	선종(宣宗)	의종(懿宗)	희종(僖宗)	소종(昭宗)
	경종(景宗)				
주량(朱梁) 후당(後唐) 석진(石晉) 유한(劉漢) 곽주(郭周)					
대송(大宋)					

中　國	新　羅	後高麗	後百濟
後唐 ※[1] 同光癸未三 明宗 天成丙戌四 長興庚寅四 閔帝 末帝 淸泰甲午二 石晉※[13] 天福丙申八	**第五十五景哀王** 朴氏.名魏膺.景明之母弟也.母資成[2].甲申立.理二年. **第五十六敬順王** 金氏.傅[3].父孝宗伊于[4]·追封神興大王.祖官□角汗[5]·封[6]懿興大王母桂娥.[7]□[8]康王之□□[9]□□□[10]□□□[11]□□□□□□□.乙未納土歸于□□.[12]陵□□□□東向洞.自五鳳甲子至乙未.合九百九十二年.	丙申統三	乙未.萱子神劒簒父自立.是年國除.自壬子至此.四十四年而亡.

前漢高惠小文景虎昭宣元成哀平孺

後漢光明□□[14]殤安順□□[15]桓靈農獻

魏晉宋齊梁陳隋

李唐□[16]大高則中睿玄肅代德順憲穆□[17]文虎宣□[18]僖昭景

朱梁後唐石晉劉漢郭周

大宋

1) ※ → 莊宗
2) 資成 → 資成王后
3) 傅 → 名傅
4) 于 → 干
5) 汗 → 干
6) 封 → 追封
7) 娥 → 娥太后
8) □ → 憲
9) □□ → 女也
10) □□□ → 丁亥立
11) □□□ → 理八年
12) □□ → 太祖.大平興國三年戊寅
13) ※ → 高祖
14) □□ → 章和
15) □□ → 冲質
16) □ → 高
17) □ → 敬
18) □ → 懿

기이편의 체제

1. 기이편의 구성

기이(紀異)라는 용어는 '신기하고 이상한 일을 기록한다'는 의미를 가지고 있다. 『삼국유사』의 첫머리가 기이(紀異)로부터 시작된다는 것은 합리주의보다는 신비적 · 관념적 · 초월적인, 즉 비합리적인 신이(神異)를 기술하겠다는 의도를 나타낸 것으로, 일연은 이 취지를 서문에서 분명히 밝히고 있다. 그는 서문에서 유교의 합리적 행위보다는 비합리적으로 보이는 초인간적인 힘에 의해서 국가의 흥망이 좌우된다고 하였다.

그러나 기이편 전체가 신비스럽고 이상한 일만 기재한 것이 아니라 신이사(神異事)와 관련이 없는 역사사실을 기록한 조목도 있다. 이를테면 위만조선 · 마한 · 낙랑국 등의 10여 개 조목은 신이사가 아니라 순수한 역사기록이다. 이는 일연이 신이사(神異事)에 의한 국가흥망뿐만 아니라 한국의 고대사 체계를 확립하고자 하는 의도가 있었기 때문일 것이다. 즉 『삼국사기』가 신라 · 고구려 · 백제의 삼국만을 기술한데 대해 『삼국유사』는 삼국 이전의 고조선 · 위만조선 · 마한 등 고대국가의 역사를 기록하여 우리의 상고사를 확장시켰다.

일연은 신이사와 상고사 체계확립이라는 의도 하에 기이편을 〈그림1〉과 같이 크게 3부분으로 나누어 편성했다. 첫째부분은 단군과 그 후예 국가들의 신이사(神異事)와 역사기록이며, 둘째는 신라, 셋째는 신라 외 국가들의 신이사이다. 첫째부분은 고조선 조에서부터 4절유택조까지 17개 조목이다. 이 부분은 신라 개국(開國) 전후에 일어났던 단군과 그 후예들의 국가에 관한 신이사와 역사기록이다. 이들은 모두 국가의 창업과 관련된 신이한 일의 기록이거나 정치적 지배세력의 흥망에 관한 내용이다. 비록 『삼국유사』라는 이름이 의미하듯이 신라 · 고구려 · 백제의 삼국에 관한 기록이 중심이나 단군이 세운 고조선 이래의 역사도 포함하고 있다. 이것은 『삼국유사』 기술의 중요한 의도 중 하나인 고대 한국사(韓國史)의 체계화로 볼 수 있다. 즉 한민족의 역사는 천손(天孫)인 단군으로부터 시작하였다. 그리고 그 후예들인 위만조선 · 마한으로 이어져 신라로 연결된다는 것이다.

두 번째 부분은 기이편의 본론이라고 할 수 있는 신라의 역대 제왕(諸王)에 대한 기록이다.

38조목(條目)으로 된 신라 국왕의 기록은 신라의 왕 56명 전원이 아닌 27명만 취사선택하여 그들의 신이사를 기술한 것이다. 연오랑과 세오녀, 사금갑과 같이 11개의 조목은 제목이 왕명이 아니다. 그러나 그 내용을 보면 왕과 연관된 내용이다. 그러므로 이들 조목도 신라 국왕에 대한 기록이라고 말할 수 있다.

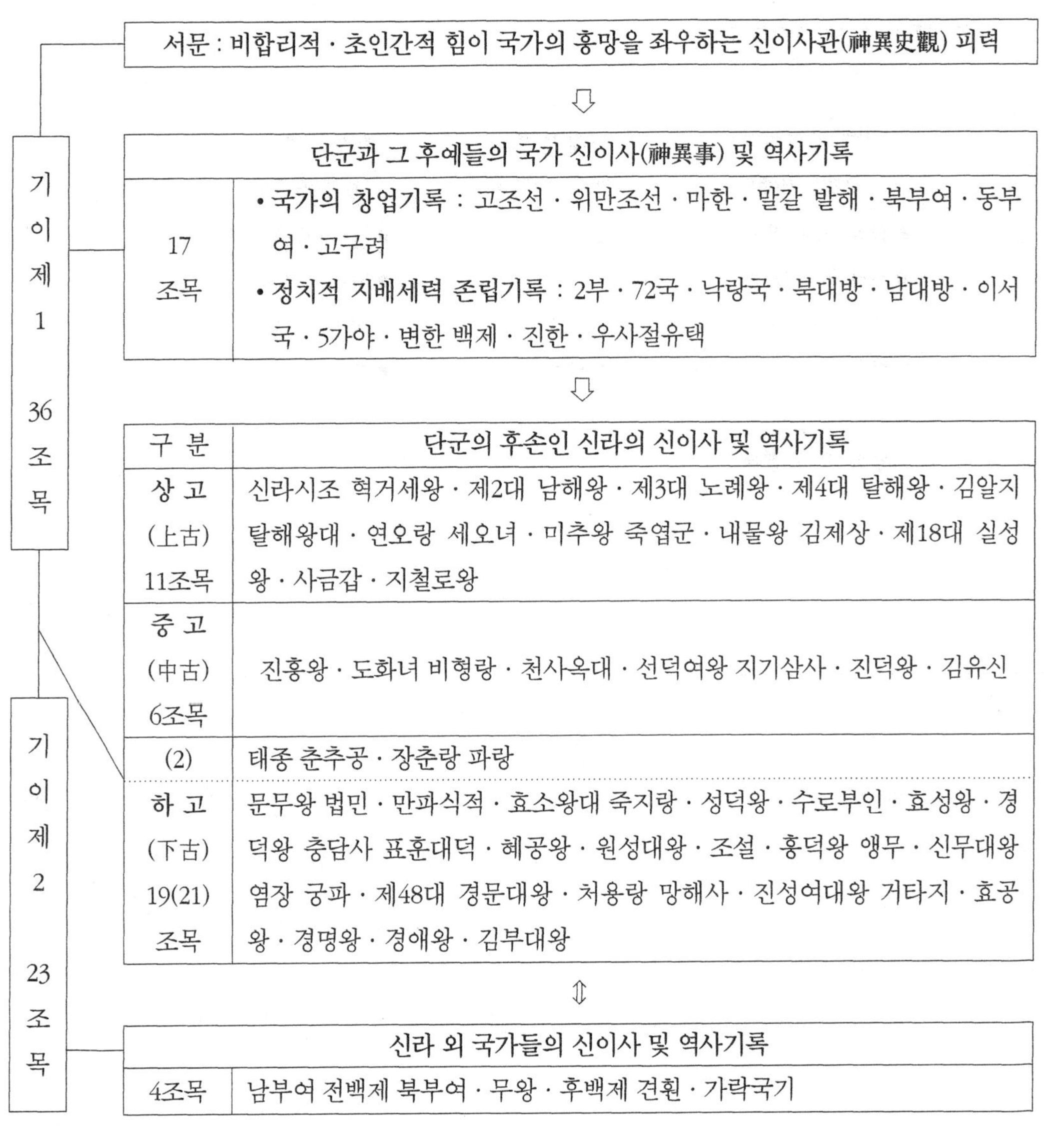

〈그림1〉 기이편의 구성

일연은 이 부분을 왕력(王曆)에서 〈표1〉과 같이 다시 세 개의 시대로 구분하였다. 즉 상고(上古)·중고(中古)·하고(下古)로 구분한 것이다. 상고는 시조 혁거세부터 22대 지증왕까지, 중고는 23대 법흥왕부터 28대 진덕여왕까지, 하고는 29대 무열왕부터 56대 경순왕까지이다. 시대별 특징은 〈표1〉과 같다.

〈표1〉 『삼국유사』의 시대구분과 특징

<table>
<tr><td>구 분</td><td>상 고(上古)</td><td>중 고(中古)</td><td colspan="2">하 고(下古)</td></tr>
<tr><td>왕 대
(王代)</td><td>1대 혁거세왕~
22대 지증왕</td><td>23대 법흥왕~
28대 선덕여왕</td><td>29대 무열왕~
36대 혜공왕</td><td>37대 선덕왕~
56대 경순왕</td></tr>
<tr><td>특 징</td><td>●신라 고유 왕명 시대
●신라국가 형성기
· 귀족연합시대
· 왕위 부자상속 과도기
· 왕위 추대 병행</td><td>●불교 왕명 시대
●불교의 수용에 따른 사회 변혁
●국가체제 완성기
· 율령정치의 구현
· 전제왕권 강화
· 신라 고유연호 사용</td><td colspan="2">●한식(漢式) 시호시대
●왕통(王統)의 변화
· 성골 → 진골
●유교정치 이념에 따른 왕도정치 구현</td></tr>
<tr><td>『삼국사기』
시대구분</td><td colspan="2">상 대(上代)</td><td>중 대(中代)</td><td>하 대(下代)</td></tr>
</table>

세 번째 부분은 신라사와 성격을 달리하는 4개의 조목으로 남부여 전백제(前百濟) 북부여와 무왕 및 후백제 견훤 그리고 가락국기이다. 이들 4조목 중 후백제 견훤 조만이 신라 멸망 이후의 사건이므로 이 부분은 시대 순으로 배열하지 않았다. 시대 순으로 본다면 후백제 견훤 조를 제외한 3개의 조목은 신라사 이전에 배치하는 것이 합당하나 일연은 그렇게 하지 않았다. 그것은 아마도 신라사 이전의 17개의 조목과 성격이 다르기 때문일 것이다. 즉 신라사 이전의 17조목은 앞에서 설명한 바와 같이 국가의 창업과 정치적 지배세력의 흥망에 관한 내용이면서도 망(亡)보다는 흥(興)에 무게 중심이 있다. 그러나 신라사 이후의 4조목은 흥(興)보다는 망(亡) 즉 몰락과정에 치우쳐서 신라사 뒤에 배정했을 것이다. 비록 무왕 조는 다소 성격이 다르나 몰락 직전의 왕이라는 것을 일연은 고려했다고 볼 수 있다.

2. 기이 제1과 기이 제2

일연은 〈표1〉에서와 같이 신라사를 상고 · 중고 · 하고로 나누었으나 이것과는 다른 기준으로 다시 신라사를 기이 제1과 기이 제2로 구분하고 있다. 이 구별의 기준은 역사의 전환점이라고 할 수 있는 신라의 통일이다. 고조선부터 신라통일 이전인 태종 춘추공 조에 연결된 장춘랑과 파랑까지를 기이 제1로 하였다. 또 통일을 한 문무왕 법민부터 신라 멸망 그리고 가락국기까지를 기이 제2로 구분한 것이다.

기이 제1은 민족의 시조 단군이 고조선을 창업한 이래 그 후예인 신라인들의 성장과정을 기술한 것이다. 이 시기는 신라시조 혁거세가 나라를 창건한 후 국가의 기틀을 세우고 왕권을 확립하여 국운이 성장 발전하는 과정이다. 즉 기이 제1은 삼국통일이라는 정점을 향해 올라가는 상승과정이라 할 수 있다.

문무왕 법민부터 시작되는 기이 제2는 신라성장의 완성과 몰락과정을 기술한 것이다. 특히 경덕왕부터의 기록들은 정변에 의한 왕위계승과 관련된 내용이 많다. 왕위가 태자에게 자연스럽게 승계되지 못하고 정변이 발생된다는 것은 왕권의 불안정을 의미하는 것이다. 지배계층의 분열과 반목에 의한 불안정한 왕권은 민심의 이반을 불러와 멸망에 이르게 됨을 기록한 것이 기이 제2이다.

신라인의 미소

울고 있는 신라 토우

기이[1] 권 제1

서문[2]으로 말한다.

대체로 옛날의 성인들은 예(禮)와 악(樂)으로써 나라를 일으키고 인(仁)과 의(義)로 가르침을 베풀되 괴이함 · 완력 · 난동 · 귀신[3]에 대해서는 말하지 않았다. 그러나 제왕이 장차 일어날 때에는 하늘의 명령[4]을 받고 신표[5]를 받아 반드시 보통 사람과 다른 점이 있었다. 그런 후에라야 큰 변화를 타고 국가의 권력[6]을 잡아 천자의 대업[7]을 이룩할 수 있는 것이다. 그러므로 하수(河水)에서 그림[8]이 나왔고 낙수(洛水)에서 글[9]이 나와서 성인이 일어났던 것이다.

무지개가 신모(神母)[10]를 둘러싸서 복희(羲)[11]를 낳고 용(龍)이 여등(女登)[12]과 감응하여 신농씨인 염(炎)[13]을 낳았다. 황아[14]가 궁상(窮桑)[15]의 들판에서 노닐다가 스

1) 기이(紀異) : 신기롭고 이상한 사적을 기록. 기(紀)는 기(記)와 동일.
2) 서문(敍) : 서(序)로서 서문(序文), 즉 저자가 그 글을 지은 취지.
3) 괴이함 · 완력 · 난동 · 귀신〔怪力亂神(괴력난신)〕: 『논어』 술이편(述而篇)의 〔子不語怪力亂神(공자는 괴력난신에 대해서는 이야기하지 않았다.)〕을 인용.
4) 하늘의 명령〔符命(부명)〕: 천자가 되라는 하늘의 명령.
5) 신표〔圖籙(도록)〕: 천신(天神)이 주는 신표.
6) 국가의 권력〔大器(대기)〕: 천자의 지위.
7) 대업(大業) : 제왕의 업.
8) 하수(河水)에서 그림〔河出圖(하출도)〕: 옛날 중국의 복희씨 때 황하에서 용마(龍馬)가 등에 지고 나왔다는 그림. 복희씨는 이 그림으로 주역의 근본이 되는 8괘를 만듦.
9) 낙수(洛水)에서 글〔洛出書(낙출서)〕: 옛날 중국의 우왕 때 낙수(洛水)에서 나온 것으로써 거북의 등에 새겨져 있었다는 글. 서경의 홍범구주(洪範九疇)의 근원이 됨.

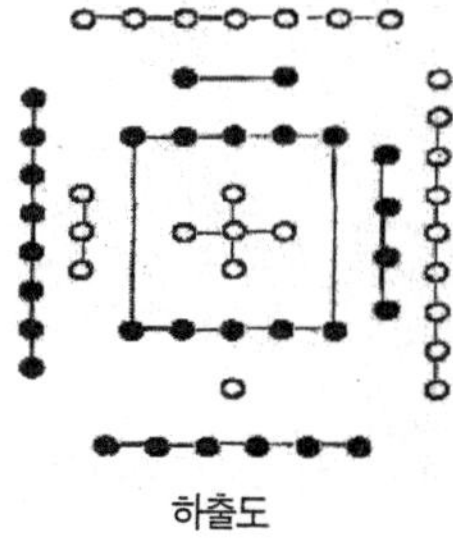

하출도

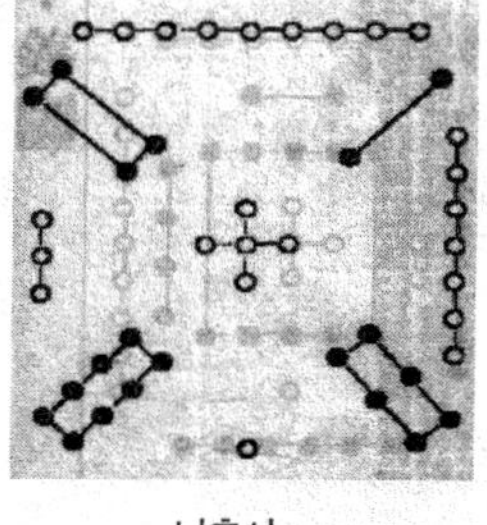

낙출서

紀異卷第一

敍曰.

大抵古之聖人. 方其禮樂興邦. 仁義設敎. 則怪力亂神・在所不語. 然而帝王之將興也. 膺符命・受圖籙・必有以異於人者. 然後能乘大變・握大器・成大業也. 故河出圖 洛出書・而聖人作.

以至虹繞神母而誕羲・龍感女登而注炎. 皇娥遊窮桑之野.

抵 : 대저 저
邦 : 나라 방

膺 : 받을 응
籙 : 서적 록
乘 : 탈 승
握 : 잡을 악
洛 : 낙수 락
作 : 일어날 작
虹 : 무지개 홍
繞 : 두를 요
誕 : 태어날 탄

羲 : 사람이름 희
炎 : 불꽃성할 염
注 : 生의 오기
娥 : 황아 아
遊 : 놀 유
窮 : 다할 궁
桑 : 뽕나무 상

10) 신모(神母) : 신기하고 이상한 노모.

●삼황(三皇) 오제(五帝) 계통도

· 삼황(三皇) : 복희씨(伏羲氏) → 수인씨(燧人氏) → 신농씨(神農氏)

· 오제(五帝)

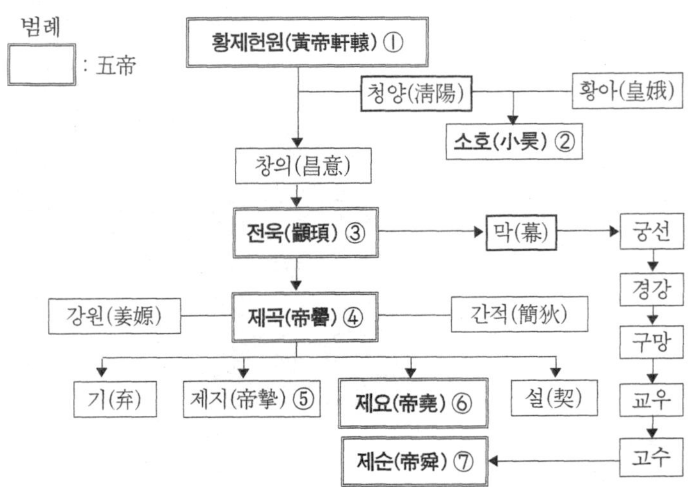

스로 백제[16]의 아들이라 칭하는 신동과 관계하여 소호(小昊)[17]를 낳았다. 간적(簡狄)[18]이 알을 삼켜 설[19]을 낳았으며, 강원(姜嫄)[20]은 발자취를 밟고 기(弃)[21]를 낳았다. 요(堯)[22]의 어머니는 잉태한 지 14개월 만에 요를 낳았고, 패공(沛公)[23]의 어머니는 큰 못에서 용과 교접하여 패공을 낳았다. 이로부터 내려오는 것을 어찌 다 기록할 수 있겠는가. 그러니 삼국[24]의 시조도 모두 신비스러운 이적으로부터 나왔다는 것이 어찌 괴이할 것이 있으랴? 여러 편의 첫머리에 기이편을 싣는 까닭도 바로 여기에 있는 것이다.

11) 희(羲) : 중국 상고시대 삼황(三皇) 중의 제1황인 복희씨(伏羲氏)로서 목축과 고기 잡는 방법을 처음 가르쳤으며 주역의 근원이 되는 8괘를 창시.
12) 여등(女登) : 염제(炎帝) 신농씨(神農氏)의 어머니.
13) 염(炎) : 염제 신농씨로서 백성을 위해 농사짓는 법과 약을 만드는 방법을 창시.
14) 황아(皇娥) : 소호(小昊)의 어머니. 양잠을 발명한 유조.
15) 궁상(窮桑) : 중국 산동성 곡부 북쪽에 있는 지명.
16) 백제(白帝) : 오행설에 의해 만든 전설로 오천제(五天帝)의 하나. 백제는 오행으로는 금, 계절로는 가을, 방위로는 서쪽.
17) 소호(小昊) : 소호 김천씨(金天氏)로서 이름은 현효.
18) 간적(簡狄) : 제곡(帝嚳)의 제2비(妃)로서 목욕하다가 현조(玄鳥)가 떨어뜨린 알을 잘못 삼켜 임신하여 설(契)을 낳았다고 함.
19) 설(契) : 순(舜)임금 때의 신하로 우(禹)임금을 도와 물을 다스려 공을 세우고 상(商)나라의 시조가 됨.
20) 강원(姜嫄) : 제곡의 제1비이며 주나라 시조 후직(后稷)의 어머니.
21) 기(弃) : 주(周)나라의 시조인 후직(后稷)의 이름.
22) 요(堯) : 중국 고대 제왕인 요임금으로서 순임금과 함께 성군의 대표적인 왕.
23) 패공(沛公) : 중국 한(漢) 고조(高祖) 유방. 진(秦) 2세 때 패(沛)에서 군사를 일으켜서 패공(沛公)이 됨.
24) 삼국(三國) : 신라 · 백제 · 고구려.

조롱박 속에 숨은 복희와 여와
자료원 : 위앤커, 『중국신화전설』

有神童自稱白帝子・交通而生小昊. 簡狄呑卵而生契. 姜嫄履跡而生弃. 胎孕十四月而生堯. 龍交大澤而生沛公. 自此而降. 豈可殫記. 然則三國之始祖. 皆發乎神異. 何足怪哉. 此紀異之所以漸諸篇也. 意在斯焉.

昊 : 하늘 호
狄 : 북녘오랑캐 적
契 : 이름 설
履 : 밟을 리
弃 : 버릴 기
孕 : 아이밸 잉
沛 : 점잖을 패
殫 : 다할 탄
哉 : 그런가 재
斯 : 여기 사
簡 : 편지 간
呑 : 삼킬 탄
嫄 : 후직어머니 원
跡 : 자취 적
胎 : 아이밸 태
堯 : 요임금 요
豈 : 어찌 기
焉 : 어조사 언
漸 : 첫머리 점

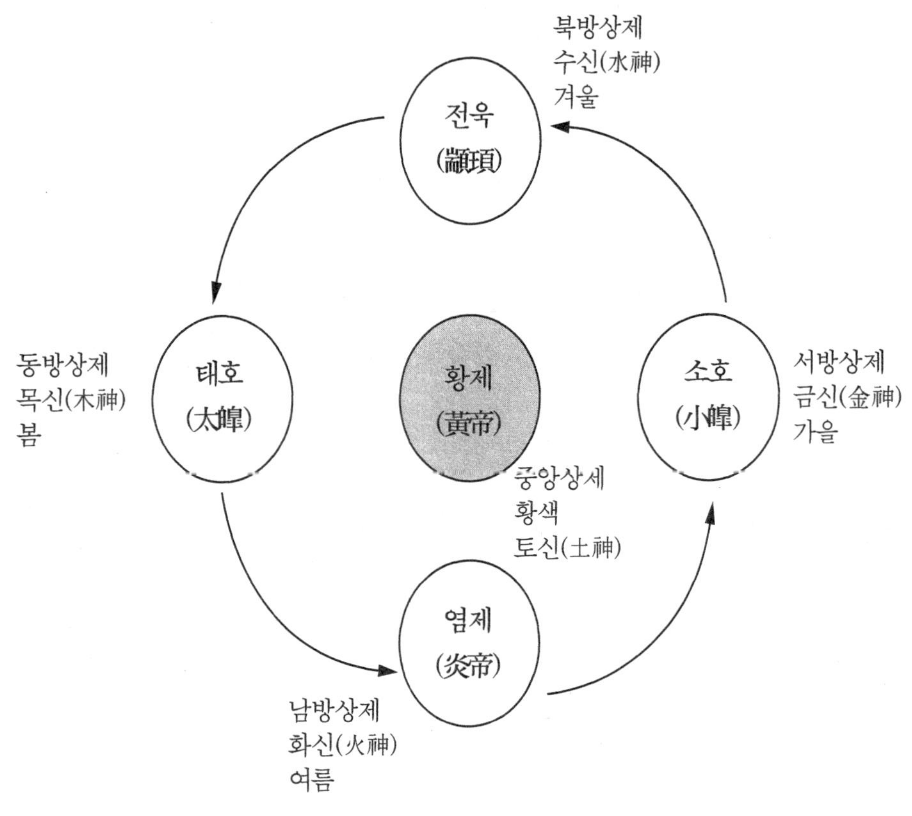

오행도에 의한 오천제(五天帝)

서문의 의의

1. 서문의 취지

이기백이 쓴 「삼국유사 기이편의 고찰」에서 서문의 취지를 명확히 알 수 있다. 그에 의하면 「일연이 기이편을 엮은 취지를 적은 이 서문에 의하면, 그는 우선 논어에서 공자가 괴력난신을 말하지 않는다고 한 것에 대해서 비판하고 있음을 알 수 있다. 괴력난신을 말하지 않는다는 것은 초인간적인 힘에 의한 역사의 발전을 믿지 않는다는 이야기도 된다. 반대로 인간의 도덕적 행실에 의하여 국가의 흥망이 좌우된다고 믿은 것이다. 이것이 공자의 입장이요 유교의 입장이었다. 그러나 일연은 그러한 입장에 대하여 비판적이었다. 국가의 흥망에 초인간적인 힘의 작용을 믿고 있는 것이다. 그리고 그러한 예들을 많이 들어 보이고 있다. 그것도 중국에 있어서의 예들을 열거하였다. 이것은 그러한 초인간적인 힘의 작용이, 오늘날의 표현을 빌어서 말한다면 세계사적인 보편성을 지니고 있다는 것을 말하려고 한 것이다. 따라서 고구려 · 백제 · 신라의 삼국의 시조가 신이한데서 나왔다고 해서 하등 이상한 일이 아니라는 것이다. 이로써 기이라는 편명이 곧 '신이를 기록 한다' 는 뜻이라는 것이 명백하여 진 셈이다. (중략)

그런데 일연은 기이편 뿐만 아니라 다른 편들도 신이를 기록한다는 원칙에서 저술하고 있으므로, 실상 주제가 달라질 뿐이지 서술의 원칙은 일관되고 있다고 할 수 있다. 즉 일반사화(一般史話) 중에서 신이한 것을 기록한 것이 기이편이고, 불교사화(佛教史話) 중에서 신이한 것을 기록한 것이 다른 편들이라 할 수가 있다. 따라서 이 서문은 기이편의 서문이라기보다는 삼국유사 전체의 서문이라고도 할 수 있다.」라 했다.

2. 신이사(神異事)의 역할

삼국유사에 수록된 신이사는 유교나 현대 서구문명의 입장에서 보면 황당무계(荒唐無稽)한 귀신의 이야기요 허무맹랑한 허깨비의 이야기이다. 귀신과 허깨비의 이야기는 현실 초월적이며 비합리적이다. 이러한 비합리적이고 초인간적인 힘은 국가의 발전과 관련이 없다는 것이 합리주의자들의 입장이다. 그러나 합리적이고 도덕적인 행실만이 국가와 사회를 발전시킨다는 것은 편견이요 미신이다. 자연의 한 부분으로 자연과 교감하며 살고 있는 조직사회가 합리적인 현대문명에 노출되면 그 사회는 여지없이 무너지는 것을 우리는 종종 보아왔다. 일본의 아이누족 · 미국의 인디언 · 오스트레일리아의 원주민 등은 기계문명과의 접촉을 통하여 그들은 붕괴되어 갔다. 이들이 과학 문명을 받아들이면서 자연현상은 서서히 그 은밀한 의미를 상실했다. 강에는 이제 요정이 없고, 나무는 더 이상 인간 생명의 원리가 아니고, 뱀은 지혜의 구현자가 아니다. 이미 돌이나 동물이나 식물은 인간에게 말을 걸지 않으며 인간 역시 이들에게 말을 걸지 않을뿐더러 들을 수 있을 것이라고 생각하지도 않는다. 이제 인간과 자연의 교감은 끝났다. 교감이 끝나는 것과 동시에 이 상징적 인연이 공급해온 삶과 활동의 에너지 또한 사라져 버린 것이다. 현대인들이 자랑하는 합리주의가 자연의 상징과 관념에 반응하는 이들의 능력을 빼앗아 버림으로써 그들의 사회를 발전시키기는커녕 오히려 붕괴를 촉진시켰던 것이다.

삼국유사에 등장하는 신이사(神異事)는 단순한 귀신의 이야기나 허무맹랑한 설화가 아니라 자연과 교감하는 인간성의 여러 면을 상징으로 표현한 것이다. 상징이란 원시적 본능 충동을 문화적 또는 정신적 가치로 전환시킬 뿐만 아니라, 인간성의 모든 면을 에워싸고 대립하는 힘들을 버리고 하나의 통일체를 만들어 주는 결정체이다.

문명이나 문화가 발달된 시대, 이를테면 서구의 르네상스나 우리나라의 삼국통일 시기 또는 조선조의 융성기에는 훌륭한 상징들이 생겨났다. 훌륭한 상징이란 인간성의 여러 면을 실현시키고, 대립을 통합시켰다는 의미이다. 『삼국유사』의 상징적 내용은 신라인들의 정신을 표현한 것이며, 인간성의 모든 면을 투영한 것이며, 우리 민족이 획득하여 저장한 지혜를 나타낸 것이다. 또한 무속과 불교와 융합, 지배층과 민중의 일체감 형성, 통일시기의 신라 · 고구려 · 백제를 통합시키기 위한 시책 등을 삼국유사에서 보듯이 설화의 상징을 통해 훌륭하게 표현했던 것이다.

로마의 시조 로물루스와 레무스

고조선[1]

『위서』[2]에 이렇게 말했다. 「지나간 2천 년 전에 단군왕검[3]이 있었다.

1) 고조선(古朝鮮) : 위만조선(衛滿朝鮮) 또는 기자조선(箕子朝鮮)에 대한 옛 조선을 의미한다는 설과, 태조 때 『삼국유사』가 발간됨으로써 조선에 대한 고조선이라는 설이 있음.

- 조선은 B.C. 7세기에 저술된 『관자(管子)』에 처음 등장.
- 『관자 경중갑편(輕重甲篇)』에서 〔發朝鮮不朝 請文皮 毤服而以爲幣乎(조선이 조공을 하지 않는 것은 문피와 태복을 예물로 요청하기 때문입니다)〕.

*發은 붉으로 朝와 같은 의미(신채호) 또는 夫里 · 伐 · 弗로서 부여 지칭(이병도).

ㅇ조선의 어원에 관한 학설

구 분	내 용	주장학자, 『저서』
강 이 름	• 열수(洌水)와 산수(汕水)에서 유래 · 洌水〔붤니〕 ⇨ 붤신 → 붉(朝) 신(鮮) → 조선 · 汕水〔신니〕 〈해석 : 양주동〉	장안(張晏), 『사기집해』
	• 열수 · 산수에서 숙신(肅愼)이라는 종족 명칭을 통해서 조선이 됨. · 숙신의 원래 발음은 신	리지린, 『고조선연구』
지 역	동쪽 끝으로 해뜨는 지역	노사신, 『신증동국여지승람』
	선비(鮮卑)의 동쪽(朝)에 있다는 뜻	안정복, 『동사강목』
언 어	• 조선과 같은 음인 만주어 주신(珠申)에서 유래 · 주신 : 소속 · 관경(管境)의 뜻으로 나라를 의미	신채호, 『한국상고문화사』 정인보, 『조선사연구』
	• 아사달(阿斯達 : 아침의 땅)에서 유래 - 아사 : 아침을 뜻하는 우리의 고대어로 朝 · 朝鮮을 의미 · 아사 → 아즉 → 아직 → 아촘 → 아침 - 달 : 따〔地〕의 뜻. 양달 · 음달의 달과 같은 의미	이병도, 『한국고대사연구』
	• 밝은 아침의 고대어 붉 · 싀에서 유래 - 붉 ⇒ 조(朝) 싀 ⇒ 鮮	양주동, 『고가연구』

古朝鮮(王儉朝鮮)

魏書云. 乃往二千載有壇君王儉.

乃 : 지나간 내
往 : 갈 왕
載 : 해〔年〕 재
乃往 : 옛날, 예전

2) 위서(魏書) : 현존하는 위서는 진수(陳壽)의 『삼국지위지』, 위수(魏收)의 『후위서』 등 7종이나 어느 곳에서도 단군에 관한 기록이 보이지 않음.
 *일연 당시 7종 외에 또 다른 위서가 있었거나, 고려 때 스님들은 중국을 위로 통칭했으므로 중국의 서적을 의미할 수도 있음.

3) 단군왕검(壇君王儉) : 제사장(祭司長)과 군장(君長)을 겸하는 제정일치적 존재.

ㅇ단군왕검의 의미 및 어원에 관한 학설

구 분	내 용	주장학자
단 군	제사장을 뜻하는 터키 · 몽고어의 탱그리(Tengri)와 동의어	최남선 · 이능화 · 이병도 이기백 · 이중재 이마니시류〔今西龍〕
	하늘의 왕을 의미하는 몽고의 등거리, 돌궐의 탱그리, 여진어의 당걸 · 당굴에서 유래	안재홍
	만주어의 부족장을 뜻하는 당가(dangga)에서 유래	강길운
	신단수(神壇樹) 아래에 살아서 단군(壇君)이라 칭함	허목
	박달나무 밑에서 추대된 군장〔君〕의 의미	북애자 · 김교헌
왕 검	임금 혹은 잇검〔繼王 · 繼神〕으로 왕의 계승자 · 신의 대리자의 의미.	안호상 · 이병도 · 리지린
	• 님금 · 님검으로 통치자의 의미 · 왕 → 님〔主 · 上〕, · 검 → 검 · 감 · 곰〔神 · 王〕	강길운 · 정호완
	임검으로 주신(主神)의 의미	최남선 · 박노철
	• 이사금과 동일한 의미인 壬儉(임검)이 변화된 것 · 壬과 王의 글자체 유사, 뜻 동일	북애자 · 김교헌

*단군의 단은 『삼국유사』에서 壇으로 기록하였으나 이승휴의 『제왕운기』에 檀으로 표기된 후 대부분의 사서에 檀으로 기록.
 – 단군의 의미가 단목(檀木 : 밝달나무)과 연관된 밝달검(檀樹神)이어서 檀으로 기록된 것으로 추정.

아사달[4](산해경[5]에는 무엽산[6]이라고 했다. 또한 백악[7]이라고도 했는데 백주[8]에 있다. 혹은 개성 동쪽에 있다고 했으니 지금의 백악궁[9]이다.)에 도읍을 정하고 나라를 열어 조선이라 부르니 요와 같은 시기[10]였다.」

고기[11]에는 이런 말이 있다.

「옛날에 환인[12](제석[13]을 말한다.)의 서자[14] 환웅[15]이란 이가 있어 자주 천하에 뜻을 두고 인간 세상을 다스리고자 했다.

4) 아사달(阿斯達) : 어원과 위치에 관한 학설

어　　원	지금의 위치	주장학자
아침(아사는 일본말 아침)의 땅에서 유래	평양, 안악(安岳)	이병도
-	요하(療河) 동쪽	윤내현
阿 =아홉⇒구, 達=달=月	구월산	이긍익
ᄋᆞ스대 : 아사달의 이두	하얼빈의 완달산(完達山)	신채호

5) 산해경(山海經) : 고조선의 위치를 결정하는데 중요한 자료가 되는 중국 상고의 지리서로, 전한 말 유수(劉秀)가 정리하고 곽박(郭璞)이 주를 함.

6) 무엽산(無葉山) : 평양 근방에 있는 산.

7) 백악(白岳) : 밝은 산을 의미하며 우리나라 여러 곳에 있으며, 구월산도 백악임.

8) 백주(白州) : 황해도 배천의 옛 이름으로 고려시대에 백주로 불림.

9) 백악궁(白岳宮) : 경기도 장단 지방에 있던 고려시대 궁전.

10) 요와 같은 시기〔與高同時〕 : 원문에서 중국의 요임금의 요를 고로 쓴 것은 고려 3대 정종의 이름이 요(堯)이므로 이를 피하기 위하여 뜻이 같은 高로 쓴 것임.

*고 즉 요(堯)와 같은 시기라 함은 우리의 역사가 중국과 대등하다는 의미.

11) 고기(古記) : 단군의 사적을 기록한 단군고기.

단군릉에 안치된 단군초상

立都阿斯達.(經云無葉山. 亦云白岳. 在白州地. 或云在開城東. 今白岳宮是)

開國號朝鮮. 與高同時.

岳 : 큰산 악

高 : 정종의 이름 堯의 避諱代字
堯 : 높을 요

古記云.

昔有桓國(謂帝釋也)庶子桓雄. 數意天下. 貪求人世.

國 : 因의 오기
貪 : 탐낼 탐
庶 : 서자 서
桓 : 굳셀 환
數 : 자주 삭

12) 환인(桓因) : 명칭의 어원에 관한 학설

구 분	내 용	주장학자
불교 용어	『법화경』의 환인제석을 줄인 것	안정복 · 今西龍
	불교의 천주에 해당하는 석가제환인타라(釋迦提桓因陀羅)를 줄여서 석제환인 또는 환인으로 부름	최남선
위대한 태양신	환인은 위대한 태양신인 한님을 의미 *환 → 한 → 큰 · 위대함 *인 → 님 -니〔日 · 泥 · 尼 · 熱 · 陽〕+마(경칭 접미사)=니마가 되어 니마와 님이 넘나들어 쓰이다가 님으로 굳어짐	정호완

13) 제석(帝釋) : 도리천(忉利天)을 통솔하며 수미산 꼭대기 희견성(喜見城)에 살고 있는 천제(天帝).
- 제(帝) : 산스크리트어 **Indra**(제왕이라는 뜻)에서 뜻을 빌림.
- 석(釋) : **sakra** 즉 석가(釋迦)에서 음을 빌림.

*원어는 sakra-devām-Indra로서 한역하면 석가라제파인타라(釋迦羅提婆因陀羅)가 됨. 석가라 즉 석가(釋迦)는 성(姓)이며 제파(提婆)는 天(천)이고 因陀羅(인타라)는 帝로서 결국 釋天帝임. 석제환인(釋帝桓因)을 제석 또는 천제석이라 함은 석제 혹은 석천제가 잘못 전도된 것임.

석굴암의 제석천

그의 아버지는 아들의 뜻을 알고 삼위태백[16]을 내려다본즉 널리 인간을 이롭게 할 만한지라, 이에 천부인 3개[17]를 주어서 내려 보내 여기를 다스리게 했다.

환웅은 무리 3천[18]을 거느리고 태백산[19](태백은 곧 지금의 묘향산이다.) 꼭대기에 있는 신단수[20] 아래로 내려오니 이곳을 신시[21]라고 했으며, 이 분을 환웅천왕[22]이라고 불렀다. 풍백 · 우사 · 운사[23]를 거느리고 곡물 · 생명 · 질병 · 형벌 · 선악을 주관한바 무릇 인간의 360여 가지 일[24]들을 관장하여 세상을 다스리고 교화했다.

14) 서자(庶子) : 의미에 관한 학설

구 분	내 용	주장학자
모계 사회의 반영	장자를 적자(嫡子), 그 다음의 아들을 서자(庶子)라 함. 신성해야 할 민족시조의 부(父)를 적자가 아닌 서자로 한 것은 모계사회의 모습 반영. 고려시대에서도 서자는 어머니의 신분에 소속되고 어머니의 성을 따름. 또한 대개의 천신 또는 태양신은 여신이므로 환인도 여신이었을 것임. 따라서 서자가 인간세상에 내려오는 것은 모계사회의 반영으로 추정. * 적서의 차별은 조선조 이후임.	김정학, 『단군설화와 토템미즘』
부(父)의 권리 찬탈	아버지의 권리를 정당하게 상속받는 것은 장자이나 서자가 통치자로 내려왔다는 것은 아버지 환인의 권리를 찬탈했다는 의미를 내포하고 있음. 단군신화와 유사한 고구려시조 주몽신화에서도 금와왕의 의붓자식인 주몽이 가장 좋은 말의 혀에 바늘을 꽂은 후 그 말로 도망을 간다는 의미는 금와왕을 제거하고 권력을 찬탈한 것을 상징.	이병윤, 『단군신화의 정신분석』

15) 환웅(桓雄) : 어원에 관한 학설

구 분	내 용	주장학자
하느님의 아들	환(桓)은 광명 혹은 태양신을 뜻하며 웅(雄)은 남자 숫(수)의 의미	최남선
숫 곰	• 남성을 의미 - 환(桓) :곰(고마 곰)의 音借. 웅(雄) : 숫의 訓借	안묘
신웅(神雄)	환(桓) : 곰(곰에서 나왔으며 神을 의미). 웅(雄) : 수 즉 남성을 의미	양주동
위대한 스승	• 환(桓) → 곰(곰에서 나왔으며 신을 의미) • 웅(雄) : 숫컷의 숫이 슷과 혼용. 슷 → 스승의 의미 - 슷은 신과 인간 사이의 의사전달 매체 역할 담당 환인(한님) ↔ 환웅(한슷) ↔ 단군(단굴) 神性 신성+인성 人性	정호완

父知子意. 下視三危大伯可以弘益人間. 乃授天符印三箇. 遣往理之.

大 : 太의 오기
符 : 증거 부, 믿을 부
遣 : 보낼 견

雄率徒三千. 降於太伯山頂(即太伯今妙香山)神壇樹下. 謂之神市. 是謂桓雄天王也. 將風伯雨師雲師. 而主穀主命主病主刑主善惡. 凡主人間三百六十餘事. 在世理化.

徒 : 무리 도
將 : 거느릴 장

理 : 다스릴 리　**化** : 교화할 화

16) 삼위태백(三危太伯) : 삼위는 중국의 삼위산을 말하며 태백은 삼위산 중의 하나. 태백은 성산(聖山)의 의미로 우리나라 곳곳의 산 이름으로 쓰임.
17) 천부인(天符印) 3개 : 신령성을 표시하는 신표 또는 악령의 침해를 방지하는 보물. 3개란 제사장이 사용하는 검 · 거울 · 방울이라는 것이 통설.
18) 무리 3천[從三千] : 천제자의 행동효과를 크게 하기 위한 종자로서, 3천이었다 함은 신정(神政)의 규모가 크다는 것을 뜻함.
19) 태백산(太伯山) : 太는 최대를 의미하는 말이며, 우리나라에서 산이 높고 크고 웅장한 산은 伯, 혹은 白자가 붙어 있음. 함경도 지역의 백두 · 장백산, 평안도의 백마산, 황해도의 백악(구월산), 서울의 백악산, 경기도의 백운산, 강원 · 경상도 경계상의 태백산, 충청 · 경상 경계상의 소백산, 전라도의 백암산 등임. 白 · 伯자는 신명(神明)을 의미하는 고어 밝은에서 음을 빌려 쓴 것임. 고대인들은 이러한 산들을 천상과 인간을 연결하는 장소로 인식.
20) 신단수(神壇樹) : 신께 제사 드리는 신단에 신을 표시하는 신수(神樹)를 신단수라 하며 수목숭배와도 관계됨.
21) 신시(神市) : 신정(神政)시대의 도시.
22) 천왕(天王) : 천자(天子)의 칭호.
23) 풍백(風伯) · 우사(雨師) · 운사(雲師) : 바람 · 비 · 구름을 맡은 주술사. 농업 경제사회의 산물.
24) 360여 가지 일[三百六十餘事] : 온갖 것을 의미하는 말로 1년 360여 일에서 따온 것으로 추정.

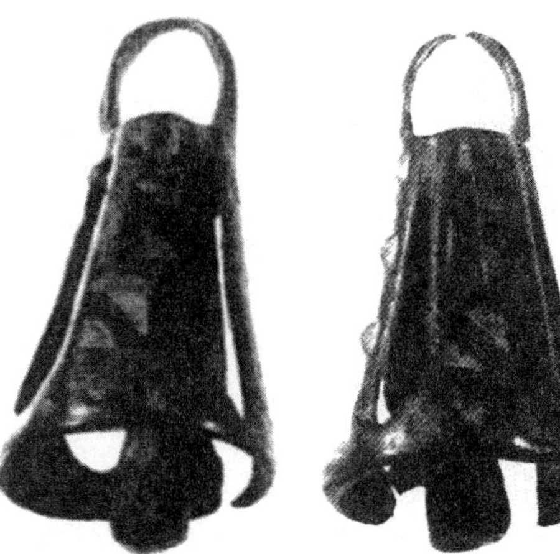

북한 상원군 장리 고인돌무덤에서 출토된 傳고조선시대 청동방울
자료원 : 최응선, 『고조선 초기의 사회문화상에 대하여』

이때 곰 한 마리와 호랑이 한 마리[25]가 같은 굴속[26]에 살았는데, 항상 신웅[27]에게 빌어 사람이 되어지기를 기원하였다. 그때 환웅이 신령스러운 쑥 한 다발과 마늘[28] 스무 개를 주면서 "너희들이 이것을 먹고 100일 동안 햇빛을 보지 않으면 쉽사리 사람이 되리라"하였다. 곰과 호랑이는 이것을 받아서 먹고 3 · 7일〔21일〕 동안 참은 끝에 곰은 여자의 몸을 얻었으나,[29] 호랑이는 참지 못해서 사람의 몸을 얻지 못했다.

웅녀[30]는 혼인할 상대가 없으므로[31] 매일 단수 밑에서 잉태하기를 빌었다. 환웅이 잠시 거짓 사람으로 변하여 그녀와 혼인하고,[32] 아들을 잉태하여 낳으니 이름을 단군왕검이라 하였다.

중국에서 요[33]가 즉위한 지 50년인 경인년(중국의 요가 즉위한 원년은 무진년(B.C. 2333)이다. 그러므로 즉위한 후 50년이 되는 해는 정사년이지 경인년이 아니다. 사실인지 아닌지 의심스럽다.)[34]에 평양[35]성(지금의 서경이다.)에 도읍하여 비로소 조선이라 했다.

25) 곰 · 호랑이〔熊 · 虎〕 : 동북방 아시아에서 최고급 맹수인 곰과 호랑이를 고대인들은 자신들을 보호해 주는 신으로 숭배.

26) 같은 굴속〔同穴〕 : 북방에 있는 곰과 호랑이의 두 개 토템을 믿는 민족은 본래 같은 근원에서 나왔다는 것을 의미.

27) 신웅(神雄) : 환웅(桓雄).

28) 쑥〔艾〕 · 마늘〔蒜〕 : 쑥과 마늘은 지금까지도 민간요법에서 상용약제로 활용되며, 이 신화의 성립시대에는 그 주술적 효력이 높이 평가 되었던 것으로 추정.

29) 곰은 여자의 몸을 얻다〔熊得女身〕 : 곰을 토템으로 하는 일족이 출현한 것을 의미. 곰과 호랑이 중에서 호랑이를 택하지 않고 곰을 택한 것은 범과 같은 용맹을 배격하고 곰과 같은 평화 · 끈기 · 지혜를 사랑하는 민족 심정의 표현.

30) 웅녀(熊女) : 고마 · 개마족 즉 곰 토템의 여성이란 의미.
중국 고전에서는 우리 민족을 맥(貊) · 예맥(濊貊)으로 기록. 맥(貊)은 웅(熊)과 같은 의미로 그 어원은 고마 · 개마(고마 → 곰)로 추정. 곰〔熊〕을 신성시하여 수호신 또는 조상신으로 숭배하던 토템사상은 동북아시아 여러 민족에 널리 분포. 우리 조상들이 중국 북방에 살고 있을 때 웅과 비슷한 맥을 우리말로 개마 혹은 고마라 하여 그것을 우세한 토템으로 삼고 있다가 만주와 한반도로 와서는 맥 대신 웅을 고마 · 개마라 하여 그것을 신성시하여 수호신 · 조상신으로 숭배한 것임. 웅녀란 본래 종족의 기호가 고마 · 개마로서 이것이 지신(地神)을 대표하는 곰〔熊〕과 일치하여서 생긴 것.

〈김봉두, 『삼국유사』〉

31) 웅녀는 혼인할 상대가 없다〔無與爲婚〕 : 원시사회에서는 같은 토템 안에서는 통상 결혼이 금지되므로 신웅에 대한 구혼은 다른 종족에게 성적 결합을 구하였다는 의미로 추정.

時有一熊一虎. 同穴而居. 常祈于神雄. 願化爲人. 時神遺靈艾一炷蒜二十枚曰. 爾輩食之. 不見日光百日. 便得人形. 熊虎得而食之忌三七日. 熊得女身. 虎不能忌. 而不得人身.

熊女者無與爲婚. 故每於壇樹下. 呪願有孕. 雄乃假化而婚之. 孕生子. 號曰壇君王儉. 以唐高卽位五十年庚寅(唐堯卽位元年戊辰. 則五十年丁巳. 非庚寅也. 疑其未實). 都平壤城(今西京). 始稱朝鮮.

祈 : 기도할 기
靈 : 신령 령
艾 : 쑥 애
炷 : 심지 주
蒜 : 마늘 산
枚 : 개수 매
爾 : 너 이
輩 : 무리 배
忌 : 꺼릴 기
呪 : 기도할 주
孕 : 아이밸 잉
假 : 거짓 가
高 : 정종의 이름 堯의 避諱代字
未 : 未의 오기

32) 환웅이 …… 혼인하고〔雄乃假化而婚之〕 : 신이 인간과 더불어 합하려 하여 잠시 사람의 모습으로 나타난 후 그 일이 종료되면 다시 신으로 돌아가는 것을 가화(假化)라 함. 이와 같은 것을 신화학으로는 신혼신화(新婚神話)라 하며 이는 토템신앙의 반영임. 그러므로 환웅신화의 본질은 천제자와 웅녀 사이에 조선 국조 단군왕검이 탄생하였다는 것을 의미.

33) 중국에서 요〔唐高〕 : 원문의 唐은 도당시대의 당(唐)을 의미하며, 고(高)는 요(堯)임금으로 고려 3대 정종의 이름 요(堯)를 피하기 위한 것.

34) 중국의 …… 의심스럽다 : 중국의 요임금이 즉위한 원년을 무진(B.C. 2333)으로 하는 설은 원(元)나라 때 만들어진 기년(紀年)임.
『고려사』 지리지에 「당요(唐堯) 무진년에 신인이 단목에서 내려오니 국인들이 그를 받들어 군주로 삼았다.」고 기록하였으며, 조선조 성종 15년(1484)에 서거정 등에 의해 편찬된 『동국통감』 외기(外紀)에도 단군조선조가 수록됨. 여기에 요(堯)임금의 즉위를 갑진으로 하였으며, 요임금 즉위 후 25년 되는 무진년에 단군이 나라를 세웠다고 기록. 단군 원년을 무진으로 하였을 때 그 시기는 B.C. 2333년이 됨. 현재 우리가 사용하는 단군력은 『고려사』 및 『동국통감』에 근거.

단군신화를 상징하는 것으로 추정되는 무씨사당 석실 벽화

또 도읍을 백악산 아사달로 옮기니[36] 궁(궁(弓)을 방(方)으로도 쓴다.)홀산이라고도 하고 금미달[37]이라고도 한다. 1천 5백 년[38]동안 나라를 다스렸다. 주나라 무왕이[39] 즉위한 기묘년에 기자를 조선에 봉하니,[40] 이에 단군은 장당경[41]으로 옮기었다[42]가 후에 돌아와 아사달에 숨어서 산신이 되었다.[43] 나이가 1천9백8세[44]였다.」

35) 평양(平壤) : 어원과 위치에 관한 학설

구 분	내 용	주장학자, 『저서』
어 원	열수(列水) · 패수(浿水)의 훈(訓)인 벌내(불ᄂᆡ)에서 유래	양주동, 『고가연구』
	펴라 → 평양 ＊펴라의 의미에 관한 학설 - 고대 강을 나타내는 일반명사〈국사편찬위원회〉 - 낙랑의 음에서 펴라로 변화〈양주동〉	신채호, 『조선상고사』
	대읍(大邑) · 장성(長城)을 뜻하는 고대어	윤내현, 『한국고대사신론』
위 치	심양(沈陽)의 동남에 있었던 험독(險瀆)	〃
	지금의 평양	이병도, 『한국고대사연구』

36) 도읍을 백악산 아사달로 옮기니〔移都於白岳山阿斯達〕
• 『삼국유사』에서의 도읍 이동 : 평양성 → 백악산아사달 → 장당경 → 아사달

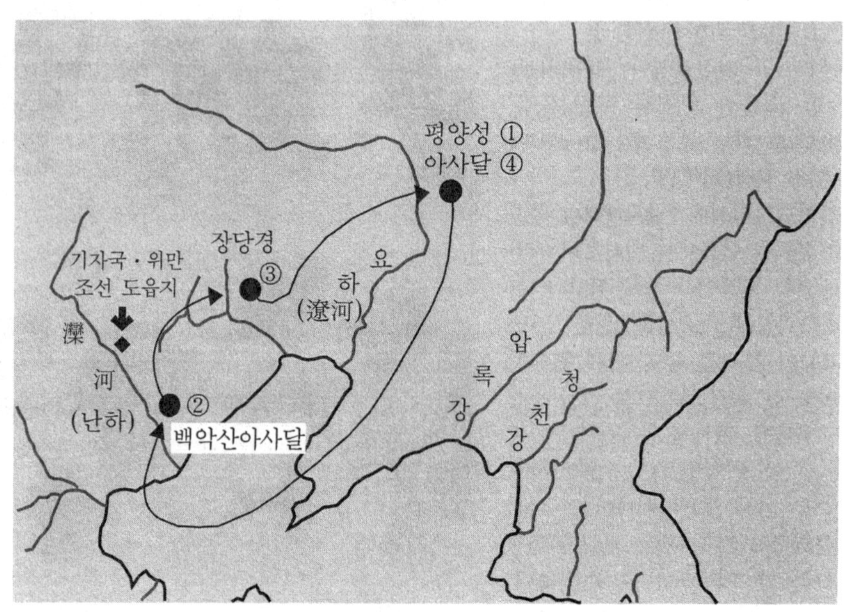

고조선 도읍 이동
자료원 : 윤내현 ,『古朝鮮의 都邑 遷移考』

又移都於白岳山阿斯達. 又名弓(一作方)忽山. 又今旀達. 御國一千五百年. 周虎王卽位己卯. 封箕子於朝鮮. 壇君乃移於藏唐京. 後還隱於阿斯達爲山神. 壽一千九百八歲.

忽: 깜짝할 홀
御: 다스릴 어
旀: **弥**(**彌**: 그칠 미)의 오기
虎: 혜종의 이름 **武**의 避諱代字
箕: 삼태기 기
藏: 감출 장
隱: 숨을 은

37) 궁홀산 · 금미달(弓忽山 · 今彌達) : 어원에 관한 학설

구 분	내 용	주장학자, 『저서』
구월산	• 궁(고마 · 곰〔神〕) → 구, 홀(골〔谷〕) → 월 • 금(고마 · 곰〔神〕) → 구	양주동, 『고가연구』
곰 성	• 궁홀산 · 금미달(弓忽山 · 今彌達) - 금미 · 궁홀 ← 곰〔熊〕의 音借 - 산(山) · 달(達) ← 성(城)의 訓借	—

38) 1천 5백 년(一千五百年) : 단군의 재위 1500년 설은 건국시조의 신이성(神異性)과 위대성을 자랑하고자 하는 의식의 표현.
39) 주나라 무왕〔周虎王〕 : 원문의 虎는 고려 혜종의 이름이 무(武)이므로 이를 피하기 위하여 호(虎)로 함〔避諱〕.
40) 기자를 조선에 봉했다〔封箕子於朝鮮〕 : 기자 동래설에 관한 학설

구 분	내 용	주장학자
인 정	• 고려 후기부터 조선조에 걸쳐 기자 동래설 옹호 - 『상서대전』 · 『사기』 · 『송미자 세가』 · 『한서지리지』의 기록에 근거 - 중국 숭배 사상의 반영 : 기자를 조선 개국의 이상적인 지도자로 삼음	고려 · 조선조 유학자
부 정	• 기자 동래설은 후대의 조작 - 지배자의 왕실 가계를 빛내기 위해 기자를 시조로 삼음 *동래설의 부정은 고조선 · 기자조선도 부정 *위만조선은 한사군에 의한 중국세력의 한반도 진출로 인식 ⇒ 우리의 고대사 상한을 삼국시대로 축소	이병도 · 일인학자
	• 기자국은 중국의 변방 난하(灤河)부근에 있던 소국 *기자국은 우리의 고대사와 관련이 없음	윤내현

당나라 『배구전』[45]에는 이렇게 전한다.

「고려[46]는 원래 고죽국[47](지금의 해주이다.[48])이었다. 주나라에서 기자를 봉해줌으로써 조선이라 했다. 한나라는 이를 나누어서 3군을 설치하여 현도 · 낙랑 · 대방(북대방이다.)이라 불렀다.」

『통전』[49]도 역시 이와 같다.(『한서』에는 진번 · 임둔 · 낙랑 · 현도 4군으로 되어 있다. 그런데 여기에는 3군으로 되어 있고 이름도 또한 같지 않으니 무슨 까닭인가?)

41) 장당경(藏唐京) : 장당경 위치에 관한 사서의 기록
• 『세종실록지리지』 · 『동국여지승람』 : 문화현 동쪽 15리에 있음. 단군의 도읍이라고 전하며 장장평(庄庄坪)이라고도 하나 이는 장당경이 잘못 전해진 것임.

42) 장당경으로 옮기었다.〔移藏唐京〕 : 도읍을 옮긴 것은 지배씨족의 교체를 의미. 즉 신 지배씨족의 대두와 침투에 의하여 구 지배씨족이 그 근거지를 아사달에서 장단경으로 옮긴 것으로 추정.
〈이병도, 『단군설화의 해석과 아사달 문제』〉

43) 산신이 되었다〔爲山神〕 : 고대인들의 산에 대한 인식은 신들이 거주하는 곳이며, 죽은 영혼이 정화되어 신선이 되는 곳일 뿐만 아니라 천계(天界)와 가까워서 천신(天神)과 접하는 장소로 생각함. 단군이 죽어 산신이 되었다는 것은 초월적인 천신은 물러나 감추어져 있고, 천신의 구체화로써 표면에서 활동하는 산신을 의미. 즉 그 산신을 제사하는 신단수, 그리고 민간 형태의 구체화라고 할 수 있는 누석단(累石壇) · 신수(神樹) · 당(堂)집의 형태로 우리 민족의 종교생활을 지배.

북한에 의해 조성된 단군릉

唐裵矩傳云.

裵 : 성(姓) 배
矩 : 법(法) 구

高麗本孤竹國.(今海州) 周以封箕子爲朝鮮. 漢分置三郡. 謂玄菟・樂浪・帶方(北帶方)

菟 : 고을이름 도

通典亦同此說.(漢書則眞臨樂玄四郡. 今云三郡. 名又不同. 何耶)

耶 : 그러한가 야

44) 1천9백8세(一千九百八歲) : 건국시조의 신이성과 위대성을 자랑하고자 하는 의식의 표현.

45) 배구전(裵矩傳) : 수나라 사람으로 『수서(隋書)』 열전편에 배구의 전기가 실려 있음. 그 내용은 「…고려의 땅은 본래 고죽국이었다. 주나라 때 기자를 봉했으며, 한나라 때 이를 나누어 3군을 설치했으며 진씨(晉氏) 또한 요동을 통솔했다. 지금은 섬기지 아니하고 바깥 영역이 되니 선왕은 이를 질시하여 정복하려고 한 지가 오래되었다.…」라고 기록되어 있음. 배구전의 내용에서 3군을 설치했다는 것뿐이며 그 이름은 실리지 않았음.

46) 고려(高麗) : 여기서는 고구려.

47) 고죽국(孤竹國) : 중국 은나라 때 난하(灤河) 하류에 있는 노룡현(盧龍縣)에서 조양현(朝陽縣 : 熱河) 지역에 있었던 나라. 은나라가 주 무왕에게 멸망한 후 고죽국왕은 주나라에 복속되기를 거부하였으며 그의 두 왕자 백이와 숙제가 주나라 양식을 먹지 않고 고사리만 먹다가 굶어죽었다는 전설이 있음. 기원전 7세기 말에 조선이 고죽국을 거점으로 연(燕)과 진(晋)을 정벌했다는 단제(丹齊) 신채호의 주장에 의하면 고죽국은 동이족 즉 조선족의 옛 근거지라는 것.

48) 지금의 해주다〔今海州〕 : 『세종실록지리지』에 해주가 고죽국이라고 했으며 해주의 동북에 산이 있는데 속칭 수양산으로서 여기서 백이와 숙제가 죽었다고 기록됨. 고죽국와 수양산이 해주에 있다고 한 것은 사대주의 사상에서 붙여졌다고 추정.

49) 통전(通典) : 당나라 때 두우(杜佑)가 찬술한 일종의 정치제도서.

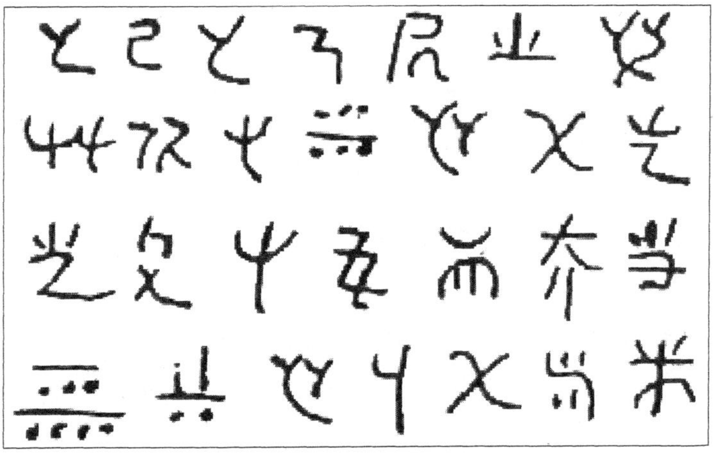

창힐사당의 비석에 있는 글자
(고조선시대의 것으로 추정)
자료원 : 김인호, 『우리나라 고대글자 관계의 력사유물과 자료들에 대한 고찰』

단군신화의 의미와 구성

1. 단군신화의 의미

일연은 주옥 같은 많은 신화들 중에서 신비스럽고 의미가 풍부한 단군신화를 우리 역사의 첫머리에 실어 놓았다. 이것은 우리 민족 역사의 시점을 밝히고 앞으로의 역사 방향을 제시하기 위한 의도일 것이다. 태초와 시작을 알리는 민족의 신화는 그 민족이 수난을 받을 때 민족의 동질성을 확인하며 어둠을 밝히는 등불의 역할을 한다. 즉 우리는 단군신화를 통해서 다 같은 단군의 자손이라는 민족 공동체정신을 불러일으킬 수 있는 것이다. 단군신화가 몽고 침입이라는 시련을 겪으면서 민족의 구심점이 필요할 때 나타났으며 일제 침략기 때 재조명된 것도 그러한 이유에서다.

그러나 우리 민족이 사대주의에 편중될 때 단군신화는 흔적도 없이 사라졌다. 이를테면 김부식의 삼국사기에는 일언반구도 없었다. 조선조에서도 안정복은 『동사강목』에서 「살펴보건대 동방의 고기(古記) 등 서적에 말한 단군의 일들은 모두 허황해서 이치에 맞지 않는다. …」라 하였다. 또한 일제하의 일본인들은 단군신화를 말살하는데 주저하지 않았다. 오늘날에도 서양문명을 대표하는 기독교에 의해 단군상이 훼손당하는 것도 그러한 흐름의 일환일 것이다.

단군신화는 우리나라의 개국신화(開國神話)요 국조신화(國祖神話)다. 따라서 단군신화를 통하여 민족적 사고방식의 원형을 찾을 수 있고 고대의 사회적 구조와 문화권의 접촉 및 그 유연성(類緣性)을 찾을 수 있다. 또 우리 민족의 역사적 풍토와 민족문화의 성격 내지 이념의 원형을 추출할 수 있다. 이는 신화가 문화의 반영이며 집단무의식 곧 민족의 심리와 민족의 정서가 말에 비친 것이기 때문이다. 따라서 신화는 이야기가 전개되는 사실 자체보다도 그러한 이야기를 통해 표현하고자 한 본래의 의미를 해석하는 것이 보다 중요하다. 그러기 위해서는 구성단위별로 신화에 내포된 상징의 의미를 분석하고 각 단위의 상호결합이 지니고 있는 구조적 의미의 해석이 선행되어야 할 것이다.

2. 단군신화의 구성과 해석

단군신화의 전체 요지는 환인의 아들 환웅이 지상으로 내려와 웅녀와 혼인하여 단군을 낳고 단군이 고조선을 세웠다는 것이다. 그 전체의 내용은 크게 세 부분으로 나눌 수 있다. 첫째 부분은 천신 강림신앙이며 둘째는 지모신 신앙이고 셋째는 천신과 지모신의 융합이다.

2-1. 천신(天神)강림 신앙

환인(桓因)은 위대한 태양신인 **한님** 혹은 **하느님**을 가리키는 말이다. 그는 창조자이고 아버지이고 수장(首長)이다. 이러한 성격을 가진 신이 바로 **천신**(天神)의 대표적 성격이다. 웅(雄)은 **남성 곧 아들의 표시**이다. 즉 하느님은 그의 아들 환웅을 이 세상에 강림케 하였다. 하느님의 아들이 이 세상에 내려왔다는 천신강림 신앙은 동북아시아 유목민들 사이에 공통된 신앙형태이기도 하다.

또 환웅이 강림한 곳은 태백산 꼭대기이다. 고대인들은 산을 외경과 두려움의 대상으로 보았다. 산의 정상은 하늘에 가깝고 시각적으로 보더라도 구름에 둘러싸여 있거나 구름을 뚫고 하늘의 신비한 영역에 닿아 있기 때문에 산은 천신(天神)이나 혹은 비[雨]의 신과 관련을 맺고 있다. 특히 거대한 신명의 **태백산**(太白山)은 천상과 인간을 연결하는 장소, 즉 산악신앙을 대표하는 산일 것이다.

환웅이 받은 천부인 세 개란 대체로 제사장이 사용하는 무구(巫具)로 알려져 있다. 즉 **거울·검·방울** 혹은 방울 대신 관(冠) 또는 장고로도 인식되는데 이는 단군왕검을 상고의 **신군**(神君)·**무군**(巫君)으로 생각한 것이다. 환웅이 받은 천부인 세 개는 바로 그 밑에 나오는 **풍백·운사·우사**를 의미하거나 이들을 부릴 수 있는 **인**(印)이라는 견해도 있다.

환웅이 강림한 **신단수**(神壇樹)는 **신단**(神壇)과 **신수**(神樹)의 합성어이다. 신단수가 대개 산 위에 있었다는 것은 **산악신앙**과 밀접한 관련이 있다는 것을 의미한다. 신수는 세계 여러 나라에서 보이는 **성목숭배**(聖木崇拜) 즉 **신목신앙**과 관련이 있다. 우리나라에서는 신수와 신단의 결합인 **누석단**(累石壇)·**신수**·**당**(堂)**집**의 형태로 비교적 최근까지 전수되어 내려왔다. 단군신화의 무대가 되고 있는 태백산 꼭대기에는 누석단 형태의 재단이 있고 그 옆에 신수가 있었으며, 나라의 군장이 천신에 제사를 지냈을 것이다.

환웅이 거느린 **풍백**(風伯)·**운사**(雲師)·**우사**(雨師)의 삼신은 고조선의 농경문화에서 중요한 역할을 담당하고 있다. 먼저 풍백은 **풍신**(風神)을 의미하며 구름을 지배한다. 옛 사람들은 바람을 천신(天神)의 한 속성이라고 생각했다. 바람은 자유자재로 사방각지로 돌아다니면서 천신의 명령을 사방에 전한다는 것이다. 천신의 명에 따라 바람은 구름을 몰고 다니며 비를 뿌리는 역할을 한다. 이는 농경사회에서는 매우 중요하다.

운사는 **운신**(雲神)을 의미하며 구름을 지배한다. 하늘에 있는 구름은 신비한 모양으로 시시각각 변한다. 구름이 이합집산하는 신비한 변화 때문에 고대인들은 구름이 재이(災異)의 징조를 나타낸다고 생각했다. 바로 운신(雲神)이 재이를 지배한다는 것이다.

우사는 **우신**(雨神)으로 비를 지배한다. 비는 길한 것일 수도 있고 흉한 것일 수도 있겠으나 농업사회에서는 무엇보다 중요하다. 비는 고대인의 생명과 직결되기 때문이다. 따라서 비를 통하여 천신의 의도를 알지 않으면 안 될 것이다.

천신강림에서 나오는 제석(帝釋)·홍익인간·천부인·풍백 등은 종교에서 나온 용어이다. 제석 및 홍익인간은 불교용어이며 천부인·풍백·운사·우사 등은 도교에서 나온 말이다. 그러나 단군신화는 불교나 도교가 들어온 이후에 형성되거나 만들어진 것이라고 볼 수 없다. 왜냐하면 단군신화의 원형은 동북아시아 및 고조선 시대의 우리 고유사상을 다분히 가지고 있기 때문이다. 그러므로 오래전부터 구전되어 오던 이 신화의 골자를 불교나 도교에서 쓰던 용어로 표기했다고 볼 수 있다.

2-2. 지모신 신앙

곰이 쑥과 마늘을 먹고 동굴 속에 삼·칠일 간 머물렀더니 여자의 몸이 되었다고 하는 것이 단군신화의 두 번째 줄거리이다.

천신강림신앙이 동북아시아의 유목문화를 배경으로 한다면 이것은 남방의 농경문화를 바탕으로 하는 지모신 신앙이다. 이 신화에 나타나는 풍백·우사·운사나 마늘 등은 그 사회가 정원이나 야산을 경작하는 농업기술의 단계임을 추측할 수 있다. 즉 이때의 고조선인들은 북방의 유목문화를 계승하면서 중국에서 전달된 남방적 농경문화를 발전시키고 있었다. 이 시기에 새로운 힘의 상징으로 등장하게 된 것이 농업을 배경으로 하는 지모신이다.

신화에 등장하는 곰과 호랑이는 북방 모든 동북아시아에서 가장 용맹한 맹수이다. 자연숭배의 단계에 있는 고대인 사이에서는 이것이 숭배의 대상이 됨은 당연하다. 숭배대상을 경외하고 제사하며 자기네 혈연단체의 칭호 또는 표상으로 다른 혈연과 구별하였다. 이러한 곰과 호랑이를 토템으로 하는 풍속이 북동아시아에서 일반화되었다는 것은 잘 알려진 사실이다.

환웅이 쑥과 마늘을 주면서 이것을 먹고 100일 동안 햇빛을 보지 말라고 하자 지모신을 상징하는 웅녀는 햇빛을 못 본 채 동굴 속에서 21일(3·7일)을 머문 끝에 인간으로 재생했다. 곰이 웅녀로 변신할 때 사용한 쑥은 여성과 관계가 깊은 종교적 약초, 즉 죽음과 부활에 사용된다고 미시나[三品彰英]는 말하고 있다. 마늘 또한 지금까지도 약재로 사용하는 것으로 보아 그 당시 쑥과 마늘은 주술적 효력이 높이 평가되어 그것을 먹으면 동물이 인간으로 변신할 수 있다고 고대인은 생각하였다. 빛은 생명을 뜻하는 보편적인 종교적 상징이다. 그러므로 빛없는 동굴 속에 있다가 다시 빛을 보게 되었다는 것은 일단 죽어서 다시 창조되어 재생한다는 곡신(穀神)의 신비에 대한 표현이다.

곰이 쑥과 마늘을 먹고 여자로 변신했다고 하는 것은 남방 농경문화를 대표하는 지모신앙과 곰과 호랑이로 대표되는 토템, 그리고 그 과정에서 보이는 죽음과 재생의 곡신신앙이 결합된 것이라 볼 수 있을 것이다.

이 부분에서 보이는 100일, 3 · 7일(21일)은 유아의 생장과정과 관계가 있는 숫자인 듯하다. 출산 후의 7일은 산모로서 자궁이 비로소 완전하게 수축되어 기동이 가능한 시기이다. 또한 출생된 유아는 태중의 살이 빠지고 젖살이 찌기 시작한다. 3 · 7일(21일)이 되면 산모의 건강이 완전히 회복되고 유아는 오감(五感)이 활동을 시작하는 시기이다. 이때 비로소 금줄을 떼어 외인의 출입을 허용한다. 3 · 7일 이내는 산아와 산모의 안정된 휴식을 위하여 외인의 출입을 금하였다. 출산 100일이 될 때 유아의 활동이 시작되며 유아 사망의 위험한 시기가 지났다고 보아 이날을 축하하는 것이다.

2-3. 천신과 지모신의 융합

천신 환웅과 지모신 웅녀와의 혼인으로 태어난 단군왕검이 고조선을 창건했다는 것이 세 번째 구성요소이다. 이것은 혼돈으로부터 질서를 창조한 것이다. 이런 의미에서 건국신화는 창조신화이다. 창조는 하늘의 신과 인간의 융합에서 이루어졌다. 이러한 융합을 위해서 환웅이 강림했다. 또 웅녀는 천신 환웅과 결합하기 위해서는 죽음과 재생이라는 통과의례를 거쳐야만 했다. 이러한 신과 인간의 융합으로 새로운 생명이 창조되어 단군이 태어났고, 그로 말미암아 새로운 세계, 고조선이 창건되었다.

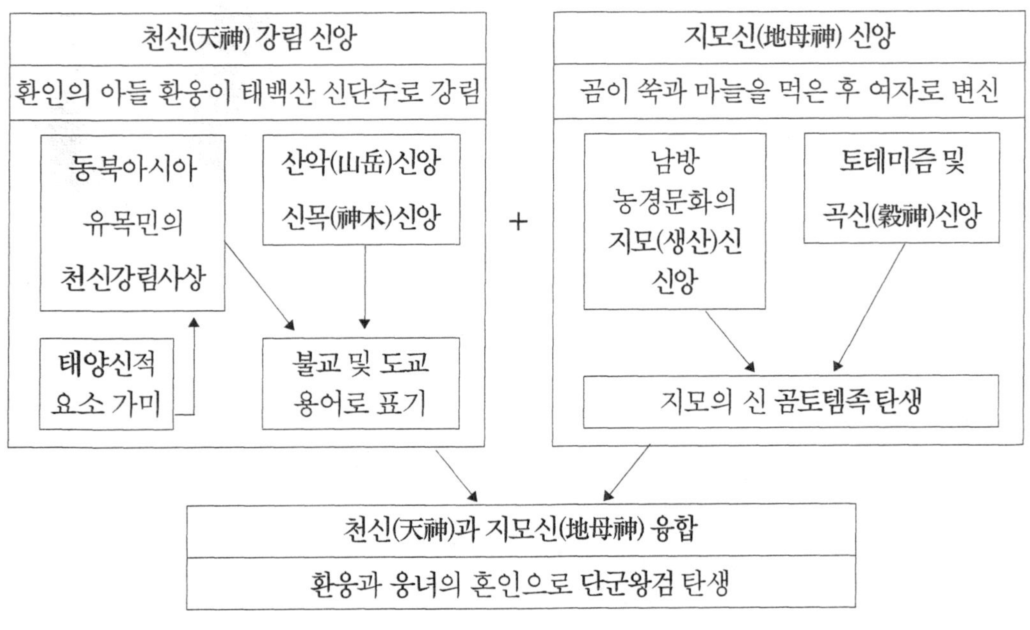

〈그림1〉 단군신화 구성도

위만조선[1)]

『전한서』「조선전」[2)]에 이렇게 쓰여 있다.

「처음 연[3)]나라 때부터 이미 진번[4)] · 조선[5)](사고[6)]가 말하기를 '전국시대에 연나라[7)]가 처음 침략해서 이 땅을 차지했다' 고 했다.)을 침략해서 차지하고 관리를 두어 요새[8)]를 쌓았다. 진나라가 연나라를 멸망시키자 요동군 변방[9)]에 이 땅을 예속시켰다. 한나라가 일어나자 멀어서 지키기가 어려워 요동의 옛 요새[10)]를 다시 수리해서 쌓고 패수[11)]를 경계로 삼아(사고는 패수가 낙랑군에 있다 하였다.) 연나라에 소속시켰다.

1) 위만조선(魏滿朝鮮) : B.C. 194~180 사이에 위만이 세운 나라로서 그의 손자 우거왕 때인 B.C. 108년에 한 무제에 의해 망함.
사마천이 지은 『사기』「조선열전」에는 성(姓)이 없고 조선왕 만(滿)으로만 기록 됨. 후한 때 왕부가 쓴 『잠부론(潛夫論)』에서 위만(魏滿)이라는 이름이 처음 보이며 어환(魚豢)이 쓴 『위략(魏略)』에 비로소 위만(衛滿)이라고 기록하였는데, 衛를 魏로 한 것은 같은 음이기 때문에 취한 것으로 추정.

〈사마천〉

○위만의 국적과 위치에 관한 학설

구 분	내 용	주장학자, 『저서』
국 적	연나라 사람	사마천, 『사기』 반고, 『한서』 어환, 『위략』
	●요동지방에 도착했던 조선족의 연나라 사람 • 망명 시 상투를 틀고 조선옷을 입음 • 위만이 왕이 되어 국호를 전과 같이 조선이라고 함	이병도, 『위만조선 흥망고』
위 치	한반도 북부 즉 지금의 대동강 유역	사학계 통설
	서쪽은 난하 중 · 상류 및 갈석부터 동쪽은 요하 부근	윤내현, 『위만조선의 재인식』

魏滿朝鮮

前漢朝鮮傳云.

自始燕時. 常畧得眞番朝鮮. (師古曰. 戰國時※因始略得此地也)爲置吏築障. 秦滅燕·屬遼東外徼. 漢興爲遠難守. 復修遼東故塞. 至浿水爲界. (師古曰. 浿在樂浪郡) 屬燕.

常 : 오랠 상
畧(略과 같음) : 범할 략
※ : 燕의 결락
因 : 國의 오기
築 : 쌓을 축
障 : 국경지역성채 장
遼 : 강이름 료
徼 : 변방의경계 요
塞 : 변방 새, 막을 색
浿 : 물이름 패

2) 『전한서』「조선전」〔前漢朝鮮傳〕 : 후한(後漢) 때 반고(班固)가 지은 『전한서(前漢書)』의 「열전편」에 「조선전」이 있으며 이는 사마천이 지은 『사기』「조선열전」을 압축하여 기록한 것임.
3) 연(燕) : 사마천의 『사기』와 『후한서』 주해 부분에 전(全)자가 더 있는 것으로 보아 전연(全燕)일 것으로 추정.
4) 진번(眞番) : 진번의 위치에 관한 학설

구 분		위 치	주장학자, 『저서』
북방설	중국 난하 부근	조선과 근접한 난하 동부 연안	윤내현, 『고조선의 위치와 강역』
	요동설	요동의 번한현(番汗縣)	서광, 「사기의 주기」
	고구려지역	혼강 및 압록강 유역	유득공, 『사군지』 정약용, 『아방강역고』
한반도설	중 부	동은 지금의 춘천 일대, 북은 자비령, 남은 한강북안에 이르는 지역	이병도, 『진번군고』
	남 부	충남, 혹은 전북, 혹은 전남 등 여러 설이 있음	이께우치〔池內〕·수에마쓰〔松末〕 등 일인 학자

5) 조선(朝鮮) : 여기서는 위만조선을 가리킴.
6) 사고(師古) : 당나라 학자인 안사고(顏師古 : 581~645)를 말하며 『전한서』를 보충 주석함.
7) 연나라 : 원문의 戰國時의 뒤에 燕이 결락됨.
8) 요새〔障〕 : 변방을 지키는 초소. 전국시대 연나라 소왕(昭王 : B.C. 311~279) 때의 장군인 진개의 조선공략 때 설치된 요새로 추정.

연나라 왕 노관[12]이 배반하여 흉노로 들어가자 연나라 사람 위만이 망명하면서 무리 천여 명을 모아 동쪽으로 요새를 빠져 달아나 패수를 건너 진나라의 옛 빈 터인 상하의 요새[13]에 머물렀다. 점차 진번 · 조선의 오랑캐들과 또 옛날의 연나라와 제나라에서 망명해 온 자들을 복속시켜 왕이 되어 왕검[14](이기[15]는 지명이라 했으며 신찬[16]은 '왕검성이 낙랑군[17] 패수 동쪽에 있다' 고 했다.)에 도읍했다. 군병의 위력으로 그 이웃의 조그만 읍을 쳐 항복시키니 진번 · 임둔[18]이 모두 와서 복속해 사방 수 천리나 되었다. 위만이 아들에게 왕위를 전하고 손자 우거(사고가 말하기를 '손자 이름은 우거' 라고 했다.)에 이르렀다.

9) 요동군 변방〔遼東外徼〕: 요동의 국경 초소선. 그 위치는 난하(灤河) 동쪽으로 보는 견해와 요동군치(遼東郡治)의 배평(裵平) 일대로 보는 견해가 있음.

10) 요동의 옛 요새〔遼東故塞〕: 국경초소 또는 요새.

ㅇ요동고새의 위치에 관한 학설

위 치	주장학자, 『저서』	비 고
난하 부근	윤내현, 『고조선의 위치와 강역』	발해와 가까운 지역, 즉 난하 하류 동부지역 국경초소를 요(徼)라 하고 난하 중류나 상류의 동부지역 초소를 새(塞)라고 함
박천군	이병도, 『위씨조선홍망고』	—

11) 패수(浿水): 위만조선과 한(漢)나라의 경계가 되며 고조선 및 위만조선의 위치를 결정하는 중요한 강.

ㅇ패수 위치에 관한 학설

구 분	위 치	주장학자
요서 · 요동설	난하(灤河)	윤내현 · 장도무
	요하(遼河)	西川權
	대릉하(大凌河)	정인보 · 리지린
한반도설	압록강	정약용 · 천관우
	청천강	이병도
	대동강	서영수
江의 일반명사	패수는 강을 나타내는 고어 펴라 · 피라 · 빌라가 향찰식으로 기록된 일반명사	국사편찬위원회

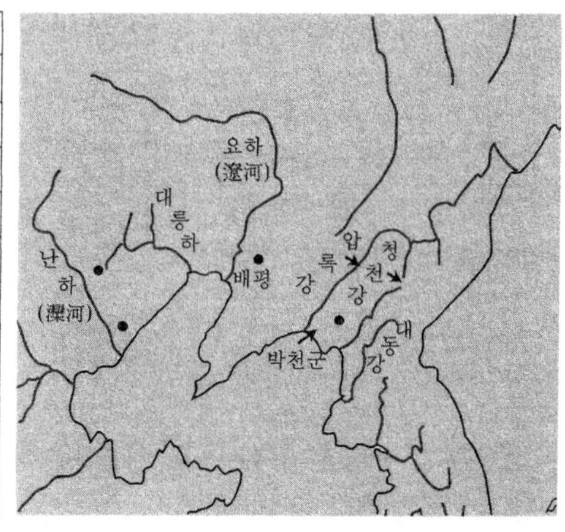

燕王盧綰反入匈奴. 燕人魏滿亡命. 聚黨千餘人. 東走出塞. 渡浿水. 居秦故空地上下障. 稍役屬眞番朝鮮蠻夷. 及故燕齊亡命者王之. 都王儉.(李曰. 地名. 臣讃曰. 王儉城在樂浪郡浿水之東.) 以兵威侵降其旁小邑. 眞番臨屯皆來服屬. 方數千里. 傳子至孫右渠.(師古曰. 孫名右渠).

盧 : 성 로
綰 : 맬 관
聚 : 모을 취
稍 : 점점 초
役 : 부릴 역
蠻 : 오랑캐 만
讃 : 瓚(옥잔 찬)의 오기　　讃 : 밝을 찬
旁 : 곁 방
渠 : 도랑 거

12) 노관(盧綰) : 한나라를 건립한 유방과 한 마을에서 같은 날 태어난 절친한 친구이며 한나라의 개국공신. 유(劉)씨가 아닌 7명의 이성제후(異姓諸侯) 중 한 명으로 연왕(燕王)에 봉해졌으나 유방의 이성제후 제거정책이 진행되자 흉노로 망명.

13) 상하의 요새〔上下障〕 : 순차적(順次的) 또는 멀고 가깝다는 표현으로 두 개의 요새를 뜻하는 듯함.

14) 왕검(王儉) : 위만조선의 도읍지. 고대에는 儉(검) 대신 음이 비슷한 險(험)으로도 사용하였음. 『한서(漢書)』에 왕험(王險)으로 기록.

ㅇ왕검성 위치에 관한 학설

구　분	위　치	주장학자
요서 · 요동설	난하(灤河) 중 · 하류의 동부 연안	윤내현
	해성(海城) 또는 개평(蓋平)	리지린 · 신채호
한반도설	평　양	이병도 · 노태돈 · 미시나〔三品〕

15) 이기〔李〕 : 『한서』 「조선전」에 주석을 한 이기(李奇).

16) 신찬(臣瓚) : 신내(晋代)의 사람으로 『한서집해음의(漢書集解音義)』 24권을 서술. 『사기』 「조선열전」에 신찬이 주를 달기를 「왕검성은 패수의 동쪽에 있다」고 기록되어 있으나 『한서』에는 보이지 않음.

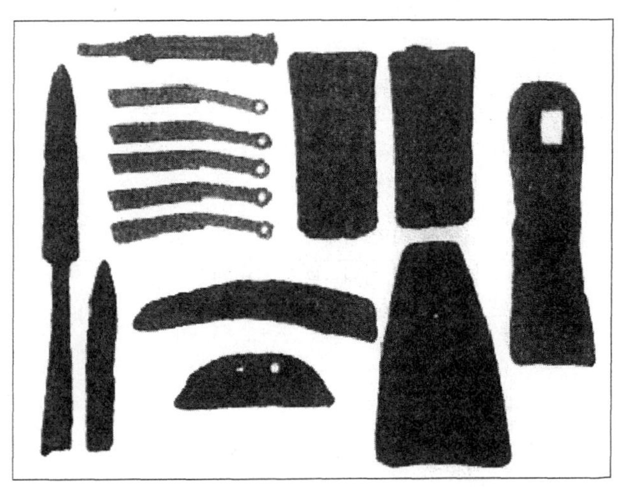
평안북도 용연동 돌무지무덤에서 출토된 유물

진번과 진국[19])이 글을 올려 천자를 뵙고자 했으나 우거가 가로막고 지나지 못하게 했다.(사고가 말하기를 진은 진한[20])이라고 했다.) 원봉[21]) 2년(B.C.109년)에 한나라에서 섭하를 보내 우거를 타일렀으나 끝내 명령을 듣지 않았다. 섭하가 그곳을 떠나 국경에 이르러 패수에 당도하자 마부를 시켜 자기를 호송하는 조선비왕[22])장(사고가 말하기를 '섭하를 호송한 사람의 이름이다' 고 하였다.)을 찔러 죽이고 곧 패수를 건너 요새로 달려들어간 후 자기 나라로 돌아가 드디어 이 사실을 보고하였다.

17) 낙랑군(樂浪郡) : 어원과 위치에 관한 학설

구 분	내 용	주장학자, 『저서』
어원	• 중심되는 나라의 읍을 뜻하는 아야 · 아나 · 아라 · 알라의 한자식 표기 - 낙 → 아 · 알 → 알(卵) · 중심 · 핵심을 의미 - 랑 → 야 · 나 · 라 → 국읍(國邑)을 의미하는 고어	이병도, 『낙랑군고』
	• 옛 조선의 강 이름 중 열수에서 유래 - 열수(列水 · 洌水) : 열(列 · 洌) → 불, 수(水) → 내 - 낙랑(樂浪) : 樂의 뜻 블러 → 불 浪의 음과 水의 뜻 내가 서로 통함	장안, 『사기집해』 양주동, 『고가연구』
위치	평안남도 일대와 황해도 북단	이병도, 『낙랑군고』 이만열, 『한국사대계』
	요동 · 요서지역(한사군의 낙랑군)	윤내현, 『한사군의 낙랑군과 평양의 낙랑군』
	평양 부근(최리의 낙랑국)	신채호, 『조선상고사』

18) 진번(眞番) · 임둔(臨屯) : 위치에 관한 학설

구 분	내 용	주장학자, 『저서』
진 번	요동 · 요서	서광, 『사기주기』 · 윤내현, 『한국고대사신론』
	고구려 지역	유득공, 『사군지』 · 정약용, 『아방강역고』
	동은 춘천 일대, 북은 자비령을 한계로 하며 남은 한강 북안까지	이병도, 『진번군고』
임 둔	요동 · 요서	윤내현, 『위만조선의 재인식』
	강릉 일대	노사신, 『신증동국여지승람』
	경기도 서부	정약용, 『아방강역고』
	함경도의 대부분과 강원도 북부 지역	이병도, 『임둔군고』

眞番辰國. 欲上書見天子. 雍閼不通.(師古曰. 辰謂辰韓也.) 元封二年. 漢使涉何諭右渠. 終不肯奉詔. 何去至界. 臨浿水. 使馭刺殺送何者朝鮮裨王長.(師古曰. 送何者名也.) 卽渡水. 馭入塞遂歸報.

雍 : 막을 옹
閼 : 막을 알
涉 : 물건널 섭
諭 : 깨우칠 유
詔 : 조서 조
馭 : 말부릴 어
裨 : 도울 비
渡 : 건널 도
馭 : **馳**(말달릴 치)의 오기
遂 : 마침내 수

19) 진번과 진국〔眞番辰國〕: 본문에는 진번과 진국〔眞番辰國〕이라고 되어 있으나 『사기』「조선열전」에는 진번방중국(眞番旁衆國)으로 기록되어 있고, 『자치통감』은 진국(辰國)으로만 기록되어 어느 것이 정확한 것인지 분명하지 않음. 진국은 한강 이남의 여러 부족국가의 총칭으로 진왕의 나라란 뜻이며 진왕은 부족사회의 맹주국인 목지국의 군장으로 추정.

20) 진은 진한〔辰謂辰韓〕: 진국을 진한이라고 한 사고의 말은 맞지 않음.
• 진국 : 삼한 즉 마한 · 진한 · 변한의 명칭이 나오기 전의 삼한의 총칭. 개국(蓋國)이라고도 함.
• 진한 : 마한 · 진한 · 변한 중 경상도 방면에 있던 진한.
21) 원봉(元封) : 한무제 때의 연호. B.C. 110~B.C. 105.

22) 비왕(裨王) : 비왕의 성격에 대한 학설

내 용	주장학자, 『저서』
국왕을 시종하는 무관의 직명	이병도, 『위만조선흥망고』
왕의 측근으로서 부왕(副王)으로 임명된 자	리지린, 『고조선연구』
상(相)의 일정한 통제를 받으면서 자신이 속한 읍락을 자치적으로 이끌어 나가던 족장	노태돈, 『단군과 고조선사』

평양에서 출토된 청동 부뚜막

천자[23]가 섭하를 요동의 동부도위[24]로 명하자, 조선은 섭하를 원망하여 몰래 공격해서 그를 죽였다. 천자가 누선장군[25] 양복[26]을 보내어 제[27] 땅으로부터 발해[28]로 건너게 하니 병사는 5만이었다. 좌장군 순체[29]가 요동에서 나와 우거를 치니 우거가 군사를 움직여 험한 곳에서 그들을 막았다. 누선장군이 제나라 군사 7천을 거느리고 먼저 왕검성에 도착했다. 우거는 성을 지키고 있다가 누선의 군사가 적음을 알아차리고 즉시 나아가 누선을 공격하니 누선은 패하여 달아났다. 양복은 군사를 잃고 산 속으로 도망가서 붙잡히는 것은 피할 수 있었다. 좌장군도 조선의 패수 서군을 쳤으나 깨뜨리지 못했다.

천자는 두 장수에게 유리할 것이 없다하여 위산을 시켜 병사들의 위력으로 우거에게 가서 타이르게 하니, 우거는 항복을 청하며 태자를 보내어 말을 바치겠다고 하였다. 만여 명의 무리가 무장을 하고 바야흐로 패수를 건너려고 하는데 사자와 좌장군 순체가 이들이 변을 일으킬까 의심하여 태자에게 말하기를 "이미 항복했으니 당연히 무기는 지니지 말아야 할 것이오"라 했다. 태자도 또한 사신이 자신을 속이는가 의심하여 마침내 패수를 건너지 않고 다시 되돌아갔다. 위산이 이를 보고하자 천자는 위산의 목을 베었다. 좌장군이 패수 상류의 군을 격파하고 곧 왕검성 밑에까지 진출하여 성의 서북쪽을 에워쌌다. 누선장군도 또한 와서 군을 합쳐 성 남쪽에 주둔했다. 우거가 성을 굳게 지키니 여러 달이 되어도 능히 함락시킬 수 없었다.

23) 천자(天子) : 중국 한나라 왕인 무제(武帝). 재위 54년간(B.C. 141~87) 흉노를 정벌하고 조선을 쳤으며, 남월(베트남)을 정벌하는 등 한나라 제국을 건설하는 업적을 이룬 왕.

24) 동부도위(東部都尉) : 동부는 요동군 무차현(武次縣)이라는 기록이 있으나 정확한 위치는 알 수 없으며 요동군의 동쪽지방을 다스리는 관청으로 추정.

*한나라의 각 군에는 중앙 정부에 의하여 임명 · 파견되는 태수(太守) · 승(丞) · 도위(徒尉)가 있으며, 지방의 군대는 각 군(郡)에 소속되며 군(郡)에서 병사를 담당하는 것은 도위임. 이 도위가 그 군(郡)의 병력을 직접 장악하나 군(郡)의 총 책임자인 태수의 규제를 받음.

한무제

天子拜何爲遼東之部都尉. 朝鮮怨何, 襲攻殺何. 天子遣樓紅將軍楊僕.從齊浮渤海. 兵五万. 左將軍荀彘出遼. 討右渠. 右渠發兵距嶮. 樓紅將軍將齊七千人. 先到王儉. 右渠城守. 規知樓紅軍小. 卽出擊樓紅. 樓紅敗走. 僕失衆遁山中獲免. 左將軍擊朝鮮浿水西軍. 未能破.

之 뒤에 東의 결락
樓 : 망루 루
舡 : 배 선
浮 : 지날 부
荀 : 사람이름 순
距 : 막을 거
規 : 엿볼 규
遁 : 달아날 둔
襲 : 엄습할 습
僕 : 종 복
從 : 부터 종
渤 : 바다 발
彘 : 돼지 체
嶮 : 험준할 험
擊 : 칠 격
獲 : 잡힐 획

天子爲兩將未有利. 乃使衛山. 因兵威往諭右渠. 右渠請降. 遣大子獻馬. 人衆万餘持兵. 方渡浿水. 使者及左將軍疑其爲變. 謂大子巳服. 宜母持兵. 大子亦疑使者詐之. 遂不渡浿水. 復引歸. 報天子誅山. 左將軍破浿水上軍. 迺前至城下. 圍其西北. 樓紅亦往會居城南. 右渠堅守. 數月未能下.

兵 : 무기 병
大 : 太의 오기

大 : 太의 오기
巳 : 已의 오기
母 : 毋(금지할 무)의 오기
大 : 太의 오기
詐 : 속일 사
誅 : 목벨 주
圍 : 포위할 위
復 : 다시 부
迺 : 이에 내
堅 : 굳을 견

25) 누선장군(樓紅將軍) : 한나라 때 수군을 통솔하는 장군. 누선이란 뜻은 전투 목적의 큰 배 위에 다락을 지은 것에 연유.

26) 양복(楊僕) : 한나라 사람. 무제 때 남월(南越 : 베트남)이 배반하자 누선장군으로 임명되어 남월을 쳐 공을 세운 후에 순체와 함께 위만조선을 쳤으나 실패하여 죄를 얻어 평민으로 전락.

27) 제(齊) : 중국의 산동반도 지역.

28) 발해(渤海) : 요동반도와 산동반도 사이에 있는 바다.

29) 순체(荀彘) : 한나라 광무(廣武)사람. 대장군 위청을 따라 자주 흉노를 정벌하는데 공을 세우고 한무제(武帝) 때 좌장군이 되어 위만을 쳤으나 공을 세우지 못하고 누선장군 양복을 잡은 죄로 죽임을 당함.

천자는 오랫동안 전쟁이 끝나지 않으므로 전에 제남[30]태수[31]를 하였던 공손수로 하여금 가서 치게 하되, 편의에 따라 일을 처리하게 했다. 공손수가 조선에 도착하여 누선장군을 결박하고 그 군사를 합쳐서 좌장군과 함께 급히 조선을 쳤다. 조선의 상[32] 노인·상 한도[33]·이계[34]의 상 참과 장군[35]왕협(사고가 이계는 지명이며, 네 사람이라 하였다.)이 서로 모의하여 항복하려 했으나 왕은 이에 따르려 하지 않았다. 한도와 왕협과 노인이 모두 한나라에 항복하였는데 노인은 도중에서 죽었다.

원봉 3년(B.C.108) 여름에 이계상 참은 사람을 시켜 왕 우거를 죽이고 와서 항복했다. 왕검성은 아직 함락되지 않아서 우거의 대신 성기가 또 한나라에 대항하였다. 좌장군이 우거의 아들 장과 노인의 아들 최로 하여금 그들 백성에게 타일러 성기를 죽이게 했다. 이리하여 마침내 조선을 평정하고 진번·임둔·낙랑·현도의 4군[36]을 설치했다.」

30) 제남(濟南) : 제남은 지금의 산동성 중부 역성현(歷城縣)을 중심으로 한 지역 일대를 관할하는 행정구역.
31) 태수(太守) : 한나라 때 지방장관으로 태수가 민정(民政)을 맡고 도위가 군사(軍事)를 담당하나 출병 때는 태수가 장(將)이 되고 도위는 부장이 됨.
32) 상(相) : 위만조선의 관직명으로 우거왕 당시 상은 최소 4명이었으며 그중 조선상은 조선국을 구성하는 중심부인 조선지역을 관장.
33) 한도(韓陶) : 1차 사료인 사마천의 사기에는 한음(韓陰)으로 표기됨.
34) 이계(尼谿) : 응소는 『한서음의』에서 사람 이름으로 보았으나 이계상을 대체로 관직명으로 보고 있음. 혹설에는 이계의 반절음이 예(濊)가 되므로 이계를 예나라로 해석하기도 함.
35) 장군(將軍) : 왕실부대의 지휘자로 추정.

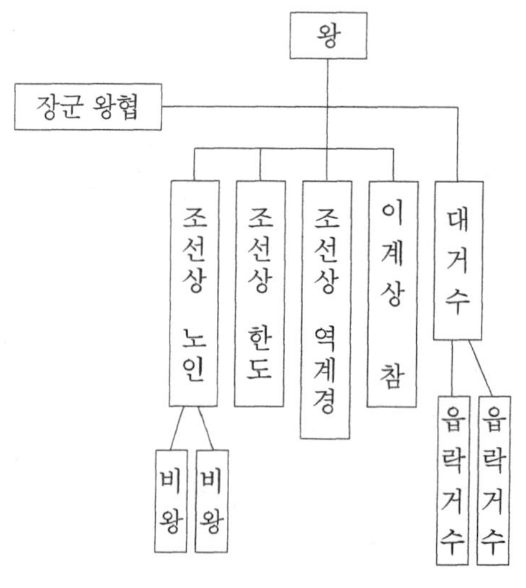

위만조선의 정치구도
자료원 : 노태돈, 『단군과 고조선사』

天子以久不能決. 使故濟南大守公孫遂往正之. 有便宜將以從事. 遂至. 縛樓舡將軍. 幷其軍與左將軍. 急擊朝鮮. 朝鮮相路人相韓陶・尼谿相參・將軍王唊(師古曰. 尼谿地名. 四人也)相與謀欲降. 王不肯之. 陶唊路人. 皆亡降漢. 路人道死.

元封三年夏. 尼谿相參. 使人殺王右渠來降. 王儉城未下. 故右渠之大臣成巳又反. 左將軍使右渠子長・路人子最・告諭其民. 謀殺成已. 故遂定朝鮮. 爲眞番 臨屯 樂浪 玄菟 四郡.

決 : 깨뜨릴 결
大 : 太의 오기
正 : 정복할 정
將 : 행할 장
縛 : 묶을 박
幷 : 아우를 병
陶 : 성(姓) 도
尼 : 여승 니
谿 : 시내 계

巳 : 已의 오기

已 : 已의 오기

*한의 위만조선 침입로(전통설)

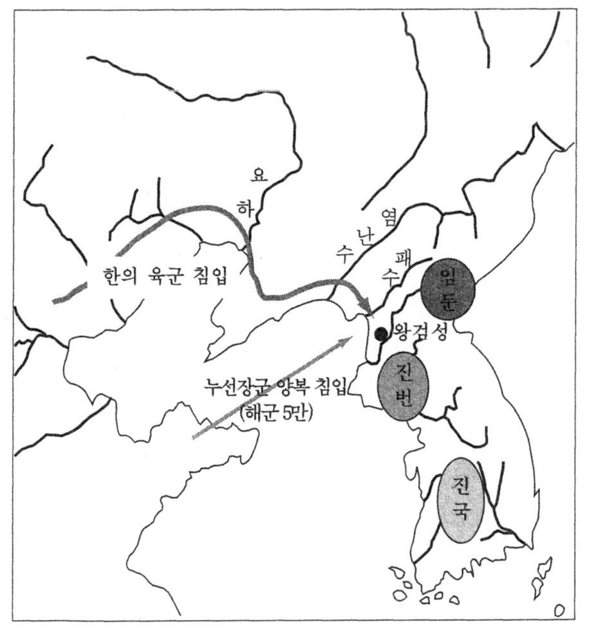

36) 4군(四郡) : 한사군의 위치에 관한 학설

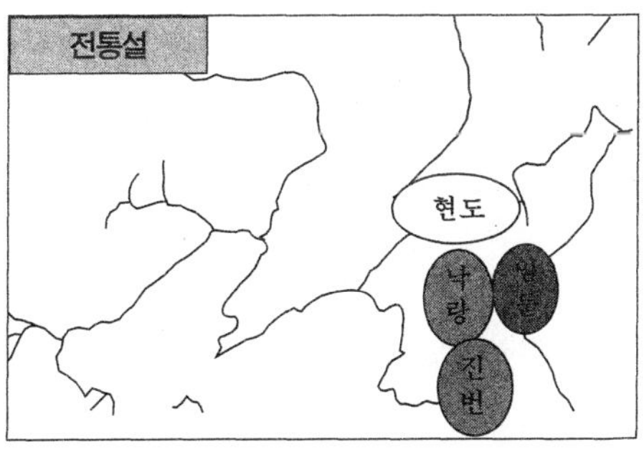

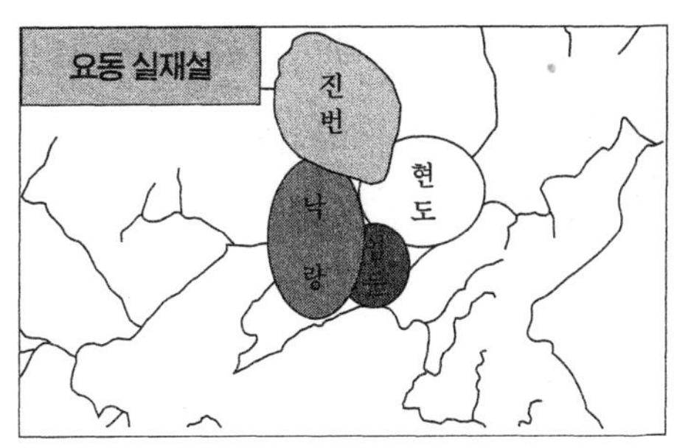

위만조선 조의 성격

일연은 기이편 서문에서 신이사(神異事)를 기록한다고 했으나 실제로는 전혀 신이사가 아닌 기록들이 있다. 고조선 조에서도 『위서(魏書)』와 『당서(唐書)』 「배구전(裴矩傳)」을 인용한 부분은 역사적 서술이지 신이사가 아니다. 또 위만조선 조는 처음부터 끝까지 『전한서(前漢書)』 「조선전」을 인용하였다. 이는 『유사(遺事)』가 아니라 『삼국사기』와 같은 정사(定史)이다. 이렇게 일연이 기이편에서 정사를 넣는 이유는 앞에서 서술하였듯이 우리나라 고대사의 체계를 확립하고자 했기 때문이다.

일연은 『삼국유사』에서 우리나라의 초기 역사를 고조선 → 위만조선 → 마한으로 연결되는 국사의 계통을 잡고, 삼국시대를 대체로 이 뒤에 연결시키고 있다. 즉 연나라 사람 위만이 망명하여 세력을 규합한 후 고조선을 멸망시키고 위만조선을 세웠다는 것이 위만조선 조에 나온다. 그리고 마한(馬韓) 조에서는 위만에게 쫓긴 조선왕 준(準)이 남쪽 한(韓)으로 가서 마한을 건국했다고 서술하였다. 이는 우리의 고대사를 고조선, 위만조선, 마한으로 체계를 확립하고자 하는 의도를 나타낸 것이다.

이러한 우리 고대사의 체계화는 그 후 유교사관에도 영향을 미쳤다. 『동국통감』이나 『동사강목』에서 정통을 단군조선 → 기자조선 → 마한으로 하여 우리 민족의 시발을 단군조선으로 한 것은 『삼국유사』의 영향력으로 보아야 할 것이다. 그러나 이들은 위만조선 대신 기자조선으로 계통을 잡았다. 이는 고려 후기부터 조선조에 걸친 기간에 우리 유학자들은 기자를 조선의 이상적 군주로 존중한 결과이다. 특히 조선조에 융성한 주자학의 영향으로 기자는 더욱 존경받았고 기자 이후 40대(代)의 계보도 만들어졌다.

그러나 일제식민주의(실증주의)에 영향 받은 우리의 일부 사학계는 기자의 동래설(東來說)은 물론 기자의 존재까지도 부정하고 있다. 고조선도 그 실체를 부정하고 그 시대의 상황을 반영한 신화로 처리함으로써 우리 민족의 출발을 위만으로 보도록 하였다. 위만조선도 우리 민족이 아닌 중국 망명인(이병도는 위만을 조선인으로 주장)이 세웠으며 그 뒤를 이은 한사군도 중국세력의 한반도 진출로 보기 때문에 진정한 민족사의 출발은 삼국시대로 볼 수밖에 없도록 하였다. 이는 일연이 체계화한 상고사를 축소하는 결과를 가져왔다.

이러한 종래의 정설과는 다른 고대사의 인식체계가 신채호나 정인보·윤내현과 같은 사가들로부터 제시되었다. 특히 윤내현은 북한학자들의 주장을 그대로 받아들여 고조선은 기원전 3000년경에 부족사회에서 중간단계인 추방사회(酋邦社會 : 추장을 중심으로 한 계층 형성 사회)를 거쳐 늦어도 기원전 9세기경에 국가단계로 진입하였다고 주장하였다. 또 그는 기자조선과 위만조선은 고조선의 극히 적은 부분을 차지하였으므로 우리 역사 체계에서 제외하였다.

위에 제시한 각각의 학자들이 주장하는 우리나라의 고대사 체계를 요약하면 아래 그림과 같다.

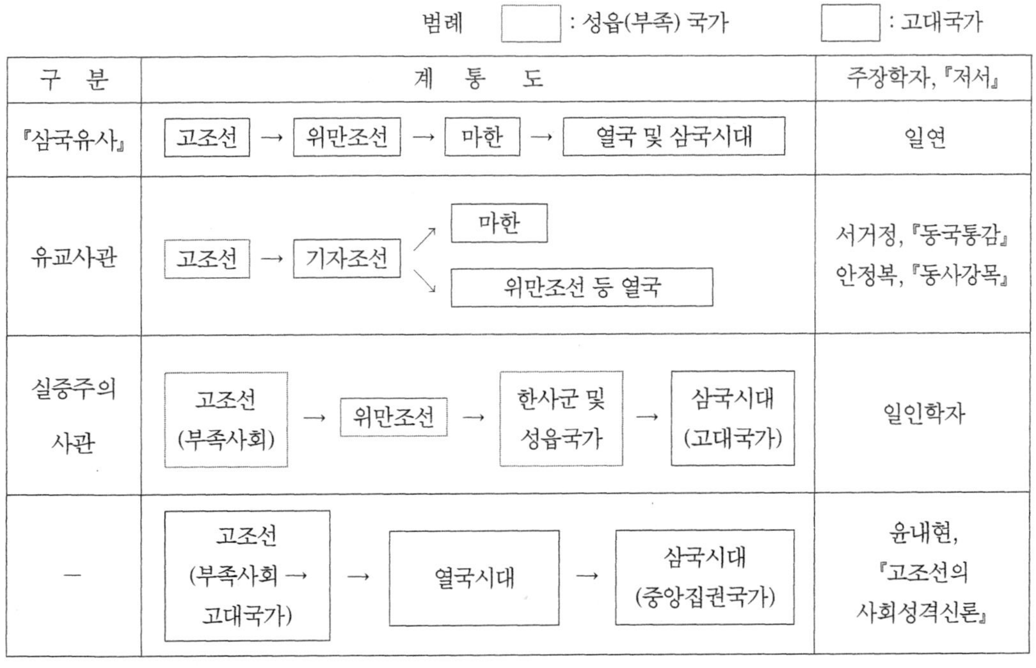

범례 ☐ : 성읍(부족) 국가 ☐ : 고대국가

구 분	계 통 도	주장학자, 『저서』
『삼국유사』	고조선 → 위만조선 → 마한 → 열국 및 삼국시대	일연
유교사관	고조선 → 기자조선 ↗ 마한 ↘ 위만조선 등 열국	서거정, 『동국통감』 안정복, 『동사강목』
실증주의 사관	고조선 (부족사회) → 위만조선 → 한사군 및 성읍국가 → 삼국시대 (고대국가)	일인학자
–	고조선 (부족사회 → 고대국가) → 열국시대 → 삼국시대 (중앙집권국가)	윤내현, 『고조선의 사회성격신론』

〈그림1〉 우리나라 고대사 체계에 관한 학설

마 한[1]

『위지』[2]에 이렇게 말했다.

「위만이 조선을 공격하자 조선왕 준[3]은 궁중의 사람들과 측근 신하들을 데리고 바다를 건너[4] 남쪽 한[5]의 땅에 도착하여 나라를 창건하고 마한이라 했다.」

견훤[6]이 고려 태조에게 올린 글은 이러하다.

「옛날에 마한이 먼저 일어나고 혁거세가 일어났다. 이에 백제가 금마산[7]에 나라를 창건했다.」

최치원[8]은 이렇게 말했다.

「마한은 고구려요, 진한은 신라다.[9]」(본기[10]에 의하면 신라가 갑자년에 먼저 일어났다. 고구려가 그 후 갑신년에 일어났다고 했는데 이렇게 말한 것은 조선왕 준을 두고 한 말이다. 이로써 동명왕[11]이 일어난 것은 마한을 병합한 것이 그 원인임을 알 수 있다. 그러므로 고구려를 마한이라고 한 것이다. 지금 사람들이 더러는 금마산으로 인해서 마한을 백제라고 하나 이는 대체로 잘못된 것이다. 고구려 땅에는 본래 마읍산[12]이 있어서 이름을 마한이라 한 것이다.)

1) 마한(馬韓) : 명칭의 어원에 관한 학설

내 용	주장학자, 『저서』
• 한(韓)의 여러 나라 중 수장(首長) 또는 종주국 - 마(馬) : 마리 · 마루 · 맛(首 · 宗 · 長上 · 伯兄 · 上部) 등으로 수장 · 종주국의 의미	최남선, 『계고천존』
• 남쪽의 큰 나라 - 마(馬) : 남(南)의 고훈(古訓) - 한(韓) : 대(大)의 뜻	양주동, 『고가연구』
• 말한이 마한으로 변화 - 말한 : 단군조선의 수두시대에 삼한 중 하나	신채호, 『조선상고사』
• 개마한(蓋馬韓) · 고마한의 약칭 - 개마 · 고마 : 신성족(神聖族)이란 의미로 예맥족 자신의 호칭	이병도, 『삼한문제의 연구』

2) 위지(魏志) : 진나라 때 진수가 저술한 위나라의 역사서.

3) 조선왕 준(朝鮮王準) : 고조선 최후의 왕.

馬　韓

魏志云.

魏滿擊朝鮮. 朝鮮王準率宮人左右·越海而南至韓地. 開國號馬韓.

甄萱上大祖書云.

昔馬韓先起. 赫世勃興. 於是百濟開國於金馬山.

崔致遠云.

馬韓·麗也. 辰韓·羅也(據本紀. 則羅先起甲子. 麗後起甲申. 而此云者. 以王準言之耳. 以此知東明之起. 已并馬韓而因之矣. 故稱麗爲馬韓. 今人或認金馬山. 以馬韓爲百濟者. 盖誤濫也. 麗地自有邑山. 故名馬韓也.)

擊 : 칠 격
越 : 건널 월
甄 : 질그릇구울 견
萱 : 원추리(풀이름) 훤
上 : 올릴 상
大 : 太의 오기
赫 : 빛날 혁
勃 : 흥하여일어날 발
據 : 의거할 거
并 : 합할 병
盖 : 대개 개
濫 : 뜬말 람

4) 바다를 건너〔越海〕: 해(海)의 의미에 관한 학설

내　　용	주장학자,『저서』
• 한반도의 중부 이남 – 이 지역이 바다 가운데〔海中〕로 돌출해 있어서 해 · 해중으로 호칭	최남선, 『계고차존』
• 발해와 황해 – 위만조선의 위치가 요서 지역이므로 해는 실제의 바다	윤내현, 『기자신고』

5) 한(韓) : 한(韓)의 유래에 관한 학설

내　　용	주장 학자,『저서』
• 최고 통치자인 군장(君長)의 한자화(漢字化) – 만주어 · 몽고어에서 군장의 의미인 한(汗) · 가한(可汗) ⇒ 한(韓)	통설
조선왕 준의 성이 한(韓)씨로서 준왕이 남하하면서 한이 발생	이병도,『삼한문제의 연구』

6) 견훤(甄萱) : 후백제의 시조왕.

사이(四夷)[13] · 구이(九夷)[14] · 구한(九韓) · 예맥(穢貊)[15]이 있는데 『주례』[16]에서 「직방씨[17]가 사이(四夷)의 구맥(九貊)을 관장했다.」고 하는 것에서 동이(東夷)의 종족이 바로 구이(九夷)이다.

『삼국사』[18]의 기록은 이러하다.

「명주[19]는 옛날의 예국으로 농부가 밭을 갈다가 예왕의 인장[20]을 얻어서 바쳤다. 또 춘주[21]는 옛날의 우수주로 옛 맥국[22]이다. 또 혹 말하기로는 지금의 삭주[23]가 맥국이라고 했으며, 혹은 평양성이 맥국이라고 했다.」

최치원 영정

7) 금마산(金馬山) : 지금의 전북 익산 소재.

8) 최치원(崔致遠) : 신라 말기의 학자로 자(字)는 고운(孤雲). 진성왕 때 당나라에서 신라로 돌아와 큰 뜻을 펴려했으나 그의 뜻이 받아들여지지 않으므로 관직을 그만두고 학문에 전념. 만년에 가야산에 들어가 여생을 보냈으며 그의 저서로는 『당서』「예문지」에 실린 『계원필경』·『문집』 등이 있음.

9) 마한은 고구려요, 진한은 신라다〔馬韓麗也. 辰韓羅也.〕 : 최치원의 『계원필경』에 「동해의 밖에 삼국이 있는데 그 이름은 마한 · 진한 · 변한이다. 마한은 고구려요, 변한은 백제요, 진한은 신라다.」라고 기록된 것을 인용.

10) 본기(本紀) : 『삼국사기』의 「신라본기」.

11) 동명왕(東明王) : 고구려의 시조.

12) 마읍산〔邑山〕 : 마읍성으로도 불리어지며, 고구려 때 평양성 부근에 있던 산 또는 성.

13) 사이(四夷) : 중국은 자기 나라 동서남북 주변의 나라들을 동이(東夷) · 서융(西戎) · 남만(南蠻) · 북적(北狄)이라 호칭.

14) 구이(九夷) : 동방에 있던 9종의 종족. 『후한서』에 의하면 헌이(獻夷) · 어이(於夷) · 방이(方夷) · 황이(黃夷) · 백이(白夷) · 적이(赤夷) · 현이(玄夷) · 풍이(風夷) · 양이(陽夷)라고 기록하였으나 『후한서』 주(注)에는 현도 · 낙랑 · 고려 · 만식 · 부유 · 소가 · 동도 · 왜인 · 천비로 기록됨.

15) 예맥(穢貊) : 한(韓)의 윗대 종족들을 총칭하던 칭호. 예맥은 고조선의 하나로 압록강과 혼강(渾江)에서 남으로는 산동지역까지 이르는 강대한 나라였으나 연의 진개에 쫓겨 동쪽으로 옮겨 동예가 됨.
○예맥의 어원에 관한 학설

내 용	주장학자, 『저서』
東明(동명)의 뜻인 시붉 → 예맥	양주동, 『고가연구』
곰족의 기호인 고마 · 개마 → 예맥	이병도, 『단군설화의 해석과 아사달 문제』

四夷 九夷 九韓 穢貊. 周禮職方氏掌四夷九貊者. 東夷之種卽九夷也.

穢 : 거칠 예
貊 : 오랑캐 맥
掌 : 맡을 장

三國史云.

溟州・古穢國・野人耕田 得穢王印獻之. 又春州古牛首州古貊國. 又或云今朔州・是貊國. 或平壤城爲貊國.

溟 : 어두울 명

朔 : 북방 삭

16) 주례(周禮) : 주나라 때의 『예기(禮記)』. 총 42권으로 주공(周公) 단(丹)이 지은 것으로 전함.
17) 직방씨(職方氏) : 주나라의 벼슬 이름으로 천하의 지도와 전국의 공물 관장.
18) 삼국사(三國史) : 진나라 진수가 편찬한 중국 삼국시대의 역사서.
19) 명주(溟州) : 지금의 강릉으로 본래 고구려에 속한 하슬라였으며 후에 신라에 속함. 예(穢)의 옛 나라로 신라 선덕왕 때 소경(小京)을 설치했으나 태종 무열왕 때 말갈과 인접해서 경(京)을 폐하고 군진(軍鎭)으로 삼았으며, 경덕왕 16년에 명주로 개칭한 후 명주도독을 두어 동해지역을 관할하게 함.

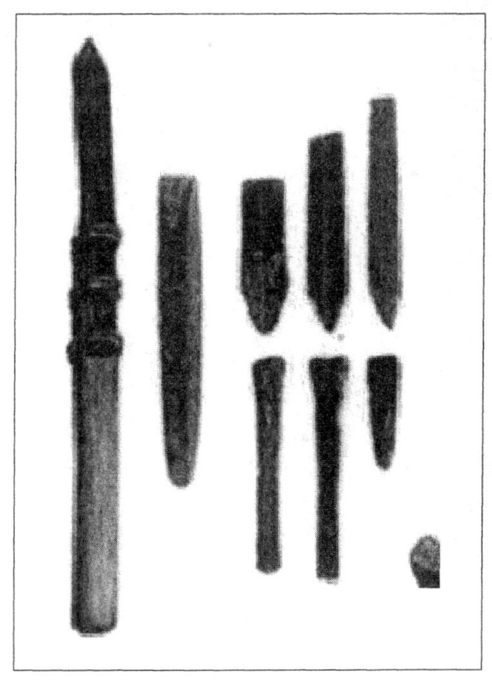

삼한시대 때 사용되었다고 추정되는 농기구

『회남자』[24] 주(注)에는 이렇게 말했다.

「동방의 오랑캐는 아홉 종류이다.」

『논어정의』[25]에서는 이렇게 말했다.

「구이(九夷)란 1 현도, 2 낙랑, 3 고려[26], 4 만식[27], 5 부유[28], 6 소가[29], 7 동도[30], 8 왜인, 9 천비[31]이다.」

『해동안홍기』[32]에는 이렇게 말했다.

「구한[33]이란 1 일본, 2 중화, 3 오월, 4 탁라[34], 5 응유[35], 6 말갈, 7 단국[36], 8 여진, 9 예맥이다.」

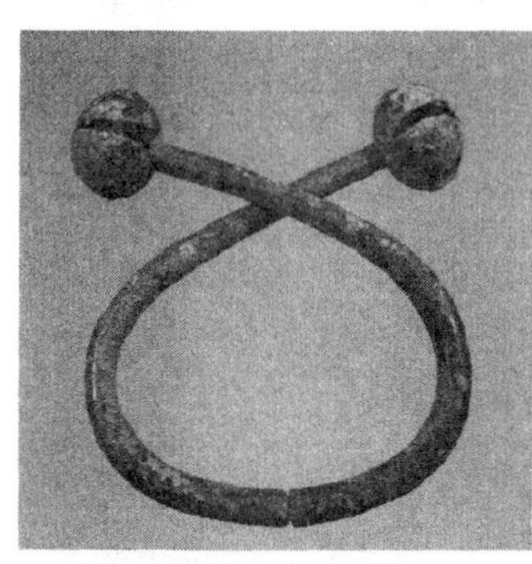

삼한시대에 제사나 의식 때 사용한 것으로 추정되는 방울

20) 예왕의 인장〔穢王印〕: 명주가 옛날에 예국이라는 증거로 이 내용이 삽입됨. 『위지』「부여전」의 기록은 다음과 같음. 「其印文言 濊王之印. 國有故城名濊城, 蓋本濊貊之地. 而夫餘王其中. 自謂亡人 抑有似也. (그 도장에 예왕의 인이라는 글귀가 있고, 나라 가운데 예성이란 이름의 옛 성이 있었다. 아마도 본래 예맥의 땅이었는데 부여가 그 가운데 왕이 되었으므로 자기들 스스로 망명해 온 사람이라고 말하는 것이 아마도 이것 때문인 듯하다.)」

21) 춘주(春州) : 지금의 춘천. 신라가 고구려로부터 이 땅을 빼앗은 후 수약주(首若州) · 우수주(牛首州) 또는 삭주(朔州)로 하였으며 고려조에 이르러 춘주로 됨.

22) 맥국(貊國) : 강원도 춘천에 있던 나라 이름으로, 맥국의 수도는 춘천시 북쪽 13리의 소양강 북안으로 추정.

23) 삭주(朔州) : 고구려의 동남쪽으로 선덕왕 때 우수주로 한 후 경덕왕 때 삭주로 개칭.

24) 회남자(淮南子) : 한나라 때 회남왕 유안이 지은 21권의 책으로 노장(老莊)의 도를 논함.

淮南子注云.

東方之夷九種.

論語正義云.

九夷者. 一玄菟 二樂浪 三高麗 四滿飾 五鳧臾 六素家 七東屠 八倭人 九天鄙.

海東安弘記云.

九韓者. 一日本 二中華 三吳越 四乇羅 五鷹遊 六靺鞨 七丹國 八女眞 九穢貊.

飾 : 꾸밀 식
鳧 : 물오리 부
臾 : 잠깐 유
屠 : 잡을 도
鄙 : 변방 비
乇 : 부탁할 탁
鷹 : 매 응
靺 : 오랑캐 말
鞨 : 북쪽나라이름 갈
丹 : 붉을 단

25) 논어정의(論語正義) : 위나라의 하안(何晏)이 논어 주를 달고 송의 형병(刑昺)이 소를 붙인 논어 해석서.
26) 고려(高麗) : 고구려.
27) 만식(滿飾) : 만주지역.
28) 부유(鳧臾) : 백제의 부여. 『통지(通誌)』에 「부유(鳧臾)란 백제의 음이 변하여 부유로 되었다.」고 기록됨.
29)~31) 소가(素家) · 동도(東屠) · 천비(天鄙) : 위치 불명(不明).
32) 해동안홍기(海東安弘記) : 신라 승려 안홍이 지은 동도성립기(東都成立記). 안홍은 『해동고승전』에 안함(安含)으로 되어 있으나 『최치원 및 의상전』에는 안홍으로 기록됨. 흥륜사 10성중 한 사람. 동도(東都)는 신라 서울 경주를 의미.
33) 구한(九韓) : 『삼국유사』 「황룡사구층탑 조」에 「해동 명현 안홍이 찬술한 동도성립기에 '신라 제27대에 여왕이 임금이 되니 비록 도는 있으나 위엄이 없어 구한이 침범하는 것이다. 황룡사구층탑을 건립하면 이웃나라가 침범하는 재앙을 막을 수 있다. 제1층은 일본, 2층은 중화, …… 9층은 예맥이다.'」에서 인용.
34) 탁라(乇羅) : 지금의 제주도.
35) 응유(鷹遊) : 백제.
36) 단국(丹國) : 거란.

『삼국지』 마한전에 나오는 소도에서 비롯된 솟대

마한의 성립과 위치

1. 마한 성립에 관한 학설

신채호

단군조선에 해당하는 수두시대(首頭時代)에 삼한 즉 신한 · 말한 · 불한이 있었다. 그 중 신한은 제사장 겸 군장이 되고 말한과 불한은 신한을 보좌하였다. 그러나 불한의 기씨(箕氏)가 신한의 해씨(解氏)를 배반함에 따라 삼한을 중심으로 신조선 · 말조선 · 불조선의 세 조선이 생겨나게 되었다. 이때가 B.C. 4세기경이다.

세 조선 중 **말조선**은 왕부(王符)의 잠부론(潛夫論)에서 「위만에게 정벌되어 해중(海中)으로 천거(遷居)한 한씨(韓氏)의 나라」가 그것이다. 말조선의 지역은 압록강 이남으로 그 뒤 어느 시기인가 국호를 마한으로 고치고 남방의 목지국으로 천도하였다. 또한 중국의 정세가 어지러워짐에 따라 신조선과 불조선의 유민이 들어오자 마한은 낙동강 연안 오른쪽의 100여 리 땅을 나누어 주어 진한부라 하였으며 낙동강 왼쪽을 주어 변한부라 했다. 그 후 마한은 불조선왕 기준(箕準)에게 망했다.

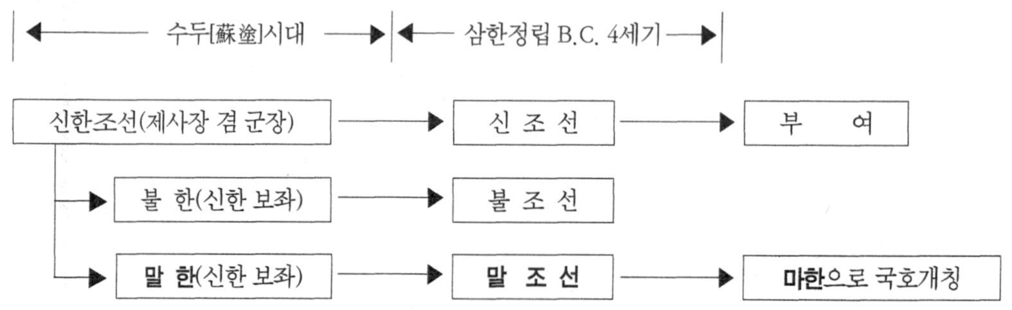

이병도

마한 · 진한 · 변한 등 삼한이 생기기 전에 한강 이남에 분포된 부족사회를 중국인들은 진국(辰國) 또는 개국(蓋國)이라고 불렀다. 또 이를 다스리던 군장(君長)은 목지국(目支國)의 진왕이었다. 이 진국의 동북쪽에 위만에게 멸망한 준왕(準王) 일파의 유이민(流移民) 사회가 형성된 듯하다. 이곳에 망명한 준왕은 진왕의 승인과 보호 하에 한왕(韓王)이라 칭하였으며 그가 지배하는 사회도 한이라고 하였다.

준왕이 죽자 준왕이 세운 한의 통치권은 다시 진왕에게로 돌아갔는데 낙랑(樂浪) 한인(漢人)들은 한(韓)이 진왕의 보호와 지배 하에 있었으므로 이를 진한이라고 부르게 되었다. 그 후 낙랑인들은 한의 명칭을 확대하여 진왕이 다스리는 모든 소국에도 한의 칭호를 적용하였다. 이와 동시에 진한을 지배하던 유력한 집단인 진국(辰國)·개국(蓋國)에 곰 토템과 연계되어 개마국(蓋馬國)의 명칭이 생겼다. 또한 개마와 진한으로부터 개마한(蓋馬韓)이 된 후 그 약칭인 마한을 쓴 것으로 추정된다.

2. 마한의 위치에 관한 학설

『삼국유사』 마한 조에 최치원은 「마한은 고구려이고 …」라고 말했으며 일연도 「고구려 땅에 마읍산이 있었으므로 마한이다.」라 했듯이 대체로 고려시대까지 언급된 여러 가지 학설을 보면 최치원의 설이 정론이었다.

그러나 최치원의 설은 조선조에 들어와서 비판을 받기 시작하였다. 권근·이첨·하륜 등이 저술한 『동국사략』에서 백제 땅에 마한이 있었다고 기록하였다. 그 후 노사신은 『신증동국여지승람』에서 『동국사략』의 설을 비판하여 최치원의 설이 정론임을 주장하였으나 한백겸은 『동국지리지』에서 마한의 위치를 충청도·전라도라는 설을 제시한 후 현재까지도 정설로 인정받고 있다.

〈표1〉 마한의 위치에 관한 학설

구 분	위 치	주장학자, 『저서』
고려시대까지 정설	**고구려 지역**	최치원, 『계원필경』 · 노사신, 『신증동국여지승람』
조선조 이후의 정설	**백제 지역**	권근, 『동국사략』 · 한백겸, 『동국지리지』

마한지역인 대전에서 출토되었다고 전해지는 농경문 청동기

2 부

『전한서』에

「소제[1] 시원[2] 5년 기해(B.C. 82)에 2외부[3]를 두었다.」

고 했다. 이것은 조선의 옛 땅인 평나[4]와 현도군 등이 평주도독부[5]로 되고, 임둔 · 낙랑 등 두 군의 땅에 동부도위부[6]가 설치된 것을 말함이다.(내 생각으로는 『조선전』에 진번 · 현도 · 임둔 · 낙랑 등 네 군으로 되어 있는데 지금 평나는 있고 진번이 없으니 아마 한 지방을 두 가지 이름으로 불렀던 것 같다.)

1) 소제(昭帝) : 전한(前漢)의 제6대 황제. 소제는 B.C. 92년 무제(武帝)의 여섯째 아들로 태어나 8세에 즉위하여 내치에 힘쓰다가 26세인 B.C. 74년에 사망.

2) 시원(始元) : 소제 때의 연호. 시원 5년은 B.C. 82년.

3) 2외부(二外府) : 『전한서(前漢書)』 즉 『한서(漢書)』에 2외부는 보이지 않음. 『한서(漢書)』「제기(帝紀)」 소제(昭帝) 시원 5월조에 「罷儋耳眞番郡. 師古曰. 儋耳本南越地. 眞番本朝鮮地. 皆武帝所置也. (담이 · 진번을 파하다. 사고가 말하기를 담이는 본래 남월의 땅이고 진번은 본래 조선의 땅인데 모두 무제가 설치했다.)」라 기록됨. 2외부는 「지리지」의 낙랑군 소명현조(昭明縣條)에 기록된 남부도위치(南部都尉治)와 불내현조(不耐縣條)에 기록된 동부도위치(東部都尉治)라는 것이 2외부로 잘못 전해졌을 것임.

4) 평나(平那) : 중국의 사서에는 보이지 않으나 황해도 평산군이 고려초에 평주로 개칭된 것으로 보아 지금의 평산을 평나로 비정.
*평주의 주(州)는 나(那)를 한문으로 바꾼 것임.
*평나(平那)의 어원 : 열수(列水)의 우리말인 벌내가 평나로 변화.
〈양주동, 『고가연구』〉

5) 평주도독부(平州都督府) : 『진서(晉書)』「地理地」에 의하면 위(魏)나라는 동이교위(東夷校尉)를 배평에 설치하여 요동 · 요서 · 현도 · 낙랑 · 대방의 5군을 평주로 하였다고 기록됨. 일연은 중국의 평주를 4)항에서 기술한 평나〔平州〕와 혼동한 것으로 추정

6) 동부도위부(東部都尉府) : 한나라 때 군에는 태수 밑에 4명의 부도위(部都尉) 즉 북부도위 · 남부도위 · 동부도위 · 서부도위를 두어 일반행정과 군사의 업무를 담당. 여기서 동부도위는 요동군 내에 동부도위를 말함.

二　府

前漢書.

昭帝始元五年巳亥. 置二外府.

謂朝鮮舊地平那及玄菟郡等. 爲平州都督府. 臨屯樂浪等兩郡之地. 置東部都尉府(私曰. 朝鮮傳則眞番玄菟臨屯樂浪等四. 今有平那無眞番. 盖一地二名也.)

昭 : 밝을 소
巳 : 己의 오기

那 : 땅이름 나
屯 : 모일 둔
尉 : 벼슬이름 위

2부(二府) 조의 의미

2부(二府)는 이 지역에 대한 역사적 사실을 설명하기보다는 마한 조의 부칙(附則) 성격을 가지고 있는 듯하다. 또한 2부 다음 조목이 72국으로 그 내용을 보면 무제가 사군을 두었으며 그 후 법령이 차츰 번잡해져서 72국으로 나누었다고 기록하였다. 이를 통해 2부가 72국 조목의 예비 설명임을 알 수 있다.

그러나 이병도에 의하면 2부는 허무맹랑(虛無孟浪)한 것으로 『한서지리지』「낙랑군조」에 보이는 남부도위와 동부도위의 2도위 설치를 2부로 오인하여 기록했다고 주장했다.

한나라 시대의 관리들의 외출

72[1] 국

『통전』[2]에 이런 말이 있다. 「조선의 유민들이 70여 나라로 나누어졌는데, 이들 나라의 땅들은 모두 사방 100리이다.」 『후한서』[3]에는 이런 말이 있다. 「서한이 조선의 옛 땅에 처음에는 사군을 두었다가 후에 이부[4]를 두었다. 법령이 점차 번잡해지자 이것을 78나라로 나누었다. 이들은 각각 1만 호였다.」

(마한은 서쪽에 있었다. 거기에는 54개의 작은 고을들이 모두 나라라고 불렀다.[5] 진한은 동쪽에 있었다. 여기에 있었던 12개의 작은 고을들도 나라라고 했다. 변한은 남쪽에 있었다. 여기에도 12개의 작은 고을들이 있었는데 각각 나라라고 불렀다.)

1) 72국(七十二國) : 마한 · 진한 · 변한에 속한 나라 총 수를 말한 것으로 실제는 78국임. 따라서 二는 八의 오자일 것임.
2) 통전(通典) : 당나라 두우(735~812)가 편찬한 것으로 상고부터 당나라까지의 제도와 연혁을 기술한 책. 실제 통전에는 72국에 관한 글이 없음.
3) 후한서(後漢書) : 남송(南宋) 범엽(范曄)이 지은 후한의 역사서. 『후한서』 「동이전」에 부여국 · 고구려 · 동옥저 · 예 · 한 등에 대해 기술했는데, 『후한서』보다 일찍 저술된 진수(陳壽)의 『위지』를 인용하여 기록함. 『후한서』 「동이전」 한조(韓條)에 「한(韓)에는 3종이 있다. 첫째는 마한이며 둘째는 진한이고 셋째는 변진이다. 서쪽에 있는 마한은 54국이 있고…… 동쪽에 있는 진한은 12국이 있으며…… 진한의 남쪽에 있는 변진은 역시 12국이 있어서 모두 78국이다. 큰 것은 만여 호요, 작은 것은 천여 호이다.」라는 내용을 삼국유사에서 인용.
4) 2부(二府) : 앞의 2부 조목의 2부임.
5) 모두 나라라고 불렀다〔皆稱國〕 : 『삼국지』 「동이전」에 의하면 「여러 소국들은 만여 호를 가진 큰 나라에서부터 6~700여 호를 가진 작은 나라에 이르기까지 여러 층이 있었다. 각 나라에서는 거수(渠帥)가 있어 일반 백성과 섞여 살아 백성들을 능히 잘 통치하지 못했다.」하는 것으로 보아 읍락국가(邑落國家) · 성읍국가(城邑國家)로 보여지나 마한 · 진한 · 변한은 연맹왕국으로 보는 것이 일반적임.

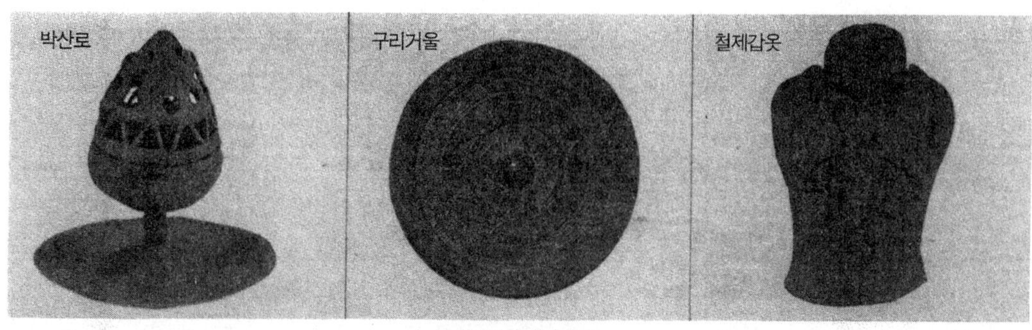

연맹왕국 시대의 유물

七十二國

二 : 八의 오기

通典云. 朝鮮之遺民·分爲七十餘國. 皆地方百里. 後漢書云. 西漢以朝鮮舊地. 初置爲四郡. 後置二府. 法令漸煩. 分爲七十八國. 各萬戶(馬韓在西. 有五十四小邑. 皆稱國. 辰韓在東. 有十二小邑稱國. 卞韓在南. 有十二小邑. 各稱國).

舊 : 옛 구
漸 : 점차 점
煩 : 번거로울 번

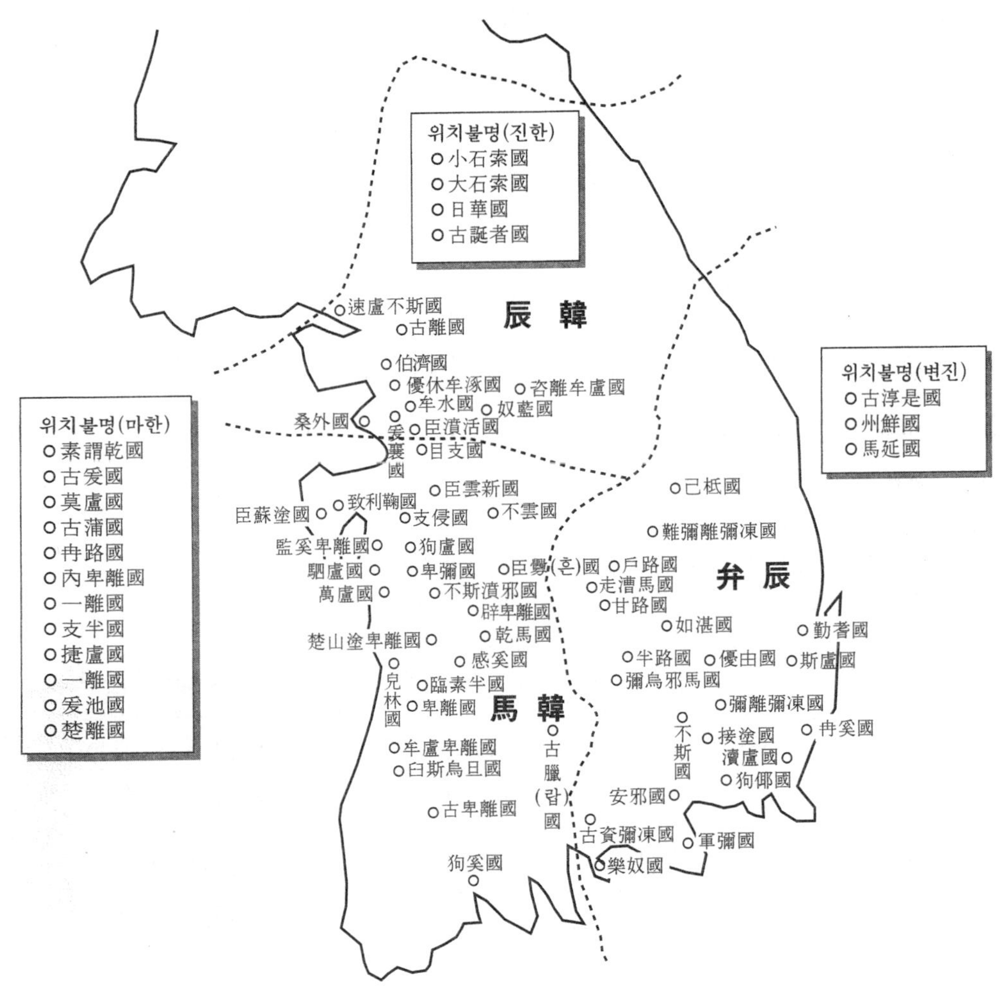

〈그림1〉 78국 위치도(자료원 : 이병도, 『삼한문제의 연구』)

낙랑국

전한(前漢) 때에 처음으로 낙랑군을 두었다. 응소[1]는 이를 「옛 조선국이다.」[2]라고 했으며 신당서[3]의 주에 「평양성은 옛 한나라의 낙랑군이다.」[4]라 했다. 『국사』[5]에서는

「혁거세 30년에 낙랑인들이 신라에 와서 항복했다.[6] 또 제3대 노례왕[7] 4년에 고구려의 3대 무휼왕[8]이 낙랑을 쳐서 멸망시키니 그 나라 사람들이 대방(북대방이다.)과 함께 신라에 투항했다. 또 무휼왕 27년에 광무제[9]가 사람을 보내어 낙랑을 치고 그 땅을 빼앗아 군현으로 삼으니 살수[10] 이남의 땅이 한나라에 속했다.」

라 했다.(이상의 여러 글에 의하면 낙랑이 바로 평양성이라고 하는 것이 마땅하다. 혹은 말하기를 낙랑의 중두산[11] 아래가 말갈과의 경계이고 살수는 지금의 대동강이라 하나 어느 것이 옳은지 정확하지 않다.)

또 백제의 온조왕이 말하기를 「동에 낙랑이 있고, 북에 말갈이 있다.」하였으니 이는 아마 옛날 한나라 때 낙랑군에 속해 있던 현일 것이다. 신라인이 또한 낙랑이라 부르자 지금의 고려조에서도 이로 인하여 또 낙랑군 부인이라 불렀다. 또한 태조가 그의 딸을 김부[12]에게 시집보내면서 역시 낙랑공주라 했다.

1) 응소(應劭) : 후한(後漢)의 학자로 『한서(漢書)』에 주(注)를 붙임.
2) 옛 조선국이다〔故朝鮮國也〕 : 『한서(漢書)』「지리지」 낙랑군에서 「낙랑군은 광무 원봉 3년에 설치되었다. 분(犇)은 말하기를 "낙랑과 조선은 유주에 속한다.……"」로 기록되어 있으며 응소는 주에서 「낙랑과 조선은 옛 조선국이다.」라 한 것을 인용.
3) 신당서(新唐書) : 송(宋)의 구양수(區陽修) · 송기(宋祁) 등이 찬술한 당나라의 역사서. 『구당서(舊唐書)』를 개수(改修)하여 『신당서』라 함.
4) 평양성은 옛 한나라 낙랑군이다〔平壤城古漢之樂浪郡也〕 : 이 문장은 『신당서』「동이전」 고구려 항목에 「고려는 본래 부여의 다른 종족이다. ……그 왕이 거주한 평양성은 또 장안성이라고도 불렀는데, 한(漢)나라의 낙랑군이다.」라고 기록된 부분을 요약한 것임.
5) 국사(國史) : 『삼국사기』

낙랑 와당

樂 浪 國

前漢時始置樂浪郡. 應邵曰. 故朝鮮國也. 新唐書注云. 平壤城・古漢之樂浪郡也. 國史云.

赫居世三十年. 樂浪人來投. 又第三弩禮王四年. 高麗第三無恤王伐樂浪滅之. 其國人與帶方(北帶方)投于羅. 又無恤王二十七年. 光虎帝遣使伐樂浪. 取其地爲郡縣. 薩水巳南屬漢.(據上諸文. 樂浪卽平壤城. 宜矣. 或云樂浪中頭山下靺鞨之界. 薩水今大同江也. 未詳孰是)

又百濟溫祚之言. 曰東有樂浪. 北有靺鞨. 則殆古漢時樂浪郡之屬縣之地也. 新羅人亦以稱樂浪. 故今本朝亦因之. 而稱樂浪郡夫人. 又大祖降女於金傳. 亦曰樂浪公主.

邵 : 고을이름 소
故 : 옛날 고
弩 : 쇠뇌 노
恤 : 근심할 휼

虎 : 혜종의 이름 **武**의 避諱代字
縣 : 고을 현
薩 : 보살 살
巳 : **已**의 오기
靺 : 나라이름 말
鞨 : 말갈나라 갈
孰 : 어느 숙
是 : 옳을 시
祚 : 복 조
殆 : 거의 태
大 : **太**의 오기
降 : 내릴 강
傳 : **傅**(스승 부)의 오기

6) 혁거세 30년에 낙랑인들이 신라에 와서 항복했다. : 『삼국사기』의 혁거세거서간 조에 「30년 4월 기해 그믐에 일식이 있었다. 낙랑인이 군사를 이끌고 와서 침범하다가 이 지방 사람들이 밤에 문을 닫지 않고 노적가리가 들에 가득함을 보고 …… 우리가 군사를 이끌고 와서 습격하는 것은 도적과 다름이 없으니 어찌 부끄럽지 아니하랴! 하고 군사를 이끌고 돌아갔다.」로 기록되어 있음. 그러므로 낙랑인들이 항복했다고 하는 것은 그러한 사건에 연관된 것으로 추정.
7) 노례왕(弩禮王) : 신라 제3대 유리왕. 노례와 유리는 동음(同音) 이자(異字).
8) 무휼왕(無恤王) : 고구려 제3대 대무신왕. 무휼은 대무신왕의 이름.
9) 광무제[光虎帝] : 중국 후한의 광무제(光武帝). 원문의 虎(호)는 고려 혜종의 이름 武(무)를 피하기 위한 것.
10) 살수(薩水) : 주(注)에는 대동강이라 했으나 통설은 지금의 청천강.
11) 중두산(中頭山) : 우두산(牛頭山)의 잘못인 듯.
12) 김부(金傅) : 신라 제56대 경순왕의 이름.

북 대 방[1]

북대방은 본래 죽담성[2]이다. 신라 노례왕 4년(27)에 대방인과 낙랑인이 신라에 항복해 왔다. (이것은 모두 전한(前漢) 때 설치한 두 군의 이름이다. 그 뒤 분수에 지나쳐 방자스럽게 나라라고 불러오다[3]가 지금에 와서 항복한 것이다.)

남 대 방

조위[1] 때 비로소 남대방군[2](지금의 남원부이다.)을 두었기 때문에 남대방이라 한 것이다.[3] 대방의 남쪽은 바닷물이 천리나 되니 한해[4]라고 했다. (후한 건안[5] 중에 마한 남쪽의 황무지를 대방군으로 삼았다. 왜와 한(韓)이 드디어 대방군에 속했다는 것이 바로 이것이다.)

북 대 방

1) 북대방(北帶方) : 『위지』「동이전」 한(韓)조에 「건안 연간에 공손강이 둔유현(屯有縣) 이남의 황무지를 분할하여 대방군으로 만들었다. 그 후 공손모 · 장창 등을 파견하여 한(漢)의 유민을 모아 군대를 일으켜 한(韓)과 예를 정벌하자 옛 백성들이 차츰 돌아오고, 그 뒤에 왜와 한이 드디어 대방에 복속했다.」에서 언급된 대방이 북대방임.

2) 죽담성(竹覃城) : 지금의 나주 근방. 백제 멸망 후에 당이 설치하려던 남대방주의 거점 성읍. 죽담성이 북대방이라 한 것은 일연이 북대방과 남대방을 혼동했을 것으로 추정.
3) 분수에 지나쳐 나라라고 불러오다〔僭稱國〕 : 낙랑군은 B.C.108에 설치된 후 전한 말에 왕망의 등장으로 중국은 오랜 기간 혼란에 빠짐. 이때 낙랑군은 한나라의 통치에서 벗어나 나라를 칭하였다는 의미.

北 帶 方

北帶方・本竹覃城. 新羅弩禮王四年. 帶方人與樂浪人投于羅(此皆前漢所置二郡名. 其後僭稱國. 今來降.)

覃 : 깊을 담

僭 : 분수에지나치게행동할 참

南 帶 方

曹魏時始置南帶方郡(今南原府). 故云. 帶方之南海水千里. 曰澣海(後漢建安中. 以馬韓南荒地爲帶方郡. 倭韓遂屬. 是也)

澣 : 빨래할 한

荒 : 거칠 황

남 대 방

1) 조위(曹魏) : 삼국시대 조조의 아들 조비가 세운 위나라로 남북조 시대의 후위(後魏)와 구별하기 위해 조위라 함.
2) 남대방군(南帶方郡) : 지금의 남원으로 고려 태조 때 남원부로 됨. 그 후 충선왕 2년(1310)에 대방군으로 변경.
3) 때문에 남대방군이라 한다[故云] : 조위 때 대방군이 멸망한 후 그 유민이 정착하는 과정에서 남대방이라는 이름이 붙여진 것으로 추정. 이러한 연유로 고려 때 대방이라고 하였다는 의미.
4) 한해(瀚海) : 대마도 남쪽 바다.

1세기 전후의 강역

말갈[1](물길이라 고도 한다.) 발해[2]

『통전』[3]에 이렇게 말했다.

「발해는 본래 속말말갈[4]이다. 그 추장 조영에 이르러 나라를 세우고 스스로 나라 이름을 진단[5]이라 했다. 선천[6] 연간(현종 임자년(712)이다.)에 비로소 말갈이라는 국호를 버리고 오로지 발해라고만 불렀다. 개원[7] 7년(기미년(719)이다.)에 조영이 죽으니 시호를 고왕이라 했다. 세자가 뒤를 이어 왕위에 오르자 당나라 왕[8]이 왕위계승의 책문을 내려 왕위를 잇게 하니 사사로이 연호를 고치고 마침내 해동에서 융성한 나라가 되었다. 발해에는 5경[9] 15부 62주가 있었다. 후당 천성[10] 초년(926)에 거란이 발해를 공격해서 깨뜨렸다. 그 후 거란의 지배를 받게 되었다.」

(『삼국사』[11]에 이렇게 말했다. 「의봉 3년 고종(당나라) 무인(678)에 고구려의 잔당이 남은 무리를 모아 북쪽의 태백산 밑을 의지 삼아 나라 이름을 발해라고 했다. 개원 20년경에 당나라 황제가 장수를 보내 발해를 토벌했다.」 또 「성덕왕 32년, 현종(당나라) 갑술(734)에 발해 · 말갈이 바다를 건너 당나라 등주[12]를 침범하자 현종이 이를 물리쳤다.」 또 『신라고기』에 이런 말이 있다. 「옛 고구려의 장수 조영의 성은 대씨인데 남은 군사를 모아 태백산 남쪽에 나라를 세우고 국호를 발해라고 했다.」 위의 여러 글을 살펴보면 발해는 말갈의 또 다른 종족이다. 다만 그들이 갈라지고 합친 점이 서로 다를 뿐이다. 지장도[13]를 살펴보면 발해는 만리장성 동북쪽 밖에 있었다.)

1) 말갈(靺鞨) : 한반도 북부에 살던 종족의 이름.

ㅇ말갈의 이름 변천

주(周)나라	한(漢) · 위(魏)	후위(後魏)	당나라 이후
숙신	읍루	물길 · 말갈	말갈 → 흑수말갈 → 금나라 건국 말갈 → 속말수말갈 → 대조영과 함께 발해 건국

＊흑수(黑水) : 흑룡강(黑龍江)

＊속말수(粟末水) : 송화강(松花江)

＊말갈의 어원 : 믈ㅅ골〔水城〕⇒ 말갈. 〈양주동, 『고가연구』〉

2) 발해(渤海) : 699년 고구려 장수 대조영이 건국하여 926까지 15대 227년 간 만주 동북부 및 연해주 일대를 통치하였던 왕국.

3) 통전(通典) : 당나라 두우(735~813)가 찬술한 책이나 『통전』에는 발해에 관한 문장이 보이지 않으므로 여기서의 『통전』은 『신당서』 「발해전」으로 추정.

4) 속말말갈(粟末靺鞨) : 송화강 유역의 말갈로서 발해를 세움.

5) 진단(震旦) : 진단은 진국(震國)의 오기로 추정.

靺鞨(一作勿吉) 渤海

通典云.

渤海·本粟末靺鞨. 至其酋祚榮立國. 自號震旦. 先天中(玄宗壬子)始去靺鞨號. 專稱渤海. 開元七年(巳未)祚榮死. 謚爲高王. 世子襲立. 明皇賜典册襲王. 私改年號. 遂爲海東盛國. 地有五京. 十五府·六十二州. 後唐天成初. 契丹攻破之. 其後爲丹所制(三國史云. 儀鳳三年. 高宗戊寅. 高麗殘孽類聚. 北依太伯山下. 國號渤海. 開元二十年間. 明皇遣將討之. 又聖德王三十二年. 玄宗甲戌. 渤海靺鞨越海侵唐之登州. 玄宗討之. 又新羅古記云. 高麗舊將祚榮姓大氏聚殘兵. 立國於太伯山南. 國號渤海. 按上諸文. 渤海乃靺鞨之別種. 但開合不同而巳. 按指掌圖. 渤海在長城東北角外)

渤 : 나라이름 발, 바다 발
栗 : 밤 율
粟 : 粟(조 속)의 오기 또는 약체자
未 : 末의 오기
酋 : 우두머리 추
震 : 괘이름 진
旦 : 國의 오기
旦 : 아침 단
王 : 壬의 오기
專 : 오로지 전
巳 : 己의 오기
謚 : 임금죽은뒤붙여주는이름 시
襲 : 벼슬대물릴 습
賜 : 줄 사
契 : 나라이름 글
殘 : 나머지 잔
孽 : 첩자식 얼
聚 : 모일 취
越 : 건널 월
按 : 살펴볼 안
巳 : 已의 오기

6) 선천(先天) : 당나라 예종 및 현종의 연호 (712년).
7) 개원(開元) : 당나라 현종의 연호 (713~741).
8) 당나라왕〔明皇〕 : 명황(明皇)은 천자(天子)의 의미로 중국 당나라 왕.
9) 5경(五京) : 발해의 선왕(宣王) 때 설치. 국도(國都)인 상경을 중심으로 5경의 제도를 두었는데 이는 부여의 사출도(四出道)나 고구려의 5부 제도에 연원을 둔 것으로 추정.
10) 천성(天成) : 후당(後唐) 장종(莊宗)의 연호(926~929).
11) 삼국사(三國史) : 김부식의 『삼국사기』가 아니라 또 다른 역사서인 『삼국사』로 추정.
12) 등주(登州) : 지금의 중국 산동성.

발해의 복장, 정효공주 무덤벽화 재현

가탐[14]이 쓴 『군국지』[15]에 이런 말이 있다.

「발해국의 압록[16] · 남해[17] · 부여[18] · 추성[19] 네 고을은 모두 고구려의 옛 땅으로 신라 천정군[20](『지리지』에 삭주에 소속된 고을로 천정군이 있었으니 지금의 용주이다.)에서 추성부까지 39개의 역이 있다.」

또 『삼국사』[21]에는 이런 말이 있다.

「백제 말년에 발해 · 말갈 · 신라가 백제의 땅을 나누었다.」[22] (이것에 의하면 발해가 또 갈라져 두 나라로 된 것이다.)

신라 사람들이 말하기를 "북쪽에는 말갈이 있고 남쪽에는 왜인이 있으며 서쪽에는 백제가 있다. 이것이 나라의 해가 된다. 또 말갈의 땅이 아슬라주[23]에 인접해 있다."고 했다.

또 『동명기』[24]에 이렇게 쓰여 있다.

「졸본성은 땅이 말갈(혹 지금은 동진[25]이라 한다.)과 붙어 있는데 신라의 제6대 지마왕 14년(을축년(125)이다.)에 말갈의 군사가 북쪽 국경으로 크게 몰려와 대령[26]의 성책을 습격하고 이하[27]로 지나갔다.」

13) 지장도(指掌圖) : 송나라 소식(蘇軾)이 지은 책의 이름. 소식은 송나라 때 문인.
14) 가탐(賈耽) : 730~805 때의 당나라 사람으로 지리학에 정통함.
15) 군국지(郡國志) : 가탐이 저술한 『고금군국현도사이술(古今郡國縣道四夷述)』인 듯함.
16) 압록부(鴨淥府) : 지금의 중강진 맞은 편의 임강(臨江) 부근.
17) 남해부(南海府) : 옥저의 옛 땅으로 지금의 함흥 부근.
18) 부여부(扶餘府) : 지금의 만주 농안(農安) 부근.
19) 추성부(樞城府) : 지금의 혼춘(琿春).
20) 천정군(泉井郡) : 지금의 함경남도 덕원군

발해 불상

賈耽郡國志云.

賈 : 값 가, 장사할 고
耽 : 즐길 탐

渤海國之鴨淥南海扶餘橻城四府・並是高麗舊地也. 自新羅泉井郡(地理志. 朔州領縣有泉井郡. 今湧州)至橻城府三十九驛.

鴨 : 집오리 압
淥 : 물이름 록
橻 : 땅이름 추
湧 : 솟아날 용

又三國史云.

百濟末年. 渤海靺鞨新羅分百濟地.(據此. 則鞨海又分爲二國也.)

鞨 : 渤의 오기

羅人云. 北有靺鞨. 南有倭人. 西有百濟. 是國之害也. 又靺鞨地接阿瑟羅州.

阿 : 언덕 아
瑟 : 큰거문고 슬

又東明記云.

卒本城地連靺鞨(或云今東眞.)羅第六祇麻王十四年(乙丑)靺鞨兵大入北境. 襲大嶺柵・過泥河.

祇 : 공경할 지
麻 : 임금말씀 마
嶺 : 고개 령
柵 : 성채 책
泥 : 진흙 니

21) 삼국사(三國史) : 『삼국사기』
22) 발해 · 말갈 · 신라가 백제의 땅을 나누었다. : 사실과 틀림.
23) 아슬라(阿瑟羅) : 하슬라(何瑟羅)로 지금의 강릉.
24) 동명기(東明記) : 고구려 동명왕의 사적을 기록한 책.
25) 동진(東眞) : 동여진(東女眞)으로 함경도 부근에 거주했던 여진족.
26), 27) 대령(大嶺) · 이하(泥河) : 천정군을 덕원으로 비정하면 대령과 이하는 덕원 부근에 있으며, 천정군을 영흥으로 비정하면 이하는 금진강임.

발해의 돌사자

『후위서』에서 「말갈은 물길이다.」라 했고, 『지장도』에는 「읍루와 물길은 모두 숙신이다.」라 했다. 흑수[28]와 옥저[29]에 대해서는 동파[30]가 지은 『지장도』를 살펴보면 「진한 북쪽에 남북의 흑수가 있다.」고 했다.

살펴보건대 동명제는 왕위에 오른 지 10년(B.C. 28)만에 북옥저를 멸하였고 온조왕 42년(A.D.23)에 남옥저의 20여 집이 백제에 투항했다.[31] 또 혁거세 53년(B.C.5)에 동옥저가 좋은 말을 신라에 가져다 바쳤다 하니 이 또한 동옥저도 있었던 것이다. 『지장도』에 「흑수는 만리장성 북쪽에 있고 옥저는 만리장성 남쪽에 있다.」고 했다.

28) 흑수(黑水) : 지금의 흑룡강(黑龍江).
29) 옥저(沃沮) : 흑룡강 유역에 살던 말갈족. 함경도로부터 만주의 간도(間島)방면에 살던 예맥계 민족으로 북쪽에 있는 읍루와 접한 것을 북옥저라 하며 북옥저 남쪽 즉 함흥지역을 남옥저(동옥저라고도 함)로 분류함.
*옥저의 어원 : 만주어의 삼림(森林)을 뜻하는 와지가 옥저로 변화.

30) 동파(東坡) : 지장도를 저술한 소식의 호.
31) 백제에 투항했다〔投新羅〕: 『삼국사기』의 내용을 인용한 것으로 원문의 新羅는 百濟의 오기.

발해석탑

後魏書靺鞨作勿吉. 指掌圖云. 挹屢與勿吉皆肅愼也. 黑水·沃沮. 按東坡指掌圖. 辰韓之北. 有南北黑水.

按東明帝立十年. 滅北沃沮. 溫祚王四十二年南沃沮二十餘家來投新羅. 又赫居世五十二年東沃沮來獻良馬. 則又有東沃沮矣. 指掌圖. 黑水在長城北. 沃沮在長城南.

作 : …이다〔爲〕 작
挹 : 누를 읍
屢 : 여러 루
肅 : 공손할 숙
愼 : 삼갈 신

沮 : 막힐 저
新羅 : 百濟의 오기
二 : 三의 오기
獻 : 드릴 헌

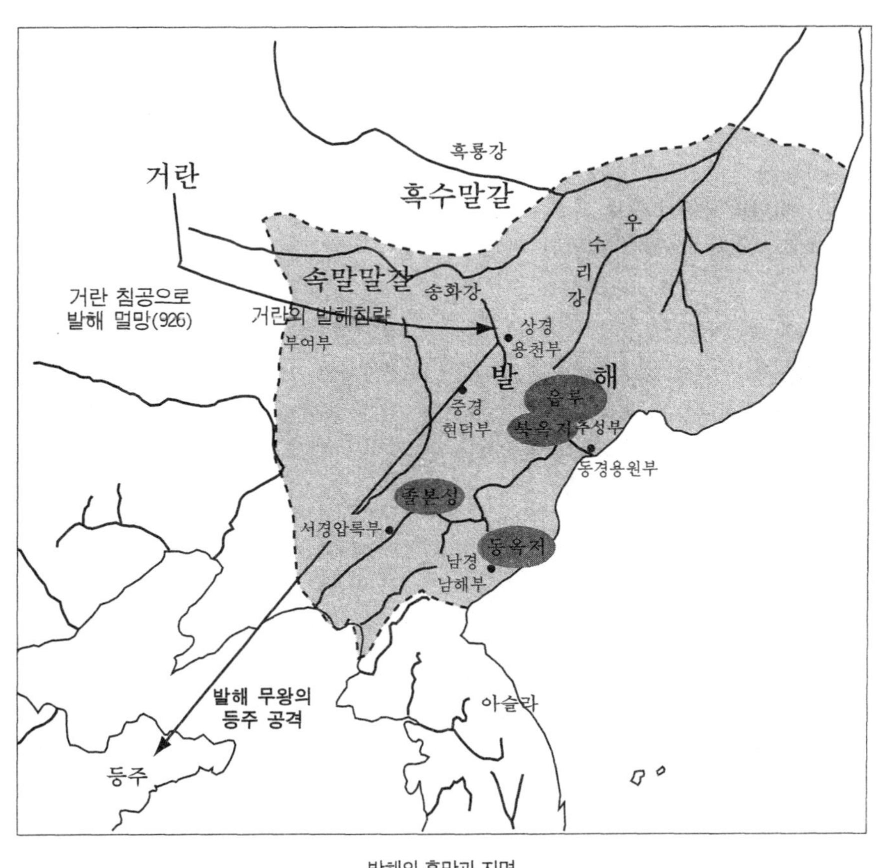

발해의 흥망과 지명

이서국[1)]

노례왕[2)] 14년(A.D.37)에 이서국 사람들이 와서 금성[3)]을 공격하였다.[4)]

운문사[5)]에 예부터 전해오는 여러 절의 토지를 바친 기록을 살펴보면 「정관[6)] 6년 임진(632)에 이서군의 금오촌 영미사[7)]에서 밭을 바쳤다.」고 했다. 여기서 금오촌은 지금의 청도 땅이다. 바로 청도군은 옛날 이서군이다.

1) 이서국(伊西國) : 경북 청도군에 있던 읍락국가. 신라 노례왕이 A.D.42년에 멸망시켰다고 전함.
2) 노례왕(弩禮王) : 신라 제3대 유리왕.
3) 금성(金城) : 신라의 서울. 지금의 경주.
4) 금성을 공격하였다〔攻金城〕 : 이 내용은 『삼국사기』「신라본기」 유리왕조의 「이서고국이 금성을 공격해오므로 ……」를 인용한 것임.
5) 운문사(雲門寺) : 신라 말에 보양이 창건하고 작갑사라 하였다가 고려 태조가 운문사라는 현판을 내리면서 운문사가 됨.
6) 정관(貞觀) : 당나라 태종의 연호.
7) 영미사(零味寺) : 경북 청도군에 있었던 사찰.

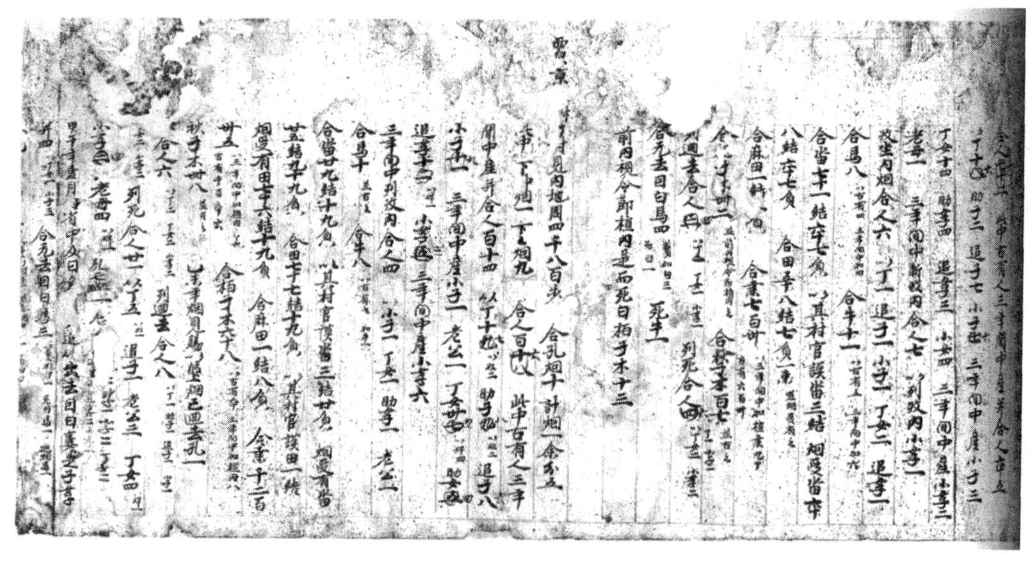

신라시대 백성들의 생활상태를 기록한 신라장적

伊 西 國

伊 : 저 이

弩禮王十四年. 伊西國人來攻金城. 桉雲門寺古傳諸寺納田記云. 貞觀六年壬辰伊西郡今部村零味寺納田. 則今部村今淸道地. 卽淸道郡古伊西郡一.

桉 : 按의 오기
桉 : 푸른옥으로된그릇 안

部 : 고을이름 오
一 : 오기

운문사 대웅보전

5 가야[1)]

(『가락국기』[2)] 찬의 글을 보면 「자줏빛 끈 한 개가 드리워져 둥근 알 여섯 개를 내려주었다. 다섯 개는 각각의 고을로 가고 한 개가 이 성에 남았다.」고 했다. 즉 한 개가 수로왕이 되고 나머지 다섯은 각각 가야의 왕이 되었다. 금관국이 다섯 개의 수에 들지 않는 것은 당연하다. 그런데 『본조사략』에 금관까지 넣고 실없이 창녕이라고 기록한 것은 잘못된 것이다.)

5가야는 아라(羅(라)를 耶(야)라고도 쓴다.)가야(지금의 함안이다.) · 고령가야(지금의 함령[3)]이다.) · 대가야(지금의 고령이다.) · 성산가야[4)](지금의 경산이다. 혹은 벽진[5)]이라고 한다.) · 소가야(지금의 고성이다.)이다.

또 고려의 『사략』[6)]에서는

「태조 천복[7)] 5년 경자(940)에 다섯 가야의 이름을 고쳤으니, 1은 금관(김해부가 되었다.)이고, 2는 고령(가리현[8)]으로 되었다.)이며, 3은 비화(지금의 창녕이나 고령의 잘못인 듯하다.)이다. 나머지 둘은 아라와 성산이다.」(앞의 주와 같이 성산은 벽진가야라고도 한다.)라 했다.

1) 5가야(五伽耶) : 고대 낙동강 하류에서 일어난 나라로 추정.

ㅇ가야 · 가라 · 가락의 어원에 대한 학설

구 분	내 용	주장학자, 『저서』
변한(弁韓)의 訓借	• 弁 · 卞(변)의 뜻인 고갈의 갈에서 유래 ＊弁 · 卞(변)은 이 지역 사람들이 쓰는 관모(冠帽) - 관모 위에 뾰족하게 솟은 것을 갈이라 하여 변으로 표기 ＊금관(金官)은 관모인 금관(金冠)에서 유래	정약용, 『아방강역고』
낙동강과 관련	• 分(분) · 岐(기)의 뜻인 가ᄅᆞ의 차자(借字) - 진한 · 마한의 中分的 위치와 낙동강의 분기점에 의한 칭호 ＊伽倻 · 加耶 · 加羅 · 加落 · 駕洛 등은 모두 가ᄅᆞ의 차자(借字)	양주동, 『고가연구』
	낙동강가에 있어서 가람(江)이라는 말에 기원	안재홍, 『6가락국 소고』
신(神)의 나라	• 가야는 간 나라로서 신(神)의 나라 또는 큰 나라 - 간 : 한(韓) · 간(干)으로 神 · 上 · 大의 뜻 - 나라 : 국(國)	이마니시류〔今西龍〕, 『가라강역고』
겨레	우리말의 겨레〔族〕 · 갈래〔支派〕에서 유래	최남선, 『조선상식 지리편』

＊가야의 명칭 사용.

• 가락(駕洛) : 김해 중심의 가야.

• 가라(加羅) : 고령의 대가야.

• 가야(加耶) :신라인들의 호칭.

• 가야(伽耶) : 인도 불교 성지인 부다가야를 佛陀伽耶로 표기. 즉 불교와 관련된 호칭.

五 伽 耶

(按駕洛記贊云. 垂一紫纓. 下六圓卵. 五歸各邑. 一在玆城. 則一爲首露王. 餘五各爲五伽耶之主. 金官不入五數當矣. 而本朝史略. 並數金官而濫記昌寧誤.)

伽 : 절 가

駕 : 탈것 가
贊 : 기릴 찬
垂 : 드리울 수
纓 : 갓끈 영
玆 : 이 자
濫 : 뜬말 람

阿羅(一作耶)伽耶(今咸安). 古寧伽耶(本咸寧). 大伽耶(今高靈). 星山伽耶(今京山※云碧珍). 小伽耶(今固城). 又本朝史畧云.

本 : 今의 오기
※ : 一의 결락
碧 : 옥돌 벽
畧 : 略과 동일

大祖天福五年庚子改五伽耶名. 一金官(爲金海府). 二古寧(爲加利縣). 三※大(今昌寧恐高靈之訛). 餘二阿羅・星山(同前. 星山或作碧珍伽耶).

大 : 太의 오기
※ : 非의 결락
大 : 火의 오기
訛 : 그릇될 와

2) 가락국기〔駕洛記〕: 가락국의 역사를 기록한 책. 고려 문종 때 금관지주사가 지음.
3) 함령(咸寧) : 함창의 다른 이름.

4) 성산가야(星山伽耶) : 신라시대 성산군 즉 지금의 경북 고령에 있던 가야.
5) 벽진(碧珍) : 지금의 경북 성주군. 경덕왕 때 신안현으로 성산군에 속했으나 후에 벽진군으로 개칭.
6) 사략(史略) : 『고려사략』으로 그 내용은 불명.
7) 천복(天福) : 후진(後晋) 고조의 연호.
8) 가리현(加利縣) : 경북 성주군에 있던 지명.

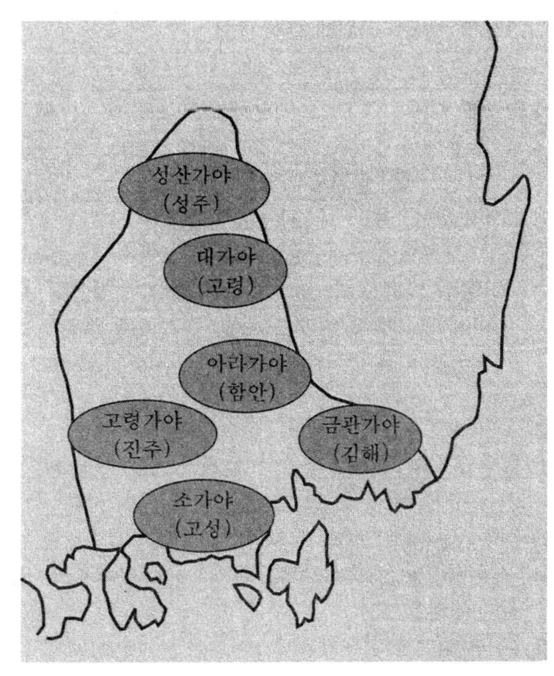

가야 위치도
(현재 통설)

북부여[1)]

고기[2)]에 이렇게 말했다.

「전한 효선제[3)] 신작 3년[4)] 임술(B.C. 59) 4월 8일[5)]에 천제가 흘승골성[6)](대요의 의주 경계[7)]에 있다.)에 내려왔는데 다섯 마리 용이 끄는 수레[8)]를 타고 왔었다. 도읍을 정하고 왕이라 일컬으며 나라 이름을 북부여라 하고 스스로 이름을 해모수[9)]라 했다. 아들을 낳아 이름을 부루[10)]라 하고 해(解)로써 성을 삼았다. 왕은 후에 상제의 명령으로 도읍을 동부여로 옮겼다. 동명제가 북부여를 계승하여 일어나 졸본주[11)]에 도읍을 세우고 졸본부여가 되었으니 곧 고구려의 시조였다.」(아래의 고구려 조에 보인다.)

1) 북부여(北扶餘) : 북부여는 중국 사서의 조선열전에서 고조선 다음으로 등장하는 국가임. 『삼국유사』와 『삼국사기』에는 扶餘(부여)로 중국 문헌에는 夫餘(부여)로 표기됨.
ㅇ부여 명칭의 어원에 관한 학설

내 용	주장학자, 『저서』
• 붉〔신명 : 神明〕→ 개발(開發) → 벌(伐) → 부여 - 붉에서 평야를 의미하는 벌〔伐 · 夫里 · 火 · 弗〕로 음을 빌린 뒤〔音借〕부여로 변환	최남선, 『아시조선』 양주동, 『고가연구』
• 만주어 · 몽고어의 사슴에서 유래 - 만주어에서 사슴을 puhu, 몽고어에서 pobgo인데 『자치통감』에서 「처음 부여는 녹산(鹿山)에 살았다.」에서 추정	〔白鳥庫吉〕 『濊貊民族の由來お述べて』
• 평야를 의미하는 부리(夫里) 등과 동음동의어(同音同義語)	이병도, 『부여고』
• 예(濊)의 중국어 음인 후이에서 부여 명칭 기원	리지린, 『고조선 연구』

2) 고기(古記) : 구 『삼국사』 「동명왕 본기」
3) 전한 효선제〔前漢書宣帝〕: 원문의 전한서(前漢書)의 서(書)는 효(孝)를 잘못 쓴 것임. 즉 『한서』 선제기(宣帝記)에서 「孝宣皇帝 武帝曾孫」이라 기록.
4) 신작 3년(神爵 三年) : 전한(前漢) 효선제의 연호. 신작 3년은 B.C. 59년으로 부여는 이미 선진(先秦) 시대부터 고조선과 더불어 중국에 알려질 정도의 국가로 성장한 것으로 보아 신작 3년은 실제 연대로 보기 어려움.
5) 4월 8일(四月八日) : 석가탄신일을 고려한 일자로 추정.

北 扶 餘

古記云.

前漢書宣帝神爵三年壬戌四月八日. 天帝降于訖升骨城.(在大遼醫州界) 乘五龍車. 立都稱王. 國號北扶餘. 自稱名解慕漱. 生子名扶婁. 以解爲氏焉. 王後因上帝之命. 移都于東扶餘. 東明帝繼北扶餘而興. 立都于卒本州. 爲卒本扶餘. 卽高句麗之始.(見下)

書 : 孝의 오기
爵 : 벼슬 작
訖 : 이름 흘
漱 : 씻을 수
婁 : 별이름 루, 어리석을 루

6) 흘승골성(訖升骨城) : 승흘골성을 바꾸어 쓴 것으로 승흘골은 수리골 또는 솔골.
- 승흘 : 수도(首都)의 뜻으로 고구려(솔골)와 같은 말.
  - 승흘 → 높은 또는 위를 뜻하는 수리 · 술 · 솔 · 솟의 음을 빌린 것〔音借〕.
- 골(骨) : 국읍(國邑)을 뜻하는 구루(溝漊) · 골〔忽 : 홀〕의 뜻. 〈이병도, 『고구려국호고』〉

7) 의주경계〔醫州界〕 : 지금의 요서(遼西) 의무려산(醫無閭山).
8) 다섯 마리 용이 끄는 수레〔五龍車〕 : 천자가 타는 수레.
9) 해모수(解慕漱) : 남성신(男性神)을 의미하는 김 · 곰수의 音借.
- 해모(解慕) : 고마 · 개마 · 곰〔神의 고어〕의 音借.
- 수(漱) : 남성을 뜻하는 숫컷의 音借. 〈양주동 · 이병도〉

10) 부루(扶婁) : 불〔火〕 · 광명〔光〕 · 밝음〔赫〕을 뜻하는 불에서 유래.〈양주동〉
11) 졸본주(卒本州) : 졸본은 지금의 혼강(渾江) 유역 환인(桓仁) 지방으로 고구려의 동명성왕이 도읍으로 정한 곳이며 A.D.3년 유리왕 22년에 국내성으로 천도할 때까지의 수도.
- 졸본의 어원 : 수읍(首邑) · 상읍(上邑)을 뜻하는 수릿골을 의미.
  - 졸(卒) : 고(高) · 상(上)을 의미하는 솔 · 수리의 音借.
  - 본(本) : 벌(伐) · 부리(夫里)와 같은 말. 〈양주동 · 이병도〉

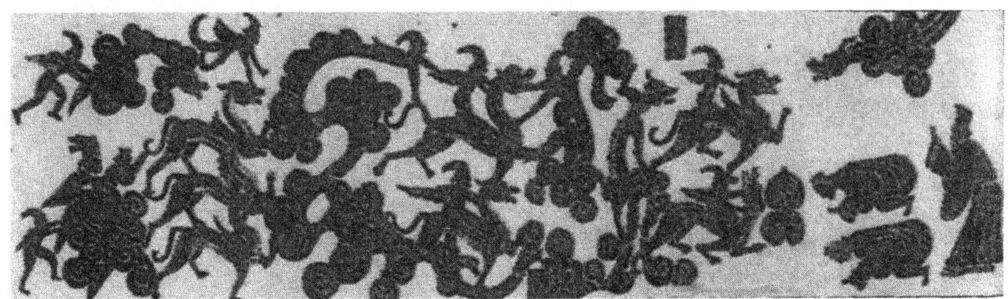

무씨사당 벽화 중 일부

동 부 여[1]

북부여왕 해부루의 대신 아란불의 꿈에 천제가 내려와서 말하기를 "장차 나의 자손들로 하여금 여기에 나라를 세우려고 하니 너는 이곳을 피하여라. (동명[2]이 장차 일어날 조짐을 말하는 것이다.) 동해의 바닷가에 가섭원[3]이라고 하는 땅이 있는데 토양이 기름지니 왕도를 세울만한 곳이니라"라 했다. 아란불이 왕에게 권하여 그곳으로 도읍을 옮기고 국호를 동부여로 했다.

부루는 늙도록 아들이 없으므로 하루는 산천에 제사를 지내어 뒤를 이을 아들을 구하였다. 이때 타고 가던 말이 곤연[4]에 도착하여 큰돌을 마주 대하자 눈물을 흘렸다. 왕이 이를 이상히 여겨 사람을 시켜 그 돌을 들추어내니 금빛 개구리 모양의 어린애가 있었다. 왕이 기뻐하며 말하기를 "이는 바로 하늘이 나에게 아들을 주심이로다"라 하고 그 아이를 거두어 기르고 이름을 금와[5]라 했다.

그가 자라자 태자로 삼았다. 부루가 죽자 금와가 왕위를 이어 왕이 되었다. 다음의 왕위를 태자 대소[6]에게 전했으나 지황[7] 3년 임오(A.D.22)에 고구려왕 무휼[8]이 이를 쳐서 대소를 죽이니 나라가 없어졌다.

부여 관리 모습 상상도

1) 동부여(東扶餘) : 동부여는 북부여왕 해부루가 가섭원에 도읍을 옮긴 후의 나라 이름. 이 전설은 고구려에 전승된 것이므로 고구려가 주체가 됨. 그러므로 여기서 동(東)이라 한 것은 고구려의 동쪽을 의미.
2) 동명(東明) : 고구려의 시조 동명성왕. 동명이란 광명한 하느님에 대한 신앙에 연유한 명칭. 동(東)이란 해뜨는 곳으로 새로움〔新〕의 의미이며 명(明)이란 밝으로 박〔光〕·발〔明〕·불〔火〕 등의 음으로 변화를 가져올 수 있는 단어. 즉 동명이란 동방의 빛 또는 광명을 찾는 밝족(族)이란 의미.
3) 가섭원(迦葉原) : 갯벌 즉 변두리의 땅으로 변지(邊地)의 의미인 듯함.
4) 곤연(鯤淵) : 큰 못으로 백두산의 천지.
5) 금와(金蛙) : 고마 혹은 곰을 한문으로 표시한 것으로 추정됨. 금개구리로 보는 것은 한자의 뜻에 구애된 해석.

東扶餘

北扶餘王解夫婁之相阿蘭弗. 夢天帝降而謂曰. 將使吾子孫立國於此. 汝其避之(謂東明將興之兆也). 東海之濱. 有地名迦葉原. 土壤膏腴. 宜立王都. 阿蘭弗勸王移都於彼. 國號東扶餘.

夫婁老無子. 一日祭山川求嗣. 所乘馬至鯤淵. 見大石相對俠流. 王怪之. 使人轉其石. 有小兒金色蛙形. 王喜曰. 此乃天賚我令胤乎. 乃收而養之. 名曰金蛙.

及其長·爲太子. 夫婁薨. 金蛙嗣位爲王. 次傳位于大子帶素. 至地皇三年壬午. 高麗王無恤伐之. 殺王帶素. 國除.

阿: 큰언덕 아
汝: 너 여
濱: 물가 빈
壤: 고운흙 양
腴: 기름질 유
蘭: 난초 란
避: 피할 피
迦: 부처이름 가
膏: 기름 고
嗣: 후사 사
鯤: 큰물고기(化하면 大鵬이 된다는 큰물고기) 곤
淵: 못 연
俠: 淚(눈물 루)의 오기
轉: 옮길 전
兒: 아이 아
蛙: 개구리 와
賚: 줄 뢰
胤: 이을 윤
薨: 왕이나제후죽을 홍
大: 太의 오기
恤: 가엾이여길 휼
伐: 칠 벌

6) 대소(帶素) : 금와의 아들.
7) 지황(地皇) : 중국 신(新)나라 왕망(王莽)의 연호.
8) 무휼(無恤) : 고구려 제3대 대무신왕(大武神王).

부루 · 금와 · 대소의 관계와 의미

이 설화에서 부루와 금와는 양부자(養父子) 관계로 금와와 대소는 친부자 관계로 기록되어 있다. 여기서 부루가 양아들인 금와에게 왕위를 넘겨주는 것은 수장(首長) 선출제를 의미하며, 금와가 그의 친아들인 대소에게 왕위를 잇도록 한 것은 수장 세습제를 의미한다고 볼 수 있다. 금와와 대소의 수장권 세습이 확립되려면 금와의 아들이 아닌 그러면서도 강력한 수장 후보자였던 주몽이 제거되지 않을 수 없었음을 금와 및 주몽설화가 암시해 준다.

〈이만열, 『한국사대계』〉

고 구 려[1]

고구려는 바로 졸본부여[2]이다. 어떤 사람은 지금의 화주[3] 또는 성주[4] 등이라고 하나 모두 잘못이다. 졸본주는 요동의 경계에 있다.

『국사』[5] 「고구려본기」에 이렇게 기록되어 있다.

「시조 동명성제의 성은 고씨이고 이름은 주몽이다. 이보다 앞서 북부여의 왕 해부루는 이미 동부여로 자리를 피하였다. 부루가 죽자 금와가 왕위를 이었다. 이 때 왕이 태백산 남쪽 우발수[6]에서 한 여자를 만나 사정을 물으니 대답하기를 "저는 하백[7]의 딸로 이름은 유화[8]입니다. 여러 아우들과 함께 나가 놀고 있을 때에 한 남자가 나타나 자기는 천제의 아들 해모수라고 하면서 저를 웅신산[9] 아래 압록강 가의 집 속으로 유인하여 정을 통하고 가버린 뒤 돌아오지 않았습니다. (『단군기』[10]에는 「단군과 서하 하백의 딸과 친하여 아들을 낳으니 이름을 부루라고 했다.」고 하였다. 지금 위의 기록을 살펴보면 「해모수가 하백의 딸과 정을 통한 후 주몽을 낳았다.」고 했다. 『단군기』에는 「아들을 낳아 부루다.」고 했으니 부루와 주몽은 배다른 형제다.[11]) 부모는 제가 중매도 없이 혼인한 것을 꾸짖어서 마침내 이곳으로 귀양을 보냈습니다."라 했다.

1) 고구려(高句麗) : 고구려는 B.C.37년에 주몽 즉 동명성왕에 의해 압록강 중류 동가강(佟佳江)유역에서 건국. 주몽은 부여계의 일파로서 남하하는 유이민인 듯하며 토착민인 예맥족과 제휴로 고구려를 성립시킴.

ㅇ고구려의 어원

내 용	주장학자, 『저서』
• 고구려 : 상읍(上邑) · 수읍(首邑)을 뜻하는 솔골 · 솟골 - 고(高) : 高 · 上을 뜻하는 솔 · 소리 · 수리 · 술의 한자 표시어 - 구려(句麗) : 성읍(城邑)을 뜻하는 구루(溝漊) · 골(骨) · 홀(忽)과 동의어	이병도, 『고구려국호고』
• 고구려 : 큰 성 또는 대성(大城) - 고 : 우리 말의 크〔大〕의 음과 뜻을 동시에 빌린 것 - 구려 : 이병도 설과 동일	〔白鳥庫吉〕, 『高句麗の名稱に就いて』

2) 졸본부여(卒本扶餘) : 졸본은 솔골〔率忽〕의 다른 이름으로 고구려를 지칭. 고구려를 스스로 졸본부여로 칭한 것은 북부여 · 동부여에 대해 고구려의 정통성을 표방하기 위한 것으로 추정.

高句麗

高句麗卽卒本扶餘也. 或云今和州又成州等. 皆誤矣. 卒本州在遼東界.

國史高麗本記云.

始祖東明聖帝姓言氏諱朱蒙. 先是北扶餘王解夫婁. 旣避地于東扶餘. 及夫婁薨. 金蛙嗣位. 于時得一女子於大伯山南優渤水. 問之. 云我是河伯之女. 名柳花. 與諸弟出遊. 時有一男子. 自言天帝子解慕漱. 誘我於態神山下. 鴨淥邊室中知之. 而往不返.(壇君記云. 君與西河河伯之女要親. 有産子. 名曰夫婁 今據此記. 則解慕嗽私河伯之女. 而後産朱蒙. 壇君記云. 産子名曰夫婁. 夫婁與朱蒙異母兄弟也) 父母責我無媒而從人. 遂謫居于此.

言 : 高의 오기
諱 : 죽은어른 또는 높은어른이름 휘
蒙 : 어릴 몽
避 : 피할 피
大 : 太의 오기
遊 : 놀 유
邊 : 변두리 변

知 : 私(간통할 사)의 오기
返 : 돌아올 반
據 : 按의 오기
嗽 : 漱의 오기　　嗽 : 기침할 수
媒 : 중매 매　　從 : 허락할 종
遂 : 마침내 수　　謫 : 귀양갈 적

3) 화주(和州) : 지금의 함경남도 영흥.
4) 성주(成州) : 지금의 평안남도 성천군.
5) 국사(國史) : 『삼국사기』
6) 우발수(優渤水) : 윗벌못 즉 상평지(上坪池)의 뜻으로 백두산 부근에 있는 못 이름.
7) 하백(河伯) : 하백은 원래 중국의 수신(水神) 이름이지만 고구려에서 고마 · 개마의 뜻인 웅(熊) · 맥(貊)의 글자 대신 하백을 차용하여 쓴 것. 〈이병도 『단군조선의 해석과 아사달 문제』〉

고구려의 초기수도 오녀산성, 촬영 : 이난희

8) 유화(柳花): 신의 통칭어인 부루(夫婁)의 음을 빌린 것.
9) 웅신산(熊神山) : 지금의 백두산.
10) 단군기(檀君記) : 단군에 관한 기록인 『단군고기』를 말하나 이 책은 오늘날 전하지 않음.

금와가 이를 이상히 여겨 유화를 방 속에 깊이 가두었는데 햇빛이 그녀를 비추었다. 몸을 이끌어 이를 피하자 햇살이 다시 쫓아와 유화를 비추는 것이었다. 이로 인해 태기가 있어 알 한 개를 낳으니 그 크기가 닷 되 정도 되었다. 왕이 이것을 버려 개와 돼지에게 주었더니 모두 먹지 않아서 다시 길에 버리자 소와 말이 그것을 피해가고 들에 버리니 새와 짐승이 덮어 주었다. 왕이 알을 쪼개보려 했으나 깨뜨릴 수가 없어 그만 그의 어머니에게 돌려주었다. 어머니는 이 알을 천으로 싸서 따뜻한 곳에 놓아두었더니 한 아이가 껍질을 깨고 나왔는데 골격이나 외모가 영특하고 기이했다. 나이 일곱 살에 재능이 높고 빼어나 보통 아이와는 달랐다. 스스로 활과 화살을 만들어 백 번 쏘면 백 번 다 맞혔다. 나라 풍속에 활 잘 쏘는 사람을 주몽[12]이라 하므로 이로써 이름을 지었다.

금와에게는 일곱 아들이 있어 항상 주몽과 함께 놀았으나 재주가 그를 따르지 못했다. 맏아들 대소가 왕에게 말하기를 "주몽은 사람이 낳은 자식이 아니니 만일 일찍 없애지 않으면 후환이 있을까 염려됩니다"라 했으나 왕은 이 말을 듣지 않고 그에게 말을 기르도록 하였다. 주몽이 좋은 말을 알아보고 적게 먹여 여위도록 만들고 둔한 말은 잘 먹여 살이 찌도록 했다. 왕은 스스로 살찐 말을 타고 여윈 말은 주몽에게 주었다. 왕의 여러 아들들과 신하들이 장차 주몽을 해하려 하자 주몽의 어머니가 이를 알고 그에게 말하기를 "나라 사람들이 장차 너를 해치려고 하는데 너의 재주와 지략을 가지고 어디에 간들 아니 되랴. 빨리 손을 쓰는 것이 좋을 것이다"라 했다. 이에 주몽은 오이 등 세 사람[13]을 벗으로 삼아 엄수[14] (지금은 자세히 알 수 없다.)에 도착하여 강물을 보고 말하기를 "나는 천제의 아들이며 하백의 손자[15]이다. 오늘 도망을 가는데 뒤쫓는 자가 거의 따라오게 되었으니 어찌해야 하겠느냐?"라 했다. 이에 고기와 자라가 다리를 만들어 주어 건너게 하고 다리를 풀어버려 추격하던 기마병은 건너지를 못하였다.

11) 부루와 주몽은 배다른 형제다[異母兄弟也] : 옆의 계통도에서 보듯이 부루와 주몽이 배다른 형제가 되기 위해서는 해모수와 단군이 동일인이 되어야 하며 부루의 모(母)는 하백의 세 딸 중 장녀인 유화가 아니고 차녀인 훤화(萱花)나 막내인 위화(葦花)여야 함.

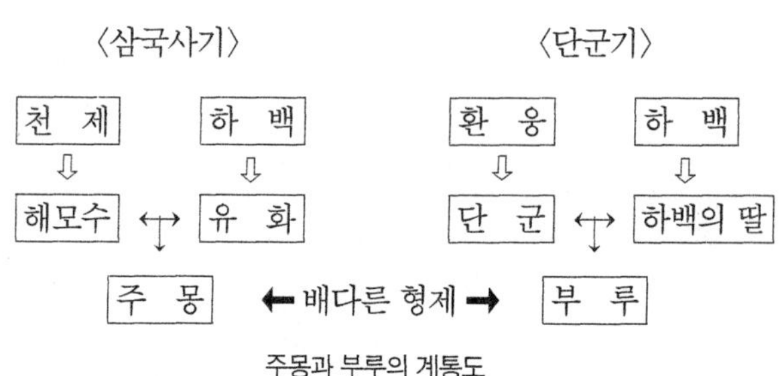

주몽과 부루의 계통도

金蛙異之. 幽閉於室中. 爲日光所照. 引身避之. 日影又逐而照之. 因而有孕. 生一卵. 大五升許. 王弃之與犬猪. 皆不食. 又弃之路. 牛馬避之. 弃之野. 鳥獸覆之. 王欲剖之. 而不能破. 乃還其母. 母以物裹之. 置於暖處. 有一兒破殼而出. 骨表英奇. 年甫七歲. 岐嶷異常. 自作弓矢. 百發百中. 國俗謂善射爲朱蒙. 故以名焉.

逐 : 쫓을 축 孕 : 아이밸 잉
棄 : 버릴 기 猪 : 돼지 저
獸 : 짐승 수
覆 : 덮을 부 剖 : 쪼갤 부
裹 : 옷속 리 暖 : 따뜻할 완
殼 : 껍질 각 甫 : 비로소 보
岐 : 높을 기 嶷 : 아이영리할 억
岐嶷 : 어릴 때부터 재능이 뛰어났음을 이르는 말
矢 : 화살 시 中 : 맞힐 중

金蛙有七子. 常與朱蒙遊戱. 技能莫及. 長子帶素言於王曰. 朱蒙非人所生. 若不早圖. 恐有後患. 王不聽. 使之養馬. 朱蒙知其駿者. 減食令瘦. 駑者善養令肥. 王自乘肥. 瘦者給蒙. 王之諸子與諸臣將謀害之. 蒙母知之. 告曰. 國人將害汝. 以汝才畧・何往不可. 宜速圖之. 於時蒙與烏伊等三人爲友. 行至淹水.(今未詳) 告水曰. 我是天帝子・河伯孫. 今日逃遁・追者垂及. 奈何. 於是魚鼈成橋. 得渡而橋解. 追騎不得渡.

戱 : 놀 희

恐 : 염려할 공 患 : 근심 환
駿 : 준마 준 瘦 : 파리할 수
駑 : 둔할말 노 肥 : 살찔 비

烏 : 까마귀 오 時 : 是의 오기
伊 : 저 이 淹 : 담글 엄
逃 : 달아날 도 遁 : 달아날 둔
垂 : 드리울 수 奈 : 어찌 나
鼈 : 자라 별
橋 : 다리 교 騎 : 기마 기

12) 주몽(朱蒙) : 고구려의 시조 동명성왕.
ㅇ주몽의 어원

내 용	주장학자, 『저서』
• 신(神) · 왕(王)의 고어 곰 · 금의 뜻 – 곰 · 금 → 즘 → 주몽으로 음 변화	양주동, 『고가연구』
• 만주어에서 활 잘 쏘는 사람의 뜻인 쥐린망아〔卓琳莽阿〕→ 주몽 – 쥐〔卓〕 : 쥐와 주(朱)는 음이 유사 – 린〔琳〕 : 설치음(舌齒音)의 여운 – 망아〔莽阿〕 : 빨리 읽으면 몽과 비슷한 음	『만주원류고(滿洲源流考)』
• 츰〔처음〕을 한자로 표기한 것으로 시조(始祖)를 의미	—

13) 오이 등 세 사람〔烏伊等三人〕 : 『삼국사기』「고구려본기」에는 오이(烏伊) · 마리(摩離) · 협부(俠夫)라고 기록됨.

고구려 무용총 벽화

졸본주(현도군의 지역이다.)까지 와서 드디어 도읍을 정했으나 미처 궁실을 지을 겨를이 없어 단지 비류수[16] 가에 초막을 지어 거기에서 거처했다. 국호를 고구려라 함에 따라 고씨로 성을 삼았다.(본래의 성은 해씨이다. 지금 자기가 천제의 아들이라고 말하면서 햇빛을 받고 태어났다하여 스스로 고로서 성을 삼았다.[17]) 이때 나이가 12세[18]로 한나라 효원제 건소[19] 2년 갑신(B.C.37)에 즉위하여 왕이라 칭하였다.」

고구려가 가장 융성하던 때는 21만 508호[20]였다.

『주림전』[21] 제21권에 이렇게 실려 있다.

「옛날 영품리왕[22]의 몸종이 임신을 하였는데 관상을 보는 사람이 점을 쳐서 말하기를 "임신한 아이는 귀하게 되어 반드시 왕이 될 것이다"라 했다. 왕이 말하기를 "내 아들이 아니니 마땅히 죽여야 한다"고 했으나 몸종이 말하기를 "기운이 하늘로부터 내려와서 임신을 한 것입니다"라 했다. 드디어 아이가 태어나자 왕이 상서롭지 못하다 하여 돼지우리에 버리니 돼지가 입김을 불어 따뜻하게 해주고 마굿간에 버리니 말이 젖을 먹여 죽지 않게 하여 마침내 부여의 왕이 되었다.」(이는 동명제가 졸본부여의 왕이 된 것을 말한 것이다. 이 졸본부여는 역시 북부여의 다른 도읍이므로 부여왕이라 한 것이다. 영품리는 곧 부루왕의 다른 호칭이다.)

14) 엄수(淹水) : 어원 및 위치에 관한 학설

구 분	내 용	주장학자,『저서』
어 원	• 신(神)의 고어 곰이 투영된 강의 이름 - 엄수(淹水) → 엄니(엄 · 암 ← 검 · 곰(神)) 엄호수 · 엄리수 · 염난수 등도 엄니에서 음이 변화된 것	양주동, 『고가연구』
위 치	• 지금의 송화강 더 정확히는 송화강 상류의 휘발하(輝發河) • 엄수(淹水)는 큰(大)강을 의미 - 엄(淹) : 우리말의 대(大)를 뜻하는 엄(um) · 옴(am)의 음차(音借)	이병도, 『부여고』 『현도군고』

15) 하백의 손자(河伯子孫) : 주몽의 어머니는 하백의 딸이며 하백은 물을 지배하는 수신(水神). 주몽이 고기와 자라의 도움을 얻어 강을 건너는 것은 물을 지배하는 것이 고대 제왕이 갖추어야 할 덕목임을 나타낸 듯함.

16) 비류수(沸流水) : 『한서지리지』의 염난수(塩難水) 즉 지금의 만주 동가강(佟佳江)의 상류가 유력. 『고려사』 및 『동국여지승람』에서는 비류수를 평양의 동북쪽으로 추정.

17) 본성은 해이다.……고씨로서 성을 삼았다. : 해는 태양의 우리말로 고대에는 해와 호가 같이 쓰였음. 또 고대에는 ㅎ과 ㄱ을 구분하지 않았으므로 호(kho)는 고로 전환 가능.

至卒本州(玄菟郡之界)遂都焉. 未遑作宮室. 但結廬於沸流水上居之. 國號高句麗. 因以高爲氏(本姓解也. 今自言是天帝子承日光而生. 故自以高爲氏) 時年十二歲. 漢孝元帝建昭二年甲申歲. 卽位稱王. 高麗全盛之日. 二十一万五百八戶.

珠琳傳第二十一卷載. 昔寧禀離王侍婢有娠. 相者占之曰. 貴而當王. 王曰. 非我之胤也. 當殺之. 婢曰. 氣從天來. 故我有娠. 及子之産. 謂爲不祥. 捐圈則渚噓. 弃欄則馬乳. 而得不死. 卒爲扶餘之王(卽東明帝爲卒本扶餘王之謂也. 此卒本扶餘. 亦是北扶餘之別都. 故云扶餘王也. 寧禀離乃夫婁王之異稱也.)

菟 : 고을이름 도
遂 : 마침내 수
遑 : 겨를 황
廬 : 풀집 려
珠 : 구슬 주
琳 : 옥구슬 림
載 : 실을 재
禀 : 줄 품
侍 : 모실 시
婢 : 계집종 비
娠 : 아이밸 신
捐 : 버릴 연
渚 : 물가 저
渚(猪 : 돼지 저)의 오기
噓 : 불 허
棄 : 버릴 기
欄 : 우리 란
卒 : 마침내 졸

18) 12세(十二歲) : 『삼국사기』는 22세.
19) 효원제 건소(孝元帝 建昭) : 효원제는 전한(前漢)의 황제이며 건소는 그의 연호.
20) 21만 508호(二十一萬五百八戶) : 『삼국사기』에 고구려가 망할 때 69만 호라 하였으므로 여기서의 가장 융성하던 때가 어느 시기인지 불분명.
21) 주림전(珠琳傳) : 당나라 도세(道世)가 지은 『법원주림(法苑珠林)』을 말하며 상세한 내용은 알 수 없으나 『주림전』을 인용한 『논형』(論衡 : 후한의 왕윤이 지음)에서 동명설화와 유사한 내용이 실려 있는바 그 내용은 다음과 같음. 「북이(北夷)의 탁리국왕(橐離國王)의 시비가 임신을 하였다. 왕이 그를 죽이려고 하자 시비가 말하기를 "계란과 같은 크기의 기운이 하늘로부터 내려와 임신을 하게 되었습니다"고 했다. 후에 아들을 낳아서 돼지우리에 버리니 돼지가 입김을 불어주어 죽지 않았다. 그 후 외양간에 두어 말로 하여금 밟아 죽게 하였으나 말도 또한 입김을 불어주었다. 왕은 그가 천자가 될 것이라 생각하여 그 어미로 하여금 기르도록 하였는데 그가 바로 동명이다. 동명은 활을 잘 쏘아서 왕의 주위 사람들이 두려워하여 그를 죽이려고 하자 동명은 남쪽으로 도망가 엄호수에 이르러 활로써 물을 치니 고기와 자라가 떠올라 다리를 만들었다. 동명이 강을 건넌 후 고기와 자라가 흩어지자 추격하던 병사들은 강을 건너지 못했다. 이로 인해 부여에 도읍을 정했다.」

22) 영품리왕(寧禀離王) : 부루왕의 다른 이름.

고구려 조의 체계와 주몽신화의 의미

1. 『삼국유사』 북부여 · 동부여 · 고구려 조의 체계

일연은 『삼국유사』에서 북부여 → 동부여 → 고구려 조의 순서로 편성했다. 이렇게 구성한 것은 고구려의 건국에 초점을 맞추었기 때문일 것이다. 『유사』에서 고구려의 건국은 3단계로 나눌 수 있다. 첫째 단계는 북부여의 건국이다. 천제자(天帝子) 해모수의 하강으로 시작하는 북부여는 그 중심지가 의주(醫州)지역 즉 요서의 의무려산(醫無閭山)이다. 『삼국유사』의 설화는 동쪽으로 진출한 동이(東夷)의 한 갈래인 예맥족(한웅족과 동일)이 환웅의 이름으로 한반도로 들어가 단군조선을 이룩하였고 또 한 갈래는 해모수에 의해 요하를 거슬러 올라가 북부여가 건국되는 것을 기록한 것이다.

둘째 단계는 동부여의 건국이다. 동부여는 해부루가 북부여를 비우고 지금의 농안 장춘지역으로 옮겨 세운 나라이다. 이 단계는 환웅족 즉 해모수족의 한 갈래가 농안지역에 정착한 시기이다.

셋째 단계는 졸본부여 즉 고구려의 건국이다. 주몽이 동부여에서 쫓겨 졸본에 이르러 나라를 세우는 데서부터 시작한다. 주몽의 전설을 보면 부여의 전통은 북부여(해모수) → 동부여(해부루 · 금와) → 졸본부여 즉 고구려(주몽)로 전승된다. 고구려가 북부여로부터의 전승을 내세우는 것은 동부여와 대등한 관계임을 보이려는 것 같다. 주몽이 동부여의 왕위 계승전에서 실패하고 그를 옹호해 주는 부족과 더불어 남하하여 졸본부여를 세운 것이 그들의 동부여로부터의 전승과 권위를 부인하려는 동기가 되었을 것이다.

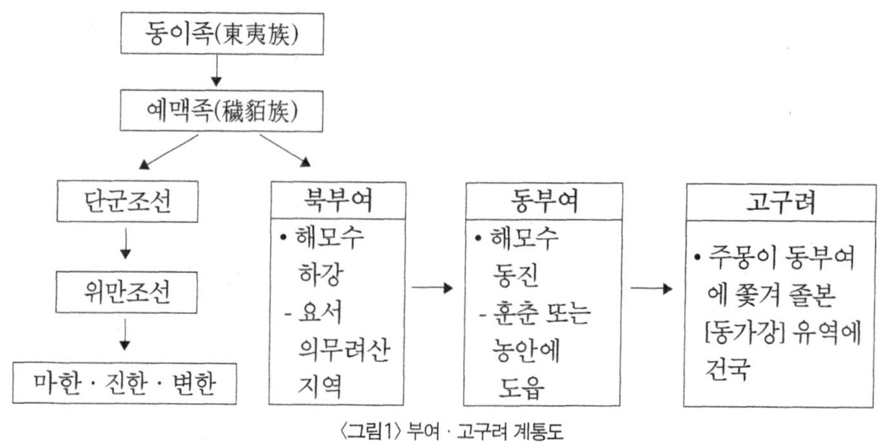

〈그림1〉 부여 · 고구려 계통도

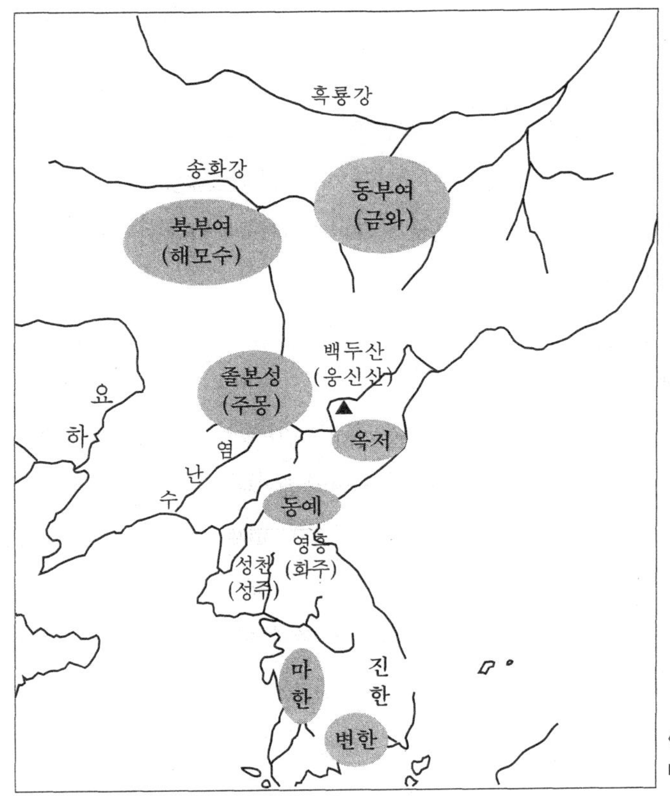

〈그림2〉 주몽설화 전후의 지배세력 분포도

2. 주몽신화의 의미

주몽신화는 천제의 아들 해모수가 웅신산으로 내려와 하백의 딸 유화와 사통(私通)하여 낳은 주몽이 고구려를 창건한 시조라는 것이 전체의 요지이다. 이 주몽신화의 구조는 단군신화와 동일하게 천신강림 신앙 · 지모신 신앙 · 천신과 지모신의 융합인 세 부분으로 크게 나누어 볼 수 있다.

2-1. 천신강림 신앙

천제(하느님)의 아들 해모수는 단군신화의 환웅에 해당한다. **환**(桓)은 광명 혹은 태양신 또는 神을 뜻하는 **검**을 의미하는데 대해 해모수의 **해**(解)는 **태양**을 뜻한다. 뿐만 아니라 **해모**(解慕)의 합음(合音)과 **환**(桓)의 음이 비슷하다. 또한 **웅**(雄)의 훈(訓)이 **숫**[숫컷]이며 **수**(漱)도 숫컷의 음을 빌린 것이다. 따라서 해모수와 환웅은 같은 뜻을 다르게 표현한 것이며 이들은 다같이 이 세상에 강림한 하느님의 아들이다.

천제의 아들 해모수가 강림한 곳은 웅신산(雄神山) 밑이다. 웅(雄)은 곰으로서 곰 즉 신(神)을 의미한다. 따라서 웅(熊)과 신(神)은 같은 뜻이므로 웅신산은 곧 곰뫼로서 단군신화의 태백산[白頭山]에 해당한다. 태백산(太伯山)에서 태(太)는 최대를 의미하는 말이며 백(伯)은 신명(神明)을 뜻하는 고어 붉은에서 음을 빌린 것이다. 태백산도 신산(神山)의 의미이므로 웅신산과는 동일한 산이 된다. 결국 웅신산은 단군신화의 태백산과 마찬가지로 천상과 인간을 연결하는 장소, 즉 산악신앙을 대표하는 산이다.

2-2. 지모신(地母神) 신앙

해모수가 하백의 딸 유화를 유인하여 정을 통하고 가버린 뒤 금와가 유화를 방 속에 가두었더니 햇빛이 쫓아와 유화를 비추자 태기가 있어 알을 낳은 것이 두 번째 줄거리이다.

이 신화에서 하백의 딸은 단군신화의 웅녀와 같다. 하백(河伯)은 예맥(穢貊) 또는 개마(蓋馬)의 다른 음이며 웅녀의 웅(熊 → 고마 · 곰)도 실상 예맥의 글자를 빌린 것이다. 결국 하백녀 · 웅녀는 신녀(信女)이다. 하백의 또 다른 의미는 중국 황하(黃河)의 수신(水神)의 이름이다. 따라서 하백이란 웅녀와 수신의 이중 상징을 내포하고 있다.

웅녀가 지모신(地母神)이듯이 하백녀 유화는 수신이며 농업신이다. 유화도 웅녀와 마찬가지로 천제자와 관계하여 주몽을 낳은 생산신이다. 그러기 위해 그녀는 웅녀와 마찬가지로 빛 없는 동굴 속에 있어야만 했다. 유화는 다시 빛을 받았고 그로 인해 잉태하여 알을 낳았다. 빛 없는 방에 감금되었다가 다시 빛을 받게 되는 것은 죽었다가 다시 살아나는 곡신(穀神)을 상징한다. 주몽은 알에서 탄생했다. 올이란 새의 알을 표시하는 동시에 곡식의 낟알을 뜻하는 말이기도 하다. 새알은 낟알과 함께 두 번 탄생하는 신비스러움을 내포하고 있다. 낟알은 땅 속에 묻혀서 죽었다가 다시 새싹으로 살아나는 것이며, 새알은 모체에서 태어난 것이지만 그 알에서 다시 새가 태어난다. 난생신화(卵生神話)가 지닌 중요한 종교적 의미는 그것이 바로 이중탄생 또는 재생의 상징이라는 데 있다.

2-3. 천신(天神)과 지모신(地母神)의 융합

천제자 해모수와 생산신이자 지모신인 유화와의 결합으로 고구려의 시조 주몽이 탄생했다는 것이 이 설화의 세 번째 구성요소이다.

천신과 지모신의 융합에 의해 태어난 주몽은 새로운 질서를 창조하는 신(神)적인 요소를 내포하고 있다. 즉 주몽은 신의 영역을 상징하는 3종의 신기를 가지고 있다. 3종의 신기란 활 · 말 · 5곡의 종자(이규보가 쓴 『동국이상국집』의 「동명왕편」에서 주몽의 어머니가 그에게 5곡의 종자를 줌)이다. 활은 재액을 막는 상징적인 무기이며 종자는 생명을 내장한 씨앗이다. 주몽은 이러한 신기를 가지고 고구려를 창건한 시조(始祖)요 무군(誣君)이었다.

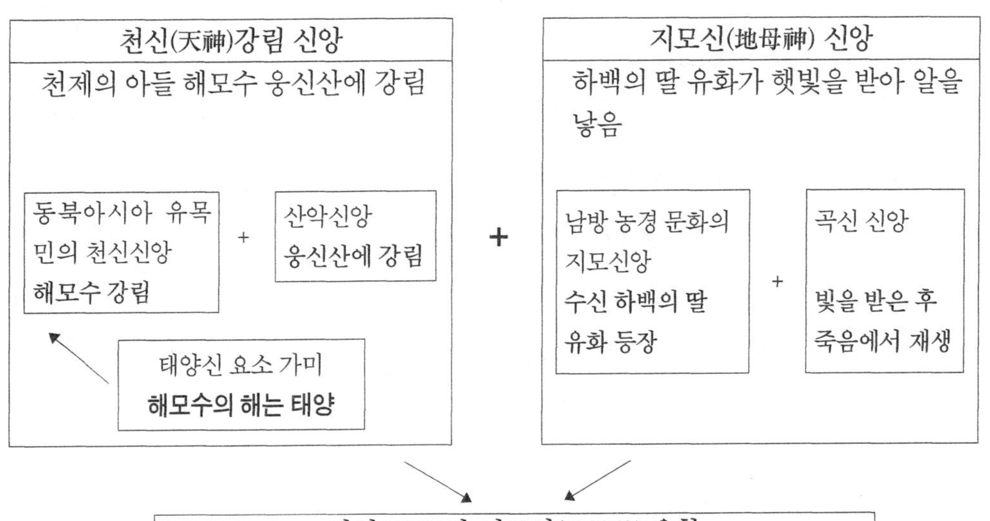

〈그림3〉 주몽신화의 구성

고구려의 장군총, 촬영 : 이난희

변한[1] 백제[2](또는 남부여[3]라고 하니 곧 사비성[4]이다.)

신라 시조 혁거세가 왕위에 오른 지 19년 되는 임오(B.C.39)에 변한 사람들이 나라를 바치면서 항복해 왔다.[5] 『신당서』[6]와 『구당서』[7]에 「변한의 후예들이 낙랑의 땅에 있었다.」[8]라 했다. 『후한서』에는 「변한은 남쪽에 있고 마한은 서쪽에 있으며 진한은 동쪽에 있다.」[9]고 했으며, 최치원은 「변한이 백제다.」라 했다.[10]

「본기」[11]를 살펴보면 온조가 일어날 때가 홍가[12] 4년 갑진(B.C.17)이니 이는 곧 혁거세와 동명왕의 시대보다 40여 년 뒤였다. 그런데 『당서』에 「변한의 후손들이 낙랑의 땅에 있었다.」고 한 것은 온조의 계통이 동명왕에서 나왔기 때문에 그렇게 말한 것이다. 혹 어떤 사람이 「낙랑땅에서 나와 변한에 나라를 세우고 마한 등과 대치한 적이 있었다.」라 함은 온조 이전에 있었을 뿐이지, 도읍을 한 곳이 낙랑의 북쪽에 있었다는 것은 아니다.

어떤 사람이 함부로 구룡산[13]을 또한 변나산[14]이라 불렀던 까닭에 고구려를 변한이라고 하는데 아마도 잘못일 것이다. 마땅히 옛날 현인[15]의 말이 옳은 것으로 해야 한다. 백제의 땅에 원래 변산이 있었기 때문에 변한이라고 하는 것이다.

백제의 전성기에는 15만 2300호[16]였다.

1) 변한(卞韓) : 위치 및 어원에 관한 학설

구분	내 용	주장학자, 『저서』
위치	백제 지역	최치원
	경상도 전역과 강원도 남부	한국역사학회
	낙동강 중하류	통설
어원	卞(弁)은 고깔을 의미. 이는 그 지역 사람들의 관모(冠帽)에 의함	이병도, 『소나갈질지고(蘇那曷叱智考)』
	• 卞(弁)은 갈 · 가루에서 유래 – 관모인 고갈에서 음을, 분(分) · 기(岐)에서 뜻을 빌림 *진 · 마한의 중분적(中分的) 위치와 낙동강의 분기점에 의한 칭호	양주동, 『고가연구』

2) 백제(百濟) : 이 조목의 이름을 변한 · 백제로 한 것은 일연이 최치원 설을 인정한 것임.

3) 남부여(南扶餘) : 졸본부여의 주몽은 북부여를 계승했으며, 온조는 주몽의 둘째 아들로 세계(世系)가 부여에서 왔고 지역이 남쪽이므로 남부여로 칭함.

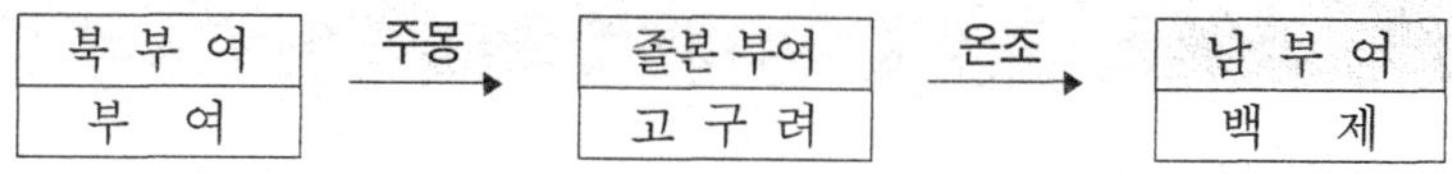

卞韓 百濟 (亦云. 南扶餘. 卽泗沘城也)

卞 : 땅이름 변
泗 : 물이름 사
沘 : 물이름 비

新羅始祖赫居世卽位十九年壬午. 卞韓人以國來降. 新舊唐書云. 卞韓苗裔在樂浪之地. 後漢書云. 卞韓在南・馬韓在西・辰韓在東. 致遠云. 卞韓・百濟也.

赫 : 붉을 혁
苗 : 후손 묘
裔 : 후손 예
苗裔 : 먼 후손

按本記. 溫祚之起. 在鴻嘉四年甲辰. 則後於赫世・東明之世四十餘年. 而唐書云. 卞韓苗裔在樂浪之地云者. 謂溫祚之系・出自東明故云耳. 或有人出樂浪之地. 立國於卞韓. 與馬韓等並峙者. 在溫祚之前爾. 非所都在藥浪之北也. 或者濫九龍山・亦名卞那山. 故以高句麗爲卞韓者盖謬. 當以古賢之說爲是. 百濟地自有卞山. 故云卞韓. 百濟全盛之時. 十五萬二千三百戶.

記 : 紀의 오기
祚 : 복 조
則 : 卽의 오기
赫 : 뒤에 居가 생략된 듯
鴻 : 큰기러기 홍
嘉 : 아름다울 가
耳 : 뿐 이, 말끝날 이
並 : 견줄 병
峙 : 산우뚝할 치
濫 : 뜬말 람
那 : 땅이름 나
盖(蓋의속자) : 대대 개
謬 : 그릇될 류

4) 사비성(泗沘城) : 백제의 마지막 수도인 부여.
*사비(泗沘)는 소부리(所夫里)・시벌과 동일하게 수도를 의미. 〈양주동, 『고가연구』〉
5) 변한 사람들……항복해 왔다. : 『삼국사기』「신라본기」 혁거세 조에 기록된 내용 인용.
6) 신당서(新唐書) : 『구당서』의 틀린 것과 빠진 것을 교정할 목적으로 구양수가 편찬.
7) 구당서(舊唐書) : 후진(後晋) 고조 때 유구 등이 편찬한 당나라 역사서.
8) 변한의……땅에 있었다. : 『신당서』「新羅, 弁韓苗裔也. 居漢樂浪地」에서 인용.
9) 변한은……동쪽에 있다. : 『후한서』의 「동이열전」에서 인용.
10) 최치원은……라고 했다. : 『삼국사기』「최치원전」의 내용을 인용.
11) 본기(本記) : 원문의 記는 紀의 오기. 『삼국사기』「百濟本紀」.
12) 홍가(鴻嘉) : 한나라 성제의 연호.
13) 구룡산(九龍山) : 평양 동북쪽에 있는 대성산(大城山).
14) 변나산(卞那山) : 위치 불명.
15) 옛날 현인〔古賢〕 : 최치원을 가리킴.
16) 15만 2300호 : 어디에서 인용했는지 알 수 없으며 신・구당서에 백제 멸망 시 76만 호로 기록.

진 한[1](辰韓)(또는 秦韓(진한)이라고도 한다.)

『후한서』에 이렇게 기록되어 있다.

「진한의 늙은이들이 직접 말하기를 "진나라에서 망명한 사람들이 한국으로 왔다. 그래서 마한은 동쪽 지역 땅을 떼어 그들에게 주었는데 서로 부르는 것이 도(徒)라 하여 진나라 말과 비슷했다. 그래서 혹 진한이라고 했는데[2] 거기에는 12개의 작은 나라가 있었다. 이들은 각각 1만 호로써 저마다 나라라고 일컬었다."」

또 최치원이 말하기를 「진한은 본래 연나라 사람들이 피난해 온 것이므로 탁수[3]의 이름을 따서 그들이 사는 읍과 마을을 사돌 · 점돌 등으로 부른다.」고 했다.
(신라 사람들의 방언에 탁(涿)자를 읽을 때 돌〔道〕로 발음했다. 그러므로 지금도 혹 사돌〔沙梁〕이라고도 하는데 양(梁)자도 또한 돌이라고 읽는다.[4])

1) 진한(辰韓) : 위치 및 어원에 관한 학설

구 분	내 용	주장학자, 『저서』
위 치	낙동강 오른쪽 100여 리의 땅	신채호, 『신채호 전집』
	광주(廣州)의 경안 지역	이병도, 『한국사』
	신라 즉 경상도 지역	김부식, 『삼국사기』
어 원	• 진한(辰韓) : 진왕(辰王) 소속하의 한(韓) – 진(辰) : 주체, 한(韓) : 객체	이병도, 『삼한문제의 연구』
	• 동쪽에 있는 한(韓)나라 – 진(辰) : 동(東) · 서(署) · 신(新)의 의미인 시가 진으로 음이 변화	양주동, 『고가연구』

2) 진한의 늙은이……진한이라고 했는데 : 『후한서』「동이열전」에 「진한의 늙은이들이 직접 말하기를 '진나라 사람들이 고역(苦役)을 피하여 한국(韓國)에 망명오자 마한이 그들의 동쪽 땅을 분할하여 주었다. 그들은 나라를 방(邦)이라 부르며, 궁(弓)은 고(孤)라 하고 적(賊)은 구(寇)라 하며 행주(行酒)를 행상(行觴)이라 하고 서로 부르는 것이 도(徒)라 하여 진나라 말과 비슷했다. 그래서 진한이라고 했는데…… 저마다 나라라고 일컬었다'」에서 인용.
3) 탁수(涿水) : 옛 연나라 땅인 하북성 탁녹현 탁녹산에 근원을 둔 강 이름.
4) 신라 사람들의 방언에……돌이라고 읽는다. : 신라시조 혁거세 조 참조.
5) 신라 전성기(新羅全盛期) : 신라 제49대 헌강왕 때로 추정.

辰韓(亦作秦韓)

後漢書云.

辰韓耆老自言. 秦之亡人來適韓國. 而馬韓割東界地以與之. 相呼爲徒. 有似秦語. 故或名之爲秦韓. 有十二小國. 各萬戶. 稱國.

辰 : 별 진
耆 : 늙은이 기
適 : 갈 적
割 : 나눌 할
似 : 같을 사

又崔致遠云. 辰韓本燕人避之者. 故取涿水之名・稱所居之邑里. 云沙涿・漸涿等(羅人方言. 讀涿音爲道. 故今或作沙梁. 梁亦讀道.)

涿 : 물이름 탁
漸 : 나아갈 점

6) 1360방(一千三百六十坊) : 방이란 성내(城內)를 바둑판 형식으로 가로와 세로로 정연하게 구획한 하나의 블록. 아래의 그림은 민덕식의 「신라 왕경 조방도」로 남북(세로) 40, 동서(가로) 34로 총 1360방(40×34)임. 방의 크기는 남북 140m, 동서 164.5m로 추정.

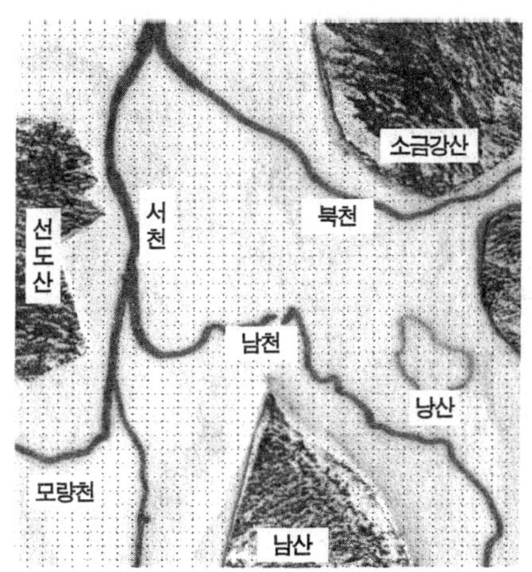

7) 55리(五十五里) : 里는 거리의 단위로 55리는 신라 서울 둘레의 길이. 그 당시 사용되었다고 추정되는 주척(周尺)으로 환산하면 20.46km임. 55리×300보/1리×1.24m/1보= 20.46km

신라의 전성기[5]에는 서울에 17만 8936호, 1360방(坊)[6], 55리(里)[7], 39[8]개의 금입택[9](부유한 큰 저택을 말한다.)이 있었다. 이는 남택 · 북택 · 우비소택 · 본피택 · 양택 · 지상택(본피부에 있다.) · 재매정택(김유신공의 조상집이다.) · 북유택 · 남유택(반향사 아래 마을에 있다.) · 대택 · 빈지택(반향사 북쪽에 있다.) · 장사택 · 상앵택 · 하앵택 · 수망택 · 천택 · 양상택(양부의 남쪽에 있다.) · 한기택(법류사의 남쪽에 있다.) · 비혈택(법류사의 남쪽에 있다.) · 판적택(분황사 위의 마을에 있다.) · 별교택(하천의 북쪽에 있다.) · 아남택 · 금양종택(양관사 남쪽에 있다.) · 곡수택(하천의 북쪽에 있다.) · 유야택 · 사하택 · 사량택 · 정상택 · 이남택(우소택이다.) · 사내곡택 · 지택 · 사상택(대숙택이다.) · 임상택(청룡이라는 절 동쪽의 못에 있다.) · 교남택 · 항질택(본피부에 있다.) · 누상택 · 이상택 · 명남택 · 정하택이다.

8) 39〔三十五〕: 원문의 금입택 수는 35개이나 실제는 39개임. 이는 『삼국유사』 재간행 시 五와 九의 형태가 비슷하여 九를 五로 잘못 인식한 결과로 추정. 아래의 그림은 이기동이 주장하는 금입택의 위치를 표시한 것임.

금입택(金入宅) 위치도
자료원: 이기동, 『新羅 金入宅考』

新羅全盛之時. 京中十七萬八千九百三十六戶. 一千三百六十坊. 五十五里. 三十五金入宅(言富潤大宅也). 南宅·北宅·亐比所宅·本彼宅·梁宅·池上宅(本彼部)·財買井宅(庾信公祖宗)·北維宅·南維宅(反香寺下坊)·隊宅·賓支宅(反香寺犯)·長沙宅·上櫻宅·下櫻宅·水望宅·泉宅·楊上宅(梁南)·漢歧宅(法流寺南)·鼻穴宅(上同)·板積宅(芬皇寺上坊)·別敎宅(川北)·衙南宅·金楊宗宅(梁官寺南)·曲水宅(川北)·柳也宅·寺下宅·沙梁宅·井上宅·里南宅(亐所宅)·思內曲宅·池宅·寺上宅(大宿宅)·林上宅(青龍之寺東方有池)·橋南宅·巷叱宅(本彼部)·樓上宅·里上宅·椧南宅·井下宅.

坊 : 동네이름 방
五 : 九의 오기
潤 : 윤택할 윤
亐(于와동일) : 갈 우
賓 : 손님 빈
犯 : 北의 오기
櫻 : 앵도 앵
歧 : 길두갈래질 기
鼻 : 코 비
穴 : 구멍 혈
積 : 쌓을 적
衙 : 마을 아
巷 : 거리 항
叱 : 꾸짖을 질
樓 : 다락 루
椧 : 홈통 명

9) 금입택(金入宅) : 신라 통일기 진골 귀족들의 부와 호사한 생활을 나타내는 상징적 존재. 금입택은 진골들이 국가의 부를 독점한 결과로서, 그들은 사치와 환락에 빠져 신라의 몰락을 촉진시킴.

재매정택 : 금입택 중 하나인 김유신의 비각과 우물

우[1] 사절유택[2] 又 四節遊宅

봄에는 동야택, 여름에는 곡량택, 가을에는 구지택, 겨울에는 가이택이다. 제49대 헌강대왕 대에는 성 안에 초가집이 하나도 없고, 집의 처마가 맞붙고 담장이 연결되어 있었다. 노래와 피리소리가 길거리에 가득 찼으며 밤낮으로 그치지 않았다.[3]

春,東野宅. 夏,谷良宅. 秋,仇知宅. 冬,加伊宅. 第四十九憲康大王伐. 城中無一草屋. 接角連墻. 歌吹滿路. 晝夜不絶.

仇 : 짝 구
伊 : 저 이
伐 : 代의 오기
墻 : 담 장
吹 : 불 취

1) 우(又) : 또의 의미로 사절유택은 별도의 조목이라기보다는 진한(辰韓) 조의 35금입택에 연결된다는 의미.

2) 사절유택(四節遊宅) : 봄 · 여름 · 가을 · 겨울 4계절에 따라 놀던 귀족들의 별장.

3) 제49대……그치지 않았다. : 이 내용은 『삼국사기』 신라본기의 헌강왕 6년 조에 「……왕이 월상루에 올라 사면을 바라보니 서울의 민가는 즐비하게 늘어섰고 가락(歌樂)의 소리는 끊임없이 일어났다. 왕이 시중 민공을 돌아보고 말하기를 "내 들으니 지금 민가에서 집을 기와로 덮고 짚으로 이지 아니하며, 밥을 짓되 숯으로 하고 나무로 하지 않는다 하니 사실이냐"고 물었다.…… 」라고 기록된 것을 일연은 35금입택 · 우사절유택 조에 편성하여 구체화 한 것.

안압지에서 출토된 나무 주사위

안압지에서 출토된 주악상

악기를 연주하는 신라 토용

傳헌강대왕릉

신라시조 혁거세왕[1)]

진한의 땅에는 옛날에 여섯 촌이 있었다.

첫째는 알천[2)] 양산촌[3)]으로 그 남쪽이 지금의 담엄사[4)]이다. 촌장은 알평[5)]인데 처음 표암봉[6)]에 내려오니 이 분이 급량부[7)] 이씨의 시조이다.(노례왕 9년(32)에 부를 두어 이름을 급량부라 했다.[8)] 고려 태조 천복[9)]5년 경자(940)에 이름을 중흥부로 바꾸었다. 피잠 · 동산[10)] · 피상 · 동촌[11)]이 여기에 속한다.)

1) 혁거세왕(赫居世王) : 『삼국사기』에서는 법흥왕 때부터 왕이라는 호칭을 사용했으나 『삼국유사』에는 모든 임금을 왕 또는 대왕으로 표기. 이러한 호칭 방법은 중국과 대등하다는 자주적 역사관을 나타낸 것임.

2) 알천(閼川) : 알천의 어원과 위치에 관한 학설

구 분	내 용	주장학자, 『저서』
어 원	• 알천(閼川) : 광명(光明)의 개천, 밝음의 강 - 알 : 불(광명 · 밝음)의 음이 변한 것 · 불 : 하늘의 원어 한불 → 한울(한은 하〔大〕의 연체형)	양주동, 『고가연구』
	• 알천(閼川) : 생명의 강 또는 성스런 강 - 알 : 새의 알 · 곡물의 알로 재생 또는 부활을 의미	미시나〔三品〕, 『三國遺事考證』
위 치	지금의 북천	노사신, 『신증동국여지승람』
	• 지금의 남천 - 알천 양산촌(楊山村)에서 양산은 남산을 의미 - 지금의 남천이 박(朴) · 석(昔) · 김(金)씨 촌을 관류 → 6촌의 회의 장소로 지금의 남천이 알천으로 가장 합리적	이병도, 『신라의 기원문제』

담엄사터에서 발굴된 건달바상

3) 양산촌(楊山村) : 양(楊)은 남쪽을 뜻하므로 양산은 남산. 〈이병도〉

4) 담엄사(曇嚴寺) : 경주 탑리(塔里) 오릉(五陵) 남쪽에 있었던 절.

新羅始祖 赫居世王

辰韓之地. 古有六村. 一曰閼川楊山村. 南今曇嚴寺. 長曰謁平. 初降于瓢嵓峰. 是爲及梁部李氏祖.

(攻礼王九年置. 名及梁部. 本朝大祖天福五年庚子. 改名中興部. 波替東山彼上東村屬焉.)

閼 : 사람이름 알
嚴 : 높을 엄
瓢 : 표주박 표
攻 : 弩(쇠뇌 노)의 오기
礼 : 禮의 옛글자
替 : 潛의 오기

曇 : 부처이름 담
謁 : 뵈올 알
嵓 : 바위 암
峰 : 산봉우리 봉
大 : 太의 오기
潛 : 잠길 잠

5) 알평(謁平) : 신성한 땅 또는 신(神)의 땅을 지배하는 것을 의미.
- 알(謁) : 알(閼)과 같은 음(音)으로 곡물의 알, 새의 알〔卵〕을 상징하여 신성한 것을 의미.
- 평(平) : 같은 음인 평(坪)의 약자로 볼 수 있으며 국가 · 언덕 · 양지 등의 뜻으로 사용.

〈미시나, 『三國遺事考證』〉

6) 표암봉(瓢嵓峰) : 지금의 경주 금강산(탈해왕릉 부근)의 서쪽 산봉우리.

7) 급량부(及梁部) : 어원 및 위치에 관한 학설

구 분	내 용	주장학자, 『저서』
어 원	• 급량부(及梁部) : 사량부(沙梁部 : 새로운 부락)에 대한 본래의 부락이라는 의미 – 급(及) : 원래 · 본래를 뜻하는 말을 의미 – 량(梁) : 도 · 탁으로 읽으나 뜻은 돌임 돌의 원 뜻은 들〔野〕로 촌락을 의미 – 부(部) : 부(部)는 후에 부가한 것으로 고구려 · 백제의 5부에 영향을 받은 것으로 추정	〔前間恭作〕 『新羅王の世次と其の名について』
	• 及梁(급량) : 신라관직명인 級伐干(급벌간)에서 유래 – 진흥왕 순수비인 마운령비의 及伐(급벌)과 동일	양주동, 『고가연구』
위 치	남산 서북 일대를 포함한 남천(南川) 이남지역	이병도 · 김원룡
	북천과 남천 사이	민덕식
	남산 서쪽 산자락	이기동

8) 노례왕 9년에……급량부라 했다. : 『삼국유사』뿐만 아니라 『삼국사기』에서도 6부의 개정이 노례왕 9년에 이루어졌다고 했으나 믿을 수 없음.

9) 천복(天福) : 중국 후진(後晉) 고조의 연호.

10) 동산(東山) : 경주시 천북면 동산리로 추정. 〈미시나〉

11) 동촌(東村) : 〃 〃 동천리로 추정. 〈미시나〉

둘째는 돌산 고허촌[12]이다. 촌장은 소벌도리[13]인데 처음 형산[14]에 내려오니 이가 사량부[15](량은 돌로 읽는다. 혹은 涿(탁)으로도 쓰는데 음은 역시 돌이다.) 정씨의 시조이다. 지금은 남산부[16]라 하는데 구량벌[17]·마등오[18]·도북·회덕[19] 등 남쪽 마을이 여기에 속한다. (지금이라고 한 것은 고려 태조 때 설치한 것이다. 아래도 마찬가지이다.)

셋째는 무산[20] 대수촌[21]이다. 촌장은 구(仇(구)라고도 쓴다.)례마인데 처음 이산[22](개비산이라고도 한다.)에 내려오니 이가 점량(梁(량)을 涿(탁)으로도 쓴다.)부 또는 모량부[23] 손씨의 시조이다. 지금은 장복부[24]라고 하는데 박곡촌[25] 등 서쪽 마을이 여기에 속한다.

12) 고허촌(高墟村) : 상읍(上邑) · 수읍(首邑) 즉 수도(首都)의 의미.
 • 고허(高墟) : 소벌(蘇伐)을 한자로 번역한 것.
 - 소(蘇) → 솟 → [高], 벌(伐) → 벌판 · 언덕 → [墟]. 墟 : 돌 · 들
〈이병도, 『신라사상의 제문제』〉

13) 소벌도리(蘇伐都利) : 어원에 관한 학설

내 용	주장학자, 『저서』
• 소벌도리(蘇伐都利) : 수도(首都)에 살고 있는 집단 - 소벌(蘇伐) : 상읍(上邑) · 수읍(首邑)을 의미 - 도리(都利) : 무리를 뜻하는 돌 · 두레의 음차(音借)	이병도, 『신라사상의 제문제』
• 소벌도리 : 6촌의 제정(祭政)을 행하는 수장(首長) - 소벌(蘇伐) : 서벌(徐伐)과 같은 말로 신령이 강림하는 신성한 수림. 여기서는 성역을 중심으로 하는 부락국가의 이름이며 통일이 되면서 왕도의 명칭이 됨 - 도리(都利) : 촌락을 의미하는 돌로서 이것이 인칭어미에 붙어 촌장의 경칭어가 됨	미시나[三品], 『三國遺事考證』

14) 형산(兄山) : 지금의 경주시 강동면 형산강 남안에 있는 산이 형산이나, 이 산은 경주의 북쪽으로 사량부와 반대 방향이며 거리도 멀어 지금의 선도산[신라시대에는 서형산]을 형산으로 보는 것이 타당.

소벌도리가 내려온 형산 즉 지금의 선도산

二曰突山高墟村. 長曰蘇伐都利. 初降于兄山. 是爲沙梁部(梁讀云道. 或作涿. 亦音道)鄭氏祖. 今曰南山部. 仇良伐·麻等烏·道北·廻德等南村屬焉(稱今曰者. 大祖所置也. 下例知).

三曰茂山大樹村. 長曰俱(一作仇)禮馬. 初降于伊山(一作皆比山). 是爲漸梁(一作涿)部. 又牟梁部孫氏之祖. 今云長福部. 朴谷村等西村屬焉.

突 : 우뚝할 돌 **墟** : 큰언덕 허
蘇 : 깨어날 소 **涿** : 고을이름 탁
仇 : 짝 구 **麻** : 삼 마
廻 : 돌 회

大 : 太의 오기

茂 : 무성할 무 **俱** : 함께 구
漸 : 물흘러들어갈 점
牟 : 땅이름 모

15) 사량부(沙梁部) : 어원에 관한 학설

내 용	주장학자, 『저서』
• 사량(沙梁) : 새로운 터 즉 새 터〔新址〕 - 사(沙) : 새로움을 의미하는 사 · 새의 음차(音借) - 량(梁) : 원음(原音)은 터〔基〕이나 유기음을 피하여 도 · 돌 사용	양주동, 『고가연구』
• 급량부(及梁部)에 대한 새로운 부라는 의미 - 초기에는 급량부 중심이었으나 6세기 무렵에는 급량부나 사량부의 차이가 없어졌으며 6세기 중엽부터 유력한 귀족집단으로 됨. 특히 김유신이 사량부에 속했으며 그의 활약에 의해 급량부를 누르고 신라 최대의 귀족집단이 속한 부로 등장	미시나〔三品〕, 『三國遺事考證』

16) 남산부(南山部) : 고려 태조 때 6부 개편에 따라 사량부를 지금의 경주시 내남면과 울산시 두서면으로 옮기고 남산부로 개칭.
17) 구량벌(仇良伐) : 지금의 울산시 두서면 구량리.
18) 마등오(麻等烏) : 지금의 고위산 자락의 북쪽지역으로 추정.
19) 회덕(廻德) : 경주시 언양으로 가는 국도 주변의 촌락으로 추정.
20) 무산(茂山) : 모량(牟梁) · 점량(漸梁)에서부터 나온 것으로 추정.
 • 무(茂) : 모(牟) · 점(漸 : 물의 뜻)의 음과 뜻이 통하는 음 · 훈차(音 · 訓借).
 • 산(山) : 량(梁)의 뜻이 들이므로 산(山)의 의미가 있음.
〈미시나〔三品〕, 『三國遺事考證』〉
21)~22) 대수촌(大樹村)~이산(伊山) : 위치 불명(不明).
23) 점량부(漸梁部) · 모량부(牟梁部) : 경주시 서면에 모량천이 흐르며 이 강의 유역이 점량부 · 모량부임.
24) 장복부(長福部) : 지금의 경주시 서면.
25) 박곡촌(朴谷村) : 지금의 경주시 서면 박실리〔朴谷里〕.

넷째는 취산[26] 진지촌(빈지 또는 빈자 혹은 빙지라고도 한다.)[27]이다. 촌장은 지백호인데 처음에 화산[28]에 내려오니 이가 본피부[29] 최씨의 시조이다. 지금은 통선부라고 하는데 시파[30] 등 동남쪽 마을이 여기에 속한다. 최치원이 바로 본피부 사람이니 지금도 황룡사[31] 남쪽에 있는 미탄사[32] 앞에 옛날 집터가 있어 최치원의 옛집이라고 말하여지는바 아마도 명백한 것 같다.

다섯째는 금산 가리촌[33](지금의 금강산 백률사의 북쪽 산이다.)이다. 촌장은 지타(祗沱(지타)를 只他(지타)라고도 쓴다.)인데 처음에 명활산[34]에 내려오니 이가 漢岐部(한기부)[35] 또는 韓岐部(한기부) 배씨의 시조이다. 지금은 가덕부[36]라고 하는데 상서지[37] · 하서지[38] · 내아[39] 등 동쪽 마을이 여기에 속한다.

여섯째는 명활산 고야촌이다. 촌장은 호진인데 처음에 금강산에 내려오니 이가 습비부[40] 설씨의 시조이다. 지금의 임천부[41]로 물이촌[42] · 잉구며촌[43] · 궐곡[44](갈곡이라고도 한다.) 등 동북쪽 마을이 여기에 속한다.

26) 취산(觜山) : 위치 불명(不明).
27) 진지촌(珍支村) : 진지(珍支) · 빈지(賓之) · 빙지(氷之)의 음 전환 관계

내 용	주장학자, 『저서』
• 진지(珍支) : 달〔月〕기〔城〕로서 월성(月城)을 의미 - 진(珍) : 珍과 같은 글자로 량(梁)과 같이 달 · 도 · 돌 · 닥으로 발음 - 지(支) : 기와 서로 통함	미시나〔三品〕, 『三國遺事考證』
• 진지(珍支) : 짓 → 빗 → 빈지(賓之) · 빙지(氷之) - 짓 : 모습〔貌〕의 옛 뜻〔古訓〕 - 지(支) : 옛 뜻〔古訓〕은 성(城)을 의미하는 기와 같음 *신라(新羅)의 일본어 시라기〔しらぎ〕는 新羅城을 뜻함	양주동, 『고가연구』

28) 화산(花山) : 위치 불명.
29) 본피부(本彼部) : 석탈해 출신의 부락으로 불국사 방면.
30) 시파(柴巴) : 경주시 외동면 상 · 하신리로 추정.
31) 황룡사(皇龍寺) : 신라 진흥왕 14년(553)부터 선덕왕 14년(645)까지 90여 년 간에 걸쳐 건립된 신라 최대의 사찰.
32) 미탄사(味呑寺) : 경주 낭산 서쪽에 있었던 사찰.
33) 금산(金山) 가리촌(加利村) : 백률사 소금강산 일대.
34) 명활산(明活山) : 경주시 보문동의 북천 남쪽 주변에 있는 작은 구릉.
35) 한기부(漢岐部) : 백률사 소금강산 일대.
36) 가덕부(加德部) : 경주시 양북면 · 양남면 · 내동면 · 북천 상류지역.
37) 상서지(上西知) : 경주시 양남면의 상서동.
38) 하서지(下西知) : 〃 〃 하서리.
39) 내아(乃兒) : 〃 〃 나아리.

四曰觜山珍支村.(一作賓之. 又賓子. 又氷之) 長曰智伯虎. 初降于花山. 是爲本彼部崔氏祖. 今曰通仙部. 柴巴等東南村屬焉. 致遠乃本彼部人也. 今皇龍寺南味呑寺南有古墟. 云是崔侯古宅也. 殆明矣.

珍 : 珍의 속자
賓 : 손님 빈
柴 : 땔나무 시
南 : 앞 남
侯 : 제후 후
矣 : 어조사 의
觜 : 부리 취
伯 : 맏 백
巴 : 땅이름 파
呑 : 삼킬 탄
殆 : 거의 태

五曰金山加利村.(今金剛山栢栗寺之北山也.) 長曰祗沱.(一作只他.) 初降于明活山. 是爲漢歧部 又作韓歧部裵氏祖. 今云加德部. 上下西知乃兒等東村屬焉.

六曰明佸山高耶村. 長曰虎珍. 初降于金剛山. 是爲習比部薛氏祖. 今臨川部. 勿伊村・仍仇旀村・闕谷(一作葛谷)等. 東北村屬焉.

栢(柏의속자) : 잣나무 백
栗 : 밤 율
祗 : 공경할 지
裵 : 성 배
佸 : 活의 오기
薛 : 성 설
仍 : 인할 잉
闕 : 대궐 궐
沱 : 큰비 타
兒 : 아이 아
佸 : 힘뻗을 괄
勿 : 없을 물
旀 : 땅이름 며
葛 : 칡 갈

40) 습비부(習比部) : 보문리 지역.
41) 임천부(臨川部) : 경주시 강동면 · 강서면 · 천북면 · 현곡면 지역.
42) 물이촌(勿伊村) : 경주시 천북면 물천리.
43) 잉구며촌(仍仇旀村) : 위치 불명(不明).
44) 궐곡(闕谷) : 경주시 천북면 물천리 북쪽에 인접한 갈곡리(葛谷里).
*궐(闕)과 갈(葛)은 음이 서로 통함.

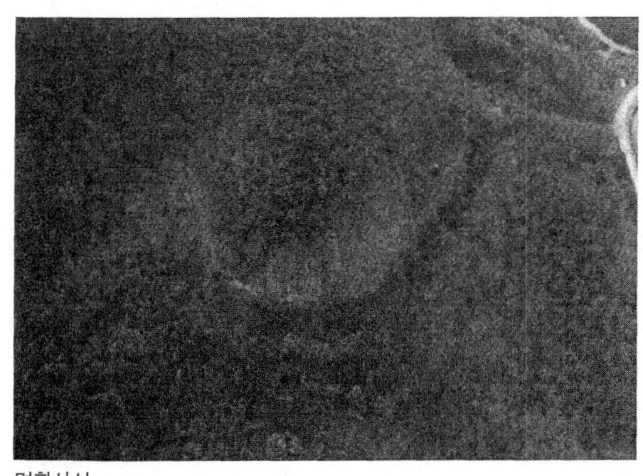
명활산성

미탄사터 3층탑

위의 글을 살펴보면 이 여섯부의 시조는 모두 하늘로부터 내려온 것 같다.

노례왕 9년(32)에 처음으로 6부의 이름을 고치고 또 여섯 성을 주었다.[45] 지금의 풍속에 중흥부를 어머니로 삼고 장복부를 아버지로 삼으며 임천부를 아들, 가덕부를 딸로 삼았는데[46] 그 이유는 자세히 알 수 없다.

전한 지절[47] 원년(B.C. 69) 임자(옛날 책에는 건무[48] 원년이라 하거나 건원[49] 3년이라 하는 등의 모든 것은 틀린 것이다.) 3월 초하루에 여섯 부의 시조들이 각각 자제들을 거느리고 다 함께 알천 둑 위에 모여 의논하기를 「우리들은 위로 백성을 다스릴 임금이 없어 백성들이 모두 방자하고 안일하여 제멋대로 하고 있다. 어찌 덕 있는 사람을 찾아내어 임금으로 삼아 나라를 창건하고 도읍을 정하지 않으랴!」고 했다. 이리하여 높은 곳에 올라 남쪽을 바라보니 양산 밑에 있는 나정[50] 가에 번개빛과 같은 이상한 기운이 땅에 드리우고 한 마리의 백마가 무릎을 꿇고 절하는 시늉을 하고 있었다.[51]

45) 노례왕……여섯 성을 주었다.: 『삼국사기』 노례왕조에 「6부의 이름을 고치고 성을 주었다.」라는 내용을 인용하였으나 역사적 사실과 차이가 있음.

○6부 성립 왕대에 관한 학설

6부 성립 왕대	주장학자, 『저서』
내물왕	노중국, 『삼국의 통치체제』
눌지~소지왕	노태돈, 『삼국사기 상대기사의 신빙성문제』
자비왕	주보돈, 『삼국시대의 귀족과 신분제』
눌지왕	강종훈, 『신라상고사연구』

46) 중흥부를 어머니……딸로 삼았는데 : 6부의 선후관계에 의한 가족적 칭호.
신라 6부에 나오는 梁(량)의 원래 뜻은 돌로 이는 두레의 음을 빌린 것임. 두레는 납입(納入)·납취(納聚)의 뜻인 드러·드레·드르·들에서 유래된 말로 본래는 마을과 같이 취락의 지역 공동체를 의미. 신라의 급량부를 비롯한 각 부도 선후관계나 우열관계를 따져 형두레·아우두레와 같이 가족적 칭호를 붙임. 단 6부중 중요한 2개의 부인 사량부와 본피부에 명칭이 보이지 않는 것은 고려 초 부의 개편 시 다른 지역으로 이동하였기 때문이라고 추정. 〈이병도, 『두레와 그 어의』〉

47) 지절(地節) : 한나라 선제(宣帝 : B.C.74~B.C.49)의 연호. 지절 원년은 B.C.69년.

48) 건무[建虎] : 원문의 건호(建虎)는 고려 2대 혜종의 이름 무(武)자를 피한 것임. 건무 원년은 A.D.25년.

49) 건원(建元) : 한나라 무제의 연호. 건원 3년은 B.C.138년.

按上文. 此六部之祖 · 似皆從天而降. 弩禮王九年始改六部名. 又賜六姓. 令俗中興部爲母. 長福部爲父. 臨川部爲子. 加德部爲女. 其實未詳.

似 : 같을 사
賜 : 줄 사
令 : 今의 오기

前漢地節元年壬子(古本云. 建虎元年. 又云建元三年等. 皆誤)三月朔. 六部祖各率子弟 · 倶會於閼川岸上 · 議曰. 我輩上無君主臨理蒸民. 民皆放逸. 自從所欲. 盍覓有德人. 爲之君主 · 立邦設都乎. 於時乘高南望. 楊山下蘿井傍. 異氣如電光垂地. 有一白馬跪拜之狀.

虎 : 혜종의 이름 武의 대자
朔 : 초하루 삭
率 : 거느릴 솔
岸 : 언덕 안
輩 : 무리 배
蒸 : 무리 증
蒸民 : 서민
逸 : 편안한 일
盍 : 어찌아니할 합
覓 : 찾을 멱
時 : 是의 오기
蘿 : 담쟁이 라
垂 : 드리울 수
跪 : 꿇어앉을 궤

나정

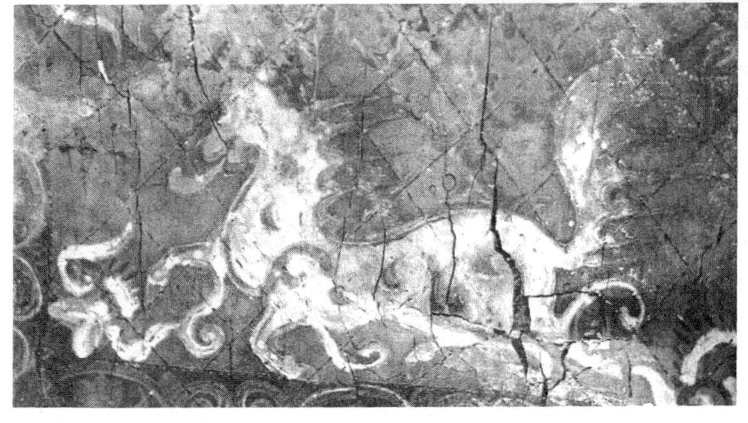
천마총에서 출토된 천마도

그 곳을 찾아서 살펴보니 자줏빛 알 한 개(푸른빛 큰 알이라고도 한다.)[52]가 있었다. 말은 사람을 보자 길게 울면서 하늘로 올라가 버렸다. 그 알을 깨뜨려 사내아이를 얻으니 모습이 단정하고 아름다웠다. 놀랍고 신이하여 동천[53](동천사[54]는 사뇌들판[55]의 북쪽에 있다.)에서 목욕을 시키자 몸에서 광채가 나고 새와 짐승들이 춤을 추니 천지가 진동하고 해와 달은 맑고 밝았다. 이로 인하여 혁거세[56] 왕이라고 이름하였다.

50) 나정(蘿井)

ㅇ나정(蘿井)에 관한 『삼국사기』의 기록

*「잡지」 제사편에 「제2대 남해왕 3년에 시조 혁거세의 사당을 세워…… 제22대 지증왕 때 시조 탄강의 땅인 나을·내을(奈乙)에 신궁을 세우고……」라 하여 나정을 奈乙로 기록.

ㅇ나정(蘿井)의 의미 및 어원에 관한 학설

내 용	주장학자, 『저서』
• 나정(蘿井) : 나라의 우물 – 나(蘿) : 나(蘿)·내(奈)는 고대의 지명에 붙는 나(羅·那)·야(耶)·사(邪)·노(盧)·양(良)과 같이 국읍(國邑)을 의미 – 정(井) : 우물	이병도, 『역주삼국사기』
• 나정(蘿井) : 내을(奈乙)과 동일한 것으로 개천〔川〕과 우물 – 나(蘿) : 내〔nai〕로 읽으며 개천〔川〕의 뜻. 정(井) : 우물 *정(井)은 고훈(古訓)이 얼 → 을(乙)이 되어 나정과 내을은 동일	양주동, 『郷歌の解讀,特に願往生歌に就いて』
• 나정(蘿井) : 시조가 태어난 우물 – 나(蘿) : 나다〔出·生〕의 음차(音借), 정(井) : 우물	미시나〔三品〕, 『三國遺事考證』

51) 번개빛과 같은……시늉을 하고 있었다. : 신(神)이나 시조(始祖)가 강림할 때는 그것을 나타내는 이변이 나타나며 강림을 고하는 신의 사자가 출현함. 여기서 번개빛이 땅에 비치는 것은 강림의 이변이며 땅에 닿도록 드리우는 것은 천지의 결합, 강림의 통로를 의미함. 백마의 의미는 신성(神聖)의 출현을 인도하기 위하여 천상으로부터 지상으로 내려오며, 신성(神聖)을 인도하는 소임이 끝남으로써 다시 하늘로 비상하는 사자의 역할 담당.

〈심의섭, 『시조신화에 나타난 모티브 연구』〉

52) 자줏빛 알 한 개(푸른빛 큰 알이라고 한다) : 란(卵)의 뜻은 알로 알지(閼智)·알영(閼英)·남해(南解 : 알은 남의 뜻) 등과 통하며 알은 곡물의 알, 또는 새의 알을 의미. 새가 알에서 출생하고 곡물이 발아하는 신비적 현상을 고대인은 신이 출현하는 것으로 받아들임. 자줏빛은 적색·홍색·주색·황색과 유사한 색으로 우리의 생활과 관계가 있는 태양·불·혈액 등에서 왔다고 할 수 있으며, 방위는 만물이 무성해서 양생기(陽生氣)가 왕성한 남쪽을 의미하며 계절로는 여름을 상징하는 것으로 농경사회와 밀접한 관계를 가진 색채.

〈미시나〔三品〕, 『三國遺事考證』, 심의섭, 『시조신화에 나타난 모티브 연구』〉

尋撿之. 有一紫卵.(一云 青大卵) 馬見人長嘶上天. 剖其卵得童男. 形儀端美. 驚異之. 俗於東泉.(東泉寺在 詞腦野北) 身生光彩. 鳥獸率舞. 天地振動. 日月淸明. 因名赫居世王.

尋 : 찾을 심
撿 : 살필 검
紫 : 자줏빛 자
嘶 : 말울 시
剖 : 나눌 부
端 : 단정할 단
驚 : 놀랠 경
俗 : 浴의 오기
泉 : 샘 천
詞 : 말씀 사
彩 : 빛 채
獸 : 짐승 수
率 : 따를 솔

53) 동천(東泉) : 의미와 어원에 관한 학설

내　　　용	주장학자, 『저서』
• 동천(東泉) : 새로운 부락 · 새로운 지방 - 동(東) : 東의 고대의 뜻〔古訓〕은 싀(새 : 新 · 曙) → 東風 : 샛바람 - 천(泉) : 泉　〃　　〃 은 닋〔柰 · 那 · 耶 → 부락 · 지방〕	양주동, 『고가연구』
• 동천(東泉) : 시조(始祖)가 새로 태어난 성스런 우물 - 동(東) : 東의 고대의 뜻〔古訓〕은 싀(새 : 新 · 曙) - 천(泉) : 우물	미시나〔三品〕, 『三國遺事考證』

54) 동천사(東泉寺) : 경주에 있던 절로 추정되나 위치는 알 수 없음.
55) 사뇌들판〔詞腦野〕 : 세내들의 의미로서 동천(東泉 : 세내)과 동일한 이름.
• 사뇌야의 어원 : 싀닋볼의 글자를 빌린 것〔借字〕
- 사뇌(詞腦) : 동천(東泉)의 뜻을 가진 싀닋
- 들판〔野〕 : 볼〔伐 · 夫里 : 벌판 · 들을 의미〕
〈양주동, 『고가연구』〉

56) 혁거세(赫居世) : 의미와 어원에 관한 학설

내　　　용	주장학자, 『저서』
• 혁거세(赫居世) : 붉갓으로 밝은 시조〔明王 · 哲王〕의 의미 - 혁(赫) : 광명의 의미인 붉의 뜻을 빌림〔訓借〕 - 거세(居世) : 처음〔初 · 始〕의 뜻인 갓의 음 변화(갓난이 → 어린애기) ＊혁거세의 정확한 표현은 혁거세간(赫居世干 → 붉갓한, 한은 왕)	양주동, 『고가연구』 이병도, 『신라의 기원문제』
• 밝음을 나타낸 말. - 혁(赫) : 불갈〔赫〕 · 발갈〔明〕의 뜻을 빌림〔訓借〕 - 거(居) : 불갈 · 발갈의 갈을 표시한 것 - 세(世) : 별다른 의미가 없는 말로 끝맺는 음으로 사용	아유가이〔鮎貝〕, 『借字攷』

(혁거세의 이름은 아마도 우리말일 것이다. 혹은 불구내[57]왕이라고도 하니 광명으로 세상을 다스린다는 말이다. 해설하는 사람들이 말하기를 「이는 서술성모[58]가 낳은 것이다. 그러므로 중국 사람들이 선도성모[59]를 찬미하는 글에 '어진이를 배어 나라를 창건하라'는 구절이 있으니 바로 이것이다.」라 했다. 그래서 계룡이 상서로움을 나타내어 알영을 낳은 것까지도 서술성모가 몸을 나타낸 뜻이 아니겠는가.) 왕위의 칭호는 거슬한(혹은 거서간[60]이라고도 했다. 처음 입을 열 때에 스스로 말하기를 '알지[61]거서간' 하고는 단번에 일어났다. 그가 한 말에 따라 이렇게 불렀으니 이로부터 왕의 존칭이 되었다.[62])이라고 했다. 당시의 사람들이 다투어 가며 치하하여 말하기를 「이제 천자가 내려오셨으니 마땅히 덕 있는 왕후를 찾아 천자의 배필을 정해야 할 것이다.」라 했다. 이날 사량리 알영우물[63](아리영 우물[64]이라고도 한다.)가에 계룡[65]이 나타나서 왼쪽 옆구리로 여자아이를 낳으니[66](용이 나타나서 죽으니 그 배를 갈라 얻었다.[67]고도 한다.) 모습과 얼굴이 빼어나게 아름다웠다.

57) 불구내(弗矩內) : 의미 및 어원에 관한 학설

내 용	주장학자, 『저서』
• 불구내(弗矩內) : 불근뉘 → 세상을 밝게 하는 시조(始祖) - 불(弗) : 불〔밝은〔明〕· 붉은〔赫〕〕 - 구(矩) : 근〔처음 · 시조의 뜻〕 - 내(內) : 뉘 · 누리〔世: 세상〕	양주동, 『고가연구』
• 광명의 뜻인 붉은의 音借 *본문의 언광명이세(言光明理世)의 理世는 덧붙인 말	이병도, 『신라의 기원문제』
• 불구내(弗矩內) : 붉〔赫〕· 밝〔明〕 + 은 → 하늘로부터 빛에 의해 강림하여 나라를 통치하기 위한(왕) - 불구(弗矩) : 붉 · 밝(赫 · 明의 뜻) - 내(內) : 內의 뜻 안 → 은〔붉〔赫〕· 밝〔明〕의 분사격〕	아유가이〔鮎貝〕, 『借字攷』

58) 서술성모(西述聖母) : 서술성모의 전승은 새〔鳶 : 솔개〕에 의해 해상으로부터 도래한 신(神)으로서(감통편의 선도성모 수희불사 조 참조) 물과 관련이 깊은 농경신임. 이 농경신은 불교와 융합하면서 물가〔水邊〕의 관음신앙으로 발전함.

59) 선도성모(仙桃聖母) : 선도성모 전설은 신선사상(神仙思想)에 영향을 받은 것임. 이 성모는 하늘로부터 강림하는 신령(神靈)과는 다른 지신(地神)으로 생각할 수 있는 산신(山神)임. 산신인 선도성모는 본래 수신(水神)의 존재태(存在態)여서 바다 · 개천 · 우물 등과 관련을 가지며 신(神)의 아들을 낳는 특색을 지님.

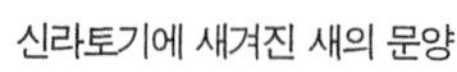
신라토기에 새겨진 새의 문양

(蓋鄉言也. 或作弗矩內王. 言光明理世也. 說者云. 是西述聖母之所誕也. 故中華人讚仚桃聖母. 有娠賢肇邦之語是也. 乃至鷄龍現瑞産閼英. 又焉知非西述聖母之听現耶.) 位號曰居瑟邯. (或作居西干. 初開口之時. 自稱云. 閼智居西干一起. 因其言稱之. 自後爲王者之尊稱.) 時人爭賀曰. 今天子巳降. 宜覔有德女君配之. 是日沙梁里閼英井(一作娥利英井)邊. 有雞龍現而左脇誕生童女.(一云龍現死. 而剖其腹得之) 姿容殊麗.

矩 : 법 구
肇 : 시작할 조
耶 : 그런가 야
邯 : 조나라서울 한
仚(가볍게날 선) : 仙의 오기
听 : 所의 오기
瑟 : 큰거문고 슬

巳 : 已의 오기
賀 : 하례할 하
娥 : 예쁠 아
脇 : 겨드랑이 협
殊 : 빼어날 수
配 : 짝지을 배
邊 : 가 변
腹 : 배 복

60) 거슬한(居瑟邯) · 거서간(居西干) : 의미 및 어원

내 용	주장학자, 『저서』
• 거슬한(居瑟邯) · 거서간(居西干) : 깃한 → 시조왕(始祖王) - 거슬 · 거서 : 깃(처음)의 속음(俗音) 것의 음을 빌린 것〔音借〕 - 한 · 간 : 한(韓) · 간(干) → 神 · 上 · 大 : 왕을 의미	양주동, 『고가연구』
• 군장의 존칭 - 거슬 · 거서 : 귀인(貴人)의 존칭 - 한 · 간 : 족장(族長) · 군장(君長) · 상인(上人)	이병도, 『신라의 기원문제』
• 밝은 군장〔明王〕 - 거 : 붉〔赫〕· 밝〔明〕의 최종 자음 ㄱ → 거 - 슬 · 서 : 「……의」로 붉〔赫〕· 밝〔明〕을 연결해 주는 연체형 - 한 · 간 : 군장(君長)	아유가이〔鮎貝〕, 『借字攷』

61) 알지(閼智) : 의미 및 어원

내 용	주장학자, 『저서』
어린애를 뜻하는 아기 · 아지 〔송아지 · 망아지〕	양주동, 『고가연구』
• 신령이나 신의 대리자의 존칭 - 알(閼) : 곡물의 알 또는 새의 알로 신성함을 의미 - 지(智) : 존칭어미(尊稱語尾)	미시나〔三品〕, 『三國遺事考證』

62) 처음 입을 열 때……존칭이 되었다. : 혁거세가 스스로 칭하기를 알지라 했는데 이는 알지가 혁거세보다 더 중요한 신이라는 것을 뜻함.

63) 알영정(閼英井) : 의미 및 어원

내 용	주장학자, 『저서』
• 우물의 용(龍)에서 탄생한 지모신(地母神) - 알영(閼英) : 영(英)은 꽃부리로서 알영은 곡물의 꽃 즉 곡모(穀母)를 상징	미시나〔三品〕, 『三國遺事考證』
알영(閼英)의 알은 밝〔明〕의 붉에서 알로 음이 변한 것	양주동 , 『고가연구』

그러나 입술이 닭의 부리와 같았다.[68] 곧 바로 월성의 북천[69]에 목욕을 시켰더니 그 부리가 떨어졌다.[70] 이로 인하여 그 냇물 이름을 발천이라고 한다.

남산의 서쪽 기슭(지금의 창림사[71]이다.)에 궁궐을 짓고 두 신성한 아이를 받들어 길렀다. 사내아이는 알에서 태어났는데 알은 바가지처럼 생겼었다. 우리나라 사람들이 바가지를 박이라 해서 사내아이의 성을 박이라 했다.[72] 여자아이는 그녀가 나온 우물 이름으로 이름을 지었다. 두 성인의 나이가 열세 살이 되는 오봉[73] 원년 갑자(B.C.57)에 사내아이는 즉위하여 왕이 되고 이어 알영을 왕후로 삼았다. 나라 이름을 서라벌 또는 서벌[74] (지금 우리말로 경(京)자를 서벌〔서울〕이라고 부르는 것은 이 때문이다.) 혹은 사라 또는 사로[75]라고 했다.

64) 아리영 우물〔娥利英井〕: 아리와 알은 뜻과 음이 같으며 글자만 틀림.

65) 계룡(雞龍) : 계(雞)는 닭으로서 월지(月支)·월성(月城)의 월(月)은 달·닭으로 서로 통용되었으며 이는 촌락을 의미함. 용은 물과 관련이 있는 공상의 동물로서 수신(水神) 또는 농경신(農耕神)을 상징하는 동물.

66) 왼쪽 옆구리로 여자아이를 낳으니 : 알영이 계룡의 옆구리에서 태어났다는 것은 리그베다에 크샤트리아(Kshatriya) 계급인 석가모니가 옆구리로 태어났다는 관념을 연결시켜 주기 위한 것으로 추정됨. 신라의 왕족이 석가모니족을 자처한 사실에 비추어 보면 이는 신라의 왕족이 곧 찰제리종(刹帝利種 : Kshatriya)이란 관념의 소산으로 볼 수 있음. 〈서영대, 『한국고대신관념의 사회적 의미』〉

67) 용이 나타나서 죽으니 그 배를 갈라서 얻었다. : 용은 공상의 동물로 수신 또는 농경신을 상징함. 즉 농경신인 용이 죽자 그 배에서 신(神)인 아이를 얻었다 함은 곡신이 죽어 다시 태어나는 곡신신앙이 반영된 것임.

68) 입술이 닭의 부리와 같았다. : 수신(水神)을 물새〔水鳥〕로 하는 신화 반영.

69) 북천(北川) : 월성의 북천은 『동국여지승람』에 「동천은 북천 또는 알천이라고 하는데 경주부의 동쪽 5리에 있으며 추령에서 시작하여 굴연(堀淵)으로 들어간다.」라 기록되어 북천=동천=알천이 됨. 이렇게 북천이 동천으로 변한 것은 경주 분지의 중심부에서 유로(流路)의 변화에 기인한 듯함. 발천(撥川)의 발은 혁거세의 혁〔밝·붉〕과 통하며 혁거세가 알지와 동일한 신인 것과 같이 알천과 발천이라는 것도 신성하게 되는 강의 의미로서 같은 뜻임. 이 알천은 혁거세의 강림을 6부의 사람들이 영접하는 신성한 의례의 장소로서 알천 즉 북천에서 목욕을 한다는 것은 신(神)의 처가 되는 통과의례의 한 과정임. 알영이 이 성천에서 목욕을 함으로써 성천의 신령을 몸에 지니게 되어 신처(神妻)가 될 자격을 획득함과 동시에 지모신(地母神)의 영력(靈力)을 얻음. 〈미시나〔三品〕, 『三國遺事考證』〉

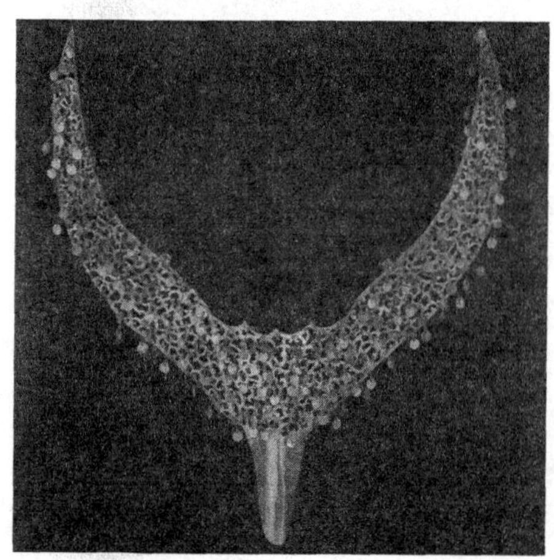
새 날개 모양의 금관장식

然而唇似雞觜. 將浴於月城北川. 其觜撥落. 因名其川曰撥川. 營宮室於南山西麓.(今昌林寺.) 奉養二聖兒. 男以卵生. 卵如瓠. 鄕人以瓠爲朴 故因姓朴. 女以所出井名名之. 二聖年至十三歲. 以五鳳元年甲子. 男立爲王. 仍以女爲后. 國號徐羅伐・又徐伐. (今俗訓京字云徐伐. 以此故也.) 或云斯羅・又斯盧.

唇 : 입술 순
觜 : 부리 취
將 : 곧 장
撥 : 제할 발
麓 : 산기슭 록
瓠 : 박 호

仍 : 인할 잉
徐 : 고을이름 서
伐 : 갈아눕힐흙 벌
盧 : 검은빛 로

70) 목욕을 시켰더니 그 부리가 떨어졌다. : 목욕을 시킨다는 것은 신(神)의 처(妻) 즉 왕비가 신을 영접하는 한 과정이며 부리가 떨어졌다 함은 재생을 의미하는 곡신신앙의 반영.
71) 창림사(昌林寺) : 남산 산자락(내남면 포석정 근방)에 있던 사찰로 현재는 탑만 남아 있음.
72) 성을 박이라 했다[姓朴] : 호(瓠)의 뜻인 박과 박(朴)의 음이 같아서 성을 박(朴)이라 했다고 하나 신라시대 초기에 성씨가 없었다는 것을 고려하면 이는 후대에 만들어졌다고 보여짐.
73) 오봉(五鳳) : 오봉은 중국의 전한(前漢) 효선제(孝宣帝)의 연호. 오봉 원년은 B.C.57.

창림사지 삼층석탑

처음 왕후가 계정에서 태어났으므로[76] 계림국[77]이라고도 했는데 계룡이 상서로움을 드러냈기 때문이다. 일설에는 탈해왕 때에 김알지를 얻으면서 숲 속에 닭이 울었다고 해서 나라 이름을 고쳐 계림으로 하였다고도 한다. 후세에 와서 드디어 신라라고 나라 이름을 정하였다.[78]

나라를 다스린 지 61년이 되는 해에 왕이 하늘로 올라갔는데 7일 후에 유체가 땅에 흩어져 떨어졌다. 왕후도 역시 세상을 떠났다고 한다. 나라 사람들이 이들을 합장하려고 했으나 큰 뱀이 나타나 쫓아다니면서 방해하므로 다섯으로 분리된 몸을 각각 장사지내어 다섯 개의 능을 만들었다.[79] 또한 이 능을 사릉이라 하였다. 담엄사 북쪽의 능이 이것이다.

태자 남해왕이 왕위를 계승하였다.

74) 서라벌 또는 서벌〔徐羅伐又徐伐〕: 의미 및 어원

내 용	주장학자, 『저서』
• 서라벌(徐羅伐) : 상국읍(上國邑) · 수도(首都) - 서(徐) : 솟〔高 · 上〕의 음을 빌린 것〔音借〕 ＊사(斯) · 신(新)도 서(徐)와 동일 - 라(羅) : 나라〔國〕의 고어(古語) ＊야(耶) · 나(那) · 로(盧)도 라와 같음 - 벌(伐) : 성읍(城邑) · 도시 ＊불(弗) · 화(火) · 부리(夫里)도 벌과 동일	이병도, 『삼국사기역주』
• 도시 이름인 동시에 국호(國號) → 동천(東川) + 동야(東野) - 서라(徐羅) : 싀닋 → 동천(東川) - 서벌(徐伐) : 싀볼 → 동야(東野)	양주동, 『고가연구』
• 서벌(徐伐) : 림(林)의 뜻인 수풀에서 유래 - 수풀을 신성시 하여 국가 이름으로 사용. 수풀은 弗 · 伐 · 夫里로 됨 - 라(羅) : 국가	미시나〔三品〕, 『三國遺事考證』

75) 사라 또는 사로〔斯羅又斯盧〕: 74)항 참조.
• 사(斯) : 서(徐)와 동일, • 로(盧) : 라(羅)와 동일

76) 처음 왕후가 계정에서 태어났으므로〔初王生於鷄井〕: 王이 后의 오기이거나 王자 뒤에 后자가 빠진 것으로 보임. 왕후 알영이 태어난 곳은 알영정 또는 계정이라 한 것은 계(雞 : 닭)가 달 · 닥 · 탁 · 톡 · 독으로 불리어지며 이는 촌락을 의미함. 계정은 촌락의 우물로서 농경사회의 수신신앙(水神信仰)이 반영됨.

初王生於雞井. 故或云雞林國. 以其雞龍現瑞也. 一說. 脫解王時得金閼智. 而雞鳴於林中. 乃改國號爲雞林. 後世遂定新羅之號.

理國六十一年. 王升于天. 七日後. 遺體散落于地. 后亦云亡. 國人欲合而葬之. 有大蛇逐禁. 各葬五體爲五陵. 亦名蛇陵. 曇嚴寺北陵是也. 大子南解王繼位.

王이 后의 오기 또는, 王 뒤에 后가 결락
瑞 : 상서로울 서
遂 : 드디어 수
葬 : 장사지낼 장
逐 : 쫓을 축
禁 : 금지할 금

蛇 : 뱀 사
陵 : 임금무덤 릉
大 : 太의 오기
繼 : 이을 계

77) 계림국(鷄林國) : 의미 및 어원

내　　용	주장학자, 『저서』
• 도시명인 동시에 국호 – 계림(鷄林) : 시볼의 음(音)과 뜻〔訓〕을 빌림 · 계(鷄) : 닭 → 새 → 시 · 림(林) : 수풀 → 볼	양주동, 『고가연구』
• 성스런 부락 즉 왕도를 의미 – 계(鷄) : 달 · 닥 → 촌락 – 림(林) : 제정의례를 행하는 성스런 장소	미시나〔三品〕, 『三國遺事考證』

78) 후세에 와서 드디어 신라라고 나라 이름을 정하였다. : 『삼국사기』 지증마립간 조에 「여러 신하가 말하기를 '시조께서 창업한 이래 국호를 정하지 못하고 사라, 혹은 사로, 혹은 신라라 하였는데 신 등이 생각하건대 신(新)은 덕업을 일신한다는 것이요, 라(羅)는 사방을 망라한다는 뜻이므로, 그것으로 국호를 정하는 것이 마땅한 것 같습니다'」로 기록된 것으로 보아 이때 국호가 정해진 것으로 추정.

79) 나라를 다스린 지……능을 만들었다. : 혁거세 사후(死後) 이상사태에 대한 의미.

구　분	내　　용	주장학자, 『저서』
영원회귀와 풍요 기원	• 혁거세의 승천은 영원 회귀사상의 반영 – 강림하기 전의 세계로 회귀하여 영원히 활동 • 7일 뒤 죽은 몸뚱이가 떨어진 것은 영혼과 육체의 분리 – 영혼은 천상의 세계로 회귀, 육체는 땅으로 묻힘 *7일은 영혼이 사체에서 분리되는 최소의 시간 • 큰 뱀이 나타나 방해하여 5체를 각각 장사지낸 것은 다산 · 풍요의 소망 내포 – 시신의 분장은 곡물신의 매장 형식 : 5체는 오곡을 의미 – 뱀은 용과 같이 농업에 필수인 강우의 상징	박태상, 『원초적 무속신앙에 나타난 죽음의 의식』

구 분	내 용	주장학자, 『저서』
새로운 신으로 탄생	• 혁거세 죽음 · 승천은 새로운 천 · 지 · 인의 관계 시작 • 7일이란 수는 오방(五方)을 다스리는 신성성의 획득 시간 ＊새로운 질서의 세상을 건설하기 위한 시간 • 오릉은 오방 즉 동서남북과 중앙을 관장하는 신을 상징 • 큰 뱀은 사신(蛇神)으로 혁거세 사후를 보호하는 신	권우행, 『삼국유사에 나타난 죽음의 유형 연구』
왕권 확대 수호	• 뱀은 왕권 확대를 위한 매개체 - 뱀에 의한 오릉은 신라 오악의 원형 - 혁거세로 대표되는 왕권이 신라의 네 변방과 중앙 수호	이도흠, 『신라인의 마음으로 삼국유사를 읽는다』
풍장 (風葬)	유체를 나무 위에 풍장한 것이 7일 후에 부패하여 그 뼈가 뿔뿔이 땅에 떨어진 것을 매장	무라야마, 〔村山智順〕
피살	• 혁거세와 왕후는 자연사가 아닌 피살을 의미 - 5체 분리와 왕후의 동시 죽음은 두 사람이 살해된 것 - 반란으로 혁거세 · 왕비 등 일족 사망, 7일 뒤 시신 수습	박영규, 『신라왕족실록』
蛇神 신앙	• 큰 뱀은 천상의 신 즉 태양신을 의미 - 뱀의 신〔蛇神(사신)〕은 신라 박씨 왕실의 신앙 양태	이은창, 『신라신화의 고고학적 고찰』

오릉 혹은 사릉(蛇陵)

경주박씨 문중에서는 사릉을 『삼국사기』에 기록된 박혁거세거서간 · 남해차차웅 · 유리이사금 · 파사이사금을 취하고 알영릉을 추가하여 오릉이라 하였음. 각 능의 피장자는 알 수 없음.

신라시조 혁거세왕 조의 의미

1. 6촌 · 6부의 성립과 명칭 및 위치

● 6촌 · 6부의 성립

신라는 진한을 구성하였던 12개의 소국 중 하나인 사로국이 성장하여 발전한 나라이다. 이들 사로국은 사로 6촌 세력을 중심으로 성립된 나라였다.

『삼국유사』 기록에 의하면 사로 6촌의 시조들은 모두 하늘에서 내려온 것으로 되어 있다. 이것은 사로 6촌의 촌장을 비롯한 주민들이 이주민이었을 가능성을 말하는 것이다. 즉 기원전 3세기에서 기원전 1세기경 중국계 이주민 집단과 위만조선이 멸망한 후 이주해온 고조선계는 그 이전부터 거주하던 토착세력을 복속시키면서 경주 주위에 6촌을 중심으로 한 사로국을 형성하였다.

이들 6촌은 『삼국사기』와 『삼국유사』에 의하면 A.D.26년인 유리 이사금[노례왕] 9년에 6촌의 명칭을 고치고 촌을 부로 하였다고 기록하고 있으나 이것은 역사적 사실과 거리가 있다. 원래 6촌은 씨족적 취락으로서 각 촌은 각각의 족장하에 혈연적 또는 지연적으로 결합된 사회조직이고 6부는 일종의 행정구획으로서 씨족사회가 붕괴되어 행정조직이 발전하던 때의 산물이다. 즉 씨족사회의 6촌이 변천하여 행정구획상 6부로 변화한 것이다.

6부 체제의 성립시기에 관한 학설 중 분화설에 의하면 6부는 자비왕 때에 이루어졌다는 것이다. 즉 기원 전후 시기에 경주평야를 중심으로 탁[喙 : 啄] · 피(彼) · 기(岐)의 3부만 있다가, 5세기 후반인 자비왕 때에 이르러 탁부는 탁부[喙部] · 사탁부[沙喙部] · 모탁부[牟喙部]의 3개의 부로 분화되었다. 또 피부(彼部)는 본피부(本彼部)와 사피부(斯彼部)로 분화되었으며 기부(岐部)는 그대로 한기부(韓岐部)가 되어 6부가 성립하였다는 것이 분화설이다.

6부체제의 성립시기가 눌지왕 때라는 학설도 있다. 이 설에 의하면 알지를 시조로 하는 김씨 부족이 지배권을 완전히 장악한 후 그들의 권력을 항구화할 목적으로 6부 체제를 성립시켰다는 것이다.

6촌 성립 (혈연 · 지연 결합)
이주민에 의해 사로 6촌 형성

⬇

6부 성립 (행정적 성격)	
6부 성립 시기에 관한 학설	
자비왕 (분화설)	눌지왕 (김씨족 영향력 확대설)
• 탁부 → 탁부, 사탁부, 잠탁부 • 피부 → 본피부 사피부 • 기부 → 한기부	• 탁부(김씨족 지배) → 탁부 · 사탁부로 분리하여 김씨족 지배 • 본피부 · 사피부 → 김씨 씨족 영향으로 형성

⬇

6부 개편 (행정 단위)	
1차 개편	2차 개편
통일신라시대	고려 태조(940년)
기존 6부 지역 확대	6부의 위치 이동

〈그림1〉 6촌 · 6부의 성립과 개편

김씨 부족은 우선 지배권을 장악하기 위해 신라 영역 내에 주둔하던 고구려병을 이용하여 한기부의 석씨 부족을 약화시켰다. 또 오래 전부터 권력의 핵심에서 밀려난 박씨 부족의 잠탁부도 김씨 부족에 대항할 수 있는 세력이 아니었다. 이에 따라 팽창된 김씨 부족의 탁부를 탁부와 사탁부로 나누어 지배하였고 사피부와 본피부도 눌지왕 당시의 상황으로 보아 김씨 부족의 배려 하에 형성된 부일 것이다. 이들 6부는 통일이 되면서 온전한 행정조직으로 개편되며 그 위치는 통일 전의 6부에 비해 외곽으로 확장되었다.

고려 태조 18년인 935년에 신라가 항복함에 따라 신라의 왕도를 경주라 개칭하고 940년(천복 5년)에 경주를 대도독부로 승격하는 동시에 6부를 다시 개편하였다. 고려 태조가 개편할 때 부의 이름도 고려인들이 잘 이해할 수 있는 의미인 양부 · 사량부 · 통선부 등으로 바꾸는 동시에 그 위치도 일부 변경하였다.

● 6촌의 위치

6촌의 위치는 학자에 따라 다소 차이가 있다. 〈표1〉에 학자들의 주장을 요약하고 〈그림2〉에 그 위치를 표시하였다.

〈표1〉 6촌의 위치에 대한 학설

구 분	알천 양산촌 (급량부)	돌산 고허촌 (사량부)	취산 진지촌 (본피부)	무산 대수촌 (모량부)	금산 가리촌 (한기부)	명활산 고야촌 (습비부)
이병도	남천 이남지역 (남산 서북 일대 포함)	남천 이북 서천 이동 월성 이서 북천 이남	인왕동 (황룡사 남쪽)	효현동	백률사 일대	보문동 및 낭산
김원룡	남산 서북과 남산의 월성 쪽 경사면	서악동	낭산 일대	금척리	〃	보문동
이기동	남산 서쪽 산자락	이병도와 동일	낭산 서쪽 산자락 (황룡사 이남)	서악동	소금강산 일대	보문동 (명활산 서쪽 산자락)
민덕식	북천과 남천 사이	탑동 (남산 서쪽 산자락)	괘능리 조양동	금척리	〃	보문동
오영훈	남천 이북	남산 서북 산자락	조양동 (남산 이남)	대곡리 (건천 작성)	보문동	황성공원 일대
今西龍	이병도와 동일	남천 상류	남천 하류	모량천 부근	덕동댐 부근	형산강 유역

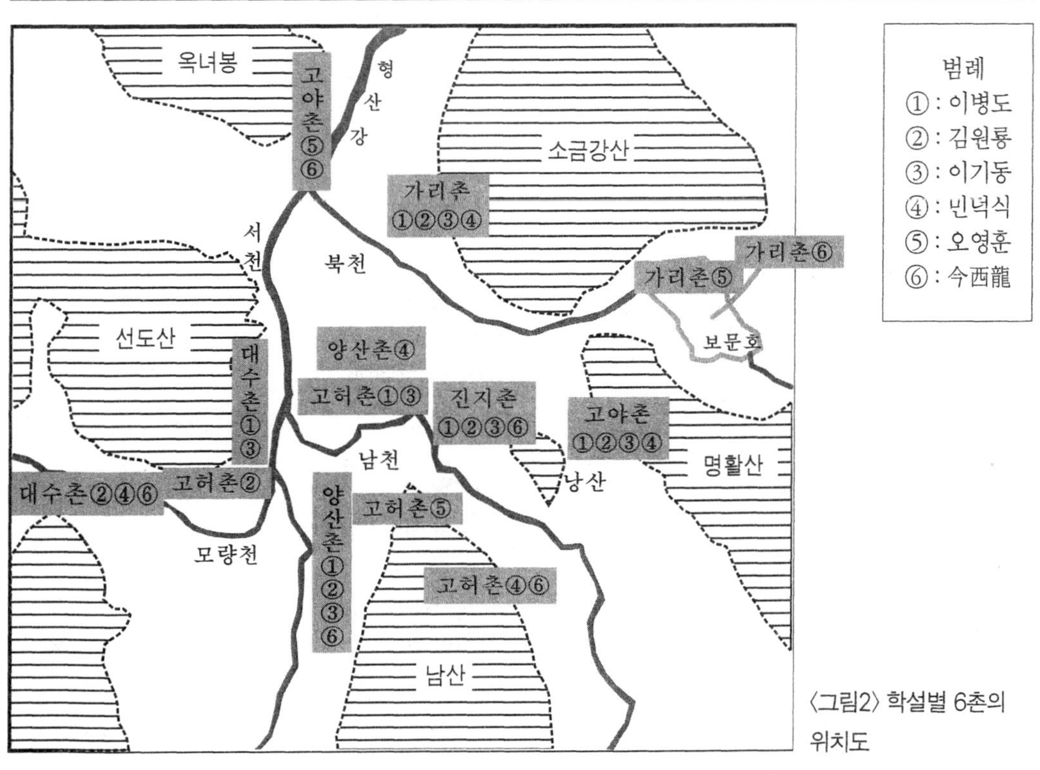

〈그림2〉 학설별 6촌의 위치도

● 6촌 · 6부의 이름에 등장하는 喙(훼) · 涿(탁) · 梁(량)의 음과 뜻

신라 중고기 금석문의 부명 표기는 예외 없이 喙(훼)자를 사용하였다. 즉 포항 신광에 있는 냉수리비, 울진의 봉평비 및 진흥왕 순수비 등에서 喙部 · 沙喙部 · 岑喙部로 표기한 것이 그 예이다.

6부에 사용된 喙는 주로 삼국통일 이전에 사용되었으며 통일 이후에는 喙와 涿이 동시에 쓰여졌을 것이다. 즉 722년에 쓰여진 관문성 석각에 喙(啄으로 판독한 경우도 있음)자가 있는 것으로 보아 최소한 8세기까지는 喙자가 사용되었던 것이다. 또 최치원의 글을 인용한 『삼국유사』에 涿(탁)자를 사용하여 부 명을 표기했다는 언급에서 알 수 있듯이 涿도 동시에 사용된 것으로 추정할 수 있다.

통일 이전에 쓰여진 喙의 지금 발음은 비록 훼이지만 그 당시의 음은 『삼국유사』에 道라고 하였듯이 도 · 돌 · 닥 · 탁 · 독 · 톡 · 달이었을 것이다. 喙는 원래 짐승의 부리를 뜻한다. 부리의 음을 한자로 夫里(부리)로 표기했다. 이때 夫里는 국토 · 평야 · 벌판 · 도읍을 의미한다. 喙와 같이 쓰여진 涿(탁)은 중국과의 교류과정에서 喙의 신라시대의 음인 탁을 한자로 표기하기 위해 도입한 듯하다. 또 중국의 사서(史書)인 『양서(梁書)』에 6부를 6啄評(탁평)이라고 기록하였다. 이때 쓰여진 涿의 ㅁ변은 입을 뜻한다. 즉 발음의 음을 빌렸다는 뜻으로 중국인들은 ㅁ변을 붙여 사용한 듯하다.

〈표2〉 喙(훼) · 涿(탁) · 梁(량)의 사용시기 및 음과 의미

구 분	삼국통일 이전	통일 이후	고려시대
사용글자	喙 (예 : 沙喙部)	喙와 涿 병용 (예 : 沙喙部, 沙涿部)	梁 (예 : 沙梁部)
발 음	도 · 돌 · 닥 · 탁 · 독 · 톡 · 달	왼쪽과 동일	왼쪽과 동일
의 미 (어원)	喙 (부리 훼) ⇩ 부리 (짐승의 주둥이) ⇩ 夫里 ⇩ 국토 · 평야 · 벌판 · 도읍	• 喙 대신 涿(啄 : 탁)도 사용 -涿(탁) : 喙의 신라시대 음을 한자로 표현 *啄 : 『신당서』 『통전』에 사용된 것으로 중국인들은 음을 빌릴 때 ㅁ을 붙임.	梁 (돌 량) ⇩ 돌 (도랑의 뜻) ⇩ 도랑 (小川)을 낀 지역 ⇩ 국토 · 평야 · 벌판 · 도읍

고려시대에 편찬된 『삼국사기』나 『삼국유사』에서는 부 명을 표기할 때는 예외 없이 梁(량)자를 사용하였다. 『삼국유사』에서 梁을 道라고 읽는다는 것으로 보아 道의 발음 역시 돌이었을 것이다. 또 조선시대에 편찬된 『훈몽자회』에서 梁은 돌 량이라고 하였는데 돌이란 물의 흐름 또는 도랑의 뜻이다. 이로써 고려시대에 신라의 부 명으로 쓰인 梁은 도랑을 낀 지역 즉 국토 · 평야 · 벌판 · 도읍의 의미로 사용한 것임을 알 수 있다.

2. 신라시대 성씨(姓氏)의 사용과 변천

성씨(姓氏)는 혈통을 나타내기 위한 필요에서 발생한다. 즉 성(姓)이란 출생의 계통을 표시하기 위하여 이름 앞에 붙이는 칭호이며, 씨(氏)란 같은 성(姓)에서도 지역에 따라 분별한 것으로 우리의 본(本 : 관향)이란 것에 해당한다. 다시 말하면 성은 일정한 혈통의 구별을 나타내는 표식이라 할 수 있으며 씨는 혈통을 더 세분한 것이다.

혈통의 연원을 표시하는 성씨는 현존하는 사료를 통하여 볼 때 고대사회에서도 우리의 고유한 성씨가 존재했었다는 것을 알 수 있다. 이러한 우리의 고유한 성이 중국식 한자로 바뀌는 것은 다음과 같이 3단계로 진행된 것으로 보인다. 첫째는 우리의 고유한 성씨를 사용하던 시기, 둘째는 한자화 전환 과도기로 고유한 성씨와 한자화한 성씨가 병존하던 시기, 셋째는 한자화가 완성되고 일반화되는 시기이다.

● 고유성(固有姓) 사용시기

『삼국사기』나 『삼국유사』에 등장하는 신라왕족의 박 · 석 · 김과 6촌의 이 · 정 · 최 · 손 · 배 · 설 등은 설화의 사실 여부와 성립시기는 알 수 없지만 신라 고대에도 고유한 성씨가 있었으며 이를 사서에 반영했다는 것을 의심할 수 없다. 그러나 포항 신광의 냉수리비(503년), 울진의 봉평비(524) 그리고 진흥왕 순수비에서는 혈통을 나타내는 성이 없으며 지연적 의미의 씨(氏)만 기록되어 있다. 냉수리비의 사람 표기는 沙喙 至都盧(사훼[사량부] 지도로)와 같은 형태로 새겨져 있는데, 여기서 지역을 표시하는 沙喙는 소속을 나타내는 것으로 추정할 수 있으며 至都盧(지도로)는 이름이다. 이러한 표시방법은 당나라의 문화 · 문물이 도입되면서 서서히 중국식으로 전환되어 갔다.

● 한자화 전환 과도기

중국 사서에서 신라의 성씨를 언급한 것은 『남사(南史)』에서 법흥왕을 성은 모(慕)이며 이름은 진(秦) 즉 姓慕名秦(성모명진)이라고 기록한 것이 처음이다. 이것은 그 당시 신라에 대한 중국의 정보가 부족했기 때문에 실제로는 있었을 신라의 성씨가 중국 측 사서에 잘못 기록된 듯하다.

그러나 진흥왕대에 이르면 중국사서에 나타난 신라 성씨의 용례는 확실히 새로운 면모를 보여 준다. 즉 『북제서(北齊書)』에 진흥왕을 金眞興(김진흥)이라 하여 중국식 성씨로 기록하고 있다. 이후의 중국 사서에서는 진흥왕 이후의 신라왕들에 대하여 역시 중국식 성씨로 표기하고 있다. 이러한 것은 우리측 사서와 정확히 일치하고 있는 것으로 볼 때 신라가 중국식 성씨를 도입하기 시작한 것은 진흥왕 때라고 할 수 있을 것이다.

중국의 성씨 제도가 본격적으로 사용되는 시기는 당나라와 접촉이 빈번해지는 7세기부터이다. 당과의 접촉이 필요한 관리 · 유학자 · 무역상 등은 서로간의 호칭 문제로 성을 갖지 않을 수 없었을 것이다. 특히 삼국통일을 전후한 대량의 인적 · 물적 교류로 귀족의 성씨 사용이 일반화되었다는 것을 짐작할 수 있다.

이 당시의 이름은 향찰과 한자식이 병행하여 사용된 듯하다. 예를 들면 우리가 잘 알고 있는 이차돈(異次頓)은 향찰식이며 이차돈의 또 다른 이름인 염촉(厭髑)은 한자식이다. **異次**(이차) 혹은 **이처**(伊處)는 이ㅅ → 이쁜 → 예쁜으로 음이 변할 수 있으며 이는 예쁘다 · 아름답다의 뜻을 가진 염(厭)이 이차를 대신한다. 또한 돈(頓)은 원래의 음이 돌 · **돌** · 도(道 · **涿** · 珍 · 月 · 吐)와도 통한다. 촉(髑)의 본래 음이 도이므로 돈은 촉을 대신할 수 있어서 이차돈(異次頓)의 한자식 이름은 염촉(厭髑)이 될 수 있다. 이처럼 8세기 이전에는 향찰의 방식과 한자식이 병행했으나 8세기가 되면서 한자식 이름을 보다 세련된 것으로 인식하게 되었다.

성씨(姓氏)가 혈통과 지연(地緣)을 나타내는 것이라고 하나 신라 고(古) · 중대(中代)는 다르게 운용된 것 같다. 『삼국유사』 「흥법편」 염촉멸신(厭髑滅身) 조에서 염촉[이차돈] 가계의 성은 3개로 기록되어 있다. 먼저 그의 증조부 흘해대왕(訖解大王)은 석씨이며 그의 조부 공한(功漢)과 부 길승(吉升)은 김씨이다. 그리고 이차돈은 박씨로 기록되어 있다. 이렇게 성이 변하는 것은 박 · 석 · 김의 성씨는 혈통을 나타내는 절대적인 것이 아니라 등급을 뜻한다는 설이 있다. 즉 박씨가 왕이 되면 박씨가 최고의 성이 되고 김씨가 왕이 되면 김씨가 최고의 성이 된다. 따라서 이차돈 가계의 성이 세 개인 것은 왕실의 성과 이차돈 가계의 위상에 따라서 성이 변했다는 것을 나타낸 것으로 추정할 수 있다.

●한자화 완성 및 성의 일반화

문헌상으로는 신라하대(新羅下代)부터 중국식으로 한자화 된 성씨가 빈번하게 나타나고 있다. 그러나 신라 경명왕 때인 924년에 세워진 봉암사 지증대사 탑비를 비롯한 대부분의 비석에 등장하는 지방 지배층은 이름만 있고 성은 없다. 이는 아직도 지방에서는 성씨의 사용에 대해 별다른 의미를 부여하지 않고 수식적이고 부가적인 요소로 생각하고 있음을 알 수 있다.

신라 말기 평민으로서 각지에서 반란을 일으킨 원종(元宗)·애노(哀奴)·양길(梁吉)과 견훤의 부장인 능환(能奐)·상달(尙達) 등도 모두 성을 쓰지 않았다. 고려 태조의 부장인 홍술(弘述)·백옥(白玉)·삼능산(三能山)·복사귀(卜沙貴) 등도 처음에는 성이 없었으나 개국공신으로 추대된 뒤 홍유(洪儒)·배현경(裵玄慶)·신숭겸(申崇謙)·복지겸(卜智謙)으로 개명된 것으로 아마 태조로부터 성을 하사받았을 것이다.

이에 따라 고려 초부터 성을 쓰는 사람이 많이 나타나게 되었고 특히 귀족 관료층은 성을 쓰지 않는 사람이 없게 되었으나 일반 백성들은 아직도 대부분 성이 없었다. 그러나 고려 문종 9년(1055)에 성이 있는 사람만 과거에 응시할 자격을 부여하는 법령이 시행됨에 따라 성이 보편화되기 시작했다.

3. 혁거세 신화의 구성과 해석

박혁거세 신화의 전체 요지는 6촌의 촌장이 하늘에서 내려온 뒤 하느님의 아들 혁거세와 계룡에서 태어난 알영을 얻은 후, 그 두 신성한 아이를 결혼시켜 왕과 왕비로 삼았다는 것이다. 혁거세신화도 단군신화나 주몽신화처럼 그 전체의 내용을 3부분으로 나눌 수 있다. 첫째 부분은 천신 강림신앙이며 둘째는 지모신 신앙이고 셋째는 천신과 지모신의 융합이다.

●천신(天神)강림 신앙

사로 6촌의 시조들은 모두 하늘에서 내려왔다. 또 혁거세도 하늘의 빛으로 강림한 곳은 양산 기슭이다. 단군신화에서 한웅천왕이 태백산 신단수로 내려온 것과 같이 이들도 전부 산으로 내려오는 방법을 취하였다. 이는 천상과 인간을 연결하는 산을 통하여 천신이 내려오는 것으로 천신신앙과 산악신앙이 결합된 형태라고 볼 수 있다.

신라시조 혁거세신화에서는 하늘의 빛이 내려왔고, 거기서 자줏빛 알이 생겼으며 그 알로부터 한 동자가 태어났는데 그의 몸에서도 빛이 났다. 그것은 그가 빛의 아들 곧 하나님의 아들인 까닭이다.

또한 혁거세는 자기의 탄생을 가리켜 알지(閼智) 거서간(居西干)이 일어났다고 스스로 말했다. 알(閼)이란 새의 알인 동시에 곡식의 알을 뜻하는 말이며, 지(智)는 아버지의 지와 같이 존칭어미에 속하는 말이며 거서간은 임금을 뜻한다. 따라서 알지거서간이란 곡신(穀神)이신 임금님이란 뜻이다. 고대인들은 시조(始祖)를 천신(天神)의 아들로 믿었을 뿐만 아니라 곡신적 존재로도 믿고 찬양했다는 사실을 이렇게 표현한 것으로, 남방의 농경문화가 반영된 것으로 보인다.

신화에서 보이는 하늘의 빛이나 자줏빛은 태양과 관련이 깊은 것으로 보아 태양신적 요소가 가미되었다고 볼 수 있다. 특히 자줏빛은 적색 · 홍색 · 황색과 유사한 색으로 태양을 의미한다고 할 수 있다.

● 지모신(地母神) 신앙

혁거세신화에서 그의 왕비 알영은 지모신이다. 그녀는 알영정 우물가에서 계룡의 옆구리에서 태어났다. 알영은 곡물의 꽃으로서 지모신이며 곡모(穀母)를 의미할 뿐만 아니라 그녀가 태어난 용 또한 물과 관련이 있는 동물로서 수신(水神)이요 농경신이다.

알영은 입술이 닭의 부리와 같았다. 즉 닭의 부리를 달고 태어나서 신성한 강인 북천(알천 · 동천 · 발천과 동일) 냇물에서 목욕을 함으로써 닭부리가 떨어지고 완전한 여인으로 변했다. 이는 종교적 재생을 의미한다. 즉 냇물에 목욕했다는 것은 세례의식으로 해석할 수 있기 때문이다. 세례의식이란 물 속에 들어감으로써 지금까지의 존재 곧 속된 존재는 죽어 없어지며 물에서 나옴으로 거룩한 존재로 다시 태어난다는 종교적 이중탄생의 보편적의식이다. 이것은 죽었다가 다시 살아나는 곡신에 대한 신앙의 표현으로 볼 수 있다.

● 천신과 지모신의 융합

혁거세는 하늘의 빛에 의해 태어난 하느님 곧 천신(天神)의 아들이고 알영(閼英)은 곡모(穀母)를 상징하듯 생산신(生産神) · 수신(水神) · 농경신(農耕神)을 대표하는 지모신(地母神)이다. 결국 혁거세와 알영의 결합으로 새로운 문화세계인 신라가 창건되었다는 것을 신화적(神話的)으로 표현한 것이다.

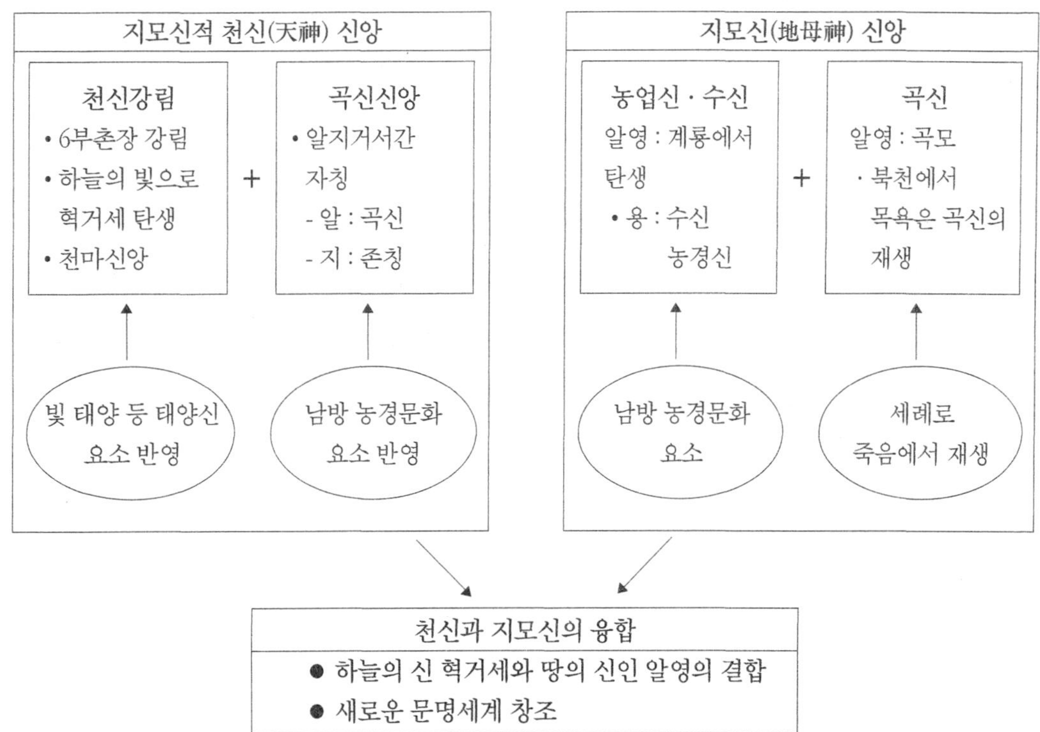

〈그림3〉 박혁거세 신화의 구조

신라건국의 산실이며 경주이씨의 시발지인 표암과 사당

제2대 남해왕[1]

남해 거서간은 차차웅[2]이라고도 한다. 이는 존장의 칭호로서 오직 이 왕만 이렇게 불렀다. 아버지는 혁거세이고 어머니는 알영부인이며 왕비는 운제부인[3]이다.(雲帝(운제)의 帝를 梯[4]라고도 하는데, 지금의 영일현[5] 서쪽에 운제산성모[6]가 있다. 가물 때 여기에 기도를 드리면 감응이 있다.) 전한 평제[7] 원시[8] 4년 갑자(4)에 왕위에 올라 나라를 다스린 지 21년인 지황[9] 4년 갑신(24)에 세상을 떠났다. 이 왕을 삼황의 첫째[10]라 한다.

『삼국사』를 살펴보면 이런 글이 있다.

「신라에서는 왕을 거서간이라고 불렀는데 진한말[11]의 왕이다. 어떤 사람은 귀인을 부르는 칭호라고 했다. 혹은 차차웅 또는 자충[12]이라고도 했다.

1) 남해왕(南解王) : 의미 및 어원

내 용	주장학자, 『저서』
• 남해왕(南解王) : 다음의 왕위를 이은 신령스런 왕 - 남(南) : 앞〔次位〕의 뜻과 신령(神靈)함의 이중 의미 *南(남) : 다음의 뜻 *南과 卵(난 → 신령)의 글자 모양이 비슷 - 해(解) : 남자에게 붙는 존칭	〔前間恭作〕 『鷄林類事麗言攷』
• 다음의 왕 - 남(南) : 앞〔次位〕의 뜻 - 해(解) : 신라 남자 이름 뒤에 붙는 히의 차자(借字) *탈해(脫解) · 내해(奈解) 등의 解(해)자도 동일한 의미	양주동, 『고가연구』

2) 차차웅(次次雄) : 남해왕 때만 쓰인 왕의 칭호.
ㅇ차차웅의 의미와 어원

내 용	주장학자, 『저서』
• 제사장(巫)의 뜻을 가진 스승(스 승) - 차(次) : 次의 음 ㅊ에 의해 ㅿ · ㅅ(스 · 스)으로 음 전환	양주동, 『고가연구』
• 두 번째 왕 - 차(次) : 혁거세왕 다음의 의미 - 웅(雄) : 환웅(桓雄)의 웅과 같은 뜻으로 왕이나 우두머리	박영규, 『신라왕조실록』
• 중〔僧〕의 뜻인 치웅 → 차차웅 *중 : 제사장을 의미하는 동방고어	아유가이〔鮎貝〕, 『新羅史硏究』

第二 南解王

南 : 앞 남

南解居西千. 亦云次次雄. 是尊長之稱. 唯此王稱之. 父赫居世. 母閼英夫人. 妃雲帝夫人.(一作雲梯. 今迎日縣西有雲梯山聖母. 祈旱有應) 前漢平帝元始四年甲子卽位. 御理二十一年. 以地皇四年甲申崩. 此王乃三皇之弟一云.

千 : 干의 오기
梯 : 사닥다리 제
迎 : 맞이할 영
祈 : 기도할 기
旱 : 가물 한
御 : 통치할 어
崩 : 황제죽을 붕
弟 : 第의 오기

按三國史云.

新羅稱王曰居西干. 辰言王也. 或云. 呼貴人之稱. 或曰. 次次雄·或作慈充.

呼 : 부를 호
慈 : 사랑할 자

3) 운제부인(雲帝夫人) · 4)운제(雲梯) : 운제(雲帝)는 한어적(漢語的) 어의(語義)로 단군신화에 보이는 운사(雲師)와 뜻이 가까움. 운사는 중국의 농경신화에서 비의 신으로 중시되어 백관의 장으로서 운사를 둔다고 하였으며, 가물 때 여기에 기도하면 효험이 있다는 것으로 보아 비의 신〔雨神〕에 대한 신앙을 나타낸 것임. 그러나 주에 신인(神人)이 승천(昇天)할 때 올라가는 구름다리인 雲梯라고 하였는데 雲梯에서부터 雲帝란 이름이 생긴 것으로 보임. 〈미시나〔三品〕, 『三國遺事考證』〉

5) 영일현(迎日縣) : 지금의 경상북도 포항시.

6) 운제산성모(雲梯山聖母) : 운제산은 경주분지의 물을 모아 영일만을 통해 동해로 흘러들어 가는 형산강의 진산(鎭山)임. 또 『삼국유사』가 쓰여진 고려시대에는 유 · 불 · 도(儒佛道) 외에 신인신앙(神人信仰)이 성행한바 운제산의 여신도 이에 영향을 받은 것임. 즉 운제산의 제사장이 신선의 도를 얻어 운제산성모가 되어 남해차차웅이라고 하는 무격(巫覡)의 성격을 가진 왕의 비로 나타나게 된 것으로 보임. 〈미시나〔三品〕, 『三國遺事考證』〉

7) 평제(平帝) : 전한(前漢) 13대 임금. 9세에 즉위하여 14세에 왕망에 의해 시해됨.

8) 원시(元始) : 전한 평제의 연호.

9) 지황(地皇) : 중국 신(新)나라 왕망의 연호.

10) 삼황의 첫째〔三皇之第一〕 : 고대 중국의 전설에 나오는 삼황과 연관하여 붙여진 이름으로 여기서 삼황은 남해왕 · 유리왕 · 탈해왕을 뜻하는 듯함. 第를 弟로 보아 삼황의 아우로 해석하는 경우도 있음.

11) 진한말〔辰言〕 : 신라시대 이전의 진한 때의 말.

김대문[13]이 말하기를 "차차웅은 우리말로 무당을 이르는 말이다. 세상 사람들은 무당이 귀신을 섬기고 제사를 받들기 때문에 무당을 두려워하고 공경하다가 드디어는 높은 어른을 자충이라고 한다"라 했다. 어떤 이는 말하기를 "니사금[14]이라고도 하는데 잇끔을 말한 것"이라 했다.

처음 남해왕이 세상을 떠나자 그의 아들 노례가 탈해에게 왕위를 사양하자 탈해가 말하기를 "내가 들으니 성스럽고 지혜로운 사람은 치아가 많다고 들었다"라 하여 곧 떡을 씹어 시험해 보았다고 한다. 이와 같은 것이 옛날부터 전해왔다.

혹은 마립간[15](立(립)을 袖(수)라고도 쓴다.[16])이라고도 하는데 김대문이 말하기를 "마립이란 것은 우리말로 말뚝을 이르는 말이다. 말뚝 표는 직위에 따라 설치하니 왕의 말뚝이 주장이 되고 신하의 말뚝은 그 아래로 벌려 서게 된다. 그래서 이렇게 이름을 지은 것이다"라 했다.

12) 자충(慈充) : 차차웅과 의미 동일.

ㅇ자충(慈充) · 차차웅(次次雄)의 관계에 관한 학설

내 용	주장학자, 『저서』
• 자(慈) : 차(次)와 같은 음 • 충(充) : 차웅(次雄)의 반절음	이병도, 『삼국사기 역주』
• 자충(慈充) = 차차웅(次次雄) → 스승 – 慈 → 스, 充 → 숭 → 승 – 次次 → 슷 → 스, 雄 → 숭 → 승	정호완, 『우리말로 본 단군신화』

13) 김대문(金大問) : 7세기 후반에서 8세기 전반기에 살았던 신라 학자. 『고승전』 · 『화랑세기』 · 『악본』 · 『한산기』 등의 저서가 있음.

14) 니사금(尼師今) : 신라 임금 칭호의 하나.

ㅇ니사금(尼師今)의 어원 및 의미에 관한 학설

내 용	주장학자, 『저서』
• 니사금(尼師今) : 사왕(嗣王) · 후계왕(後繼王) – 니사(尼師) : 잇 · 이스(이으)의 음을 빌린 것〔音借〕으로 계승의 뜻 – 금(今) : 간(干) · 한(邯)의 음차(音借)로 왕을 뜻함	이병도, 『삼국사기 역주』
• 닛금으로 사왕(嗣王) · 계군(繼君) – 니사 : 닛의 음차(音借) → 원형은 닚으로 사(嗣) · 계(繼)의 뜻 – 금 : 군(君) · 왕(王)	양주동, 『고가연구』
• 국왕 · 대왕을 의미 : 주군의 존칭인 임금(닛금)의 音借 – 니 : 존경하는 칭호로 첨가하는 말〔敬稱添加語 : 경칭첨가어〕 – 사→ㅅ : 존경하는 말을 빨리 끝는 음〔敬辭急促音:경사급촉음〕 – 금 : 주군(主君)	아유가이〔鮎貝〕, 『借字攷』

金大問云. 次次雄方言謂巫也. 世人以巫事鬼神尙祭祀. 故畏敬之. 遂稱尊長者爲慈充. 或云. 尼師今·言謂齒理也. 初南解王薨. 子弩禮讓位於脫解. 解云. 吾聞聖智人多齒. 乃試以餠噬之. 占傳如此. 或曰麻立干.(立一作袖) 金大問云. 麻立者·方言謂橛也. 橛標准位而置. 則王橛爲主. 臣橛列於下. 因以名之.

巫 : 무당 무 **事** : 섬길 사
祀 : 제사 사 **畏** : 두려워할 외
齒 : 치아 치
薨 : 왕이나제후죽을 훙
弩 : 쇠뇌 노 **讓** : 사양할 양
齒 : 치아 치
餠 : 떡 병
噬 : 씹을 서

占 : 古의 오기 **麻** : 삼 마
袖 : 裡(속 리)의 오기인 듯
袖 : 소매 수 **橛** : 말뚝 궐
准 : 의거할 준

ㅇ니사금(尼師今)의 사용시기에 관한 사서의 기록

내　　　용	사　서
제3대 노례왕(弩禮王) ~ 제16대 흘해왕(訖解王)	『삼국유사』
〃　　　　～ 제18대 실성왕(實聖王)	『삼국사기』

15) 마립간(麻立干) : 신라 임금의 칭호.
ㅇ의미 및 어원에 관한 학설

내　　　용	주장학자, 『저서』
• 마립간(麻立干) : 정상(頂上) · 수두(首頭) - 마립 : 마루〔宗〕 · 머리〔首〕 *마립은 마님으로 음이 변하여 최근까지 사용 - 간(干) : 만주어 · 몽고어의 왕을 뜻하는 干 · 汗(한)	양주동, 『고가연구』 이병도, 『삼국사기 역주』
• 마립(麻立)은 좌석의 표시인 동시에 제사권을 가진 일족의 상징	미시나〔三品〕, 『麻立干の原義を尋ねて』

ㅇ마립간(麻立干) 사용시기에 관한 사서의 기록

사　용　시　기	사　서
제17대 내물왕(奈物王) ~ 제22대 지증왕(智證王)	『삼국유사』
제19대 눌지왕(訥祗王) ~　　　　〃	『삼국사기』

16) 立(립)을 袖(수)라고도 쓴다〔立一作袖〕 : 袖(수)는 裡(리)의 오자(誤字). 裡〔裏의 속자〕는 발음이 리이므로 립(立)과 裡는 음이 서로 통함.
17) 역사평론가〔史論〕 : 사신(史臣) 김부식이 논(論)했다는 의미로 『삼국사기』 「지증마립간 조」에 관한 김부식의 사론을 인용함.
18) 제왕연대력(帝王年代曆) : 최치원이 지은 책으로 그 내용은 알 수 없음.

역사평론가[17]가 말하기를 "신라에서 거서간과 차차웅이라고 불리는 임금이 한 분씩이고 니사금이라 불리는 임금이 열여섯 분이며 마립간이라 불리는 임금이 네 분이다. 신라 말기의 이름난 유학자인 최치원이 저술한 『제왕연대력』[18]에서는 모두 아무 왕이라고만 불렀고 거서간 등으로는 말하지 않았다. 그 말이 비속하고 촌스러워 부르기에는 마땅치 않다 함이 어찌 아니겠는가? 지금 신라의 사적을 기록함에 있어서 우리말들을 모두 그대로 두는 것도 역시 옳을 것이다"라 했다.」

신라 사람들이 대개 추봉된 사람을 갈문왕[19]이라 불렀는데 자세히는 알 수 없다.

이 임금 대에 낙랑국 사람들이 금성을 침범하였으나 이기지 못하고 돌아갔다.[20] 또 천봉[21] 5년 무인(18)에는 고구려에 예속되었던 일곱 나라가 항복하여 왔다.[22]

19) 갈문왕(葛文王) : 갈문왕의 의미와 어원에 관한 학설

내 용	주장학자, 『저서』
• 갈문왕(葛文王) : 사왕(死王) · 추숭왕(追崇王) - 葛文(갈문) : 칡글의 뜻으로 칡글은 죽음의 방언 주근과 음 유사	황윤석
• 갈바서 된 왕 - 아들 · 동생 · 사위 등이 왕이 되니까 부모 · 형 · 장인도 병행하여 왕이 된 것	강헌규, 『국어어원 연구의 사적 전개과정』
• 장왕(藏王) · 훙왕(薨王) - 갈문왕(葛文王) : 갈만임금 즉 세상을 떠난 왕	양주동, 『고가연구』

ㅇ시대별 갈문왕과 왕과의 관계

시 대	갈문왕과 왕과의 관계
1기 : 제1대 혁거세 ~ 제7대 일성왕	왕비의 부(父)
2기 : 제7대 일성왕 ~ 제18대 실성왕	왕의 부와 왕모(王母)의 부
3기 : 제19대 눌지왕 ~ 제28대 진덕왕	왕의 동생 등 2촌 이내

〈이기백, 『신라시대의 갈문왕』〉

ㅇ갈문왕에 대한 이노우에[井上秀雄] 의 견해

갈문왕의 존재가 처음 나타난 것은 진흥왕의 창녕비이다. 신라에 있어서 왕의 칭호는 진흥왕이 아닌 법흥왕 때가 처음이므로 갈문왕의 칭호도 법흥왕 이후이다. 갈문왕의 칭호가 집중된 것은 선덕 · 진덕 · 무열왕의 친족과 외척으로 2촌 이내면서 왕 또는 태자의 칭호를 갖지 아니한 자는 전원 갈문왕의 칭호를 가졌다. 이로 보면 6세기의 전반에 갈문왕의 칭호가 발생하여 7세기 중엽의 선덕 · 진덕 · 무열왕 때 갈문왕이 가장 많았다. 이 3대는 신라의 귀족연합체에서 중앙집권적인 왕의 체제로 전환하는 시기이다. 따라서 왕의 계보를 존엄하게 하는 시대이다. 이 시기에 선덕 · 진덕 두 여왕을 중심으로 한 성골이 귀족세력을 억제하기 위해 특정의 사람들에게 부여한 존칭이다.

〈이노우에[井上], 『新羅の骨品制度』〉

史論曰. 新羅稱居西干·次次雄者一. 尼師今者十六. 痲立干者四. 羅末名儒崔致遠作帝王年代曆. 皆稱某王. 不言居西干等. 豈以其言鄙野不足稱之也. 今記新羅事. 具存方言亦宜矣.

羅人凡追封者稱葛文王. 未詳.

此王代樂浪國人來侵金城. 不克而還. 又天鳳五年戊寅. 高麗之裨屬七國來投.

豈 : 어찌 기
鄙 : 촌스러울 비
鳳 : 봉황새 봉
裨 : 작을 비, 도울 비

20) 이 임금시대에 ……돌아갔다. : 『삼국사기』「남해차차웅 조」의 내용 인용.
21) 천봉(天鳳) : 중국 신나라 왕망의 연호. 천봉 5년은 A.D.18년으로 남해왕 15년.
22) 천봉 5년 …… 항복하여 왔다. : 『삼국사기』에 이와 같은 내용이 없는 것으로 보아 다른 역사자료나 전승되어 온 설화를 기록한 것으로 추정.

가물 때 기도를 드렸던 운제산 대왕암

제3대 노례왕[1]

박노례니질금[2](유례왕[3]이라 고도 한다.)이 처음에 왕과 매부인 탈해가 서로 왕위를 양보할 때 탈해가 말하기를 "대개 덕이 있는 사람은 치아가 많으니[4] 마땅히 잇금으로 시험하자"라 했다. 이에 떡을 물어 시험해 보니 왕의 치아가 많았으므로 먼저 왕위에 올랐다. 이로 인하여 이름을 니질금이라 하니 니질금이라는 칭호는 이 왕으로부터 시작하였다. 유성공[5] 경시[6] 원년 계미(23)에 왕위에 올라(연표에는 갑신년(24)에 즉위했다[7]고 한다.) 6부의 이름을 개정하고 이어서 6성을 하사[8]하였다. 처음으로 도솔가[9]를 지었으니 탄식하는 구절[10]과 사뇌격[11]을 갖추었다. 쟁기와 보습을 만들고 얼음을 저장하는 창고를 짓고 수레를 만들었다.

건무[12] 18년(42)에 이서국을 쳐서 멸망시켰다. 이 해에 고구려 군사가 침범해 왔다.

1) 노례왕(弩禮王) : 신라 제3대 임금으로 재위기간 A.D.24~56.
ㅇ노례왕의 의미 및 어원에 관한 학설

내 용	주장학자, 『저서』
• 노례왕(弩禮王) : 世(세) 즉 누리의 뜻을 가진 왕 - 노(弩) : 누리〔世〕의 원형 뉘 → 노(弩) - 례(禮) : 말음첨가어(末音添加語) 리가 변한 것	양주동, 『고가연구』
• 세계(世係)를 잇는다는 의미 - 삼황(三皇)의 첫째인 남해왕을 잇는다는 뜻	〔前間恭作〕, 『鷄林類事麗言攷』
• 14대 유리왕은 미추왕의 세계를 잇는다는 것인데 이것을 빌려 온 것	미시나〔三品〕
• 연장하다의 뜻인 늘 → 노례 - 노례가 탈해보다 연장자	수에마쓰〔末松〕, 『新羅史の諸問題』

2) 니질금(尼叱今) : 향찰에서 叱은 ㅅ이므로 닛금이 됨. 이는 임금 또는 사왕(嗣王)의 의미.
3) 유례왕(儒禮王) : 『삼국사기』에 제3대왕으로 표기된 유리왕을 여기서는 유례왕으로 기록한 듯함. 고대어에서는 중성(中聲)에서 단모음과 이중모음을 구분하지 않으므로 둘을 함께 쓴 것으로 추정.
4) 덕이 있는 사람은 치아가 많으니 : 나이가 많은 사람을 의미한 듯함.
5) 유성공(劉聖公) : 후한 광무제 때의 사람. 이름은 유현, 자는 성공. 25년에 회양왕이 됨.
6) 경시(更始) : 유성공의 연호. 경시 원년은 23년.
7) 연표에는 갑신년에 즉위했다. : 연표는 『삼국사기』 연표를 가리킴. 계미(癸未)는 A.D.23년이며 갑신(甲申)은 A.D.24년임. 노례왕의 즉위년은 갑신년(24)이 통설.

第三 弩禮王

朴弩禮尼叱今.(一作儒礼王.) 初王與妹夫脫解讓位. 脫解云. 凡有德者多齒. 宜以齒理試之. 乃咬餠驗之. 王齒多故先立. 因名尼叱今. 尼叱今之稱 · 自此王始. 劉聖公更始元年癸未卽位.(年表云甲申卽位.) 改定六部號. 仍賜六姓. 始作兜率歌. 有嗟辭 · 詞腦格. 始製<u>犂</u>耜及藏氷庫. 作車乘. 建<u>虎</u>十八年. 伐伊西國滅之. 是年高麗兵來侵.

叱 : 꾸짖을 질　**咬** : 씹을 교
餠 : 떡 병　**仍** : 인할 잉
賜 : 줄 사　**兜** : 투구 두
嗟 : 탄식할 차　**辭** : 말씀 사
詞 : 말씀 사　**腦** : 머리 뇌
黎 : 무리 려

黎 : 犁(쟁기 려)의 오기
耜 : 보습 사　**虎** : 武의 대자
庫 : 창고 고　**車** : 수레 거

8) 6부의 이름을 개정하고 이어서 6성을 하사 : 이 내용은 『삼국사기』의 내용 인용.
ㅇ인용된 『삼국사기』의 내용 요약

개 정 전	개정된 6부명	성(姓)	개 정 전	개정된 6부명	성(姓)
양 산 부	양 부	이(李)	고 허 부	사 량 부	최(崔)
대 수 부	점량부(모량부)	손(孫)	간 진 부	본 피 부	정(鄭)
가 리 부	한 기 부	배(裵)	명 활 부	습 비 부	설(薛)

『삼국유사』에서는 고허부의 성이 정씨이며, 간진부의 성이 최씨임.

9) 도솔가(兜率歌) : 의미 및 어원

내　　용	주장학자, 『저서』
• 신령을 제사지내는 노래 • 도솔(兜率) : 덧소리로 세력을 달리하는 노래의 뜻	최남선, 『조선상식문답』
• 백성들의 즐거움 또는 왕의 인정(仁政)을 찬양하는 노래 • 도솔은 두리 · 도리의 음차. 이는 우리 음악의 둥둥다리 · 다롱디리로 이것은 타악기를 두드릴 때 나는 소리를 딴 것	양주동, 『고가연구』

10) 탄식하는 구절〔嗟辭〕: 비참한 마음을 표시하는 아으!, 아아! 등을 읊조리는 것.

11) 사뇌격(詞腦格) : 의미 및 어원

내　　용	주장학자, 『저서』
• 격조를 갖춘 향가 – 사뇌(詞腦) → 싀닉(東川 · 東土의 의미)→ 향(鄕) – 격(格) : 격조	양주동, 『고가연구』
• 집단적 · 주술적 성격을 지닌 향가 – 격(格) : 내면적이며 시적인 뜻을 지닌 향가 즉 차사를 갖춘 향가	김문태, 『삼국유사의 시가와 서사문맥연구』

12) 건무〔建虎〕: 후한(後漢) 광무제(光武帝)의 연호.

제4대 탈해왕[1]

탈해니질금[2] (토해[3]니사금이라고도 한다.)이 남해왕 때(옛 책에 탈해가 임인년에 왔다고 한 것은 잘못이다. 가까운 것(A.D.42년의 임인년)이라면 노례왕의 즉위 초기보다 뒤가 될 것이니 왕위를 서로 사양한 일이 없었을 것이고, 그 전의 임인년(B.C.19)이라면 혁거세 시대일 것이므로 임인년이 아님을 알 수 있다.) 가락국의 바다에 배로 와서 정박하고 있었다. 그 나라의 수로왕이 신하와 백성들과 함께 북을 치고 법석을 떨면서 그들을 맞아 머물도록 하였으나 배는 그만 나는 듯이 달려서 계림의 동쪽 하서지촌 아진포[4]에 닿았다.(지금도 상서지와 하서지촌의 이름이 있다.)

이때 포구 가에 한 노파가 있었는데 이름이 아진의선으로 곧 혁거세왕의 고기잡이 할멈[5]이었다. 할멈은 배를 바라보면서 말하기를 "이 바다에는 원래 바위가 없었는데 어찌하여 바위에 까치[6]가 모여서 울고 있을까?" 하면서 배를 저어가서 찾아가 보니 한 척의 배 위에 까치가 몰려있었다. 배 가운데는 궤짝 하나가 있었는데 길이가 20자이고 폭이 13자였다. 그 배를 끌어다가 나무 숲 아래에 두고 나쁜 일인지 좋은 일인지 몰라서 하늘을 향해 기도를 했다. 이윽고 열어보니 단정하게 생긴 남자아이가 있었다. 그리고 칠보[7]와 노비가 가득 실려 있었다.

7일[8] 동안 잘 보살폈더니 그때서야 말하기를 "저는 본래 용성국 사람입니다.(또는 정명국 혹은 완하국이라고도 한다. 완하는 혹 화하국이라고도 한다. 용성은 왜나라의 동북쪽 일천 리 되는 곳에 있다.)

1) 탈해왕(脫解王) : 신라 제4대왕. 62세에 즉위, 재위기간 57~80.
2) 니질금〔齒叱今〕 : 잇금 · 니사금과 동일한 의미로 사왕(嗣王) · 계왕(繼王)의 뜻.
 · 齒(치) : 치아의 이 · 니. · 叱(질) : ㅅ · 今(금) : 왕
3) 토해(吐解) : 탈해의 다른 이름.
 ㅇ토해의 의미와 어원에 관한 학설

내 용	주장학자, 『저서』
• 석토해(昔吐解) : 옛터〔舊都〕의 장(長)으로 석탈해와 동일 - 석(昔) : 녯 · 닛 → 옛 - 토(吐) · 탈(脫)은 원어가 도〔터 · 基〕로 梁 · 喙 · 涿 · 道의 뜻 → 터 - 해(解) : 남성 존칭	양주동, 『고가연구』
• 토해(吐解) : 둑을 지칭하는 도개 · 토해로 옛음은 토개	이영희, 『노래하는역사』
• 탈해 설화의 주무대인 토함산 신앙에서 유래 - 토(吐) → 토하는 뜻의 뱉. 탈(脫) → 벗다의 벗. 뱉과 벗은 서로 통함	〔前間恭作〕, 『借字攷』
• 용궁(龍宮)인 용성국에서 온 바다의 신〔海神〕 - 토(吐)의 뜻 뱉과 해(海)의 뜻 받은 서로 통함 - 해(解)의 뜻 풀과 신성함〔神〕을 의미하는 수풀의 풀과 상통	미시나〔三品〕, 『脫解傳說』

第四 脫解王

脫 : 벗을 탈

脫解齒叱今.(一作吐解尼師今.) 南解王時.(古本云. 壬寅年至者謬矣. 近則後於弩礼卽位之初. 無爭讓之事. 前則在於赫居之世. 故知壬寅非也.) 駕洛國海中有船來泊. 其國首露王. 與臣民鼓譟而迎. 將欲留之. 而舡乃飛走. 至於雞林東下西知村阿珎浦.(今有上西知下西知村名.)

時浦邊有一嫗. 名阿珍義先. 乃赫居王之海尺之母. 望之謂曰. 此海中元無石嵓. 何因鵲集而鳴. 拏舡尋之. 鵲集一舡上. 舡中有一樻子. 長二十尺. 廣十三尺. 曳其船. 置於一樹林下. 而未知凶乎吉乎. 向天而誓爾. 俄而乃開見. 有端正男子. 幷七寶奴婢滿載其中. 供給七日. 迺言曰. 我本龍城國人.(亦云正明國. 或云琓夏國. 琓夏或作花廈國. 龍城在倭東北一千里.)

吐 : 토할 토
謬 : 잘못할 류
駕 : 임금탄수레 가
泊 : 배댈 박
露 : 이슬 로
鼓 : 북 고
譟 : 지꺼릴 조
舡 : 배 선

嫗 : 할미 구
嵓 : 바위 암
鵲 : 까치 작
拏 : 맞당길 나
鳴 : 울 명
尋 : 찾을 심
樻 : **櫃**(상자 궤)의 오기
樻 : 가마테나무 궤
曳 : 끌 예
誓 : 맹세 서
爾 : 어조사 이
俄 : 잠깐 아
幷 : 겸할 병
載 : 실을 재
迺 : 이를 내
廈(厦와 동일) : 큰집 하

4) 하서지촌(下西知村) 아진포(阿珍浦) : 위치에 관한 학설

내　　용	주장학자, 『저서』
아진포 : 포항시 영일만 부근 해변	이영희, 『노래하는 역사』
〃 : 경주시 양남면 나아리	이형우, 『신라초기의 국가성장성 연구』
• 하서지촌 : 경주시 양남면 하서리 • 아진포 : 해변을 뜻하는 일반명사	미시나〔三品〕, 『三國遺事考證』

5) 고기잡이 할멈〔海尺之母〕: 척(尺)은 직업을 표시하는 어미이므로 해척은 고기잡는 것을 업으로 하는 사람.

6) 까치〔鵲〕: 우리나라를 비롯한 중국에서는 영(靈)적인 새로 희소식을 가져다 주며 천지(天地)를 왕래하는 길조로 인식됨. 이는 까치가 탈해족의 토템이며, 탈해가 이주민으로 새로운 문화를 전파했다는 것을 의미하는 듯함.

7) 칠보(七寶) : 불교에서 말하는 7종의 보석. 즉 금 · 은 · 유리 · 검푸른 보옥 · 수정 · 백산호 · 검은색 진주인 마뇌를 말함.

8) 7일(七日) : 탈해 설화에서는 7이란 숫자가 많이 나옴. 즉 탈해는 그의 모(母)가 기도한 지 7일 만에 태어났으며, 궤 속에 7보를 함께 넣었고, 도착하여 7일만에 말을 하였으며, 석총에 7일간을 머물렀다는 등 7의 수를 기호화 하고 있음. 이는 불교의 영향인 듯함.

우리나라는 일찍이 28용왕이 있었는데 사람의 몸에서 임신이 되어 태어났습니다. 5, 6세부터 왕위를 이어받아 만백성을 가르치고 그들의 인성(人性)과 천명(天命)을 닦아 바르게 하도록 했습니다. 또한 8품의 성골[9]이 있으나 차별을 두지 않고 모두가 왕위에 오릅니다. 당시 저의 부왕인 함달파[10]께서 적녀국왕의 딸을 맞이하여 왕비로 삼았습니다. 오래도록 대를 이을 아들이 없어 자식 낳기를 기도하였더니 7년 후에 커다란 알 하나를 낳았습니다.

그래서 대왕은 여러 신하들을 모아놓고 묻기를 '사람이 알을 낳는다는 것은 옛날부터 지금까지 없었던 일로 아마도 좋은 일이 아닐 것이다.' 하고는 궤짝을 만들어 저를 넣었습니다. 겸하여 칠보와 노비를 배에 싣고 바다에 띄우면서 빌기를 '마음내키는 대로 인연 있는 땅에 가서 나라를 세우고 가정을 이루라' 고 했습니다. 때마침 붉은 용[11]이 나타나 배를 호위하여 여기까지 왔습니다"라 했다.

말을 마치자 그 아이는 지팡이를 끌며 두 종을 데리고 토함산[12] 위에 올라가 무덤 같은 돌집[13]을 지어 7일 동안 머물렀다. 그는 성안에 살만한 곳이 있는지 바라보니 마치 초승달[14]과 같은 봉우리가 보였다. 지세가 오래 살만한 곳이어서 곧 내려가 찾아보니 바로 호공의 집[15]이었다.

9) 8품성골(八品姓骨) : 골품(骨品 : 성골과 진골)과 두품(頭品 : 6,5……1두품)을 합하여 8품으로 한 듯함.

10) 함달파(含達婆) : 불경에 등장하는 건달바(乾達婆)를 말하는 듯하며, 건달바는 불교 성립과 함께 8부중의 하나로 포섭되어 노래하는 신으로 자리 잡음. 우리말의 건달도 여기에서 유래.

11) 붉은 용〔赤龍〕: 붉은 색인 적(赤)이 지닌 의미는 방위에 있어서 남쪽을, 오행으로는 화(火)를, 계절로는 여름이며, 태양 · 피 · 애기 등을 상징하기도 함. 용은 불교와 관련이 깊은 상상의 동물로서 깨달음을 얻은 석존이 2주일간 용왕의 몸뚱이와 머리로 비바람을 피하게 함으로써 호법(護法)의 역할을 함. 여기서 붉은 용의 적(赤)색은 그 안에 아기가 있음을 암시하며 용이 호위한 이유는 한 나라의 왕이 될 사람이 타고 있음을 뜻함.

〈천소은, 『삼국유사에 나타난 용신설화 연구』〉

12) 토함산(吐含山) : 경주 동남쪽에 있는 신라시대의 5악 중의 하나.

- 토함산(吐含山)의 어원 : 읍전산(邑前山 : 읍 앞에 있는 산)
  - 토(吐) : 원음은 도(道 · 豕 · 喙 · 梁)로서 터의 뜻. 읍(邑)도 터이므로 읍과 토는 동일.
  - 함(含) : 함의 뜻이 머금다의 먹으로 목〔項〕과 음이 통하며, 목〔項〕은 앞〔前〕을 의미.

〈양주동, 『고가연구』〉

我國嘗有二十八龍王. 從人胎而生. 自五歲六歲繼登王位. 教萬民修正性命. 而有八品姓骨. 然無棟擇. 皆登大位. 時我父王含達婆. 娉積女國王女爲妃. 久無子胤禱祀求息. 七年後産一大卵.

於是大王會問羣臣. 人而生卵. 古今未有. 殆非吉祥. 乃造櫝置我. 并七寶奴婢載於舡中. 浮海而祝曰. 任到有緣之地. 立國成家. 便有赤龍・護舡而至此矣.

言訖. 其童子曳杖率二奴・登吐含山上作石塚. 留七日. 望城中可居之地. 見一峯如三日月. 勢可久之地. 乃下尋之. 即瓠公宅也.

嘗 : 일찍 상
胎 : 애밸 태
繼 : 이을 계
棟 : 揀(가릴 간)의 오기
擇 : 뽑을 택
娉 : 장가들 빙
胤 : 이을 윤
禱 : 빌 도
祀 : 제사 사

羣(群과 동일) : 무리 군
殆 : 거의 태
櫝 : 櫃의 오기
寶 : 보배 보
浮 : 뜰 부
便 : 문득 변
訖 : 마칠 글
曳 : 끌 예
杖 : 지팡이 장
含 : 머금을 함
塚 : 높은무덤 총
峯(峰과 동일) : 산봉우리 봉
瓠 : 박 호

13) 무덤 같은 돌집〔石塚〕 : 사람이 사는 집이라기보다 신을 제사지내는 누석단(累石壇) 또는 신단(神壇)으로 추정.
14) 초승달〔三日月〕 : 원문의 三日月은 그믐에서 3일째 나타나는 초승달.
15) 호공의 집〔瓠公宅〕 : 『삼국사기』를 인용하여 호공으로 기록. 『삼국사기』 신라본기에 「호공은 그 족성을 알 수 없고 처음 박을 허리에 내고 바다를 건너왔다 하여 호공이다.」고 기록됨.
16) 우리는 본래 대장장이〔我本冶匠〕 : 우리란 탈해 집단 혹은 탈해 종족으로서 그들은 우수한 철기문화를 소유했다는 의미로 추정.
17) 아니부인(阿尼夫人) : 아니부인은 사서에 따라서 남해왕의 딸 아노(阿老) · 아효(阿孝)부인 등으로 기록됨. 아노는 알(閼) · 아리(娥利) · 아루(阿婁)와 같은 말로서 남해왕의 일족은 모두 인명의 어간이 알 즉 새의 알〔卵〕 또는 곡물의 낟알을 나타내고 있음. 〈미시나〔三品〕, 『三國遺事考證』〉

토함산 정상의 누석단?

그는 곧 꾀를 써서 몰래 숫돌과 숯을 그 집 옆에 묻어두었다. 다음 날 이른 아침에 그 집 문 앞에 와서 말하기를 "이 집은 우리 조상들이 대대로 살아온 집이다"라 했다. 호공이 그렇지 않다고 말하여 서로 다투어 결말이 나지 않으므로 관가에 고했다. 관리가 묻기를 "무슨 증거로 너의 집이라 하느냐?"라 하니 아이가 대답하기를 "우리는 본래 대장장이[16]인데 잠시 이웃 지방으로 나간 동안에 다른 사람이 차지하여 여기에 살았습니다. 땅을 파서 조사해 주시길 바랍니다"고 했다. 그 말대로 하니 과연 숫돌과 숯이 나왔으므로 곧 그 집을 빼앗아 살게 되었다.

이때 남해왕이 탈해가 지혜 있는 사람임을 알고 맏공주를 그의 처로 삼게 하니 이가 바로 아니부인[17]이다.

하루는 토해가 동악[18]에 올라갔다가 돌아오는 길에 하인으로 하여금 마실 물을 찾아 떠오게 하였다. 하인이 물을 떠가지고 오는 도중에 먼저 마시고 드리려고 하였더니 입에 물그릇이 붙어 떨어지지 않았다. 그래서 그를 꾸짖으니 하인이 맹세하여 말하기를 "이후부터는 가까운 곳이든 먼 곳이든 간에 감히 먼저 마시지 않겠습니다"라 하니 비로소 떨어졌다. 이로부터 하인이 두려워 복종하여 감히 속이지 못하였다.[19] 지금 동악 속에 우물 하나가 있는데 세간에서 부르기를 요내정[20]이라고 하는 것이 바로 이것이다.

노례왕이 세상을 떠나자 광무제[21] 중원 2년[22] 정사(57) 6월에 탈해가 왕위에 올랐다. 탈해가 '이것이 옛날 우리 집이다' 하면서 다른 사람의 집을 빼앗았다 하여 성을 석씨로 했다.[23] 혹은 까치로 인해 궤짝을 열었다 하여 까치 작(鵲)자에서 조(鳥)를 빼버리고 성을 석씨로 했다 하며, 궤짝을 열고 알을 벗기고 나왔다 하여 이름을 탈해라 하였다고도 한다.

18) 동악(東岳) : 지금의 토함산. 신라는 호국의 제사지로 오악(五岳)이 있으니 오악은 동악의 토함산, 남악의 지리산, 서악의 계룡산, 북악의 태백산, 중악의 팔공산임.

19) 하인이 물을…… 속이지 못하였다. : 탈해가 사람들에게 시험을 받는 과정으로 볼 수 있음. 천상으로 하강한 신적 존재들인 단군왕검이나 혁거세왕은 무조건 신성을 인정받으나 바다를 건너온 탈해는 불완전한 신성으로 시험과정이 필요함. 호공의 집을 뺏는 과정에서도 관청까지 가서 자신의 말을 증명해야 하는 번거로움을 겪으며, 신성이 아닌 지혜로움으로 남해왕의 사위가 됨. 탈해는 하인에 의해 또 한번 시험당하게 되는데 이것은 탈해가 자신의 능력을 완전하게 인정받지 못한데서 비롯된 권위에 대한 도전임. 이 과정에서도 지혜를 통해 비범함을 과시할 뿐 신성을 부여받지 못하고 사후에 동악신이 됨으로써 신성을 드러냄.

〈손정희, 『삼국사기』와 『삼국유사』에 나타난 이변과 그 상징성 연구〉

乃設詭計. 潛埋礪炭於其側. 詰朝至門云. 此是吾祖代家屋. 瓠公云否. 爭訟不決. 乃告于官. 官曰. 以何驗是汝家. 童曰. 我本治匠. 乍出隣鄕. 而人取居之. 請掘地撿看. 從之. 果得礪炭. 乃取而居爲.

時南解王知脫解是智人. 以長公主妻之. 是爲阿尼夫人.

一日吐解登東岳. 廻程次・令白衣索水飮之. 白衣汲水. 中路先嘗而進. 其角杯貼於口不解. 因而嘖之. 白衣誓曰. 爾後若近遙不敢先嘗. 然後乃解. 自此白衣襲服. 不敢欺罔. 今東岳中有一井. 俗云遙乃井是也. 及弩禮王崩. 以光虎帝中元六年丁巳六月. 乃登王位. 以昔是吾家取他人家故. 因姓昔氏. 或云. 因鵲開櫝. 故去鳥字・姓昔氏. 解櫝脫卵而生. 故因名脫解.

詭 : 속일 궤　　潛 : 감출 잠
埋 : 묻을 매　　礪 : 숫돌 려
炭 : 숯 탄　　詰 : 밝은아침 힐
屋 : 집 옥　　匠 : 장인 장
治 : 冶(땜쟁이 야)의 오기
乍 : 잠깐 사　　掘 : 팔 굴
隣(鄰의 속자) : 이웃 린
撿(檢과 같은 글자) : 조사할 검
爲 : 焉의 오기
阿 : 큰언덕 아

索 : 찾을 색　　汲 : 물길을 급
杯 : 잔 배　　貼 : 붙을 첩
嘖 : 꾸짖을 책　　遙 : 멀 요
襲 : 讋(두려울 섭)의 오기
襲 : 엄습할 습
欺 : 속일 기　　罔 : 속일 망
虎 : 혜종의 이름 武의 避諱代字
六 : 二의 오기
鵲 : 까치 작　　櫝 : 櫃의 오기

20) 요내정(遙乃井) : 요(遙)의 뜻은 멀다의 멀로 산(山)의 고어인 뫼와 통함. 또한 내(乃)는 나온다의 뜻이므로 요내정이란 산에서부터 나오는 우물을 의미.
21) 광무제〔光虎帝〕 : 후한 제1대 천자인 광무제(光武帝). 원문의 虎는 고려 2대 혜종의 이름 武를 피하기 위함.
22) 중원 2년〔中元六年〕 : 중원은 후한 광무제의 연호. 중원은 2년으로 끝나며 정사년은 A.D.57년으로 중원 2년에 해당 됨. 즉 원문의 六은 二를 잘못 쓴 것임.

요내정이라고 추정할 수 있는 석굴암 아래의 감로수

왕위에 있은 지 23년 되는 건초[24] 4년 기묘(79)에 세상을 뜨니, 소천구[25] 가운데 장사지냈다. 뒤에 신령이 명령하기를 "조심해서 내 뼈를 묻어라"고 했다. 그의 두개골의 둘레는 3자 2치이고 몸의 뼈 길이는 9자 7치[26]였다. 치아는 엉기어 하나처럼 되었고 뼈마디는 모두 연결되어 있어 천하에 적수가 없는 장사의 골격이었다. 이것을 부수어 소상[27]을 만들어 대궐 안에 모셔두었더니 탈해의 신령이 또 와서 말하기를 "내 뼈를 동악에 안치하라"고 하여 그곳에 모셨다.(다른 말에는 그가 죽은 후 30대 문무왕 때인 조로[28] 2년 경진(680) 3월 15일인 신유(辛酉)날 밤에 문무왕[29]의 꿈에 얼굴이 몹시 위엄 있고 무서워 보이는 노인이 나타나 말하기를 "나는 탈해다. 내 뼈를 소천구에서 파내어 소상을 만들어 토함산에 안치하라"고 했다. 왕이 그 말대로 좇았다. 그 때문에 지금까지 나라에서 제사를 끊이지 않고 모시니 이를 곧 동악신이라 한다.)

23) 성을 석씨로 했다〔姓昔氏〕.
- 석(昔)은 우리말로 옛날을 뜻하는 예로서 예(濊)나라의 음을 빌림. 이는 석탈해가 예나라에서 왔다는 것을 의미.
- 鵲(작)에서 昔(석)은 석탈해를, 鳥(조)는 그의 세력을 뜻함.
  - 鳥(조)는 우리말로 새이며 무쇠의 옛말이 새이므로 석탈해는 제철기술 집단을 의미.

〈이영희, 『노래하는 역사』〉

24) 건초(建初) : 후한 3대 장제(章帝)의 연호.

25) 소천구(蹠川丘) : 소(蹠)는 소벌(蘇伐) · 서벌(徐伐)의 소 · 서와 음이 통하여 소 · 서 → 새 즉 동(東)의 옛 뜻으로 풀면 소천은 동천과 같은 이름이 됨. 또 현재의 북천은 동천으로 불리어지는 하천으로 토함산 북쪽의 계곡으로부터 흘러나오므로 토함산의 산신이 된 탈해가 소천구 가운데 장사지낸다 하는 것과 전설은 일치됨.

〈미시나〔三品〕, 『三國遺事考證』〉

26) 두개골의 둘레는 3자 2치이고 몸의 뼈 길이는 9자 7치

ㅇ두개골과 몸의 뼈 길이에 관한 학설

구 분	『삼국유사』의 기록	주척 (周尺)	동위척 (東魏尺)	당척 (唐尺)	건초척 (建初尺)
1자의 길이 (cm)	—	19.42	35.5	29.5	25.14
두 개 골 (cm)	3자 2치	62.1	113.6	94.4	80.4
몸의 뼈 길이 (cm)	9자 7치	188.4	344.4	286.2	243.9

*신라시대 사용 척도는 주척(周尺) · 동위척(東魏尺) · 당척(唐尺) 등의 학설이 있음.

27) 소상(塑像) : 진흙으로 만든 불상이나 초상. 여기서는 화장한 뼈로 초상을 만드는 것을 의미.

28) 조로(調露) : 당나라 고종의 연호.

29) 문무왕〔太宗〕 : 원문의 태종 무열왕은 이때 죽었으므로 太宗이 아니라 문무왕임.

在位二十三年. 建初四年巳卯崩. 葬疏川丘中. 後有神詔. 愼埋葬我骨. 其髑髏周三尺二寸. 身骨長九尺七寸. 齒凝如一. 骨節皆連瑣. 所謂天下無敵力士之骨. 碎爲塑像. 安闕內. 神又報云. 我骨置於東岳. 故令安之.

巳 : 己의 오기
葬 : 장사지낼 장
愼 : 삼갈 신
詔 : 왕이명령내릴 조
髑 : 해골 촉
髏 : 해골 루
凝 : 엉길 응
瑣 : 쇠사슬 쇄
碎 : 부술 쇄
塑 : 흙이겨만들 소
闕 : 대궐 궐
內 : 대궐안 내

(一云. 崩後二十七世文虎王代. 調露二年庚辰三月十五日辛酉. 夜見夢於大宗. 有老人皃甚威猛. 曰我是解脫也. 拔我骨於疏川丘. 塑像安於工含山. 王從其言. 故至今國祀不絶. 卽東岳神也云.)

露 : 이슬 로
二十七 : 三十의 오기
虎 : 武의 대자
大宗 : 文武王의 오기
皃 : 모양 모
甚 : 심할 심
猛 : 사나울 맹
工 : 土의 오기

傳탈해왕릉

월성 원자력발전소 옆에 있는 탈해 탄강 유허지

탈해왕 설화의 사서기록 비교와 의미

1. 사서(史書) 기록 비교

『삼국사기』와 『삼국유사』의 탈해왕 조에서는 신라 제4대 탈해왕을 9척 장신으로 기록한 반면 『삼국유사』 가락국기 조는 난쟁이로 기록하였다. 『삼국사기』는 유교의 합리주의에 입각하여 사실 기록을 중요시한 반면 『삼국유사』는 상징으로 처리한 것이므로 『삼국유사』에서는 실제로 키가 크고 적은 것이 문제가 아니라 의미가 무엇인가 하는 것이 보다 중요하다.

『삼국유사』 가락국기 조에서 탈해는 바다를 건너 가락국에 왔다. 그의 키가 3자요, 머리둘레가 1자인 것을 보면 그는 극히 작은 난쟁이임을 알 수 있다. 아마도 가락국의 수로왕에 비하면 보잘것없는 존재라는 것을 나타내기 위함일 것이다. 미미한 탈해가 술법으로 수로왕과 왕위 쟁탈전을 벌이지만 그가 승리할 수 없다는 것은 그의 키에서 이미 암시하고 있는 것이다. 결국 그는 패하여 신라의 땅 아진포로 도망하였다. 이는 가락국의 수로왕이 주인공이 된 기록으로 탈해는 수로왕의 위대성을 돋보이게 하는 보조자일 뿐이다. 그러나 『삼국유사』의 탈해왕 조의 기록은 그 반대이다. 그의 큰 키는 한 나라의 왕이 될 수 있고 神도 될 수 있다는 것을 암시한다. 그가 처음 가락국에 도착했을 때 수로왕뿐만 아니라 그의 신하와 백성들까지도 그를 맞아 머물게 하려 하였으나 계림 동쪽 아진포로 달아났다. 그 후 그는 계략을 써서 호공의 집을 뺏음으로서 신성(神性)에는 미치지 못하나 지략이 우수함을 보였다. 또 탈해가 마실 물을 하인이 먼저 마시자 그릇에 입이 떨어지지 않도록 하는 신적(神的)인 힘을 발휘하기도 한다.

탈해왕에 대한 『삼국사기』의 기록은 현실적이요 사실적이다. 단지 탈해가 알에서 출생했다는 내용만 신화적인 요소이고 그 외는 역사의 사실을 기록하듯이 하여 『삼국유사』와는 대조를 이룬다. 이러한 차이점을 〈표1〉에 요약하였다.

2. 설화의 의미

『삼국유사』나 『삼국사기』의 기록에 의하면 탈해 집단은 해로를 따라 남해안의 금관국을 거쳐 경주의 동쪽 아진포에 도착한 이주민이라 할 수 있겠다. 이들은 아진포 주위의 해안에

〈표1〉『삼국유사』와『삼국사기』의 탈해왕에 관한 기록

구분	삼국유사		삼국사기
	탈해왕조	가락국기조	
출생	용성국(완화국)의 함달파왕의 왕비가 잉태 후 7년 만에 알을 낳은 뒤 알을 바다에 띄움	좌동	삼국유사와 비슷하나 나라 이름은 다파라국
이동 (이주)	처음 가락국에 배가 닿으니 수로왕과 그 백성들이 맞으려 하나 배는 달아나 아진포에 도착	ㅇ탈해가 가락국에 와서 수로왕과 술법으로 왕위 쟁탈전을 벌임. ㅇ탈해가 패배하여 계림으로 도주	금관국 해변에 닿았으나 사람들이 피하여 진한의 아진포에 도착
지략	ㅇ 계략으로 호공의 집 탈취 ㅇ탈해가 마실 물을 하인이 먼저 마시자 그릇이 입에 붙음	—	ㅇ계략을 써서 호공의 집 탈취
신체 특징	ㅇ두개골 둘레 : 3자 2치 ㅇ몸의 뼈 길이 : 9자 7치	ㅇ머리 둘레 : 1자 ㅇ키 : 3자	신장(키) : 9자
죽음	죽어서 소천구에 묻혔으며 동악신(토함산)이 됨	—	성의 북쪽에 있는 양정구(壤井丘)에 묻힘

서 어민집단의 세력을 규합하여 사로국의 중심부로 진출한 듯하다. 당시 사로국의 유명한 실력자였던 호공의 집터를 빼앗는 계책으로 '우리는 본래 대장장이이다'라 한 것으로 보아 우수한 철기문화를 소유한 집단임을 상징했다고 할 수 있다. 또 탈해가 경주지역의 신라에 도착하기 전에 철기의 강국이었던 금관국을 거쳤다는 사실은 그들이 철기문화와 밀접한 관련이 있음을 보여 주는 것이다.

탈해의 신성을 나타내는 방법도 혁거세 신화와는 차이가 있다. 혁거세는 태어난 곳에서 신성한 징조로 환영을 받았지만 탈해는 버림을 받았다. 또 바다를 건너온 탈해는 사람들에 의해 시험을 받는다. 호공의 집을 빼앗는 과정이나 동악에 다녀오는 길에 하인이 먼저 물을 마시는 등은 탈해가 자신의 능력을 완전하게 인정받지 못한데서 비롯된 권위에 대한 도전이다.

탈해는 왕이 되는 과정을 통해 신성을 확보하지 못하고 죽은 뒤에 신이 되는 것으로 신성을 드러낸다. 왕위에 오른 탈해가 죽어서 동악신이 됨으로써 이야기가 마무리되는 것이다. 비록 인간세상에서 보인 탈해의 행위가 신성함을 드러내지는 못했지만 죽어서 동악신이 된다는 결말은 탈해가 신적 존재임을 확인시켜 주는 것으로 볼 수 있다.

김알지[1] 탈해왕대

– 탈해왕대의 김알지 –

영평[2] 3년 경신(60)(혹은 중원 6년[3]이라고도 하나 잘못이다. 중원은 모두 2년뿐이다.) 8월 4일에 호공이 밤에 월성[4] 서쪽 마을로 가는데 시림[5](구림[6]이라고도 한다.) 속에서 매우 환한 밝은 빛이 보였다. 자줏빛 구름이 하늘에서 땅으로 뻗쳤는데 구름 속에는 황금궤짝이 나뭇가지에 걸려 있었다. 그 빛은 궤짝에서 나오고, 또 흰닭[7]이 나무 밑에서 울고 있어서 이것을 왕에게 알리니 왕이 친히 그 숲으로 행차했다. 궤짝을 열어보니 사내아이가 누워 있다가 바로 일어났다. 마치 혁거세의 고사[8]와 같았으므로 그 말에 따라 알지라고 이름지었다. 알지는 곧 우리말로 어린아이를 뜻하는 말이다. 아이를 안고 대궐로 돌아오니 새와 짐승들이 서로 따르면서 기뻐 날뛰며 너풀너풀 춤을 추었다.

1) 김알지(金閼智) : 의미 및 어원에 관한 학설

내 용	주장학자, 『저서』
ㅇ김알지(金閼智) : 신성한 시조신(始祖神) – 金(김 · 금) : 신성한 의미인 금 궤짝의 금색에서 성씨로 삼음 · 금색은 상(上) · 신(神)과 군장의 뜻인 금 · 검 · 감 · 곰을 뜻함 – 알(閼) : 시조신 · 閼 : 새의 알 · 곡식의 낟알로 재생, 즉 시조의 의미 – 智 : 존칭어미	미시나〔三品〕, 『三國遺事考證』
ㅇ신성한 아이 – 김(金) : 신의 뜻인 금 → 곰 · 고마 · 금 → 김 – 알지 : 어린이 지칭(알지 → 아지 → 아기. 송아지의 아지도 알지에서 유래)	양주동, 『고가연구』
ㅇ김씨계의 시조인 성한의 조상으로 인격화되어 만들어진 인물 – 알 → 금 · 김(金)의 뜻인 알은 여진어에서 金을 의미하는 阿祿阻와 통함 – 지(智) → 왕이나 진골의 이름에 붙는 존칭어미	김철준, 『신라 상고세계와 그 기년』
ㅇ김씨 족단(族團)의 우두머리를 상징하는 보통명사 – 알 : 김씨 족단 – 지 : 우두머리에 붙는 존칭어미	강종훈, 『신라상고사연구』

2) 영평(永平) : 후한 명제(明帝 : 58~75)의 연호.

3) 중원 6년(中元六年) : 후한 광무제(光武帝 : 56~57)의 연호로 중원 2년인 57년에 광무제가 사망함으로써 중원이라는 연호는 2년뿐임.

金閼智 脫解王代

永平三年庚申(一云中元六年. 誤矣. 中元盡二年而巳). 八月四日. 瓠公夜行月城西里. 見大光明於始林中.(一作鳩林) 有紫雲從天垂地. 雲中有黃金樻. 掛於樹枝. 光自樻出. 亦有白雞鳴於樹下. 以狀聞於王. 駕幸其林. 開樻有童男. 臥而卽起. 如赫居世之故事. 故因其言・以閼智名之. 閼智卽鄕言小兒之稱也. 抱載還闕. 鳥獸相隨. 喜躍蹌蹌.

巳 : 已의 오기
盡 : 다할 진
紫 : 자줏빛 자
樻 : 櫃의 오기
枝 : 가지 지
童 : 아이 동
臥 : 누울 와
獸 : 짐승 수
躍 : 뛸 약
蹌 : 너풀너풀춤출 창
鳩 : 비둘기 구
垂 : 드리울 수
掛 : 걸 괘
幸 : 행차할 행
樻 : 櫃의 오기
抱 : 안을 포
隨 : 따를 수

4) 월성(月城) : 경주시 인왕동에 있는 지금의 반월성으로 월성 · 신월성 · 재성 등으로 불려졌으며 반월성은 조선시대에 붙인 이름.

〈『삼국사기』의 월성에 관한 기록〉

시 대	기록내용
파사왕 (101년)	봄 2월에 월성을 쌓고 가을에 금성에서 월성으로 이거
유례왕 (290)	홍수로 월성이 크게 무너짐
자비왕 (475)	명활성으로 이거
소지왕 (488)	월성을 수리하고 이거
선덕왕 (647)	비담의 난 때 여왕군이 월성에 주둔하고 반군은 명활성에 주둔

울창한 시림(계림)

월성과 시림 전경

왕이 좋은 날을 잡아 태자로 책봉하였으나 후에 파사[9]에게 물려주고 왕위에 오르지 않았다.

그가 금궤에서 나왔다하여 성을 김씨라 하였다. 알지가 열한[10]을 낳고, 열한이 아도를 낳고, 아도는 수류를 낳았다. 수류는 욱부를 낳고, 욱부는 구도(仇刀(구도) 라고도 쓴다.)를 낳고, 구도는 미추를 낳았다. 미추가 왕위에 올랐으니 신라의 김씨는 알지에서 시작되었다.

5) 시림(始林) : 의미와 어원에 관한 학설

내 용	주장학자, 『저서』
ㅇ시림(始林) : 싀불로 도시명인 동시에 국호 - 시(始) : 동토(東土)의 뜻인 싀닉 → 서나(徐那) → 싀 → 시 - 림(林) : 벌판〔原 · 野〕의 뜻인 불 → 수림 → 림	양주동, 『고가연구』
ㅇ새로운 성지(聖地) - 시(始) : 新(신) · 東(동)의 뜻으로 새로움을 의미 - 림(林) : 제정시대(祭政時代)의 성지인 수림	미시나〔三品〕, 『三國遺事考證』
ㅇ계림(鷄林)이라는 국호(國號)에서 억지로 맞춘 것	강종훈, 『신라상고사연구』

6) 구림(鳩林) : 의미 및 어원에 관한 학설

내 용	주장학자, 『저서』
ㅇ구림(鳩林) : 새로운 성읍(城邑) - 구(鳩) : 鳩는 비둘기로 새이며 새는 새로움인 신(新)의 뜻임 - 림(林) : 林의 우리말 풀과 성읍인 벌(伐)이 서로 통함	이병도, 『삼국사기역주』
ㅇ큰 성읍(城邑) - 구(鳩) : 구는 크다의 크와 통함 - 림(林) : 성읍(城邑)	미시나〔三品〕, 『三國遺事考證』

7) 흰닭〔白雞〕: 白馬(백마) + 雞林(계림)

흰닭인 白雞(백계)는 혁거세 설화에 등장하는 白馬(백마)와 신라의 별칭 雞林(계림)으로부터 착안되었을 것이며 후대로 내려올수록 닭이 김씨 왕실의 상징으로 됨.

〈강종훈, 『신라상고사 연구』〉

8) 혁거세의 고사〔赫居世之故事〕: 『삼국유사』 신라시조 혁거세왕 조에서 「혁거세가 처음 입을 열 때 "알지 거서간" 하고 단번에 일어났다.」라는 고사를 의미.

土擇吉日. 冊位大子. 後讓故婆娑. 不卽王位

因金櫝而出. 乃姓金氏. 閼智生熱漢. 漢生阿都. 都生首留. 留生郁部. 部生俱道.(一作仇刀.) 道生末鄒. 鄒卽王位. 新羅金氏自閼智始.

土 : 王의 오기
大 : 太의 오기
故 : 於의 오기
娑 : 춤추는모양 사
櫝 : 櫃의 오기
卽 : 나아갈 즉
俱 : 함께 구
仇 : 짝 구
鄒 : 나라이름 추
冊 : 책봉할 책
讓 : 사양할 양
婆 : 춤추는모양 파
郁 : 문채성할 욱
末 : 未의 오기

9) 파사(婆娑) : 신라 제5대 파사왕. 재위기간 80~112년.

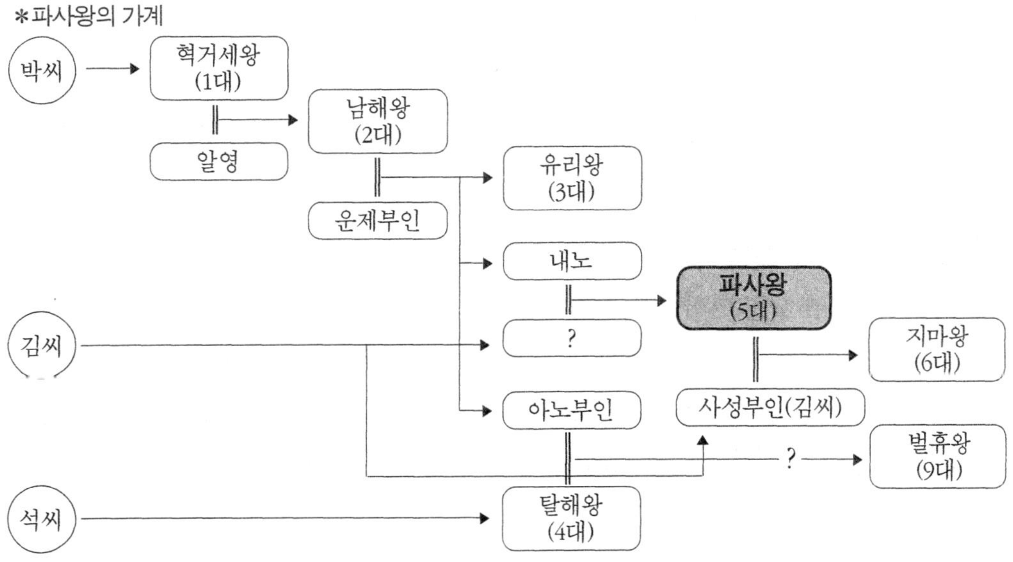

10) 열한(熱漢) : 『삼국사기』에는 세한(勢漢)으로 기록됨.

ㅇ「문무왕릉비」와 「흥덕왕릉비편」에 새겨진 성한(星漢)과 열한에 관한 학설

내　　용	주장학자, 『저서』
ㅇ열한과 세한은 동일 인물로서 알지의 아들 ㅇ성한은 미추왕	이종욱, 『신라상대 왕위계승 연구』
ㅇ열한 · 세한은 동일인이나 알지는 가공 인물 *알지설화가 고려 초 이후에 만들어지면서 알지가 탈해대에 태어났다는 것을 짜 맞추기 위해 열한의 부(父)로 등장	강종훈, 『신라상고사연구』

연오랑[1] 세오녀[2]

– 연오랑과 세오녀 –

제8대 아달라왕[3]이 즉위한 지 4년 되는 정유(157)에 동해 바닷가에 연오랑과 세오녀 부부가 살고 있었다. 하루는 연오랑이 바다에 나가 해조류를 따는데 홀연히 바위[4] 하나(혹은 한 마리의 고기라고도 한다.)가 나타나더니 연오를 싣고 일본으로 가버렸다. 그 나라 사람들이 이 사실을 보고 말하기를 "이 분은 예사로운 사람이 아니다"하고는 왕으로 세웠다. (일본제기를 살펴보면 이 사건의 전이나 후에 신라 사람으로 왕이 된 사람이 없으니 이는 변방 고을의 왕이고 진정한 왕은 아닐 것이다.) 세오가 남편이 돌아오지 않는 것을 괴이하게 여겨 가서 찾아보니 남편이 벗어 놓은 신발이 보였다. 그녀도 또 그 바위에 올라갔더니 바위가 역시 전과 같이 세오를 싣고 가버렸다. 그 나라 사람들이 놀랍고 의아하게 생각하여 왕에게 말씀드리면서 세오를 드리니 부부가 서로 만나 세오는 귀비가 되었다.

이때 신라에서는 해와 달의 빛이 없어지자 일관(日官)이 말씀드리기를 "해와 달의 정기가 우리나라에 내려와 있었으나 지금은 일본으로 가버렸기 때문에 이러한 괴이한 일이 생긴 것이옵니다"라 했다. 왕이 사자를 보내어 두 사람을 오라고 하였더니 연오가 말하기를 "내가 이 나라에 온 것은 하늘이 그렇게 시킨 것이니 이제 어찌 돌아갈 수 있겠는가? 그러나 짐의 왕비가 짠 고운 비단이 있으니 이것으로 하늘에 제사를 지내면 될 것이다"라 하면서 그 비단을 주었다. 사자가 돌아와 보고 드리고 그 말대로 제사를 지냈더니 과연 그 후에 해와 달이 전과 같이 되었다. 그 비단을 궁중의 창고에 간직하여 나라의 보물로 삼았다. 창고의 이름을 귀비고라 하고 하늘에 제사 지낸 곳을 영일현[5] 또는 도기야[6]라 했다.

1) 연오랑(延烏郞) : 어원에 관한 학설

내　　용	주장학자, 『저서』
태양 속에 까마귀가 산다는 양오전설에서 양오의 변음	소재영, 『연오세오설화고』
ㅇ연오랑이 키가 크고 몸이 마른〔細長人〕데서 유래 – 연(延) : 늘어남 → 늘〔長〕,　오(烏) : 신라인의 인칭어미	양주동, 『고가연구』

2) 세오녀(細烏女) : 어원에 관한 학설

내　　용	주장학자, 『저서』
양오전설의 금오(해의 형상) → 쇠오 → 세오로 변함	소재영, 『연오세오설화고』
쇠를 취급하는 기술자에서 유래 : 무쇠의 쇠 → 세	이영희, 『노래하는 역사』

延烏郎 細烏女

延：맞을 연 烏：까마귀 오
郎：사내 랑 細：가늘 세

第八阿達羅王卽位四年丁酉. 東海濱有延烏郎·細烏女·夫婦而居. 一日延烏歸海採藻. 忽有一巖.(一云一魚.) 負歸日本. 國人見之曰. 此非常人也. 乃立爲王.(按日本帝記. 前後無新羅人爲王者. 此乃邊邑小王而非眞王也.) 細烏怪夫不來. 歸尋之. 見夫脫鞋. 亦上其巖. 巖亦負歸如前. 其國人驚訝. 奏獻於王. 夫婦相會. 立爲貴妃.

濱：물가 빈
採：딸 채
藻：바다말 조
忽：갑자기 홀
巖：바위 암
負：짐질 부
尋：찾을 심
鞋：가죽신 혜
驚：놀랄 경
訝：의혹할 아

是時新羅日月無光. 日者奏云. 日月之精·降在我國. 今去日本. 故致斯怪. 王遣使來二人. 延烏曰. 我到此國·天使然也. 今何歸乎. 雖然朕之妃有所織細綃. 以此祭天可矣. 仍賜其綃. 使人來奏. 依其言而祭之. 然後日月如舊. 藏其綃於御庫爲國寶. 名其庫爲貴妃庫. 祭天所名迎日縣. 又都祈野.

雖：비록 수
雖然：~라고는 하지만 그러나
朕：나 짐 織：짤 직
綃：색이있는비단 초
舊：옛 구 庫：창고 고
縣：고을 현 祈：기도할 기

3) 아달라왕(阿達羅王)：신라 제8대 왕. 재위기간 154~184. 『삼국사기』에 의하면 왜국의 여왕 비미호가 173년에 사신을 보낸 것이 이 왕 때임.

4) 바위〔巖〕：배〔舟(주)〕와 돌배〔石舟(석주)〕와 수중암(水中巖)과 연관된 것으로 신격의 내림장소를 의미.
〈김문태, 『삼국유사 시가와 서사문학』〉

5) 영일현(迎日縣)：지금의 포항시 지역. 영일의 원 이름은 돋이 → 히도디로써 해를 맞는다는 의미.
〈양주동〉

6) 도기야(都祈野)：지금의 포항시 동해면 도구동과 일월동 일대.
ㅇ도기(都祈)는 돋이 · 도디와 도처 · 도치의 음에서 유래 〈양주동〉
＊영일의 원명 돋이를 근오지(斤烏支)라 한 것은 근(斤)의 뜻인 도치〔돗귀〕에 의함.

연오랑과 세오녀 설화의 의미

이 설화는 고려 문종 때 박인량이 지은 『수이전』에 실려 있는 것을 『삼국유사』에서 인용한 것이다. 이 설화의 의미는 光明의 神인 해와 달이 신앙의 대상이 되었다는 일월신화(日月神話)라는 설과 제철기술자 집단의 일본 이주를 상징적으로 나타냈다는 설, 그리고 세오녀가 일본의 신공왕후가 된 역사적 사실이라는 설 등이 있다. 아래의 〈표1〉에 각각의 주장을 요약했다.

〈표1〉 연오랑과 세오녀 설화의 의미에 대한 학설

구 분	신화의 의미	주장학자, 『저서』
일월 신화	연오는 태양 속에 까마귀가 산다는 양오전설(暘烏傳說)의 변음으로 볼 수 있다. 영일현의 영일(迎日), 즉 해맞이의 지명도 태양신화와 직접 관련이 있으며, 『일본서기』의 천일창 설화(天日槍說話)도 태양신화의 이동전설이라 할 수 있다. 우리나라의 동남해안과 일본의 이즈모지방은 역사적으로도 문화의 전승로였음을 감안할 때, 이 설화는 그러한 문화를 따라 이동한 태양신화의 모습을 나타내고 있다. 도기야는 『동국여지승람』에 **욱기야(郁祈野)**라고도 하였으니, 이는 『경상도지리지』에 **근오지(斤烏支)**의 **오지(烏支)**와도 음이 일치하며 일본의 지명 **오키**와도 동일하여, 연오 · 세오가 일본에 건너가 자신들이 살았던 **오키[迎日]**의 이름을 자기의 新王國의 명칭으로 삼았다고 보여진다. 이 점은 일본인 나카다[中田]도 출항과 기항지를 영일만과 오키 지부도(知夫島)로 비정하고 있다. 결국 이 설화는 일찍이 우리 민족이 일본 땅을 개척하여 통치자가 되고 내왕한 문화적 사실을 원시적 태양신화를 통해 상징화한 것으로 볼 수 있다. 그러므로 연오와 세오도 광명을 의인화한 명칭으로 보는 것이 타당할 것이다.	소재영, 『연오세오 설화고』
	연오와 세오의 **오(烏)**는 까마귀로서 **태양**을 뜻한다. 이 새는 고구려 고분벽화의 태양 속에 세 발 달린 까마귀인 **삼족오(三足烏)**로 그려져 있는데 이것은 태양의 정기를 까마귀로 형상화한 것이다. 연오와 세오 두 사람은 해와 달에 이상이 생겼을 때 제례를 주관하는 사람이었을 것이다. 두 사람을 왜국으로 싣고 간 바위는 신격의 내림 상징이거나 신의 명령을 수행하는 자이다. 연오와 세오가 일본으로 간 이유는 정치변동에 의한 신변불안으로 망명하였거나 일본도 제례를 주관하는 사람이 필요했으므로 이들을 초빙 혹은 납치했음을 추정해 볼 수 있다. 해와 달의 빛이 없어졌다 함은 짙은 황사 현상일 수 있는데 이 시대에 흙비가 내린 일도 있기 때문이다. 연오와 세오가 보낸 비단은 제사에 필수적인 용구일 것이다. 이 설화에 나오는 영일현 도기야는 제천의식의 하나인 **태양제**가 행해진 장소로 추정된다.	박영규, 『신라왕조 실록』
	천계(天界)의 일월성신(日月星辰)이 생명창조에 참여한 신화이다. 일월에 변고가 일어났다는 것은 인간의 원초적 사고에서 나온 말로 인간 생명의 원형을 하늘에 둔 것이라 할 수 있다. 이 설화는 태양신화의 일본 이동설을 나타낸 것으로 일월의 생명창조가 신라에서 일본으로 이동했다고 볼 수 있다.	최두식, 『삼국유사에 나타난 생명의식』

구분	신화의 의미	주장학자, 『저서』
제철기술자의 일본 이주	세오의 세는 무쇠의 쇠를 의미한다. 세오녀 부부가 떠남으로써 신라의 해와 달이 광채를 잃었다고 하는 것은 제철기술자 집단이 일본으로 떠나 버린 탓에 고로의 불이 꺼졌다고 추정할 수 있다. 왕의 부탁을 전하러 온 사신에게 전해진 곱게 짠 비단인 세초(細稍)는 제철 만들기의 노하우를 상세히 적은 비단으로 여겨진다. 세초는 혹 쇠지어(쇠 만들기)를 나타낸 이두로 볼 수 있다. 그 방법대로 하여 광명을 찾았다는 것은 고로에 다시 불이 타오르게 되었음을 나타낸 것이다.	이영희, 『노래하는 역사』
역사적 사실의 반영	세오녀가 일본으로 건너가 신공황후(神功皇后)가 되었으며 이 신공황후가 비미호(卑彌呼)이다.	김성호, 『비류백제와 일본의 국가기원』 문정창, 『일본 상고사』

고구려 각저총 현실 천장 벽화의 세 발 달린 까마귀 (봉황새라고도 함)

일월사당

하늘에 제사 지낸 곳으로 알려진 일지(左)와 월지(右)

미추왕[1] 죽엽군

– 미추왕과 대잎군사 –

제13대 미추니질금(미조 또는 미고[2]라고도 한다.)은 김알지의 7세손이다. 대대로 벼슬이 높았으며[3] 겸하여 성스런 덕이 있었다. 첨해니사금[4]으로부터 왕위를 물려받아[5] 비로소 왕위에 올랐다.(지금 세간에서 왕의 능을 시조당이라고 부르는 것은 대개 김씨로서 처음 왕위에 올랐기 때문이다. 후대의 김씨 왕들 모두가 미추로 시조를 삼은 것은 당연한 일이다.) 왕위에 있은 지 23년 만에 세상을 떠났으며 능은 흥륜사 동쪽에 있다.[6]

제14대 유리왕[7] 대에 이서국[8] 사람들이 와서 금성을 공격했다. 신라에서도 크게 군사를 일으켜 방어했으나 오래 버틸 수가 없었다. 홀연히 신이스런 병사들이 와서 도왔는데 그들 모두가 대나무 잎을 귀에 꽂고 신라군사들과 힘을 합쳐 적을 쳐서 격파시켰다. 적군들이 물러간 후에는 그들이 어디로 갔는지 알 수 없었다. 다만 대나무 잎이 미추왕릉 앞에 쌓여 있는 것을 보고서야 비로소 선왕의 음덕에 의한 공로인 것을 알게 되었다. 이에 따라 그 능을 죽현릉[9]이라고 불렀다.

1) 미추왕(未鄒王) : 신라 제13대 왕. 재위 262~283. 성은 김씨이며 알지의 7세손. 미추왕의 왕비 광명부인 석씨는 조분왕의 둘째 딸로 미추는 사위 자격으로 왕위에 오름.
 ㅇ미추의 의미 및 어원 : 미추는 근본〔本〕· 원래〔元〕를 뜻하는 믿을 의미하며 이는 미추왕이 시조왕임을 뜻함.
〈양주동, 『고가연구』. 前間恭作, 『新羅王の世次とその名について』〉

2) 미조 또는 미고〔未祖又未古〕: 어원
 ㅇ미조(未祖) → 믿 → 미추(조와 추는 음이 통함)
 ㅇ미고(未古)의 古는 召음의 와전 → 미소(未召) → 믿 → 미추(소와 추는 음이 통함)

3) 대대로 벼슬이 높았으며〔赫世紫纓〕: 원문의 혁세(赫世)는 대대로 혁혁함을 뜻하며 자영(紫纓)은 벼슬이 높은 사람. 미시나〔三品〕는 혁세는 혁거세를 뜻하며, 자주색〔紫〕은 예부터 신성한 색으로 혁거세와 알지가 탄생될 때 나타나는 색이며, 영(纓)은 관의 끈으로 왕통을 의미한다고 하였음.

4) 첨해니사금〔理解〕: 신라 제12대왕. 재위기간 247~261. 원문에는 理解(리해)이나 『삼국사기』에는 첨해니사금(沾解尼師今)으로 기록됨. 이는 고려 성종의 이름 치(治) 음을 피하기 위함.

5) 왕위를 물려받아〔受禪〕: 석씨인 첨해왕으로부터 김씨 왕통으로 바뀌어짐은 일종의 선양(禪讓)으로 인식.

末鄒王 竹葉軍

末 : 未의 오기　鄒 : 나라이름 추
葉 : 잎 엽

第十三末鄒尼叱今.(一作未祖. 又未古.) 金閼智七世孫. 赫世紫纓. 仍有聖德. 受禪于理解. 始登王位.(今俗称王之陵爲始祖堂. 盖以金始始登王位故. 後代金氏諸王皆以末鄒爲始祖宜矣.) 在位二十三年而崩. 陵在興輪寺東.

第十四儒理王代. 伊西國人來攻金城. 我大擧防禦. 久不能抗. 忽有異兵來助. 皆珥竹葉. 與我軍并力擊賊破之. 軍退後不知所歸. 但見竹葉積於末鄒陵前. 乃知先王陰騭有功. 因呼竹現陵.

末 : 未의 오기　纓 : 갓끈 영
仍 : 거듭 잉　禪 : 자리전할 선
理 : 沾이나 성종의 이름 治의 치음을 피하기 위함〔避諱〕
始 : 氏의 오기　盖(蓋의 속자) : 대개 개
末 : 未의 오기

擧 : 일어날 거　禦 : 막을 어
忽 : 갑자기 홀　珥 : 귀거리 이
竝 : 아우를 병　擊 : 칠 격
賊 : 도둑 적　末 : 未의 오기
騭 : 이룰〔成〕 즐

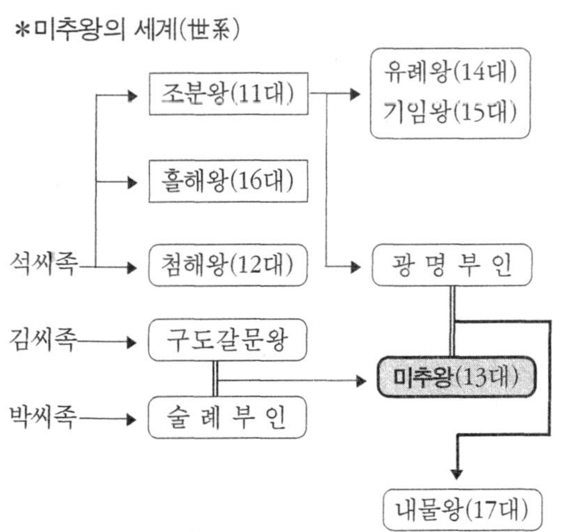

傳미추왕릉

6) 능은 흥륜사 동쪽에 있다. : 경주시 황남동 고분군 안에 있으며 외형은 단순한 원형 봉토분임.
7) 유리왕(儒理王) : 신라 제14대왕으로 재위 284~298.
8) 이서국(伊西國) : 경북 청도 지방에 있던 읍락국가.

세월이 한참 흘러서 36대 혜공왕[10] 때인 대력[11] 14년 기미(779) 4월에 홀연히 회오리 바람이 유신공의 무덤에서 일어났다. 회오리바람 속에는 한 사람이 준마를 타고 있었는데 복장이 장군과 같았다. 또한 갑옷을 입고 무기를 든 40여 명이 그 뒤를 따라 죽현릉으로 들어갔다. 조금 뒤 능 속에서 왁자지껄하며 통곡하고 흐느끼는 듯한 소리가 들렸는데, 혹은 하소연하는 듯한 소리도 났다.

그 하소연하는 소리로 말하기를 "신은 평생 시국을 돕고 나라의 어려움을 구했으며 삼국을 통합한 공이 있었습니다. 지금은 혼백이 되어서도 나라를 수호하여 재앙을 물리치고 환란을 구제하는 마음은 잠시도 변함이 없었사온데 지난 경술년(770)에 신의 자손이 아무 죄 없이 죽임을 당했습니다.[12] 이는 임금과 신하들이 내 공적을 생각하지 않는 것입니다. 신은 멀리 다른 곳으로 가서 다시는 애쓰지 않으려 하오니 왕께서 윤허해 주옵소서"라 했다. 왕이 대답하기를 "오직 나와 공이 이 나라를 지키지 않는다면 저 백성들은 어떻게 할 것인가? 공은 다시 전과 같이 노력해 주오"라 했다. 공이 세 번 청했으나 왕이 세 번 다 허락하지 않으니 회오리바람은 그만 돌아가고 말았다.

왕이 이를 듣고 두려워했다. 즉시 공신[13] 김경신[14]을 보내어 김공의 능에 가서 사과하고 공을 위한 공덕보[15]의 밑천으로 밭 30결[16]을 취선사에 내리고 명복을 빌게 했다. 이 절은 곧 김공이 평양을 토벌한 뒤에 복을 빌기 위해 세웠기 때문이다.

미추의 혼령이 아니었더라면 김공의 노여움을 막지 못하였을 것이니 왕이 나라를 수호함이 크다고 아니할 수 없다. 그래서 나라 사람들이 그의 덕을 사모하여 삼산[17]과 함께 동일하게 제사를 지냈으며 끊어짐이 없었다. 서열도 오릉의 위에 두어 대묘라고 했다.

9) 죽현릉(竹現陵) : 現(현)의 음과 葉(엽)의 음이 서로 통함.

10) 혜공왕(惠恭王) : 신라 제36대 왕. 재위 765~780. 이찬 김지정의 난으로 피살됨.

11) 대력(大曆) : 당나라 대종(代宗)의 연호.

12) 경술년(770)에 신의 자손이 아무 죄 없이 죽임을 당했습니다. : 경술년 즉 혜공왕 6년에 일어난 김유신의 후손 김융의 모반으로 그의 일족이 죽임을 당한 사건임.

13) 공신(工臣) : 영선(營繕 : 건축물의 건립과 수리)과 토목을 담당하는 대신. 공신(工臣)의 공(工)은 上 혹은 大의 오자라 하는 견해도 있으나 김경신은 혜공왕 당시 이찬으로 영선과 토목을 담당하는 공신이었음.

14) 김경신(金敬信) : 내물왕의 12세 손으로 신라 제38대 원성왕. 재위 785~798. 혜공왕 16년(780)에 이찬 김지정이 반란을 일으키자 상대등 김양상과 이찬 김경신이 난을 진압하면서 혜공왕을 시해한 후 김양상이 선덕왕에 즉위. 김경신은 상대등에 취임 후 선덕왕이 죽자 무열왕계의 김주원과 왕위 경쟁에서 승리하여 원성왕으로 즉위함. 김경신을 보냈다는 것은 그가 김유신의 후손과 같은 귀족세력의 지지를 받을 수 있는 하대적(下代的)인 정치성격의 인물임을 상징함.

越三十七世惠恭王代. 大曆十四年巳未四月. 忽有旋風・從庾信公塚起. 中有一人乘駿馬如將軍儀狀. 亦有衣甲器伃者四十許人・隨從而來. 入於竹現陵. 俄而陵中似有振動哭位聲. 或如告訴之音.

其言曰. 臣平生有輔時救難匡合之功. 今爲魂魄. 鎭護邦國. 欀災救患之心. 暫無渝改. 往者庚戌年. 臣之子孫無罪被誅. 君臣不念我之功烈. 臣欲遠移他所. 不復勞勤. 願王允之. 王答曰. 惟我與公不護此邦. 其如民庶何. 公復努力如前. 三請三不許. 旋風乃還.

王聞之懼. 乃遣工臣金敬信・就金公陵謝過焉. 爲公立功德寶田三十結于鷲仙寺. 以資冥福. 寺乃金公討平壤後・植榅所置故也.

非未鄒之靈・無以遏金公之怒. 王之護國・不爲不大矣. 是以邦人懷德. 與三山同杞而不墜. 躋秩于五陵之上. 稱大廟云.

越 : 멀 월 七 : 六의 오기
曆 : 세월 력 巳 : 己의 오기
旋 : 돌 선 塚 : 무덤 총
駿 : 준마 준 狀 : 모양 장
甲 : 갑옷 갑 伃 : 仗(무기 장)의 오기
隨 : 따를 수
俄 : 잠깐 아 哭 : 울 곡
位 : 泣(소리없이울 읍)의 오기
訴 : 하소연할 소
輔 : 도울 보 匡 : 도울 광
鎭 : 진정할 진
欀 : 攘(물리칠 양)의 오기
欀 : 교양나무 양
災 : 재앙 재
暫 : 잠깐 잠 渝 : 변할 투
被 : 미칠 피 誅 : 벨 주
復 : 다시 부 允 : 허락할 윤
惟 : 오직 유 懼 : 두려워할 구

鷲 : 독수리 취
冥 : 저승 명

榅 : 福의 오기
榅 : 쇠뿔에가로댄막대 복
未 : 未의 오기 遏 : 막을 알
懷 : 생각할 회
杞 祀(제사 사)의 오기
杞 : 산버들 기 墜 : 떨어질 추
躋 : 오를 제 廟 : 사당 묘

15) 공덕보(功德寶) : 공덕을 위하여 제사 밑천으로 절에 적립한 일종의 재단(財團).

16) 밭 30결〔田三十結〕: 결(結)은 옛날 우리나라에서 토지의 면적을 표시하는 단위로 30결은 신라 당시 사용되었을 것으로 추정되는 주척(周尺)으로 환산하면 약 14만평임.

17) 삼산(三山) : 『삼국사기』 제사(祭祀) 항목에 「삼산(三山) 오악 이하 명산 대천에 나누어 대・중・소 제사가 행해졌다.」로 기록됨. 이중 대사는 삼산에 제사를 지내는 것으로 신라의 제사 중 최고의 위치를 차지함. 삼산은 나력(奈歷)・골화(骨化)・혈례(穴禮)로서 그 위치는 나력은 경주의 낭산 또는 남산이며, 골화는 영천에 있으며, 대성군에 있었다고 하는 혈례는 경주와 청도에 걸치는 지역으로 추정됨. 삼산은 오악 등과 달리 신라가 발전하는 과정 중에서 발생하여 왕경(王京) 중심의 지배집단의 제사 대상이 된 것이며 최고의 산악신앙으로 대사의 대우를 받음. 통일 뒤 제사의 대상이 확대되어 중사・소사가 생겨남.

三姓 교체와 죽엽군 설화의 의미

1. 신라상대(新羅上代)의 박·석·김 3성 교체

박·석·김 3성의 교체에 대해서 이를 역사적 사실을 기록했다는 학설과 신라 말기의 정치 상황을 반영하여 신화를 조작했다는 견해로 나누어 볼 수 있다.

● 역사적 사실의 반영

주로 국내 학자들이 주장하는 것으로 박·석·김 족의 확실한 계보와 그 주체적인 친족공동체가 존재했다는 것이다. 즉 신라 상대에 천신족(天神族)의 유이민인 박씨 족과 지신족(地神族)의 토착민인 김씨 족, 그리고 또 다른 유이민인 석씨 족이 경주에 있었다. 이들의 한자식 성씨는 후대에 이루어졌지만 각 씨족은 출신지역이나 토템으로 성(姓)의 기능을 유지했다고 보여진다.

사서에 의하면 신라 상대의 박·석·김 3씨족간의 왕위계승은 여섯 번 있었다. 그 중 네 번은 왕의 사위인 탈해왕과 미추왕의 즉위로 인하여 생겼다. 즉 탈해왕과 미추왕은 분명히 다른 씨족의 왕을 뒤이어 즉위하였다. 이들이 왕위에 오를 수 있었던 것은 왕의 사위로서의 자격이다. 따라서 탈해왕은 박씨 왕족의 일원으로 미추왕은 석씨 왕족의 일원이라는 자격으로 왕위에 올랐다고 볼 수 있다. 그러나 이들 왕의 뒤를 이어 즉위하는 파사왕과 유례왕은 실제로는 각기 박씨와 석씨왕이다. 이들은 박씨왕 시대와 석씨왕 시대의 당연한 왕위 계승이다.

그에 비하면 9대 벌휴왕과 17대 내물왕의 즉위는 분명히 이성(異姓) 씨족간의 왕위 계승으로 볼 수 있다. 이와 같은 이성왕(異姓王)의 즉위는 정치적 세력관계를 반영한 것으로 설명할 수 있다. 벌휴왕과 내물왕은 각기 아달라왕과 흘해왕에게 아들이 없었기에 왕이 되었다고 기록되어 있다. 그러나 실제는 아들이 없었다기보다는 석씨 족 세력과 김씨 족 세력이 성장하여 각기 박씨와 석씨 족을 물리치고 왕위를 차지한 것이라고 볼 수밖에 없다.

● 신화의 조작

미시나[三品]나 수에마쓰[末松] 등 일본인 학자들이 주장하는 학설이다. 이들에 의하면 대부분의 고대국가에서 왕권(王權)의 먼 조상이 나라를 창건하는 주역으로 등장한다는 것이다. 신라에서는 왕실의 시조인 김알지가 태자가 되었으나 왕으로 즉위하지는 않았다. 그 후 6대 후손인 미추왕이 신라 제13대 왕으로 즉위한 것도 그러한 이유이다. 박혁거세가 개국의 시조로 된 것도 박씨인 53대 신덕왕과 54대 경명왕 그리고 55대 경애왕 때인데 이때 시조의 성을 박씨로 만들었다는 것이다.

박씨 3대는 신라 말 912~927년의 15년 간이다. 이 시기는 신라 말의 혼란기로 왕권은 극히 미약하여 유력한 귀족이 그때그때 세력을 잡았던 시기이다. 이러한 혼란기에 박씨왕의 등극에 대한 정당성을 부각하기 위해 3성 교체에 대한 신화가 만들어졌다는 것이다.

2. 설화의 의미

이 설화는 신라 제14대 유례왕 때 이서국의 침략을 미추왕의 음덕으로 물리친 후 37대 혜공왕 시대에 김유신의 후손이 죽임을 당하자 유신의 혼이 미추왕의 혼에게 나라를 위해 힘쓰지 않고 다른 곳으로 가겠다고 하자 미추왕의 혼이 이를 만류했다는 줄거리로 되어 있다.

이 설화에서 미추의 혼과 김유신의 혼은 그 가치의 추구에 있어서 차이가 있다. 미추의 혼은 집단적 가치 즉 국가를 수호하는 호국신적 임무를 담당하고 있다. 그러나 유신의 혼은 개인적 가치 즉 후손을 지켜 주는 왜소한 역할에 충실하고 있다.

김유신은 15세에 화랑이 된 후 백제 · 고구려와 여러 차례 싸워 공을 세운 후 김춘추를 왕으로 내세웠다. 그 후 삼국통일의 위업을 달성한 후 그 공적에 의해 태대각간의 작위를 받았고 죽은 후 흥무대왕으로 추봉되었다. 이러한 김유신도 설화에서는 미추왕보다 극히 낮게 기록되어 있다. 즉 김유신이 후손을 지켜 주는 혼으로 미추왕은 나라를 수호하는 신령으로 나타났다. 이는 미추왕이 신라왕실의 시조요 조상신이라는 의미를 함축한 것으로 추정된다.

〈송효섭, 『삼국유사의 환상적 이야기에 대한 기호학적 연구』〉

경주시가지 내의 고분군

내물왕(나밀왕이라 고도 한다.)[1] 김제상[2]

– 내물왕과 김제상 –

제17대 나밀왕이 왕위에 오른 지 35년 되는 경인(390)에 왜왕이 사신을 조정에 보내와서 말하기를 "저희 임금이 대왕께서 신성하시다는 말씀을 들으시고 신등으로 하여금 백제의 죄를 대왕에게 고해 받치도록 하였습니다. 원컨대 대왕께서는 한 분의 왕자를 보내시어 저희 임금에게 성의를 표하여 주시옵소서"라 했다. 이에 왕은 셋째 아들 미해(미토희라 고도 한다.)[3]로 하여금 왜국을 예방하게 하였다. 미해는 나이가 10살이어서 말과 행동이 아직 미숙해서 내신[4]인 박사람[5]을 부사로 삼아 보냈더니 왜왕이 붙들어 두고 30년 동안이나 보내지 않았다.

1) 내물왕(奈勿王) · 나밀왕(那密王) : 신라 제17대왕. 재위기간 356~402.

• 내물왕(17)~눌지왕(19)의 세계(世系)

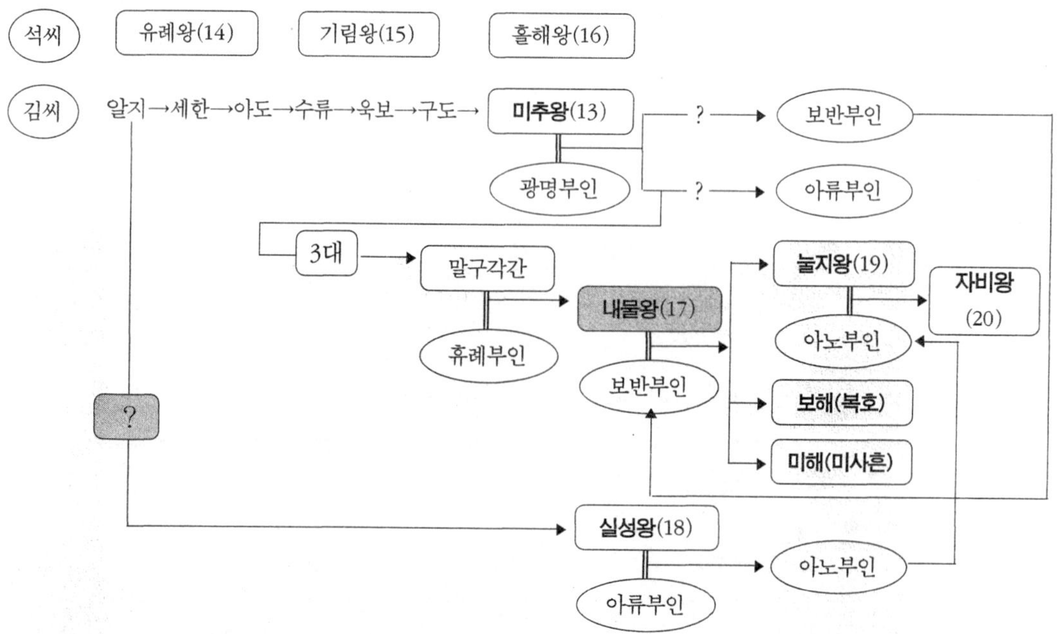

ㅇ 내물(奈勿) · 나밀(那密)의 음(音) 관계.

– 내(奈) · 나(那) : 신라시대에는 이중모음 ㅐ와 단모음 ㅏ는 구분하지 않음.

– 물(勿) · 밀(密) : 신라시대에는 이름표기에서 종성의 말(末) 모음(ㅜ와 ㅣ)은 구분하지 않음.

奈勿王(一作那密王) 金堤上

奈 : 어찌 내
那 : 도읍 나, 어찌 나

第十七那密王卽位三十六年庚寅. 倭王遣使來朝曰. 寡君聞大王之神聖. 使臣等以告百濟之罪於大王也. 願大王遣一王子. 表誠心於寡君也. 於是王使第三子美海(一作未吐喜)以聘於倭. 美海年十歲. 言辭動止猶未備具. 故以內臣朴娑覽・爲副使而遣之. 倭王留而不送三十年.

六 : 五의 오기인듯
寡 : 과인 과(왕이나 제후가 스스로 칭할 때)
聘 : 사신보낼 빙
猶 : 아직 유
娑 : 춤추는모양 사
覽 : 볼 람

ㅇ 奈 · 那의 음은 나이며, 勿(물)과 密(밀)에서 종성(終聲) ㄹ을 취하면 내물(奈勿) · 나밀(那密)은 날이 됨. 날은 태양의 뜻으로 이것은 신라 왕실의 시조에 어울리는 호칭이며 내물왕이 신라의 왕으로서 중국사서에 처음 등장하기 때문에 내물왕 때부터 역사시대로 간주.

〈수에마쓰〔末松保和〕, 『新羅史の諸問題』〉

2) 김제상(金堤上) : 『삼국사기』에는 박제상(朴堤上)으로 파진찬 물품의 아들이며 박혁거세의 후손인 파사이사금의 5대 후손이라 기록.

ㅇ 김(金) · 박(朴)의 두 가지 성(姓)에 관한 학설

구 분	내 용	주장학자, 『저서』
박(朴)씨	『삼국사기』에 의거 박혁거세의 후손	박씨 종친회
	『삼국유사』의 김(金)은 박(朴)의 착오	강종훈, 『신라상고사연구』
김(金) 박(朴) 씨 혼용	ㅇ박제상의 부계(父系)를 따르면 박씨가 되며, ㅇ모계(母系)를 따르면 김씨(모계사회의 모습 반영)	김의규, 『신라 모계제 사회에 대한 검토』
	ㅇ박제상 가계의 위상과 왕실의 성에 따라 김 혹은 박씨 - 박제상의 위상이 높고 그 당시의 왕실이 김씨이면 김제상이 되고 제상의 위상이 박씨와 비슷하면 박제상이 됨	김원주

ㅇ박제상(朴堤上)의 의미에 관한 학설

구 분	내 용	주장학자, 『저서』
관직명	ㅇ박제상(朴堤上) : 나읍장(羅邑長 : 신라의 읍장)을 뜻하는 볽터무루로서 일반 명사 - 박 → 볽 → 신라 - 제(堤) → 터〔址 · 邑〕 - 상(上) → 무루〔宗 · 夫 · 長〕	양주동, 『고가연구』
이 름	姓이 박씨이며 이름이 제상으로 姓은 후에 붙임	미시나〔三品〕, 『三國遺事考證』

눌지왕[6)]이 왕위에 오른 지 3년 되는 기미(419)에 고구려 장수왕[7)]이 보낸 사신이 와서 말하기를 "저희 임금이 대왕의 아우님 되시는 보해[8)]께서 지혜와 재주가 뛰어나다는 말을 들으시고 서로 친하기를 원하여 각별히 소신을 보내어 간절히 청하도록 하였습니다"라 했다. 왕이 그 말을 듣고 이 일로 인하여 화친하게 된 것을 매우 다행스럽게 여겨 그의 아우 보해에게 명령을 내려 고구려로 가게 하면서 내신 김무알을 보좌로 임명하여 보냈더니 장수왕도 또한 그들을 억류하고 돌려보내지 않았다.

왕위에 오른 지 9년 되는 을축[9)](425)에 왕이 여러 신하와 나라 안의 호협한 사람들을 불러모아 친히 잔치를 베풀었다. 술이 세 순배 돌며 여러 가지 풍악이 울리기 시작하자 왕이 눈물을 지으면서 여러 신하들에게 말하기를 "예전에 돌아가신 우리 아버님께서 성심으로 백성을 위하신 까닭으로 사랑하는 아들을 동쪽의 왜에 보내었다가 보지도 못하고 돌아가셨다. 또 짐이 즉위한 이래 이웃나라의 군사가 매우 강성하여 전쟁이 그치지 않았다. 오직 고구려만이 화친하자는 말이 있어 짐은 그 말을 믿고 사랑하는 아우를 고구려에 보냈으나 고구려 역시 잡아두고 돌려보내지 않았다. 짐이 비록 부귀를 누린다하나 아직 하루라도 잠시 이를 잊어버리거나 울지 않을 때가 없었다. 만일 두 아우를 보게 되어 함께 선왕[10)]의 사당에 고할 수 있다면 나라 사람들에게 은혜를 갚겠다. 누가 능히 이 계책을 이룰 수 있겠는가?"라 했다.

ㅇ사서에 기록된 박제상의 이명(異名)의 어원

사서(史書)	이명(異名)	어원 및 음의 변화 〈양주동, 『고가연구』〉
『삼국사기』	모말(毛末)	ㅇ읍장(邑長)의 뜻인 제상(堤上)의 音訓借 - 제(堤) → 터〔址〕 → 털 → 모(毛 : 털 모) - 상(上) → 마루 · 마리〔宗 · 夫 · 長〕 → 말 - 질지(叱智) → ㅅ치 → 존칭첨가어(尊稱添加語)
『일본서기』	모마리질지(毛麻利叱智)	

3) 미해(美海) · 미토희(未吐喜) : 내물왕의 셋째아들. 『삼국유사』에서는 내물왕 36년인 390년에 그가 왜나라에 들어가 눌지왕 10년인 425년에 귀국했다고 했으나 『삼국사기』에서는 실성왕 원년인 402년에 들어가 눌지왕 2년인 418년에 귀국했다고 기록.
ㅇ사서에 기록된 미해(美海)의 이명(異名)의 의미 및 어원

사서(史書)	이명(異名)	어원 및 음의 변화 〈양주동, 『고가연구』〉
『삼국사기』	미사흔(未斯欣)	ㅇ미사흔(未斯欣) · 미질허지(未叱許智) · 미해(美海) · 미토희(未吐喜)는 모두 막내아들〔末子〕의 뜻인 믿희의 다른 음 - 미사흔 · 미해 · 미토희 → 믿희 → 말자(末子) - 미질허지(未叱許智) → 믿희치 → 말자(末子)
『일본서기』	미질허지(未叱許智)	

至訥祗王卽位三年已未. 句麗長壽王遣使來朝云. 寡君聞大王之弟寶海秀智才藝. 願與相親. 特遣小臣懇請. 王聞之幸甚. 因此和通. 命其弟寶海. 道於句麗. 以內臣金㱏謁爲輔而送之. 長壽王又留而不送.

至十年乙丑. 王召集群臣及國中豪俠. 親賜御宴. 進酒三行. 衆樂初作 王垂涕而謂群臣曰. 昔我聖考・誠心民事. 故使愛子東聘於倭. 不見而崩. 又朕卽位已來. 隣兵甚熾. 戰爭不息. 句麗獨有結親之言. 朕信其言. 以其親弟聘於句麗. 句麗亦留而不送. 朕雖處富貴. 而未嘗一日暫志而不哭. 若得見二弟. 共謝於先主之廟. 則能報恩於國人. 誰能成其謀策.

訥 : 말더듬거릴 눌
祗 : 공경할 지
已 : 己의 오기
朝 : 조회할 조
懇 : 지성스러울 간
幸 : 다행할 행
甚 : 심할 심 **道** : 좇을 도
㱏 : 혜종의 이름 **武**의 避諱加劃
謁 : 뵈올 알
十 : **九**의 오기
召 : 부를 소
豪 : 호걸 호
俠 : 협기 협
賜 : 줄 사
宴 : 잔치 연
垂 : 드리울 수
涕 : 눈물 체
隣(鄰의 속자) : 이웃 린
熾 : 불성할 치
雖 : 비록 수
嘗 : 일찍 상
暫 : 잠시 잠
志 : **忘**의 오기
謝 : 고할 사
廟 : 사당 묘, 종묘 묘

4) 내신(內臣) : 신라에는 내신(內臣)이라는 관직이 없으나 박사람과 김무알에게만 쓰고 있는 것으로 보아 왕자를 보좌하여 동행했던 총신(寵臣)인 듯함.
5) 박사람(朴娑覽) : 고유명사가 아닌 신라 사람의 뜻인 붉사룸의 음을 한자화한 것.
  ㅇ 박(朴) : 붉(光明) → 시볼 → 서라벌 → 신라
  ㅇ 사람(娑覽) : 사람〔人〕
〈양주동, 『고가연구』〉
6) 눌지왕(訥祗王) : 신라 제19대 왕. 재위기간 417～458. 17대 내물왕의 장자로 18대 실성왕을 살해하고 즉위.
  ㅇ 눌지(訥祗)의 어원 : 나이가 많다는 늙 → 늘기 → 눌지 〈수에마쓰〔末松〕〉
7) 장수왕(長壽王) : 고구려 제20대 왕. 재위기간 413～491.
8) 보해(寶海) : 내물왕의 둘째 아들로 고구려에 인질로 보낸 것에 관해서 『삼국사기』와 『삼국유사』의 기록이 다름. 광개토대왕의 비문으로 볼 때 삼국유사 기록이 정확한 듯함. 『삼국사기』에는 복호로 기록됨.
  ㅇ보해(寶海)와 복호(卜好)의 관계 : 보해 → 붉히의 속음(俗音) 복희 → 복호(卜好) 〈양주동〉
9) 을축(乙丑) : 『삼국유사』에는 을축 즉 425년으로 기록했으나 『삼국사기』에서는 눌지 2년인 418년으로 기록.
10) 선왕(先王) : 눌지왕의 선왕은 실성왕이나 앞 문장에서 아버지가 언급되어 내물왕이 됨.

이 때에 모든 관리들이 함께 말씀드리기를 "이 일은 결코 쉬운 일이 아니옵니다. 반드시 지혜와 용기가 있어야만 꼭 할 수 있사옵니다. 신들로서는 삽라군 태수[11] 제상이 적임으로 보옵니다"라 했다. 이에 왕이 제상을 불러서 물으니 제상이 두 번 절하고 말하기를 "신이 듣기로는 임금에게 근심이 있으면 신하가 욕을 보고, 임금이 욕을 보면 신하는 죽어야 한다[12]고 했사옵니다. 만약에 어렵고 쉬운 것을 논한 뒤에 실행한다면 이는 불충이라 할 것이고, 죽고 사는 것을 따져본 뒤에 행동한다면 이는 용기가 없다고 할 것이옵니다. 신은 비록 똑똑하지 못하나 왕명을 받들어 행하고자 하나이다"라 했다. 왕이 그를 매우 가상히 여겨 술잔을 나누어 마시고 손을 잡은 뒤 작별하였다.

제상이 주렴 앞에서 임금으로부터 명령을 받고 가장 빠른 북쪽 바닷길을 달렸다. 변복을 하고 고구려로 들어가 보해의 처소로 가서 함께 도망갈 날짜를 모의했다. 제상이 먼저 5월 15일에 고성포구[13]로 돌아와 배를 대고 기다리기로 하였다. 약속한 날이 닥쳐오자 보해는 병을 빙자하여 며칠이나 조회에 참석치 않다가 밤중에 도망을 쳐 고성해변에 닿았다. 고구려왕이 이를 알고 수십 명의 사람들을 시켜 그들을 추격하여 고성까지 와서야 따라잡았다. 그러나 보해는 고구려에 있을 때 항상 주위 사람들에게 은혜를 베풀었으므로 군사들이 그들이 다치는 것을 불쌍히 여겨 모두 화살촉을 뽑고 활을 쏘았기 때문에 마침내 무사히 돌아왔다.

왕이 보해를 보자 미해를 더욱 생각하게 되었다. 한편으로는 기쁘고 또 한편으로는 슬퍼하여 눈물을 흘리면서 주위 사람들에게 말하기를 "한 몸뚱이에 한쪽 팔만 있고 얼굴 하나에 한쪽 눈만 있는 것과 같소이다. 비록 동생 하나는 찾았으나 또 한 동생이 없으니 어찌 비통하지 않겠소?"라 했다.

11) 삽라군(歃羅郡) 태수(太守) : 『삼국사기』에 삽량주(歃良州)라 기록된 삽라군은 지금의 양산임. 『삼국사기』에 박제상의 관직은 삽량주간(歃良州干)이며 주(州)의 장관 혹은 주의 소족장(小族長)을 의미. 삽라군 태수는 후대의 추기(追記)라는 설과 실직(悉直 : 삼척)에 이미 군(郡)이 설치되었다는 것을 근거로 삽라군 태수도 그 당시 있었다는 설로 나누어짐.

12) 신이 듣기로는……죽어야 한다〔臣聞主憂臣辱 主辱臣死〕 : 사마천이 지은 『사기』 「월세가」에서 범려(范蠡)가 월왕 구천을 떠나면서 한 말에서 유래.

時百官咸奏曰. 此事固非易也 必有智勇方可. 臣等以爲歃羅郡太守堤上可也. 於是王召問焉. 堤上再拜對曰臣聞主憂臣辱·主辱臣死. 若論難易而後行·謂之不忠. 圖死生而後動·謂之無勇 臣雖不肖. 願受命行矣. 王甚嘉之. 分觴而飮. 握手而別.

咸 : 다 함　**奏** : 아뢸 주
固 : 진실로 고　**歃** : 마실 삽
大 : 太의 오기
憂 : 근심 우　**辱** : 욕되게할 욕
圖 : 헤아릴 도
肖 : 본받을 초　**嘉** : 아름다울 가
觴 : 술잔 상　**握** : 잡을 악

堤上簾前受命. 徑趨北海之路. 變服入句麗. 進於寶海所. 共謀逸期. 先以五月十五日. 歸泊於高城水口而待. 期日將至. 寶海稱病. 數日不朝. 乃夜中逃出. 行到高城海濱. 王知之. 使數十人追之. 至高城而及之. 然寶海在句麗. 常施恩於左右. 故其軍士憫傷之. 皆拔箭鏃而射之. 遂免而歸.

簾 : 왕앞에치는발 렴
徑 : 곧을 경
趨 : 달릴 추　**逸** : 달아날 일
泊 : 배대일 박
逃 : 달아날 도
濱 : 물가 빈
施 : 베풀 시
憫 : 불쌍히여길 민
拔 : 뽑을 발
箭 : 화살 전
鏃 : 화살촉 후
射 : 쏠 사
遂 : 마침내 수

王旣見寶海. 益思美海. 一欣一悲. 垂淚而謂左右曰. 如一身有一臂一面一眼. 雖得一而亡一. 何敢不痛乎.

益 : 더욱 익　**欣** : 기쁠 흔
垂 : 드리울 수　**淚** : 눈물 루
臂 : 팔 비
敢 : 감히 감

13) 고성포구〔高城水口〕 : 고성은 지금의 고성군으로 휴전선의 남북으로 나누어져 있음. 이곳은 원래 고구려 영토였으나 진흥왕 때 달홀(達忽)이라는 이 지역에 치소를 설치하고 군주를 둠. 고성수(高城水)는 금강산에서 발원한 신계천(神溪川)을 가리킨 듯하며 고성포구〔高城水口〕는 신계천의 입구로 추정.

그때 제상이 이 말을 듣고 두 번 절하여 임금에게 하직인사를 한 후 말을 타고 집에도 들리지 않은 채 떠나 곧 바로 율포[14] 바닷가에 도착했다. 그의 아내가 이 소식을 듣고 말을 달려 율포까지 쫓아왔으나 그의 남편은 이미 배 위에 올라 있었다. 그의 아내가 애절하고 간절하게 불렀으나 제상은 단지 손만 흔들 뿐 멈추지 않았다.

그렇게 떠나서 왜국에 도착하여 거짓으로 말하기를 "계림[15]왕이 아무 죄도 없는데 저의 부친과 형을 죽였습니다. 그래서 이곳으로 도망하여 왔습니다"라 하니 왜왕[16]이 이 말을 믿고 집을 주어 그를 편안하게 했다.

이때부터 제상은 항상 미해를 모시고 바닷가에 나가 놀면서 물고기와 새를 잡아서 그 잡은 것을 매번 왜왕에게 바쳤더니 왕은 크게 기뻐하며 의심하지 않았다. 때마침 새벽 안개가 자욱하게 끼어 어둡게 되자 제상이 말하기를 "떠나가실 수 있습니다"라 하니 미해가 말하기를 "그러면 함께 갑시다"라 했다. 제상이 말하기를 "신이 만약 간다면 왜인들이 알아차리고 뒤를 쫓아올까 염려가 되오니 신은 남아서 뒤쫓는 것을 막도록 하겠습니다"라 했다. 미해가 말하기를 "지금 나와 그대는 부모 형제와 같은데 어찌 그대를 버리고 나 홀로 돌아갈 수 있단 말이오?"라 하니 제상이 말하기를 "신은 왕자님의 목숨을 구하여 대왕의 마음만 위로하면 그것으로 만족하오이다. 어찌 살기를 바라겠습니까?"라 하면서 술을 따라 미해에게 드렸다. 이때 계림사람 강구려가 왜국에 와 있었는데 그 사람으로 하여금 따라가게 하여 보내고 제상은 미해의 방으로 들어갔다. 다음 날 아침이 되어 주위의 사람들이 들어가 보려했으나 제상이 나와서 그들을 말리면서 말하기를 "어제 사냥을 하시느라 말을 타고 쏘다니셨기 때문에 몹시 피곤하여 일어나지 못한다"라 했다. 해가 기울어질 무렵에 주위의 사람들이 이상히 여겨 다시 물으니 대답하기를 "미해는 이미 오래 전에 갔다"고 하자 그들은 급히 달려가 왜왕에게 보고했다. 왕은 말탄 병사들로 하여금 그를 쫓게 하였으나 따라잡지 못했다.

14) 율포(栗浦) : 지금의 울산 부근.
15) 계림(雞林) : 신라의 다른 이름.

時堤上聞此言. 再拜辭朝而騎馬. 不入家而行. 直至於栗浦之濱. 其妻聞之. 走馬追至栗浦. 見其夫已在舡上矣. 妻呼之切懇. 堤上但搖手而不駐.

朝 : 조정 조
騎 : 말탈 기
舡 : 배 선
搖 : 흔들 요
駐 : 머무를 주

行至倭國. 詐言曰. 雞林王以不罪殺我父兄. 故逃來至此矣. 倭王信之. 賜室家而安之.

詐 : 거짓 사

時堤上常陪美海遊海濱. 逐捕魚鳥. 以其所獲. 每獻於倭王. 王甚喜之而無疑焉. 適曉霧濛晦. 堤上曰. 可行矣. 美侮曰. 然則偕行. 堤上曰. 臣若行. 恐倭人覺而追之. 願臣留而止其追也. 美海曰. 今我與汝如父兄焉. 何得弃汝而獨歸. 堤上曰. 臣能救公之命. 而慰大王之情則足矣. 何願生乎. 取酒獻美海. 時雞林人康仇麗在倭國以其人從而送之. 堤上入美海房. 至於明旦. 左右欲入見之. 堤上出止之曰. 昨日馳走於捕獵. 病甚未起. 及乎日昃. 左右怪之而更問焉. 對曰美海行巳久矣. 左右奔告於王. 王使騎兵逐之. 不及.

陪 : 모실 배
遊 : 놀 유
逐 : 쫓을 축
捕 : 사로잡을 포
獲 : 얻을 획
獻 : 바칠 헌
適 : 마침 적
曉 : 새벽 효
霧 : 안개 무
濛 : 흐릿할 몽
晦 : 어두울 회
侮 : 海의 오기
侮 : 업신여길 모
偕 : 함께할 해
棄 : 버릴 기
仇 : 짝 구
旦 : 아침 단
昨 : 어제 작
馳 : 달릴 치
獵 : 사냥할 렵
病 : 피곤할 병

昃 : 昃(기울 측)의 오기
更 : 다시 갱
巳 : 已의 오기
奔 : 분주할 분
及 : 미칠 급

16) 왜왕(倭王) : 『일본서기』의 신공황후기(神功皇后紀)에 기록되어 있으나 믿을 수 없으며 이중천황(履中天皇) · 인덕천황(仁德天皇) · 응신천황(應神天皇) 등으로 비정하나 확실하지 않음.

이에 제상을 가두고 심문하기를 "너는 어찌하여 너의 나라 왕자를 몰래 보냈느냐?"라 하니 제상이 대답하기를 "나는 계림의 신하이지 왜국의 신하가 아니다. 이제 우리 임금의 뜻을 성취하고자 할 뿐인데 어찌 구태여 그대에게 말할 수 있겠는가?"라 했다. 왜왕이 화를 내며 말하기를 "지금 너는 이미 나의 신하가 되었는데도 계림의 신하라고 한다면 응당 온갖 형벌[17]을 가하겠지만 만약 왜국의 신하라고 말한다면 반드시 후한 녹봉을 상으로 주겠다"라 했다. 제상이 대답하기를 "차라리 계림의 개나 돼지가 될지언정 왜국의 신하가 되지 않겠으며, 차라리 계림의 매를 맞을지언정 왜국의 벼슬과 녹봉은 받지 않겠다"라 했다.

왜왕이 화가 나서 제상의 발바닥 살갗을 벗기고 갈대를 베고는 그 위를 걷게 하였다.(지금도 갈대 위에 있는 피의 흔적을 세간에서는 제상의 피라고 한다.) 다시 묻기를 "너는 어느 나라 신하냐?"라 하니 대답하기를 "계림의 신하노라"고 했다. 다시 그를 뜨겁게 단 철판 위에 서게 하고 "어느 나라 신하인가?"라 물었다. 제상이 역시 "계림의 신하이다"라 하자 왜왕은 그를 굴복시킬 수 없음을 알고 목도에서 불에 태워 죽였다.

미해가 바다를 건너와서 강구려를 시켜 먼저 나라에 알렸더니 왕이 크게 기뻐하며 모든 관리들로 하여금 굴헐역[18]에서 맞이하도록 했다. 왕이 친아우 보해와 함께 남쪽 교외에서 맞이하여 대궐로 들어가 연회를 베풀었다. 나라 안에 죄 있는 사람들을 용서하여 크게 풀어주었으며 제상의 처를 국대부인으로 책봉하고 그의 딸로서 미해공의 부인으로 삼았다.

평하는 사람이 말하기를 「옛날 한나라 신하 주가[19]가 형양[20]에서 초나라[21] 병사에게 사로잡혔을 때 항우[22]가 주가에게 말하기를 "네가 나의 신하가 된다면 만호후[23]에 봉하겠다"라 하니 주가가 욕을 하며 굴복하지 않아 초나라 왕에게 죽임을 당한 바 있다. 제상의 지극한 충성이 주가보다 못하지 아니할 것이다.」라고 했다.

17) 온갖 형벌〔五刑〕 : 원문의 五刑은 다섯 가지 형벌로 『서경』에서는 코를 베고, 먹물로 문신을 하고, 발꿈치를 베고, 불알을 까고, 목베어 죽이는 형벌을 5형이라 함. 진(秦)나라의 5형은 다소 다르나 제상이 받은 형벌은 5형에 해당은 되지 않음.

18) 굴헐역(屈歇驛) : 울산의 옛 이름이 굴아화(屈阿火)이므로 굴헐역은 경주에서 굴아화로 가는 중도에 있는 역으로 추정.

於是囚堤上問曰. 汝何竊遣汝國王子耶. 對曰. 臣是雞林之臣. 非倭國之臣. 今欲成吾君之志耳. 何敢言於君乎. 倭王怒曰. 今汝巳爲我臣. 而言雞林之臣. 則必具五刑. 若言倭國之臣者. 必賞重祿. 對曰. 寧爲雞林之犬㹠·不爲倭國之臣子. 寧受雞林之箠楚·不受倭國之爵祿.

竊 : 가만히 절
巳 : 已의 오기
寧 : 차라리 녕
㹠 : 새끼돼지 돈
箠 : 볼기칠 추
楚 : 종아리칠 초

王怒. 命屠剝堤上脚下之皮. 刈蒹葭使趨其上.(今蒹葭上有血痛. 俗云堤上之血.) 更問曰汝何國臣乎. 曰雞林之臣也. 又使立於熱鐵上. 問何國之臣乎. 曰雞林之臣也. 倭王知不可屈. 燒殺於木島中.

美海渡海而來. 使康仇麗先告於國中. 王驚喜. 命百官迎於屈歇驛. 王與親弟寶海迎於南郊. 入闕設宴. 大赦國內. 册其妻爲國大夫人. 以其女子爲美海公夫人.

屠 : 가를 도
剝 : 벗길 박
脚 : 발 각
刈 : 풀베일 예
蒹 : 갈대 겸
葭 : 갈대 가
痛 : 痕(자취 흔)의 오기
屈 : 굽을 굴
燒 : 불사를 소
驚 : 놀랄 경
歇 : 쉴 헐
郊 : 성밖 교
闕 : 대궐 궐
赦 : 용서할 사

議者曰. 昔漢臣周苛在滎陽. 爲楚兵所虜. 頊羽謂周苛曰. 汝爲我臣. 封爲万祿侯. 周苛罵而不屈. 爲楚王所殺. 堤上之忠烈·無怪於周苛矣.

苛 : 잔풀 가,꾸짖을 가
滎 : 고을이름 형
虜 : 사로잡을 노
頊 : 項의 오기
罵 : 욕할 매
烈 : 충직할 렬

19) 주가(周苛) : 한나라의 어사대부로 형양이 항우의 대병에 의해 포위당하자 유방을 탈출시키고 사로잡힘. 이때 항우의 회유를 물리치고 그를 질책하다가 죽임을 당함.
20) 형양(滎陽) : 지금의 하남성 북부 황하의 남쪽에 있는 현.
21) 초나라〔楚〕: 항우가 건국했던 나라.
22) 항우(項羽) : B.C.232~202. 선조 대대로 초의 장군으로 한왕 유방과 해하의 전투에서 패하여 31세의 나이로 오강에서 자살함.

처음 제상이 떠나갈 때 부인이 그 소식을 듣고 쫓아갔으나 따라잡지 못하고 망덕사[24] 문의 남쪽 모래밭 위까지 와서는 거기에 누워 오래도록 목놓아 울었다. 그로 인해 모래밭을 장사라고 불렀다. 친척 두 사람이 부축하여 돌아오려 했으나 부인이 다리를 뻗고 일어서지 않으므로 그 땅 이름을 벌지지[25]라 했다. 한참 뒤 부인이 사모하는 마음을 참을 수 없어 세 딸을 데리고 치술령[26]에 올라가 왜국을 바라보며 통곡을 하다가 죽었다. 그래서 치술신모[27]가 되었는데 지금도 이곳에는 사당이 있다.

23) 만호후〔萬祿侯〕: 萬戶侯 또는 만록후라 하며 만호(萬戶)를 가진 제후를 말함.

24) 망덕사(望德寺) : 경주시 배반동에 있던 사찰로 당나라의 덕을 기리기 위해 685년에 건립한 절. 지금의 절터에는 보물로 지정된 당간지주만 남아 있음.

25) 벌지지(伐知旨) : 지금의 통일전과 망덕사지의 사이에 있는 지역.
ㅇ벌지지(伐知旨)의 어원 불지(佛地)마을 → 벌치ᄆᆞᄅᆞ · 볼디ᄆᆞᄅᆞ
· 벌지(伐知) → 불지(佛地) → 볼디 · 벌치 · 지(旨) → ᄆᆞᄅᆞ · 마ᄋᆞᆯ → 마을
*벌지지(伐知旨) 즉 벌치ᄆᆞᄅᆞ가 서각(舒脚 : ᄃᆞ리ᄅᆞᆯ 벌치)의 뜻으로 해석된 것은 그 음이 와전된 결과.
〈양주동, 『고가연구』〉

26) 치술령(鵄述嶺) : 경주시 동남쪽 외동면에 있는 765m의 고개 마루.
ㅇ치술령(鵄述嶺)의 어원 : 봉우리〔峯〕의 옛 뜻 술 · 수리(봉우리 → 봉수리)에서 유래.
- 치(鵄) : 솔개 치. 솔개 → 수리
〈양주동, 『고가연구』〉

박제상 설화 유적도

장사 벌지지

初堤上之發去也. 夫人聞之追不及. 及至望德寺門南沙上. 放臥長號. 因名其沙曰長沙. 親戚二人・扶腋將還. 夫人舒脚坐不起. 名其地曰伐知旨. 久後夫人不勝其慕. 率三娘子上鵄述嶺. 望倭國痛哭而終. 仍爲鵄述神母. 今祠堂存焉.

及 : 미칠 급
及 : 및(and) 급
臥 : 누울 와
戚 : 겨레 척
扶 : 붙들 부
號 : 엉엉울 호
腋 : 겨드랑이 액
舒 : 펼 서
鵄 : 솔개 치
嶺 : 고개 령
祠 : 사당 사

27) 치술신모(鵄述神母) : 미시나〔三品〕에 의하면 「치술령 봉우리의 정상에 큰 바위가 있다. 이 바위가 제상의 부인이 왜국을 바라보고 통곡하던 곳이며 뒤에 망부석으로 불리어졌다. 이 망부석 부근에 은을암(隱乙庵)이라고 하는 절이 있었으며 그 뒤의 바위에 깊은 동굴이 있다. 제상의 처는 비통하게 죽었으나 그의 영혼은 새가 되어 이 동굴에 숨었다. 그 뒤 동굴로부터 매일 한 사람 분의 쌀이 흘러나왔다고 하는 민간전승이 전하여 졌다. 은을(隱乙)의 음(音)은 얼로서 우물과 같다. 또 제상의 처의 영혼이 새가 되었다는 것도 곡신모(穀神母)인 주몽의 어머니와 알영부인이 물새〔水鳥〕의 형상을 한 것과 의미가 같다. 치술신모는 본래 곡신모이며 치술령은 영험스런 장소로서의 신앙을 결집한 곳이어서 후에 제상의 부인에 관한 전승이 습합된 것으로 보인다.」라고 주장

〈미시나〔三品〕, 『三國遺事考證』〉

망부석과 치술령

◀ 망부석

은을암 동굴 ▶

▼ 만고충신 박제상 사당

당시의 국내외 정세와 김제상 조의 의미

1. 내물-실성-눌지왕 시대의 국내외 정세 → 고구려의 확장과 왜의 신라 침략

4세기 중엽 석씨인 흘해왕이 죽을 때 아들이 없어 내물왕이 즉위한 것으로 『삼국사기』는 기록하고 있다. 그러나 『삼국유사』 「염촉멸신 조」에 염촉[이차돈]의 5대조가 흘해대왕(訖解大王)이라고 쓰여 있다. 이러한 사료를 검토해 보면 석씨왕 시대가 끝날 무렵 신라왕실 세력의 박·석·김의 세 족단 중 김씨 족이 가장 큰 정치세력으로 성장했다고 볼 수 있다. 따라서 국인(國人 : 중앙 정계에서 활약하는 귀족세력)들은 강력한 집단인 김씨 족을 왕으로 추대할 수밖에 없었을 것이다.

김씨 족의 대표인 내물왕이 즉위한 뒤 박·석·김의 3성 교립(交立)이 없어지고 김씨 세습제를 확립하면서 그들의 지배체제를 굳건히 하였다. 또 내물왕 22년(377)과 27년(382)에는 전진(前秦)에 사신을 보내면서 국제무대에 본격적으로 등장하게 되었다. 이 두 차례의 사신 파견이 고구려의 도움을 받은 것에서도 알 수 있듯이 당시 신라는 직·간접적으로 고구려의 영향 하에 있었다. 더욱이 광개토대왕(391~413)이 등장하면서 국제관계는 고구려와 신라의 한 축과 백제·가야 그리고 왜가 연결된 연합세력의 대립으로 짜여지게 되었다. 이 당시 왜는 빈번하게 신라를 침범하였다. 즉 4세기 중엽을 전후한 1세기 동안 6회나 신라를 침략하여 금성이나 명활성도 포위 공격한 일도 있었다. 이러한 침략에 대해서 신라는 고구려세력을 끌어들이지 않을 수 없었으며, 특히 399년에 있었던 왜의 침략은 고구려 광개토대왕의 지원을 받아서 물리칠 수 있었다.

이러한 정세 속에서 내물왕 37년(392)에 이찬 대서지의 아들인 실성을 고구려에 보냈다. 물론 여기에는 대외적인 관계뿐만 아니라 대서지와 같은 대립세력을 견제하고자 하는 내물왕의 의도도 있었을 것이다. 실성이 귀국한 뒤 한 달만에 내물왕이 죽자 내물의 아들을 제치고 왕위에 올랐는데 여기에는 고구려의 힘이 작용한 것으로 보인다.

실성왕이 즉위하여 내물왕의 아들 미해(미사흔)를 왜에 볼모로 보냈다.(삼국유사에서는 내물왕 36년인 390년에 보낸 것으로 기록) 이는 일종의 군사 외교로 보인다. 즉 광개토대왕이 396년에 백제를 공격하자 다음해에 백제의 아신왕은 태자 전지를 왜에 볼모로 보냈다. 신라도 이에 맞서 미해를 왜에 보내 백제와 왜의 군사 동맹을 깨뜨리려고 하였다. 이 외교전(外交戰)은 백제의 승리로 끝나 미해는 왜에 억류되고 말았다.

실성왕 11년(412)에 광개토대왕이 죽고 장수왕이 즉위하자 신라에서는 고구려와 새로운 관계를 모색하게 되었다. 그 결과 내물왕의 아들 보해(복호)를 고구려에 볼모로 보냈다. 그 뒤 실성은 고구려의 힘을 빌려 내물왕의 맏아들이었던 눌지까지 없애려하다가 도리어 눌지에게 죽임을 당한다. 즉 눌지의 즉위 과정에서도 고구려 세력의 후원이 있었던 것으로 보인다. 아래의 〈표1〉에 김제상 당시의 한반도 정세를 요약하였다.

〈표1〉 김제상 당시의 한반도 정세(350~450)

신라	고구려	백제	왜
ㅇ김씨 족의 독점적 왕위 세습 ㅇ왕권 미약 : 부자상속제 미확립 · 내물→실성→눌지의 왕위 계승 과정의 견제와 충돌 ㅇ주권확립 미흡 · 왜국의 침략→고구려의 보호 · 왜와 고구려에 인질 파견	ㅇ소수림왕의 불교수용, 율령반포로 국력신장 기반구축 ㅇ광개토대왕의 북방 확장 및 신라에 침입한 왜군 격퇴 ㅇ장수왕의 남하 정책으로 백제 영토 잠식	ㅇ4세기 중엽 근초고왕의 영토확장 → 최전성기 ㅇ5세기부터 고구려 광개토대왕 및 장수왕의 남진 정책으로 크게 위축 ㅇ아신왕이 태자 전지를 왜에 볼모로 보냄	ㅇ빈번한 신라 침입 · 364 : 부현벌판에서 신라에 패배 · 393 : 금성 포위 · 399 : 신라 침입 → 고구려 개입으로 패배 · 402 : 신라와 통호 · 415 : 신라의 풍도 침입 · 440 : 신라 변경 침입

2. 김제상의 왕제(王弟) 귀환에 관한 사서기록 비교

●『일본서기』의 기록

『일본서기』는 720년에 완성된 일본의 가장 오래된 사서 중의 하나이다. 이 사서가 만들어진 동기는 일본 왕가의 통치를 정당화하려는 정치적 목적이라는 것이 통설이다. 따라서 많은 부분이 첨가 · 윤색 · 조작되어 있다. 특히 신무(神武)부터 츄아이[仲哀]천황까지의 역대 천황의 계통은 객관적 사실이 아니다.

김제상에 관한 『일본서기』의 기록은 츄아이[仲哀]천황 때로서 『일본서기』 권제9 「진구[神功]황후 조」에 상세하게 기재되어 있다. 〈표1〉에 요약된 『일본서기』의 내용을 보면 우선 인질로 보낸 시기가 『삼국사기』나 『삼국유사』는 5세기 전후이나 『일본서기』의 기록은 200년이 빠른 A.D.201년인 것으로 기록하였다. 이는 우리나라 학자들뿐만 아니라 일본 학자들도 우리의 기록을 인정하고 있는 것으로 보아 『일본서기』의 연대는 조작된 것이 분명하다.

● 『삼국유사』와 『삼국사기』의 기록(『삼국사기』는 박제상으로, 『삼국유사』는 김제상으로 표기 —편집자 주)

김제상의 왕제 귀환에 관해 두 사서의 내용이 틀린 것은 두 부분이다. 첫 번째는 인질을 보낸 시기이다. 『삼국유사』는 내물왕 때 미해를 일본으로, 눌지왕 때 보해를 고구려로 보냈다고 했다. 그러나 『삼국사기』는 두 명 모두 실성왕 때라고 기록하였다. 그 당시 신라의 국내외 사정으로 볼 때 실성왕 때라고 보는 것이 더 타당할 것이다. 그러나 일연은 『삼국사기』의 기록을 검토한 후 작성된 『삼국유사』에서 다르게 쓰고 있다. 그 이유는 정치적 견제나 보복을 목적으로 볼모를 보낸 것이 아니라 나라를 지키기 위해 왕의 아들과 동생의 희생을 강조하기 위해 윤색한 것으로 추정할 수 있다.

두 번째 다른 점은 고구려에 인질로 간 보해의 귀환방법이다. 『삼국유사』에서는 김제상이 변복하여 고구려에 들어가 야음을 틈타 함께 도주했다고 하였다. 그러나 『삼국사기』에서는 박제상이 고구려의 장수왕을 설득하여 외교적 절차를 통해서 귀환했다고 기록하였다. 이는 일연이 신라의 힘이 미약함을 상징적으로 나타낸 것으로 볼 수 있다.

〈표1-2〉 김제상의 왕제 귀환에 관한 사서(史書)기록 비교

연도(서력)	삼국유사	삼국사기	일본서기
A.D. 201	—		ㅇ츄아이[仲哀]천황 때 진구[神功]황후 신라 정벌 ㅇ신라왕 파사매금(波沙寐錦 : 파사이사금)이 항복 - 미질기지(微叱己知 : 미해)를 인질로 황후 귀환
205	—		ㅇ신라왕이 모마리질지(毛麻利叱智 : 김제상) 등 3명을 보내 조공 ㅇ미질허지가 진구[神功]황후에게 거짓으로 말하기를 "신라왕이 신이 돌아오지 않으므로 저의 처자를 관노로 했으니 본국에 돌아가길 원합니다"라 하자 황후 허락 ㅇ미질허지가 대마도의 서해(鉏海) 항구 도착 후 모마리질지가 그를 도망가게 함 ㅇ모마리는 풀로 인형을 만들어 미질허지의 침상에 놓고 거짓 병에 걸린 것처럼 위장 ㅇ황태후는 속은 줄 알고 신라의 사자 3명을 나무우리에 넣고 불태워 죽임
355~356	내물왕 즉위 (치세 46년)	내물왕 즉위	—

연도(서력)	『삼 국 유 사』	『삼 국 사 기』	『일본서기』
390	내물왕 즉위 35년에 미해(미토희)를 왜로 보냄	–	–
392	–	고구려가 강성하여 내물왕 37년 실성을 고구려에 인질로 보냄	–
401	–	내물왕 즉위 46년 실성 귀환	–
402	실성왕 즉위	ㅇ실성왕 즉위(치세 16년) ㅇ왜국과 강화조건으로 미사흔 인질	–
412	–	실성왕 11년에 미사흔의 형 복호를 고구려에 인질로 보냄	–
417	눌지왕 즉위	눌지왕 즉위	–
418	–	ㅇ박제상(별칭 : 毛末)의 신분 - 혁거세의 후손인 파사이사금의 5대손 - 관직 : 삽량주간(歃良州干) ㅇ박제상의 눌지왕 동생들 귀환 추진 - 복호 귀환 : 고구려 장수왕 설득 - 미사흔 귀환 : 계략으로 귀환 추진 · 신라왕이 제상과 미사흔의 가족을 가두었다 하여 박제상이 왜로 망명 · 왜왕은 제상과 미사흔을 장수 및 향도로 신라 침략 → 해중 산도로 진출 · 제상이 미사흔 도주시킴 ㅇ왜왕이 제상을 목도 유배 후 죽임 ㅇ눌지왕의 후속 조치 : 박제상 대아찬 추증, 그의 딸을 미사흔의 처로 삼음	–
419	장수왕 요청으로 보해와 김무알을 고구려로 보냄	–	–
425	ㅇ김제상의 신분 : 삽라군 태수 ㅇ김제상의 눌지왕 동생 귀환 추진 - 보해 귀환 : 제상과 함께 야반 도주 - 미해 귀환 : 계략으로 귀환, 제상 일본 잔류 ㅇ김제상 처형 - 잔혹한 방법으로 회유 - 거부로 목도에서 화형 ㅇ눌지왕의 후속 조치 - 제상의 처→국대부인 - 제상의 딸→미해공의 처 ㅇ제상의 처→치술령에서 통곡한 후 죽어 치술신모가 됨	–	–

3. 김제상에 의한 왕제(王弟) 귀환의 의미 : 왕권강화와 모범적인 충신상 정립

『삼국유사』에서 눌지왕이 두 동생을 귀환시키게 되는 전후 사정이 기록되어 있다. 눌지왕이 잔치가 한창 무르익어 갈 무렵에 눈물을 흘리면서 두 동생을 고구려와 왜에서 데리고 오려면 어떻게 하면 좋을지 신하들에게 묻고 있다. 두 동생을 하루라도 잊은 적이 없으며 울지 않은 날이 없었노라고 애원하고 있는 모습도 기록되어 있다. 이 구절만 놓고 본다면 동생들을 데리고 오려는 까닭은 형제애라고 할 수 있다. 그러나 그 당시 신라의 국내외 정세를 보면 왕제 귀환은 다양한 정치적 의도가 깔려 있다고 생각할 수 있다.

눌지가 고구려의 후원으로 실성왕을 제거하고 왕위에 오르는 과정은 순탄하다고 볼 수 없다. 『삼국유사』나 『삼국사기』에서 보듯 두 세력 사이에는 무력 충돌까지 벌어졌다. 즉 눌지왕 즉위 초의 상황이 그렇게 안정적이지 못했을 가능성이 농후하다. 또한 눌지왕은 실성이 고구려에 볼모로 갔다가 돌아와 고구려의 세력을 등에 업고 내물왕의 맏아들이었던 자신을 제치고 왕위에 올랐다. 눌지왕 자신도 고구려의 후원으로 실성을 제거하고 즉위하였음을 생생하게 기억하고 있었을 것이다. 그런 그에게 두 동생 특히 고구려에 볼모로 가 있던 보해(복호)의 존재는 잠재적인 위협요인이 될 수 있다. 『삼국유사』의 기록에서도 「두 동생을 보게 되어 함께 선왕의 사당에 참례할 수 있다면 나라 사람들에게 은혜를 갚겠다.」고 하였는데 이러한 공식적인 행사를 통하여 왕위 계승권이 오직 자기 자신에게만 있음을 확고히 하고자 하는 의도를 무언중에 드러내 보인 것이 아닌가 한다.

왕의 동생들이 귀환한 후 신라에서 일어난 여러 가지 사건에 의해서 눌지왕의 의도를 짐작할 수 있다. 미해가 왜에서 돌아올 때 백관들에게 명해서 그를 마중하도록 하며 왕도 친히 남쪽 교외에서 맞았다. 또 죄 있는 사람을 크게 풀어주었다. 이러한 기록들을 살펴보면 백성들의 이목을 미해의 귀환에 집중시키려는 의도를 엿볼 수가 있다. 아마도 이러한 선전을 통하여 보해와 미해의 귀환 사실을 천하에 알리면서 두 동생을 귀환시킨 눌지왕 자신의 입지를 강화시킨 것으로 추정할 수 있다.

김제상이 일본에서 처형된 후 그의 활약상을 부각시킨 일면도 있다. 김제상의 처를 국대부인에 봉하고 그의 딸을 미해공의 부인으로 삼았다. 또한 제상의 처가 죽자 그를 제사지내는 사당도 만들어졌다. 이러한 일련의 조치는 김제상의 활약과 왜에서의 그의 죽음이 국인들과 백성들에게 분명히 각인되었을 것이다. 여기에서 눌지왕의 또 다른 의도를 엿볼 수 있다. 즉 김제상의 죽음을 통치이념이라는 측면으로 활용하고 있다는 사실이다. 다시 말하면 눌지왕은 김제상의 죽음을 통하여 군신관계의 재정립을 꾀했던 것이다. 내물 · 실성 · 눌지왕으로 이어지는 왕위계승의 과정에서 여러 세력들 사이의 이해관계가 엇갈렸을 것이다. 이런 세력 다툼의 한가운데 있었던 눌지왕은 김제상의 활약상을 부각시킴으로써 당시 신라가 필요로 하는 하나의 모범적인 충신상을 정립하고자 했다. 〈심재명, 「신라눌지왕대 박제상과 왕제귀환」을 참고하여 작성〉

제18대 실성왕[1]

의희[2] 9년 계축(413)에 평양주[3]에 큰 다리가 완성되었다.[4](아마도 남평양일 것이니 지금의 양주이다.) 왕이 전왕[5]의 태자 눌지가 덕망이 있음을 미워하고 꺼려서 그를 죽이려고 고구려 군사를 청하여 거짓으로 눌지를 맞이하게 했다. 고구려 사람들은 눌지의 어진 행실이 있음을 보고, 곧 창을 뒤로 돌려 왕을 죽이고[6] 눌지를 왕으로 세우고 돌아갔다.

1) 실성왕(實聖王) : 신라 제18대 왕. 재위기간 402~417. 실성왕에 관한 내용은 「내물왕 김제상 조」의 내물-실성-눌지왕 시대의 국내외 정세 참조.
 *『삼국유사』 왕력(王曆)편에 실성왕을 실주왕(實主王) 또는 보금(寶金)이라 기록.
 - 성(聖) · 주(主)는 음이 서로 통함.
 - 보금(寶金)의 寶(보)는 實(실)의 오자.
 · 보금(寶金)의 金의 뜻이 쇠로서 성(聖) · 주(主)의 음과 서로 통함.
 〈미시나〔三品〕, 『三國遺事考證』〉

2) 의희(義熙) : 중국 동진(東晋) 안제(安帝)의 연호. 의희 9년은 실성왕 12년으로 서력 413년.

3) 평양주(平壤州) : 『삼국사기』 「지리지」에 「한양군(漢陽郡)은 본래 고구려 북한산군(北漢山郡)이다.(평양이라고도 한다.) 진흥왕 때 주로 삼아 군주(軍主)를 설치했다. 경덕왕 때 이름을 바꾸었으니 지금의 양주의 옛 땅이다.」라 한 기록으로 보아 북한의 수도인 평양이 아니라 지금의 북한산 부근임.

4) 큰 다리가 완성되었다〔大橋成〕 : 의희 9년은 장수왕 원년(413)으로 이때 북한산주는 고구려에 속하여 있었기에 이 땅에 다리를 완성했다는 것은 믿을 수 없음.

5) 전왕(前王) : 17대 내물왕.

6) 고구려 사람들은 …… 왕을 죽이고 : 내물왕 김제상 조 해설 참조.

5세기경 고구려 무사의 모습이 그려진 퉁구 12호 벽화

第十八 實聖王

義熙九年癸丑. 平壤州大橋成. (恐南平壤也.今楊州.) 王忌憚前王大子訥祗有德望. 將害之. 請高麗兵而詐迎訥祗. 高麗人見訥祗有賢行. 乃倒戈而殺王. 乃立訥祗爲王而去.

橋 : 다리 교
忌 : 미워할 기
祗 : 공경할 지
大 : 太의 오기
將 : 하고자할 장
詐 : 거짓 사
戈 : 창 과
恐 : 헤아릴 공
憚 : 꺼릴 탄
祗 : 『삼국사기』에는 **祇**
倒 : 거스릴 도

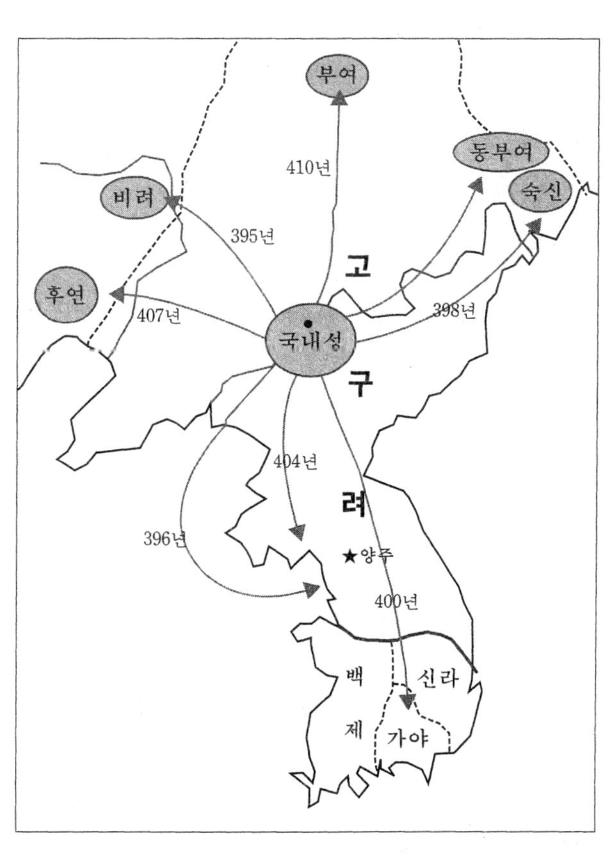

실성왕 전후시대의 고구려 영토확장

사금갑

– 거문고집을 쏘라 –

제21대 비처왕[1](소지왕이라 고도 한다.)이 즉위한 지 10년 되는 무진(488)에 천천정에 행차했다. 이때 까마귀와 쥐가 와서 울더니 쥐가 사람의 말로 이야기하기를 "이 까마귀가 가는 곳을 찾아가소서"라 했다. (혹은 말하기를 신덕왕[2]이 흥륜사[3]에 예불하러 가려는데 길에서 여러 마리의 쥐들이 꼬리를 서로 물고 있는 것이 보였다. 그것을 괴상히 여겨 돌아와 점을 쳐보니 「내일 먼저 우는 까마귀를 찾아 보라.」 등등의 이야기가 있지만 이것은 틀린 것이다.)

왕이 말을 탄 무사에게 명령하여 뒤따르게 했다. 남쪽으로 피촌[4](지금의 양피사촌으로 남산 동쪽 기슭에 있다.)에 도착했을 때 돼지 두 마리가 서로 싸우고 있었다. 주저주저하며 그것을 보다가 그만 까마귀가 간 곳을 놓쳐버리고 길가에서 배회하고 있었다. 이때 노인이 못 속에서 나와 편지를 주었다. 겉봉에 「떼어보면 두 사람이 죽을 것이고 떼어보지 않으면 한 사람이 죽는다.」고 쓰여 있었다. 무사가 와서 그것을 바치니 왕이 말하기를 "두 사람이 죽는 것보다 차라리 떼지 않고 단 한 사람만 죽는 것이 낫겠다"라 했다.

일관(日官)이 말씀드리기를 "두 사람이란 것은 일반 백성이요, 한 사람이란 것은 왕입니다"라 하자 왕도 그렇게 여겨 편지를 떼어 보았다. 그 편지 속에 사금갑(射琴匣 : 거문고집을 쏘라)이라고 쓰여 있었다. 왕이 궁에 들어가 거문고집을 보고 활을 쏘았다. 그 속에는 내전[5]에서 분향 수도하는 중[6]과 궁주[7]가 은밀하게 사귀면서 간통하고 있었기에 두 사람을 처형했다.

1) 비처왕(毗處王) · 소지왕(炤智王) : 신라 제21대왕. 재위기간 479~500. 자비왕의 맏아들.
ㅇ비처(毗處) · 소지(炤智)의 어원 : 빛치〔光〕의 음(音)과 뜻〔訓〕을 빌린 것.
- 비처(毗處) : 빛치〔光〕의 音借
- 소지(炤智) : 炤는 밝을 소로 빛치의 訓借. 智(지)는 인명에 붙는 존칭
*照知(조지) · 昭知 등 비처왕의 별칭도 빛〔光〕의 뜻을 빌린 것.

2) 신덕왕(神德王) : 신라 제53대왕. 재위기간 912~917. 52대 효공왕이 세상을 떠나고 자손이 없어 아달라왕의 원손이며 헌강왕의 사위인 경휘를 국인들이 추대하여 왕위에 오르니 이가 신덕왕임. 신덕왕부터 55대 경애왕까지는 박씨임.

射 琴 匣

射 : 쏠 사
琴 : 거문고 금
匣 : 상자 갑

第二十一毗處王(一作炤智王.)即位十年戊辰. 幸於天泉亭. 時有烏與鼠來鳴. 鼠作人語云. 此烏去處尋之.(或云. 神德王欲行香興輪寺. 路見衆鼠含尾. 怪之而還占之. 明日先鳴烏尋之云云. 此說非也.)

毗 : 밝을 비
炤 : 밝을 소
鼠 : 쥐 서
鳴 : 울 명
尋 : 찾을 심
含 : 머금을 함

王命騎士追之. 南至避村.(今壤避寺村. 在南山東麓.) 兩猪相鬪. 留連見之. 忽失烏所在. 徘徊路旁. 時有老翁自池中出奉書. 外面題云. 開見二人死・不開一人死. 使來獻之. 王曰. 與其二人死. 莫若不開・但一人死耳. 日官奏云. 二人者庶民也. 一人者王也. 王然之開見. 書中云射琴匣. 王入宮見琴匣射之. 乃內殿焚修僧與宮主潛通而所奸也. 二人伏誅.

騎 : 말탈 기
避 : 피할 피
壤 : 부드러운흙 양
麓 : 산기슭 록
猪 : 돼지 저
鬪 : 싸움 투
連 : 머무를 련
徘 : 노닐 배
徊 : 노닐 회
旁 : 곁 방
翁 : 늙은이 옹
題 : 글쓸 제
耳 : 뿐 이
獻 : 드릴 헌
與 : ~~보다 여
庶 : 백성 서
焚 : 불사를 분
潛 : 몰래 잠
通 : 사귈 통
奸 : 간음할 간
伏 : 엎드릴 복
誅 : 벨 주

3) 흥륜사(興輪寺) : 경주시 사정리 지금의 경주공고에 있던 절. 법흥왕 15년인 528년에 공사를 시작한 후 534년에 천경림을 벌목하여 진흥왕 5년인 544년에 완공한 신라 최초의 사찰.

4) 피촌(避村) : 지금의 경주시 통일전 부근에 남산동이란 마을이 피리촌(避里村)으로 이곳이 피촌임. 마을 이름을 딴 피리사라는 절이 있었으며 양피사(壤避寺)라고도 함.

5) 내전(內殿) : 궁중의 원당(願堂)으로 여기에는 분수승(焚修僧)이 상주하고 있었으며 내전(內殿)은 천주사(天柱寺)로 월성과 안압지의 중간쯤에 있던 사찰로 추정.

〈김상현, 『신라의 사상과 문화』〉

6) 분향 수도하는 중〔焚修僧〕 : 승려 묘심으로 추정.

〈박영규, 『신라왕조실록』〉

이로부터 나라의 풍속에 매년 정월 첫 돼지날과 첫 쥐날과 첫 말의 날[8]에는 모든 일에 조심하고 삼가서 함부로 움직이지 아니했다. 정월 보름을 까마귀의 제삿날[9]이라 하여 찰밥으로 제를 지냈으니 지금까지도 행해지고 있다. 세속의 말로 달도[10]라고 하니 슬퍼하고 근심하여 모든 일을 금하고 꺼린다는 뜻이다. 편지가 나온 못을 서출지[11]로 이름을 붙였다.

7) 궁주(宮主) : 비빈(妃嬪) 또는 왕의 친척인 것으로 추정되나 박창화가 필사한 김대문의 『화랑세기』에는 「왕궁에는 왕의 비빈(妃嬪)을 위한 집을 궁이라 칭하고 그 궁의 주인 되는 비빈(妃嬪)을 궁주」라 함.

*소지왕과 궁주 및 분수승과의 관계

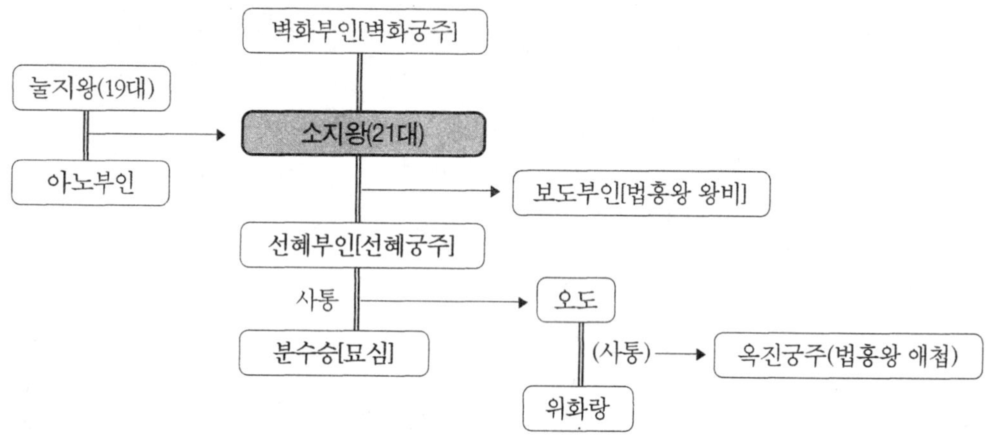

〈박영규, 『신라왕조실록』. 이종욱, 『화랑세기로 본 신라인 이야기』〉

8) 정월 첫 돼지날〔上亥〕과 첫 쥐날〔上子〕과 첫 말의 날〔上午〕

ㅇ상해(上亥) : 그 해의 첫 돼지〔亥〕일
ㅇ상자(上子) : 〃 〃 쥐〔子〕일
ㅇ상오(上午) : 〃 〃 말〔午〕일

9) 까마귀의 제삿날〔烏忌日〕 : 정월 보름날을 오기일이라 하여 까마귀에게 찰밥을 지어 제사지내는 것으로 얼마 전까지도 정월 보름에 아이들이 감나무에 찰밥을 던지면서 「까마귀 밥주자」하는 주언(呪言)을 되풀이하는 풍속이 있었음.

*오기(烏忌)는 향찰로 영고(迎鼓)와 같은 말인 오구가 한자어인 오기(烏忌)로 전해진 것으로 추정.

〈이재호, 『삼국유사』〉

自爾國俗每正月上亥上子上午等日. 忌愼百事. 不敢動作. 以十六日爲烏忌之日. 以糯飯祭之. 至今行之. 俚言怛忉. 言悲愁而禁忌百事也. 命其池曰書出池.

爾 : 그 이 **亥** : 돼지 해 **子** : 쥐 자
午 : 말 오
忌 : 피할 기 **愼** : 삼갈 신 **六** : 五의 오기
忌 : 제사 기 **糯** : 찹쌀 나 **飯** : 밥 반
俚 : 속될 리 **怛** : 슬퍼할 달 **忉** : 근심할 도
愁 : 근심할 수

10) 달도(怛忉) : 의미 및 어원에 관한 학설

내 용	주장학자, 『저서』
ㅇ 달도(怛忉)는 비수(悲愁)의 의미로서 슬프고 근심스럽다는 뜻을 가진 설 · 슬과 세수(歲首)를 의미하는 설의 음이 서로 통하여 달도라는 한자어로 표기 * 달도(怛忉)는 슬프고 근심스런 것이 아니라 새해 첫머리 및 거기에 따르는 습속(習俗)	김사엽, 『완역삼국유사』 양주동, 『고가연구』
ㅇ 새롭다는 우리말 도리를 한자로 표기 * 달도(怛忉)는 정월달에 있는 제천의식	이재호, 『삼국유사』

11) 서출지(書出池) : 지금의 경주시 통일전 안쪽 남산동에 남산리 쌍탑이 있으며 그 옆에 양피못이라고 불리는 고색창연한 못이 서출지로 추정됨.
*통일전 옆의 서출지라고 전해지는 연못은 이요당지(二樂堂池)로서 1644년 입향한 임칙이 이요당(二樂堂)을 세우고 연못을 조성. 그 후 일제시대에 문화재를 등록할 때 현재의 이요당이 있는 못을 서출지로 잘못 등록.

傳서출지

서출지로 잘못 알려진 이요당

사금갑 조의 의미

사금갑 설화의 의미는 새롭고 혁신적 사상인 불교를 배척하기 위한 보수세력의 음모를 상징했다는 것과 역사적 사실의 반영이라는 견해가 있다.

1. 불교를 배척하기 위한 보수세력의 음모

신라는 교통의 불편으로 문화전파 속도가 늦을 수밖에 없어 외래문화 충격을 상당 기간 받지 않고 살 수 있었다. 그러나 국가의 성숙과 인접국가의 문화성장은 신라로 하여금 더 이상 외래문화의 유입을 거부할 수 없게 하였다. 김씨 왕들이 본격적으로 세습을 시작하는 눌지왕 때부터 불교의 전도승들이 고구려로부터 흘러 들어와 신라의 문호를 두드리기 시작했다.

또한 고구려에 6년 동안 인질로 가 있던 보해는 당시 신지식이던 불교와 충분히 접촉할 기회를 가졌을 것이다. 보해는 강국에 인질로 잡혀와 있는 약소국의 왕자로서 항상 신변에 불안을 느끼고 있었을 것이다. 때문에 불교 미전도국의 왕자와 불교교단의 접촉은 필연적으로 이루어졌을 것이다. 따라서 선산지역 전도는 보해왕자와 연관된 것이라고 볼 수 있다.

보해가 인질에서 돌아온 후 눌지왕은 보해로부터 불교에 관한 상당한 지식을 습득했을 것이다. 이후 신라왕실에서는 불교에 대한 이해를 점차 확대해 간 듯하다. 눌지왕을 뒤이은 자비왕의 왕호가 불교식이고 소지왕도 우리말인 비처왕이라 부르기도 했다는데서 비처를 부처로 보려는 견해도 있다. 그리고 이런 이름답게 소지왕 때 왕궁 안에 불교의식을 맡아 집전하는 분수승도 기거하게 했던 모양이다.

불교가 왕실 포교에 성공하자 보수세력이 왕비 또는 비빈과 전도승에게 파렴치한 누명을 씌워 이들을 희생시킴으로써 불교의 공식 전파를 저지하려 했을 것이다. 소지왕도 이 사실을 깨닫고 수습에 나선 듯하다. 『삼국사기』의 기록을 보면 이해 정월에 왕이 월성으로 거처를 옮긴 것으로 보아 왕실 안에 어떤 일이 있었던 것을 간접적으로 시인하고 있다. 다음 2월에는 왕이 일선군으로 가서 홀아비와 과부 및 고아들을 위로하고 곡식을 내려주었으며 3월에는 돌아오면서 주변의 죄수들을 석방했다. 왕이 1월 중순에 왕비와 분수승을 처형하고 2월에 곧 바로 일선군을 방문했다면 분수승의 처형에 대한 해명이 필요했을 것이다. 일선군은 이미 불교 포교의 거점이 되어 상당한 불교세력이 형성되어 있었고 분수승들도 이곳으로부터 초빙되었을 것이기 때문이다.

〈표1〉 사금갑 조 전후의 불교 사적

사금갑 사건 이전			사금갑 사건 시기	사금갑 사건 이후	
미추왕(13대)	눌지왕(19대)	자비왕	비처왕(21대)	지증왕	법흥왕(23대)
262~284	417~458	458~479	479~500	500~514	514~540
ㅇ아도 : 일선군 모례가에서 활동 - 공주병 치료 - 흥륜사 창건	ㅇ묵호자 모례가에서 활동 - 향을 알아 맞춤 - 왕녀 병 치료 ㅇ보해 귀국	불교적 왕호 사용	ㅇ아도 모례가에서 활동 - 시자 3인이 불경과 율법 강독 *488년 사금갑 사건 발생	불교적 왕호 사용	ㅇ아도가 모례가에서 활동 -향 사용법 알림 -불교전파 칙허 *527년 이차돈 순교
『아도본비』 『삼국유사』	『계림잡전』 『삼국사기』 『삼국유사』	—	『계림잡전』 『삼국사기』 『삼국유사』	—	『계림잡전』 『삼국사기』 『삼국유사』

*고구려의 불교전래 : 소수림왕 2년(372), 백제의 불교전래 : 침류왕 원년(384)

2. 역사적 사실

당시 소지왕에게는 비빈으로 왕비인 선혜부인만 있었다. 따라서 이야기에 등장하는 궁주는 선혜부인이며 그녀와 간통했던 중은 묘심이다. 『화랑세기』에는 선혜부인이 묘심과 사통하여 오도라는 딸을 낳았다고 했다. 선혜는 이때 처형되지 않은 듯하다. 신라 왕실에서는 왕비가 간통했다 해서 죽임을 당하는 경우는 없었다. 성적으로 자유분방했던 신라 왕실에선 왕비가 사통하여 아이를 갖는 경우가 종종 있었기 때문이다. 신라의 왕은 혈통의 순수성을 지키기 위해 대개 왕의 사촌 · 삼촌 등과 결혼했다. 따라서 사랑에 의한 것이 아니므로 왕비들은 그녀들이 좋아하는 남자를 발견하여 사통을 일삼았는데, 이것은 독특한 결혼 풍습의 한 뒷면이었던 것이다. 사금갑 조는 이러한 역사적 사실이 설화에 반영된 것으로 추정된다.

지철로왕[1)]

제22대 지철로왕의 성은 김씨이고 이름은 지대로 또는 지도로[2)]이다. 시호는 지증[3)]이니 시호가 이것이 처음이었다. 또 우리말로 왕을 마립간으로 한 것도 이 왕 때부터 시작되었다.[4)] 왕은 영원[5)] 2년 경진(500)에 왕위에 올랐다.(혹은 신사년(501)이라고 하나 그렇게 되면 영원 3년이다.)

왕은 음경의 길이가 1자 5치[6)]나 되어 배필을 구하기가 어려워 사람들을 세 방면으로 보내어 배필을 구했다. 배필을 구하는 사람이 모량부[7)]의 동노수[8)]라는 나무 밑에 왔을 때 개 두 마리가 북 만한 큰 똥 덩어리 한 개의 양끝을 서로 다투어 가면서 깨물고 있는 것을 보았다. 마을 사람들에게 물으니 한 소녀가 말하기를 "이것은 모량부 상공의 딸이 여기에서 빨래를 하다가 숲 속에 숨어서 눈 것입니다"라 하여 그녀의 집을 찾아가서 알아보니 키가 7자 5치[9)]였다. 이 사실을 자세하게 왕에게 말씀드렸더니 왕이 수레를 보내어 궁중으로 맞아들여 황후[10)]로 책봉하자 여러 신하들이 모두 예를 갖추어 축하했다.

1) 지철로왕(智哲老王) : 신라 제22대 왕. 재위기간 500~514. 내물왕의 증손이며 21대 소지왕의 6촌 아우로 소지왕이 아들 없이 죽자 64세의 나이로 등극. 왕위에 올라 나을에 신궁을 세우고 제사를 지냈으며 순장법을 금함. 또 국호를 신라로 정하고 왕의 칭호를 사용했으며 주군현을 정하고 우산국의 항복을 받음.

2) 지대로(智大路) · 지도로(智度路) : 지증왕〔智哲老王〕의 별칭으로 이외에도 지조(智祖) · 지정(智訂) · 지징(智澄) 등이 있음.

ㅇ지철로 · 지대로 · 지도로의 의미 및 어원

내 용	주장학자, 『저서』
ㅇ智哲老=智大路=智度路 ➡ 목숨이 길다는 장명(長命)의 뜻을 빌림〔訓借〕 - 長(장) → 길다의 길 → 질(남쪽 지방의 속음) → 지다라 *지철로왕의 수명은 78세로 길(질)게 살았음	양주동, 『고가연구』
ㅇ지대로(智大路) ➡ 남근(男根)대로, 왕대로 - 지(智) : 치와 서로 통하며 신(神)의 궁중어로 최상급의 존칭어였으나 천한 말로 전락 → 그치 · 저치 · 장사치 *여기서의 지는 왕이나 남근을 뜻하여 지대로는 남근대로 즉 남근에 맞는 왕비를 간택한다는 의미	이영희, 『노래하는 역사』

智哲老王

第二十二智哲老王. 姓金氏. 名智大路. 又智度路・諡曰智澄. 諡號始于此. 又鄕稱王爲麻立干者. 自此王始. 王以永元二年庚辰卽位(或云辛巳則三年也).

澄 : 證의 오기　　澄 : 맑을 징

王陰長一尺五寸. 難於嘉耦. 發使三道求之. 使至年梁部冬老樹下. 見二狗嚙一屎塊如鼓大. 爭嚙其兩端. 訪於里人. 有一小女告云. 此部相公之女子洗澣于此 隱林而所遺也. 尋其家撿之. 身長七尺五寸. 具事奏聞. 王遣車邀入宮中. 封爲皇后. 群臣皆賀.

嘉 : 아름다울 가　　耦 : 짝 우
年 : 牟(나라이름 모, 클 모)의 오기
狗 : 개 구　　嚙 : 깨물 고
屎 : 똥 시　　塊 : 덩어리 괴
鼓 : 북 고　　訪 : 물을 방
洗 : 씻을 세　　澣 : 씻을 한
隱 : 숨을 은　　尋 : 찾을 심
撿 : 조사할 검　　遣 : 보낼 견
車 : 수레 거　　邀 : 맞을 요
皆 : 모두 개　　賀 : 하례 하

3) 지증(智證) : 불교식 시호(諡號) → 진제(眞諦)의 진리를 깊이 깨달은 지혜(智慧)로써 열반을 증득(證得) → 올바른 지혜로써 진리를 깨닫는 것.
  *『유마경』「제자품」에 '모든 감촉을 받음이 지증과 같다'
4) 마립간으로 한 것도 이 왕 때부터 시작되었다. : 마립간이라는 칭호는 『삼국유사』 「왕력편」에서는 내물왕 이후라고 했으며 『삼국사기』에서는 눌지왕 이후라고 했으나 『삼국유사』 「왕력편」의 내물왕이 통설.
5) 영원(永元) : 중국 남조(南朝) 제나라 폐제(廢除)의 연호.
6) 음경의 길이가 1자 5치〔陰長一尺五寸〕: 일반적으로 남성의 성기 크기는 낮은 차원에서는 남성의 물리적 힘을, 높은 차원에서는 권력 지향적인 것을 상징함. 지철로왕은 음경의 길이가 1자 5치나 되어 왕권강화 등 권력지향적인 인물인 것을 상징.
  ○1자 5치의 실제 길이에 관한 학설　　단위 : cm

구분 (주장자)	주척 (박흥수)	동위척 (김병모)	곡척 (齊藤)	당척 (민덕식)	건초척 (최완수)
1자	19.42	35.5	30.3	29.5	25.14
1자 5치	29.13	53.25	45.45	42.75	37.71

7) 모량부(牟梁部) : 신라 6부 중 하나로 경주시 서면의 모량천 유역.
  *모량부는 지명인 동시에 마려워의 옛말 마리바 또는 마루브를 암시.　　〈이영희〉

또 아슬라주[11](지금의 명주이다.) 동쪽 바다 가운데에 바람만 잘 불면 이틀 뱃길 거리에 우릉도[12](지금은 于陵을 羽陵(우릉)으로 쓴다.)가 있다. 주위 둘레가 2만 6730보[13]이다. 섬 오랑캐들이 물이 깊은 것을 믿고 교만하고 거만하여 신하노릇을 하지 않았다. 왕이 이찬[14] 박이종[15]에게 군사를 거느리고 가서 그들을 토벌하도록 명령하였다. 박이종이 나무로 된 사자 모양의 허수아비를 만들어 큰 배 위에 싣고 위협해서 말하기를 "항복하지 않으면 이 짐승을 풀어놓겠다"라 하자 섬 오랑캐가 두려워서 항복하였다. 이종을 포상하여 고을의 장[16]으로 삼았다.

8) 동노수(冬老樹) : 어원 및 의미에 관한 학설

내 용	주장학자, 『저서』
똥누었소의 옛말 동놋수	이영희, 『노래하는 역사』
冬(동)은 之의 오자. 즉 牟梁部之老樹 → 모량부의 오래된 나무	미시나〔三品〕, 『三國遺事考證』

9) 키가 7자 5치〔身長七尺五寸〕

ㅇ7자 5치의 실제 길이에 관한 학설

단위 : cm

구분(주장자)	주척(박흥수)	동위척(김병모)	곡척(齊藤)	당척(민덕식)	건초척(최완수)
1자	19.42	35.5	30.3	29.5	25.14
7자 5치	145.65	266.25	227.25	221.25	188.55

10) 황후(皇后) : 박씨 연제부인.

11) 아슬라주(阿瑟羅州) : 지금의 강릉지역으로 하서량(河西良) · 하서아(河西阿) · 하슬라(河瑟羅) · 아슬라(阿瑟羅) · 명주(溟州) 등으로 불림.

신라 토우

又阿瑟羅州(今溟州) 東海中. 便風二日程有亐陵島(今作羽陵). 周廻二万六千七百三十步. 島夷恃其水深. 憍慠不臣. 王命伊飡朴伊宗將兵討之. 宗作木偶師子・載於大艦之上. 威之云. 不降則放此獸. 島夷畏而降. 賞伊宗爲州伯.

便 : 순할 변
程 : 길잇수 정
亐 : 于의 오기
廻 : 돌아올 회
恃 : 믿을 시
憍 : 교만할 교
慠 : 거만할 오
飡 : 먹을 식(湌의 오자)
將 : 거느릴 장
討 : 칠 토
偶 : 허수아비 우
載 : 실을 재
艦 : 싸움배 함
獸 : 짐승 수
畏 : 두려울 외
伯 : 우두머리 백

12) 우릉도(于陵島) : 지금의 울릉도로 신라시대에는 우산국으로 불리어지기도 함.
13) 2만 6730보 : 1보는 1.24m(주척)~2.13m(동위척)로서 33.1km~57.0km
14) 이찬〔伊飡〕: 이찬은 신라의 17관등 중 제2위.
15) 박이종(朴伊宗) : 내물왕의 4대 손으로 『삼국사기』에서는 김이종으로 기록. 지증왕 6년인 505년에 실직주(悉直州) 군주(軍主)가 되고 512년 나주 군주가 되어 우산국을 정벌.

박이종의 기록이 있는 단양신라적성비

ㅇ 박이종의 이칭(異稱)에 관한 어원

출 전	이칭(異稱)	내 용	주장학자, 『저서』
『삼국유사』	박이종	모계사회의 반영 : 「지철로왕조」에서 황후가 모량부 출신의 박씨여서 『삼국유사』에 박씨로 기록	—
『삼국사기』	ㅇ김이사부(金異斯夫) ㅇ김태종(金苔宗)	ㅇ김씨 : 내물왕의 4대손이며 지증왕의 2대손 ㅇ이사(異斯) : 斯(사)는 뜻이 이로서 異(이)와 발음이 같아서 간략하게 박이종(朴伊宗)의 伊로 표기 ㅇ苔(태) : 苔의 뜻 이끼 → 잇 → 이 ㅇ宗(종) · 夫(부) : 귀인(貴人)의 존칭	양주동, 『고가연구』 미시나〔三品〕, 『三國遺事考證』
단양신라 적성비	이사부지(伊史夫智)	ㅇ史(사) : 사(斯)와 음이 동일 ㅇ夫智(부지) : 夫는 귀인의 존칭. 智는 존칭어미	—

16) 고을의 장〔州伯〕: 원문의 주백(州伯)은 『삼국사기』 지증마립간 조에 「왕이 친히 국내의 주군현의 제도를 정하고 실직주를 두어 그 곳의 군주로 삼으니 군주란 이름이 여기서 시작되었다.」에서 군주에 해당하는 주의 장관.

진흥왕[1]

제24대 진흥왕은 왕위에 오를 때 나이가 15세였으므로 태후[2]가 섭정을 했다. 태후는 바로 법흥왕의 딸로서 입종갈문왕의 비였다. 태후는 임종할 때 머리를 깎은 뒤 승려 옷을 입고 세상을 떠났다.

승성[3] 3년(554) 9월에 백제의 군사가 진성[4]에 침략해 와서 남녀 3만 9천 명과 말 8천 필을 빼앗아갔다. 이에 앞서 백제는 신라와 군사를 합하여 고구려를 치려고 했으나 진흥왕이 말하기를 "나라의 흥망은 하늘에 달렸는데 만약에 하늘이 고구려를 미워하지 않는다면 내가 어찌 감히 치기를 바랄 수 있겠는가?"라 했다. 바로 이 말이 고구려로 전달되니 고구려가 그 말에 감동하여 신라와 우호관계를 맺었다. 이에 백제가 신라를 원망하여 이렇게 침범한 것이다.

1) 진흥왕(眞興王) : 신라 제24대 왕. 재위기간 540~576. 『삼국사기』에서 본명을 삼맥종(三麥宗) 또는 심맥부(深麥夫)라 기록. 진흥왕은 국가체제를 정비하고 영토를 확장했으며 불교를 번창시키는 등 신라 중흥의 왕임.

＊진흥왕의 세계(世系)

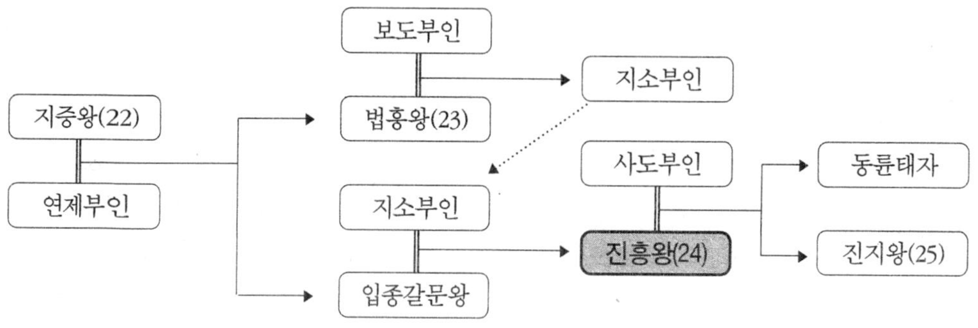

＊법흥왕의 조카인 진흥왕이 왕위에 오른 사유

법흥왕은 후비 옥진궁주와의 사이에 아들 비대가 있었으나 비대의 외조부 위화랑과 법흥왕의 딸 지소부인의 반대로 지소부인의 아들 진흥왕이 왕위에 오르게 됨. 가장 유력한 왕위 계승권자인 지소부인은 여자여서 왕위를 잇지 못한다 하더라도 그의 아들이 계승할 수 있기 때문.

〈박영규, 『신라왕조실록』〉

眞興王

第二十四眞興王. 卽位時年十五歲. 大后欇政. 大后乃法興王之女子・立宗葛文王之妃. 終時削髮柀法衣而逝. 承聖三年九月. 百濟兵來侵於珎城. 掠取人男女三万九千・馬八千疋而去. 先是,百濟欲與新羅合兵謀伐高麗. 眞興曰. 國之興亡在天. 若天未猒高麗. 則我何敢望焉. 乃以此言通高麗. 高麗感其言. 與羅通好而百濟怨之. 故來爾.

大 : 太의 오기
欇 : 攝(대신할 섭)의 오기
欇 : 단풍나무 섭
削 : 머리깎을 삭
柀 : 被(덮을 피)의 오기
柀 : 비자나무 피
逝 : 갈 서
髮 : 머리 발
掠 : 빼앗을 략
疋 : 무리 필
猒 : 싫어할 염
爾 : 말(已) 이, 뿐 이

2) 태후(太后) : 진흥왕의 어머니인 지소부인(只召夫人).
3) 승성(承聖) : 중국 양(梁)나라 원제(元帝)의 연호.
4) 진성(珎城) : 전라북도 북무의 진수(珍州)로 추정. 조선조에는 진산군으로 『동국여지승람』에 진산의 위치를 「동쪽으로는 옥천군 경계에서 40리, 금산군 경계에서 36리, 서쪽으로는 전주부 경계에서 8리, 북쪽으로는 유성현의 경계에서 39리 위치에 있다.」로 기록됨.

정부가 사적으로 정한 傳진흥왕릉

학자들이 진흥왕릉이라고 주장하는 서악동 고분군

도화녀[1] 비형랑[2]

– 도화녀와 비형랑 –

제25대 사륜왕[3]의 시호는 진지대왕[4]으로 성은 김씨이며 왕비는 기오공[5]의 딸인 지도부인[6]이다. 태건[7] 8년 병신(576)(고본에는 11년 기해(579)라고 했으나 잘못이다.)에 왕위에 올라 4년 동안 나라를 다스렸으나 정치가 어려워지고 음란하여 나라 사람들[8]이 그를 폐위시켰다.

이에 앞서 사량부 백성의 딸이 있었는데 자색이 곱고 아름다워 당시의 사람들이 도화랑이라 불렀다. 왕이 소문을 듣고 궁중으로 불러들여 욕보이고자 하니 그 여인이 말하기를 "여인으로서 지켜야할 바는 두 남편을 섬기지 않는 것이거늘 지아비가 있는 몸으로 어찌 다른 데로 가오리까? 비록 천자의 위엄으로도 끝내 절조를 빼앗지 못할 것이옵니다"라 했다. 왕이 말하기를 "너를 죽인다면 어찌하겠느냐?"라 하니 여인이 말하기를 "차라리 시장거리에서 목을 베일지라도 다른 마음을 가질 수는 없습니다"라 했다. 왕이 농담삼아 말하기를 "남편이 없으면 몸을 허락할 수 있겠는가?"라 물으니 "허락할 수 있습니다"라 했다. 왕이 그녀를 보내주었다.

1) 도화녀(桃花女) : 도화녀의 의미에 대해서는 그의 아들 비형랑이 귀신을 지배하는 점과 일본의 모모다로〔桃太郎〕라는 설화에서 이름의 모티프를 찾을 수 있음. 복숭아를 뜻하는 도(桃)에 귀신을 피할 수 있는 영험이 있다는 관념은 예부터 중국에 있었으니, 형초(荊楚)의 『세시기』에 「복숭아에는 오행의 정(精)이 있으니 나쁜 기운을 피하고 없애 주며 모든 귀신을 제압한다.」하였으며, 『산해경』·『회남자』·『서박(鼠璞)』 등에서도 귀신을 피하는 기록이 있음. 복숭아에 귀신을 피할 수 있다고 믿는 이유는 도(桃)가 도망간다는 의미의 도(逃)와 음이 같기 때문에 쫓아 없앤다는 의미를 받아들인 것으로 추정.
〈조선고적연구회, 『樂浪彩篋冢』〉

2) 비형랑(鼻荊郎) : 이름이 뜻하는 의미에 관한 학설

내 용	주장학자, 『저서』
ㅇ비형(鼻荊) : 이무기와 같은 큰 뱀으로 장차 용이 될 존재 - 비(鼻)의 뜻은 코이며 형(荊)의 뜻은 가시로서 코의 가시 · 용의 얼굴에는 코가 가시처럼 솟아있음을 상징 - 비형 → ᄇᆡ암(용비어천가) → 배암 → 뱀	김기흥, 『천년의 왕국 신라』
ㅇ화랑 - 비(鼻)의 뜻은 코 → 화로 음 변화 - 형(荊)의 뜻은 가시 → 각시의 뜻 랑(郎)	김원주

桃花女 鼻荊郞

桃 : 복숭아 도　**鼻** : 코 비
荊 : 가시 형

第二十五舍輪王. 諡眞智大王. 姓金氏. 妃起烏公之女・知刀夫人. 大建八年丙申卽位.(古本云十一年已亥. 誤矣.) 御國四年. 政亂荒婬. 國人廢之. 前此, 沙梁部之庶女. 姿容艶美. 時號桃花娘. 王聞而召致宮中. 欲幸之. 女曰. 女之所守. 不事二夫. 有夫而適他. 雖万乘之威・終不奪也. 王曰. 殺之何. 女曰. 寧斬于市. 有願靡他. 王戲曰. 無夫則可乎. 曰可. 王放而遣之.

舍 : 집 사, 말 사
輪 : 수레바퀴 륜
大 : 太의 오기
已 : 己의 오기
荒 : 빠질 황
婬 : 婬(음탕할 음)의 오자
婬 : 늙어등굽을 요
廢 : 폐할 폐　**艶** : 고울 염
召 : 부를 소　**致** : 불러올 치
幸 : 바랄 행　**適** : 갈 적
奪 : 빼앗을 탈　**斬** : 베일 참
靡 : 없을 미　**戲** : 희롱할 희

3) 사륜왕(舍輪王) : 사륜(舍輪)은 신라25대 진지왕의 이름.
　ㅇ사륜(舍輪)의 의미에 관한 학설

내　　용	주장학자, 『저서』
ㅇ신라왕실이 석가불(釋迦佛)의 종족이라는 의식의 반영 - 쇠(舍 : 사)륜 → 진지왕 *금륜→법흥왕, 은륜→진흥왕, 동륜 → 동륜태자	김기홍, 『천년의 왕국 신라』
ㅇ사륜왕은 마립간을 의미 - 舍(사 : 말 사)의 뜻 말과 輪의 음 륜을 합하면 마륜이 되어 마립과 음이 통하여 사륜왕은 마립간이 됨	미시나(三品), 『三國遺事考證』

*『삼국사기』에서 사륜을 금륜(金輪)으로 기록. 이는 金의 뜻 쇠와 사가 통하기 때문.
4) 진지대왕(眞智大王) : 신라 제25대왕. 재위기간 576~579.
　*진지대왕의 세계(世系)

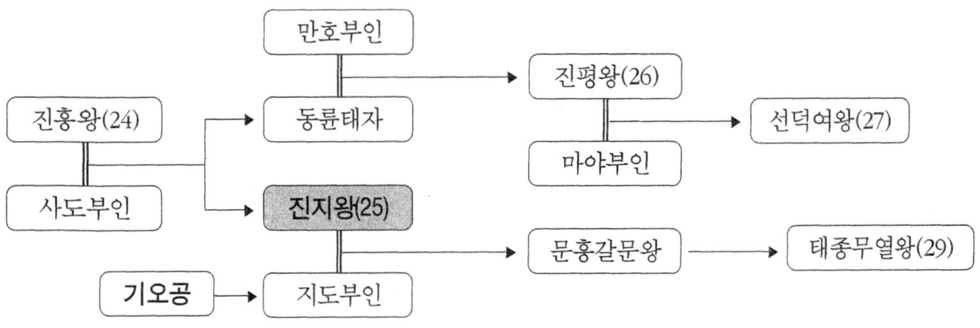

이 해에 왕이 임금자리에서 쫓겨나서 죽었다. 그 후 2년 만에 도화녀의 남편도 또한 죽으니, 죽은 지 열흘 되는 밤중에 홀연히 왕이 옛날의 평상시와 같이 여인의 방에 들어와 말하기를 "네가 예전에 허락을 하였고 지금은 너의 남편이 없으니 잠자리를 같이 할 수 있겠느냐?"라 하자 그녀는 가벼이 허락하지 않고 부모에게 여쭈어 보았다. 부모가 말하기를 "임금님의 말씀인데 어떻게 어기겠느냐?"하고 딸을 왕의 방으로 들어가게 했다. 왕이 머무른 7일 동안 항상 5색 구름이 집을 덮고 향기가 방안에 가득하더니 7일 후에 홀연히 왕의 자취가 없어졌다. 여인이 이로 인해 태기가 있다가 달이 차서 해산을 하는데 천지가 진동하면서 사내아이 하나가 태어났으니 이름을 비형이라 했다.

진평대왕이 매우 기이한 소문을 듣고 궁중에 데려다 길렀다. 나이 15세가 되자 집사[9]라는 벼슬을 주었더니 그는 밤마다 멀리 도망 나가 놀았다. 왕이 용맹스런 군사 50인을 시켜서 지키게 했으나 매번 월성을 날아 넘어 서쪽 황천[10]의 강변(서울의 서쪽에 있다.)에 가서 귀신들을 데리고 놀았다. 군사들이 숲 속에서 엎드려 엿보았더니 귀신들은 여러 절에서 새벽 종소리가 들리면 제각기 흩어지고 비형랑도 또한 돌아가는 것이었다. 군사들이 돌아와서 이 사실을 보고 드리니 왕이 비형을 불러 "너는 귀신들을 거느리고 논다고 하는데 정말이냐?" 고 묻자 비형랑이 "그러하옵니다"라 대답했다.

5) 기오공(起烏公) : 무열왕의 외조부 즉 진지왕의 장인. 그는 왕실에 버금가는 집안의 대표로서 갈문왕이거나 본래 갈문왕이 아니었더라도 왕비의 부친이 됨으로써 갈문왕이 되어야함. 그러나 그는 갈문왕이 아닌 기오공으로 기록되어 무열왕이 성골이 되지 못한 신비를 간직한 인물. 남창화가 필사한 『화랑세기』에서 「기오는 소지왕의 왕비 선혜황후가 다른 남자와 사통하여 낳은 아들이며, 기오는 진흥왕의 왕비 사도부인의 자매인 홍도낭주와 결혼하여 지도부인을 낳았다」고 기록.

6) 지도부인(知刀夫人) : 남창화가 필사한 『화랑세기』에서 「지도부인은 진흥왕과 사도황후 사이에 태어난 동륜태자와 결혼했으나 동륜이 그에게 관심을 보이지 않자 금륜(진지왕)과 사통하여 장남 용수를 낳음. 그 후 동륜이 죽고 금륜이 왕위에 오르자 황후에 책봉되어 무열왕 김춘추의 부친 용춘을 낳았다.」고 기록.

7) 태건〔大建〕: 중국 진(陳)나라 선제(宣帝)의 연호.

8) 나라 사람들〔國人〕: 상대등을 정점으로 한 신라의 귀족집단.

是年王見廢而崩. 後二年其夫亦死. 浹旬忽夜中. 王如平昔. 來於女房曰. 汝昔有諾. 今無汝夫可乎. 女不輕諾. 告於父母. 父母曰. 君王之敎・何以避之. 以其女入於房. 留御七日. 常有五色雲覆屋. 香氣滿室. 七日後忽然無蹤. 女因而有娠. 月滿將産. 天地振動. 産得一男. 名曰鼻荊.

見 : 당할 견
浹 : 일주 협
旬 : 열흘 순
忽 : 갑자기 홀
諾 : 허락할 락
敎 : 왕명 교
避 : 피할 피
御 : 임금에대한경칭 어
覆 : 덮을 부
蹤 : 자취 종

眞平大王聞其殊異. 收養宮中. 年至十五. 授差執事. 每夜逃去遠遊. 王使勇士五十人守之. 每飛過月城. 西去荒川岸上(在京城西). 率鬼衆遊. 勇士伏林中窺伺. 鬼衆聞諸寺曉鍾各散. 郎亦歸矣. 軍士以事來奏. 王召鼻荊曰. 汝領鬼遊. 信乎. 郎曰然.

娠 : 아이밸 신
差 : 가릴 차
窺 : 엿볼 규
伺 : 살필 사
曉 : 새벽 효

9) 집사(執事) : 왕의 수족과도 같은 존재로서 궁내의 다양한 일을 총괄하는 직위로 추정.
10) 황천(荒川) : 『신증동국여지승람』에서 「황천은 사등이천(史等伊川)의 별칭이다. 사등이천은 토함산 기슭에서 이천과 합류하여 문천(蚊川)이 되어 서천으로 흘러 들어간다.」고 기록.

출산중인 신라 토우

왕이 말하기를 "그렇다면 너는 귀신들을 시켜 신원사[11] 북쪽 개울(신중사라고도 하는데 잘못이다. 황천 동쪽의 깊은 개울이라고도 한다.)에 다리를 놓도록 하여라"고 했다. 비형이 왕명을 받들어 그의 무리들을 시켜 돌을 다듬어 하룻밤 사이에 큰 다리를 완성했다. 그래서 다리 이름을 귀교[12](鬼橋 : 귀신다리)라 했다. 왕이 또 묻기를 "귀신들 가운데 인간 세상에 나와서 나라의 정치를 도울만한 자가 있는가?"라 하자 대답하기를 "길달이란 자가 있사온데 가히 나라의 정치를 도울만 합니다"라 했다. 왕이 함께 오라 하여 그 다음 날 비형과 같이 뵈었다. 그에게 집사 벼슬을 주었더니 과연 그는 충성스럽고 정직하기가 짝이 없었다.

이때 각간 임종이 아들이 없었으므로 왕이 명하여 길달을 아들로 삼게 하자, 임종이 길달에게 명하여 흥륜사 남쪽에 다락문을 세우게 하고 매일 밤 그 문 위에 가서 자도록 했다. 그래서 그 문 이름을 길달문이라 했다.

하루는 길달이 여우로 변해서 도망가자 비형이 귀신을 시켜 그를 잡아 죽였다. 이 때문에 귀신의 무리들이 비형의 이름만 들어도 두려워서 달아났다.

당시 사람들이 이를 두고 다음과 같이 글을 지었다.

성스런 제왕의 혼이 낳은 아들
비형랑이 있었던 집이로다.
날고 뛰는 여러 귀신들아
이곳에는 머물지 말지어다.

나라의 풍속에 이 글을 붙여 귀신을 쫓는다.

11) 신원사(神元寺) : 오릉의 서편 들을 신원평(神元坪) 또는 귀들[鬼坪]이라고 하는데 아마도 신원사는 오릉의 서편 들 가운데 있었을 것으로 추정. 최근까지만 해도 신원사로 여겨지는 절터가 오릉 서편 들에 있었으며 당간지주 · 기와 · 석재 등이 남아 있었고 기와조각이 출토되기도 함.

12) 귀교(鬼橋) : 『동국여지승람』에는 귀교가 신원사 옆에 있다고 했으며 귀교지(鬼橋址)는 지금의 오릉 서남쪽에 있음.

王曰. 然則汝使鬼衆. 成橋於神元寺北渠.(一作神衆寺誤. 一云荒川東深渠.) 荊奉勑. 使其徒鍊石・成大橋於一夜. 故名鬼橋. 王又問. 鬼衆之中・有出現人間・輔朝政者乎. 曰有吉達者. 可輔國政. 王曰與來. 翌日荊與俱見. 賜爵執事. 果忠直無雙.

渠 : 도랑 거
奉 : 받들 봉
勑 : 칙서 칙
間 : 間의 오기
輔 : 도울 보
翌 : 다음날 익
俱 : 함께 구
見 : 보일 현

時角干林宗無子. 王勑爲嗣子. 林宗命吉達. 創樓門於興輪寺南. 每夜去宿其門上. 故名吉達門. 一日吉達變狐而遁去. 荊使鬼捉而殺之. 故其衆聞鼻荊之名. 怖畏而走.

嗣 : 후사 사
樓 : 다락 루
狐 : 여우 호
遁 : 달아날 둔
捉 : 잡을 촉
怖 : 두려워할 포
畏 : 두려울 외

時人作詞曰.

聖帝魂生子.
鼻荊郞室亭.
飛馳諸鬼衆.
此處莫留停.

詞 : 글 사
魂 : 넋 혼
亭 : 숙소 정
馳 : 달릴 치
停 : 머물 정
帖 : 문서 첩
辟 : 물리칠 벽

鄕俗帖此詞以辟鬼.

도화녀 비형랑 조의 의미

도화녀와 비형랑 설화에 대한 의미는 무속과 불교의 융합과정을 상징한 것으로 볼 수 있다. 이는 곧 도화녀와 비형랑 설화의 상징 원형은 일체(一切)・일심(一心)이라고 본 것이다. 즉 대립된 무속과 불교의 융합을 통해 분열된 인간마음의 통합이 이 설화의 원형이라는 것이다.

또 다른 견해는 이 설화는 그 당시의 역사적 사실을 반영한 이야기로서 무열왕의 아버지되는 비형랑이 장차 용이 될 과정을 그렸다는 것이다. 이 두 가지 주장을 아래에 요약하였다.

1. 무속과 불교의 융합

설화 내용	의미
진지왕이 도화녀를 욕보이고자 했으나 저항하다.	죽은 진지왕이 도화녀에게 생전의 모습으로 찾아와서 그녀와 동거한 것은 도화녀의 신비체험이다. 귀신을 볼 수 있고 귀신과 대화하고 귀신과 교접할 수 있는 것은 보통 사람에겐 불가능하다. 이것은 귀신이 들린 무당만이 가능하다. 샤머니즘은 바로 무당의 초현실적인 경험이다.
죽은 진지왕과 산사람인 도화녀가 7일 동안 동거하다.	도화녀가 진지왕의 신을 생시와 같이 보고 신의 말을 듣고 서로 대화를 나눈 것은 도화녀에게 진지왕의 신이 접하여 무병(巫病 : 신들림) 현상을 체험한 것이다. 불사이부(不事二夫)를 저버리고 동거한다는 것은 수호신을 맞이해서 신당(神堂)을 꾸미고 무업(巫業)을 함으로써 무병이 치료되는 과정이다. 진지왕이 7일 동안 머문 것은 금기를 푸는 기간이다. 이는 우리 신화에서 공통으로 나타난다. 이 설화에서는 도화녀가 강신무(降神巫)로 다시 태어나고 귀신의 아들을 잉태하는 등 초능력을 획득하는데 필요한 종교적 시간으로 해석된다. 즉 같이 머무르는 7일 동안 항상 오색 구름이 집을 덮었고 향기가 집안에 가득했다고 한 것은 7일 동안 강신제(降神祭)가 이루어진 광경을 묘사한 것으로 보인다.

설화 내용	의　　　　　미
비형랑이 집사로 임명된 뒤 귀신들을 데리고 황천언덕에 놀며 하룻밤에 귀교를 건설하다.	비형랑은 강신무 도화녀의 아들이다. 전통사회에서는 신분이 상속되므로 비형랑은 도화녀의 아들로 그녀의 무속업을 계승한 세습무(世襲巫)이다. 세습무인 비형랑과 그를 따르는 귀신들은 동류(同類)로서 모두 무속집단이라 볼 수 있다. 이들은 귀신을 접했거나 귀신을 부리는 무리들이다. 비형랑을 왕정(王政) 보좌역인 집사로 임명한 것은 신정시대(神政時代)의 무군(巫君)에서 그 연원을 찾을 수 있다. 신정이 분리되고 난 이후에도 무(巫)는 왕정 보좌역의 소임을 담당하는 집사무로서 왕정에 참여하였다. 비형랑이 귀신들과 황천언덕에 놀다가 새벽에 돌아왔다고 하는 것은 밤에 왕궁을 떠나 무속집단과 어울려 굿판을 벌린 것으로 볼 수 있다. 황천은 무(巫)의 색채가 짙은 이름으로 아마도 무속집단의 거주지였을 것이다. 그는 무 가운데에서도 집사무(執事巫)였기 때문에 보통의 무속인들을 거느리는 위치에 있었을 것이다. 당시 일반 백성들이 무를 보는 시각은 보통 사람이 할 수 없는 초능력의 소유자들이다. 사람의 힘으로 도저히 다리를 건설하기 힘든 곳인 신원사 북쪽 개천에 비형랑의 지휘를 받은 무의 무리들이 다리를 건설했을 때 일반백성들은 경탄했을 것이다, 하룻밤 사이에 놓았다는 것은 귀교의 신비성을 강조하기 위한 설화적 표현일 뿐이다.
귀신 중 집사가 된 길달이 임종의 아들이 되어 흥륜사 남쪽에 다락문을 세운 후 거기서 자다. 길달이 여우로 변해서 도망갔으며 비형이 귀신을 시켜 그를 잡아 죽이다.	길달은 비형랑의 추천으로 집사무(執事巫)가 되어 처음에는 흥륜사 문루를 세우고 거기서 숙식을 하는 등 충직하기가 비할 데가 없었다. 그러나 그는 집사무가 되었을지언정 어디까지나 무당이었다. 불교라는 외래종교가 들어오기 전까지는 그 자리를 차지하고 있던 무당들에게 불교의 하수인이 되도록 강요당하는 상황이 벌어진 것이다. 이때 비형랑은 왕정과 불교에 타협하는 친 왕권파의 길에 서게 된 것이고 길달은 불교에 저항하는 무당으로 돌아섬에 따라 무속집단은 분열상을 나타내었다. 비형랑을 지지하는 현실타협 무속세력과 길달을 지지하고 불교에 저항하는 무속들이 생겨나게 된 것이다. 이 싸움에서 왕권을 등에 업은 비형랑이 승리를 하여 길달은 비형랑이 보낸 무에게 죽임을 당한다. 즉 길달은 무불(巫佛)의 대립, 융합과정에서 불교에 저항하다 패배한 무를, 비형랑은 불교에 융합된 무를 상징한다. 오늘날 전하는 무속은 모두 불교에 깊이 융합되어 있음을 알 수 있다. 무가(巫歌)의 내용만 보더라도 미륵님 · 석가님 · 칠성님 · 용왕님과 공존하여 극락왕생을 비는 지로귀(指路鬼)굿 뿐만 아니라 용왕제와 재수굿 경문에도 무불(巫佛)이 함께 어우러진다. 이들은 분명 비형랑의 후예들이라 할 수 있을 것이다.

〈김홍철, 『도화녀 · 비형랑 설화고』 요약〉

2. 역사적 사실의 반영→비형랑은 무열왕의 아버지 용춘 · 용수

설화 내용	의 미
제25대 사륜왕의 왕비는 기오공의 딸이다.	진지왕은 진흥왕의 둘째아들로 형인 동륜태자(銅輪太子)가 죽자 조카(뒤의 진평왕)의 나이가 어려 왕위에 올랐다. 그의 불교적 이름 사륜(舍輪)은 그의 형이 동륜인 만큼 철륜(鐵輪) 즉 쇠륜에서 변형된 표기로 보인다. 진지왕의 장인인 기오공은 갈문왕이 아니다. 이는 진골계통의 여자와 결혼했다는 의미일 수도 있으며 진지왕이 폐위된 후 갈문왕의 지위가 박탈되었을 수도 있다.
사륜왕이 음란하고 정치가 어려워져 나라사람들이 왕을 폐위시키다.	진지왕을 후원했다고 믿어지는 상대등 거칠부의 죽음과 더불어 동륜태자의 아들(뒤의 진평왕)을 중심으로 한 귀족들의 저항으로 폐위되었을 가능성이 큰 것으로 여겨진다. 특히 도화녀가 남편이 있으므로 관계를 가질 수 없다 했을 때 강제로 범하지 않는 것은 음란한 정도가 크지 않음을 알 수 있다. 『삼국사기』에서도 3년의 짧은 재위기간 중에 정치가 어려워지고 음란하다는 기사들이 없다.
죽은 진지왕과 도화녀 간의 7일 동안 동거로 비형랑이 탄생하다.	진지왕의 원통한 축출과 죽음 그리고 후궁(도화녀)과의 사랑이 민중들의 연민 속에서 이야기로 만들어졌을 것이며 아마도 유복자일 가능성이 큰 비형으로 묘사된 용춘의 출생과 더불어 민중의 관심은 한층 고조되었을 것이다. 비형이라고 하는 이름도 뱀의 조선초기 음 ᄇᆡ얌과 연계된 듯하다. 흔히 용이 되지 못하고 용이 될 기회를 기다리는 큰 뱀을 이무기라 하는데 이 경우 비형은 이무기와 같은 큰 뱀으로 장차 용이 될 존재 즉 무열왕의 아버지인 용춘(龍春) · 용수(龍樹)가 되는 것이다. 용춘(龍春) · 용수(龍樹)는 이름 자체가 용을 뜻할 뿐만 아니라 용과 관련된 황룡사 및 황룡사 9층탑을 건립하였다.
비형랑이 집사로 임명된 뒤 황천 언덕에 귀신들을 데리고 놀며 하룻밤에 귀교를 건설하다.	이것은 비형랑이 화랑으로서 낭도들을 거느리게 된 사실을 전한 듯하다. 화랑도의 수련에 신이한 일이 부회되는 것은 흔한 일이다. 귀신과 길달 등 신이한 이야기에 대해서는 오히려 비형의 능력을 과장하기 위해 만든 사건일 것이다. 귀신을 물리칠 수 있는 용 즉 왕의 아들로서 다리 건설에서 보여 준 귀신 같은 솜씨가 연결되어 이러저러한 이야기가 생겨나고 첨가되고 사라지고 고쳐지는 등의 과정에서 그는 귀신을 물리치는 능력을 가진 마치 처용과 같은 종교적 존재로서의 기능을 하게 되었을 것이다.

〈김기홍, 『도화녀 · 비형랑 설화의 역사적 진실』 요약〉

안압지에서 출토된 금동 용머리

정부가 사적으로 정한 진지왕릉

학자들이 진지왕릉이라고 주장하는 서악동 고분군

천사옥대

– 하늘이 준 옥대 –

(청태[1] 4년 정유(937) 5월 정승 김부[2]가 금으로 새기고 옥으로 반듯하게 장식한 허리띠 하나를 바쳤다. 길이가 10뼘으로 새겨붙인 장식이 62개였는데 이것을 진평왕의 천사옥대라고 했다. 고려의 태조가 이것을 받아 궁중의 창고에 보관했다.)

第26대 백정왕[3]의 시호는 진평대왕[4]이며 성은 김씨이다. 태건[5] 11년 기해(579) 8월에 왕위에 올랐다. 키가 11자[6]였다.

내제석궁[7](다른 이름은 천주사[8]이다. 이 왕이 창건한 것이다.)에 행차했을 때 섬돌을 밟으니 돌 세 개가 한꺼번에 부러졌다. 왕이 주위의 신하들에게 말하기를 "이 돌을 치우지 말고 뒤에 오는 사람들이 보도록 하라"고 했다. 바로 이 돌이 성안에서 움직이지 못하는 다섯 개의 돌 중 하나이다.

그가 왕위에 오른 첫해에 천사가 궁전 뜰에 내려와 왕에게 말하기를 "상황[9]께서 내게 명하여 옥대를 전해주라고 했습니다"라 하니 왕이 친히 무릎을 꿇고 그것을 받았다. 이러고 난 후에 그 천사는 하늘로 올라갔다. 무릇 교외에서나 종묘[10]에서 큰 제사를 지낼 때는 모두 이 옥대를 사용하였다.

1) 청태(淸泰) : 중국 후당(後唐) 말제(末帝)의 연호. 청태 연호는 2년에 끝났으므로 청태 4년은 후진(後晋) 고조의 천복(天福) 2년임.

2) 정승 김부(政丞 金傅) : 김부는 신라의 마지막 왕 경순왕의 이름. 경순왕이 고려 태조 18년(935)에 고려에 항복해 오자 정승이라는 벼슬을 주었으니 그 위치는 태자의 위임.

3) 백정왕(白淨王) · 4) 진평대왕(眞平大王) : 신라 제26대 왕으로 백정은 진평왕의 이름. 재위기간 579~632. 문물제도를 개혁하고 중앙 집권을 확립.

* 진평왕의 세계(世系)

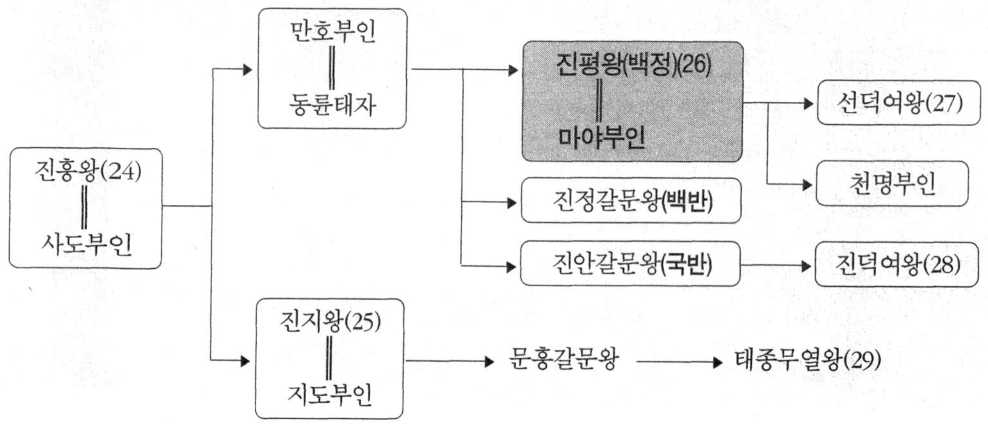

天賜玉帶

(淸泰四年丁酉五月. 正承金傳獻鐫金粧玉排方腰帶一條. 長十圍. 鐫銙六十二. 曰是眞平王天賜帶也. 太祖受之. 藏之內庫.)

帶 : 허리띠 대　傅 : 스승 부
鐫 : 새길 전　粧 : 단장할 장
排 : 편안히둘 배　圍 : 아름(뼘) 위
銙 : 허리띠 과　藏 : 감출 장
內 : 대궐안 내

第二十六白淨王. 諡眞平大王. 金氏. 大建十一年己亥八月卽位. 身長十一尺.

淨 : 깨끗할 정
大 : 太의 오기
駕 : 임금탄수레 가
幸 : 거동 행

駕幸內帝釋宮.(亦名天柱寺. 王之所創.) 踏石梯. 二石並折. 王謂左右曰. 不動此石. 以示後來. 卽城中五不動石之一也.

卽位元年. 有天使降於殿庭. 謂王曰. 上皇命我傳賜玉帶. 王親奉跪受. 然後其使上天. 凡郊廟大祀皆服之.

二 : 三의 오기　釋 : 부처이름 석
踏 : 밟을 답　梯 : 섬돌 제
並 : 나란히할 병　折 : 부러질 절
跪 : 꿇어앉을 궤　郊 : 성밖 교
廟 : 종묘 묘　服 : 사용할 복

* 진평왕의 世系에서 본 왕즉불(王卽佛 : 왕이 곧 부처) 사상

전륜성왕 사상	→	王卽佛 사상(석가족과 동일)
ㅇ법흥왕 : 금륜성왕		ㅇ진평왕의 이름 : 백 정 → 석가 아버지 이름
ㅇ진흥왕 : 은륜성왕		ㅇ진평왕비의 명칭 : 마야부인→ 석가 어머니 이름
ㅇ동륜태자 : 동륜성왕		ㅇ진평왕 동생의 이름 : 백 반 → 〃 삼촌 이름
ㅇ진지왕 : 쇠륜성왕		ㅇ 〃 〃 : 국 반 → 〃 〃 〃

5) 태건〔大建〕: 원문의 大建은 太建으로 중국 진(陳)나라 선제(宣帝)의 연호.
6) 키가 11자〔身長十一尺〕: 11자는 2.2~3.8m로서 그의 큰 키는 국왕의 통치권을 크게 강화시켰다는 것을 상징한 듯함.
7) 내제석궁(內帝釋宮) : 궁중내의 불당 또는 제석천(帝釋天)을 제사 지내는 건물로 추정.
8) 천주사(天柱寺) : 『신증동국여지승람』에 「월성 서북쪽에 있으며 세속에 전하기로는 사금갑에서 죽은 중은 이 절의 중이며 천주사 북쪽은 안압지」라 하였고 『동경잡기』에는 「신라왕의 내불당」이라고 기록. 1945년 이전까지만 해도 안압지 남쪽의 논 가운데 천주사의 부동석이라고 하는 큰 바위가 있었으나 안압지 주변 정리 때에 없어짐.
9) 상황(上皇) : 제석천제(帝釋天帝)　〈김영태, 『신라불교천신고』〉

그 후 고려왕이 신라를 치려고 모의하면서 말하기를 "신라에는 세 가지 보물이 있어 침범할 수 없다고 하니 무엇을 두고 하는 말인가?" 하였더니 「황룡사 장육존상이 첫째이고 그 절에 있는 9층탑이 둘째며 진평왕의 천사옥대가 셋째」라 하여 왕은 곧 그 계획을 중지하였다.

다음과 같이 찬미한다.

구름 위의 하늘이 옥대 내리어 두르시니,
천자[11]의 곤룡포[12]에 아담하게 어울리네.
이로부터 우리 임금 몸 더욱 중후하니,
내일 아침 강철로 섬돌 만들까 하네.

10) 교외에서나 종묘〔郊廟(교묘)〕: 교사(郊社)와 종묘(宗廟)를 뜻하며 교사(郊社)는 천지에 제사 지내는 일이고, 종묘(宗廟)는 조상에게 제사지내는 것.
11) 천자〔辟雍〕: 원문의 벽옹(辟雍)은 중국 고대에 천자의 나라에 설치한 대학을 말함. 여기서는 천자의 뜻. 『예기』에 「대학은 교외에 있다. 천자의 나라에 있는 것을 벽옹이라 하고 제후의 나라에 있는 것을 반궁이라 한다.」에서 인용.
12) 곤룡포〔龍袞〕: 천자가 입던 정복으로 황색 비단에 용의 무늬를 수놓았던 옷.

금관총에서 출토된 금제 허리띠

後高麗王將謀伐羅. 乃曰. 新羅有三寶不可犯. 何謂也. 皇龍寺文六尊像一. 其寺九層塔二. 眞平王天賜玉帶三也. 乃止其謀.

文 : 丈의 오기
丈 : 10자 장

讚曰.

讚 : 찬미할 찬

雲外天頒玉帶圍.
辟雍龍衮雅相宜
吾君自此身彌重.
准擬明朝鐵作墀.

頒 : 하사할 반
辟 : 임금 벽
雍 : 학교 옹
衮 : 곤룡포 곤
相 : 도울 상
雅 : 아담할 아
彌 : 더욱 미
准(準의 속자) : 법 준
擬 : 헤아릴 의
准擬 : ~~하고저
墀 : 섬돌 지

천사옥대 조의 의미

1. 정치적 해석 → 왕권강화와 고려의 신라 계승

이 설화는 정치적 해석과 종교적 해석으로 나누어 생각해 볼 수 있다. 먼저 정치적인 상징 의미를 고찰해보자.

진평왕은 진흥왕과 사도부인 사이에서 태어난 동륜태자의 아들로서 그의 삼촌 진지왕이 제거된 후 열세 살의 어린 나이로 왕위에 올랐다. 따라서 출발부터 정통성에 다소 문제가 있었다. 진평왕 즉위 원년에 상황이 천사옥대를 보내 주었다는 것도 천제가 옥대를 내려줄 정도로 정통성이 확보된 신성한 임금을 강조하기 위한 의도이다. 앞의 본문에서 「왕이 ……돌사다리를 밟으니 돌 세 개가 한꺼번에 부러졌다. 이 돌을 치우지 말고 뒤에 오는 사람들이 보도록 하라」 또 「교묘의 제사를 지낼 때는 모두 옥대를 찼다」는 것 등은 왕위의 신성함과 권위를 강조하기 위한 의도였을 것이다.

천사옥대를 비롯한 신라 삼보가 고려 태조 왕건에 의해 새삼스러이 부각되었다. 이는 삼국통일을 한 신라를 계승하여 후삼국을 통일하고자 하는 왕건의 의도를 엿볼 수 있다. 신라

마지막 왕인 경순왕 김부로부터 전해 받은 천사옥대를 궁중의 창고에 보관했다는 것은 신라의 전통을 계승하겠다는 의도인 것이다. 또 고려 태조가 신라를 치려다가 신라 삼보로 중지했다고 하였다. 그 뿐만 아니라 왕건은 서경에 9층탑을 세웠다. 이는 신라가 9층탑을 세워 삼국을 통일한 것을 본받기 위한 것이었다. 이러한 신라 삼보에 대한 주목은 그의 후삼국 통일이라는 정치적 염원의 한 표출이었다.

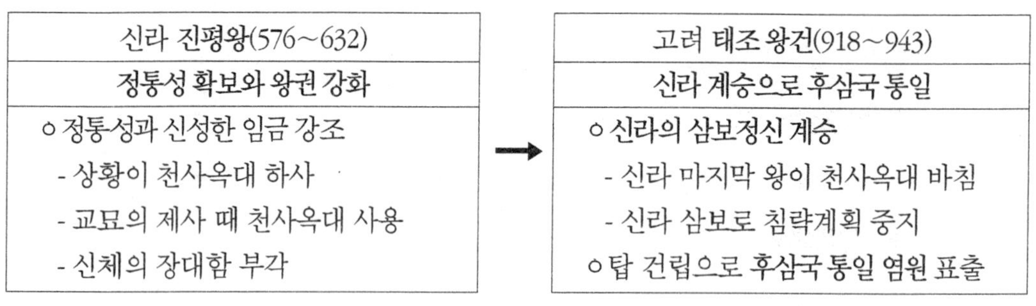

〈그림1〉 천사옥대의 정치적 해석

2. 종교적 해석 → 불교와 무속의 융합

하늘이 준 옥대 즉 천사옥대는 불교와 무속의 융합을 상징화한 설화라고 볼 수 있다. 먼저 불교적인 요소를 보면 진평왕에게 옥대를 내려보낸 상황(上皇)은 제석천이 틀림없다. 제석천은 불경에 자주 등장한다. 즉 그는 수미산 꼭대기의 도리천 희견성에 있으며 만민의 선악·사정(邪正)을 잘 아는 하늘의 신이다. 또 진평왕이 하늘의 신 제석으로부터 받은 옥대는 불경에 보이는 전륜성왕(轉輪聖王)의 행적을 본 딴 것이다. 전륜성왕은 하늘로부터 일곱 가지 보물을 받는데 이 옥대 역시 전륜성왕의 7보와 같은 성격의 보물로 여겨진다.

무속적인 요소가 반영된 것은 옥대와 교묘의 제사이다. 신라왕의 옥대는 왕의 복식에 어울리게 금과 옥 등 여러 장식을 만들어 매달아 놓은 허리띠이다. 이러한 옥대는 시베리아에 거주하는 종족들의 샤먼이 사용하는 허리띠의 유물로 볼 수 있다. 오랜 옛날 무당들이 허리띠에 청동검 등 여러 물건을 주렁주렁 달고 다니던 것은 시베리아 샤먼의 영향을 받았다. 진평왕이 받은 천사옥대도 이를 계승했다고 볼 수 있다. 진평왕이 옥대를 띠고 지낸 교묘의 제사도 무속과 연관되어 있다. 교묘(郊廟)란 천지의 신과 조상의 신에게 제사지내는 것을 말한다. 우리의 무속은 천(天)·지(地)·수(水) 및 조상에게도 신이 있다고 믿는다. 이러한 신들에게 무당들은 굿을 바치고 제사를 드린다. 이러한 교묘의 제사와 옥대는 무속적인 요소로 볼 수 있다.

불교의 제석천이 전륜성왕인 진평왕에게 무속의 옥대를 하사한다는 것은 불교와 무속의 융합을 의미한다. 비록 불교가 법흥왕 15년(528)에 공인되었다고 하나 널리 전파되어 일반 백성들까지 믿었다고 볼 수 없다. 오히려 그 당시에는 조상신이나 자신들이 사는 지역의 산천신(山川神)을 섬기고 있어서 불교보다 무속에 가까웠을 것이다. 그러나 불교는 왕에게는 왕즉불(王卽佛)이라는 논리로 왕권강화에 도움을 주고 평민에게는 누구든 깨달으면 부처가 될 수 있다는 평등사상으로 민중들에게 전파되었다. 이러한 불교는 그 자체의 수용적이고 포용적인 성질로 무속을 흡수 융합하였다.

천사옥대 조의 불교와 무속의 융합은 『삼국유사』「권제2」에 나오는 만파식적 조에서 불교와 유교의 융합으로 이어지고 있다.

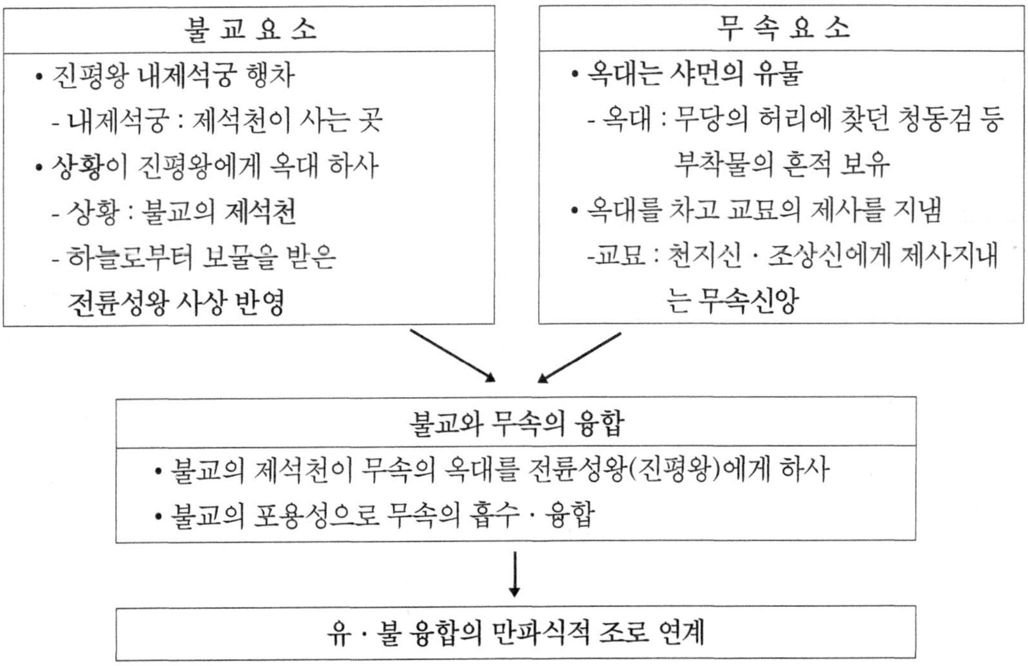

불 교 요 소	무 속 요 소
• 진평왕 내제석궁 행차 - 내제석궁 : 제석천이 사는 곳 • 상황이 진평왕에게 옥대 하사 - 상황 : 불교의 제석천 - 하늘로부터 보물을 받은 전륜성왕 사상 반영	• 옥대는 샤먼의 유물 - 옥대 : 무당의 허리에 찾던 청동검 등 부착물의 흔적 보유 • 옥대를 차고 교묘의 제사를 지냄 -교묘 : 천지신·조상신에게 제사지내는 무속신앙

↓

불교와 무속의 융합
• 불교의 제석천이 무속의 옥대를 전륜성왕(진평왕)에게 하사 • 불교의 포용성으로 무속의 흡수·융합

↓

유·불 융합의 만파식적 조로 연계

〈그림2〉 천사옥대조의 무불 융합

선덕왕[1] 지기[2] 삼사

– 선덕왕이 미리 알아낸 세 가지 일 –

제27대 덕만(德曼)(曼(만)을 万(만)이라고도 한다.)의 시호는 선덕여대왕으로 성은 김씨이며 아버지는 진평왕이다. 정관[3] 6년 임진(632)에 왕위에 올라 16년 간 나라를 다스리면서 미리 알아 맞힌 일이 모두 세 가지 있었다.

첫째는 당나라 태종이 붉은색·자주색·흰색의 세 가지 빛깔로 그린 모란꽃 그림과 그 씨 석 되를 보내왔다. 왕이 그려진 꽃을 보고 말하기를 "이 꽃은 필시 향기가 없을 것이다"라 하면서 이내 뜰에 꽃을 심으라고 명령하여 그 꽃이 피고 떨어질 때까지 기다렸더니 과연 왕의 말과 같았다.

둘째는 영묘사[4] 옥문지에서 겨울철인데도 많은 개구리들이 모여 3,4일 동안 울었다. 나라 사람들이 괴이하게 생각하여 왕에게 물었더니 왕이 급히 각간 알천[5]·필탄 등에게 명령하여 날랜 병사 2천 명을 뽑아 빨리 서쪽 교외로 나가 여근곡을 물어서 가면 반드시 적병이 있을 것이니 그들을 엄습하여 죽이라고 하였다.

1) 선덕왕(善德王) : 신라 27대 왕으로 우리나라 최초의 여왕. 재위기간 632~647.

＊선덕왕의 세계(世系)

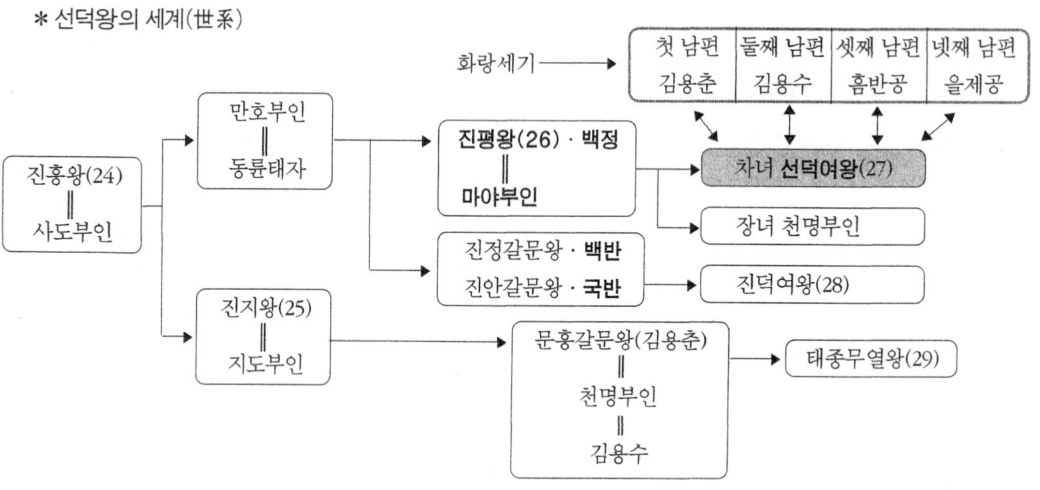

○선덕(善德)의 의미 : 불경『대방등무상경(大方等無想經)』에 나오는 선덕바라문에서 따온 듯함. 선덕바라문은 불법으로 세상을 정복하고 교화할 전륜성왕의 전형으로 인도에 실존했던 아소카왕이 될 인연을 이미 갖고 있으며 석가모니를 섬겨 장차 도리천의 왕이 되고 싶었다 함. 이는 선덕여왕이 죽기 전에 자신은 도리천에 묻히고 싶다는 사실과 연결해 볼 수 있을 것임. 〈남동신,『자장의 불교사상과 불교 치국책』〉

善德王 知幾三事

第二十七德曼(一作万). 諡善德女大王. 姓金氏. 父眞平王. 以貞觀六年壬辰卽位. 御國十六年. 凡知幾有三事. 初唐大宋送畵牧丹三色紅紫白·以其實三升. 王見畵花曰. 此花定無香. 仍命種於庭. 待其開落. 果如其言. 二. 於靈廟寺玉門池. 冬月衆蛙集鳴三四日. 國人怪之. 問於王. 王急命角干閼川弼呑等·錬精兵二千人·速去西郊. 問女根谷. 必有賊兵. 掩取殺之.

幾 : 살필 기
曼 : 아름다울 만
大宋 : 太宗의 오기
畵 : 그림 화
牧 : 牡(모란 모)의 오기
丹 : 모란 란
升 : 되 승
蛙 : 개구리 와
鳴 : 울 명
弼 : 도울 필
呑 : 삼킬 탄, 에워쌀 탄
錬 : 揀(가릴 간)오기
掩 : 속여잡을 엄

ㅇ선덕여왕 즉위의 원인에 관한 학설

내 용	주장학자, 『저서』
ㅇ성골 남자가 없어 성골인 여자가 왕으로 즉위	이종욱, 『신라상대 왕위계승』
ㅇ세습권의 확인 및 모권사회의 흔적	신형식, 『신라왕위 계승고』
ㅇ직계와 방계의 구별과 자녀평등주의 표현	이광규, 『한국가족의 사적연구』

ㅇ 장녀 천명이 아닌 차녀 덕만(선덕왕)이 왕위에 오른 것은 진평왕이 선덕이 용봉의 자태와 태양의 위용이 있어 천명에게 양보할 것을 권하자 천명이 이에 따름. 왕위에 오를 당시 선덕왕의 남편은 김용춘이었으나 선덕왕이 자식을 잉태하지 못하자 용수가 선덕왕을 모시게 됨. 자식이 없을 때 세 명의 남편을 두는 삼서의 제도에 따라 흠반공과 을제공도 선덕왕의 시중을 들도록 함. 『삼국유사』 왕력편에 나오는 음갈문왕은 흠반공으로 추정.

〈이종욱, 『화랑세기로 본 신라인 이야기』〉

2) 지기(知幾) : 일의 기미(幾微)를 미리 아는 것으로 『주역』 계사편에 「知幾其神乎(기미를 아는 것이 신기하도다)」에서 인용.

3) 정관(貞觀) : 중국 당나라 태종의 연호.

신라 토우

두 명의 각간이 명을 받고 각기 병사 1천 명을 거느리고 서쪽 교외로 가서 물었더니 과연 부산[6] 밑에 여근곡[7]이 있었다. 그곳에 와 숨어 있는 500명의 백제 군사를 모두 잡아 죽였다. 백제 장군 우소[8]란 자가 남산 고개 바위 근처에 숨어 있는 것을 또 포위하여 활로 쏘아 죽였다. 또 뒤에 온 병사 1200명도 역시 쳐서 한 사람도 남기지 않고 다 죽였다.

셋째는 왕이 아무 병도 없는데 여러 신하들에게 말하기를 "짐이 아무 해 아무 달 아무 날에 죽을 것이니 나를 도리천[9] 속에 장사지내라"고 하였다. 여러 신하들이 그곳을 알지 못하여 어디냐고 여쭈었더니 왕이 말하기를 "낭산[10] 남쪽이다"라 했다. 그 달 그 날이 되자 과연 왕이 세상을 떠났으므로 여러 신하들이 낭산 남쪽에 장사지냈다. 10여 년이 지난 뒤 문무대왕이 왕의 무덤 아래 사천왕사[11]를 지었다. 불경에 「사천왕천(四天王天)[12]의 위에 도리천이 있다.」고 했으니 이로써 대왕이 영험하고 신성하다는 것을 알게 되었다.

4) 영묘사(靈廟寺) : 선덕왕 원년(632)에 창건한 사찰로 금당과 좌우 경루(經樓) · 남문 · 낭무(廊廡) 등이 구비된 큰 절로 추정. 『동국여지승람』에 「부의 서쪽 5리에 있으며 ……신라시대의 불전이 한둘이 아니지만 다른 것은 다 무너지고 홀로 영묘사만은 어제 만든 것처럼 완연하다.」고 기록. 이 영묘사가 역사에서 마지막으로 기록된 것은 『동경잡기』에 「세조 때인 1460년에 성덕대왕신종을 봉덕사가 매몰된 후 영묘사로 옮겼다가 1506년에 남문 밖에 종각을 지어 옮겨졌다.」라 한 것임. 이때 홍수 등에 의해 매몰된 것으로 추정. 그 위치는 문천과 서천이 만나는 부근이라는 설과 지금의 흥륜사라는 설이 있음.

5) 각간 알천(角干 閼川) : 각간은 신라 17관등 중 제1등급인 이벌찬의 별칭. 알천은 선덕여왕 6년에 대장군이 되고 진덕여왕 원년(647)에 상대등에 올랐으며 진덕여왕이 죽자 군신이 알천을 추대하려 했으나 사양하고 김유신과 함께 김춘추를 즉위시킴.

6) 부산(富山) : 경주시내에서 서쪽으로 16km 떨어진 건천읍과 산내면 사이에 있는 해발 640m의 산으로 주사산(朱砂山) 또는 오봉산(五峯山)이라고도 불리어짐.

7) 여근곡(女根谷) : 부산(富山)의 한 부분이 여자의 성기와 비슷함. 속설로는 행인이 여근곡을 보면 재수가 없다 하여 우회하였으니 김종직의 시 또한 이러한 내용을 담고 있음.

淺谷何能伏敵兵(천곡하능복적병) 얕은 골짝에 어찌 복병이 숨을 수 있으랴!
玉門千載謾爲名(옥문천재만위명) 옥문이란 이름만 천년 동안 헛되었네.
居民爭說知幾事(거민쟁설지기사) 사람들은 다투어 지기를 이야기하여,
空使元戎枉道行(공사원융왕도행) 공연히 장수로 하여금 길을 돌아가게 하네.

〈김종직〉

二角干旣受命. 各率千人問西郊. 富山下果有女根谷. 百濟兵五百人. 來藏於彼. 並取殺之. 百濟將軍亏召者. 藏於南山嶺石上. 又圍而射之殪. 又有後兵一千二百人來. 亦擊而殺之 一無孑遺.

彼 : 저것 피
並 : 모두 병
亏 : 于와 동일
嶺 : 고개 령
殪 : 죽일 예
擊 : 칠 격
孑 : 나머지 혈

三. 王無恙時. 謂群臣曰. 朕死於其年某月日. 葬我於忉利天中. 群臣罔知其處. 奏云何所. 王曰. 狼山南也. 至其月日王果崩. 群臣葬於狼山之陽. 後十餘年文虎大王創四天王寺於王墳之下. 佛經云. 四天王天之上有忉利天. 乃知大王之靈聖也.

恙 : 병 양
其 : 某의 오기
忉 : 근심할 도
罔 : 아는것없을 망
狼 : 이리 랑
虎 : 혜종의 이름 武의 避諱代字
墳 : 무덤 분

8) 우소(亏召) : 백제 무왕 때의 장군.
9) 도리천(忉利天) : 육욕천(六欲天)의 둘째 하늘. 수미산 꼭대기에 있으며 그 가운데에 제석천(帝釋天)이 살고 있는 상상의 지명.

여근곡

선덕왕릉

당시의 여러 신하들이 왕에게 여쭙기를 "어떻게 모란꽃과 개구리의 두 사건을 미리 알았습니까?"라 하니 왕이 대답하기를 "그려진 꽃에 나비가 없어서 향기가 없음을 알았다. 이는 바로 당나라 황제가 나의 남편 없음을 업신여긴 것이다. 개구리의 성난 모습은 병사의 형상이며 옥문이라는 것은 여인의 음부이고, 여자는 음이요, 그 색깔은 흰색이다. 흰색은 서쪽 방향이기 때문에 서쪽에 병사가 있음을 알았다. 남자의 성기가 여자의 옥문으로 들어가면 반드시 죽는다. 그래서 적병을 쉽게 잡을 줄 알았다"라 하니 이에 여러 신하들 모두가 왕의 지혜에 탄복했다.

세 가지 색깔의 꽃을 보낸 것은 혹 신라에 3명의 여왕이 있을 것을 알아서 그렇게 함이런가? 선덕 · 진덕 · 진성이 이들이니 당나라 임금도 미리 아는 밝은 지혜가 있었던 것이다.

선덕왕이 영묘사를 세운 일은 양지[13)]스님 전기에 자세히 실려 있다. 딴 기록에는 이 왕 때에 「돌을 다듬어 첨성대[14)]를 쌓았다.」고 했다.

10) 낭산(狼山) : 높이 104m의 야산이나 신라의 진산이며 영산. 낭산 주변에는 선덕왕릉 · 신문왕릉 · 능지탑(문무왕의 화장지로 전해진 곳) 등이 있고 사천왕사지 · 망덕사지 · 황복사지 등이 있으며 이름 없는 절터도 무수히 많음. 또 경주인들은 낭산을 여성성기의 한 부분으로 보고 있음.

11) 사천왕사(四天王寺) : 671년(문무왕 11)에 착공하여 679년에 완공한 사찰로 전불시대 7가람터의 하나인 신유림에 세워짐.

▲ 첨성대

◀ 수풀만 무성한 사천왕사지

當時群臣啓於王曰. 何知花蛙二事之然乎. 王曰. 畫花而無蝶. 知其無香. 斯乃唐帝欺寡人之無耦也. 蛙有怒形. 兵士之像. 玉門者女根也. 女爲陰也. 其色白. 白西方也. 故知兵在西方. 男根入於女根則必死矣. 以是知其易捉. 於是群臣皆服其聖智.

啓 : 여쭐 계
蝶 : 나비 접
欺 : 업신여길 기
耦 : 짝 우
捉 : 잡을 착

送花三色者. 盖知新羅有三女王而然耶. 謂善德・眞德・眞聖是也. 唐帝以有懸解之明.

善德之創靈廟寺. 具載良志師傳. 詳之. 別記云. 是王代. 鍊石築瞻星臺.

懸 : 멀 현
瞻 : 우러러볼 첨
臺 : 사방볼수있는 대

12) 사천왕천(四天王天) : 욕계6천의 하나이며 사천왕이 살고 있는 하늘로 수미산 중턱에 있음. 사천왕은 제석천왕을 섬기며 불법을 수호하는 호법신으로 지국천은 동방을, 다문천은 북방을, 증장천은 남방을, 광목천은 서방을 수호함.

13) 양지(良志) : 선덕왕 때 활약했던 승려로 회화와 조각에 능함.

14) 첨성대(瞻星臺) : 현존하는 천문대로서 동양에서 가장 오래된 것으로 알려진 첨성대는 선덕왕 때 탈해왕의 16대손 석오원이 감독하여 만들었다고 전해짐. 〈권오찬, 『신라의 빛』〉

ㅇ첨성대 기능에 관한 학설

구 분	내 용	주장학자, 『저서』
천 문 대	동양에서 가장 오래된 관측소	이홍직, 『국사대사전』
천문・기상 관측의 상징물	ㅇ형태 : 제기(祭器)를 받치는 기대(器臺) ㅇ기단 : 정사각형으로 땅을 상징 ← 천원지방(天圓地方) ㅇ몸체 : 원으로 하늘을 상징 ← *몸체 27단+정자석 1단=28단→기본별자리 수 28수(宿) *28수(宿)+기단석 1단=29→한 달을 상징 *네모난 창을 중심으로 아래, 위 각 12단→12달, 24절기 *사용된 돌의 수: 362→1년	유홍준, 『나의 문화유산 답사기』
불교의 도리천을 상징	ㅇ형태 : 제석천이 지배하는 33천의 도리천을 형상화 - 우물 구조로 이 세상과 도리천을 연결하는 우주목 • 이 세상의 땅+첨성대 31단+하늘=33단→33천 *기단석 2단+몸통 27단+정자석 2단=31단	김기홍, 『천년의 왕국 신라』

선덕왕 지기삼사 조의 의미

선덕왕은 신라 최초로 여자로서 왕위에 오름에 따라 처음부터 여러 문제에 부딪혔을 가능성이 많다. 여왕 즉위 후 백제와 고구려의 침략으로 많은 영토를 상실하게 되었으니, 백제로부터 독산성이 공격당하고 대야성이 함락되었으며 고구려에 의해 칠중성이 습격당하고 당항성이 함락되었다. 이 뿐만 아니라 국내에서 잇따라 발생하는 괴변으로 신라사회는 전반적으로 긴장하고 불안했을 것이다. 당나라 태종도 "너희 나라는 여자를 임금으로 삼았기에 이웃나라로부터 경멸당하고 있으며 도적이 들끓어 편안한 세월이 없다. 나의 친척을 한 명 보내 너희나라 임금으로 삼겠다"라 하여 여왕 폐위를 언급하였다.

여왕에 대한 비판적 여론과 당나라 태종에 의해 제기된 여왕폐위론의 충격은 비담의 난으로 비화될 정도였다. 이에 자장을 비롯한 여왕의 측근들은 왕의 권위가 없다는 여왕무위론(女王無威論)이나 여왕폐위론(女王廢位論)에 맞서서 선덕여왕을 적극적으로 지지하고 옹호하려는 노력이 여러 형태로 구체화되었다.

그 한 방향이 지기삼사(知幾三事)를 통하여 선덕왕은 비록 여자이나 신이하고 특이한 능력이 있어서 국정을 훌륭하게 수행할 수 있다는 것을 조작하였을 것이다. 이를테면 그림만 보고도 향기 여부를 알 수 있고 백제병사들의 침략을 여왕의 지혜로 일망타진(一網打盡)했다는 것은 여왕이 신통한 능력의 소유자라는 것을 보여 주기 위해 세간에 유포한 이야기로 추정된다.

또 한 방향은 황룡사 9층탑과 분황사 그리고 첨성대를 세워 남성 이상의 능력이 있음을 국내외에 과시하였다. 특히 9층탑 건립을 통해서 여왕이기 때문에 위엄이 없다는 여론을 무마하고 여왕폐위론으로 인해서 동요된 민심을 수습하여 호국의 의지를 유포하려 했다.

이러한 노력을 통해 선덕여왕의 권위를 높이고 왕권을 강화하였으며 선덕왕이 죽은 후 무난히 진덕여왕에게 왕위가 계승될 수 있었을 것이다. 아래의 그림에 이러한 사실을 요약하였다.

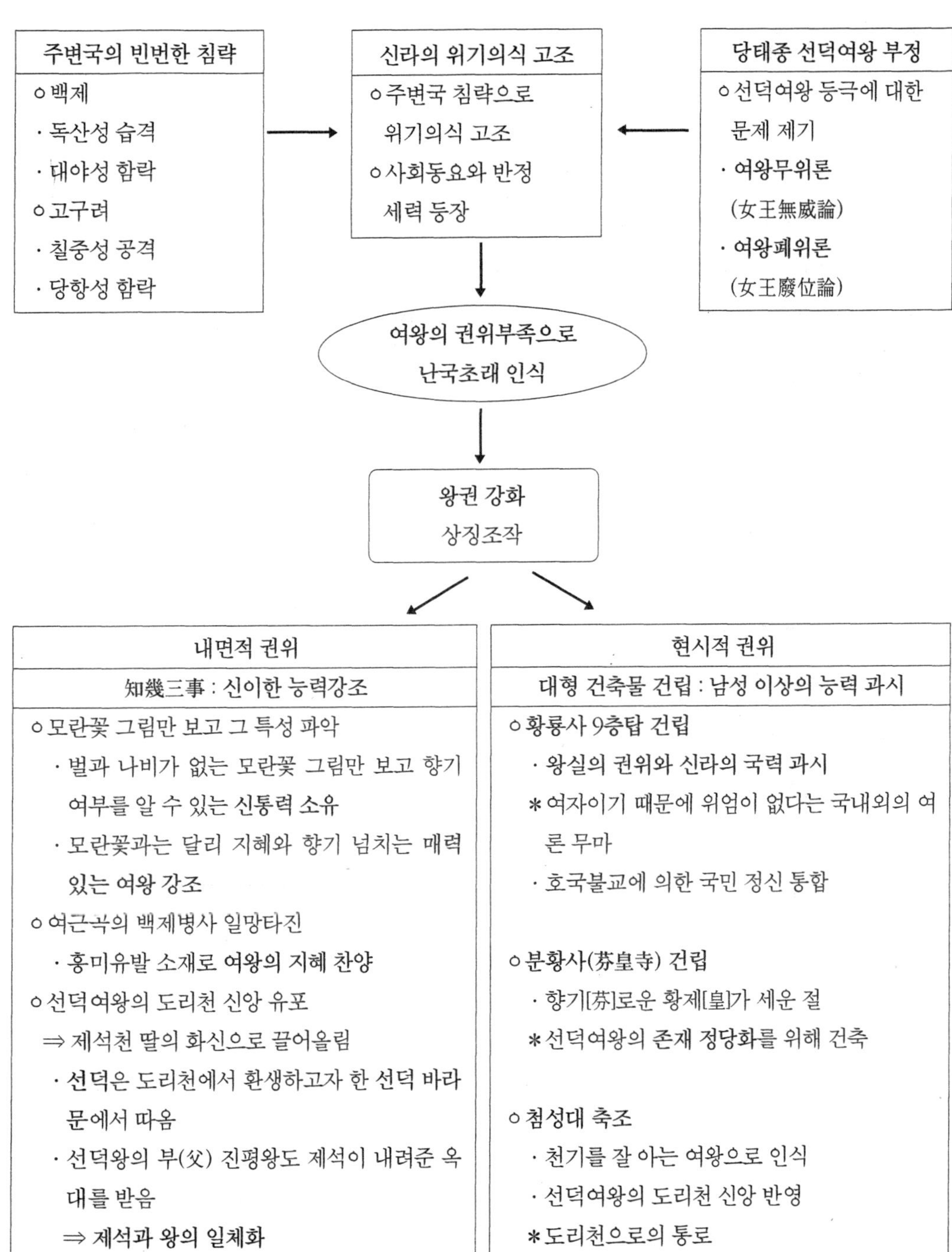

〈그림1〉 선덕왕 때의 정세와 왕권강화

진 덕 왕[1)]

제28대 진덕여왕이 왕위에 올라 친히 태평가를 지어 비단을 짜서 태평가로 무늬를 놓아 사신을 시켜 이것을 당나라에 가져다 바쳤다. (다른 책에는 춘추공을 사신으로 삼아 당나라에 가서 바로 군사를 청했더니 태종이 가상히 여겨 소정방[2)]을 보내기로 허락했다는 등등의 말은 모두 잘못된 것이다. 현경[3)] 이전에 춘추공이 왕위에 올랐고 현경 경신(660)은 태종 때가 아니라 바로 고종시대이다. 소정방이 온 것은 현경 경신(660)이므로 비단을 짜서 태평가로 무늬를 놓은 때는 군사를 청하던 시기가 아님을 알 수 있다. 그것은 진덕왕 시대가 합당할 것이니 이는 아마도 김흠순[4)]을 석방하여 달라고 청하던 시기일 것이다.) 당나라 황제가 가상히 여겨 이를 포상하여 계림국왕으로 고쳐서 봉하였다.

태평가의 글은 다음과 같다.

위대한 당나라가 왕업을 열었으니,
높디높은[5)] 황제 포부 창성하리라.
전쟁이 끝나니[6)] 천하가 평정되고,[7)]
문치 닦아 옛 왕들을 따르시네.
하늘의 높은 뜻 이으니 대자연이 순응하고,[8)]
만물을 다스리며 깊은 덕 간직하네.[9)]
그지없는 어진 마음 해와 달과 조화되고,
편안한 국운은 요순[10)]보다 앞서네.

1) 진덕왕(眞德王) : 신라 제28대왕. 이름은 승만. 재위기간 647~654. 선덕여왕과는 4촌 자매 사이로 선덕왕이 비담의 난 중에 죽자 승만이 왕위에 오름. 즉위하게 된 정확한 사유는 알 수 없으나 성골 남자가 없어 성골 여자로서 왕이 되었다는 것이 통설. 진덕왕은 김춘추와 김인문을 당에 보내 친교를 맺으며 김유신으로 하여금 국력을 튼튼히 하여 삼국통일의 기반을 닦음.
2) 소정방(蘇定方) : 당나라 고종 때 무장. 이름은 열, 자는 정방. 660년 나당연합군의 대총관으로 13만의 군사를 거느리고 백제를 멸함.
3) 현경(現慶) : 당나라 고종의 연호.
4) 김흠순(金欽純) : 김유신의 동생으로 백제와 고구려의 싸움에 참여했으며 문무왕 9년(669)에 당에 들어가 어려운 당나라와의 외교문제를 처리함. 『삼국사기』에 「문무왕 9년에 각간 흠순과 양도를 당에 보내 사죄토록 하였으며 10년에 당 고종이 환국을 허락하였다.」고 기록됨.

眞德王

第二十八眞德女王卽位. 自製大平歌. 織綿爲紋. 命使往唐獻之.(一本. 命春秋公爲使. 往仍請兵. 大宗嘉之許. 蘇定方云云者. 皆謬矣. 現慶前春秋巳登位. 現慶庚申非大宗. 乃高宗之世. 定方之來. 在現慶庚申. 故知織錦爲紋. 非請兵時也. 在眞德之世. 當矣. 盖請放金欽純之時也.) 唐帝嘉賞之. 改封爲雞林國王.

大 : 太의 오기
織 : 짤 직　綿 : 비단무늬 금
紋 : 무늬 문　仍 : 바로 잉
皆 : 모두 개　巳 : 已의 오기
現慶 : 顯慶과 통용
大 : 太의 오기　謬 : 그릇할 유
現慶 : 顯慶과 통용

其詞曰.

大唐開洪業.
巍巍皇猷昌.
止戈戎威定.
修文契百王.
統天崇雨施.
理物体含章.
深仁諧日月.
撫軍邁虞唐.

詞 : 글 사
巍 : 높을 외
猷 : 도모할 유
昌 : 성할 창
戈 : 창 과
戎 : 군사 융
威 : 衣의 오기
契 : 언약할 계
統 : 이을 통
崇 : 높을 숭
含 : 머금을 함
章 : 밝을 장
諧 : 어울릴 해
撫 : 편안히할 무
軍 : 運의 오기
邁 : 지나갈 매
虞 : 순임금나라 우
唐 : 요임금나라 당

5) 높디높은〔巍巍(외외)〕: 높고 큰 모양. 『논어』 태백편 「子曰巍巍乎 舜禹之有天下也 而不與焉(공자께서 말씀하시기를 "높고도 높구나! 순과 우의 천하를 지니고도 그것에 관여하지 않음이여!")」
6) 전쟁이 끝나니〔止戈(지과)〕: 『좌전』 「夫文止戈爲武(무릇 전쟁이 끝나니 문치가 융성하였다.)」
7) 천하가 평정되고〔戎威定(융위정)〕: 威는 衣(의)를 잘못 쓴 것. 『서경』 무성편에 「一戎衣 天下大定(한 번 융의(군복)를 입고서 천하를 평정했다.)」
8) 대자연이 순응하고〔雨施(우시)〕: 『주역』 문언전 「時乘六龍 以御天也 雲行雨施(때로 여섯 용을 타고 하늘에 달리는 것이니 대자연에 순응하고 천하가 화평하게 되는 것이다.)」
9) 덕 간직하네〔含章(함장)〕: 『주역』 곤괘에 「含章可貞(덕을 내포하여 마음이 곧고 바를 수 있다.)」

깃발은 어찌 그리 빛나게 나부끼며,
징소리, 북소리는 어찌 그리 웅장한가.
황제 명령 위반하는 나라 밖 오랑캐는
죽이고 전복시켜 천벌을 받게 하네.
순박한 풍속은 온 세상[11]에 퍼지고,
먼 곳 가까운 곳 다투어 상서로움 들어내네.
빛나고 밝은[12] 조화 사계절과 어울리고,
해와 달과 다섯 별은 만방을 돌고 있네.
산악의 정기는 보필할 제상을 내리시고,[13]
황제는 충성스런 어진 인재 등용하네.
5제 3황[14] 닦은 덕이 하나로 이루어져,
우리 당나라 황실 밝게 비추리.

이 왕의 시대에 알천공 · 임종공 · 술종공[15] · 무림공[16](자장의 아버지이다.) · 염장공[17] · 유신공이 남산 오지암[18]에 모여 나라의 일을 의논하고 있었다. 이때 큰 호랑이가 좌석으로 뛰어들어왔다. 여러 공들이 깜짝 놀라 일어났지만 알천공은 조금도 움직이지 않고 태연히 웃고 이야기하면서 호랑이의 꼬리를 붙잡아 땅에 메어쳐 죽였다. 알천공의 완력이 이와 같았으므로 맨 윗자리에 앉았다. 그래도 여러 공들은 모두 유신의 위엄에 복종했다.[19]

10) 요순〔虞唐〕 : 원문의 우(虞)는 순임금의 나라 이름이며 당(唐)은 요임금의 나라 이름으로 우당(虞唐)은 요와 순임금을 의미.

11) 온 세상〔幽現(유현)〕 : 幽(유)는 사람이 보지 못하는 그윽한 곳을 뜻하며, 現(현)은 보이는 곳을 뜻하여 유현(幽現)은 온 세상이라는 의미가 됨.

12) 빛나고 밝은〔玉燭(옥촉)〕 : 군주의 덕이 옥같이 아름답고 촛불처럼 밝다는 뜻. 『이아(爾雅) · 석천(釋天)』의 「四時和 謂之玉燭(사계절이 조화됨을 일러 옥촉이라 한다.)」

13) 산악의 정기는 ……내리시고〔嶽降(악강)〕 : 『시경』 대아편에 「維嶽降神 生甫及申(산악의 신이 내려오셔 보씨와 신씨를 낳으셨네.)」

14) 5제 3황〔五三〕 : 『한서』 양웅전에 「五三孰知其是非(5제 3황이 아니면 누가 그 옳고 그름을 알랴.)」

幡旗何赫赫.
鉦鼓何鍠鍠.
外夷違命者.
剪覆被天殃.
淳風凝幽現.
遐邇競呈祥.
四時和玉燭.
七曜巡方方.
維嶽降輔宰.
維帝任忠良.
五三成一德.
昭我唐家皇.

王之代有閼川公・林宗公・述宗公・虎林公(慈藏之父). 廉長公・庾信公・會于南山亐知巖・議國事. 時有大虎走入座間. 諸公驚起. 而閼川公略不移動. 談笑自若. 捉虎尾撲於地而殺之. 閼川公膂力如此. 處於席首. 然諸公皆服庾信之威.

幡 : 깃발나부낄 번
旗 : 깃발 기
赫 : 빛날 혁
鉦 : 징소리 쟁
鼓 : 북 고
鍠 : 쇠북소리 굉
剪 : 싹뚝벨 전
覆 : 엎지를 복
殃 : 재앙 앙
淳 : 순박할 순
凝 : 엉길 응, 이룰 응
幽 : 그윽할 유
遐 : 멀 하
邇 : 가까울 이
呈 : 드러낼 정
祥 : 상서 상
燭 : 초 촉
巡 : 순행할 순
方 : 万의 오기
維 : 발어사 유
嶽 : 큰산 악
輔 : 도울 보
宰 : 재상 재
良 : 어질 량
虎 : 혜종의 이름 **武**의 避諱代字
驚 : 놀랄 경
略 : 약간 략
若 : 같을 약
捉 : 잡을 착
尾 : 꼬리 미
撲 : 때려눕힐 박
膂 : 힘 려

15) 술종공(述宗公) : 『삼국유사』「효소왕대 죽지랑 조」에 나오는 죽지의 아버지로서 진덕여왕 5년(651)에 중시가 됨.
16) 무림공〔虎林公〕: 원문의 虎林은 고려 2대 혜종의 이름이 무(武)이므로 피휘하여 호로 함. 무림공은 자장율사의 아버지.
17) 염장공(廉長公) : 염장공의 어머니는 진지왕의 왕비 지도부인과 천주공 사이에 태어났으며 국가재정을 담당하는 영(우두머리)이 되어 유신과 춘추에게 재물을 공급해 주었으며 또 사적으로 치부함. 염장공의 집에 홍수와 같이 재물이 들어간다 하여 그의 집 이름을 수망택이라 했으며 수망택은 신라 39개의 금입택 중 하나.

〈이종욱, 『화랑세기로 본 신라인 이야기』〉

신라에는 네 곳의 신령스런 땅이 있어서 큰일을 의논할 때는 대신들이 반드시 이곳에 모여서 의논하면 그 일은 꼭 이루어졌다. 네 영지 중 첫째는 동쪽의 청송산이고, 둘째는 남쪽의 오지산이며, 셋째는 서쪽의 피전이고, 넷째는 북쪽의 금강산이다.

이 왕 때에 처음으로 설날 아침에 예를 행하였고, 시랑이라는 호칭도 처음으로 쓰기 시작했다.

18) 오지암(亏知巖) : 지금의 도당산(향교가 있는 교촌과 문천을 마주보는 해발 95m의 구릉)으로 추정. 도당(都堂)이란 도당정치 즉 남당정치(南堂政治)를 말하는 것으로 중신들이 회합하여 중요한 국사를 논의하는 장소를 말함. 도당산 옆의 작은 골짜기를 왕정곡(王井谷)이라 하는데 王井은 王政으로 왕을 모시고 국정을 논하는 곳이라는 데서 생긴 듯함.

〈권오찬, 『신라의 빛』〉

19) 이때 큰 호랑이가 …… 유신의 위엄에 복종했다. : 호랑이를 메어친 알천공은 진덕여왕이 죽은 후 군신들이 그를 왕으로 추대할 정도로 신망이 높았으며 또 호랑이를 메어쳤다는 것은 그에게 담력과 완력이 있다는 것을 의미함. 그러나 알천공을 비롯한 여러 공들이 유신의 위엄에 복종했다는 것은 김유신이 다른 공들을 압도했다는 것으로 결국 이 설화는 김유신을 부각시키기 위해 만들어진 이야기임.

절하는 신라 토우

新羅有四靈地. 將議大事. 則大臣必會其地謀之. 則其事必成. 一東曰青松山. 二曰南亏知山. 三曰西皮田. 四曰北金剛山. 是王代始行正旦礼. 始行侍郞号.

將 : 장차 장
一東曰 : **一曰東**의 오기
侍 : 모실 시

傳진덕왕릉

김 유 신[1)]

무력이간[2)]의 아들인 서현[3)]각간 김씨의 맏아들을 유신이라 하고 아우를 흠순이라 한다. 맏누이는 보희[4)]라 하며 어릴 때 이름은 아해[5)]이다. 그 동생은 문희[6)]라 하며 어릴 때 이름은 아지[7)]이다.

유신공은 진평왕 17년 을묘(595)에 태어났는데 해와 달과 목 · 화 · 토 · 금 · 수 별들의 정기를 받아서 등에 칠성의 무늬가 있었으며, 또 신령스럽고 기이한 일이 많았다. 나이가 18세 되던 임신(612)에 검술을 익히고 술법을 터득하여 국선[8)]이 되었다. 이 당시 백석이란 자가 있었는데 어디에서 왔는지 알 수 없었으나 여러 해 동안 낭의 무리에 속해 있었다. 유신랑이 고구려와 백제를 치려고 밤낮으로 깊이 몰두하고 있을 때 백석이 그 계획을 알고 유신에게 말하기를 "청컨대 저와 공이 함께 아무도 모르게 먼저 저 나라를 정탐한 후에 일을 도모하면 어떻겠습니까?"라 했다. 유신은 기뻐하며 친히 백석을 데리고 밤에 길을 떠났다.

경주 황성공원에 세워진 김유신 장군 동상

1) 김유신(金庾信) : 삼국통일을 이룩한 신라의 장군.
＊유신(庾信)이라는 이름의 유래
『삼국사기』에 「서현이 그의 부인에게 말하기를 "내가 경진일(庚辰日) 밤에 길몽을 꾸어 아이를 얻었으니 경진으로 이름을 지어야 하겠으나 예법에 일월(日月)로 이름을 짓지 않는다 하니 庚(경)은 庾(유)자와 서로 같고 辰(진)은 信(신)과 음이 가깝다. 더구나 옛날 어진 사람에게도 庾信이라 한 이가 있으니 어찌 그렇게 이름하지 않으랴?"하고는 이름을 庾信이라 했다.」라 기록됨.

金庾信

庾 : 밖에쌓을 유

虎力伊干之子·舒玄角干·金氏之長子曰庾信. 弟曰欽純. 姊妹曰寶姬·小名阿海. 妹曰文姬·小名阿之. 庾信公以眞平王十七年乙卯生. 稟精七曜. 故背有士星文. 又多神異. 年至十八壬申. 修釼得術爲國仚. 時有白石者. 不知其所自來. 屬於徒中有年. 郞以伐麗齊之事. 日夜深謀.白石知其謀. 告於郞曰. 僕請與公密先探於彼. 然後圖之何如. 郞喜. 親率白石夜出行.

虎 : 혜종의 이름 武의 避諱代字
舒 : 펼 서　　　欽 : 공경할 흠
姊 : 손위누이 자　妹 : 아래누이 매
稟 : 받을 품
曜 : 일 · 월과 다섯별 요
背 : 등 배
士 : 七의 오기
釼 : 劍의 오기
仚 : 仙 의 오기
仚 : 날〔飛〕 선
有 : 여러 유
齊 : 濟의 오기

2) 무력이간〔虎力伊干〕 : 원문의 虎力(호력)은 고려 혜종의 이름 武(무)를 피하기 위함. 무력은 그의 부친인 가야 구해왕이 신라에 항복하자 신라에 봉직. 그는 백제와 싸워 한강유역을 확보하는 등 공을 세워 벼슬이 이간(伊干)에 이름. 이간은 신라 17관등 중 둘째로 높은 이찬의 다른 이름.

3) 서현(舒玄) : 신라 진평왕 때의 장군. 만노군 태수가 되어 갈문왕 입종의 아들인 숙흘종의 딸 만명과 야합하여 유신을 낳음. 이는 신라 귀족사회의 폐쇄성을 타파하는 역할을 함.

4) 보희(寶姬) · 5)아해(阿海) · 6)문희(文姬) · 7)아지(阿之) : 유신의 누이로 그의 동생 문희가 무열왕의 왕비가 된 후 보희는 무열왕의 둘째 부인이 됨. 아해와 아지는 어릴 때 이름.

ㅇ 보희(寶姬) · 아해(阿海) · 문희(文姬) · 아지(阿之)의 어원

구 분	내 용	주장학자, 『저서』
보희(寶姬) 아해(阿海)	ㅇ희(姬) : 신라인의 이름 밑에 붙는 히 · 희가 중엽 이후에 희(姬)로 예쁘게 쓰여짐 ㅇ아해(阿海) : 유아(幼兒)의 통칭 아히 → 아해 → 아이	양주동, 『고가연구』
문희(文姬) 아지(阿之)	ㅇ희(姬) : 보희 희와 동일 ㅇ아지(阿之) : 소아(小我)의 통칭 → 아지 → 아기	

8) 국선(國仙) : 국선의 의미에 관한 학설

내 용	주장학자, 『저서』
화랑의 통솔자	이종욱, 『신라화랑의 편성과 조직』　아유가이〔鮎貝〕, 『화랑고』
화랑의 다른 이름	김상현, 『신라의 불교문화와 화랑전통』　유자후, 『화랑고』

고개 위에서 막 쉬려고 하는데 두 여인이 유신랑을 따라왔다. 골화천[9]에 와서 잠을 자려하는데 또 한 여자가 홀연히 왔다. 유신공과 세 낭자가 즐겁게 이야기하고 있을 때 낭자들이 맛있는 과자를 그에게 대접했다. 유신이 그것을 받아먹으면서 마음을 서로 허락하게 되자 그간의 사정을 이야기하니 낭자들이 말하기를 "공이 말씀하시는 것을 이제 알아들었습니다. 바라옵건대 공께서는 백석을 잠시 따돌리고 숲 속으로 함께 들어가시면 그간의 내막을 말씀드리겠습니다"라 했다.

이리하여 함께 숲 속에 들어가니 낭자들이 문득 신의 모습으로 나타나서 말하기를 "우리들은 내림[10] · 혈례[11] · 골화[12] 등 세 곳의 호국신(護國神)입니다. 지금 적국의 사람이 당신을 유인해 가는데도 당신은 알지 못하고 길을 가고 있어서 우리는 당신을 못 가게 하고자 여기까지 온 것입니다"하고 말을 마치고 사라졌다. 유신공이 그 말을 듣고 놀라 쓰러졌다가 두 번 절하고 숲 속에서 나와 골화관에 유숙하고 있는 백석에게 말하기를 "지금 다른 나라에 가면서 중요한 문서를 잊고 왔으니 너와 함께 집으로 돌아가 가지고 오자"라 했다.

9) 골화천(骨火川) : 경북 영천시내를 관통하는 남천으로 추정. 영천지역은 경주에서 모량 분지를 경유하여 대구 · 의성 등으로 진출하는 신라시대의 교통 요충지.

10) 내림(奈林) : 이기백은 내력(奈歷)이라고도 하는바 습비부에 있는 낭산으로 추정하며, 이기동은 낭산이거나 남산의 한 지맥으로 추정.

11) 혈례(穴禮) : 『삼국사기』에 대성군에 있다고 기록했으며 대성군은 지금의 청도임.

ㅇ혈례의 위치에 관한 학설

내 용	주장학자, 『저서』
청도읍과 매전면 구촌리 사이에 있는 부산(鳧山 : 오리산)	이병도, 『삼국사기 역주 』
경주시 서쪽 교외의 단석산	김상기, 『화랑과 미륵신앙에 대하여』
경주의 동북부 또는 영일(포항)지역	이기동, 『신라 중고기 산서지방의 전략적 중요성 』

12) 골화(骨火) : 이병도는 영천지방의 동남쪽으로 경주의 북쪽에 위치한 소금강산으로 추정하며, 김원주는 영천시의 삼군사관학교에서 아화역 쪽에 있는 산으로 추정.

方憩於峴上. 有二女隨郎而行至骨火川留宿. 又有一女忽然而至. 公與三娘子喜話之時. 娘等以美菓餽之. 郎受而啖之. 心諾相許. 乃說其情. 娘等告云. 公之所言巳聞命矣. 願公謝白石而共入林中. 更陳情實.

乃與俱入. 娘等便現神形曰. 我等奈林·穴禮·骨火等三所護國之神. 今敵國之人誘郎引之. 郎不知而進途. 我欲留郎而至此矣. 言訖而隱公聞之驚仆. 再拜而出. 宿於骨火館. 謂白石曰. 今歸他國. 忘其要文. 請與爾還家取來.

憩 : 휴식할 게
峴 : 고개 현
隨 : 따를 수
美 : 맛날 미
菓 : 과자 과
餽 : 먹일 궤
啖 : 씹을 담
諾 : 허락할 락
巳 : 已의 오기
命 : 말하여보여줄 명
謝 : 끊을 사
更 : 지날 경
俱 : 함께 구
便 : 문득 변
穴 : 구멍 혈
途 : 길 도
訖 : 마칠 글
隱 : 숨을 은
驚 : 놀랄 경
仆 : 엎드릴 부
拜 : 절할 배
爾 : 너 이

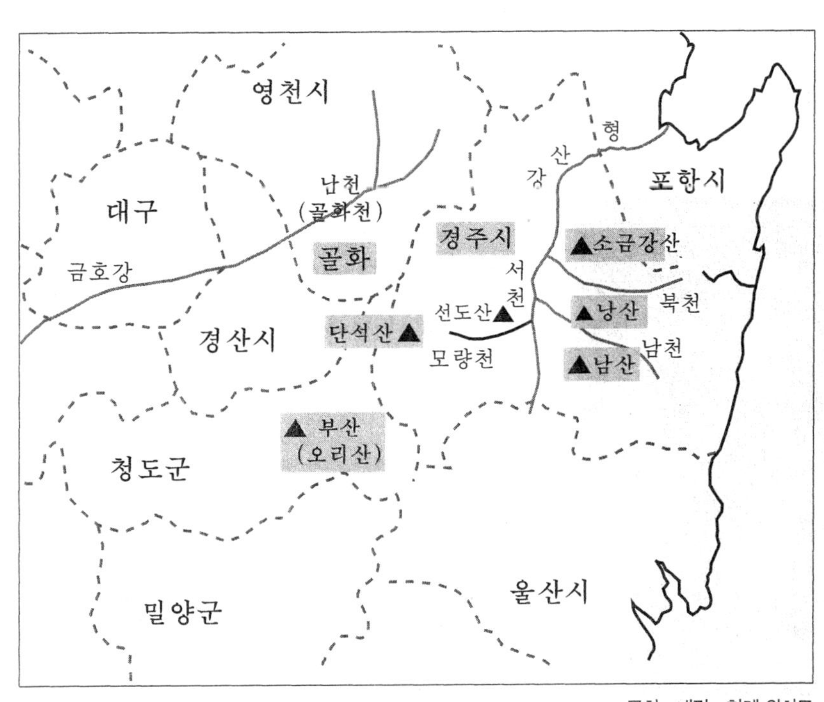

골화 · 내림 · 혈례 위치도

마침내 함께 집으로 돌아와 백석을 결박하여 고문하면서 그 내막을 다그쳐 물으니 백석이 말하기를 "나는 본래 고구려 사람입니다.(옛 책에는 백제 사람이라고 했으나 잘못이다. 추남은 바로 고구려 사람이다. 또 음양을 역행한다는 것도 역시 보장왕[13] 때 일이다.) 우리나라의 여러 신하들이 말하기를 신라의 유신은 본래 우리나라의 점쟁이인 추남이었다고 했습니다.(옛 책에는 춘남이라 하였으나 잘못이다.) 국경에 거꾸로 흐르는 물이 있어서(혹은 웅자(雄雌)라 하니 자웅(雌雄)이라 할 것을 웅자라 하여 거꾸로 뒤집힌 것이다.) 추남으로 하여금 점을 치게 했습니다. 추남이 말씀드리기를 '대왕의 부인이 음양의 법칙을 거슬러서 이와 같은 일이 일어났습니다'라 하니 대왕이 놀라면서 괴이하게 여겼습니다. 왕비가 크게 노하여 이는 요망한 여우의 말이라고 왕에게 말씀드리면서 다시 다른 일로써 그를 시험해 물어보고 말이 틀리면 중형에 처하라고 했습니다. 그래서 한 마리의 쥐를 함 속에 감추어 두고 이것이 무슨 물건이냐고 물었습니다. 추남이 말씀드리기를 '이는 틀림없이 쥐인데 여덟 마리가 있습니다'라 하자 그 말이 틀렸다 하여 죄를 물어 목을 베려고 하니 추남이 맹세하기를 '내가 죽은 후 원하건대 대장이 되어 반드시 고구려를 멸하리라'고 했습니다. 즉시 목을 베어 죽이고 쥐의 배를 갈라보니 새끼 일곱 마리가 있었습니다. 그제야 앞에 한 말이 맞다는 것을 알았습니다. 그날 밤 대왕은 추남이 신라 서현공 부인의 품속으로 들어가는 꿈을 꾸고 여러 신하들에게 말하니, 모두들 말하기를 '추남이 맹세하고 죽더니 이것이 과연 사실인가 보옵니다'고 해서 나를 여기에 보내어 당신을 유인할 계획이었습니다"라 했다.

傳김유신묘에서 출토된 십이지상 중의 돼지

유신은 즉시 백석을 처형하고 온갖 음식물을 갖추어서 삼신에게 제사를 지내니 삼신 모두가 사람의 몸으로 나타나 제사를 받았다.

13) 보장왕(寶藏王) : 고구려 제28대 마지막 왕. 재위기간 642~668. 아버지는 27대 영류왕의 아우인 대양왕으로 연개소문이 영류왕을 시해하고 보장왕을 옹립. 고구려가 나당연합군에 망하고 보장왕은 당나라에 붙잡혀 갔다가 후에 요동에 이주하여 살게 하고 요동주도독 조선왕의 칭호를 줌.

遂與還至家. 拷縛白石 而問其情. 曰. 我本高麗人.(古本云百濟. 誤矣. 楸南乃高麗之士. 又逆行陰陽亦是寶藏王事.) 我國群臣曰. 新羅庾信是我國卜筮之士楸南也.(古本作春南. 誤矣.) 國界有逆流之水.(或云雄雌. 元反覆之事.) 使其卜之.

拷 : 칠 고
縛 : 묶을 박
楸 : 가래나무 추
藏 : 감출 장
卜 : 점칠 복
筮 : 시초(점치는 막대기) 점 서
雌 : 암컷 자
元 : 尤의 오기
覆 : 돌이킬 복

奏曰. 大王夫人逆行陰陽之道. 其瑞如此. 大王驚怪. 而王妃大怒. 謂是妖狐之語. 告於王・更以他事驗問之. 失言則加重刑. 乃以一鼠藏於合中. 問是何物. 其人奏曰. 是必鼠. 其命有八. 乃以謂失言. 將加斬罪. 其人誓曰. 吾死之後. 願爲大將必滅高麗矣. 卽斬之. 剖鼠腹而視之. 其命有七. 於是知前言有中. 其日夜大王夢. 楸南入于新羅舒玄公夫人之懷. 以告於羣臣. 皆曰. 楸南誓心而死. 是其果然. 故遣我至此謀之爾.

妖 : 요망할 요
狐 : 여우 호
鼠 : 쥐 서
合(盒과 동일) : 음식담는그릇 합
斬 : 베일 참
誓 : 맹세할 서
剖 : 쪼갤 부
中 : 맞힐 중
懷 : 품 회

公乃刑白石. 備百味祀三神. 皆現身受奠.

祀 : 제사 사
奠 : 제수 전

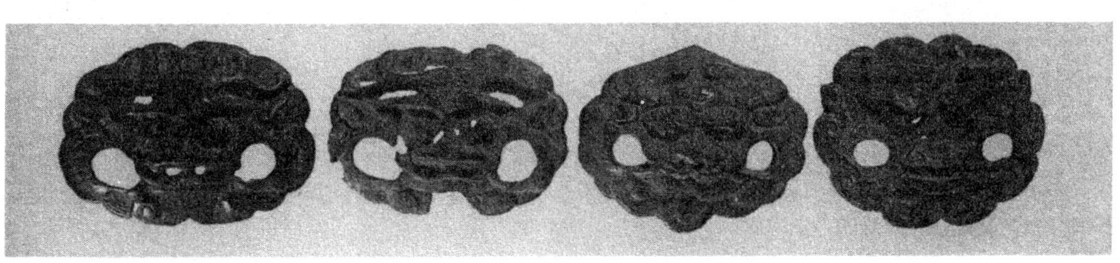

김씨의 문중 어른 되는 재매부인이 죽으니 청연의 위 골짜기에 장사지냈다. 그래서 그 골짜기 이름을 재매곡이라 하며 매년 봄철에 온 집안의 남녀들이 그 골짜기의 남쪽 개울에 모여서 잔치를 했다. 이 때면 백화가 만발하고 송화가 골짜기 숲 속에 가득했다. 계곡 어귀에 암자를 짓고 이름도 경치에 따라 송화방이라고 하였으니, 이것이 전해져서 소원을 비는 절로 삼았다.

54대 경명왕[14] 때에 유신공을 추봉하여 흥무대왕[15]이라 했다. 능은 서산 모지사의 북쪽이며 동쪽으로 향해 뻗은 봉우리에 있다.

14) 경명왕(景明王) : 신라 제54대왕. 재위기간 917~924. 서남에 후백제가 일어나고 서북에 태봉국이 서서 나라의 형편이 극히 어렵던 중 왕건이 궁예를 누르고 고려를 세우자 920년 왕건과 손을 잡고 고려의 원군으로 견훤의 대야성 공격을 막아냄. 그러나 신라의 국운이 다하자 변방 장군들이 고려에 항복하는 이가 많아 후당에 조공을 바쳐가며 힘을 얻고자 했으나 뜻을 이루지 못하고 세상을 떠남.

15) 흥무대왕〔興虎大王〕 : 원문의 虎(호)는 고려 혜종의 이름 武(무)를 피하기 위함〔避諱〕.

진위의 논쟁이 있는 김유신 장군 묘

金氏宗財買夫人死. 葬於青淵上谷. 因名財買谷. 每年春月. 一宗士女會宴於其谷之南澗. 于時百卉敷榮. 松花滿洞府林. 谷口架築爲庵. 因名松花房. 傳爲願刹.

淵 : 못 연 士 : 남자 사
宴 : 잔치 연 澗 : 산골물 간
卉 : 풀 훼 敷 : 펼 부
架 : 집세울 가 築 : 쌓을 축
庵 : 암자 암 刹 : 절 찰

至五十四景明王. 追封公爲興虎大王. 陵在西山毛只寺之北・東向走峰.

虎 : 고려 혜종의 이름 武의 避諱代字

김유신 조의 구성과 반영된 사상

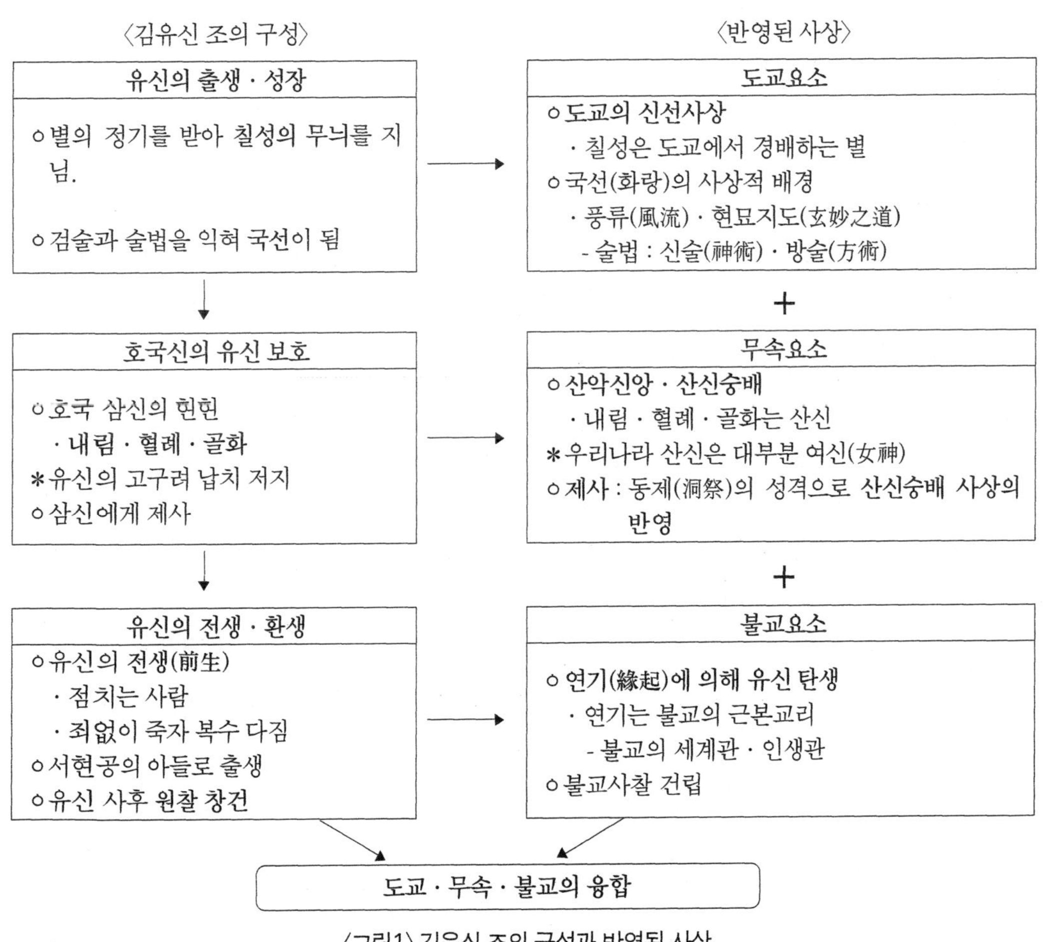

〈그림1〉 김유신 조의 구성과 반영된 사상

태종 김춘추[1)]

제29대 태종대왕의 이름은 춘추이며 성은 김씨로서 용수[2)](용춘[3)]이라 고도 한다.)각간, 즉 추봉된 문흥대왕의 아들이다. 어머니는 진평대왕의 딸인 천명부인이고 왕비는 문명황후 문희이니, 바로 유신공의 막내 누이이다.

처음 문희의 언니인 보희가 꿈에 서악[4)]에 올라 오줌을 누었더니 오줌이 서울에 가득 찼다. 다음 날 아침에 동생에게 꿈 이야기를 했더니 문희가 듣고 말하기를 "내가 그 꿈을 살께"라 했다. 언니가 "어떤 물건을 주겠느냐?"라 하니 "비단치마를 받고 팔면 되겠지?"라 했다. 언니가 좋다하여 동생인 문희가 옷섶을 벌리고 꿈을 받는데 언니가 말하기를 "간밤의 꿈을 너에게 준다"고 했다. 동생이 비단치마로써 꿈 값을 치렀다.

1) 김춘추(金春秋) : 신라 제29대왕. 재위기간 654~661.
＊태종 무열왕 김춘추의 세계(世系)

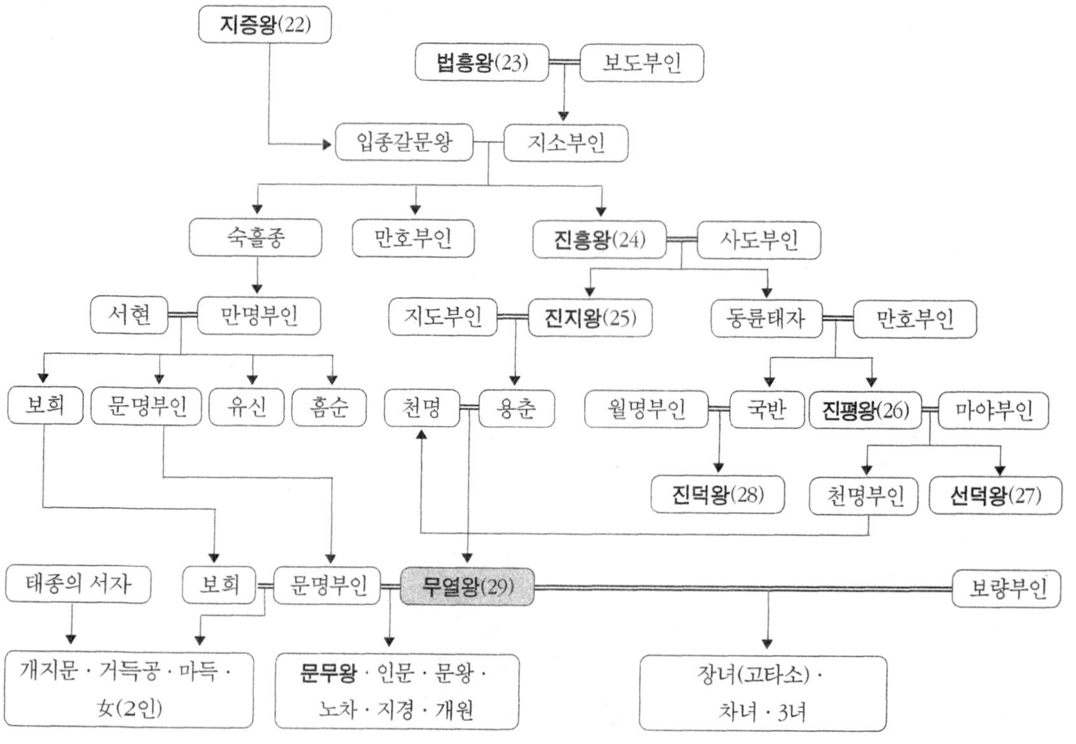

大宗 春秋公

大 : 太의 오기

第二十九大宗大王. 名春秋. 姓金氏. 龍樹(一作龍春)角干・追封文興大王之子也. 妣眞平大王之女天明夫人. 妃文明皇后文姬. 卽庾信公之季妹也. 初文姬之姊寶姬. 夢登西岳捨溺・瀰滿京城. 旦與妹說夢. 文姬聞之謂曰. 我買此夢. 姊曰. 與何物乎. 曰鬻錦裙可乎. 姊曰諾. 妹開襟受之. 姊曰. 疇昔之夢. 傳付於汝. 妹以錦裙酬之.

大 : 太의 오기
季 : 막내 계
捨 : 버릴 사
瀰 : 물질펀할 미
錦 : 비단 금
襟 : 옷섶 금
付 : 줄 부
傳 : 傳(줄 전)의 오기
酬 : 갚을 수
妣 : 죽은어미 비
姊 : 맏누이 자
溺 : 오줌 뇨
鬻 : 팔 육
裙 : 치마 군
疇 : 지난번 주
傅 : 스승 부

2) 용수(龍樹), 3) 용춘(龍春) : 『삼국사기』에서도 「龍春一云龍樹(용춘은 용수라고도 한다)」로 기록되어 용춘과 용수는 동일인인 듯하게 기술. 그러나 『화랑세기』의 용춘공 조에 천명공주가 여러 차례 용춘공의 관위를 승진시켜 용수공과 같게 했으며 용수가 죽기 전에 자신의 부인인 천명부인과 아들인 춘추를 형제인 용춘에 맡겼다고 기록된 것이 사실이라면 이는 용수와 용춘은 형제간임. 『삼국사기』에 진평왕 44년(622)에 이찬 용수로 하여금 내성사신으로 삼았으며, 진평왕 51년에 용춘을 대장군으로 삼아 부장 김유신과 함께 낭비성을 함락시켰으며 선덕왕 13년(644)에 황룡사 9층탑을 건립했다고 기록.

4) 서악(西岳) : 경주의 서쪽에 있는 선도산.

보희가 꿈에 오줌을 누었다는 선도산

열흘 뒤에 유신이 춘추공과 함께 정월 오기일[5](앞에 쓴 사금갑 사건에서 오기일이 있었는데 이는 최치원의 설이다.)에 유신의 집 앞에서 공을 찼다.[6](신라 사람들은 공을 차는 것을 구슬을 가지고 노는 놀이라 했다.) 유신이 일부러 춘추의 옷을 밟아서 옷고름을 떨어뜨리게 해 놓고는 청하기를 "우리 집에 들어가 꿰맵시다"라 하니 춘추가 이에 따랐다. 유신이 아해[7]에게 꿰매드리라고 하였더니 아해가 말하기를 "어찌 하찮은 일로 가벼이 귀공자를 가까이 한단 말입니까?" 하고 사양했다.(옛 책에는 병 때문에 나오지 못했다고 했다.)

이에 아지[8]에게 시켰더니 춘추공이 유신의 뜻을 알고 드디어는 아지와 정을 통하게 되었으며 그 후 자주 서로 만났다. 유신이 그의 누이가 임신한 것을 알고 꾸짖기를 "네가 부모도 모르게 임신을 하였으니 웬일이냐?" 하고는 온 나라에 소문을 내어 그 누이를 불태워 죽인다고 하였다.

하루는 선덕왕이 남산에 놀러 가시는 것을 기다려 뜰 가운데에 나무를 쌓아놓고 불을 지르니 연기가 일어났다. 왕이 그것을 바라보고 무슨 연기냐고 물으니 측근 신하들이 말하기를 "아마도 유신이 그 누이를 불태워 죽이는 것 같습니다"라 했다. 왕이 그 까닭을 물으니 "그 누이가 남편도 없이 임신을 했기 때문입니다"라 했다. 왕이 "그것이 누구의 소행이냐?"고 물으니 이때 춘추공이 왕을 모시고 앞에 있다가 얼굴색이 크게 변했다. 왕이 말하기를 "이것이 그대의 소행이로구나. 빨리 가서 구하라" 하니 춘추공이 왕의 명에 따라 급히 말을 달려 임금의 말을 전하여 이를 말렸다. 이 후에 세상에 드러내 놓고 혼례를 올렸다.

선덕여왕이 남산을 갈 때 건넜을 월정교의 대석

後旬日庾信與春秋公. 正月午忌日. (見上射琴匣事. 乃崔致遠之說.) 蹴鞠于庾信宅前(羅人謂蹴鞠爲弄珠之戲). 故踏春秋之裙. 裂其襟紐 曰請. 入吾家縫之. 公從之. 庾信命阿海奉針. 海曰. 豈以細事輕近貴公子子. 因辭(古本云因病不進.).

旬 : 열흘 순
蹴 : 찰 축　　鞠 : 공 국
弄 : 희롱할 롱
戲(戱의 속자) : 희롱할 희
踏 : 밟을 답
紐 : 끈 뉴
曰請 : 請曰의 오기
縫 : 꿰맬 봉
針 : 바느질할 침
子 : 乎의 오기

乃命阿之. 公知庾信之意. 遂幸之. 自後數數來往. 庾信知其有娠. 乃嘖之曰. 爾不告父母而有娠何也. 乃宣言於國中. 欲焚其妹. 一日俟善德王遊幸南山. 積薪於庭中. 焚火烟起. 王望之問何烟. 左右奏曰. 殆庾信之焚妹也. 王問其故. 曰爲其妹無夫有娠. 王曰. 是誰所爲. 時公昵侍在前. 顏色火變. 王曰. 是汝所爲也. 速往救之. 公受命馳馬. 傳宣沮之. 自後現行婚禮.

遂 : 마침내 수　　幸 : 사랑할 행
數 : 자주 삭
數數 : 자주 되풀이 함
娠 : 아이밸 신　　嘖 : 책망할 책
欲 : 하고자할 욕　　焚 : 태울 분
俟 : 기다릴 사
幸 : 행차할 행　　薪 : 땔나무 신
烟(煙의 속자) : 연기 연
殆 : 아마 태　　焚 : 불사를 분
昵 : 친할 닐　　侍 : 모실 시
火 : 大의 오기
宣 : 임금이스스로말할 선
沮 : 막을 저
現 : 나타날 현

5) 오기일(午忌日) : 사금갑 조의 오기일(烏忌日)은 정월 대보름이었으나 여기서 오기일(午忌日)은 午로서 정월 첫해의 말[午]의 날이던가, 午는 烏의 오기일 것임.
6) 공을 찼다[蹴鞠 :축국] : 고대 중국에서 무술을 연마하기 위해 행하던 놀이로, 넓은 마당에 높은 장대를 여러 개 세워 그 위에 망을 치고 털로 싼 가죽을 여러 사람이 다투어 차서 공을 망 위에 얹는 결과로 승패를 짓던 놀이.
7) 아해(阿海) : 보희의 아이 때 이름. 김유신 조 참조.
8) 아지(阿之) : 문희의 아이 때 이름. 김유신 조 참조.

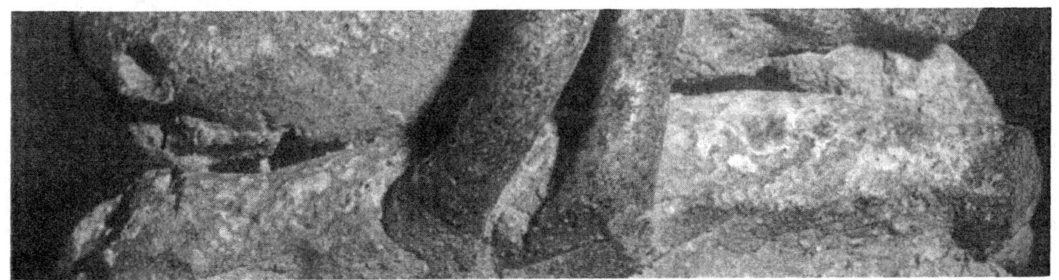

신라 상통토우

진덕왕이 세상을 떠나자 영휘[9] 5년 갑인(654)에 춘추공이 왕위에 올랐다. 나라를 다스린 지 8년 되는 용삭[10] 원년 신유(661)에 세상을 떠나니 나이가 59세였다. 애공사[11] 동쪽에 장사지냈는데 비석이 있다.[12]

9) 영휘(永徽) : 당나라 고종의 연호 중 하나. 영휘 연호기간은 650~655.

10) 용삭(龍朔) : 당나라 고종의 연호. 용삭 연호기간 661~663.

11) 애공사(哀公寺) : 『삼국유사』 왕력편에 「법흥왕과 진지왕의 능은 애공사 북쪽에 있다」 했으며 『삼국사기』에 「법흥왕과 진흥왕을 애공사 북봉에 장사지냈다」고 기록됨. 애공(哀公)의 의미가 공을 애도한다는 말로 이는 비극의 주인공 진지왕을 애도하고 명복을 비는 절이 애공사(哀公寺)로 추정됨. 지금 절터에는 삼층석탑 1기만 쓸쓸히 서 있음.

傳애공사지 3층석탑

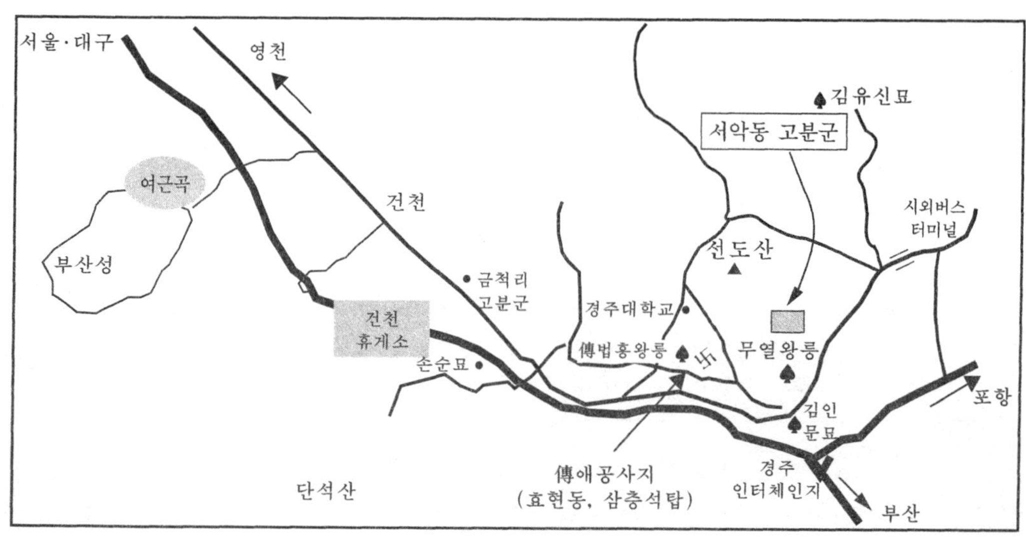

무열왕릉 부근의 유적도

眞德王薨. 以永徽五年甲寅卽位. 御國八年. 龍朔元年辛酉崩. 壽五十九歲. 葬於哀公寺東. 有碑.

薨 : 왕이나제후죽을 훙
徽 : 아름다울 휘
朔 : 초하루 삭
崩 : 천자죽을 붕

12) 장사지냈는데 비석이 있다. : 무열왕릉은 능비와 이수가 남아 있어 능의 주인공을 분명히 알 수 있음. 비신은 없으나 이수에 남아 있는 「太宗武烈大王之碑(태종무열대왕지비)」라는 전서체의 글씨는 당대의 명필인 태종의 둘째 아들 김인문의 글씨로 전해짐. 이수는 살아서 꿈틀거리는 듯한 여섯 마리의 이무기가 얽히어 있고 비의 받침돌인 귀부에는 머리를 치켜들고 사지를 힘껏 내디디면서 막 전진하려는 자세를 취하고 있는 이 거북은 생동감이 탁월하여 신의 손으로 만들어진 듯함.

무열왕릉

무열왕릉의 귀부와 이수

왕은 유신과 함께 신비스런 지략과 전력을 다해 삼한을 통일하여 나라에 큰 공로를 세워서 묘호[13]를 태종이라 했다. 태자 법민[14]과 각간 인문[15] · 각간 문왕[16] · 각간 노차 · 각간 지경 · 각간 개원 등은 모두 문희가 낳은 아들이니 당시 꿈을 샀던 징조가 여기서 나타났다. 서자는 개지문급간 · 거득영공 · 마득아간이라 했는데 딸까지 합하여 모두 다섯 명이다.

왕은 하루에 쌀밥 서 말과 수꿩 아홉 마리를 먹었으나 경신년(660)에 백제를 멸망시킨 후부터는 점심을 먹지 않고 다만 아침과 저녁만 먹었을 뿐이다. 그래도 합치면 하루에 쌀이 여섯 말, 술이 여섯 말, 꿩이 열 마리였다.[17] 성안의 물가는 베 한 필에 벼가 30석, 혹은 50석[18]으로 백성들은 태평성대라고 했다.

왕이 태자로 있을 때 고구려를 치려고 했다. 이 때문에 군사를 요청하러 당나라에 들어가니 당나라 황제가 그의 풍채를 아름답게 여겨 신성한 사람이라고 하면서 기어이 머물게 하여 시위로 삼으려 했으나 극력 간청하여 본국으로 돌아왔다.

이 때 백제의 마지막 왕인 의자[19]는 바로 무왕[20]의 맏아들로 굳세고 용맹하며 담력이 있었다. 부모에 효도하고 형제간에도 우애가 있었으므로 당시에 해동의 증자[21]라고 불리었다. 그는 정관 15년 신축(641)에 즉위하자 술과 계집에 빠져 정치가 어지러워지고 나라는 위태롭게 되었다.

13) 묘호(廟號) : 임금이 죽은 뒤 그 공덕을 기리어 주던 이름으로 신라에서는 묘호가 추존된 것은 무열왕뿐임.

14) 법민(法敏) : 문무왕 법민 조 참조.

15) 각간 인문(角干仁問) : 629(진평왕 51년)~694(효소왕 3년). 무열왕의 둘째 아들이며 문무왕의 친동생으로 651년(진덕여왕 5)부터 7차례 당나라에 들어갔으며 총 22년 간 당에 머물면서 어려운 외교문제를 처리. 효소왕 때 당나라에서 죽었으며 고종이 그의 관을 신라로 호송하게 하니 효소왕이 그를 태대각간으로 추증하여 후하게 장사 지냄. 그의 묘지는 태종 무열왕 부근에 있는 능으로 추정.

16) 각간 문왕(角干文王) : ?~665(문무왕 5년). 무열왕의 셋째 아들로 648년(진덕여왕 2)에 김춘추와 함께 당나라에 들어가 좌무위장군이 되었으며 그 뒤 귀국하여 이찬 · 시중을 역임.

王與庾信神謀戮力. 一統三韓. 有大功於社稷. 故廟號大宗. 大子法敏・角干仁問・角干文王・角干老且・角干智鏡・角干愷元等. 皆文姬之所出也. 當時買夢之徵・現於此矣. 庶子曰皆知文級干・車得令公・馬得阿干幷女五人.

戮 : 다할 륙
社 : 사직 사, 땅귀신 사
稷 : 사직 직, 흙귀신 직
大 : 太의 오기
敏 : 총명할 민 且 : 또 차
愷 : 편안할 개 徵 : 징험 징
幷 : 합할 병

王膳一日飯米三斗・雄雉九首. 自庚申年滅百濟後. 除晝饍. 但朝暮而巳. 然計一日米六斗・酒六斗・雉十首. 城中市價布一疋租三十碩・或五十碩. 民謂之聖代.

膳 : 먹을 선 飯 : 밥 반
雉 : 꿩 치 晝 : 낮 주
饍 : 먹을 선 暮 : 저녁 모
巳 : 已의 오기
疋 : 베필 필 彩 : 빛날 채
賞 : 아름다울 상 衛 : 막을 위

在東宮時. 欲征高麗. 因請兵入唐. 唐帝賞其風彩・謂爲神聖之人. 固留侍衛. 力請乃還.

時百濟木王義慈乃虎王之元子也. 雄猛有膽氣. 事親以孝. 友于兄弟. 時號海東曾子. 以貞觀十五年辛丑卽位. 耽婬酒色. 政荒國危.

本 : 末의 오기
虎 : 혜종의 이름 武의 避諱代字
猛 : 날랠 맹, 위엄스럴 맹
膽 : 담클 담 事 : 섬길 사
耽 : 즐겨할 탐
婬 : 婬(음란할 음)의 오기
荒 : 황폐할 황

＊신라 관등의 칭호와 별칭(10등급 이하는 생략)

관 등	별 칭
1 이벌찬	각간 · 서불한 · 일벌간 · 이벌간 · 각찬 · 주다 · 서발한 · 자분한지
2 이 찬	이간 · 이척찬 · 일척간 · 이찬간 · 이척간
3 잡 찬	소판 · 잡간 · 잡판 · 영간 · 제한지
4 파진찬	파진간 · 파미간 · 해간
5 대아찬	대아간 · 대아척간 · 한찬 · 한아찬
6 아 찬	아간 · 아척간 · 알찬 · 알한지
7 일길찬	일길간 · 을길간 · 일고지
8 사 찬	사간 · 사척간 · 살찬 · 사돌간
9 급 찬	급간 · 급벌찬 · 급벌참 · 급복간 · 기패한지

17) 왕은 하루에 쌀밥 서 말 ~꿩이 열 마리였다. : 식사량이 많다는 것은 무열왕의 비범함을 나타내기 위한 것.(신하들과 함께 먹은 것일 수도 있음.) 백제를 멸한 뒤에 점심을 먹지 않으면서 식사량이 많은 것은 백제와의 화합, 고구려 정벌, 그리고 당나라와의 외교문제 등으로 일이 많아졌다는 것을 상징한 듯함.

좌평[22](백제의 벼슬 이름이다.) 성충[23]이 적극적으로 말렸으나 이를 듣지 않고 그를 옥에 가두어 버렸다. 그의 몸이 극도로 여위어 거의 죽게 되자 글을 올려 말했다.

「충신은 죽어도 임금을 잊지 아니 하옵니다. 바라옵건대 한 말씀만 드리고 죽겠습니다. 신이 일찍부터 시국의 변동을 살펴보았사온데 반드시 전쟁이 있을 것이옵니다. 대체로 군사를 씀에는 그 지세를 잘 살펴서 택해야 되오니 상류에 진을 치고 적병을 맞이하면 나라를 보전할 수 있을 것이옵니다. 만약 다른 나라의 군사가 침범해 온다면 육로로는 탄현[24](침현이라고도 하는바 백제의 요충지이다.)을 넘지 못하게 하옵고 수군은 기벌포[25](즉 장암 또는 손량(손돌)이다. 지화포 또는 백강이라고도 한다.)에 들어오지 못하게 하소서. 그 두 곳의 험준함에 의지하여 적을 막은 연후라야만 될 것이옵니다.」라고 했으나 왕이 깨닫지 못했다.

현경[26] 4년 기미(659)에 백제의 오회사(또는 오합사라고도 한다.)에 있는 크고 붉은 말이 밤낮으로 6시간 동안 절을 도는 공덕을 닦았다.[27] 2월에는 여러 마리의 여우들이 의자왕의 궁중에 들어왔는데 한 마리의 흰 여우가 좌평의 책상 위에 올라앉았다.[28] 4월에는 태자궁의 암탉과 작은 참새가 교미하였고,[29] 5월에는 사비수[30](부여에 있는 강 이름이다.) 물가에 길이가 세 길이나 되는 물고기가 나와서 죽었는데, 그 고기를 먹은 사람은 모두 죽었다.[31] 9월에는 궁중에 있는 느티나무가 사람이 우는 것처럼 울었다.[32] 밤에는 대궐 남쪽 길 위에서 귀신이 울었다.[33]

18) 베 한 필에 벼가 30석, 혹은 50석.
   ㅇ베 1필 : 약 6.3m
   ㅇ벼 1석 : 신라 문무왕 시대 → 약 30리터. 문무왕 이후 → 약 90리터
19) 의자왕(義慈王) : 백제 31대왕. 재위 641~660년. 의자왕은 즉위 후 국위를 만회하려던 노력도 만년에 이르러 사치와 방종에 흘러 나당연합군에 망하게 됨. 왕과 태자 등 1만 2천 명이 당나라에 끌려갔으며 왕은 당나라에서 병사함.
20) 무왕(武王) : 백제 30대왕. 재위 600~641년. 고토 회복을 위해 고구려와 신라를 자주 침공. 만년에는 사치와 유흥에 빠짐.
21) 해동의 증자〔海東曾子〕 : 증자는 공자의 제자 중 효성이 높은 증참. 의자왕의 지극한 효성을 칭찬하여 일컫는 말.
22) 좌평(佐平) : 백제의 16등급의 관직 중 최상위인 1등급.
23) 성충(成忠) : ?~656년(의자왕 16). 백제 의자왕 때 충신.
24) 탄현(炭峴) : 위치에 관한 학설

내　　용	주장학자, 『저서』
부여에서 동쪽으로 40리 되는 부여와 공주의 경계	노사신, 『신증동국여지승람』 김정호, 『대동여지도』
충청남북도의 도 경계에 있는 마도령(馬道嶺)	이께우치〔池內〕, 『만선사연구』

左平(百濟爵名)成忠極諫不聽. 囚於獄中. 庾困濱死. 書曰.

忠臣死不忘君. 願一言而死. 臣嘗觀時變. 必有兵革之事. 凡用兵. 審擇其地. 處上流而迎敵. 可以保全. 若異國兵來. 陸路不使過炭峴.(一云沉峴. 百濟要害之地) 水軍不使入伎伐浦.(卽長嵒. 又孫梁. 一作只火浦. 又白江) 據其險隘以禦之. 然後可也. 王不省.

現慶四年巳未. 百濟烏會寺.(亦云烏合寺) 有大赤馬. 晝夜六時. 遶寺行道. 二月. 衆狐入義慈宮中. 一白狐坐佐平書案上. 四月. 大子宮雌雞與小雀交婚. 五月. 泗泚(扶餘江名)岸大魚出死. 長三丈. 人食之者皆死. 九月. 宮中槐樹鳴如人哭. 夜鬼哭宮南路上.

爵 : 벼슬 작　**諫** : 간할 간
獄 : 감옥 옥　**庾** : 파리할 수
濱 : 임박할 빈
嘗 : 일찍 상　**革** : 갑옷 혁
審 : 살필 심　**擇** : 가릴 택
炭 : 숯 탄　**峴** : 고개 현
沉 : 잠길 침
要害之地 : 요충지
伎 : 모양 기
嵒 : 바위 암
據 : 의지할 거
險 : 험할 험
隘 : 좁을 애
禦 : 막을 어
省 : 살필 성
現慶 : **顯慶**과 통용
巳 : **己**의 오기
遶 : 두를 요　**狐** : 여우 호
佐 : 도울 좌　**大** : **太**의 오기
案 : 책상 안　**雌** : 암컷 자
雀 : 참새 작　**泗** : 물이름 사
泚 : **沘**의 오기
岸 : 언덕 안
槐 : 느티나무 괴　**哭** : 울 곡

25) 기벌포(伎伐浦) : 위치에 관한 학설

위　　치	주장학자, 『저서』
지금의 금강 하류인 장항 부근	김부식, 『삼국사기』
전라북도 부안에 있는 백강구(白江口) 즉 동진강 입구 *부안은 백제시대에 개불〔皆火(개화)〕이었음	이께우치〔池內〕, 『조선사대계』

26) 현경(現慶) : 당나라 고종의 연호.

27) 크고 붉은 말이 밤낮으로 6시간 동안 절을 도는 공덕을 닦았다. : 『수서』『신당서』에 「말은 국가의 군사를 상징하므로 말이 죽으면 나라가 망하고 말에 뿔이 생기면 전쟁이 일어나서 패망하는 것을 뜻한다」 하였음. 여기서 크고 붉은 말이란 왕을 뜻하며 절을 도는 공덕을 닦은 것은 현재 백제의 군사력으로는 적을 당할 수 없으니 신의 가호만이 나라를 지킬 수 있다는 것을 상징.

28) 여우들이 의자왕의 궁중에 들어왔는데 한 마리의 흰 여우가 좌평의 책상 위에 올라앉았다. : 여우는 비열하고 사악함을 뜻하므로 여우들이 궁중에 들어왔다는 것은 성충을 비롯한 충신을 쫓아내고 간사하고 요망한 벼슬아치들이 득세함을 상징함. 『신당서』에서 「흰색은 전쟁을 뜻하며, 잃어버릴 징조이다.」로 불길함을 의미하며, 흰 여우가 좌평의 책상 위에 앉았다는 것은 『삼국사기』에 「의자왕이 서자 41명으로 좌평으로 삼았다.」는 것을 상징한 것으로 추정됨.

5년 경신(660) 봄 2월에는 서울의 우물물이 핏빛으로 되었고[34] 서해 바닷가에 작은 고기가 나와서 죽은 것을 백성들이 다 먹지 못하였고[35] 사비수도 핏빛이 되었다.[36] 4월에는 수만 마리의 청개구리가 나무 위에 모였고,[37] 서울의 저잣거리는 사람들이 마치 누가 붙잡기라도 하는 듯이 까닭 없이 놀라 달아나다[38]가 놀라서 넘어져 죽은 사람이 백여 명이나 되었고 재물을 잃은 자는 수도 없었다. 6월에는 왕흥사[39] 승려들 모두가 배와 같은 것이 노를 저어 큰물을 따라 절 문으로 들어오는 것을 보았다.[40] 들에 있는 사슴과 같은 큰 개가 서쪽으로부터 사비수 강가에 와서 왕궁을 향해 짖다[41]가 갑자기 어디로 갔는지 모르게 되었다. 성안의 여러 무리의 개들이 길에 모여 더러는 짖기도 하고 더러는 울기도 하다가 잠시 후에는 흩어졌다.[42]

29) 4월에는 태자궁의 암탉과 작은 참새가 교미하였고 : 오행(五行)에서 목(木)은 역(易)에서 손괘(巽卦)이며 손괘는 동물로는 닭이 되어 목이 그 성질을 잃으면 닭의 화(禍)가 생김. 의자왕이 음란하며 사치하고 간신을 등용하고 충신을 배척하는 것은 목의 성질을 잃어버린 것임. 또 닭의 화(禍)는 음에 해당하여 여자와 관련이 깊어서 닭의 요괴(妖怪)는 대부분 여자의 문제임. 태자궁의 암탉이란 태자비 등을 포함한 태자궁의 여자를 뜻하며 작은 참새란 보잘것없는 남자로 볼 수 있음. 종류가 다른 동물의 교접은 성생활이 문란하여 덕과는 멀어지며 나라에 병란이 일어나 장차 나라가 망할 징조를 나타냄.
〈 손정희, 『삼국사기와 삼국유사에 나타난 이변과 그 상징성 연구』〉, 〈『한서』〉

30) 사비수〔泗沘水〕: 사비는 백제 말기의 서울로 지금의 부여. 사비수는 지금의 금강임.

31) 세 길이나 되는 물고기가 나와서 죽었는데, 그 고기를 먹은 사람은 모두 죽었다. : 고기는 물의 흐름을 역행하므로 임금을 따르지 않는 백성을 뜻하며 물고기의 비늘은 갑옷과 같아서 전쟁의 징조를 나타내기도 함. 『한서』에 의하면 큰 고기의 출현은 간사한 신하가 등용되고 현명한 신하가 없어진다 했으니 성충과 같은 신하가 제거됨을 상징하며, 『신당서』에 고기가 물을 나오면 그 나라가 망한다는 것으로 보면 이는 백제의 멸망 징조임. 그 고기를 먹은 사람이 죽었다는 것은 성충을 몰아내어 죽게 한 사람들도 백제가 멸망함에 따라 그들도 죽게 됨을 뜻하는 것으로 추정.

32) 느티나무가 사람이 우는 것처럼 울었다. : 느티나무 즉 槐木(괴목)의 槐에 鬼(귀)가 있듯이 느티나무는 영험이 있는 나무임. 괴목이 운다는 것은 나무에 깃들어 있는 귀신이 우는 것으로 조수학은 「음귀(陰鬼) 즉 귀신이 곡하는 것으로 이는 어떤 어려운 일을 당하여 귀신도 감당할 수 없는 일」이라 하여 필연적으로 백제가 멸망한다는 것을 의미함.

五年庚申春一月. 王都井水血色. 西海邊小魚出死. 百姓食之不盡. 泗泚水血色. 四月. 蝦※數萬集於樹上. 王都市人無故驚走・如有捕捉. 驚什死者百餘. 亡失財物者無數. 六月. 王興寺僧皆見如舡楫隨大水入寺門. 有大犬如野鹿. 自西至泗泚岸. 向王宮吠之. 俄不知所之. 城中群犬集於路上. 或吠或哭・移時而散.

一 : 二의 오기
盡 : 다할 진
泚 : 沘의 오기
蝦 : 두꺼비 하, 찰머구리 하
※ : 蟆(개구리 마)의 결락
捕 : 잡을 포
捉 : 잡을 착
舡 : 배 선
什 : 仆(넘어질 부)의 오기
楫 : 노 즙
泚 : 沘의 오기
吠 : 짖을 폐
俄 : 갑자기 아

33) 밤에는 대궐 남쪽 길 위에서 귀신이 울었다. : 『수서』에 곡(哭)을 한다는 것은 죽음을 나타낸 것이며 귀신이 밤에 곡을 한다는 것은 장차 사람이 죽거나 나라가 망하는 조짐으로 풀이. 즉 백제의 멸망은 귀신의 힘으로도 막을 수 없다는 것을 나타냄.

34) 우물물이 핏빛으로 되었고 : 『수서』에 피〔血〕는 음(陰)의 정(精)으로 살상과 시체를 상징한다고 했으며 『후한서』에 고여 있는 물이 피가 되는 것은 친척까지 화가 미친다고 기록. 우물물이 핏빛으로 되었다 함은 백제가 멸망하여 그 화가 왕실의 가족까지 미칠 징조를 상징.

35) 바닷가에 작은 고기가 나와서 죽은 것을 백성들이 다 먹지 못하였고 : 작은 고기는 일반 백성을 의미하므로 왕의 폭정으로 살아갈 수 없는 백성들이 많음을 나타낸 것임.

36) 사비수도 핏빛이 되었다. : 『후한서』에 흐르는 물인 강이 피로 되면 전쟁이 일어나고, 강이 붉은 색으로 변하면 백성들의 피눈물이 길을 적신다 했으니, 백제를 상징하는 사비수가 핏빛이 되었다는 것은 전쟁이 일어나 백성들의 간과 뇌를 길에 바르고 그들의 피는 사비수를 적신다는 것을 나타냄.

37) 수만 마리의 청개구리가 나무 위에 모였고 : 물에 있기 때문에 음에 속하는 개구리는 군사의 형상임. 이들이 떼를 지어 나무 위에 올라갔다는 의미는 음의 개구리가 양의 영역으로 가서 힘을 쓸 수 없는 미약함을 나타낸 것임. 즉 이것은 백제 병사의 힘이 약하여 신라와의 전쟁에서 패하게 될 것이라는 조짐.

〈손정희, 『삼국사기와 삼국유사에 나타난 이변과 그 상징성 연구』〉

38) 사람들이 마치 붙잡는 사람이 있는 듯이 까닭 없이 놀라 달아나다 : 이러한 이변은 헛것이 보이는 것으로 임금이 어둡고 몽매하여 조정에는 간신배만 남게 되고 이것이 보기 싫으니 눈병이 나고 헛것이 보이게 됨. 또한 국가가 큰 위기에 처할 때 자연의 질서에 변화가 올 뿐만 아니라 사람들의 행동에서도 기괴한 변화가 나타나는 것임.

〈손정희, 『삼국사기와 삼국유사에 나타난 이변과 그 상징성 연구』〉

한 귀신이 궁중으로 들어와 크게 부르짖기를 "백제는 망한다. 백제는 망한다" 하더니 즉시 땅으로 들어가 버렸다. 왕이 괴이하게 생각하여 사람을 시켜 땅을 깊이 석 자 가량 파보니 거북이[43] 한 마리가 있었다. 그 등에 「백제는 둥근 달이요, 신라는 초승달과 같다.」는 글이 써 있었다. 그것을 무당에게 물으니 "둥근 달이라는 것은 가득 찬 달이니 차면 이지러지는 법이요, 초승달과 같다 함은 아직 차지 못했다는 것으로서 차차 차게 된다는 것을 뜻하는 것이옵니다"라 하자 왕이 화를 내며 그를 죽여 버렸다. 어떤 사람이 말하기를 "둥근 달은 융성하다는 것이요, 초승달은 미약하다는 것과 같은 것이니 우리나라는 융성해지고 신라는 점점 미약해진다는 뜻이옵니다"라 하니 왕이 기뻐했다.

39) 왕흥사(王興寺) : 충남 부여에 있던 절로 무왕 35년(634)에 창건한 사찰. 전형적인 백제 가람으로 강가에 세워졌으며 왕(王)이란 글자가 있는 것으로 볼 때 임금의 원찰과 같이 왕실과 연관이 깊은 절로 추정됨.

40) 승려들 모두가 배와 같은 것이 노를 저어 큰물을 따라 절 문으로 들어오는 것을 보았다. : 백제의 두 충신 성충과 홍수는 전쟁이 발발하면 수로의 요충지는 백강이므로 이곳을 잘 막아야 한다고 했으나 나당 연합군이 이곳에 쳐들어 왔을 때 먼저 이곳을 수비하지 못했기 때문에 전쟁에서 패한 결정적인 요인이 됨. 왕흥사가 강가에 위치하여 배를 타고 왕래하였다는 것으로 보아 왕흥사는 사비성과 백강을 사이에 두고 있었던 절로 추정. 특히 이곳 스님들의 눈에 배가 큰 물결을 따라 절 문으로 들어오는 것과 같은 환상을 본 것은 당군이 수로인 백강을 통하여 쳐들어 올 것을 암시한 것으로 볼 수 있음.
〈손정희, 『삼국사기와 삼국유사에 나타난 이변과 그 상징성 연구』〉

41) 큰 개가 서쪽으로부터 사비수 강가에 와서 왕궁을 향해 짖다 : 개가 왕궁을 향해 짖은 것은 왕에게 적들이 이곳으로 쳐들어 올 것이니 이곳을 잘 수비하라는 것을 알려 준 조짐인데 의자왕이 이것을 깨닫지 못하다가 결국 당군에게 이곳을 공격당하여 나라가 망하는 지경에 이름.
〈손정희, 『삼국사기와 삼국유사에 나타난 이변과 그 상징성 연구』〉

42) 성안의 여러 무리의 개들이 길에 모여 더러는 짖기도 하고 더러는 울기도 하다가 흩어졌다. : 개들이 모였다가 흩어져 버린 것은 그들의 주인인 의자왕을 버린 것을 상징. 즉 의자왕의 주위에는 진심으로 왕을 위하는 충신은 떠나버리고 간신배의 무리만 남아 있어 국가를 보전하지 못할 것이라는 의미.
〈손정희, 『삼국사기와 삼국유사에 나타난 이변과 그 상징성 연구』〉

有一鬼入宮中. 大呼曰百濟亡百濟亡. 卽入地. 王怪之. 使人掘地・深三尺許. 有一龜. 其背有文. 百濟圓月輪・新羅如新月. 問之巫者. 云. 圓月輪者滿也. 滿則虧. 如新月者未滿也. 未滿則漸盈. 王怒殺之. 或曰圓月輪盛也. 如新月者微也. 意者國家盛而新羅寖微乎. 王喜.

掘 : 팔 굴
許 : 곳 허
龜 : 거북 귀
百 앞에 曰의 결락인 듯
輪 : 바퀴 륜
虧 : 이지러질 휴
漸 : 차차 점
盈 : 찰 영
寖 : 점점 침
微 : 미약할 미

43) 거북이〔龜〕: 『수서』에 「거북이는 물에 사는 영험한 동물이나 음모를 상징한다.」로 기록됨. 따라서 백제가 망한다 하고 땅속에 들어감은 음모를, 등에 글을 쓴 것은 영험함을 나타낸 것임.

백마강과 부소산성

태종이 백제의 나라 안에 괴변이 많다는 것을 듣고 현경 6년 경신(660)에 인문을 당나라에 사신으로 보내 군사를 청하였다. 고종은 좌무위[44] 대장군 형국공 소정방[45]을 신구도행군총관(神丘道行軍摠管)[46]으로 삼고 자(字)가 인원(仁遠)인 좌위장군 유백영과 좌무위장군 풍사귀, 좌효위장군 방효공 등을 거느리고 군사 13만을 이끌고 가서 치게 했다.(우리나라 기록[47]에는 군사가 12만 2711명이고 배가 1900척이라 했으나 『당사』에는 자세하게 말하지 않았다.) 신라왕 춘추를 우이도행군총관(嵎夷道行軍摠管)[48]으로 삼아 신라 군사를 거느리고 이들과 합세하게 했다. 소정방이 군사를 이끌고 성산[49]에서 바다를 건너 우리나라 서쪽인 덕물도[50]에 도착했다. 신라왕은 장군 김유신으로 하여금 정예병사 5만을 거느리고 덕물도 쪽으로 가게 했다.

의자왕이 이를 듣고 여러 신하들을 모아 싸워서 막아낼 계책을 물었다. 좌평 의직[51]이 나아가 말하기를 "당나라 병사들은 넓은 바다를 멀리 넘어왔으나 물에 익숙하지 못하며 신라 군사는 큰 나라의 지원을 믿고 우리를 가볍게 여기는 마음이 있나이다. 만일 당나라 군사가 불리한 것을 보면 반드시 머뭇거리며 두려워하여 감히 날카롭게 달려들지 못할 것이므로 먼저 당나라 군사와 결전해야 좋을 줄 아옵니다"라 했다.

44) 좌무위〔左虎衛〕: 원문의 虎(호)는 고려 혜종의 이름 武(무)를 피하기 위함.
45) 소정방(蘇定方) : 592~667. 당나라 고종 때의 무장. 이름은 열(烈), 정방은 자. 660년 나당연합군의 총사령관으로 13만의 당나라 군사를 이끌고 백제를 협공하여 사비성을 함락시킴.

정림사지 5층석탑(左), 5층석탑 일층 탑신에 소정방이 백제를 정벌한 공적을 새겨 놓음(右)

大宗聞百濟國中多怪變. 五年庚申. 遣使仁問請兵唐. 高宗詔左虎衛大將軍荊國公蘇定方爲神丘道行策摠菅. 率左衛將軍劉佰英字仁遠・左虎衛將軍馮士貴・左驍衛將軍龐孝公等. 統十三万兵來征. (鄕記云. 軍十二万二千七百十一人. 舡一千九百隻. 而唐史不詳言之.) 以新羅王春秋爲嵎夷道行軍摠菅. 將其國兵・與之合勢. 定方引兵. 自城山濟海. 至國西德勿島. 羅王遣將軍金庾信. 領精兵五万以赴之.

義慈王聞之. 會群臣問戰守之計. 佐平義直進曰. 唐兵遠涉溟海. 不習水. 羅人恃大國之援. 有輕敵之心. 若見唐人失利. 必疑懼而不敢銳進. 故知先與唐人決戰可也.

大 : 太의 오기　　詔 : 조서 조
五 : 六의 오기
虎 : 혜종의 이름 武의 避諱代字
衛 : 막을 위
荊 : 광대싸리 형, 가시 형
策은 軍의 오자　　摠 : 거느릴 총
菅 : 管의 오기
虎 : 혜종의 이름 武의 避諱代字
馮 : 성 풍　　驍 : 날랠 효
龐 : 성 방　　嵎 : 해돋는산 우
菅 : 管의 오기
將 : 거느릴 장
濟 : 건널 제
勿 : 동네깃발 물, 아니할 물
赴 : 다다를 부
佐 : 도울 좌
涉 : 건널 섭
溟 : 바다 명
恃 : 의지할 시
疑 : 머뭇거릴 의
懼 : 두려워할 구
銳 : 날카로울 예

46) 신구도행군총관(神丘道行軍摠菅) : 신구(神丘)는 추상적인 듯하나 『삼국사기』 지리지 「도독부 13현」에 우이현(嵎夷縣)과 신구현(神丘縣)이 있는 것으로 보아 신구는 백제의 지명으로 판단됨. 따라서 신구도행군총관의 오늘날 이름을 붙인다면 백제정벌군총사령관이 될 것임.
47) 우리나라 기록〔鄕記〕: 불명
48) 우이도행군총관(嵎夷道行軍摠菅) : 『자치통감』에 우이도행군총관(嵎夷道行軍摠管)의 주에 「우이(嵎夷)는 양곡(暘谷 : 해뜨는 동쪽 끝)에 있어서 명했다.」는 것으로 보면 우이는 우리나라 전체를 가리키나 『삼국사기』에 우이현이 있으므로 우이도행군총관(嵎夷道行軍摠管)은 백제정벌군총사령관의 의미.
49) 성산(城山) : 중국 산동반도 文登縣의 성산각(成山角) 부근의 항구.

당나라 장수 유인원의 공적을 기록한 비

달솔[52] 상영[53] 등이 말하기를 "그렇지 않사옵니다. 당나라 군사는 멀리서 와서 빨리 싸우려하므로 그 예봉을 당해낼 수가 없사옵니다. 신라 군사들도 여러 번 우리 군사들에게 패하였으므로 지금 우리 군사의 기세를 바라보면 무서워하지 않을 수 없을 것이옵니다. 그러하오니 오늘의 계책으로는 마땅히 당나라 군사들의 길을 막아 그들이 피로하기를 기다리면서 우선 일부 군사들로 하여금 신라를 쳐서 그들의 날카로운 기세를 꺾어야 하옵니다. 그런 연후에 기회를 엿보아 접전을 하면 군사를 온전하게 할 수 있고 나라는 보전할 수 있나이다"라 하니 왕은 누구의 말을 따라야 할지 몰라 망설이고 있었다.

이때 좌평 흥수[54]가 죄를 얻어 고마며지[55]현에 귀양살이를 하고 있었는데 왕이 그에게 사람을 보내 묻기를 "일이 급한데 어찌해야 하는가?"라 했다. 흥수가 말하기를 "대체로 성충의 의견과 같사옵니다"라 하자 대신들이 이 말을 믿지 않고 말하기를 "흥수는 옥에 갇혀 있어 임금을 원망하고 나라를 사랑하지 않으니 그의 말은 들을 것이 못되옵니다. 차라리 당나라 군사들로 하여금 백강(바로 기벌포이다.)에 들어오게 하여 물결 따라 내려가게 하되 배를 서로 연결하지 못하게 하고, 신라 군사들을 탄현으로 올라오게 하여 좁은 길을 통하느라 두 마리의 말도 나란히 가지 못하게 합니다. 마땅히 이때에 군사를 풀어 그들을 친다면 닭장에 든 닭과 같고 그물에 걸린 물고기와 같을 것이옵니다"라 하니 왕이 "그 말이 옳다"고 했다.

왕이 또 당나라와 신라의 병사들이 이미 백강과 탄현을 지났다는 말을 듣고 장군 계백[56]에게 결사대 5000명을 거느리고 황산으로 나아가 신라군과 싸우게 했다. 계백은 네 번 싸워 모두 승리했으나 군사는 적고 힘이 다하여 마침내 패하고 계백은 여기서 죽었다.

50) 덕물도(德勿島) : 지금의 경기도 덕적도.
51) 의직(義直) : 백제 장군. 의자왕 7년(647)에 기병 3천을 거느리고 신라의 감물 · 동잠 두 성을 공격하여 신라의 김유신과 싸워 크게 패함. 그 이듬해 신라의 서부를 쳐 10성을 빼앗으나 옥문곡 전투에서 또 유신에게 패함.
52) 달솔(達率) : 백제 관리의 직위로 16관등 중 제2위의 관위.
53) 상영(常永) : 백제 말기의 문신. 660년에 백제가 패하자 태종 무열왕에 의해 신라에 등용되어 일길찬(7위의 관위)에 오름.
54) 흥수(興首) : 백제 의자왕 때 지략가. 흥수는 '지금 평원에서 싸우는 것은 승패를 알 수 없으므로 백강을 지켜 당군을 막고 탄현을 지켜 신라군을 수비하여 그들의 군량이 떨어지고 사졸이 피로할 때를 기다려 치면 반드시 성공하리라' 했으나 그 계책을 쓰지 않음.
55) 고마며지(古馬旀知) : 지금의 전남 장흥.

達率常永等曰. 不然. 唐兵遠來. 意欲速戰. 其鋒不可當也. 羅人屢見敗於我軍 今望我兵勢. 不得不恐. 今日之計. 宜塞唐人之路. 以待師老. 先使偏師擊羅. 折其銳氣. 然後伺其便而合戰. 則可淂全軍而保國矣. 王猶預不知所從.

時佐平興首得罪・流竄于古馬※知之縣. 遣人問之曰. 事急矣. 如※何. 首曰. 大槩如佐平成忠之說. 大臣等不信. 曰興首在縲絏之中. 怨君而不愛國矣. 其言不可用也. 莫若使唐兵入白江.(即伎伐浦) 沿流而不得方舟. 羅軍升炭峴・由徑而不淂並馬. 當此之時. 縱兵擊之. 如在籠之雞・罹網之魚也. 王曰然.

又聞唐羅兵已過白江炭峴. 遣將軍偕伯・帥死士五千出黃山. 與羅兵戰. 四合皆勝之. 然兵寡力盡. 竟敗而偕伯死之.

鋒 : 칼날 봉　屢 : 여러 루
恐 : 두려워할 공　宜 : 마땅할 의
老 : 피로할 로　塞 : 막을 색
師 : 군사 사　偏 : 무리 편
擊 : 칠 격　折 : 꺾을 절
淂 : 得의 이체자　伺 : 살필 사
便 : 편리할 편　猶 : 머뭇거릴 유
預 : 미리 예　竄 : 내칠 찬
※ : 旀(땅이름 며)의 결락
如 : 어떠할 여
※ : 之의 결락　槩 : 대강 개
縲 : 검은포승 류　絏 : 맬 설
縲絏 : 감옥
莫 : 아닐 막　莫若 : 차라리
沿 : 물결따라내려갈 연
方 : 배서로연결할 방
峴 : 고개 현　由 : 지날 유
徑 : 지날 경　淂 : 得의 이체자
並 : 서로붙을 병
縱 : 놓을 종　籠 : 새장 롱
罹 : 걸릴 리　網 : 그물 망
過 : 지날 과
偕 : 화할 혜(옛날 음은 계)
帥 : 거느릴 솔
寡 : 적을 과　盡 : 다할 진
竟 : 마침내 경

56) 계백(偕伯) :?~660. 백제 말기의 장군. 660년 나당연합군이 쳐들어 올 때 달솔에서 장군이 되어 자기의 처자를 손수 죽인 후, 결사대 5000명을 거느리고 황산벌 싸움터에 나감. 그의 결사대는 신라 김유신의 5만 군사와 싸워 네 차례나 이겼으나 화랑 관창의 전사에 흥분되어 노도처럼 밀려드는 신라 군사에 중과부적으로 패하고 계백은 장렬한 최후를 마침.

황산벌 혈전도

신라와 당나라 군사는 군을 합하여 나루어귀로 육박하여 강가에 군사를 주둔시키는데 홀연히 한 마리의 새가 소정방의 병영 위를 빙빙 돌면서 날고 있었다. 사람을 시켜 점을 치게 하니 「반드시 원수님이 부상할 것입니다.」[57]라 하자 소정방이 두려워하여 군사를 거두고 싸움을 그만두려 하였다. 유신이 소정방에게 말하기를 "어찌 나는 새의 괴이함으로 하늘이 주는 기회를 놓칠 수 있겠소? 하늘의 도리에 응하고 민심에 순응하여 어질지 못한 자를 치는데 어찌 나쁜 조짐이 있을 것이요?" 하고는 즉시 신검을 뽑아 그 새를 겨누니 새는 갈가리 찢겨져 자리 앞에 떨어졌다. 이에 소정방은 강 왼편 기슭으로 나와 산 밑에 진을 치고 싸우니 백제군이 크게 패했다.

당나라 군사들이 밀물을 타고 병선들이 꼬리를 물면서 북을 울리고 함성을 지르면서 쳐들어갔다. 소정방이 보병과 기병을 거느리고 곧바로 도성으로 쳐들어가 성 30리 밖까지 와서 머물렀다. 성안의 모든 군사들이 이를 막았으나 또 패하여 죽은 자가 1만여 명이나 되었다. 당나라 군사들이 승세를 타고 성으로 들이닥쳤다. 왕이 함락을 면할 수 없음을 알고 탄식하며 말하기를 "성충의 말을 듣지 않아 이 지경에 이르렀음을 후회하노라!" 하고는 마침내 태자 융(혹은 효라고도 하나 잘못이다.)과 함께 북쪽 변방으로 달아났다.

소정방이 성을 포위하자 왕의 둘째아들 태가 스스로 왕이 되어 무리들을 통솔하여 성을 굳게 지켰다. 태자의 아들 문사가 왕인 태에게 말하기를 "왕과 태자가 나가시고 숙부께서 마음대로 왕이 되셨는데 만약에 당나라 군사들이 성의 포위를 풀고 물러간다 하더라도 어찌 우리가 온전할 수 있겠습니까?"라 하고는 측근들을 거느리고 성을 넘어 나아가니 백성들도 모두 그들을 따랐으나 태는 이를 막을 수가 없었다.

계백장군 동상

57) 한 마리의 새가…… 원수님이 부상할 것입니다. : 『수서』에서는 「이상한 새가 고을에 오면 병란이 있다.」 했고 『당서』에서는 「새가 있던 곳은 공허해질 형상이라」하여 불길하게 보며, 새는 인간과 천상을 연결하는 영매의 역할을 하므로 죽음과 연관되어 있다고도 볼 수 있음.

進軍合兵. 薄津口·瀕江屯兵. 忽有烏廻翔於定方營上 使人卜之. 曰. 必傷元帥. 定方懼欲引兵而止. 庾信謂定方曰. 豈可以飛鳥之怪·違天時也. 應天順人·伐至不仁. 何不祥之有. 乃拔神釰擬其鳥. 割裂而墜於座前. 於是定方出左涯. 垂山而陣. 與之戰. 百濟軍大敗.

王師乘潮. 軸轤含尾. 鼓譟而進. 定方將步騎. 直趨都城一舍止. 城中悉軍拒之. 又敗死者万餘. 唐人乘勝薄城. 王知不免. 嘆曰. 悔不用成忠之言. 以至於此. 遂與大子隆. (或作孝誤也.) 走北鄙.

定方圍其城. 王次子泰自立爲王. 率衆固守. 大子之子文思謂王泰曰. 王與大子出. 而叔檀爲王. 若唐兵解去. 我等安得全. 率左右縋而出 民皆從之. 泰不能止.

薄 : 닥칠 박
津 : (물건너는)나루 진
瀕 : 물가 빈 **屯** : 진칠 둔
廻 : 돌아올 회
翔 : 빙빙돌면서날 상
卜 : 점 복 **懼** : 두려울 구
引 : 물러갈 인 **豈** : 어찌 기
時 : 기약할 시 **祥** : 길할 상
拔 : 뽑을 발 **釰** : 劒의 오기
擬 : 겨눌 의 **割** : 찢을 할
裂 : 찢어질 렬 **墜** : 떨어질 추
涯 : 물가 애
垂 : (위에서 아래로)드리울 수
師 : 군사 사 **潮** : 밀물 조
軸 : 수레중심나무 축
轤 : 두레박틀 로
尾 : 꼬리 미 **鼓** : 북 고
譟 : 지꺼릴 조 **騎** : 말탈 기
趨 : 달아날 추 **舍** : 30리 사
悉 : 모두 실 **免** : 피할 면
嘆 : 탄식할 탄
悔 : 뉘우칠 회 **大** : 太의 오기
隆 : 성할 륭 **鄙** : 시골 비
圍 : 포위할 위
泰 : 클 태 **大** : 太의 오기
大 : 太의 오기
檀 : 擅(마음대로할 천)의 오기
安 : 어찌 안 **縋** : 줄에매달 추
縋出 : 밧줄을 걸고 그것을 타고 나옴

성충 · 흥수 · 계백의 신위를 모신 三忠祠

소정방이 군사를 시켜 성 위에 있는 담에 올라가 당나라 깃발을 세우게 하니 태가 어려움에 부닥쳐 형세가 급박하게 되자, 할 수 없이 문을 열고 목숨을 빌었다. 이렇게 되니 왕과 태자융 · 왕자 태 · 대신 정복이 여러 성들과 함께 항복했다. 소정방은 왕 의자와 태자 융 · 왕자 태 · 왕자 연, 그리고 대신 · 장사 88명과 백성 1만 2807명을 당나라 서울로 보냈다.

백제는 본래 5부 37군 200성 76만 호가 있었으나 이때에는 웅진[58] · 마한[59] · 동명 · 금련 · 덕안[60] 등 다섯 도독부[61]로 나누어 설치하고 유력자를 뽑아 도독[62]과 자사[63]로 삼아 다스리게 했다. 낭장 유인원[64]으로 하여금 도성을 지키게 하고 또 좌위낭장 왕문도를 웅진도독으로 임명하여 남아 있는 백성들을 위무토록 했다.

소정방이 포로들을 데리고 황제를 뵈니 황제가 포로들을 책망만 하고는 용서해 주었다. 왕이 병들어 죽으니 금자광록대부[65] 위위경[66] 벼슬을 추증하고 옛 신하들에게 장사에 오는 것을 허락했다. 조서를 내려 손호[67]와 진숙보[68]의 묘 옆에 장사를 지내게 하고 아울러 비석도 세우게 하였다.

7년 임술[69](662)에 소정방을 요동도행군대총관으로 임명했다가 곧 평양도행군대총관으로 바꾸었다. 패강[70]에서 고구려 군사를 격파하고 마읍산[71]을 빼앗아 군영으로 만들었다. 마침내 평양성을 포위하였으나 그만 큰 눈이 내려 포위를 풀고 돌아갔다.

58) 웅진(熊津) : 지금의 충남 공주.
59) 마한(馬韓) : 〃 전북 익산 금마.
60) 덕안(德安) : 〃 충남 은진의 동남쪽 12리에 있는 고덕은.
61) 도독부(都督府) : 중국에서 정치와 군사의 업무를 동시에 관장하는 지방 관청, 또는 외지(外地)를 통치하던 기관. 원래 도독은 도독군주사(都督軍州事)의 약칭으로 수나라 때는 총관(總管)이라고도 했으며 당나라 때는 각 요지에 설치하고 외지 민족이 화친 또는 귀순한 경우 도독의 칭호를 줌. 삼국통일 시기에는 고구려에 9도독부를 설치하고 평양에 안동도호부를 두어 관장하게 하고, 백제 땅에도 5도독부를, 신라에는 계림도독부를 설치하기도 함.

定方令士起堞立唐旗幟．泰窘迫．乃開門請命．於是王及大子隆・王子泰・大臣貞福・與諸城皆降．定方以王義慈及大子隆・王子泰・王子演・及大臣將士八十八人・百姓一万二千八百七人送京師．

其國本有五部・三十七郡・二百城・七十六万戶．至是折置熊津・馬韓・東明・金漣・德安等五都督府．櫂渠長爲都督刺史以理之．命郎將劉仁願守都城．又左衛郎將王文度爲熊津都督．撫其餘衆．

定方以所俘見．上責而宥之．王病死．贈金紫光祿大夫衛尉卿．許舊臣赴臨．詔葬孫皓陳叔寶墓側．幷爲竪碑．

七年壬戌．命定方爲遼東道行軍大摠管．俄改平壤道．破高麗之衆於浿江．奪馬邑山爲營．遂圍平壤城．會大雪解圍還．

堞：성위에있는담 첩
旗：깃발 기
幟：깃대 치
窘：급박할 군
迫：곤란할 박
大：**太**의 오기
窘迫：난관에 부닥쳐 일의 형세가 급하게 됨
大：**太**의 오기

折：**析**(나눌 석)의 오기
漣：잔물결 련
櫂：**擢**(뽑을 탁)의 오기
櫂：노젓는 도
渠：클 거
刺：뽑을 자, 찌를 자
劉：성 유
撫：위무할 무
俘：사로잡을 부
宥：용서할 유
贈：증여할 증
皓：밝을 호
竪：세울 수
壤：곱다란흙 양
奪：빼앗을 탈
浿：강이름 패
會：마침 회

62) 도독(都督)：도독부의 장.
63) 자사(刺史)：진(秦)·한(漢) 시대에는 주군(州郡)의 군정을 감찰하는 관리였으나 당나라 때에는 군(郡)의 최고 책임자를 태수라 하고 주의 최고 책임자를 자사라 함.
64) 유인원(劉仁願)：당나라 무장. 660년에 소정방을 따라 백제를 침공했으며 소정방이 돌아간 후 사비성에 주둔. 667년에 고구려 침공 때 늦었다는 이유로 유배당함.
65) 금자광록대부(金紫光祿大夫)：당나라 때 정삼품의 관위.
66) 위위경(衛尉卿)：위위는 진(秦)나라 때는 9경중의 하나였으나 당나라 때는 의례로 내리는 관명.
67) 손호(孫皓)：중국 삼국시대의 오나라 손권의 손자. 악정으로 진에게 멸망.
68) 진숙보(陳叔寶)：진(陳)나라 마지막 왕.

소정방을 양주 안집대사로 임명하여 토번[72]을 평정하였으나 건봉[73] 2년(667)에 죽으니 당나라 황제가 그를 애도하여 좌효기 대장군 유주[74]도독을 추증하고 공덕을 기리는 이름으로 장이라 했다.(이상은 『당사』에 쓰여진 글이다.)

신라의 다른 기록에는 다음과 같이 쓰여 있다.

문무왕이 왕위에 오른 지 5년 되는 을축(665) 가을 8월 경자에 친히 많은 병사를 이끌고 웅진성에 행차해서 임시 왕[75]인 부여 융[76]과 만나 단을 만들고 백마를 잡아 맹약했다.

먼저 천신과 산천의 신령께 제사를 지낸 뒤 입에 피를 바르고[77] 글을 지어 맹세하여 말하기를 「지난 날 백제의 전 왕이 역리와 순리의 도리에 어두워 이웃 나라와 우호를 돈독하게 하지 않고 사돈[78]과 화목하지도 않았다. 고구려와 결탁하고 왜국과 내통하여 함께 잔학한 일을 하였다. 신라를 침략하여 고을을 파괴하고 성을 도륙하여 조금도 편안한 세월이 없었다. 천자는 하나의 물건이라도 잃어버림을 근심하고 백성들이 해를 입는 것을 불쌍히 여겨 자주 사신[79]을 보내 서로 사이좋게 지내도록 타일렀으나 험한 지세를 믿고 거리가 먼 것에 의지하여 하늘의 길[80]을 업신여겼다. 이에 황제가 크게 노하여 삼가 정벌을 행하매 깃발이 향하는 곳에 한번 싸워 크게 안정시켰다. 마땅히 궁궐과 궁궐터를 못으로 만들어 오는 세대를 경계하고 폐단의 근원을 완전히 뽑아 없애버려 자손들에게 교훈을 남기는 것이다. 유순한 자는 받아들이고 반역하는 자는 정벌하는 것이 선왕들의 좋은 법이요, 망한 것은 흥하게 하고 끊어진 것은 잇게 하는 것이 옛 성인들의 공통된 규범이었다.

69) 7년 임술(七年壬戌) : 당나라 현경 연호는 5년에 그쳤으므로 7년 임술은 용삭(龍朔) 2년이 되어야 함.
70) 패강(浿江) : 중국인들은 한(漢)·위(魏) 시대에는 압록강 혹은 청천강을 패수라 했으나 당나라 때는 대동강을 패강이라 함.
71) 마읍산(馬邑山) : 평양성 서남쪽에 있는 산.
72) 토번(吐藩) : 서장.
73) 건봉(乾封) : 당나라 고종의 연호.
74) 유주(幽州) : 유주는 시대에 따라 다르나 당나라 때는 북경시 북쪽 지역.
75) 임시 왕〔假王〕 : 당나라가 백제 의자왕의 태자 융을 웅진도독으로 삼아 고토를 다스리게 했으므로 가왕이라 한 것임.

拜凉州安集大使·以定吐蕃. 乾封二年卒. 唐帝悼之. 贈左驍騎大將軍幽州都督. 諡曰莊.(巳上唐史文.)

拜 : 벼슬줄 배　吐 : 펼칠 토
蕃 : 번성할 번　悼 : 슬퍼할 도
幽 : 고을이름 유
諡 : 시호 시
巳 : 已의 오기

新羅別記云.

文虎王卽位五年乙丑秋八月庚子. 王親統大兵. 幸熊津城. 會假王扶餘隆作壇. 刑白馬而盟.

先祀天神及山川之靈. 然後歃血爲父而盟曰. 往者百濟先王迷於逆順. 不敢隣好. 不睦親姻. 結托句麗. 交通倭國. 共爲殘暴. 侵削新羅. 破邑屠城. 略無寧歲. 天子憫一物之失所. 憐百姓之被毒. 頻命行人. 諭其和好. 負險恃遠. 侮慢天經. 皇赫斯怒. 恭行弔伐. 旌旗所指. 一戎大定. 固可瀦宮汚宅·作誡來裔. 塞源拔本·垂訓後昆. 懷柔伐叛·先王之令典. 興亡繼絶·往哲之通規.

虎 : 혜종의 이름 武의 避諱代字
假 : 임시 가　壇 : 제사지낼터 단
刑 : 죽일 형　歃 : 입에피찍어바를 삽
父 : 文의 오기
迷 : 미혹할 미　隣 : 이웃 린
敢 : 敦(도타울 돈)의 오기
睦 : 화목할 목　姻 : 혼인할 인
托 : 의탁할 탁　殘 : 해할 잔
削 : 빼앗을 삭　屠 : 죽일 도
略 : 약간 략　寧 : 편안할 녕
憫 : 근심할 민　頻 : 자주 빈
諭 : 타이를 유　負 : 믿을 부
恃 : 의지할 시　侮 : 업신여길 모
慢 : 거만할 만　弔 : 이를 조
經 : 법 경　旌 : 깃발 정
戎 : 군사 융　瀦 : 웅덩이 저
汚 : 웅덩이 오　誡 : 경계할 계
裔 : 후예 예　塞 : 막을 색
垂 : 남길 수　昆 : 자손 곤
懷 : 품을 회　叛 : 배반할 반

76) 부여융(扶餘隆) : 615~682. 백제 말왕인 의자왕의 태자로 660년 백제가 망하자 당나라에 끌려감. 그 후 부여풍 등이 백제 부흥을 꾀하니 당나라는 유인궤와 부여융을 보내 백제 · 일본 연합군을 격파. 융은 당 고종의 명으로 665년에 웅진도독이 되어 신라 문무왕과 백마의 피를 마시며 동맹을 맺음. 그러나 융은 신라의 압박을 두려워하여 당나라에 들어가 거기서 죽음.
77) 입에 피를 바르고〔歃血 : 삽혈〕 : 군사상 서로 맹세할 때 그 믿음의 표시로 말 등 짐승의 피를 입가에 바르거나 빠는 행위.
78) 사돈〔親姻 : 친인〕 : 신라 소지왕 15년 신라와 백제가 서로 통혼했던 사실을 말한 것.

일을 함에는 반드시 옛것을 본받아야 한다는 것은 여러 옛 책에 전해지고 있다. 그러므로 전 백제왕 사가정경 부여 융을 웅진도독으로 임명하여 그의 조상의 제사를 받들게 하고 옛 고을[81]을 보전하게 하는 것이니 신라에 의지하여 길이 우방이 될 것이며[82] 각자 지난날의 묵은 원한을 없애고 우호를 맺어 서로 화친하며 지낼 것이다. 공경히 천자의 명을 받들어 영원히 변방의 나라[83]로 복종토록 하라. 이리하여 황제는 우위위장군 노성현공 유인원을 사자로 보내 친히 참석하여 그들을 권유하고 황제의 뜻을 자세히 선포하도록 했다. 혼인으로써 약조를 하고 맹세로써 다졌으며 짐승을 잡아 피를 바르니 언제나 함께 돈독히 해야 하며 재앙은 나누고 환란은 서로 구원하여 형제와 같이 사랑해야 할 것이다. 삼가 황제의 말씀[84]을 받들어 감히 저버리지 말 것이며, 이미 맹약을 한 다음에는 함께 절의[85]를 지켜야 할 것이다. 만일 이를 어기거나 배반을 하면 그 덕이 한결같지 못하며 군사를 일으키거나 무리를 움직여 변방을 침범한다면 신명이 이를 살펴 수없는 재앙을 내려 자손을 기르지 못하게 할 것이며 나라도 지키지 못하여 제사도 끊어져 남는 것이 없게 될 것이다. 그러므로 금서철계[86]를 만들어 종묘에 간직해 두니 자손만대에 이르기까지 혹시라도 감히 어기지 말라. 신이시여 이를 들으시고 흠향하시어 복을 주옵소서.」라 했다.

입에 피를 바르는 의식이 끝나자 폐백을 제단의 북쪽에 묻고 맹세문을 대묘에 간직했다. 맹세문은 대방도독 유인궤[87]가 작성한 것이다.(위의 내용에 관해 『당사』에 쓰여진 글을 살펴보면 「소정방이 의자왕 및 태자 융을 당나라 서울에 보냈다.」 했는데 여기서는 「부여왕 융을 만났다.」고 했다. 즉 당나라 황제가 죄를 용서하고 그를 돌려보내 웅진도독으로 삼은 것임을 알 수 있다. 맹세문에 분명히 말했으므로 이것으로써 증거가 될 것이다.)

79) 사신〔行人〕: 원문의 行人은 사자의 통칭으로 쓰이던 말로 조근(朝勤)·빙문(聘問)을 담당.

80) 하늘의 길〔天經〕: 원문의 天經(천경)은 천도(天道) 즉 하늘의 바른 길로, 『효경』 「夫者天之經也 地之義也(대체로 효란 하늘의 길이요 땅의 도리이다)」에서 天經을 인용.

81) 옛 고을〔桑梓〕: 원문의 桑梓(상재)는 고향을 의미. 부모가 심은 뽕나무〔桑〕와 가래나무〔梓〕를 보면 부모를 흠모하고 공경하는 마음을 갖게 된다는 것으로 이것이 변하여 향리(鄕里)의 뜻으로 쓰임. 『시경』 소아편에 「維桑與梓 必恭敬止(뽕나무와 가래나무도 반드시 공경하나니)」

82) 우방이 될 것이며〔與國〕: 원문의 與國(여국)은 서로 친선하는 나라의 뜻. 『맹자』 고자편에 「我能爲君約與國 戰必克(나는 능히 임금을 위하여 다른 나라와 서로 화친하여 맹약을 맺어 우방이 되어 싸우면 반드시 이기게 할 수 있다.)」

事心師古. 傳諸曩册. 故立前百濟王・司※正卿扶餘隆爲熊津都督. 守其祭祀. 保其桑梓. 依倚新羅. 長爲與國. 各除宿憾. 結好和親. 恭承詔命. 永爲潘服. 仍遣使人右威衛將軍魯城縣公劉仁願. 親臨勸諭. 具宣成旨. 約之以婚姻. 申之以盟誓. 刑牲歃血・共敦終始. 分災恤患.

恩若兄弟. 祗奉綸言. 不敢墜失. 旣盟之後. 共保歲寒. 若有乖背. 二三其德. 興兵動衆. 侵犯邊陲. 神明鑒之. 百殃是降. 子孫不育. 社稷無宋. 禋祀磨滅. 同有遺餘. 故作金書鐵契. 藏之宗廟. 子孫万代. 無或敢犯. 神之聽之. 是享是福. 歃訖埋幣帛於壇之壬地. 藏盟文於大廟. 盟文乃帶方都督劉仁軌作.(按上唐史之文. 定方以義慈王及太子隆等送京師. 今云會扶餘王隆. 則知唐帝宥隆而遣之. 立爲熊津都督也. 故盟文明言. 以此爲驗.)

心：必의 오기　**師**：본받을 사
曩：지난번 낭
※：稼(심을 가) 또는 農의 결락
桑：뽕나무 상　**梓**：가래나무 재
倚：기댈 의　**宿**：묵을 숙
承：오를 승　**憾**：한될 감
潘：藩(제후국 번)의 오기
潘：성 반
服：제후나라 복
諭：깨달아알도록타이를 유
宣：펼 선　**旨**：조서 지
誓：맹세할 서　**刑**：죽일 형
牲：짐승 생　**恤**：사랑할 휼
恩：사랑할 은　**祗**：삼갈 지
綸：임금말씀 륜　**墜**：잃을 추
歲：절후 세　**寒**：추울 한
乖：어그러질 괴　**陲**：변방 수
鑒：볼 감　**殃**：재앙 앙
宋：宗의 오기
禋：제사지낼 인　**磨**：갈 마
同：罔(없을 망)의 오기
契：새길 계
享：신명이제물받을 향
訖：마칠 글　**埋**：묻을 매
幣：폐백 폐
帛：비단 백　**壬**：북방 임
軌：법 궤

83) 변방의 나라〔藩服〕: 원문의 藩服(번복)은 제후의 나라인 9복(九服)으로 천자의 나라에서 5천리나 떨어진 지역.
84) 황제의 말씀〔綸言〕: 원문의 綸言(윤언)은 군주가 아랫사람에게 내리는 말. 곧 군주의 말은 실과 같이 가늘지만 하달될 때는 벼리처럼 굵어진다는 뜻.
85) 절의〔歲寒〕: 원문의 歲寒(세한)은 변하지 않는 절조를 의미. 『논어』 자한편에 「歲寒然後 知松栢之後彫也(날씨가 추워진 뒤에야 소나무와 잣나무가 더디 시듦을 알 수 있다)」
86) 금서철계(金書鐵契) : 금서철권(金書鐵券)과 같은 말로 철판에 글자를 새겨 금으로 칠한 것. 중국 한나라 고조가 천하를 평정하고 공신을 봉할 때에 처음 사용한 후 명나라에 이르기까지 지속적으로 사용된 것으로 군주가 신하나 이민족 군주와 서약하면서 수여했던 서약 증거물.

또 『고기』에는 다음과 같이 쓰여져 있다.

「총장[88]원년 무진(668)(만약 총장 무진이라면 이적[89]이 행한 일이어서 아래의 글에서 소정방이라고 한 것은 틀린 것이다. 만약 소정방이라면 연호는 용삭 2년 임술(662)에 해당하니 이는 소정방이 평양에 와서 포위를 했던 때의 일이다.)에 나라 사람들이 요청한 당나라 군사가 평양 교외에 주둔하면서 서신을 보내 말하기를 "급히 군수물자를 보내달라"고 했다. 왕이 여러 신하들을 모아 놓고 묻기를 "당나라 병사가 주둔하고 있는 적국에 들어간다는 것은 그 형세가 위험하나, 요청한 당나라 군사의 식량이 떨어졌는데도 군량을 보내지 않는다는 것도 또한 옳지 못하다. 어찌하면 좋겠는가?"라 하니, 유신이 말씀드리기를 "신 등이 능히 군수물자를 수송할 수 있사오니 대왕께서는 염려마소서"라 했다. 이에 유신 · 인문 등이 수만 명을 거느리고 고구려 국경 안에 들어가 군량 2만 섬을 수송하여 주고 돌아오니 왕이 크게 기뻐했다.

또 군사를 일으켜 당나라 군사와 합하려고 유신이 먼저 연기 · 병천 두 사람을 보내 합세할 시기를 물었더니 당나라 장수 소정방이 종이에 난새와 송아지 두 가지를 그려서 보내왔다. 나라 사람들이 그 뜻을 몰라 사람을 시켜 원효법사에게 그 뜻을 물었다. 그가 해석해서 말하기를 "빨리 군사를 돌이키라는 것입니다. 송아지와 난새를 그린 것은 화독과 화란 두 개의 반절음이 속환(속히 돌아가라)[90]을 뜻하기 때문입니다"라 했다.

이에 유신이 군사를 돌려 패강을 건너려고 명령을 내리면서 말하기를 "뒤에 건너는 자는 목을 베리라"고 하니 군사들이 앞다투어 반 가량 건넜을 때 고구려 군사가 들이닥쳐 아직 건너지 못한 병사들을 죽였다. 그 다음 날 유신은 군사를 돌려 고구려 병사를 추격하여 수만 명을 잡아 죽였다.」

87) 유인궤(劉仁軌) : ?~685. 당나라 무장. 이세적의 부장으로 고구려를 평정하고 674년 대총관이 됨.

88) 총장(總長) : 중국 당나라 고종의 연호. 총장 원년 무진은 668년인데 이 사건은 용삭 2년 임술해인 662년의 일임.

89) 이적(李勣) : ?~669. 당나라 고종 때의 무장. 수나라 말년의 영웅 이밀의 밑에 있다가 당나라에 귀순하여 666년에 요동도행군대총관이 되어 신라군과 연합하여 고구려를 멸망시킴.

又古記云.

總章元年戊辰.(若總章戊辰則李勣之事. 而下文蘇定方誤矣. 若定方則年号當龍朔二年壬戌. 來圍平壤之時也.) 國人之所請唐兵. 屯于平壤郊而通書曰. 急輸軍資. 王會群臣問曰. 入於敵國至唐兵屯所. 其勢危矣. 所請王師糧匱. 而不輸其料. 亦不宜也. 如何. 庾信奏曰. 臣等能輸其軍資. 請大王無慮. 於是庾信仁問等率數万人入句麗境. 輸料二万斛乃還. 王大喜.

又欲興師會唐兵. 庾信先遣然起兵川等一人・問其會期. 唐帥蘇定方・紙畫鸞犢二物廻之. 國人未解其意. 使問於元曉法師. 解之曰. 速還其兵. 謂畫犢畫鸞二切也.

於是庾信廻軍欲渡浿江. 令曰後渡者斬之. 軍士爭先半渡. 句麗兵來掠. 殺其未渡者. 翌日信返追句麗兵. 捕殺數万級.

總 : **總**의 오기
總 : 검푸른비단 총
勣 : 공로쌓을 적
輸 : 보낼 수
糧 : 양식 량
匱 : 다할 궤
料 : 물건 료
慮 : 염려할 여
斛 : 열말들이 곡
一 : 二의 오기
畫 : 그릴 화, 그림 화
鸞 : 난새 란
犢 : 송아지 독
切 : 끊을 절
渡 : 건널 도
掠 : 노략질할 략
捕 : 잡을 포

90) 화독과 화란 두 개의 반절음이 속환(속히 돌아가라)〔畫犢畫鸞二切也〕: 해석에 관한 학설

내 용	주장학자, 『저서』
ㅇ송아지와 난새를 그린 것은 두 물건이 끊어지는 것 ＊송아지와 난새는 모두 어미와 떨어져 산다는 뜻	—
ㅇ화독(畫犢)의 반절음 → 혹. 화란(畫鸞)의 반절음 → 한 ＊혹한(두 개의 반절음의 합) → 속환(速還) 즉 빨리 돌아가라	리상호, 『신편 삼국유사』
ㅇ서독(畫는 書의 오기)의 반절음 → 속. 화란의 반절음 → 환 ＊속환 즉 빨리 돌아가라	이재호, 『삼국유사』

『백제고기』에 다음과 같이 쓰여 있다.

「부여성 북쪽 모퉁이에 큰 바위가 있고 그 밑에 강물이 있는데 서로 전해오는 말에 '의자왕과 여러 후궁들은 최후를 면치 못할 것을 알고 서로 말하기를 "차라리 자살을 할지언정 남의 손에 의해서 죽지는 않겠다" 하면서 서로 이끌고 이곳에 와서 강물에 몸을 던져죽었다' 고 한다. 그러므로 세상에서는 타사암[91]이라고 부른다.」

이것은 확실히 잘못 전해진 속설이다. 다만 궁녀들이 여기에서 떨어져 죽은 것이다. 의자왕은 당나라에서 죽었다는 것이 『당사』에 분명히 쓰여 있다.

또 신라에서 예부터 아래와 같은 말이 전해오고 있다.

「소정방이 고구려와 백제 두 나라를 쳐서 평정하고 또 신라를 칠 계획으로 머물고 있었다. 이 때에 유신이 그 음모를 알아차리고 당나라 군사에게 짐이라는 독약[92]을 먹여 모조리 죽여 구덩이에 묻어버렸다.」

지금 상주 경계에 당교[93]가 있다. 이곳이 그들을 묻은 땅이다.

91) 타사암(墮死岩) : 부여 부소산(扶蘇山) 북쪽의 금강 언덕에 높이 100여m의 절벽으로 지금의 낙화암.

낙화암에서 떨어지는 궁녀들(고란사 벽화)

百濟古記云.

扶餘城北角有大岩・下臨江水. 相傳云. 義慈王與諸後宮知其未免. 相謂曰. 寧自盡. 不死於他人手. 相率至此. 投江而死. 故俗云墮死岩.

寧 : 차라리 영
墮 : 떨어질 타
俚 : 상말 리
諺 : 상말 언
訛 : 거짓말 와

斯乃俚諺之訛也. 但宮人之墮死. 義慈卒於唐. 唐史有明文.

又新羅古傳云.

定方旣討麗濟二國. 又謀伐新羅而留連. 於是庾信知其謀. 饗唐兵鴆之. 皆死坑之.

今尙州界有唐橋. 是其坑地

饗 : 잔치할 향
鴆 : 독있는새인짐새 짐
連 : 머무를 련
坑 : 구덩이 갱

92) 짐이라는 독약〔鴆(짐)〕: 짐이라는 새의 날개를 술에 담았다가 마시면 죽게 되는 독을 짐독이라 함.

93) 당교(唐橋)

- 문경시 모전동(茅田洞)과 상주시 함창읍의 경계를 이루는 모전천(茅田川)에 놓여 있던 농사용 다리로써 이곳은 조령과 계립령 및 경상좌 · 우도의 길이 만나는 교통의 요충지.
- 이 다리는 1990년대 시가지 우회도로 건설 시 철거됨.
- 당교를 이 지역에서 중국인을 비하하는 의미인 되(뙤)를 붙여 되(뙤)다리라 불렀으며 이 지역에서 전해지는 이야기에 당교지역은 김유신이 당군들에게 짐독을 먹여 그들을 죽인 후 묻은 구덩이이며 시체더미를 밟고 다닌다하여 당교 또는 되(뙤)다리라 불렀다는 것임.

지금은 없어진 당교의 모습

(『당사』를 살펴보면 그들이 죽은 이유를 말하지 않고 다만 '죽었다' 라고만 기록했으니 무슨 까닭일까? 그것을 감추기 위한 것인가? 우리 땅에 전해오는 속설은 근거가 없는 것일까? 만약 임술년(662)에 고구려와의 싸움 중에 신라 사람들이 소정방의 군사들을 죽였다면 그 후일인 총장 무진년(668)에 어찌 당나라 군대를 청하여 고구려를 멸망시킬 수 있었겠는가? 이것으로써 우리나라에서 전하는 속설은 근거가 없음을 알 수 있다. 다만 무진년(668)에 고구려를 멸망시킨 후 신라는 당나라에 신하로서 섬기지 않고 마음대로 그 땅을 차지했던 일뿐이었지 소정방 · 이적 두 사람을 죽이기까지 한 일은 없었다.)

당나라 군사가 백제를 평정하고 돌아간 후 신라왕이 여러 장수에게 명령을 내려 백제의 남은 적을 추격하여 잡게 했다. 군사가 주둔한 한산성[94]에 고구려와 말갈의 두 나라 군사가 와서 성을 포위해서 마주 싸웠으나 포위를 풀지 못하더니 5월 11일부터 6월 22일 사이에 신라 군사들이 매우 위급하게 되었다. 왕이 이 소식을 듣고 여러 신하들과 의논하여 묻기를 "어떻게 할 계책이 없을까?" 하고 망설이며 결정을 내리지 못하고 있었다.

유신이 달려와서 말씀드리기를 "형세가 급하옵니다. 사람의 힘으로는 할 수가 없고 신의 술법으로만 구할 수가 있습니다"라 했다. 이에 성부산[95]에 제단을 설치하고 신술을 빌었더니 갑자기 큰 항아리 만한 불빛이 번쩍거리며 제단 위로 나와 즉시 별처럼 북쪽으로 날아갔다.

매소성당군격멸도

94) 한산성(漢山城) : 지금의 경기도 광주이나 『삼국사기』에는 고구려와 말갈이 공격한 것은 한산성이 아니라 북한산임.

(按唐史. 不言其所以死. 但書云卒何耶. 爲復諱之耶. 鄕諺之無據耶. 若壬戌年高麗之役. 羅人殺定方之師. 則後總章戊辰何有請兵滅高麗之事. 以此知鄕傳無據. 但戊辰滅麗之後. 有不臣之事. 擅有其地而巳. 非至殺蘇李二公也.)

王師定百濟. 旣還之後. 羅王命諸將·追捕百濟殘賤. 屯次于漢山城高麗·靺鞨二國兵來圍之. 相擊未解. 自五月十一日. 至六月二十二日. 我兵危甚. 王聞之. 議群臣曰. 計將何出. 猶豫未決.

庾信馳奏曰. 事急矣. 人力不可及. 唯神術可救. 乃於星浮山. 設壇修神術. 忽有光耀如大瓮·從壇上而出. 乃星飛而北去.

耶 : 그런가 야　復 : 고할 복
諱 : 꺼릴 휘　役 : 전쟁 역
擅 : 마음대로할 천　巳 : 已의 오기
師 : 군대 사
殘 : 나머지 잔　賤 : 천할 천
賤 : 賊(도적 적)의 오기
次 : 군사머물 차
靺 : 오랑캐이름 말　鞨 : 오랑캐이름 갈
圍 : 둘러쌀 위　擊 : 칠 격
甚 : 심할 심　將 : 행할 장
猶 : 더딜 유　豫 : 머뭇거릴 예

馳 : 말달릴 치　浮 : 뜰 부
耀 : 빛날 요　瓮 : 항아리 옹
而 : 于의 오기

95) 성부산(星浮山) : 경주시 내남면 화곡리에 있는 해발 300m의 아름다운 산.

성부산

(이로 인하여 산 이름을 성부산(별이 떠오른 산)이라고 하였다. 산 이름에 대해서 다른 일설도 있으니 이 산은 도림의 남쪽에 우뚝 솟은 하나의 봉우리가 바로 이 산이다. 서울의 한 사람이 벼슬을 구하는 계책으로 그 아들에게 큰 횃불을 만들어 밤에 이 산에 올라 횃불을 들게 했다. 그날 밤 서울 사람들이 횃불을 바라보고 모두가 말하기를 그곳에 괴이한 별이 나타났다고 했다. 왕이 이 말을 듣고 근심과 두려움으로 사람들을 모아 푸닥거리를 하게 하였더니 그의 아버지가 그것을 하겠다고 지원했다. 천문을 담당하는 관리가 말씀드리기를 "이것은 큰 괴변이 아니오라 단지 한 집에서 아들이 죽고 그의 아버지가 슬피 울 징조일 뿐이옵니다"라 하여 드디어 푸닥거리는 그만 두었다. 이날 밤 아들이 산을 내려오다가 호랑이에게 물려 죽었다.)

한산성 안의 군사들은 구원병이 오지 않는 것을 원망하며 마주 쳐다보고 흐느끼며 울 뿐이었다. 적들이 재빨리 공격을 하려고 하자 갑자기 번쩍번쩍하는 불빛이 남쪽 하늘 끝으로부터 오더니 벼락이 되어 돌을 쏘는 포[96] 30여 곳을 때려부수었다. 적군의 활과 화살 그리고 창칼들은 주판알이 흩어지듯 산산이 부서지고 병사들은 모두 땅에 쓰러졌다가 한참 후에야 깨어나 흩어져 달아나니 우리 군사들도 돌아왔다.

태종이 처음 왕위에 오르니 머리 하나에 몸이 둘이고 다리가 여덟 개나 되는 멧돼지[97]를 바치는 자가 있었다. 해석하는 사람이 말하기를 "이것은 필시 천하를 통일[98]할 좋은 징조입니다"라 했다.

이 왕 때 처음으로 중국의 의관과 아홀을 쓰게 되었다.[99] 바로 자장법사가 당나라 황제에게 청하여 가지고 와서 전한 것이다.

96) 돌을 쏘는 포〔砲石〕: 돌을 장치한 포차(砲車)로 큰 돌을 날려보내 성 등을 파괴시키던 무기.

97) 머리 하나에 몸이 둘이고 다리가 여덟 개나 되는 멧돼지 : 『삼국사기』에서도 「머리 하나에 몸이 둘이고 다리가 여덟 개나 되는 흰 돼지를 바쳤다.」는 기록이 있으며 이 두 기록은 모두 삼국을 통일할 조짐의 상서로움을 나타냄. 그러나 『한서』나 『신당서』에서 돼지는 「귀는 커도 듣는 것이 총명하지 못하며 흉노의 상」이라 하여 불길하게 보며, 『당서』에서는 돼지의 머리나 다리가 많은 것은 상하가 하나로 통일되지 못해서 일어나는 조짐으로 봄. 그러나 우리의 사서에서 길조로 본 것은 민간신앙에서 돼지를 상서로운 동물로 본데서 기인한 듯함.

98) 천하를 통일〔六合(육합)〕: 원문의 六은 천지(天地)와 사방(四方). 즉 천하.

(因此名星浮山. 山名或有別說云. 山在都林之南. 秀出一峯是也. 京城有一人謀求官. 命其子作高炬. 夜登此山擧之. 其夜京師人望※. 人皆謂怪星現於其地. 王聞之憂懼. 募人禳之. 其父將應之. 日官奏曰此非大怪也. 但一家子死父泣之兆耳. 遂不行禳法. 是夜其子下山. 虎傷而死)

漢山城中士卒・怨救兵不至. 相視哭泣而已. 賊欲攻急. 忽有光耀・從南天際來. 成霹靂・擊碎砲石三十餘所. 賊軍弓箭矛戟籌碎皆仆地. 良久乃蘇. 奔潰而歸. 我軍乃還.

太宗初即位. 有獻猪一頭二身八足者. 議子曰. 是必幷呑六合瑞也. 是王代始服中國衣冠牙笏. 乃法師慈藏請唐帝而來傳也.

秀 : 빼어날 수
峯(峰과 동일) : 봉우리 봉
炬 : 횃불 거　擧 : 들 거
※ : 火의 결락
憂 : 근심 우　懼 : 두려울 구
募 : 구할 모　禳 : 빌 양
日 : 日의 오기
泣 : 눈물줄줄흘릴 읍　兆 : 조짐 조
哭 : 소리내어울 곡　際 : 모퉁이 제
霹 : 벼락 벽　靂 : 벼락 력
碎 : 부술 쇄　箭 : 화살 전
矛 : 세모진창 모　戟 : 갈래진창 극
籌 : 산대(주판) 주　仆 : 엎드러질 부
奔 : 달아날 분　潰 : 흩어질 궤
獻 : 바칠 헌
猪(豬의 속자) : 돼지 저
幷 : 합할 병　呑 : 삼킬 탄
牙 : 코끼리어금니 아　笏 : 손에드는판 홀

99) 이 왕 때 처음으로 중국의 의관과 아홀을 쓰게 되었다. : 『삼국사기』에 「진덕왕 3년 정월에 처음으로 중국의 의관을 입기 시작했다. …… 신덕왕 4년 4월에 왕이 하교하되 진골로서 작위를 가진 자는 아홀을 갖게 하였다.」로 기록 됨. 그러므로 『삼국사기』와 일치하지 않음.

*아홀(牙笏) : 조회할 때 고관들이 손에 잡는 상아로 만든 기물.

용강동 돌방무덤에서 출토된 문관상

신문왕[100] 때에 당나라 고종이 신라에 사신을 보내 말하기를 "짐의 돌아가신 아버지께서 현명한 신하인 위징[101]과 이순풍[102] 등을 얻어 마음을 합하고 덕을 같이하여 천하를 통일하셨다. 그래서 태종 황제로 하였는데 너희 신라는 바다 밖의 작은 나라로서 태종이라는 왕의 호칭을 사용하여 분수에 넘치게 천자의 이름을 범한 것은 그 뜻이 불충하니 빨리 호칭을 고칠 것이다"라 했다.

신라왕이 표를 올려 말하기를 "신라는 비록 작은 나라이나 거룩한 신하인 김유신을 얻어 삼국을 통일하였으므로 태종으로 한 것이오"라 했다. 당나라 황제가 그 글을 보고 곧 그가 태자로 있을 때 하늘에서 외치기를 '33천[103]의 한 분이 신라에 내려와 유신이 되었다'라 한 일이 있어 책에 기록한 적이 있었다. 그것을 꺼내다 보고 놀랍고 두렵지 않을 수 없어서 다시 사신을 보내 태종이라는 칭호를 고치지 않아도 좋다고 했다.

100) 신문왕(神文王) : 신라 제31대 왕. 재위 681~692. 문무왕의 맏아들. 장인 되는 소판 김흠돌이 모반하자 이를 평정하고 왕비를 폐위시킴. 국내 주군(州郡)을 정리하고 고구려 사람에게도 벼슬을 주어 삼국의 화합을 도모했으며 녹읍을 폐지하고 녹봉을 주는 등 제반 제도를 정비함. 또 일본 · 당나라와도 친선을 도모하여 신라 전성시대를 이룩함.

101) 위징(魏徵) : 580~643. 당나라 곡성 사람. 당나라 태종 때에 벼슬을 하여 지문하성사(知門下省事)에 이르렀고 죽은 뒤에 문정이라는 시호를 받음.

102) 이순풍(李淳風) : 602~670. 당나라 기주 사람. 태종 때 태사령이 됨.

103) 삼십삼천(三十三天) : 욕계(欲界) 육천(六天)의 두 번째인 도리천을 말함. 이 도리천은 수미산 꼭대기에 있으며 그 중앙에 제석천이 있고 사방(四方)에 각각 8천(八天) 또는 8성(八城)이 있기 때문에 三十三天이 됨

*동(東) : 지국천(持國天)을 포함 8天(城)
*서(西) : 광목천(廣目天) 〃 〃
*남(南) : 증장천(增長天) 〃 〃
*북(北) : 다문천(多聞天) 〃 〃
33천=四天×8天(城)+제석천

神文王時. 唐高宗遣使新羅曰. 朕之聖考得賢臣魏徵·李淳風等. 恊心同德. 一統天下. 故爲太宗皇帝. 汝新羅海外小國. 有太宗之号. 以僭天子之名. 義在不忠. 速改其号.

考 : 죽은아비 고
魏 : 우뚝할 위
恊 : 協과 동일
徵 : 부를 징
僭 : 분수넘칠 참

新羅王上表曰. 新羅雖小國. 得聖臣金庾信. 一統三國. 故封爲太宗. 帝見表乃思儲貳時. 有天唱空云. 三十三天之一人降於新羅爲庾信. 紀在於書. 出撿挸之. 驚懼不巳. 更遣使許無改大宋之号.

儲 : 태자 저
唱 : 부를 창
紀 : 기록 기
撿 : 관찰 할 검
挸 : 視의 오기
巳 : 已의 오기
大宋 : 太宗의 오기

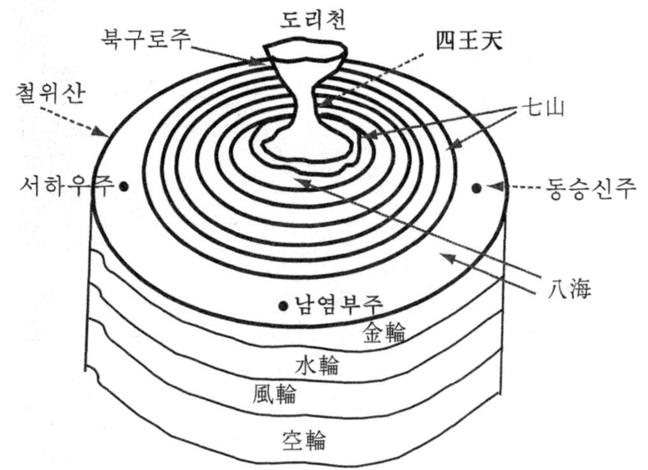

불교적 세계관의 구성에 있어서 수미산은 세계의 중심부에 위치한 우뚝 솟은 봉우리를 의미하며, 그 자체의 상징 속에 불교적 세계관의 핵심이 담겨져 있음. 즉 인간이 살고 있는 남염부주 위로 香水海라 불리우는 넓은 바다가 있고 그 바다 사이에 7개의 산(맥)이 있음. 바다의 중심에 수미산이 있는데 수미산의 중간쯤에 四王天이 있고 그 정상에 忉利天이 있는데, 그 위로 夜摩天을 비롯한 欲界 6天, 그 위로 色界 18天, 또 그 위로 무색계 4天의 세계가 있음.

장춘랑 파랑(또는 비랑이 라고도 한다.)

– 장춘랑과 파랑 –

처음에 백제 군사와 황산에서 싸울 때[1] 장춘랑과 파랑이 전투 중에 죽었다. 뒤에 백제를 칠 때 그들이 태종의 꿈에 나타나 말하기를 "신들이 옛날에 나라를 위해 몸을 바쳤고 이제 백골이 되어서도 우리나라를 온전히 지키고자 하였습니다. 이 때문에 군사들을 따라다니는 데 게을리하지 않았습니다. 그러나 당나라 장수 소정방의 위력에 눌려 남의 꽁무니만 좇아다니고 있습니다. 원컨대 왕께서는 저희들에게 얼마만의 군사라도 보태 주소서"[2]라 했다. 대왕이 놀라고 괴이하게 여겨 두 혼을 위하여 하루 동안 모산정에서 불경을 소리내어 읽었다. 또 한산주에 장의사[3]를 세워서 그들의 명복을 빌었다.

1) 황산에서 싸울 때〔黃山之役〕: 태종 무열왕 7년(660)에 신라와 백제가 황산벌에서 싸운 전투. 황산은 지금의 충남 논산군 연산.

2) 태종의 꿈에 나타나 …… 얼마만의 군사라도 보태 주소서 : 『삼국사기』 태종 무열왕 6년(659) 조에는 「왕이 당에 청병한 회보가 없으므로 근심한 빛이 외양에 나타나자 홀연히 왕 앞에 옛 신하였던 장춘랑과 파랑 비슷한 사람이 나타나 말하기를 "신이 비록 백골이로되 오히려 보국할 생각이 있어 어제 당에 갔더니 황제가 대장군 소정방 등을 명하여 군사를 거느리고 내년 5월에 백제를 정벌하기로 한 것을 알았습니다. …… 그래서 알려드리는 바입니다" 하고는 사라졌다. 왕이 놀라고 이상히 여기어 …… 한산주에 장의사를 창건하고 그들의 명복을 빌었다.」로 기록되어 『삼국유사』와는 다소 차이가 있음.

『삼국사기』를 보고 작성된 『삼국유사』가 그 내용이 다른 것은 자주성을 강조하기 위해 『삼국사기』의 내용을 바꾼 것으로 추정.

3) 장의사(壯義寺) : 서울 창의문(彰義門) 밖 신영동의 세검정 초등학교에 있었던 절로 지금은 학교 안에 당간지주만 남아 있음.

장의사 당간지주

長春郞 罷郞(一作羆)

罷 : 파할 파
羆 : 큰곰 비

初與百濟兵戰於黃山之役. 長春郞罷郞・死於陣中. 後討百濟時. 見夢於太宗曰. 臣等昔者爲國亡身. 至於白骨・庶欲完護邦國. 故隨從軍行無怠而巳. 然迫於唐帥定方之威. 逐於人後爾. 願王加我以小勢. 大王驚怪之. 爲二魂・說經一日於牟山亭. 又爲創壯義寺於漢山州. 以資冥援.

庶 : 바랄 서
怠 : 게으를 태
巳 : 已의 오기
迫 : 핍박할 박
逐 : 쫓을 축
牟 : 클 모
資 : 부탁할 자
冥 : 저승 명
援 : 구원할 원

장춘랑 파랑 조의 의미

기이 제1은 단군이 고조선을 창업한 이래 그 후예인 신라인들이 삼국통일이라는 정점을 향해 올라가는 과정을 기술한 것이다. 기이 제1의 마지막 즉 상승이 완료되는 부분에 장춘랑과 파랑 조를 배치하였다. 비록 이 부분의 내용은 앞의 태종 무열왕 조의 연장선적인 성격을 가지고 있으나 굳이 별도로 편성한 것은 삼국통일이 합리적인 인간 즉 태종의 능력에 의한 것이라기보다는 초월적인 힘이 작용했다는 것을 강조하기 위함인 듯하다.

또한 신라가 삼국을 통일한 후 가장 시급한 문제는 정치・경제・문화 등 모든 분야의 진정한 통합이며 화합이다. 이 문제의 가장 빠른 해결방법은 사상의 통합이다. 장춘랑과 파랑 조에서 혼령이라는 샤먼적인 문제를 장의사 창건이라는 불교로 해결하고 있다. 이는 샤먼과 불교의 융합 즉 사상의 통합을 의미할 수 있다. 절을 세운 위치도 삼국의 중심지역인 한산주이니 진정한 삼국의 통일을 염원한 배려일 것이다.

삼국유사 권 제2

문무왕 법민[1)]

왕이 처음 즉위한 용삭[2)] 신유(661)에 사비[3)]의 남쪽 바다에 여자의 시체가 있었는데 시체의 키는 73자이며 발의 길이는 6자이고 음문의 길이가 3자[4)]나 되었다. 혹은 키가 18자인데 건봉[5)] 2년 정묘(667)의 일이라고도 한다.

총장[6)] 무진(668)에 왕이 군사를 거느리고 인문 · 흠순 등과 함께 평양으로 가서 당나라 군사들과 합세하여 고구려를 멸망시키고 당나라 장수 이적이 고장왕[7)]을 사로잡아 당나라로 돌아갔다(왕의 성이 고씨여서 고장이라 한다. 『당서』 「고종기」[8)]를 살펴보면 현경[9)] 5년 경신(660)에 소정방 등이 백제를 멸망시킨 후 12월에 대장군 설필하력[10)]을 → 패도행군대총관[11)]으로, 소정방을 요동도대총관으로, 유백영을 평양도대총관으로 임명하여 고구려를 쳤다. 또 이듬해인 신유(661) 정월에 소사업[12)]을 부여도총관[13)]으로, 임아상을 패강도총관으로 하여 35만의 군사를 거느리고 고구려를 쳤다. 8월 갑술에 소정방 등이 고구려와 패강에서 싸우다가 크게 패했다. 건봉 원년 병인(666) 6월에 방동선 · □고간[14)] · 설인귀 · 이근행 등이 후원군이 되었다. 9월에 방동선이 고구려와 싸워 승리했다. 12월 기유에 이적을 요동도행군대총관으로 임명하여 여섯 총관[15)]의 군사를 거느리고 고구려를 치게 했다. 총장 원년 무진(668) 9월 계사에 이적이 고장왕을 사로잡아 12월 정사에 포로를 황제에게 바쳤다. 상원[16)] 원년 갑술(674) 2월에 유인궤를 계림도총관으로 임명하여 신라를 치게 했다.[17)] 그런데 우리나라 옛 기록에는 당나라가 육로장군 공공과 수로장군 유상을 보내 신라 김유신 등과 함께 고구려를 멸망시켰다고 했다. 그런데 여기서는 인문 · 흠순이라고만 하였고 유신은 없으니 자세히 알 수 없다.)

1) 문무왕 법민〔文虎王 法敏〕: 신라 제30대왕. 626~681. 재위기간 661~681. 이름은 법민. 원문의 文虎王(문호왕)은 고려 혜종의 이름인 武(무)를 피하여 虎(호)로 함.
2) 용삭(龍朔) : 중국 당나라 고종의 연호.
3) 사비〔泗沘〕: 백제 말의 수도로 지금의 충남 부여. 원문에 사자(泗泚)로 된 것은『신증동국여지승람』부여산천조(扶餘山川條)에「고성진(古省津)은 곧 사자하(泗泚河)로 부소산 아래에 있다.」로 기록됨. 즉 금강 중류의 부소산 부근을 사자하(泗泚河)로 불리어졌으나 여기에서는 비(沘)와 자(泚)를 혼동하여 쓴 것으로 추정.
4) 남쪽 바다에 여자의 시체가 있었는데 시체의 키는 73자이며 발의 길이는 6자이고 음문의 길이가 3자 : 문무왕 법민 조 해설 참조.
5) 건봉〔封乾〕: 당나라 고종의 연호로, 원문의 封乾(봉건)은 乾封(건봉)을 잘못 쓴 것임.
6) 총장(總章) : 당나라 고종의 연호중 하나.

三國遺事卷第二

文虎王 法敏

虎 : 혜종의 이름 武의 避諱代字

王初卽位. 龍朔辛酉. 泗泚南海中有死女尸. 身長七十三尺. 足長六尺. 陰長三尺. 或云身長十八尺. 在封乾二年丁卯.

泚 : 沘의 오기
尸 : 죽은시체 시
封乾 : 乾封의 오기

總章戊辰. 王統兵. 與仁問・欽純等至平壤. 會唐兵滅麗. 唐帥李勣獲高臧王還國.(王之性高. 故云高臧. 按唐書高記. 現慶五年庚申. 蘇定方等征百濟. 後十二月大將軍契如何 ⟶ 爲浿道行軍大摠管. 蘇定方爲遼東道大摠管. 劉伯英爲平壤道大摠管. 以伐高麗. 又明年辛酉正月. 蕭嗣業爲扶傢道摠管. 任雅相爲浿江道摠管. 率三十五万軍以伐高麗. 八月甲戌. 蘇定方等及高麗. 戰于浿江敗亡. 乾封元年丙寅六月. 以龐同善・□高臨・薛仁貴・李謹行等爲後援. 九月. 龐同善及高麗戰敗之. 十二月巳酉. 以李勣爲遼東道行臺大摠管. 率六摠管兵以伐高麗. 總章元年戊辰九月癸巳. 李勣獲高臧王. 十二月丁巳獻俘于帝. 上元元年甲戌二月. 劉仁軌爲雞林道摠管. 以伐新羅. 而鄕古記云. 唐遣陸路將軍孔恭・水路將軍有相. 輿新羅金庾信等滅之. 而此云仁問欽純等. 無庾信. 未詳.)

統 : 거느릴 통
獲 : 얻을 획
臧 : 착할 장
性 : 姓의 오기
現慶 : 顯慶과 통용
契 : 사람이름 설
契如何 : 契苾何力의 오기
蕭 : 쑥 소
嗣 : 이을 사
傢 : 餘의 오기
雅 : 맑을 아
龐 : 성(姓) 방
臨 : 侃(강직할 간)의 오기
謹 : 삼갈 근
巳 : 己의 오기
臺 : 軍의 오기
俘 : 사로잡을 부
輿 : 與의 오기

7) 고장왕(高臧王) : 고구려 최후의 왕인 보장왕. 재위기간 642~668.
8) 고종기〔高記〕 : 원문의 高記(고기)는 『당서』의 본기편에 있는 고종기(高宗記)임.
9) 현경(現慶) : 당나라 고종의 연호. 現慶(현경)은 顯慶(현경)의 별칭.
10) 설필하력〔契如何(설여하)〕 : 원문의 契如何(설여하)는 설필하력(契苾何力)의 오기. 당나라 고종 때 무장으로 이적을 따라 고구려를 쳐서 멸망시키고 진군대장군에 봉해짐.
11) 패도행군대총관(浿道行軍大摠管) : 패도(浿道)는 패강도(浿江道)이며 패도행군대총관은 패강도 정벌 총사령관의 의미.
12) 소사업(蕭嗣業) : 당나라 고종 때 무장으로 돌궐과 관련이 깊어 고구려와의 싸움에서 돌궐군을 동원. 그 후 돌궐 반란군과의 싸움에서 패하여 유배형을 당함.
13) 부여도총관(扶餘道摠管) : 부여(扶餘) 지역 정벌 사령관으로 부여는 지금의 요동 지역.

이때 당나라 유격병과 여러 장병들이 주둔지에 머물면서 장차 우리를 습격하려 하자, 왕이 이를 깨닫고 군사를 일으켰다. 이듬해 당나라 고종이 사람을 시켜 인문 등을 불러 꾸짖어 말하기를 "너희들이 우리 군사를 청하여 고구려를 멸하였거늘 어찌하여 우리 군사를 해치는가?"라 하고는 즉시 감옥에 가두고 군사 50만을 훈련시켜 설방[18]을 장수로 삼아 신라를 치려고 하였다.

이때 의상대사가 당나라에 불법을 공부하러 갔다가 인문을 찾아뵙자 인문이 이 사실을 그에게 알려 주었다. 의상이 즉시 귀국하여 이것을 왕에게 알려 주니 왕이 이를 매우 염려하여 여러 신하들을 모아 놓고 방어할 계책을 물었다. 각간 김천존[19]이 말씀드리기를 "근래에 명랑법사가 용궁에 들어가 비법을 전수받아 왔으니 그를 불러 물어보옵소서"라 했다. 명랑이 "낭산의 남쪽에 신유림[20]이 있사온대 그곳에 사천왕사[21]를 짓고 도량을 개설하면 될 것이옵니다"라고 말씀드렸다.

14) 고간〔高臨〕: 원문의 臨(임)은 侃(간)의 오자. 고구려 침략에 참여한 당나라 무장. 고구려 멸망 후 고구려 유민이 반란하자 그 진압에도 참여하여 공을 세움.

15) 여섯 총관〔六摠管〕: 6총관은 설필하력(契苾何力)·방동선(龐同善)·독고경운(獨孤卿雲)·돈대봉(敦待封)·유인원(劉仁願)·김대문(金待問)임.

16) 상원(上元): 당나라 고종의 연호.

17) 유인궤를 계림도총관으로 임명하여 신라를 치게 했다.: 『신당서』에 「고구려 멸망 후에 당은 신라가 백제의 옛 땅을 침략한 것에 대한 죄를 물어 함형 2년(671)에 설인귀를 계림도총관으로 임명하여 수군을 거느리고 정벌에 나섰으나 실패했다. 또 상원 원년(674)에 신라를 정벌하면서 당나라에 있던 김인문을 신라왕으로 세워 귀국시켰다. 상원 2년(675)에 신라 영토로 공격하여 들어가자 문무왕이 사절을 당에 보내 사죄하니 고종은 이것을 받아들였다.」로 기록됨.

18) 설방(薛邦): 설인귀(薛仁貴)

19) 김천존(金天尊): 『삼국사기』 문무왕 8년 조에 「인문·천존(天存)·도유 등이 일선주 등 7개 군과 한산주의 병마를 거느리고 당 군영으로 달려갔다.」에서 등장하는 천존(天存)이 김천존(金天尊)으로 군단사령관인 귀당총관(貴幢總管)과 집사성의 장관인 시중 역임.

時唐之游兵・諸將兵. 有留鎭而將謀襲我者. 王覺之. 發兵之. 明年. 高宗使召仁問等讓之曰. 爾請我兵以滅麗. 害之何耶. 乃下圓扉. 鍊兵五十万. 以薛邦爲帥. 欲伐新羅.

游 : 노닐 유
游兵 : 유격병
鎭 : 주변지킬 진
襲 : 습격할 습
召 : 부를 소
讓 : 꾸짖을 양
扉 : 닫을 비
圓扉 : 감옥

時義相師西學入唐. 來見仁問. 仁問以事諭之. 相乃東還上聞. 王甚惮之. 會群臣問防禦策. 角干金天尊奏曰. 近有明朗法師入龍宮・傳秘法以來. 請詔問之. 朗奏曰. 狼山之南有神遊林. 創四天王寺於其地. 開設道場則可矣.

諭 : 깨우칠 유
惮 : **憚**(두려워할 탄)의 오기
悼 : 슬퍼할 도
禦 : 막을 어
詔 : 임금이명령할 조
場 : 음이 **장**이나 불교에서는 **량**으로 읽음

20) 신유림(神遊林) : 『삼국유사』 아도기라(阿道基羅) 조에서 「신라 서울 안의 일곱 곳의 가람터 중의 하나」로 꼽히는 신유림은 신이 노는 숲이라는 이름에서 알 수 있듯이 천경림(天鏡林)과 문잉림(文仍林)처럼 고유신앙의 성소로 추정됨.

21) 사천왕사(四天王寺) : 문무왕 11년(671)에 착공하여 같은 왕 19년(679)에 완공한 문무왕의 원찰로 전불(前佛)시대 7가람터의 하나인 신유림에 세워짐.

사천왕사터 사천왕상전(上)
사천왕사터 비석받침(下)

이때 정주[22]에서 사람이 달려와 보고하기를 "수많은 당나라 군사들이 우리나라 국경까지 와서 바다 위를 돌고[23] 있사옵니다"라 했다. 왕이 명랑을 불러 말하기를 "일이 급하게 되었으니 어찌하면 좋겠는가?"라고 물으니 명랑이 말씀드리기를 "여러 가지 무늬가 있는 비단으로써 임시로 절을 지으셔도 됩니다"라고 했다. 왕이 무늬 있는 비단으로 절 집을 꾸미고 풀로 오방신상[24]을 만들어 유가[25]에 밝은 12명의 승려들이 명랑을 우두머리로 삼아 문두루의 비법[26]을 쓰게 했다.

이때 당나라의 군사와 신라의 군사가 아직 싸움도 하지 않았는데 바람과 물결이 사납게 일어나서 당나라 배가 모두 침몰하였다. 그 후에 절을 고쳐 다시 짓고 이름을 사천왕사라 하였으니 지금까지도 불단의 법석[27]이 없어지지 않았다.(『국사』[28]에 조로[29] 원년 기묘(679)에 이 절을 고쳐지었다고 했다.) 그 후 신미년(671)에 당나라가 다시 조헌을 장수로 임명하여 역시 5만의 병사로 쳐들어오매 또 다시 그 비법을 썼더니 배들이 전과 같이 침몰되었다.

22) 정주(貞州) : 지금의 경기도 개풍군.

23) 바다 위를 돌고〔廻塹海上 : 회참해상〕 : 바다의 위치는 예성강 입구인 강화만 지역. 선회(旋回)한다는 의미의 廻塹(회참)에서 塹(참)은 旋(선)과 음이 통하여 사용.

〈미시나〔三品〕〉

24) 오방신상(五方神像) : 동서남북과 중앙의 오방(五方)을 지키는 신으로 『대정신수대장경(大正新修大藏經)』에 근거를 둠. 이 경에 의하면 「동방에는 단차아가(亶遮阿加)로 청색 옷을 입고 푸른 기운을 토한다. 남방에는 마가기두(摩呵祇斗)로 적색의 옷 ……서방에는 이두열라(移兜涅羅)로 백색 …… 북방에는 마가가니(摩訶加尼)로 흑색 …… 중앙에는 오저라내(烏咀羅孃)로 황색 …… 이들은 모두 키가 12자이며 각각 권속이 7만이나 있어 전부 35만의 귀신이 있다. 이들이 모든 어려움으로부터 구해 준다.」로 기록됨. 오방신상은 금은진보(金銀珍寶)로 만드는 것이 제일 좋음. 본문에서 풀로 만든 것은 급해서 임시로 만들었다는 뜻.

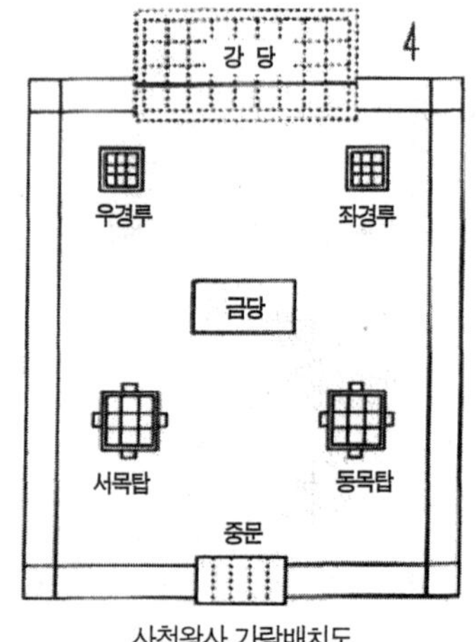

사천왕사 가람배치도

時有貞州使走報曰. 唐兵無數至我境. 廻槧海上. 王召明朗曰. 事巳逼至如何. 朗曰以彩帛假搆宜矣. 乃以彩帛營寺. 草搆五方神像. 以瑜珈明僧十二員・明朗爲上首. 作文豆婁秘密之法.

時唐羅兵未交接. 風濤怒起. 唐舡皆沒於水. 後改刱寺. 名四天王寺. 至今不墜壇席.(國史云改刱在調露元年巳卯) 後年辛未. 唐更遣趙憲爲帥. 亦以五萬兵來征. 又作其法. 舡沒如前.

廻 : 돌아올 회
槧 : 구덩이 참
巳 : 已의 오기
逼 : 닥칠 핍
彩 : 무늬빛날 채
帛 : 비단 백
假 : 임시 가
搆 : 얽어맬 구
瑜 : 아름다운옥 유
珈 : 치장 가
豆 : 나무제기 두
婁 : 끌어당길 루, 어리석을 루, 빌 루
濤 : 물결 도
舡 : 배 선
刱 : 창건할 창
墜 : 잃을 추
巳 : 已의 오기

25) 유가(瑜珈) : 인도 요가(yoga)에서 음을 빌린 것. 요가(yoga)는 육체와 정신의 통합을 이루기 위한 좌법과 호흡법. 이것은 밀교의 본체인 불(佛)과 합일을 이루기 위한 방법. 여기서 유가에 밝은 승려란 밀교 계통의 신인종 승려를 말함.
26) 문두루 비법(文豆婁 秘法) : 둥근 나무에 오방신(五方神)의 이름을 써넣는 것을 문두루라 함.

ㅇ문두루의 이원에 관한 학설

내　　용	주장학자, 『저서』
ㅇ수인(手印)을 뜻하는 산스크리트어 mundra의 음을 빌림 - 수인(手印)은 밀교 수행의 삼밀(三密)중 신밀(身密)에 해당	비로영우, 『신라 밀교』
mundra로서 신인종(神印宗)의 의미	김상현, 『사천왕사의 창건과 의의』
부처의 제자인 16나한 중 첫째인 빈두로(賓頭盧)에서 유래	미시나〔三品〕, 『三國遺事考證』

ㅇ문두루 비법은 『관정경(灌頂經)』의 권7인 「복마봉인대신주경(伏魔封印大神呪經)」의 방법을 말함.

27) 불단의 법석〔壇席〕: 땅을 쓸어 단을 만들고 자리를 편다는 뜻. 『후한서』에 「朝廷設壇席 猶待神明(조정은 단석을 만들어 신명을 기다린다.)」 여기서 단석은 문두루를 시행하기 위한 제단.
28) 국사(國史) : 『삼국사기』로 추정하나 『삼국사기』에는 679년에 이 절을 완성했다고만 되어 있음. 리상호는 『구삼국사』로 추정.

이 당시 한림랑[30] 박문준이 인문을 따라 감옥에 있었는데 고종이 문준을 불러 말하기를 "두 번이나 큰 군사들을 일으켰건만 살아서 돌아온 자가 없는데, 너희 나라는 무슨 비법이라도 있는가?"라 했다. 문준이 말하기를 "저희 신하들이 당나라에 온 지 10여 년이 되었으므로 본국의 일을 알지 못하옵고 다만 멀리서 한 가지 일을 들었을 뿐이옵니다. 우리 나라가 상국의 은혜를 두텁게 입어 삼국을 통일하였기 때문에 그 은덕을 갚으려고 낭산의 남쪽에 새로이 천왕사를 지어 황제의 만수를 빌기 위해 오랫동안 법석을 열었다는 것 뿐이옵니다"라 했다.

고종이 이를 듣고 크게 기뻐하며 즉시 예부시랑[31] 악붕귀를 사신으로 보내 그 절을 살펴보게 했다. 왕은 당나라 사신이 온다는 것을 미리 듣고 이 절을 보여서는 안 되리라 여겨 즉시 별도로 그 남쪽에 새로운 절을 지어 놓고 사신을 기다렸다. 사신이 와서 말하기를 "먼저 황제의 만수를 비는 천왕사에서 꼭 분향을 하겠다"라 하여 곧 새로 지은 절로 인도하여 보였더니 그 사신이 문 앞에서 말하기를 "이 절은 사천왕사가 아니라 바로 망덕요산의 절이다"하고는 끝내 들어가지 않았다. 신라의 관리들이 금 1천냥을 그에게 주었더니 그 사신이 곧 돌아가서 보고하기를 "신라에서 천왕사를 지어 황제의 만수를 새 절에서 빌 뿐입니다"라 했다. 당나라 사신의 말로 인하여 그 절을 망덕사[32]라 했다. (혹은 효소왕 때의 일이라고 하나 틀린 것이다.)

29) 조로(調露) : 당나라 고종의 연호.

30) 한림랑(翰林郎) : 왕의 말이나 명령을 관장하는 관서의 관리이나 문무왕 시대에는 보이지 않으며 경덕왕의 직제 개편시 처음 한림이란 호칭이 나타남.

31) 예부시랑(禮部侍郎) : 예부는 지금의 문화공보부와 유사하며 예부의 장관은 상서(尙書)로 정3품이고 차관은 시랑(侍郎)으로 정4품임.

32) 망덕사(望德寺) : 건립된 시기는 『삼국사기』에서 신문왕 5년(685)이라 하였으나 『삼국유사』 진신수공 조에서는 효소왕 원년(692)에 건립에 착수하여 6년(697)에 완성했다고 했으며 여기의 주에서는 '아니다' 하여 다소 혼동됨. 사천왕사의 건립 동기가 당의 침입을 부처의 힘으로 막으려 했다면 망덕사는 당나라를 조롱하고 야유하기 위해 건립했으며 망덕사라는 이름도 당나라 황제의 만수를 기원하는 뜻이 아니라 신라왕의 덕을 사모하고 나라의 발전을 기원하는 뜻으로 추정.

망덕사지의 당간지주

是時翰林郎朴文俊. 隨仁問在獄中. 高宗召文俊曰. 汝國有何密法. 再發大兵. 無生還者. 文俊奏曰. 陪臣等來於上國一十餘年. 不知本國之事. 但遙聞一事爾. 厚荷上國之恩. 一統三國. 欲報之德. 新刱天王寺於狼山之南. 祝皇壽万年・長開法席而巳.

翰 : 벼슬이름 한
俊 : 준걸 준
陪 : 모실 배
遙 : 멀 요
厚 : 두터울 후
荷 : 짐질 하
巳 : 已의 오기

高宗聞之大悅. 乃遣禮部侍郎樂鵬龜使於羅・審其寺. 王先聞唐使將至. 不宜見茲寺. 乃別刱新寺於其南待之. 使至曰. 必先行香於皇帝祝壽之所天王寺. 乃引見新寺. 其使立於門前曰. 不是四天王寺. 乃望德遙山之寺. 終不入. 國人以金一千兩贈之. 其使乃還奏曰. 新羅刱天王寺. 祝皇壽於新寺而巳. 因唐使之言. 因名望德寺(或系孝昭王代. 誤矣).

鵬 : 붕새 붕(『장자』에 나오는 새로 날개의 길이가 3천리이고 날개를 한번 치면 9만리나 난다는 상상의 새)
審 : 살필 심
茲 : 이 자
贈 : (돈 물건 등을)줄 증
巳 : 已의 오기
系 : 云의 오기인 듯

사천왕사지에서 바라본 망덕사지

왕은 문준이 말을 잘하여 황제가 관대하게 용서해 줄 뜻이 있다는 말을 듣고 즉시 강수[33] 선생에게 지시를 내려 인문을 석방해 달라는 글을 써서 사인[34] 원우를 시켜 당나라에 올리게 했다. 황제가 글을 보고 눈물을 흘리면서 인문을 용서하여 위로하고 그를 돌려보냈다. 인문이 옥에 있을 때 나라 사람들이 그를 위하여 절을 지었다. 절 이름이 인용사[35]인데 관음도량으로 개설하였다가 인문이 돌아오다 바다 위에서 죽자 미타도량으로 고쳤으며 지금까지도 그대로 남아 있다.

대왕이 나라를 다스린 지 21년 되는 영륭[36] 2년 신사(681)에 세상을 떠났다. 유언에 따라 동해의 큰 바위[37] 위에 장사지냈다. 왕이 평소에 지의법사에게 항상 말하기를 "짐은 죽은 후 나라를 지키는 큰 용이 되어 불교를 받들고 국가를 보위하겠노라"하니 법사가 "용은 축생으로 태어나는 것인데 어찌 용이 되려 하십니까?"라 말했다. 왕이 대답하기를 "나는 세상의 영화를 싫어한 지가 오래되었소. 만약에 추한 인연에 따라 축생이 된다면 이는 내가 바라던 바와 꼭 맞는 것이오"라 했다.

33) 강수(强首) : 신라의 유학자이며 문장가. 무열왕 때 당나라에서 온 난해한 국서를 쉽게 해석하고 그 답서도 유창하게 지어 왕의 신임을 얻음. 문무왕 때도 외교를 능숙하게 처리하여 삼국통일에 큰 공을 세움.

34) 사인(舍人) : 신라의 관직 이름으로 지금의 명칭으로는 왕의 비서직.

35) 인용사(仁容寺) : 김인문이 당나라의 감옥에 있을 때 자비의 화신인 관음의 보살핌으로 무사할 것을 빌었고 그가 죽은 뒤는 극락왕생할 것을 기원하던 사찰. 최근에 정부가 지정한 인용사터는 명확한 증거나 관련기록은 없으나 왕궁인 월성에 가까우므로 태종의 둘째아들인 김인문을 위한 사찰일 가능성이 높다는 이유로 결정됨.

傳김인문 묘와 비각

王聞文俊善奏. 帝有寬赦之意. 乃命强首先生作請放仁問表. 以舍人遠禹奏於唐. 帝見表流涕. 赦仁問慰送之. 仁問在獄時. 國人爲刱寺名仁容寺. 開設觀音道場. 及仁問來還. 死於海上. 改爲彌陁道場. 至今猶存.

寬 : 관대할 관
赦 : 용서할 사
涕 : 눈물 체
慰 : 위로할 위
彌 : 두루 미, 그칠 미
陁 : 바다에둘러싸인 섬 타
猶 : 같을 유

大王御國二十一年. 以永隆二年辛巳崩. 遺詔葬於東海中大巖上. 王平時常謂智義法師曰. 朕身後願爲護國大龍. 崇奉佛法. 守護邦家. 法師曰. 龍爲畜報何. 王曰. 我猒世間榮華久矣. 若麤報爲畜. 則雅合朕懷矣.

隆 : 성할 융, 높을 융
巖 : 바위 암
護 : 호위할 호
猒 : 싫어할 염
麤 : 거칠 추
雅 : 바를 아
懷 : 품을 회

36) 영륭(永隆) : 당나라 고종의 연호.
37) 동해의 큰 바위〔東海中大巖〕 : 만파식적 조 참조.

문무왕의 화장장소로 알려진 능지탑

왕이 처음 왕위에 올라 남산에 큰 창고를 설치했으니 길이가 50보이고 너비가 15보[38]이다 이곳에 쌀과 무기를 저장했는데 이것이 우창[39](오른쪽 창고)이며 천은사[40] 서북쪽 산 위에 있는 것이 좌창(왼쪽 창고)이다. 다른 책에는 건복[41] 8년 신해(591)에 남산성을 쌓았는데 둘레가 2,850보[42]라 했다. 그렇다면 이것은 진평왕[43] 때 처음 쌓았다가 이때 와서 다시 수리한 것이다. 또 부산성[44]을 쌓기 시작해서 3년 만에 끝마치고 안북의 냇가에 철성을 쌓았다.[45]

또 서울에 성곽을 쌓으려고 이미 관리책임자를 정하였다. 이때 의상법사가 이를 듣고 글을 올려 말씀드리기를 「왕의 정치와 교화가 밝으면 비록 풀 언덕의 땅에 금을 그어 성으로 삼더라도 백성들이 감히 넘지 못할 것이오며 재앙을 물리치고 복이 들어오게 할 수 있으나, 정치와 교화가 진실로 밝지 못하면 비록 만리장성을 쌓는다 하더라도 재해가 없어지지 않을 것이옵니다.」라 하자 왕이 그때서야 이 일을 중지하였다.

인덕[46] 3년 병인(666) 3월 10일에 어떤 사람의 집에서 길이라는 노비가 있었는데 한꺼번에 세 아이를 낳았고, 총장 3년 경오(670) 정월 7일에 한기부의 벼슬이 급간인 일산〔혹은 벼슬이 아간인 성산의 계집종이라고도 한다.〕이 한꺼번에 4명의 아이를 낳았는데 딸 하나에 아들이 셋이었다. 나라에서 상으로 곡식 200석을 주었다.[47]

또 고구려를 쳐서 그 나라의 왕손을 데려와 진골의 직위에 두었다.[48]

38) 길이가 50보이고 너비가 15보 : 이 창고의 넓이는 주척으로 1,018m²이며, 동위척으로 3,387m².
*1보=6자, 1자는 주척 19.42cm . 동위척 35.5cm.

39) 우창(右倉) · 좌창(左倉) : 『삼국사기』에 없는 것으로 보아 다른 사서를 보고 기록.

40) 천은사(天恩寺) : 경주시 탑동에 있었던 절로 추정.

41) 건복(建福) : 신라 진평왕의 연호. 신라의 연호는 진평왕 6년(584)부터 선덕여왕 2년(633)까지 계속 사용됨.

42) 남산성을 쌓았는데 둘레가 2,850보 : 『삼국사기』의 진평왕 13년(591) 조에 「가을 7월 남산성을 쌓았는데 둘레가 2,854보였다.」로 기록되어 있는데 제1 남산신성비에 의하면 축성 시기가 신해년(591)이어서 『삼국사기』의 기록은 완성된 시점일 것임. 성벽길이는 3.9km로 추정됨.

43) 진평왕〔眞德王〕 : 원문의 진덕왕은 진평왕의 오기(誤記).

제1 남산신성비

王初卽位. 置南山長倉. 長五十步・廣十五步. 貯米穀兵器. 是爲右倉. 天恩寺西北山上・是爲左倉. 別本云. 建福八年辛亥築南山城. 周二千八百五十步. 則乃眞德王代始築. 而至此乃重修爾. 又始築富山城. 三年乃畢. 安北河邊築鐵城.

又欲築京師城郭. 旣令眞吏. 時義相法師聞之. 致書報云. 王之政教明. 則雖草丘盡地而爲城. 民不敢踰. 可以潔災進福. 政教苟不明. 則雖有長城. 災害未消. 王於是正罷其役.

麟德三年丙寅三月十日. 有人家婢名吉伊. 一乳生三子. 總章三年庚午正月七※. 漢岐部一山級干一作成山何于婢. 一乳生四子. 一女三子. 國給穀二百石以賞之.

又伐高麗. 以其國王孫還國. 置之眞骨位.

倉 : 창고 창
廣 : 넓을 광
貯 : 쌓을 저
穀 : 곡식 곡
富 : 많을 부
德 : 平의 오기인 듯
重 : 두번 중
畢 : 마칠 필
邊 : 변방 변

眞 : 정할 진
吏 : 관리 리
郭 : 성곽 곽
盡 : 畫(그을 획)의 오기
踰 : 넘을 유
潔 : 맑을 결
潔 : 禊(물리칠 계)의 오기
災 : 재앙 재
苟 : 진실로 구
消 : 사라질 소
罷 : 파할 파
役 : 일 역
麟 : 기린 인
婢 : 계집종 비
※ : 日 결락
岐: 길두갈래질 기
何于 : 阿干의 오기

44) 부산성(富山城) : 경주시 서면에 있던 성으로 문무왕 3년에 처음 쌓음. 『삼국유사』 효소왕대 죽지랑조 이야기의 무대가 되었던 성.

45) 안북의 냇가에 철성을 쌓았다〔安北河邊築鐵城〕 : 함경남도 덕원군의 북방 6km 지점의 망덕산에 있는 성터가 철성의 유적이며, 마운령 부근의 산에서 발원하여 망덕산의 남쪽 분지를 통과하는 하천이 북면천으로 이곳을 안북하로 추정.

〈이께우찌〔池內〕, 『滿鮮史硏究』〉

46) 인덕(麟德) : 당나라 고종의 연호.

47) 한꺼번에 세 아들을 낳았고, …… 상으로 곡식 200석을 주었다. : 다산(多產)에 대해 중국 사서의 오행지에서는 「사물이 그 이치에 어긋난 요망함이며 또 음의 기운이 왕성해져서 모도(母道)가 장대해짐이 그 원인」으로 기술함. 결국 다산의 원인은 음양의 조화가 어그러져서 생기는 불길의 조짐. 『삼국유사』에서는 다산에 대해 상을 주는 것으로 보아 길조로 풀이하였음. 이 다산에 대해 고구려 정벌의 전조로 보기도 하나 통일 후의 일이므로 삼국의 진정한 통합의 조짐으로 보는 것이 타당함.

왕이 하루는 배다른 아우인 거득공[49]을 불러 말하기를 "네가 재상이 되어 모든 관리들을 두루 다스리어 온 나라를 태평하게 하라" 하니 거득공이 말씀드리기를 "폐하께서 만일 소신으로 하여금 재상을 하게 하신다면 신은 나라 안을 몰래 다니면서 백성들이 겪는 부역의 괴로움과 안일함, 세금의 가벼움과 무거움, 그리고 관리들의 청렴과 부패 여부를 보고 난 후에 그 직책을 맡았으면 합니다"라 하니 왕이 이를 승낙했다.

공이 승려 옷을 입고 비파를 들고 거사의 차림을 하고는 서울을 떠났다. 아슬라주(지금의 명주[50]이다.) · 우수주[51](지금의 춘주이다.) · 북원경[52](지금의 충주이다.)을 거쳐 무진주[53](지금의 해양이다.)에 도착하여 두루 고을[54]을 돌아다녔다. 무진주 관리인 안길이 그를 비범한 사람으로 보고 집으로 모셔 정성껏 대접했다.[55] 밤이 되어 안길이 처첩 세 사람을 불러서 말하기를 "오늘밤에 우리 집에 묵고 있는 거사를 모시는 사람은 죽을 때까지 나와 함께 살겠소"하니 두 처는 말하기를 "차라리 당신과 함께 못 살았으면 못 살았지 어찌 다른 사람과 같이 잘 수 있겠소"라 했으나 한 처는 "당신이 만약 죽을 때까지 함께 살기를 약속한다면 당신의 뜻에 따르겠습니다"라 하며 그의 말대로 했다.

다음 날 아침 거사가 작별인사를 하고 떠날 때 말하기를 "나는 서울 사람인데 내 집은 황룡사와 황성사[56] 두 절 사이에 있고 내 이름은 단오[57](세속에서는 단오를 수레 옷이라 한다.[58])라 하오이다. 주인께서 만일 서울에 오시거든 내 집을 찾아주면 고맙겠소이다"라 하고는 그 길로 서울에 도착하여 재상이 되었다.

48) 그 나라의 왕손을 데려와 진골의 직위에 두었다〔以其國王孫還國. 置之眞骨位.〕: 왕손이란 안승이며 안승은 보장왕의 서자 또는 외손으로 전해짐. 신라는 고구려 유민들과 융화를 위해 안승을 금마저(익산)의 소고구려국의 왕으로 봉한 뒤 다시 보덕왕으로 하였으며 소판(제3의 관위로 진골만 가능)의 직위를 줌.

49) 거득공(車得公) : 태종 무열왕의 서자.

50) 명주(溟州) : 지금의 강릉 지방.

51) 우수주(牛首州) : 지금의 춘천. 신라가 고구려로부터 이 땅을 빼앗은 후 수약주 · 우수주, 또는 삭주로 하였으며 고려조에 이르러 춘주로 됨.

52) 북원경(北原京) : 지금의 원주.

53) 무진주(武珍州) : 지금의 전남 광주지역으로 고려시대는 한 때 해양현으로 됨.

王一日召庶弟車得公曰. 汝爲冢宰. 均理百官. 平章四海. 公曰. 陛下若以小臣爲宰. 則臣願潛行國內. 示民閰徭役之勞逸 · 租賦之輕重 · 官吏之淸濁. 然後就職. 王聽之.

冢 : 벼슬이름 총
冢宰 : 주나라 때 육관의 우두머리
均 : 두루할 균 | 章 : 밝을 장
陛 : 천자 폐 | 潛 : 잠길 잠
閰 : 間의 오기 | 徭 : 부역 요
逸 : 편안할 일 | 租 : 租의 오기
賦 : 거둘 부 | 輕 : 가벼울 경
濁 : 흐릴 탁 | 就 : 이룰 취

公著緇衣 · 把琵琶爲居士形. 出京師. 經由阿瑟羅州(今溟州.) · 牛首州(今春州.) · 北原京.(今忠州.) 至於武珎州.(今海陽.) 巡行里閈. 州吏安吉見是異人. 邀致其家. 盡情供億. 至夜安吉喚妻妾三人曰. 今玆侍宿客居士者. 終身偕老. 二妻曰. 寧不並居. 何以旅人同宿. 其一妻曰. 公若許終身並居. 則承命矣. 從之.

著 : 입을 착 | 緇 : 검을 치
琵 : 비파 비 | 琶 : 비파 파
瑟 : 거문고 슬 | 閈 : 촌락마을 한
邀 : 맞을 요 | 億 : 편안할 억
喚 : 부를 환 | 玆 : 이 자
侍 : 모실 시 | 偕 : 함께할 해
寧 : 차라리 녕 | 旅 : 於의 오기
許 : 기약할 허 | 詰 : 아침 힐

詰旦居士欲辭行時曰. 僕京師人也. 吾家在皇龍皇聖二寺之間. 吾名端午也(俗爲端午爲車衣). 主人若到京師. 尋訪吾家幸矣. 遂行到京師 · 居家宰.

辭 : 이별하고떠날 사 | 僕 : 나(본인) 복
端 : 단오 단 | 爲 : 謂의 오기
尋 : 찾을 심 | 居 : 앉을 거
家 : 冢의 오기

54) 고을〔里閈(이한)〕 : 마을이란 뜻. 『후한서』에 「順與光武同里閈 少相厚(순과 광무는 같은 고을로 어려서부터 서로 사이가 좋았다.)」
55) 정성껏 대접했다〔供億(공억)〕 : 빈곤한 사람을 편안하게 한다는 뜻인데 대개 접대한다는 뜻으로 쓰임. 『좌전』의 「寡君惟是 一二父兄不能供億(과군은 옳다고 생각하지만 모든 부형을 접대할 수는 없다.)」
56) 황성사(皇聖寺) : 황룡사 주변에 있었을 것으로 추정하나 위치는 알 수 없음.
57) 단오(端午) : 음력 5월 5일을 단오라 하는데 거득공을 단오라 한 것은 혹 단오날에 태어나서 그렇게 불렀을 수 있으며, 또 당나라 시대에 시어사 또는 남자 무당을 단공(端公)이라 했는데 단오는 단공과 연관된 것으로 추정.

〈미시나〔三品〕, 『三國遺事考證』〉

58) 단오를 수레 옷이라 한다〔謂端午爲車衣〕 : 중국에서 단오를 천중절(天中節)이라 하며 天은 上 · 峰과 통함. 즉 단오를 수릿날이라 하는바 上 · 峰의 우리말 수리와 연관된 듯함.

나라의 제도로 지방 각 주마다 관리 한 사람이 서울로 올라와 머물면서 관청에 있게 하였다.[59] (주 : 지금의 기인[60]이다.) 안길이 상수의 차례가 되어 서울에 도착하여 두 절 사이에 있는 단오거사의 집을 물었으나 아는 사람이 없어서 안길이 한동안 길 가에 서 있었다. 한 늙은이가 지나가다가 그 말을 듣고 한참 생각하여 말하기를 "두 절 사이에 한 집이란 아마도 대궐[61]일 것이네. 단오란 바로 거득령공인데 지방에 몰래 다닐 때 자네와 인연이 되어 어떤 약속이 있었던 모양이지"라 했다. 안길이 그 사연을 이야기하니 노인이 말하기를 "자네는 궁성의 서쪽 귀정문으로 가서 출입하는 궁녀를 기다려 사정을 이야기 해 보게나" 하자 안길이 그 말대로 "무진주 사는 안길이 문까지 왔소이다"라 했다. 공이 듣고 달려나와 손을 끌고 궁으로 들어가더니 그의 부인을 불러내어 함께 연회를 하는데 차린 음식이 50가지나 되었다.

이 일을 임금께 말씀드리니 성부산[62](혹은 성손호산이라고도 한다.) 아래에 있는 땅을 무진주에서 상수리 하는 자의 소목전[63]으로 주어 나무 베는 것을 금하여 사람들이 가까이 가지 못했다. 모든 사람들이 그를 부러워했다. 산 아래 밭 30묘[64]가 있어 종자를 석 섬이나 뿌렸는데 이 밭에 풍년이 들면 무진주에도 풍년이 들고 그렇지 못하면 무진주 또한 그렇지 못하였다고 한다.

59) 나라의 제도…… 관청에 있게 하였다. : 지방세력을 회유 또는 견제하기 위해 시행했던 상수리 제도로 향리가 서울에 머물면서 볼모가 되는 한편 지방의 행정에 대한 보좌업무 수행.

60) 기인(其人) : 상수리제도와 유사한 것이나 향리가 아닌 그들의 자제가 서울에 머무름.

61) 대궐〔大內〕 : 원문의 大內는 천자의 침소인 대궐. 『신당서』에 「天寶元年四月癸巳 生子長安大內之東宮(천보 원년 4월 계사에 장안 대궐의 동궁에서 아들을 낳았다.)」

62) 성부산(星浮山) : 태종 무열왕 조에 나오는 성부산.

63) 소목전〔燒木田〕 : 원문의 繞(요)는 燒의 오기. 궁중이나 관청에 땔나무를 공급하는 밭.

64) 30묘〔三十畝〕 : 畝의 본래 음은 무임. 묘는 중국에서 사용된 논과 밭의 면적 단위. 4방 6자를 1파(把)라 하며 4방 64자가 1묘(畝)임. 1묘의 주척(周尺) 기준 면적은 약 154m²로 50평 정도이므로 30묘는 약 1,500평임.

國之制每以外州之吏一人上守京中諸曹. 注. 今之其人也. 安吉當次上守至京師. 問兩寺之間端午居士之家. 人莫知者. 安吉久立道左. 有一老翁經過. 聞其言. 良久佇思曰. 二寺間一家殆大內也. 端午者乃車得令公也. 潛行外郡時. 殆汝有緣契乎. 安吉陳其實. 老人曰. 汝去宮城之西皈正門. 待宮女出入者告之. 安吉從之. 告武珎州安吉進於門矣. 公聞而走出. 携手入宮. 喚出公之妃. 興安吉共宴. 具饌至五十味.

聞於上. 以星浮山(一作星損乎山)下爲武珎州上守繞木田. 禁人樵採. 人不敢近. 內外欽羡之. 山下有田三十畝. 下種三石. 此田稔歲. 武珎州亦稔. 否則亦否云.

曹 : 부서 조
師 : 서울 사
京師(京洛) : 서울
莫 : 없을 막
左 : 중심에서벗어날 좌
翁 : 노인 옹
佇 : 오래서있을 저
殆 : 거의 태
內 : 대궐안 내
陳 : 고할 진
皈 : 歸와 동일
携 : 끌 휴
妃 : 짝 비
興 : 與의 오기
宴 : 잔치 연
饌 : 반찬 찬
繞 : 燒(불탈 소)의 오기
繞 : 둘러싸일 요
樵 : 땔나무 초
欽 : 공경할 흠
種 : 씨앗 종
羡 : 부러워할 선
畝 : 밭이랑 무(묘)
稔 : 풍년들 임
否 : 아닐 부

왕궁(月城)과 황룡사 부근의 왕경복원도 모형, 자료원 : 경주국립박물관

문무왕 법민 조의 구성과 거시녀의 상징 의미

1. 문무왕 법민 조의 구성

문무왕 법민 조에는 이해하기 어려운 조짐과 설화로 편성되어 있다. 사비수 앞 바다의 거시녀와 문두루비법, 그리고 별 의미가 없는 듯한 거득공과 안길의 이야기 등으로, 그것으로만 언뜻 보면 그 당시 민간에 흘러다니는 설화를 적당히 편집한 것같이 구성되어 있다. 그러나 『삼국유사』 전체가 꼭 이야기해야 할 내용을 체계적으로 편성했다는 것을 고려하면 이들 설화도 의미 부여가 필요하리라 본다.

문무왕 법민 조의 상징 원형은 통일 · 통합이다. 백제와 고구려의 멸망 후 당나라 축출과 삼국간의 전쟁으로 흩어진 민심 수습을 위해서 절실하게 필요했던 것은 화합이다. 일연선사는 문무왕 법민 조에서 세 부분으로 구성하여 통합되어 가는 과정을 상징화하였다.

첫째 부분은 사비수 앞 바다에 거대한 여자 시체[巨尸女]의 발견이다. 이는 당나라 축출의 조짐을 나타낸 것이다. 이 거시녀는 음사요정(陰邪妖精)인데, 무열왕 때 백제에서 발생한 14건의 흉조는 거녀(巨女)에 의한 것이다. 백제가 멸망하면서 거녀도 죽어서 서해 바다에 녹았다. 그 후 당나라가 신라를 침공할 때 명랑법사의 문두루 비법으로 당의 수군이 전멸한 것은 물에 녹은 이 거시녀와 관련되었다고 해석할 수 있겠다. 〈후술하는 거시녀의 조짐 해석 참조〉

상서로운 조짐 발생
ㅇ사비수 앞 바다에 거시녀 출현 • 백제의 음사요정(陰邪妖精)인 거시녀가 바닷물에 녹음 ㅇ거시녀는 당나라 축출의 조짐

삼국의 물리적 통일
ㅇ나당연합군에 의해 삼국통일 ㅇ당나라의 수군 신라 침략 ㅇ사천왕사 건립과 문두루비법 시행 • 신라인들의 일체감 형성 ㅇ문무왕의 솔선적인 보국

삼국의 정신적 합일
ㅇ통합의 상서로운 조짐 : 다산 ㅇ삼국의 정신적 통합 • 고구려 : 안승 기용 • 백제 · 거득공과 안길의 처와 합일 · 성부산과 무진주 밭의 일치

〈그림1〉 문무왕 법민 조의 구성

두 번째 부분은 나당연합군에 의해 고구려가 멸망한 후 당나라가 신라 병탐 야욕을 드러내면서 당나라의 수군에 의한 대대적 침략과 이에 대한 신라의 대응이다. 당나라의 침략으로 위기에 처한 신라는 불교의 일체 · 일심사상과 신앙으로 전체 국민의 단결과 협력을 도모하고 있다. 비록 사천왕사를 지어 문두루 비법을 썼다 했으나 그것은 군신과 백성들의 단합을 이끌어내기 위한 방법으로 볼 수 있다. 문무왕이 죽어서 축생인 용이 되어 나라를 지키겠다는 것도 전체의 일치 단결을 위해 지도층의 솔선수범을 나타낸 것이다. 소정방이 당 태종에게 말하기를 "신라는 왕이 인자하여 백성을 사랑하고, 신하는 충성으로 나라를 섬기며, 아랫사람은 윗사람을 부형처럼 섬기니, 비록 작지만 신라를 도모할 수 없습니다"라 한 것은 신라인들의 단합된 모습을 보여 주고 있는 것이다.

마지막인 세 번째 부분은 삼국의 완전한 합일을 상징하는 내용으로 구성되어 있다. 즉 노비가 아이를 한꺼번에 네 명씩 낳는 것은 합일의 길조이다. 그 뒤 고구려의 왕손인 안승을 데려와 진골의 직위를 주어 고구려유민과 융화를 도모하고 있다. 또 문무왕의 서출 아우인 거득공이 백제 지역인 무진주에서 안길이라는 향리의 부인과 관계를 맺는 것은 신라와 백제와의 합일을 뜻한다. 그 뿐만 아니라 안길이 상수로 서울에 왔을 때 성부산을 소목전으로 주었다. 성부산은 무열왕 조에서 한산성이 고구려에 포위되었을 때 이 산에 단을 설치하여 신술로 물리친 성스러운 산이다. 또 이 산의 밭이 풍작이 되면 무진주도 풍작이 되고 흉작이 되면 무진주도 흉작이 되었다는 뜻도 백제와 신라가 정신적 · 물리적으로 하나가 되었다는 것을 의미한다.

2. 거시녀(巨尸女)의 상징 의미

사비수 앞 바다에 뜬 거대한 여자 시체에 대한 의미는 조수학의 의견 위주로 기록한다. 조수학은 『청구야담』에 실려 있는 '낙동강에서 포은을 만나 이형에 대해서 묻다' 의 뜻인 문이형낙강봉포은(問異形洛江逢圃隱)을 보고 해석하였다.

2-1. 「문이형낙강봉포은(問異形洛江逢圃隱)」 요약

박천의 한 포수가 묘향산에 사냥을 하러 갔다. 묘향산은 대단히 큰 산이어서 사람들의 발자취가 닿지 않는 곳이 많다. 포수가 한 마리의 사슴을 발견하고 거의 잡을 듯하다가 잡지 못하면서 하루 종일 뒤만 쫓아다니다 결국 잡지 못했다. 깊은 골짜기까지 와서 날이 저무니 어디로 가야할지 알 수가 없어 두렵고 당황하고 있을 때 깎아지른 절벽 사이로 오솔길이 있어 그 길을 따라 몇 리쯤 가니 한 채의 초막 집이 있었다. 그 초막 집은 길이가 12칸인데 그 중

한 칸은 부엌이고 나머지는 모두 문이나 창문도 없이 긴 벽으로 된 방이었다. 부엌에는 예쁘장한 여인 하나가 저녁밥을 짓고 있으면서 나그네를 보고도 놀라거나 이상히 여기지 않았다. 포수가 깊은 산에서 길을 잃은 사정을 이야기하자 여인은 그를 은근히 맞아주었다. 포수는 젊은 바람기로 춘정을 떠보니 그녀는 부끄러워하는 빛이 없어 힘 안들이고 예쁜 여인과 관계를 맺었다.

얼마 후 저녁식사가 들어왔다. 반찬은 모두 곰 발바닥 · 사슴포 · 멧돼지고기 등이었다. 남편은 있느냐고 물으니 사냥하러 갔다고 대답했다. 2경쯤 되어 사람의 발소리가 들리자 그 여인은 황망히 나가 마당에 있는 거인을 맞아들이는 것이었다. 거인은 지고 온 짐을 땅에 내려놓았다. 그 짐의 크기는 1칸의 방만했다. 또 사람의 키도 엄청나게 커서 지붕보다도 8~9장이나 더 높아 방안에서는 그의 얼굴도 볼 수 없었다.

거인이 그의 처를 돌아보면서 말하기를 "여기 온 손님은 잘 대접했는가?"라 하니 그의 처가 "잘 대접했습니다"라 대답했다. 그리고는 그가 방 안에 들어오는데 키가 너무 커서 방 가운데로 들어오지 못하고 방으로 긴 머리부터 구부려서 차차 들어와서 길게 누워버리니 11칸 방에 그 크기가 딱 맞았다. 그 거인의 앉은키가 너무 커서 방의 대들보까지 펼 수가 없어 구부려 들어와 그대로 누워버린 것이다.

들어와서 포수에게 말하기를 "그대는 하루 종일 사슴을 쫓아다녔지만 잡지 못했지"라 하니 포수가 "그렇습니다"라 했다. 거인이 또 말하기를 그대는 "내 처와 관계를 맺었지 아니한가?"고 했다. 포수는 그의 영험함과 신이스러움 뿐만 아니라 키 또한 장대하기가 이와 같아서 아마 내가 지은 죄를 모두 알고 있을 터이니 숨길 수가 없다고 생각했다. 드디어 바른대로 말하고 죽여달라고 청하니 거인이 말하기를 "걱정하지 말게. 비록 내가 저 여인과 같이 있지만 그 여자는 단지 내 음식만 보살펴 줄뿐이어서 처음부터 관계를 갖지 않았네. 그대가 저 여인과 정을 통한 것에 대해 관여하지 않을 것이니 조금도 두려워하거나 걱정하지 말게나" 하고 그 여인을 돌아보면서 말하기를 "준비하여 둔 음식을 가져 오라"하니 여인이 시킨 대로 나가서 조금 전에 ……식사가 끝난 뒤 거인이 말하기를 "자네는 저 여인을 데리고 포구까지 가게나"하여 포수가 안주 포구에 도착하자 가죽을 산더미처럼 짊어진 거인도 여기에 와서는 포수에게 말하기를 "내가 짊어지고 온 이 물건으로 자네 한 가족이 먹고사는 데는 충분할 것일세. 나 또한 자네에게 부탁할 것은 꼭 5일 만에 소 두 마리를 잡고 소금 백 가마니를 싣고 와 여기서 나를 기다리게" 하고는 가버렸다.

포수는 여인을 처로 삼고 가죽을 팔아서 수천 금을 벌었다. 5일 후가 되어 소를 잡고 소금을 실어 약속한 곳에서 기다렸다. 거기서 거인이 소 두 마리를 먹고 소금은 망태기에 넣은 후 젊어지면서 5일 후에 전과 같이 소금을 준비하여 여기서 기다리라고 말하면서 가버렸다. 포수는 거인이 소에 대해서는 잊어버리고 이야기하지 않은 것으로 알고 또 소 두 마리를 잡아 그를 기다렸다. 거인이 와서는 소금만 가져갈 뿐 소는 거들떠보지도 않았다. 거인이 가려하니 포수가 간곡히 말하기를 "본래 같은 사람이 아니어서 재워 주지 않는 것이 마땅한데도 아름다운 여인까지 주었고 수만 금이나 되는 가죽도 주었습니다. 지금 이 소는 부탁은 받지 않았지만 진심으로 은덕에 감복하여 마음으로 드리는 것이니 어찌 한번 드시지 않습니까?" 하자 거인이 말하기를 "비록 5일이 늦어지는 한이 있더라도 그대의 정이 가상하다" 하면서 그것을 다 먹고 가면서 말하기를 "지금 떠나면 다시 만나기 어려우니 아무 탈 없이 잘 지내게나" 하니 포수가 그대는 도대체 어떠한 분인가를 간절하게 묻자 대답하기를 "이듬해 단오날에 낙동강 나루터에 가서 초립에 청포를 입고 검은 노새를 탄 미소년을 만나서 물어 보라"하고는 떠나버렸다.

이듬해 단오날에 낙동강 포구에서 거인이 말한 사람을 만나서 예를 올리고 전후내력에 대해 이야기하기를 청했다. 그는 근심스런 표정으로 길게 탄식하면서 말하기를 "이것은 좋은 소식이 아닙니다. 이것은 우(禹)입니다. 이 우(禹)가 있다면 다행한 일이고 없으면 불행한 일입니다. 대체로 하늘과 땅의 순수한 양의 정기가 변하여 영웅호걸이 됩니다. 그런데 임금이 성스럽고 신하가 충직하여 나라와 백성이 편안하면 뛰어난 사람이라도 세상을 구할 공을 세우지 못합니다. 그래서 그 시기에는 영웅호걸이 되지 못하고 뭉쳐져서 우(禹)가 되어 깊은 산 궁벽한 골짜기에 숨어버립니다. 그러나 대체로 세상의 도리가 어려워지고 액운이 닥치면 우(禹)는 스스로 없어지고 소금이 아니면 우를 얻을 수가 없습니다. 이미 우가 없어진 후면 그 우는 우주에 흩어져 많은 영웅이 생기는 씨가 됩니다. 이러한 영웅의 출현이 어찌 이유 없이 태어나겠습니까? 거인이 소금을 찾는 것은 소금을 먹고 자진하기 위한 것입니다. 대체로 5일에 한번 소금을 포식하면 쇠약해지고 또 5일에 한번 포식하면 자진하게 되지만 만약 그 중간에 날고기를 먹으면 자진하게 되는 기한이 5일 늦어집니다. 그래서 두 번째 주는 쇠고기를 굳이 사양한 것입니다. 아아! 30년이 못 가서 우리의 영웅호걸들이 한나라의 말년과 다르지 않을 것이니 고려가 위태롭게 되겠구나. 그러나 귀하는 복이 많아서 거인이 덕 있는 처를 주었습니다. 또 거인이 그의 처와 동침하지 않았다고 한 것도 사실입니다. 사람은 기를 받는데 남자는 양기이고 여자는 음기이지만 남자도 순양은 아니며 여자도 순음은 아닙니다. 남자에게도 양 중의 음이 있고 여자에게도 음 중의 양이 있습니다. 그래서 남녀가 교합하는 이치가 있습니다. 그런데 우는 전부 양기인데 만약 전부 양기이면 교합할 수가 없습니다. 그래서 귀하의 처는 정결한 것입니다." 포수는 그의 성명을 물으니 정몽주라 하고는 가 버렸다. 36년이 안 되어 나라가 크게 어지러워 수많은 영웅이 일어났다. 이것이 없어진 우의 변화가 아니겠는가? 사람들이 도륙되고 고기밥이 되었으나 포수는 일문이 무사하여 죽은 자가 없었다고 한다.

2-2. 고려 말의 우조(禹兆)와 대비해 본 문무왕 시대의 거시녀 해석

「문이형낙강봉포은(問異形洛江逢圃隱)」은 우(禹)의 조짐에 관한 설명이다. 이 우조와 거시녀의 조짐을 대비해서 상징의미를 해석할 수 있다. 우선 고려 말의 우조는 양우(陽禹)이다. 양우는 순양(純陽)의 정기가 모여 영웅호걸로 출현한다. 우조에서 거인은 이러한 영웅호걸이다. 대체로 양 중에는 음이 내재되어 있고 음 중에는 양이 그 안에 있으나(칼 융의 아니마와 아니무스) 순양은 음이 전혀 없어 성행위를 할 수 없다. 그래서 고려 말 우조에서 예쁜 여인은 동정녀이다. 이와는 다르게 거시녀는 순음(純陰)의 정기가 응집화하여 출현한 음사요정(陰邪妖精)이다. 순음이므로 역시 성행위는 불가능한데 거시녀의 음문의 길이가 3자라 한 것은 성행위를 할 수 없다는 것을 나타낸 것이다.

양우는 세상이 어지러워지면 소금으로 자진하여 뭉쳐졌던 기가 천지에 흩어진다. 천지에 흩어진 기는 사회가 평화로우면 공을 세울 일이 없으므로 깊은 곳에 숨어버린다. 그러나 임금과 신하들이 정치를 잘못하여 세상이 어지러워지면 기는 수많은 영웅으로 변하여 세상에 출현하여 백성들은 도륙되고 어육이 된다. 이때의 우는 흉조이다. 음우인 거시녀의 경우는 백제의 정치가 어지러워지자 음사요정으로 나타났다. 백제가 망하기 전에 일어났던 14건의 흉조(태종 무열왕 조)는 음사요정에 의한 것이다. 백제가 망하고 영웅인 태종 무열왕과 문무왕이 나타나 세상이 안정되자 음사요정은 자진도 못하고 사비수 앞 바닷물에 빠져 녹아 없어져 버렸다. 바닷물에 빠진 사기는 명랑법사의 문두루비법으로 당나라의 수군을 전멸시켰다. 그러므로 거시녀는 길조이다.

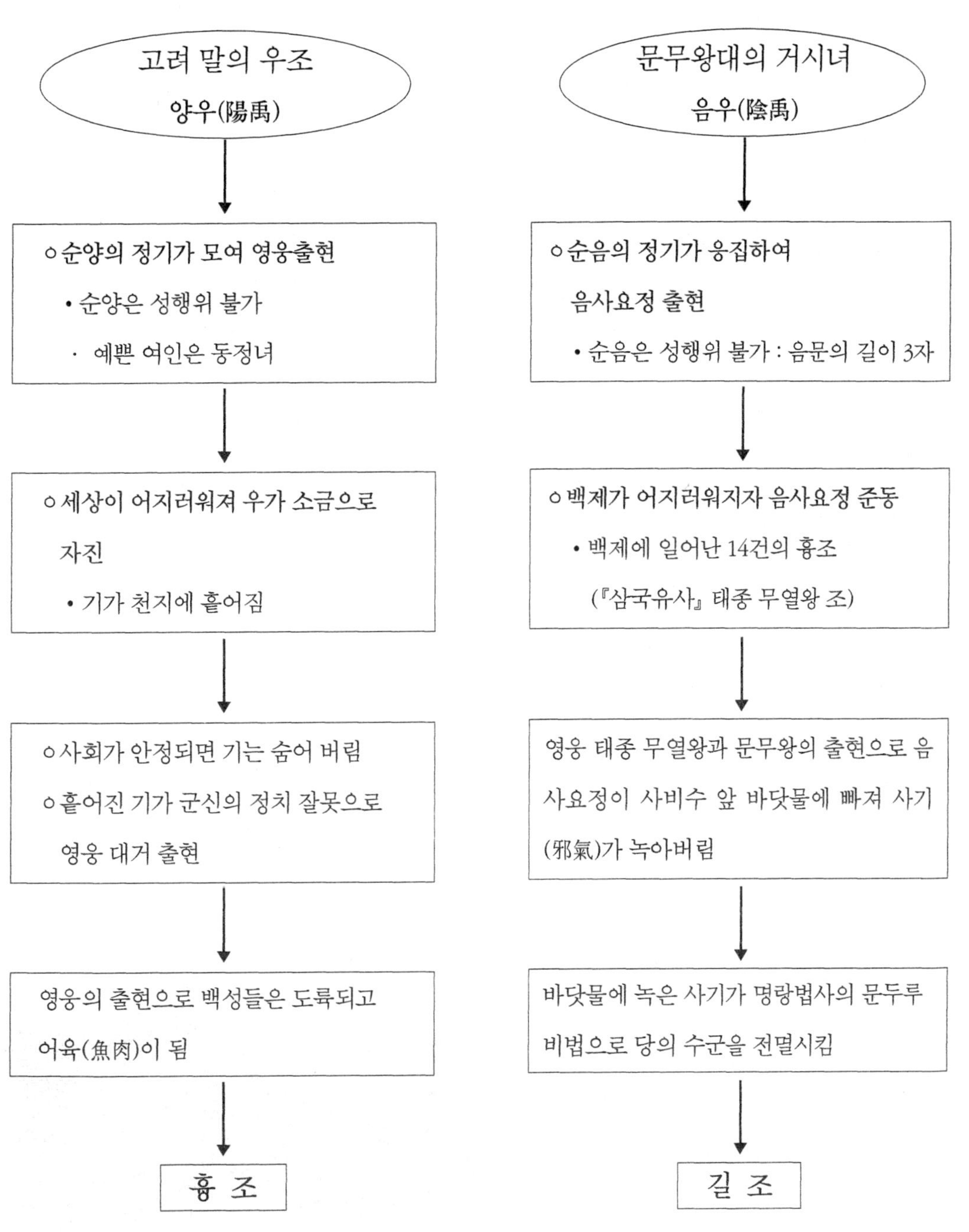

〈그림2〉 우조와 대비로 본 거시녀의 조짐

만 파 식 적

– 거센 파도를 자게 하는 피리 –

31대 신문대왕[1]의 이름은 정명이며 성은 김씨이다. 개요[2] 원년 신사(681) 7월 7일에 즉위하여 거룩하신 선대부왕인 문무대왕을 위하여 동해바닷가에 감은사[3]를 창건했다.

(절에 있는 기록은 다음과 같다. 「문무왕이 왜병을 진압하고자 이 절을 처음으로 짓기 시작하다가 끝내지 못하고 세상을 떠나 바다의 용이 되었다. 그의 아들 신문왕이 왕위에 올라 개요 2년(682)에 공사를 끝냈다. 금당의 문지방 아래에 동쪽을 향해 구멍을 하나 뚫어두었으니 이는 용이 이 절에 들어와 돌아다니게 하려고 만든 것이다.[4] 아마도 유언으로 유골을 간직한 곳의 이름은 대왕암[5]일 것이며 절 이름은 감은사이다. 그 뒤 용의 모습이 나타나서 본 곳을 이견대[6]라 했다.)

1) 신문대왕(神文大王) : 재위 681~692. 문무왕이 세상을 뜬 지 1주일만에 즉위. 신문왕은 선왕인 문무왕을 화장한 뒤 그 다음 해에 대왕암에 장사지냄.

*신문왕의 세계(世系)

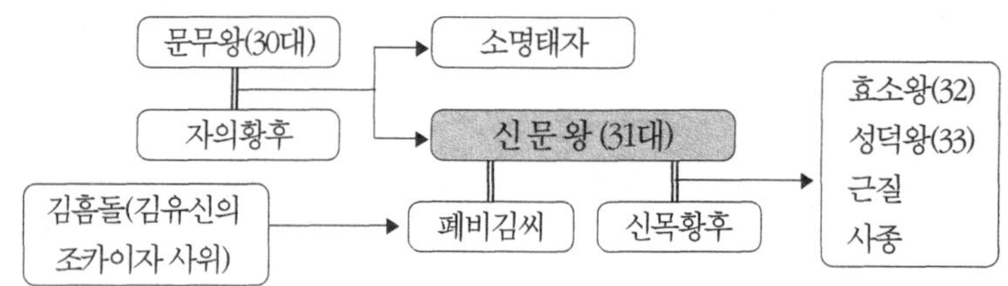

2) 개요(開耀) : 중국 당나라 고종의 연호.
3) 감은사(感恩寺) : 절은 없어지고 금당 양편에 삼층석탑만 남아 있음.

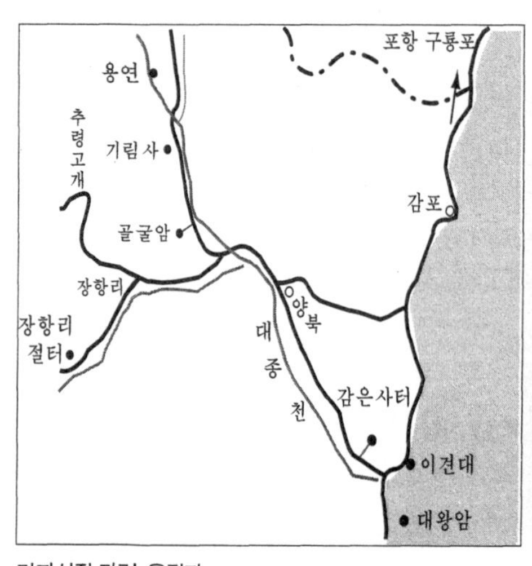

만파식적 관련 유적지

감은사터 전경

万波息笛

第三十一神文大王. 諱政明. 金氏. 開耀元年辛巳七月七日卽位. 爲聖考文武大王創感恩寺於東海邊.

(寺中記云. 文武王欲鎭倭兵. 故始創此寺. 未畢而崩. 爲海龍. 其子神文立. 開耀二年畢排. 金堂砌下. 東向開一穴. 乃龍之入寺旋繞之備. 盖遺詔之葬骨處. 名大王岩. 寺名感恩寺. 後見龍現形處. 名利見臺.)

息 : 그칠 식
笛 : 피리 적
耀 : 빛날 요
鎭 : 진압할 진
畢 : 마칠 필
排 : 벌려놓을 배
砌 : 문지방 체
旋 : 돌아다닐 선
繞 : 둘러쌀 요

4) 용이 이 절에 들어와 돌아다니게 하려고 만든 것이다. : 아래 사진

용이 돌아다닐 공간이 있는 돌마루 밑

6) 이견대(利見臺) : 1970년 발굴조사 때 드러난 초석을 근거로 최근에 건립.

이견대와 대왕암

5) 대왕암(大王岩) : 아래 사진

1. 낮에는 둘인 대왕암 2. 밤에는 하나인 대왕암
3. 대왕암 내부 구조

이듬해 임오년(682) 5월 초하루 날(어떤 책에는 천수[7] 원년(690)이라 하였으나 이는 잘못이다.) 벼슬이 파진찬[8]인 해관(海官) 박숙청이 말씀드리기를 "동해바다 가운데에 있는 작은 산이 감은사 쪽으로 둥둥 떠와서 물결따라 왔다갔다 하옵니다"라 했다. 왕이 이상히 여겨 일관(日官) 김춘질(춘일이라고도 한다.)에게 점을 치게 하였더니 그가 보고하기를 "거룩한 선대 부친께서 지금 바다의 용이 되어 삼한을 수호하고 계시옵니다. 또한 김유신공도 33천의 한 분으로 지금 인간 세상에 내려와 대신이 되었사옵니다. 두 분 성인이 덕을 함께 하여 성을 지키는 보물을 내리시려하오니 만일 폐하께서 해변으로 행차하신다면 반드시 값으로 칠 수 없는 큰 보물을 얻을 것이옵니다"라 했다.

왕이 기뻐하며 그 달 7일에 이견대로 행차하여 그 산을 바라보고 나서 사람을 보내어 살펴보게 했더니 산 모양은 거북이 머리처럼 생겼고 그 위에 대나무 막대기가 한 개 있어 낮에는 둘이 되었다가 밤에는 하나로 합쳐진다고 (또 다른 이야기로는 산도 역시 대나무와 같이 낮에는 벌어지고 밤에는 합쳐진다고 했다.) 심부름 갔던 사람이 돌아와서 아뢰었다.

왕이 감은사에 와서 묵었는데 이튿날 오시에 대나무가 합해져 하나가 되자 천지가 진동하고 바람이 일며 비가 오면서 7일 동안 캄캄하다가 그 달 16일이 되어서야 바람이 잦아지고 물결이 평온해졌다. 왕이 배를 타고 그 산에 들어가니 용이 검은 옥띠를 바치는지라 왕이 용을 영접하여 함께 앉아 묻기를 "이 산과 대나무는 어떤 때는 갈라지고 어떤 때는 합해지는데 어찌하여 그러한가?"라 했다. 용이 대답하기를 "비유해서 말씀드리자면 한 손으로 손뼉을 치면 소리가 나지 않고 두 손으로 손뼉을 치면 소리가 나는 것과 마찬가지입니다. 이 대나무라는 물건도 합한 연후에 소리가 나는 것이오니 영명한 대왕께서도 소리로 천하를 다스릴 좋은 징조입니다. 왕께서 이 대나무를 가져다가 피리를 만들어 부시면 천하가 화평해질 것입니다. 이제 대왕의 돌아가신 아버님은 바다 속의 큰 용이 되시고 김유신 또한 천신이 되어 두 성인이 마음을 같이 하여 값으로 칠 수 없는 큰 보물을 내어 저로 하여금 바치게 한 것입니다"라 했다.

7) 천수(天授) : 당나라 측천무후의 연호.

明年壬午五月朔.(一本云. 天授元年. 誤矣.) 海官波珎喰朴夙淸奏曰. 東海中有小山. 浮來向感恩寺. 隨波往來. 王異之. 命日官金春質(一作春日)占之. 曰聖考今爲海龍. 鎭護三韓. 抑又金公庾信乃三十三天之一子. 今降爲大臣. 二聖同德. 欲出守城之寶. 若陛下行幸海辺. 必得無價大寶.

朔 : 초하루 삭
喰 : 먹을 식
一然스님은 **喰**과 **湌** 혼용
湌 : 먹을 찬
夙 : 이를(일찍) 숙
浮 : 뜰 부
考 : 돌아가신아버지 고
鎭 : 지킬 진
抑 : 발어사 억
子 : 어르신네 자
陛 : 천자 폐
幸 : 행차할 행

王喜. 以其月七日. 駕幸利見臺. 望其山. 遣使審之. 山勢如龜頭. 上有一竿竹. 晝爲二・夜合一.(一云. 山亦晝夜開合如竹.) 使來奏之.

駕 : 임금탄수레 가
審 : 살필 심
龜 : 거북 귀
竿 : 장대 간
御 : 나아갈 어

王御感恩寺宿. 明日午時. 竹合爲一. 天地振動. 風雨晦暗七日. 至其月十六日風霽波平. 王泛海入其山. 有龍奉黑玉帶來獻. 迎接共坐. 問曰. 此山與竹或判或合如何. 龍曰. 比如一手拍之無聲. 二手拍則有聲. 此竹之爲物. 合之然後有聲. 聖王以聲理天下之瑞也. 王取此竹. 作笛吹之. 天下和平. 今王考爲海中大龍. 庾信復爲天神. 二聖同心. 出此無價大寶. 令我獻之.

晦 : 어두울 회
霽 : 비개일 제
泛 : 뜰 범
獻 : 바칠 헌
判 : 쪼갤 판
拍 : 손뼉칠 박
瑞 : 좋은징조 서
吹 : 불 취
復 : 다시 부
令 : 하여금 령

8) 파진찬: 신라 제4위의 관위. 파진과 바다의 음이 통하여 해관(海官)이라고 함.

왕이 놀랍고도 기뻐서 오색비단 및 금과 옥으로 보답하였다. 명령을 받은 관리가 대나무를 베어 가지고 바다로부터 나올 때 산과 용이 홀연히 사라져 보이지 않았다. 왕이 감은사에 유숙하고 17일에 기림사[9] 서쪽 냇가에 도착하여 수레를 멈추고 점심을 먹었다. 태자 이공[10](바로 효소 대왕이다.)이 대궐을 지키다가 이 소식을 듣고 말을 달려와 축하드리면서 천천히 살펴보고 말씀드리기를 "이 옥대에 달린 여러 개의 장식은 모두 진짜 용입니다"라 했다. 왕이 말하기를 "너는 그것을 어떻게 아느냐?"라 하니 태자가 "장식 한 개를 떼어 물에 넣어 정말인지 보여드리겠습니다"라 말하며 바로 왼편 두 번째 장식을 떼어 계곡물에 담그니 즉시 용이 되어 하늘로 올라갔다. 그곳은 못이 되었는데 이 때문에 용연[11]이라고 이름을 지었다.

왕이 대궐로 돌아와 그 대나무로 피리를 만들어 월성의 천존고에 간직했는데, 이 피리를 불면 적병이 물러가고 병이 나으며 가뭄에는 비가 오고 장마 지면 날이 개이고 바람이 자며 파도가 잠잠해졌으므로 만파식적이라 부르고 국보로 삼았다.

효성대왕 시대인 천수 4년[12] 계사(693)에 부례랑[13]이 살아 돌아온 이상한 일로 다시 이름을 만만파파식적이라고 고쳐 불렀다. 자세한 것은 그의 전기[14]에 나타나 있다.

9) 기림사[祇林寺] : 창건에 관해 전해오는 이야기로는 천축국에서 온 광유스님이 창건한 것을 선덕여왕 12년(643)에 원효가 중창하며 기원정사(祇園精舍)의 이름을 따 기림사라 명명했다 함. 조선조에는 31본산 중 하나인 큰 사찰이었으나 1863년 화재로 불탄 후 즉시 중건되어 지금에 이름. 삼층석탑과 목탑지 · 건칠보살좌상 · 오미정수 · 우담바라화 · 지북화 등이 유명.
*원문의 祗(지)는 祇(기)와 혼용되어 사용된 듯함.

기림사 전경

10) 이공(理恭) : 신문왕의 맏아들로 32대 효소왕의 이름.

王驚喜. 以五色錦彩金玉酬賽之. 勑使斫竹出海時. 山與龍忽隱不現. 王宿感恩寺. 十七日. 到祇林寺西溪邊. 留駕晝饍. 太子理恭(即孝昭大王)守闕. 聞此事. 走馬來賀. 徐察奏曰. 此玉帶諸窠皆眞龍也. 王曰. 汝何知之. 太子曰. 摘一窠沈水示之. 乃摘左邊弟二窠沈溪. 卽成龍上天. 其地成淵. 因號龍淵.

驚 : 놀랄 경
彩 : 채색 채
賽 : 치성드릴 새
斫 : 벨 작
隱 : 숨을 은
溪 : 시내 계
賀 : 축하할 하
摘 : 딸 적
淵 : 못 연
錦 : 비단무늬 금
酬 : 갚을 수
勑 : 천자가글내릴 칙
忽 : 갑자기 홀
祇 : 공경할 지
饍 : 좋은음식 선
窠 : 구멍 과
沈 : 잠길 침

駕還. 以其竹作笛. 藏於月城天尊庫. 吹此笛則兵退病愈. 旱雨雨晴. 風定波平. 號万波息笛. 稱爲國寶.

藏 : 감출 장
庫 : 창고 고
愈 : 나을 유
失 : 夫의 오기
吹 : 불 취
晴 : 날개일 청
封 : 봉할 봉

至孝昭大王代. 天授四年癸巳. 因失禮郎生還之異. 更封號曰万万波波息笛. 詳見彼傳.

11) 용연(龍淵) : 기림사에서 북서쪽으로 1.5km에 있는 연못.
12) 천수 4년(天授四年) : 당나라 측천무후의 연호인 천수는 2년에 끝나므로 그 다음 연호가 여의(如意) · 장수(長壽)임. 천수 4년이라고 하는 693년은 장수 2년임.

13) 부례랑〔失禮郎〕 : 원문의 失은 夫(부)의 오기. 부례랑에 대한 것은 탑상편 백률사 조 참조.
14) 그의 전기〔彼傳〕 : 탑상편 백률사 조에 나오는 부례랑의 이야기를 말함.

용연

만파식적 조의 배경과 의미

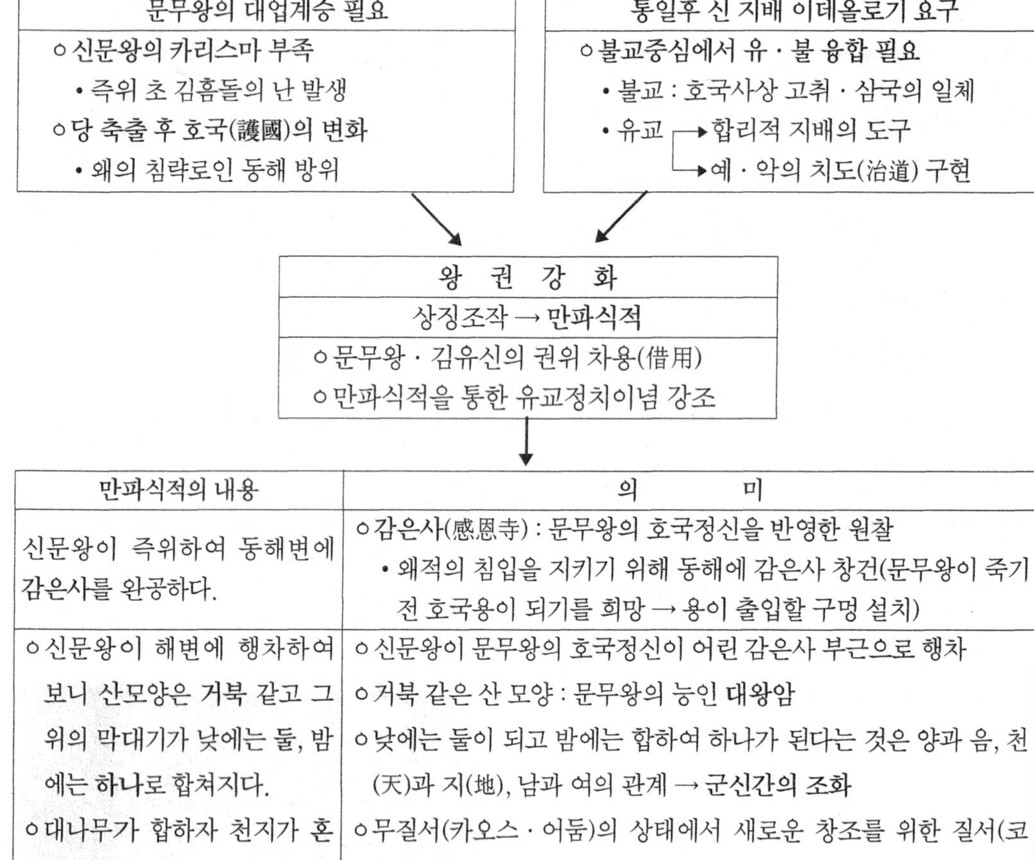

만파식적의 내용	의 미
신문왕이 즉위하여 동해변에 감은사를 완공하다.	ㅇ감은사(感恩寺) : 문무왕의 호국정신을 반영한 원찰 • 왜적의 침입을 지키기 위해 동해에 감은사 창건(문무왕이 죽기 전 호국용이 되기를 희망 → 용이 출입할 구멍 설치)
ㅇ신문왕이 해변에 행차하여 보니 산모양은 거북 같고 그 위의 막대기가 낮에는 둘, 밤에는 하나로 합쳐지다. ㅇ대나무가 합하자 천지가 혼동, 7일 후 평온해지다.	ㅇ신문왕이 문무왕의 호국정신이 어린 감은사 부근으로 행차 ㅇ거북 같은 산 모양 : 문무왕의 능인 **대왕암** ㅇ낮에는 둘이 되고 밤에는 합하여 하나가 된다는 것은 양과 음, 천(天)과 지(地), 남과 여의 관계 → **군신간의 조화** ㅇ무질서(카오스 · 어둠)의 상태에서 새로운 창조를 위한 질서(코스모스 · 밝음) → **신화적 제의(祭儀)의 절차**
ㅇ문무왕 · 김유신이 용으로 하여금 **흑옥대**를 신문왕에게 바치게 하다. ㅇ**대나무는** 합한 후 소리가 나며, 이를 피리로 하여 불면 천하가 화평해지다.	ㅇ문무왕 · 김유신의 등장은 신문왕의 카리스마를 위해 권위 차용 • 권위를 빌려올 징표제시 → **흑옥대 · 만파식적** ㅇ신라 삼보(특히 천사옥대) 가 있음에도 흑옥대가 등장한 사유 → **무열왕권의 법통확립에 의한 왕권강화** ㅇ대가 합한 후 소리 : 문무왕과 김유신의 동심(同心) → **군신간의 조화 강조** ㅇ피리를 불면 천하 화평 : 예악(禮樂)으로 천하 다스림 → **유교정치 이념의 표방**
태자가 축하하며 흑옥대의 용이 진짜임을 확인하다.	ㅇ용은 군주의 상징 → **옥대의 신성성과 왕의 위엄 재강조**

〈그림1〉 만파식적 조의 배경과 의미

傳신문왕릉

신문왕을 위해 건립한 것으로 추정되는 황복사의 삼층석탑
*학자들은 이 부근에 신문왕릉이 있었다고 주장

효소왕[1]대 죽지랑(죽만 또는 지관 이라고도 한다.)[2]

– 효소왕 대의 죽지랑 –

제32대 효소왕 대에 죽만랑의 무리 가운데 벼슬이 급간인 득오(곡오라고 도 한다.)[3]가 있었는데 풍류도의 명부[4]에 이름을 올려놓고 날마다 출근하더니[5] 10여 일이 되도록 보이지 않았다. 죽만랑이 그의 어머니를 불러 당신의 아들이 어디에 있는가 물으니 그의 어머니가 대답하기를 "당전[6]으로 있는 모량부의 익선아간[7]이 저의 아들을 부산성[8]의 창고지기로 차출하여 급히 달려가느라 길이 바빠서 하직인사를 드릴 겨를이 없었습니다"라 했다. 낭이 말하기를 "그대의 아들이 개인적인 일로 거기에 갔다면 구태여 찾아볼 필요가 없겠지만 이제 보니 공적인 일로 갔으니 마땅히 찾아보고 음식대접이라도 해야만 하겠소이다" 하고는 곧 떡 한 홉과 술 한 항아리를 가지고 하인(우리말로는 갯지[9]라 하니 이는 종을 말한다.)을 거느리고 가는데, 화랑의 무리 137명도 또한 위의를 갖추고 뒤를 따랐다.

1) 효소왕(孝昭王) : 재위 692~702. 신문왕의 맏아들. 신목황후의 소생으로 이름은 이홍 또는 이공. 10대의 어린 나이에 왕위에 올라 20대 초반에 별다른 이유 없이 죽었으며, 자식도 없고 왕비에 대한 언급도 없음. (권신들에 의한 살해로도 추정)

2) 죽지랑(竹旨郎)(죽만(竹曼) 또는 지관(智官)이라고도 한다.)

ㅇ죽지랑 : 술종공의 아들로 진덕 · 태종 · 문무 · 신문의 4대에 재상까지 지냈으며 특히 삼국통일 전쟁에 김유신과 함께 참전하여 큰공을 세움. 효소왕 때는 화랑이었음.

ㅇ죽지(竹旨) · 죽만(竹曼) · 지관(智官)의 어원 관계

내 용	주장학자, 『저서』
ㅇ죽지(竹旨) : 竹旨嶺(죽지령:경북 북부의 죽령)에서 따온 것으로 죽지는 대ᄆᆞᄅᆞ · 대마올 · 죽(竹) : 대 · 지(旨) : 맛(旨의 뜻)→ ᄆᆞᄅᆞ · 마올 ㅇ죽만(竹曼) · 曼 : ᄆᆞᄅᆞ → 몰 →맛→만 ㅇ지관(智官) : 지(智) → 디 → 대(竹의 뜻) → 대마올 관(官) → 마올(16세기 이전) → 대마올	양주동, 『고가연구』 최철, 『향가의 문학적 해석』
ㅇ죽지(竹旨) : 대마루 고개인 죽지령에서 따옴 ㅇ지관(智官) : 슬기로운 구실아치(죽지의 행적을 미화한 한자어)	황패강, 『향가문학의 이론과 해석』

孝昭王代 竹旨郞(亦作竹曼. 亦名智官.)

第三十二孝昭王代. 竹曼郞之徒有得烏(一云谷)級干. 隷名於風流黃券. 追日仕進. 隔旬日不見. 郞喚其母·問爾子何在. 母曰. 幢典牟梁益宣阿干. 以我子差富山城倉直. 馳去行急. 未暇告辭於郞. 郞曰. 汝子若私事適彼. 則不須尋訪. 今以公事進去. 須歸享矣. 乃以舌餠一合. 酒一缸. 卒左人(鄕云皆叱知. 言奴僕也)而行. 郞徒百三十七人. 亦具儀侍從.

昭 : 밝을 소
曼 : 아름다울 만
郞 : 사내 랑
隷 : 소속될 례
仕 : 벼슬할 사
隔 : 멀 격
喚 : 부를 환
幢 : 대장표시기 당
差 : 가릴 차
直 : 근무할 직
暇 : 겨를 가
適 : 갈 적
尋 : 찾을 심
歸 : 뒤따를 귀
享 : 잔치 향
餠 : 떡 병
合 : 양을재는홉 홉
缸 : 항아리 항
卒 : 率의 오기
叱 : 꾸짖을 질
僕 : 종 복

3) 득오(得烏)(곡오(谷烏)라 고도 한다.) : 득오(得烏)·곡오(谷烏)의 어원에 관한 학설

내 용	주장학자, 『저서』
ㅇ득오(得烏)·곡오(谷烏)·실오(失烏) → 실오 - 득(得)의 뜻 실과 곡(谷)의 옛 뜻 실이 동일 - 오(烏) : 신라인의 이름 뒤에 붙는 첨미어	양주동, 『고가연구』 정열모, 『향가의 연구』
ㅇ득오(得烏)는 득오실(得烏失)·득오곡(得烏谷)의 이름으로 볼 때 득오(得烏)아래에 실(失)자가 빠진 것	최 철, 『향가의 문학적 해석』

4) 풍류도의 명부〔風流黃券〕: 원전의 풍류(風流)는 화랑의 원래 명칭. 황권(黃券)이라는 말은 『서언고사(書言故事)』에 「書名黃券 有所自 古人寫書 皆用黃紙(책 이름을 황권이라 하는데 옛날 사람들이 책을 쓸 때에는 누런 종이를 사용한데서 나온 것이다.)」에서 인용.

5) 출근하더니〔仕進〕: 벼슬한다는 뜻. 여기서는 벼슬아치가 규정된 시간에 출근한다는 의미.

6) 당전(幢典) : 직책에 관한 학설

내 용	주장학자
군관(軍官) 또는 부대장으로, 지금의 영관급 장교	황패강·미시나〔三品〕
문관 계통의 관리로 노비관리관 또는 부역징용관	김승찬·이홍직

7) 아간(阿干) : 신라 17관위중 6위에 속하는 아찬의 별칭. 『이두편람』에는 「신라시대 때 임금을 마립간이라 하고 그 신하를 아간이라 칭한다.」라 하여 관리를 총칭하는 의미도 있음.

부산성에 도착하여 문지기[10]에게 득오실[11]이 어디에 있느냐고 물었더니 문지기가 말하기를 "지금 익선의 밭에서 전례대로 부역을 하고 있습니다"라 했다. 죽지랑이 밭으로 가서 가지고 간 술과 떡을 그에게 먹이고 익선에게 휴가를 청하여 함께 돌아가려 했으나 익선이 굳이 거부하고 허락하지 않았다. 그때 출장 온 관원 간진[12]이 추화군[13]의 능절조[14] 30석을 징수하여 관리하면서 성안으로 운반하다가 죽지랑이 부하를 소중히 여기는 아름다움을 찬미하고 익선의 융통성 없는 꽉 막힌 태도를 비루하게 여겨 거두어 가던 벼 30석을 익선에게 주면서 청을 들어주라고 권했으나 그래도 허락하지 않았다. 다시 벼슬이 사지[15]인 진절의 말안장을 주니 그제야 승낙했다.

조정의 화주[16]가 이 소문을 듣고 사람을 보내 익선을 잡아다가 그의 더럽고 추함을 씻어 주려 하였으나 익선이 도망하여 숨어버려 그의 맏아들을 잡아갔다. 그 때는 한겨울의 매우 추운 날이어서 성안의 못에서 목욕을 시켰더니 이내 얼어죽어 버렸다.

8) 부산성(富山城) : 경주에서 서쪽으로 16km 떨어진 건천읍 서남방에 있는 부산(富山)에 쌓았던 성. 『삼국사기』에 의하면 문무왕 3년(663)에 쌓았으며 둘레가 2,765보이며 산성 안에는 못 1개소, 계천(溪川) 4개소, 샘 9개소가 있으며 큰 군창이 있어서 영천 · 영일의 군량미를 보관한다고 기록됨.
9) 갯지〔皆叱知〕 : 원문의 개질지(皆叱知)는 노예의 옛 말 것치 · 거러치 → 갯지.
개(皆) → 그 · 거의 차자.
질(叱) → ㅅ.
지(知) → 존칭어미였으나 비하하는 말인 치(예 : 장사치)로 변화.
10) 문지기〔閽人〕 : 문을 지키는 사람이니 문지기.
11) 득오실(得烏失) : 3)항 참조.
12) 간진(侃珎) : 깐돌이의 한자어 (珎은 珍과 같은 글자로 신라시대에 돌 · 도 · 달 등으로 읽힘.)
13) 추화군(推火郡) : 지금의 경남 밀양군.
14) 능절조(能節租) : 벼의 품종으로도 생각할 수 있으며, 세금의 종류로도 추정할 수 있고, '능히 벼를 절약할 수 있다'는 의미의 해석도 가능.
15) 사지(舍知) : 신라의 17관위중 제13위 직위.
16) 화주(花主) : 화랑도의 우두머리

到富山城. 問閽人. 得烏失奚在. 人曰. 今在益宣田. 隨例赴役. 郞歸田・以所將酒餠饗之. 請暇於益宣. 將欲偕還. 益宣固禁不許. 時有使吏侃珎管收推火郡. 能節租三十石. 輸送城中. 美郞之重士風味. 鄙宣暗塞不通. 乃以所領三十石・贈益宣助請. 猶不許. 又以珎節舍知騎馬鞍具貽之. 乃許

朝廷花主聞之. 遣使取益宣. 將洗浴其垢醜. 宣逃隱. 掠其長子而去. 時仲冬極寒之日. 浴洗於城內池中. 仍<u>合</u>凍死.

閽 : 문지기 혼
奚 : 어찌 해
赴 : 다달을 부
饗 : 잔치 향
偕 : 함께할 해
侃 : 강직할 간
鄙 : 야비할 비
塞 : 막힐 색
贈 : 줄 증
猶 : 한가지 유
騎 : 말탈 기
鞍 : 안장 안
貽 : 줄 이
洗 : 씻을 세
浴 : 목욕 욕
垢 : 때 구
醜 : 추할 구
逃 : 달아날 도
掠 : 잡을 략
仲 : 가운데 중
合 : 令의 오기

해발 640m의 오봉산과 그 능선에 쌓은 부산성

대왕이 이를 듣고 명령을 내려 모량리 사람으로 벼슬을 하는 자는 모두 내쫓아서 다시는 관공서에 발을 붙이지 못하게 하고, 승려도 못되게 하였으며 이미 승려가 된 자는 종을 치고 북을 울리는 절에는 들어가지 못하게 했다. 관리에게 명령하여 간진의 자손을 올려 평정호장[17]으로 임명하여 특별히 표창하였다. 당시 원측법사[18]는 해동의 고승이지만 모량리 사람이었기 때문에 승직을 주지 않았다.

처음 술종공[19]이 삭주도독사[20]가 되어 근무처[21]로 가려고 할 때 삼한에 난리가 나서 기병 3천으로 그를 호위하여 가게 했다. 일행이 죽지령[22]에 도착했을 때 한 거사가 고갯길을 닦고 있었다. 공이 그것을 보고 참으로 보기 좋게 여겼으며 거사 또한 공의 위세가 매우 뛰어난 것을 좋게 생각하여 서로 마음속으로 잊지 못했다. 술종공이 근무지[23]에 부임하여 한 달이 되었을 때 꿈에 거사가 방 안으로 들어오는 것을 보았다. 공의 아내도 같은 꿈을 꾸게 되어 매우 놀랍고 괴이하게 여겨 그 다음 날 사람을 시켜 거사의 안부를 알아보았다. 그 지방 사람들이 말하기를 "거사가 죽은 지 며칠 되었습니다"라 하여 심부름갔던 사람이 돌아와 그 사실을 말씀드렸는데, 그가 죽은 날짜가 술종공이 꿈꾸던 그 날이었다.

공이 말하기를 "아마도 거사가 우리 집에 태어나는가 보다" 하고는 다시 하인을 보내어 고개 위 북쪽 봉우리에 장사지내고 돌미륵 하나를 만들어 무덤 앞에 세웠다.

술종공의 부인이 꿈을 꾼 날부터 태기가 있어 아이를 낳으니 고개 이름을 따서 죽지라고 이름지었다. 죽지가 커서 벼슬길로 나아가 부사령관이 되어 유신공과 함께 삼한을 통일하고 진덕 · 태종 · 문무 · 신문의 4대에 걸친 재상으로 이 나라를 안정시켰다.

17) 평정호장〔枰定戶孫〕: 원문의 孫은 長(장)의 오기인 듯.

ㅇ평정호장(枰定戶長)의 의미에 관한 학설

내 용	주장학자, 『저서』
ㅇ1리(里)를 총괄하는 장(長) - 당나라에서 1리(里)의 사무를 통괄하는 책임자	이병도, 『역주삼국유사』 김사엽, 『완역삼국유사』
ㅇ당나라의 이정(里正) · 촌정(村正)의 역할을 담당하는 직책 - 이정(里正) : 곽내(郭內)의 100호(戶)를 관리하는 직책 - 촌정(村正) : 곽외(郭外) 〃 〃	미시나〔三品〕, 『三國遺事考證』

18) 원측법사(圓測法師) : 신라의 왕족으로 당나라에 가서 불법을 배움. 원측은 15세에 건너가 현장법사에게 유식론을 배운 뒤 입적할 때까지 당나라에서 활동.

大王聞之. 勑牟梁里人從官者. 並合黜遣. 更不接公署. 不著黑衣. 若爲僧者. 不合入鍾鼓寺中. 勑史上侃珎子孫. 爲枰定戶孫・標異之. 時圓測法師是海東高德. 以牟梁里人故不授僧職.

初述宗公爲朔州都督使. 將歸理所. 時三韓兵亂. 以騎兵三千護送之. 行至竹旨嶺. 有一居士・平理其嶺路. 公見之歎美. 居士亦善公之威勢赫甚. 相感於心. 公赴州理. 隔一朔. 夢見居士入于房中. 室家同夢. 驚怪尤甚. 翌日使人問其居士安否. 人曰. 居士死有日矣. 使來還告其死. 與夢同日矣.

公曰. 殆居士誕於吾家爾. 更發卒修葬於嶺上北峯. 造石彌勒一軀. 安於塚前.

妻氏自夢之日有娠. 旣誕・因名竹旨. 壯而出仕. 與庾信公爲副帥. 統三韓. 眞德・大宗・文武・神文四代爲冢宰. 安定厥邦.

並 : 모두 병
黜 : 물리칠 출
更 : 다시 갱
署 : 관청 서
著 : 옷입을 착
鍾 : 쇠북 종
鼓 : 북 고
史 : 使吏의 오기
枰 : 바둑판 평
孫 : 長의 오기인 듯
標 : 표할 표

理 : 고려 성종의 이름 治의 避諱代字
嶺 : 고개 령
歎 : 아름답다할 탄
赫 : 성할 혁

理 : 고려 성종의 이름 治의 避諱代字
隔 : 사이뜰 격
尤 : 더욱 우
翌 : 이튿날 익
否 : 아닐 부
卒 : 종 졸
修 : 다스릴 수
峯 : 봉우리 봉
勒 : 새길 륵
軀 : 몸 구
安 : 정할 안

塚 : 무덤 총
誕 : 태어날 탄

大 : 太의 오기
冢 : 벼슬이름 총
厥 : 그 궐
慕 : 그리워할 모

19) 술종공(述宗公) : 죽지랑의 부친. 진덕여왕 때 사람으로 그 당시 남산 오지암에서 알천공・유신공 등과 나라 일을 논하던 술종공과 동일인임.
20) 삭주도독사(朔州都督使) : 삭주는 지금의 춘천지역. 도독은 『삼국사기』에 「도독은 9명인데 지증왕 6년에 이사부를 실직주 군주로 삼았다. 문무왕 원년에 총관으로 바꾼 뒤 원성왕 원년에 도독으로 고쳤다.」로 기록되어 있듯이 9주의 장관으로 군정과 민정을 총괄.

21) 근무처〔理所〕 : 원문의 理는 治(치)이나 고려 성종의 이름이 治이므로 理로 함〔避諱〕.
22) 죽지령(竹旨嶺) : 지금의 경북 영주와 충북 단양 사이에 있는 죽령고개.
23) 근무지〔州理〕 : 원문의 理는 治(치)이나 고려 성종의 이름이 治이므로 理로 함〔避諱〕.

처음에 득오곡이 죽지랑을 사모하여 노래를 지어 부르니 다음과 같다.

김 완 진	신 재 홍	황 패 강
 지나간 봄 돌아오지 못하니 살아 계시지 못하여 우올 이 시름 전각(殿閣)을 밝히오신	지난 봄 딸리었으매 모두 있어야만 소리내어 울 이 시름. 얼마전까지도 좋으신 모습이	간 봄 그리워 함에 더 못 살으사, 울어 설워 하나이다. (부산성에 매였을 제) 애달음 나타내신
모습이 해가 갈수록 헐어 가도다. 눈의 돌음 없이 저를 만나보기 어찌 이루리.	고령(高齡)에 나아가면서 축나 가겠구나. 눈의 돌림 없이 이에 만나기 어찌 지으리?	모습이 해 거듭하는 즈음에 덧없이 가시더이다. 눈 돌이켜 되돌아 볼 새 만나 뵙기 어찌 기약 하리이까?
낭 그리는 마음의 모습이 가는 길 다복 굴형에서 잘 밤 있으리.	낭이 그리워할 마음에 오고갈 길 다북쑥 거리에 잘 밤 있으리.	낭이여 그리는 마음에 가올 길 누항(陋巷)에 잘 밤(또 다시) 있사오리까?

금령총에서 출토된 기마인물형 토우

初得烏谷・慕郎而作歌曰.

去隱春皆理米　毛冬居叱沙哭屋尸以憂音
① 김완진 해석→ 가 은 봄 모도 리 믜　몯 돌 깃 ㅅ 사 울 옥 ㄹ 이 시름 음
② 신재홍 해석→ 〃 ㄴ 〃 ㄱ 〃 〃　모 다 잇 〃 〃 〃 오 〃 〃 〃 ㅁ
③ 황패강 해석→ 간 〃 그 〃 〃　몯 돌 사 ᄅᆞ 사 울 이 시 름

阿冬音乃叱 好 支賜 烏隱
① ᄆᆞᄃᆞᆷ 돌음 곳ㅅ 볼기 기시 오 은
② 아 ᄃᆞ ㅁ 닉〃 둏 〃〃 〃 ㄴ
③ 〃 돌음 낫 호 샤 온

皃史 年數 就音墮支行齊　目煙 廻於尸七(亡)史伊衣
① 즛시 히혜 낫음 헐＊니져　눈 닉 돌어 ㄹ (없)시 더 옷
② 즛〃 年數 낫옴 디기 녈〃　〃 〃 〃 오 ㄹ 〃 〃 이 ᄋᆡ
③ 즈시 〃〃 주음〃 니 져　눈 돌 칠 ᄉᆞ〃 의

逢 烏支 惡知作乎下是　郎也慕理尸心未
① 맛보 오기 엇디디 일오 아래 이　郎 여 그리 리 ㄹ ᄆᆞᅀᆞᆷ 믜
② 〃 〃〃 〃 〃 짓〃 알 〃　〃 야 〃 〃 〃 〃 믜
③ 맛 보디 엇 〃 지소 아 리　〃 여 그 릴 ᄆᆞᅀᆞ〃

行乎尸道尸　蓬次叱巷中宿尸夜音有叱下是.
① 녀오 ㄹ 길 ㄹ　다보지 지 ㅅ 굴형 히 자 ㄹ 밤 음 잇 ㅅ 아래 이
② 〃〃〃〃〃　다봊 ᄌᆞ 〃 〃 〃 잘 〃〃 ㅁ 〃〃 알 〃
③ 〃 올 길　〃 〃 마ᅀᆞᆯ 〃 잘 밤 이 사 리

풍류도의 변천과 효소왕대 죽지랑 조의 구성과 의미

1. 풍류도의 변천사

발 생 (진흥왕)		발 전 (선덕왕~문무왕)		쇠퇴 · 변질 (신문왕~)
산신숭배와 음악을 즐기고 산수를유람하는 청년단으로 출발	→	ㅇ정신적 일체감 형성으로 통일위업 달성 - 전 계층 망라로 계층간 갈등 완화 - 국왕[석가]과 귀족 또는 화랑[미륵]의 조화	→	ㅇ전제주의적 왕권강화 - 유학계층의 문관우대 - 풍류도의 반관반민이 관에 의한 거부로 약화 ㅇ풍류도의 중심인물인 김흠돌의 난으로 위축
삼국유사 : 진흥왕 때 풍월도로 재편 (장을 화랑)		ㅇ『삼국유사』 태종 춘추공 조에서 태종보다 화랑 김유신 중심으로 기술 - 장춘랑 · 파랑의 충성심 강조		**죽지랑의 수모 : 전성기를 벗어난 화랑과 그 집단의 약화된 모습의 표현** 부례랑(『삼국유사』 백율사 조) : 무력과 무능의 표현

2. 효소왕대 죽지랑 조의 구성

죽지랑의 위축된 모습		죽지랑의 화려했던 과거회상
ㅇ미미한 존재인 문관 익선의 푸대접과 멸시 *간진의 도움 : 궁지에 몰린 자에 대한 개인적인 동정과 관심 *익선과 모량부에 대한 제재 : 왕실과 모량부의 알력을 죽지랑사건 빙자로 모량부 응징	→	ㅇ죽지랑의 **탄생 : 출생연기(出生緣起)가 남다른 걸출한 영웅의 표현** *거사의 무덤에 세워진 돌미륵: 미륵의 화신인 화랑과 연계 ㅇ죽지랑의 화려한 과거회상으로 현재의 **위축된 모습 부각** *유신과 함께 삼한 통일 및 4대에 걸친 재상

↓

모죽지랑가로 실세(失勢)한 죽지랑의 모습 묘사	
去隱春皆理米 毛冬居叱沙哭屋尸以憂音	이미 흘러간 전일의 화려했던 나날을 곰곰이 생각해 보니 오늘날의 이것저것 모두가 슬프지 않은 것이 없습니다.
阿冬音乃叱好支賜烏隱 皃史年數就音墮支行齊	한창 시절 그리도 고와 보이던 낭의 얼굴엔 이제 주름살만 덧없이 늘어나 자못 민망스러울 정도가 되었습니다.
目煙 廻於尸七(亡)史伊衣 逢烏支惡知作乎下是	눈을 돌려 되돌아 보아도 옛날의 그 모습을 어찌 볼 수 있겠습니까?
郎也慕理尸心未 行乎尸道尸　蓬次叱巷中 宿尸夜音有叱下是	낭을 그리는 마음에 낭이 죽어서 무덤에 파묻힌다 하더라도 저는 그 죽음의 세계까지 좇아가서 낭을 따르겠습니다.

〈박노준, 『신라가요의 연구』를 참고하여 작성〉

풍류도의 유오처로 추정되는 천천리서석 전경

천천리서석

성 덕 왕[1]

제33대 성덕왕 때인 신룡[2] 2년 병오(706)에 벼가 익지 않아 백성들이 몹시 굶주렸다. 정미년(707) 정월 초하루부터 7월 30일까지 백성들을 구제하기 위해 벼를 나누어 주었는데 한 사람당 하루 서 되로 정했다. 구제사업을 다 마치고 계산해 보니 30만 5백 석[3]이나 되었다.

왕이 태종대왕을 위하여 봉덕사[4]를 창건하여 7일 간 인왕도량[5]을 설치하고 많은 죄수들을 용서하여 풀어주었다. 이때부터 처음으로 시중[6]이라는 관직을 두었다. (어떤 책에는 효성왕 때의 일이라 했다.)

1) 성덕왕(聖德王) : 신문왕의 둘째 아들이며 32대 효소왕의 동생. 본명은 융기였으나 당나라 현종의 이름과 같아서 재위 11년에 당의 칙명에 의해 흥광으로 고침. 재위기간 702~737. 성덕왕이 즉위 초에 가장 중점을 둔 일은 효소왕의 의문스런 죽음으로부터 등을 돌린 민심 달래기로, 죄수를 대거 사면하고 조세를 1년 간 면제했으며 흉년으로 신음하는 백성들을 대규모로 구제하는 것이었음. 이로 인해 관리와 백성들이 크게 호응하여 정치적 안정을 이루어 신라 최전성시대를 열어감.

2) 신룡(神龍) : 당나라 중종의 연호. 신룡 2년은 성덕왕 5년.

3) 3되, 30만 5백 석 : 그 당시 사용되었다고 추정되는 주나라 양전법으로 벼 3되는 지금의 용량으로 1.8리터이며, 벼 30만 5백 석은 27만 가마.

*용적 단위

용기종류	~ 신라 문무왕(681)			신문왕(681)~고려 문종 23년(1069)		
	승(升)	cm^3	리터(liter)	승(升)	cm^3	리터(liter)
합(合)	0.1	19.92	0.02	0.1	59.8	0.06
승(升)	1.0	199.19	0.20	1.0	597.6	0.60
두(斗)	10	1991.9	1.99	10.0	5975.7	5.98
석(石)	150.0	2,978.5	29.88	150.0	8,963.6	89.64

〈박흥수 『신라 및 고려의 양전법에 관하여』〉

4) 봉덕사(奉德寺) : 『신증동국여지승람』에 의하면 「봉덕사가 북천의 홍수로 매몰되고 종(성덕대왕신종)은 북천에 떨어져 있었으므로 천순(天順) 4년(세조 5년 1460)에 영묘사로 옮겨 달았다.」고 한 후 절터조차 없어져 그 위치를 알 수 없음.

聖德王

第三十三聖德王. 神龍二年丙午歲※不登. 人民飢甚. 丁未正月初一日至七月三十日・救民給租. 一口一日三升爲式. 終事而計. 三十万五百碩也. ※王爲太宗大王刱奉德寺. 說仁王道場七日. 大赦. 始有侍中職.(一本系孝成王.)

※ : 禾(벼 화)가 결락된 듯
登 : 익을 등
飢 : 주릴 기
租 : 벼 조
※ : 德의 결락인 듯함
刱 : 세울 창
場 : 재올리는곳 량〔장〕

5) 인왕도량(仁王道場) : 인왕도량은 『인왕경』을 토대로 한 법회의식으로 『인왕경』은 인왕(仁王)이 정도로 국가를 다스리고 수호한다는 불교적 정치윤리를 강조하는 내용이 많은 경임. 『인왕경』 호국품의 대체적인 내용은 다음과 같음. 「국토가 어지러울 때, 파괴와 대 화재와 외적의 침입이 있어 나라가 파괴되려할 때 이 경을 들어라. …… 대왕들은 하루에 두 번 이 경을 강독하라. 그대들 국토에 있는 백부의 귀신들이 이 경을 듣고 그대들의 국토를 지켜 줄 것이다.」 〈김상현, 『신라중대 왕실의 불교사상』〉
6) 시중(侍中) : 신라 최고 행정기관인 집사성(執事省)의 장관으로 지금의 국무총리. 진덕여왕 5년(651)에 설치된 중시를 경덕왕 때부터 시중이라 개칭.

성덕왕릉

수로부인[1]

성덕왕 시대에 순정공[2]이 강릉(지금의 명주이다)태수로 부임하러 가다가 바닷가에서 점심[3]을 먹었다. 옆에는 돌로 된 산들이 병풍처럼 바다를 두르고 있었다. 높이가 천 길[4]이나 되는데 그 위에는 철쭉꽃[5]이 만발해 있었다. 순정공의 부인 수로가 이것을 보고 가까이에 있는 사람들에게 말하기를 "그 누가 저 꽃을 꺾어다 주겠소?"라 하니 따르는 사람들이 "사람들이 갈 수 없는 곳입니다"라 말하며 모두들 할 수 없다고 회피했다. 옆에 암소[6]를 끌고 가던 늙은이[7]가 부인의 말을 듣고는 그 꽃을 꺾어 노래까지 지어 바쳤으나[8] 그 늙은이가 어떤 사람인지 알 수 없었다.

1) 수로부인(水路夫人)

ㅇ수로의 어원에 관한 학설

내용	주장학자, 『저서』
ㅇ수로부인은 수신(水神)을 맞이하는 의례에 등장하는 신령(神靈) - 수로(水路) : 수신이 살거나 나타나는 장소	미시나〔三品〕, 『三國遺事考證』
ㅇ신령스런 존재로 소도(蘇塗)의 음이 변한 사로(斯盧)와 동일하며, 수로(首露)의 음차(音借)로 추정	장진호, 『신라향가의 연구』

ㅇ수로부인의 의미에 관한 학설

내용	주장학자
기우제를 진행하는 무(巫)	이혜화 · 김문태
풍어제를 진행하는 무(巫)	최인표
무병(巫病)의 단계에 있는 아름다운 여인	장진호
서울〔경주〕의 아름다운 여인	윤영옥 · 박노준 · 황패강

2) 순정공(純貞公) : 실존했던 인물이라기보다는 그저 순진하고 천진스러운 아이와 같은 사람으로 적극성과 박진력을 찾아볼 수 없는 인물을 함축하여 표현. 〈미시나〉〈장진호〉

3) 점심〔晝膳 : 주선〕: 의미에 관한 학설

내용	주장학자
제례의식 때 신에게 바치는 제물 또는 임금의 식사	김승찬 · 김광순
단순한 점심 식사	이병도

4) 돌로 된 …… 높이가 천길 : 의미에 대한 학설

내용	주장학자
천상과 지상을 연결하는 교통로 또는 신의 서식처인 신성지역	김문태 · 장수근 · 김승찬
천상의 신이 강림하는 장소	장진호
실제의 모습을 표현	윤영옥 · 박노준 · 황패강

水路夫人

聖德王代. 純貞公赴江陵太守.(今冥州.) 行次海汀晝饍. 傍有石嶂. 如屛臨海. 高千丈. 上有躑躅花盛開. 公之夫人水路見之. 謂左右曰. 折花獻者其誰. 從者曰. 非人跡所到. 皆辭不能. 傍有老翁牽牸牛而過者. 聞夫人言折其花. 亦作歌詞獻之. 其翁不知何許人也.

赴 : 다달을 부
汀 : 물가 정
饍 : 맛있는음식 선
嶂 : 높고가파른산 장
丈 : 열자 장
躅 : 철쭉꽃 촉
跡 : 자취 적
牽 : 끌 견
許 : 장소 허
冥 : 溟의 오기
晝 : 낮 주
傍 : 가까울 방
屛 : 병풍 병
躑 : 철쭉꽃 척
折 : 꺾을 절
翁 : 노인 옹
牸 : 암소 자

5) 철쭉꽃〔躑躅花 : 척촉화〕: 의미에 관한 학설

내 용	주장학자
기우제에서 양(陽)의 정령(精靈)	김문태
무당이 되는 과정에서 영력(靈力)의 매개물	장진호
사랑의 매개물	윤영옥 · 박노준 · 황패강 · 최리자

6) 암소〔牸牛〕: 의미에 관한 학설

내 용	주장학자
불교의 심우도(尋牛圖)에서 우리들의 자성 즉 본래의 진면목	김승찬 · 최철 · 김종우
기우제에서 여성 즉 음을 상징	김문태
노인의 부인	최성호
단순한 소	윤영옥 · 박노준 · 황패강 · 장진호

7) 늙은이〔老翁〕: 의미에 관한 학설

내 용	주장학자
그 지역에서 기우제를 주관하는 사제	김문태
신병(神病) 과정에서 나타나는 천신(天神)의 대리자	장진호 · 허영순
선승(禪僧), 보살의 화신	김종우 · 김광준 · 최철
단순한 소	윤영옥 · 박노준 · 황패강

8) 꽃을 꺾어 바치다 : 의미에 관한 학설

내 용	주장학자
기우제에서 양의 정령인 철쭉꽃이 음의 정령인 수로부인에 꽂혀짐 즉 양과 음의 교합을 통한 음양의 조화	최진원 · 김문태
무당이 되는 과정에서 천신(天神)에게 감응	장진호

다시 이틀 간 길을 가다가 또 바닷가 정자에서 점심을 먹던 중에 바다의 용[9]이 갑자기 부인을 나꿔채 바다 속으로 들어가 버렸다.[10] 순정공이 엎어지고 자빠지며 발을 굴렀으나 어쩔 수가 없었다. 또 한 노인이 나타나 말하기를 "옛 사람의 말에 여러 사람의 말은 쇠도 녹인다[11] 했는데 지금에 그까짓 바다 속의 미물이 어찌 여러 사람의 입을 두려워하지 않겠습니까? 마땅히 지역내의 백성들이 나아가 노래를 지어 부르면서 막대기로 언덕을 치면[12] 부인을 볼 수 있을 것입니다"라 했다. 순정공이 그 말대로 하였더니 용이 바다로부터 부인을 모시고 나와 공에게 인도했다.[13]

공이 부인에게 바다 속의 일을 물었더니 부인이 말하기를 "칠보로 꾸민 궁전의 음식이 맛있고 기름지며 향기롭고 깨끗하여 인간세상의 음식이 아니었습니다"[14]라 했다. 부인의 옷에 스며든 이상한 향기는 이 세상에서 맡아보지 못한 것이었다. 수로부인은 용모가 세상에서 견줄 사람이 없었으므로 깊은 산이나 큰못을 지날 때마다 여러 차례 귀신이나 영물에게 붙들려갔다.

9) 바다의 용〔海龍〕: 의미에 관한 학설

내　　　용	주장학자
무서운 정체불명의 존재인 손	김문태
수신(水神)·용신(龍神)	장진호

10) 용이 갑자기 부인을 나꿔채 바다 속으로 들어가 버렸다. : 의미에 관한 학설

내　　　용	주장학자
기우제를 주관했던 수로부인은 가뭄이 계속되자 군중들에 의해 바다에 던져졌고 비가 올 때까지 물에 잠겨있는 것을 상징 이는 또한 음인 수로와 양인 용과의 결합 즉 음양의 조화를 상징	김문태
수신(水神)을 체험하는 신병(神病)의 과정	장진호

11) 여러 사람의 말은 쇠도 녹인다〔衆口鑠金〕: 여러 사람의 말은 인심도 움직인다는 의미. 『국어』의 경왕 24년 조에 「중심성성(衆心成城 : 여러 사람들이 마음으로 서로 좋아하면 성과 같이 단단하여 깨뜨릴 수 없다), 중구삭금(衆口鑠金 : 여러 사람들의 입은 비록 금석이라 하더라도 녹일 수 있다)」고 했음.

便行二日程. 又有臨海亭. 晝鐥次. 海龍忽攬夫人入海. 公顚倒躄地. 計無所出. 又有一老人告曰. 故人有言. 衆口鑠金. 今海中傍生. 何不畏衆口乎. 宜進界內民. 作歌唱之. 以杖打岸. ※可見夫人矣. 公從之. 龍奉夫人出海獻之.

公問夫人海中事. 四七寶宮殿. 所鐥甘滑香潔. 非人間煙火. 此夫人衣襲異香. 非世所聞. 水路姿容絶代. 每經過深山大澤. 屢被神物掠攬

便 : 다시 갱
攬 : 잡을 람
倒 : 거꾸러질 도
鑠 : 녹일 삭
唱 : 노래부를 창

鐥 : 饍의 오기
顚 : 엎드러질 전
躄 : 절름거릴 벽
畏 : 두려울 외
杖 : 지팡이 장

※ : 則의 결락
滑 : 미끄러울 활
潔 : 깨끗할 결
煙火 : 불에 익힌 음식
姿 : 맵시 자
被 : 미칠 피

四 : 曰의 오기
鐥 : 饍의 오기
襲 : 엄습할 습
聞 : 이름날 문
屢 : 여러 루

12) 막대기로 언덕을 치면〔以杖打岸〕 : 의미에 관한 학설

내 용	주장학자
기우제에서 영험함을 지닌 주술도구인 막대기로 수신을 다스리는 행위	김문태
풍어제 · 무당과정에서 무(巫)가 굿을 할 때 타악기를 쳐서 엑시타시〔忘我 · 脫魂〕 상태에 도달하기 위한 빠른 장단의 무악(巫樂)	최인표 · 장진호

13) 용이 바다로부터 부인을 모시고 나와 공에게 인도했다. : 의미에 관한 학설

내 용	주장학자
기우제에서 강우의 목적 달성	김문태
무당과정에서 노인은 천신(天神)을 믿는 큰무당으로 수신(水神)인 용과의 대결에서 승리를 의미, 이는 천신 우위 사상을 나타낸 것	장진호

14) 칠보로 꾸민 궁전의 …… 인간세상의 음식이 아니었습니다. : 의미에 관한 학설

내 용	주장학자
무당과정에서 불교의 미르(미륵)신앙과 결부되어 굴절한 설화로서 수로부인이 용궁에서 겪은 내용은 미륵하생경의 장엄세계	장진호
풍어제에서 어민들의 생계와 연계된 이상향	최인표

여러 사람이 불렀던 바다노래 가사는 다음과 같다.

> 거북아 거북아 수로부인 내놔라.
> 남의 부인 앗아간 죄 그 얼마나 크리.
> 네 만일 거역하여 내놓지 않으면,
> 그물로 너를 잡아 구워 먹으리라.

노인 헌화가는 다음과 같다.

김 완 진	신 재 홍	황 패 강
자줏빛 바위 가에 잡고 있는 암소 놓게 하시고, 나를 아니 부끄러워하시면 꽃을 꺾어 바치오리다.	자줏빛 바위 가에 움켜진 손 암소 놓게 하시니 나를 아니 부끄러워 하신다면 꽃을 꺾어 바치리이다.	진달래 바위 가에 잡고 있는 어미 소를 놓게 하시고 나를 아니 부끄러워 하시면 꽃을 꺾어 드리오리다.

겸재 정선의 울진 망향정

衆人唱海歌詞曰.

龜乎龜乎出水路.
掠人婦女罪何極.
汝若悖逆不出獻.
入網捕掠燔之喫.

極 : 심할 극
悖 : 두려워할 방
網 : 그물 망
燔 : 구울 번
喫 : 먹을 끽
肹 : 웃을 힐
喩 : 깨달을 유
慚 : 부끄러워할 참

老人獻花歌曰.

紫 布 岩 乎 邊 希 執 音 乎 手 母 牛 放 教 遣.
① 김완진→ 지뵈 보 바회 오 곳 희 잡 음 오 손 암 쇼 놓 이시 고
② 신재홍→ 딛 비 바호 호 곳 히 움 ㅁ 온 손 암 쇼 놓 이시 고
③ 황패강→ 돌 비 바회 곳 희 자ᄇᆞᆫ 손어미 쇼 노히 시 고

吾 肹 不 喩 慚 肹 伊賜等 花 肹 折叱 可 獻 乎理音如.
① 나 흘 안 디 붓그리 흘 이시등 곶 흘 것 가 받 오리음다.
② 나 홀 안 디 붓 글 이시든 곶 홀 것ㅅ 가 받 오리--다.
③ 나 홀 안 디 붓 그 리샤든 곶 홀 것 가드리오리이다.

겸재 정선의 삼척 죽서루

수로부인 조의 구성과 의미

1. 기우제(祈雨祭)로 본 수로부인 조(水路夫人條)

기우제(祈雨祭)인 이유
ㅇ『삼국유사』는 편목간 조목간 유기적 구성 - 앞 조목인 성덕왕 조에서 가뭄 극심 → 기우제 필요

↓

기우제의 원리 : 음양의 조화 · 교합
가뭄은 양이 극성(極盛)하여 음양의 조화가 깨어져 발생

↓

수로부인 조의 음양조화 방법(기우제)			
구 분	음(陰)	양(陽)	음 양 의 조화 · 교합
헌화가	암소	자줏빛 바위	자줏빛 바위는 기우제를 올리는 제단이며 암소는 제물의 의미. 바위 가에 암소를 둔다는 것은 제단에 제물을 바치는 행위로서 음과 양의 합일
헌화가	수로부인	철쭉꽃	양의 정령인 철쭉꽃이 무(巫)를 올리는 음의 정령인 수로부인의 가슴에 꽂힘으로 음양의 교합이 이루어짐 *노옹은 그 지역 기우제의 생리를 알고 있는 사제
해가	수로부인	해룡	수로부인이 끌려들어 간 것은 비를 주관하는 양인 해룡과의 접신행위로 수로부인과 해룡의 교합을 의미 *막대기로 두드리는 것이나 해가를 부르는 것은 움직이지 않는 해룡을 깨우기 위함.

〈김문태, 『헌화가 · 해가와 제의 문맥』을 참고하여 작성〉

2. 풍어제(豊漁祭)로 본 수로부인 조(水路夫人條)

풍어제의 절차 : 신체(神體)를 모시는 제의(祭儀) → 굿거리

↓

수로부인 조에서의 풍어제(豊漁祭)	
신체(神體)를 모시는 제의(祭儀) (헌화가)	ㅇ무(巫)인 수로부인이 신체(神體)인 철쭉꽃을 신과 인간과의 의사전달자인 노옹이 꺾어와 모심 • 노옹이 제단에 쓸 소를 끌고 와 주선(晝饍)으로 제사
굿거리 (해가)	ㅇ신체(神體)를 모시고 본격적인 풍어제 진행 • 무인 수로부인은 제의가 열기를 더함에 따라 해신에게 납치 당하는 환상에 빠짐 (해가와 막대기를 두드리는 장단으로 망아와 탈혼의 경지에 빠짐→엑시타시) • 엑시타시 상태로 어부들에게 물자를 공급해 주는 이상향인 수중세계에서 해신과 교접→안전과 다획 기원

〈최인표, 『수로부인 조의 역사적 성격』을 참고하여 작성〉

3. 무(巫)가 되는 과정으로 본 수로부인 조(水路夫人條)

무(巫)의 과정				
입무과정(入巫過程)		신인합일(神人合一)		화복(禍福)의 조절
ㅇ무병(巫病) : 재생의 신비적 체험 • 속된 존재는 죽고 거룩한 존재와 교제할 수 있는 것으로 재생	→	ㅇ엑시타시[忘我 · 脫魂] 경험 • 가무(歌舞)등 제의(祭儀)를 통해 神 · 人 융합	→	ㅇ엑시타시 속에서 신령과 교제로 운명조절 • 재액을 없애고 복 창조

↘ ↙

수로부인 조에서 무의 과정 : 입무 및 신인합일 단계	
입무[巫病]단계 (헌화가)	ㅇ수로는 강신무(降神巫)가 영력(靈力)을 획득하기 위한 무병(巫病)의 단계 • 노인에게 철쭉꽃을 받은 것은 환상현상으로 천신의 감응을 의미 • 노옹은 무병(巫病) 과정에서 보는 '하얀 할아버지' 로 영력(靈力)을 부여하는 매개자
신인합일 (해가)	ㅇ무(巫)는 춤과 음악을 통해 흥분상태를 가져와 엑시타시에 빠짐 • 해가와 막대기로 두드리는 장단으로 망아와 탈혼의 경지에 빠짐 • 시베리아 샤먼은 천신과의 교접을 위해 천신의 세계를 왕래하나 수로부인은 해신과의 합일을 위해 수중세계 왕래

〈유동식, 『한국무교의 역사와 구조』 장진호, 『신라향가의 연구』
최인표, 『수로부인 조의 역사적 성격』을 참고하여 작성〉

효 성 왕[1)]

개원[2)] 10년 임술(722) 10월에 처음으로 모화군[3)]에 관문[4)]을 쌓으니 지금의 모화촌으로서 경주 동남쪽 경계에 붙어 있다. 이것은 일본을 막기 위한 요새[5)]였다. 그 둘레가 6,792보 5자[6)]인데, 인부는 39,262명이었으며 감독하는 사람은 원진각간이었다.

개원 21년 계유(733)에 당나라 사람들이 북쪽의 오랑캐를 치려고 신라에 군사를 청하고자 사신 일행 604명이 왔다가 돌아갔다.[7)]

1) 효성왕(孝成王) : 신라 제34대왕. 재위기간 737~742.

*효성왕의 세계(世系)

성덕왕(33대)
소덕왕후
→ 효성왕(34대) (승경) — 혜명왕후 김씨, 왕비 박씨
→ 경덕왕(35대)

효성왕의 시호는 '효를 이루었다'는 뜻을 지니고 있음. 이는 아버지인 성덕왕처럼 그도 첫 왕비를 출궁시키고, 순원의 딸을 맞아들인 사실에 의거하여 순원파에 의해 올려진 듯함.(순원은 당시 정권 장악) 효성왕은 죽기 전에 자신의 유골을 동해에 뿌려달라고 유언하여 능은 조성되지 않음.

〈박영규, 『신라왕조실록』〉

2) 개원(開元) : 당나라 현종(712~756)의 연호. 현종 10년은 성덕왕 21년(722)에 해당하므로 효성왕 때의 일이 아님. 『삼국사기』에 성덕왕 21년에 모화군에 성을 쌓았다고 기록.

3) 모화군(毛火郡) : 지금의 경주시 외동읍.

4) 관문(關門) : 지금의 경주시 외동읍 모화리로 울산시와 경계지역.

관문성 성벽

孝成王

開元十年壬戌十月. 始築關門於毛火郡. 今毛火村. 屬慶州東南境. 乃防日本塞垣也. 周廻六千七百九十二步五尺. 役徒三万九千二百六十二人. 掌員元眞角干.

開元二十一年癸酉. 唐人欲征北狄. 請兵新羅. 客使六百四人來還國.

屬 : 닿을 촉
塞 : 막을 색
垣 : 담장 원
廻 : 둘레 회
掌 : 맡을 장

狄 : 북쪽오랑캐 적
客 : 사람 객, 손님 객

5) 일본을 막기 위한 요새〔防日本塞垣〕: 8세기에 신라와 일본의 관계가 악화됨. 특히 경덕왕 때에는 양국의 이해가 첨예하게 나타나던 시기임. 『삼국사기』에는 「일본국의 병선 300척이 바다를 건너 우리나라 동쪽을 습격하니 왕이 군사들에게 명령을 내려 그들을 크게 쳐부수었다.」로 기록됨. 일본과의 관계악화로 관문성을 쌓았을 것임.

6) 둘레가 6,792보 5자 : 신라시대 사용척도의 학설에 따른 실제의 길이

1보 : 6자

구 분	주척 (周尺)	동위척 (東魏尺)	곡척 (曲尺)	당척 (唐尺)	건초척 (建初尺)	진한척 (秦漢尺)
1자의 길이(cm)	19.42	35.5	30.3	29.5	25.14	23
6,792보(Km)	7.9	14.5	12.3	12.0	10.2	9.4

7) 당나라 사람들이 …… 604명이 왔다가 돌아갔다. : 이와 관련되어 『삼국사기』 성덕왕 조에 「당의 현종이 발해 · 말갈이 등주를 침입하므로 대복원외경 김사란을 신라로 보내 왕에게 개부의동삼사 · 영해군사의 직을 주어 군사를 내어 말갈의 남변을 치게 했다.」는 기록이 있음.

관문성 전경

경덕왕[1] 충담사 표훈대덕[2]

– 경덕왕과 충담사와 표훈대덕 –

대왕이 예를 갖추어 『도덕경』[3] 등을 받았다.

왕이 나라를 다스린 지 24년에 오악[4]과 삼산[5]의 신들이 때때로 대궐 마당에 나타나 왕을 모시었다.[6]

3월 3일[7] 왕이 귀정문[8] 문루 위에 올라 따르는 사람들에게 말하기를 "누가 길에서 훌륭하게 차려입은 스님[9] 한 분을 데려올 수 있겠는가?"라 했다. 이때 마침 거동과 풍채가 좋은 고결한 고승 한 분이 거닐고 있는 것을 주위의 사람들이 보고 그를 데려와 뵙게 하니 왕이 말하기를 "내가 말한 훌륭하게 차려입은 스님이 아니다" 하고는 그를 물리쳤다.

다시 장삼을 입은 스님 한 분이 벚나무로 된 통을 메고(혹은 삼태기를 등에 졌다고도 한다.) 남쪽으로부터[10] 오고 있었다. 왕이 그를 보고 기뻐서 문루 위로 맞아들였다.[11] 왕이 그 통 속을 들여다보니 차 달이는 도구만 가득 들어 있었다. 왕이 "그대는 누구인가?"라 물으니 스님이 대답하기를 "충담이옵니다"라 했다.

1) 경덕왕(景德王) : 신라 35대 왕. 재위기간 742~765. 34대 효성왕의 친동생으로 효성왕이 후사 없이 죽자 왕위를 승계. 경덕왕은 왕권의 강화를 위해 중국의 중앙집권체제를 도입했으며, 불교의 권위에 의지하여 군주의 권위를 과시하는가 하면, 군주에 대한 가부장적 전제와 그에 대한 피지배자의 순종을 바탕으로 하는 유교주의적 통치이념을 받아들임. 비록 이 시대가 신라문화의 황금기라고 하나 지배세력 간의 분열징후가 뚜렷하게 나타나며 사회경제적인 모순도 현저하게 드러남.

2) 표훈대덕(表訓大德) : 의상의 10대 제자 중 한 명으로 경덕왕 때의 대표적인 화엄승. 의상과 함께 흥륜사 금당에 모셔졌던 십성(十聖) 중의 한 사람으로 추앙받던 스님. 불국사와 석굴암의 창건에도 많은 영향을 줌.

3) 도덕경〔德經〕: 원문의 德經(덕경)은 도덕경을 뜻하며, 德經(덕경) 앞에 道자가 누락된 것으로 보임. 『삼국사기』 효성왕 2년조에 「당나라의 사신 형도가 노자 도덕경 등과 문서를 왕에게 바쳤다.」의 기사로 보이나 굳이 경덕왕조의 첫머리에 실은 것은 상서롭지 못함을 예고하는 의미가 강함. 이 조의 결론 부분인 혜공왕이 도사들과 어울림으로 나라에 난리가 났다는 것과 연계된 듯함.

4) 오악(五岳) : 삼국통일 전에는 국가를 수호해 준다는 산악숭배사상은 삼산이었으나 통일이 되면서 오악으로 확대. 이는 새로이 편입된 영역까지 포함한다는 의미. 오악은 동악의 토함산 · 서악의 계룡산 · 남악의 지리산 · 북악의 태백산 · 중악의 부악(팔공산)임.

景德王 忠談師 表訓大德

德經等大王備禮受之.

王御國二十四年. 五岳三山神等. 時或現侍於殿庭. 三月三日. 王御皈正門樓上. 謂左右曰. 誰能途中得一員榮服僧來. 於是適有一大德. 威儀鮮潔. 徜徉而行. 左右望而引見之. 王曰. 非吾所謂榮僧也. 退之. 更有一僧. 被衲衣負櫻筒.(一作荷簣.) 從南而來. 王喜見之. 邀致樓上. 視其筒中. 盛茶具巳. 曰. 汝爲誰耶. 僧曰忠談.

御 : 다스릴 어
侍 : 모실 시　殿 : 대궐 전
皈〔歸와 동일〕: 돌아올 귀
威 : 거동 위
儀 : 모양 의　潔 : 정결할 결
徜 : 노닐 상　徉 : 노닐 양
徜徉 : 생각에 잠기어 왔다갔다함
被 : 덮을 피　衲 : 장삼 납
負 : 짐질 부　櫻 : 벚나무 앵
筒 : 대나무통 통　荷 : 짐질 하
簣 : 삼태기 궤　從 : 부터 종
邀 : 맞을 요　致 : 불러올 치
巳 : 已의 오기

5) 삼산(三山) : 내력(奈歷) · 혈례(穴禮) · 골화(骨火) → 김유신 조 참조.

6) 신들이 …… 나타나 왕을 모시었다. : 의미에 관한 학설

내　　용	주장학자
나타난 神은 귀신〔鬼〕으로서 불길한 흉조 또는 호국신의 진노	박노준 · 김승찬
흉조가 아닌 국가의 장래에 대한 경고 또는 경계의 의미	김문태 · 최철
망국의 전조(前兆)	임기중

7) 3월 3일(三月三日) : 고구려(하늘과 산천에 제사)나 가락국(수로가 3월 3일에 알의 형태로 하늘에서 내려옴) 습속으로 보아 제의적(祭儀的) 측면에서 대단히 중요한 날로 추정.

8) 귀정문(皈正門) : 『동경잡기』에 「귀정문은 가장 바깥에 있는 정문이며 또 귀정서문이라고도 한다(皈正乃最外之正門 又曰 皈正西門)」는 기록에서 임금이 외부 사람과 가장 가깝게 접근할 수 있는 서쪽의 정문으로 추정. 황패강은 귀정반본(歸正反本) 즉 「정도로 돌아가 근본을 되찾는다.」는 상징적인 이름으로 해석.

9) 훌륭하게 차려입은 스님〔榮服僧〕: 영복승(榮服僧)의 의미에 관한 학설

내　　용	주장학자
임금을 위해 충간(忠諫)하는 스님 → 충담(忠談)	최철
월명사(月明師)와 같은 국선지도(國仙之徒)의 승려	김승찬
정치적 · 종교적 혼란(왕과 귀족들의 갈등)을 잘 다스리는 스님	김문태

10) 남쪽으로부터〔從南〕: 남산에서 왔다는 것을 의미하며 남산은 삼산신앙을 숭앙하는 화랑들의 유오처(遊娛處)이고 대덕들의 수행장소로서 신라의 존망을 결정짓는 영지(靈地).

왕이 또 "어디서 오는 길인가?" 하고 물으니 스님이 대답하기를 "소승은 3월 3일과 9월 9일[12]에는 남산 삼화령[13]에 있는 미륵세존[14]께 차를 달여 올립니다. 지금도 차를 올리고 막 돌아오는 길이옵니다"라 했다. 왕이 말하기를 "과인에게도 한 잔의 차를 나누어 줄 수 있겠는가?" 하니 스님이 즉시 차를 달여 바쳤는데[15] 차의 맛이 신이(神異)하였으며 찻잔 속에서는 특이한 향기가 진동했다.

왕이 말하기를 "짐이 일찍이 듣기로는 기파랑[16]을 찬미하는 대사의 사뇌가[17]가 그 뜻이 매우 높다고 하는데 과연 그러한가?"라 하니 그가 "그러하옵니다"라 대답하자, 왕이 "그러면 짐을 위해 백성들이 편히 살도록 다스리는 노래를 지어 보라"라 했다. 충담사가 곧 바로 명을 받들어 노래를 지어 바치니 왕이 아름답게 여겨서 그를 왕사로 모시려했으나 스님은 두 번 절하고 굳이 사양하여 그 직책을 받지 않았다.

11) 왕이 그를 보고 기뻐서 문루 위로 맞아들였다. : 신하가 데려온 것이 아니라 왕이 보고 불렀다는 것은 왕과 신하 사이에 대립이 있거나 왕의 뜻을 추종하는 신하가 없음을 상징.

12) 9월 9일(九月九日) : 『동국세시기』에 「국화꽃으로 화전과 술을 빚어 먹고 이 음식으로써 시제를 올렸다.」는 기록에서 3월 3일과 같이 제의(祭儀)의 날로 추정.

13) 삼화령(三花嶺) : 위치에 관한 학설

내 용	주장학자, 『저서』
ㅇ남산 북봉 : 상서장 남쪽 봉우리 - 삼화령에는 3명의 화랑이 묻혀 있으며, 삼존상은 이들에 대한 추념과 환생을 기원하여 조성	황수영, 『신라남산 삼화령 미륵세존』
ㅇ삼화령은 남산의 세곳 봉우리로 금오산 · 고위산 · 언양재 - 삼화령의 미륵세존은 언양재의 연화대좌에 있던 불상	윤경열, 『겨레의 땅 부처님의 땅』

14) 미륵세존(彌勒世尊) : 선덕왕 때 승려 생의가 꿈에 의해 남산의 남쪽 골에 묻혀 있던 돌미륵을 파내어 삼화령에 두었던 불상임.

15) "과인에게도 한 잔의 차를 나누어 줄 수 있겠는가?" 하니 스님이 즉시 차를 달여 바쳤는데 : 이는 왕이 위엄을 보이고자 당시 풍미하던 정토신앙의 미륵과 경덕왕을 동일시한 것을 표현한 것으로 경덕왕의 왕권강화정책을 상징.

曰. 何所歸來. 僧曰. 僧每重三重九之日. 烹茶饗南山三花嶺彌勒世尊. 今玆既獻而還矣. 王曰. 寡人亦一甌茶有分乎. 僧乃煎茶獻之. 茶之氣味異常. 甌中異香郁烈.

王曰. 朕嘗聞師讚耆婆郎詞腦歌. 其意甚高. 是其果乎. 對曰然. 王曰. 然則爲朕作理安民歌. 僧應時奉勑歌呈之. 王佳之. 封王師焉. 僧再拜固辭不受.

烹 : 삶을 팽
饗 : 신에게대접할 향
玆 : 이것 자
甌 : 작은그릇 구
煎 : 달일 전
郁 : 성할 욱
烈 : 맹렬할 렬
嘗 : 일찍 상
讚 : 찬미할 찬
耆 : 늙은이 기
婆 : 노파 파
理 : 고려 성종의 이름 治의 避諱代字
呈 : 드릴 정
佳 : 아름다울 가
固 : 완고할 고
窟 : 구멍 굴
狂 : 어리석을 광
肹 : 울릴 힐
喰 : 먹을 식
大 : 太의 오기

16) 기파랑(耆婆郎) : 기파(耆婆)가 누구인가 하는 학설

내 용	주장학자
화랑으로서 누구라고 단정할 수 없음	최철 · 황패강
• 기파(耆婆) : 생명이 길다 뜻인 길보 · 기보를 불교의 耆婆로 음차 - 기파(耆婆)는 왕사성의 의사의 이름인 Jiva로 능활(能活)의 뜻도 있음	양주동
경덕왕 때 시중 김기(金耆). 김기는 경덕왕 17년에 사망	김선기
표훈대덕	김종우

17) 사뇌가(詞腦歌) : 의미에 관한 학설

구 분	내 용	주장학자
향가의 다른 명칭〔異稱〕	사뇌 → 시닉〔東土 · 東川〕 → 향(鄕)	양주동
	사뇌가 → 스굴〔시골〕노래 → 향가〔鄕은 京에 대칭 되는 말〕	정인보
향가의 하부 장르	ㅇ제9구가 차사(嗟辭)로 시작되는 10구체 정형 향가 - 향가의 종류 : 도솔가 · 민요 · 사뇌가	조윤제 지헌영
	향가의 여러 장르 중 불사요(佛事謠)의 일종	김동욱

傳삼화령
미륵삼존상

안민가는 다음과 같다

김 완 진	신 재 홍	황 패 강
군(君)은 아비요 신(臣)은 사랑하시는 어미요, 민(民)은 어리석은 아이라고 하실진댄 민(民)이 사랑을 알리라.	"임금은 아버지요 신하는 사랑하실 어머니요, 백성은 어린(어리석은) 아이[라]"고 하실진대, 백성이 사랑을 알리로다.	임금은 아비요 신하는 사랑하실 어미요 백성은 어린아이라 하오나 백성이 사랑을 알 것이외다.
대중을 살리기에 익숙해져 있기에 이를 먹여 다스릴러라.	아궁이릐 불을 살린 바— 물생(物生) 이를 먹어서(먹고서) 안정하여	구물대며 사는 일체 중생 이를 먹여 다스려야 합니다.
이 땅을 버리고 어디로 가겠는가 할진대 나라 보전할 것을 알리라.	"이 땅을 버리고서 어디[로] 가리" 할진대, 나라가 [자기들을] 부지함을 알리로다.	이 땅을 버리고 어데 가리오 한다면 나라 지님게 됨을 아오리다.
아아, 군(君)답게 신(臣)답게 민(民)답게 한다면 나라가 태평을 지속하느니라.	아아, 임금답게 신하답게 백성답게 한다면, 나라[가] 태평하니이다.	후구(後句) 임금다이 신하다이 백성다이 한다면 나라는 태평합니다.

우리 백성들은 임금을 아버지라 여기며
그 신하들은 우리를 사랑하실 어머니라 여깁니다.
우리들 백성은 어리석은 아이이오나
임금과 그 신하들의 사랑을 잘 알고 있습니다.
우리들은 비록 구물대며 사는 중생이지만
우리를 먹여 다스리기만 한다면
이 땅을 버리고 어디로 가겠습니까?
이렇게 하여야만 나라가 보전된다는 것을 알아야 합니다.
아아! 임금은 임금답게 신하는 신하답게 백성은 백성답게
한다면 나라가 태평하여지게 됩니다.

〈필자 해석〉

安民歌曰.

君 隱 父 也. 臣 隱 愛 賜 尸 母 史 也.
① 김완진→君 은 아비 여 臣 은 ᄃᆞᆺ 시 ㄹ 어 ᅀᅵ 여
② 신재홍→君 은 아비 야 臣 은 ᄃᆞᅀᆞ시 르 어ᅀᅵ시 야
③ 황패강→君 은 아비 여 臣 은 ᄃᆞᅀᆞ샬 어 ᅀᅵ 여

民 焉 狂 尸 恨 阿 孩 古 爲 賜 尸 知 民 是 愛 尸 知 古 如.
① 民 ᄋᆞᆫ 어리 ㄹ ᄒᆞᆫ 아 ᄒᆡ 고 ᄒᆞ 시 ㄹ 디 민 이 ᄃᆞᆺ ㄹ 알 고 다
② 民 ᄋᆞᆫ 얼 ㄹ ᄒᆞᆫ 아 ᄒᆡ 고 ᄒᆞ 시 ㄹ 디 민 이 ᄃᆞᅀᆞ ㄹ 알 고 다
③ 民 ᄋᆞᆫ 어리 ᄒᆞᆫ 아 ᄒᆡ 고 ᄒᆞ 샬 디 민 이 ᄃᆞᅀᆞᆯ 알 고 다

窟 理 叱 大 肹 生 以 支 所 音 物 生 此 肹 喰 惡 支 治 良 羅.
① 굴 리 ㅅ 한 흘 살 이 기 바 라 음 믈 싱 이 흘 치 악 攴 다 ᄉᆞ 릴 랑 라
② 구 리리ㅅ 블 흘 살 이 기 바-- 物 生 이 흘 먹 악 ㄱ 다 ᄉᆞ ᄋᆞ 라
③ 구 믈 ㅅ 다 히 살 손 物 生 이 흘 머 기 다 ᄉᆞ 릴 러 라

此 地 肹 捨 遣 只 於 冬 是 去 於 丁.
① 이 ᄶᅡ ᄒᆞᆯ ᄇᆞ 리 고 ㄱ 어 돌 이 가 늘 뎡
② 이 ᄶᅡᆼ ᄒᆞᆯ ᄇᆞ 리 고 ㄱ 어 ᄃᆞ ㅣ 가 ᄂᆞᆯ 뎌
③ 이 ᄶᅡ ᄒᆞᆯ ᄇᆞ 리 곡 어 ᄃᆡ 갈 뎌

爲 尸 知 國 惡 支 持 以. 支 知 古 如.
① ᄒᆞ ㄹ 디 나 라 악 攴 디 니 이 (攴)기 알 고 다
② ᄒᆞ ㄹ 디 나 랗 악 기 디 니 ㅣ 기 알 고 다
③ ᄒᆞᆯ 디 나 라 악 디 니 디 알 고 다

後句.君 如 臣 多 支 民 隱 如. 爲 內 尸 等 焉 國 惡 大 平 恨 音 叱 如.
① 후구 君 다 臣 다 기 民 은 다. ᄒᆞᄂᆡ ㄹ 등 ᄋᆞᆫ 나 라 악 太 平 ᄒᆞᆫ 음 ㅅ 다
② 아야 君 닷 臣 다 히 民 ㄴ 닷. ᄒᆞᄂᆞ ㄹ ᄃᆞ ᄋᆞᆫ 나 랗 악 太 平 ᄒᆞᆫ 이 -- ㅅ 다
③ 후구 君 다 이 臣 다 이 民 다 이. ᄒᆞᄂᆞᆯ ᄃᆞᆫ 나 라 악 太 平 ᄒᆞᆫ 니 잇 다

찬기파랑가는 다음과 같다.

<table>
<tr><th>김 완 진</th><th>신 재 홍</th><th>황 패 강</th></tr>
<tr>
<td>흐느끼며 바라보매
이슬 밝힌 달이

흰 구름 따라 떠간 언저리에
모래 가른 물가에
기랑의 모습이올시 수풀이여.
일오(逸烏)내 자갈 벌에서
낭이 지니시던 마음의 갓을 좇고 있노라.
아아, 잣나무 가지가 높아

눈이라도 덮지 못할 고깔이여.</td>
<td>목메이며 결하매
'이슬[에] 새벽이야' 던 달이

흰 구름 좇아 떠나간 안식처만이
바탕한 물가에.
기랑의 모습인 무리들이
일오 냇물의 자갈밭에서
낭이 지니셨던
마음의 끝을 좇고 있구나.
아아, 잣나무 가지 높아서 좋으리.
모두 해 내야 할 화랑의 서원이여.</td>
<td>우러러보매
나타난 달이

흰 구름 좇아 떠가는 안에
새파란 시내에
기랑의 모습이 있어라.
이르내[銀河]의 조약벼리에 낭이 지니셨던
마음의 가를 좇고자.
아아, 잣나무 가지 높아

눈서리 모다 겪어낼 화판(花判)이여.</td>
</tr>
<tr><td colspan="3">목 매여 기원하니
흰 구름 헤치며 휘영청 나타난 달 기파랑을 우러러본다.
달빛아래 떠가는 흰 구름 속에서도,
달빛 어린 파아란 시냇물 속에서도,
기랑의 얼굴 보는 듯 하는구나.
일오의 시냇가 조약돌에서
낭이 지니셨던
마음 속 깊은 뜻을 좇으리라.
아아! 기랑의 높은 뜻 잣나무 가지만큼 높아,
눈도 덮지 못할 우뚝한 그 마음이여!
(온갖 시련 이겨낸 지조 높은 화랑이여!)

〈필자 해석〉</td></tr>
</table>

讚 耆婆郎 歌曰

咽 嗚 爾 處 米 露 曉 邪 隱 月 羅 理
①김완진→늦겨곰바 라 ᄆᆡ 이슬 ᄇᆞᆰ 야 ᄋᆞᆫᄃᆞ랄라 리
②신재홍→목며며이 바라 ᄆᆡ 이슬새배 야 ㄴ ᄃᆞ랄라 리
③황패강→울 워 리 치 ᄆᆡ 낟 호 얀 ᄃᆞ 리

白 雲 音 逐于浮去隱安支 下 沙 是八 陵隱 汀 理也中
①ᄒᆡᆫ구름 좇우ᄠᅥ가 ᄋᆞᆫ 없支아래 몰이이가 ᄅᆞ은 믈서리 리여히
②ᄒᆡᆫ구룸ㅁ 좇우ᄠᅥ가 ㄴ 알히 하 사 이반 ᄅᆞ ㄴ 믌ᄀᆞᆺ자리 리여히
③ᄒᆡᆫ 구룸 조초ᄠᅥ가 ᄂᆞᆫ안 ᄒᆡ 새 파 룬 나 리여히

耆郎矣 皃史是史 藪 邪 逸烏川 理 叱 磧 惡希
①기랑의 즈ᇫ시옳시 수플야 일오나리리 ㅅ ᄌᆡ벽악회
②기랑ᄋᆡ 즈ᇫ시이시 숳 야 일오나리리 ㅅ 쟉볋아ᄒᆡ
③기랑ᄋᆡ 즈ᅀᅵ이 슈 라 일오나 릿 ᄌᆡ벽 ᄒᆡ

郎也 持 以支 如賜烏隱 心 未際叱 肹 逐內良齊
①낭여 디니 이支 다시 오은 ᄆᆞᅀᆞᆷᄆᆡᄀᆞᆺㅅ ᄒᆞᆯ 좇ᄂᆡ랑제
②낭야 디니 이기 다시 오ㄴ ᄆᆞᅀᆞᆷᄆᆡᄀᆞᆺㅅ ᄒᆞᆯ 좇ᄂᆞ아져
③낭ᄋᆡ 디 니 다샤 온 ᄆᆞᅀᆞᆷᄆᆡᄀᆞᇫ ᄒᆞᆯ 좇누아져

阿耶 栢 史叱 枝 次 高支好 雪是 毛冬乃乎 尸 花判 也.
①아야 자시시ㅅ 가지지 높支호 눈이 몯돌듥오 ㄹ 곶갈 여
②아야 자시시ㅅ 가ᄌᆞᄌᆞ 높기ᄫᅩᆼ 솔이 모다ᄂᆡ오 ㄹ 화판 야
③아야 잣 ㅅ 가지 노파 눈서리모도나올 화판이여.

언양재 연화대좌

경덕왕은 성기의 길이가 여덟 치였으나 아들이 없어 왕비를 폐하여 사량부인[18]으로 봉했다.[19] 후비 만월부인의 시호는 경수태후이니 의충각간[20]의 딸이다.

왕이 하루는 표훈스님에게 말하기를 "짐은 복이 없어 뒤를 이을 아들이 없으니 원컨대 스님이 상제께 청하여 아들을 얻도록 해주오"라 했다. 표훈이 올라가 천제에게 요청하고[21] 돌아와 말씀드리기를 "천제가 말씀하시기를 딸이면 곧 얻을 수 있으나 아들이면 마땅치 않다고 했습니다"고 하니 왕이 말하기를 "딸을 아들로 바꾸어 주기 바라오"라 했다. 표훈이 다시 천제에게 올라가 청하자 천제가 말하기를 "그렇게 하려면 할 수는 있다. 그러나 아들이 되면 나라가 위태로울 것이다"[22]고 했다.

표훈이 내려오려고 할 때 천제가 다시 불러 말하기를 "하늘과 인간 사이를 어지럽게 할 수 없는데 지금 대사는 이웃마을처럼 왕래하여 천기를 누설하니 지금부터 마땅히 다시는 다니지 말아야 할 것이다"[23]라 했다.

표훈이 내려와서 천제의 말을 잘 알아듣도록 말했으나 왕은 "나라가 비록 위태롭다하더라도 아들을 얻어 뒤를 잇는다면 만족하겠다"[24]고 말했다. 이렇게 하여 만월부인이 태자를 낳으니 왕이 매우 기뻐했다.

태자가 8살이 되었을 때 왕이 세상을 떠나고 태자가 왕위에 오르니 이 분이 혜공대왕이다. 왕의 나이가 어렸으므로 태후[25]가 조정에서 업무를 처리했으나 정치가 이치에 맞지 않게 다스려져 도적이 벌떼처럼 일어났으나 미처 막아낼 수 없었으니 표훈대사의 말이 맞은 것이다

18) 사량부인(沙梁夫人) : 왕력편의 삼모부인(三毛夫人)과 동일한 인물.
※량(梁)의 옛 발음은 도 · 돌 등이며, 모(毛)의 뜻이 털로서 梁과 毛는 서로 통함.

19) 경덕왕은 성기의 …… 사량부인으로 봉했다. : 해제 참조.

20) 의충각간(依忠角干) : 『삼국사기』의 기록에 의하면 의충은 성덕왕 34년(735)에 당에 신년하례를 간 뒤 귀국하면서 신라에 패강 이남의 땅을 가져가라는 조칙을 받아오고 효성왕 때 중시가 된 기록이 있어, 만월부인의 주위에 왕권강화 정책에 영향력을 발휘할 세력이 있었을 것으로 추정.

21) 왕이 하루는 …… 천제에게 요청하고 : 천제는 천신신앙에서 나온 관념이지만 인심(人心)은 천심(天心)에서 나온 말로, 천제는 민심이란 추상적인 관념이 인격화된 것임. 천제의 경고는 백성들의 염려를 의미. 경덕왕이 표훈대덕을 통해 천제에게 아들 얻기를 청한 것은 신라인들의 정신세계를 지배하는 표훈(불교)에게 백성들을 회유해줄 것을 부탁했다는 뜻. 〈최호석, 『경덕왕 설화 연구』〉

王玉莖長八. 無子廢之. 封沙梁夫人. 後妃滿月夫人. 謚景垂大后. 依忠角干之女也.

王一日詔表訓大德曰. 朕無祐. 不獲其嗣. 願大德請於上帝而有之. 訓上告於天帝. 還來奏云. 帝有言. 求女卽可. 男卽不宜. 王曰. 願轉女成男. 訓再上天請之. 帝曰. 可則可矣. 然爲男則國殆矣.

訓欲下時. 帝又召曰. 天與人不可亂. 今師往來如隣里. 漏洩天機. 今後宜更不通. 訓來以天語諭之. 王曰. 國雖殆. 得男而爲嗣足矣. 於是滿月王后生太子. 王喜甚.

至八歲王崩. 太子卽位. 是爲惠恭大王. 幼冲故大后臨朝. 政條不理. 盜賊蜂起. 不遑備禦. 訓師之說驗矣.

莖 : 줄기 경
廢 : 폐할 폐
垂 : 드리울 수
大 : 太의 오기
詔 : 조서 조
祐 : 귀신도울 우
嗣 : 이을 사
殆 : 위태로울 태

漏 : 샐 루
洩 : 샐 설
諭 : 깨우칠 유
幼 : 어릴 유
冲 : 어릴 충
大 : 太의 오기
條 : 이치에맞을 조
蜂 : 벌 봉
遑 : 겨를 황
禦 : 막을 어

22) 아들이 되면 나라가 위태로울 것이다〔爲男則國殆矣〕: 왕권강화정책을 계속 유지하면 권력에서 소외된 귀족들이 반발하여 나라를 위태롭게 할 것이며, 백성들은 이러한 혼란을 견디지 못하고 나라를 떠날 것이라는 의미. 〈최호석, 『경덕왕 설화 연구』〉

23) 천제가 …… 다니지 말아야 할 것이요" : 경덕왕의 왕권강화정책이 백성들의 뜻을 저버린 것으로 이는 하늘과 땅의 단절, 곧 민심이 경덕왕으로부터 돌아섰음을 의미하는 한편 표훈대덕 또한 민심을 대변하거나 어루만져 줄 수 없게 되었음을 뜻함. 〈최호석, 『경덕왕 설화 연구』〉

24) 나라가 비록 위태……잇는다면 만족하겠다 : 왕권강화정책을 계속 추진하겠다는 의미.

안압지에서 출토된 남근, 목제, 17.3cm

나이 어린 왕은 원래 여자였으나 남자가 되었으므로 첫돌부터 왕위에 오를 때까지 항상 여자들의 놀이를 하고 비단주머니 차기를 좋아하였다. 도사들 무리와 어울려 희롱하니 나라가 크게 어지러워,[26] 마침내 선덕과 김경신[27]에게 살해당했다.

표훈이 죽은 후에는 신라에 성인이 나지 않았다고 한다.[28]

小帝旣女爲男故. 自期晬至於登位. 常爲婦女之戲. 好佩錦囊. 與道流爲戲. 故國有大亂. 終爲宣德與金良相所弑.

自表訓後. 聖人不生於新羅云.

晬 : 첫생일 수
戲 : 희롱할 희
佩 : 찰 패
錦 : 비단 금
囊 : 주머니 낭
良相 : **敬信**의 오기
弑 : 윗사람죽일 시

25) 태후(太后) : 경수태후 즉 만월부인.
26) 도사들 무리와 어울려 희롱하니 나라가 크게 어지러워 : 서두에 도덕경을 전수 받고 말미에 혜공왕이 도사들과 어울려 나라가 어지러웠다고 하는 것은 망국의 원인이 왕권강화에만 있는 것이 아니라 종교계의 혼란 즉 정신세계의 혼란도 망국의 직접적인 원인이라는 것을 뜻함.
27) 선덕과 김경신〔宣德與金良相〕: 선덕왕의 이름이 양상이므로 원문의 김양상은 김경신을 잘못 기록한 듯함.
28) 표훈이 죽은 후에는 신라에 성인이 나지 않았다고 한다. : 경덕왕이 도탄에 빠진 백성들을 돌보지 않고 왕권강화에만 집착한 것에 대한 일연선사의 강력한 비판.

인도에서 3세기에 만들어진 시바와 바크티상

경덕왕 충담사 표훈대덕 조의 구성

도입[起] : 불길한 조짐의 출현
○ 경덕왕이 도덕경을 받다 → 정신세계의 혼란 ○ 삼산오악의 신이 현신하여 왕을 모시다 → 호국신의 진노 · 경고 · 망국의 전조

전개[承] : 불길한 조짐의 원인 제시 - 충담사가 안민가로 왕권강화에 의한 대립 · 불신을 직언하다 -
○ 영복승(榮服僧)을 신하에게 찾도록하다 → 국선지도(國仙之徒)의 승려로서 나라를 위해 충간할 수 있는 스님을 희망 • 신라의 존망을 결정짓는 영지(靈地)인 남산에서 오는 국선지도인 충담사를 왕이 직접 보고 만남→ 직접 찾은 것은 왕과 신하의 대립 · 불신을 뜻함 • 충담이 삼화령에서 미륵세존께 차를 드리다 → 삼화령은 화랑과 연관된 곳이며 화랑은 미륵의 현신 - 경덕왕이 충담에게 차를 요청하다 → 미륵과 왕을 동일시한 것으로 왕권강화정책을 상징 ○ 왕이 찬기파랑가의 뜻이 높은가 묻다 → 기파는 목숨이 길다[長命] 또는 뜻이 높은 화랑의 의미로 그의 아들 혜공왕과 기파를 동일시 → 왕권의 영속화 ○ 왕이 안민가를 짓게 하다 → 안민가로 임금[君]과 신하[臣]와 백성[民]이 각각 질서와 위치를 못 지키는 것은 왕의 왕권강화 문제임을 충담이 직언 * 찬기파랑가를 제시하여 충담사의 영험함을 제시

전환[轉] : 왕권강화의 지속적 추진으로 민심 이반 - 표훈스님을 통해 천제께 청하여 아들을 얻다 -
○ 경덕왕은 성기가 여덟 치였으나 아들이 없다 → 왕권강화정책의 실패 조짐 ○ 왕비를 폐하고 후비 만월부인을 얻다 → 왕권강화정책의 지지세력 확보 ○ 표훈을 통해 천제께 아들을 요청하다 → 정신적 지도자인 표훈을 통해 왕권강화정책의 백성 설득 요청 ○ 아들이 되면 나라가 위태로울 것이다 → 왕권강화를 계속 유지하면 나라가 위험 ○ 천제가 표훈에게 하늘에 못 오게 하다 → 민심 이반 경고 ○ 나라가 위태로워도 아들이면 만족하겠다 → 왕권강화의 지속적 추진

결론[結] : 국가의 혼란과 쇠퇴 - 난리가 일어나 혜공왕은 살해당하고 성인이 나지 않다 -
○ 혜공왕이 도사들과 어울리다 → 노장사상에 의해 정신세계 혼란 ○ 다섯 차례의 큰 반란이 일어난 후 김양상에게 혜공왕은 살해당함 ○ 신라에 성인이 나지 않다 → 나라의 쇠퇴

혜 공 왕[1)]

대력[2)] 초년(766)에 강주[3)] 관청의 큰 사무실 동쪽에 땅이 점점 꺼져 못이 되었는데 (어떤 책에는 큰 절 동쪽의 작은 못이라고 했다.) 세로가 13자이고 가로가 7자였다. 갑자기 잉어가 대여섯 마리 생겨 전부 계속해서 점점 커지니 못도 또한 따라서 커졌다.[4)]

2년 정미(767)에 다시 천구성이 동쪽 누각 남쪽에 떨어졌는데 그 앞부분이 항아리처럼 생겼고 꼬리가 3자 가량 되었다. 그 빛은 이글거리는 불과 같았으며 떨어질 때 천지 또한 진동하였다.[5)]

또 이해에 금포현[6)]의 논 5경[7)]이 모두 벼 껍질이 없는 쌀 낟알로 이삭이 되었다.[8)] 이 해 7월에 북궁의 뜰 안에 먼저 두 개의 별이 땅에 떨어지고 또 한 개가 떨어져 세 개가 모두 땅 속으로 들어갔다.[9)] 이보다 먼저 궁궐 북쪽의 변소에서 연 두 줄기가 생겼으며[10)] 또 봉성사[11)] 밭 가운데서도 연이 솟았다.

1) 혜공왕(惠恭王) : 경덕왕의 장남으로 이름은 건운. 재위 765~780. 경덕왕이 죽자 여덟 살에 즉위하니 모후 경수태후의 섭정을 받음. 즉위부터 불길한 징조들이 나타나더니 일길찬 대공의 반란을 시작으로 다섯 번의 큰 반란이 일어남. 780년에 김양상이 김경신과 함께 이찬 지정을 공격하는 와중에 23세의 혜공왕과 그의 왕비를 살해함.

2) 대력(大曆) : 당나라 대종(代宗 : 763~779)의 연호.

3) 강주(康州) : 지금의 경남 진주.

4) 땅이 점점 꺼져 …… 따라서 커졌다. : 땅이 꺼져서 연못이 된 것은 땅이 곡식을 생산하는 능력을 잃은 것으로 수기(水氣)가 토기(土氣)를 해쳤기 때문임. 토기는 중앙으로 임금을 상징하므로 부하인 수기가 강하여 임금의 권위가 실추됨을 의미. 잉어 대여섯 마리가 생겨 못과 함께 커진 것은 신하가 강해져서 다섯 차례의 반란이 일어나고 6차례의 반란 때 혜공왕이 살해당하는 것을 의미. 고기는 물을 역행하므로 반란과 관계됨.

〈손정희, 『삼국사기와 삼국유사에 나타난 이변과 그 상징성 연구』〉

5) 천구성이 …… 천지 또한 진동하였다. : 천구성은 유성으로 중국 사서의 천문지에 유성은 모두 악한 기운을 나타내며 반란을 일으킨 신하를 상징함. 이글거리는 불과 같다함은 반란군의 위세가 강함을 나타내며 떨어질 때 천지가 진동했다함은 온 나라를 흔들 정도로 싸움이 격렬했다는 것을 의미. 이 해에 일길찬 대공이 그의 아우인 대렴과 함께 반란을 일으켜 33일간 왕궁을 포위함.

惠恭王

大曆之初. 康州官署大堂之東. 地漸陷成池(一本大寺東小池.)從十三尺·橫七尺. 忽有鯉魚五六. 相繼而漸大. 淵亦隨大.

至二年丁未. 又天狗墜於東樓南. 頭如瓮. 尾三尺許. 色如烈火. 天地亦振.

又是年. 今浦縣稻田五頃中. 皆米顆成穗. 是年七月. 北宮庭中. 先有二星墜地. 又一星墜. 三星皆沒入地. 先時宮北厠圊中二莖蓮生. 又奉聖寺田中生蓮.

署 : 부서 서
漸 : 차차 점
陷 : 빠질 함
從 : 세로 종
橫 : 가로 횡
鯉 : 잉어 리

狗 : 개 구
墜 : 떨어질 추
瓮 : 항아리 옹
振 : 떨 진

稻 : 벼 도
頃 : 밭이랑 경
顆 : 낟알 과
穗 : 벼이삭 수
厠 : 뒷간 측
圊 : 뒷간 청
莖 : 줄기 경

6) 금포현(今浦縣) : 지금의 경기도 김포.

7) 5경(五頃) : 당시 사용했다고 추정되는 주척을 기준으로 5경은 23,370평(1경 : 4,674평).

8) 벼 껍질이 없는 쌀 낟알로 이삭이 되었다. : 임금이 아래를 잘 살피지 못하고 지혜롭지 못해서 생기게 되는 시지불명(示之不明)에 해당되는 초요(草夭)임. 초요는 화(火)가 염상(炎上)하는 성질을 잃었을 때 나타남. 이것은 신하가 악하여도 임금이 신하의 목을 베지 못하는 것과 서리가 내려도 풀을 죽이지 못하는 것은 동일한 이치. 이 이변은 그 해에 일어난 반란의 전조로 볼 수 있음.

〈손정희, 『삼국사기와 삼국유사에 나타난 이변과 그 상징성 연구』〉

9) 별이 ……땅 속으로 들어갔다. : 별이 떨어지는 것은 상급자의 뜻을 따라 반란을 일으킬 조짐이거나 백성(별은 백성을 상징)의 생활이 곤궁함을 상징하므로 이 또한 불길한 조짐.

『후한서』

10) 변소에서 연 두 줄기가 생겼으며 : 연꽃은 불교에서 부처를 상징하고 유교에서는 군자로 비유한 거룩한 꽃이므로 이를 속세의 귀인인 군왕(君王)으로 추정하여 연꽃이 뒤간에서 솟아난다는 것은 비정상적으로 왕이 즉위함을 뜻함. 두 줄기 연은 선덕왕이 된 김양상과 추봉왕이 된 그의 아버지 김효방을 상징.

〈조수학, 『三國亡兆의 양상』〉

호랑이가 궁성 안에 들어왔는데 따라가 찾았으나 그 종적을 잃어버렸다.[12] 각간 대공의 집 배나무 위에 참새가 수없이 모여들었다.[13] 『안국병법』 하권에 쓰여 있기를 「이런 변괴가 있으면 천하에 큰 병란이 일어난다.」고 하였다. 이에 왕이 죄수들을 크게 풀어 주고 몸을 닦고 반성했다.

7월 3일에 대공각간이 반란을 일으켜[14] 서울과 5도의 주 및 군[15]에 모두 96명의 각간이 서로 싸워 나라가 크게 어지러웠다. 대공각간의 집이 망하자 그 집의 보물과 비단을 비롯한 재산을 왕궁으로 실어 옮겼다. 신성에 있는 장창[16]이 불에 타고 사량과 모량에 있던 역적 무리들의 보물과 곡식을 또한 왕궁으로 실어들였다. 난리가 석 달이나 끌다 끝나니 상 받은 사람도 제법 많았으나 목 베이어 죽임을 당한 자는 수가 없었다. 표훈대사의 말에 '나라가 위태로울 것이다' 라는 것은 바로 이것이다.

11) 봉성사(奉聖寺) : 신문왕 5년(685)에 세워진 절로 그 위치를 정확히 알 수 없음. 『동경잡기』는 「부의 동쪽 4리에 있다.」고 기록.

12) 호랑이가 궁성 안에 …… 그 종적을 잃어버렸다. : 위협적이고 용맹스러워 살육(殺戮)을 상징하는 호랑이가 사람이 살고 있는 도시나 성(城) · 궁(宮)으로 들어오는 것은 병란이 있을 조짐을 뜻함. 혜공왕 때 호랑이가 궁성 안으로 들어온 것은 대공과 대렴 형제가 일으킨 모반의 조짐.

〈손정희, 『삼국사기와 삼국유사에 나타난 이변과 그 상징성 연구』〉

13) 각간 대공의 집 배나무 위에 참새가 수없이 모여들었다. : 『수서(隋書)』 오행지에 까마귀 · 까치 · 참새 등의 야조(野鳥)가 까닭 없이 사람이 거처하는 곳에 들어오거나 집을 지으면 그곳이 공허해지거나 망할 것으로 해석. 대공의 집 배나무 위에 모인 참새의 이변은 병란이 발생하여 그 집안이 공허해 질 조짐. 이 이변이 있은 뒤 대공 형제가 함께 모반하여 궁중에 쳐들어갔다가 왕군에게 토평을 당하여 9족이 주살되는 참변을 당함.

〈손정희, 『삼국사기와 삼국유사에 나타난 이변과 그 상징성 연구』〉

14) 대공각간이 반란을 일으켜〔大恭角干賊起〕 : 768년 7월에 대공이 그의 아우 대렴과 함께 군대를 동원하여 일으킨 반란. 그 결과 33일 간 반란군이 왕궁을 포위하였으나 지방군대가 반란군을 토벌하니 반란은 실패로 돌아가고 대공의 9족이 주살됨.

15) 5도의 주와 군〔五道州郡〕 : 신라는 통일 후 전 영토를 주(州) · 군(郡) · 현(縣)제로 피라미드형의 행정체계를 세움. 즉 전국을 9주로 구분하고 각주 밑에 군을 두고 그 밑에 현을 두었으며 통일과정에 점령지역의 지배층을 처리하기 위해 주에 소속된 소경이라는 특수행정구역 5개소를 따로 설정하여 그들을 회유 감독함.

虎入禁城中. 追覓失之. 角干大恭家·梨木上雀集無數. 據安國兵法下券云. 天下兵大亂. 於是大赦修省.

七月三日. 大恭角干賊起. 王都及五道州郡幷九十六角干相戰大亂. 大恭角干家亡. 輸其家資寶帛于王宮. 新城長倉火燒. 逆黨之寶穀在沙梁·牟梁等里中者. 亦輸入王宮. 亂弥三朔乃息. 被賞者頗多. 誅死者無筭也. 表訓之言國殆是也.

禁 : 대궐 금　**覓** : 찾을 멱
梨 : 배 리　**雀** : 참새 작
據 : 의지할 거　**赦** : 죄용서할 사

賊 : 역적 적　**帛** : 비단 백
燒 : 불탈 소
弥 : 彌(오랠 미)와 동일
朔 : 초하루 삭　**筭** : 셈놓을 산
被 : 미칠 피　**頗** : 제법 파
誅 : 목베일 주　**殆** : 위태로울 태

16) 신성에 있는 장창〔新城長倉〕: 경주 남산 신성에 있었던 곡물 창고.

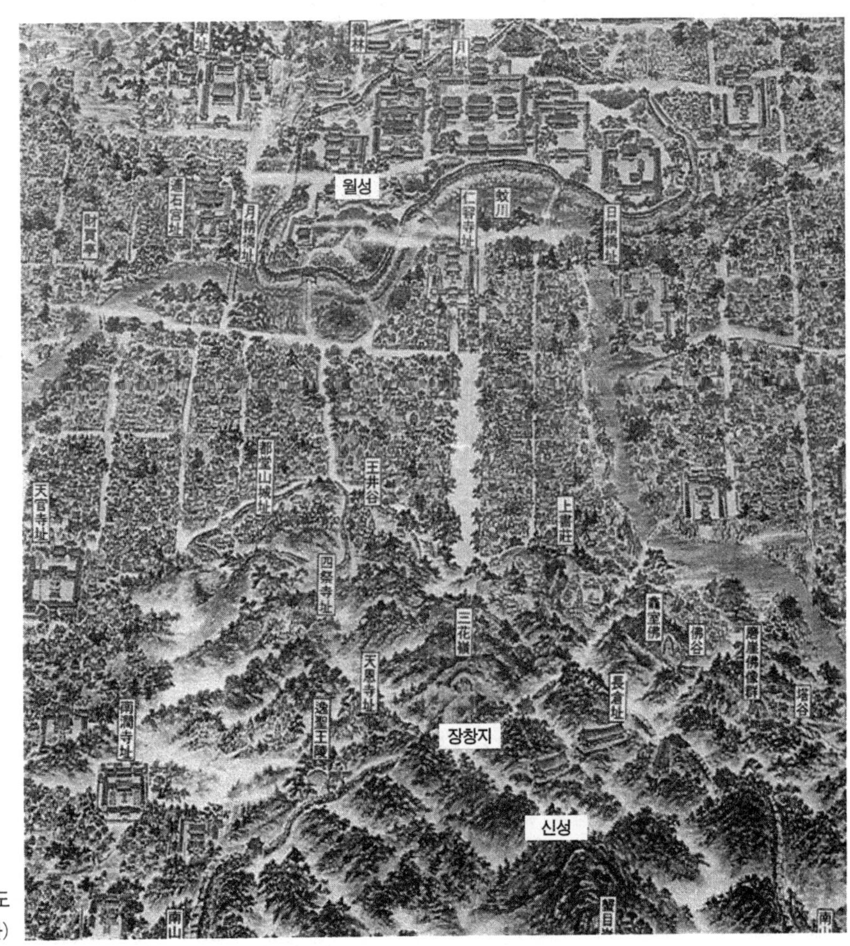

신라왕경도
(자료원 : 신라역사과학관)

원성대왕[1)]

이찬[2)] 김주원[3)]이 처음에 시중[4)]이 되었을 때 원성대왕은 각간이 되어 시중 다음 자리에 있었는데 꿈에 머리에 썼던 복두를 벗고 흰 갓을 쓰고 12줄 가야금을 들고 천관사[5)] 우물 속으로 들어갔다. 왕이 꿈에서 깨어나자 사람을 시켜 점을 쳐보니 점쟁이가 말하기를 "두건을 벗은 것은 관직을 잃어버릴 징조이며 가야금을 든 것은 목에 칼을 쓸 조짐이며 우물에 들어간 것은 감옥에 들어갈 징조입니다"라 했다. 왕이 이 말을 듣고 매우 근심하여 문을 닫아 걸고 출입을 하지 않았다.

이때 아찬[6)] 여삼(어떤 책에는 여산이라고 하였다.)이 와서 만나 뵙기를 청하였으나 왕이 병으로 나가지 못하겠다며 거절했다. 다시 통지하여 말하기를 "꼭 한번 뵙기를 바랍니다"라 하자 왕이 이를 허락했다. 아찬이 말하기를 "공이 꺼리는 일이 무엇입니까?"라 물으니 왕이 꿈을 점친 사연을 전부 말하였다. 아찬이 일어나 절하고서 말하기를 "이는 아주 좋은 꿈입니다. 공이 만일 왕위에 올라 저를 잊어버리지 않는다면 공을 위해 해몽을 하겠습니다"라 했다.

1) 원성대왕(元聖大王) : 신라 제38대왕. 재위기간 785~798.

＊원성대왕의 세계(世系)

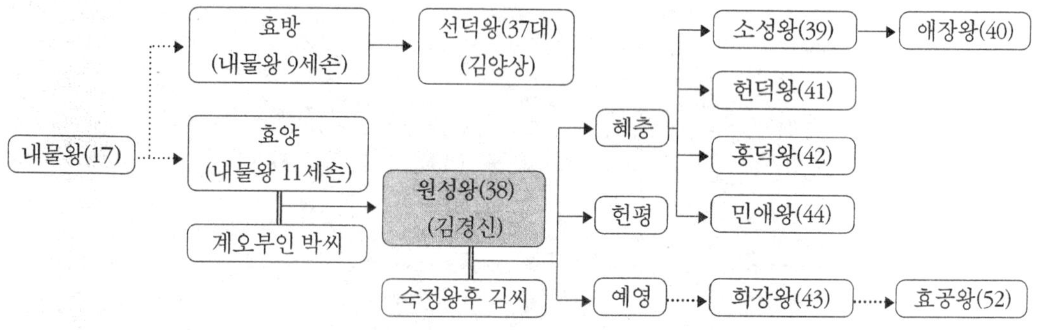

원성왕은 혜공왕 때 김지정의 반란을 선덕왕과 같이 평정한 공으로 선덕왕 즉위 후 상대등이 되었다가 선덕왕이 후사 없이 죽자 선덕왕의 조카뻘 되는 주원을 물리치고 왕위에 오름.

2) 이찬〔伊飡〕: 신라 제17관위 중 제2위.

3) 김주원(金周元) : 태종 무열왕의 6대손. 강릉 김씨의 시조. 혜공왕 13년에 이찬으로 시중이 되고 왕에 추대되었으나 큰비로 북천이 범람하여 궁으로 들어올 수 없게 되자 대신들이 하늘의 뜻이라 하여 김경신을 왕으로 추대. 그 후 화를 입을까 두려워하여 명주에 도피했다가 명주군왕에 봉해짐.

元聖大王

伊飡金周元. 初爲上宰. 王爲角干·居二宰. 夢脫幞頭·著素笠·把十二絃琴. 入於天官寺井中. 覺而使人占之. 曰. 脫幞頭者失職之兆. 把琴者著枷之兆. 入井入獄之兆. 王聞之甚患. 杜門不出.

飡 : 밥 손〔찬〕
幞 : 머리에쓰는두건 복
著 : 입을 착
笠 : 삿갓 립
把 : 잡을 파
絃 : 줄 현
兆 : 징조 조
枷 : 목에씌우는칼 가
杜 : 막을 두

于時阿飡餘三『或本餘山』來通謁. 王辭以疾不出. 再通曰. 願得一見. 王諾之. 阿飡曰. 公所忌何事. 王具說占夢之由. 阿飡興拜. 曰. 此乃吉祥之夢. 公若登大位而不遺我. 則爲公解之.

謁 : 뵈올 알
諾 : 허락할 락
忌 : 꺼릴 기
祥 : 길할 상
遺 : 잊을 유

4) 시중〔上宰〕: 신라 집사성의 최고위 벼슬. 진덕여왕 5년(651)에 설치된 중시(中侍)를 경덕왕 때부터 시중이라 고쳤는데 제5등급인 대아찬으로부터 제2등급인 이찬까지의 위계를 가진 사람이 시중에 오를 수 있음.
5) 천관사(天官寺) : 오릉의 동편 도당산 서편 논 가운데 있었던 절. 김유신이 천관녀를 위해 절을 세우고 넋을 위로해 주었다는 절이었으나 지금은 터만 남아 있음. 천관(天官)은 하늘의 관청이란 의미로 샤먼과 연계된 듯하며 천관녀는 사제관(司祭官)으로 추정됨. 원성왕이 천관사 우물로 들어간 꿈을 꾼 뒤 왕이 되었다 함은 당시 천관사가 왕을 결정할 수 있는 위치에 있는 것으로 볼 수 있음.
6) 아찬(阿飡) : 신라 제17관위 중 제6위.

천관사터에서 발굴된 가루라상

왕이 즉시 주위의 사람들을 물리치고 해몽을 청하자, 아찬이 말하기를 "복두를 벗었다는 것은 윗자리에 앉을 사람이 없다는 것이요, 흰 갓을 썼다는 것은 면류관[7]을 쓸 징조이며, 12현금을 들었다는 것은 12대 후손까지 왕위가 이어질 조짐이며, 천관사 우물에 들어갔다는 것은 궁궐로 들어간다는 상서로운 징조입니다"라 했다.

왕이 말하기를 "내 윗자리에 주원이 있는데 어떻게 왕위에 오를 수 있겠는가?"라 했다. 아찬이 "청컨대 은밀히 북천[8]의 신에게 제사를 지내면 될 것입니다"라고 말하니 왕이 그대로 하였다.

얼마 안 있어 선덕왕이 세상을 뜨자 나라 사람들이 주원을 받들어 왕으로 삼으려고 궁궐로 맞아들이려고 하였다. 그의 집이 개천 북쪽에 있었는데 갑자기 냇물이 불어나서 건널 수가 없게 되자, 왕이 먼저 궁에 들어가 왕위에 오르니 주원을 추종하던 무리들도 모두 와서 그를 따르며 새로 즉위한 왕에게 축하인사를 드렸다. 이가 원성대왕으로 이름은 경신이며 성은 김씨[9]이다. 헤아려보니 좋은 꿈을 꾼 것이 들어맞은 것이다.

주원은 물러나 명주에서 살았다. 왕이 등극하였을 때 여산은 이미 죽었으므로 그 자손들을 불러 벼슬을 주었다. 왕에게는 다섯 명의 자손[10]이 있었으니 혜충태자[11] · 헌평태자[12] · 예영잡간[13] · 대룡부인 · 소룡부인 등이다.

대왕은 곤궁과 영달의 변화를 잘 알아서 신공사뇌가[14]를 지었다.(노래는 없어져 잘 알 수 없다.) 왕의 돌아가신 아버지 대각간 효양이 선조 때부터 내려오던 만파식적을 왕에게 전했다. 왕이 이것을 얻었으므로 하늘이 내리는 은혜를 두텁게 받아서 그 덕이 멀리 빛났다.

7) 면류관(冕旒冠) : 면(冕)은 중국에서 황제 즉위식이나 새해의 하례 등의 큰 의식에 사용하는 관(冠)이며 관의 앞과 뒤에 류(旒)라고 하는 주옥(珠玉)을 실로 꿰어 장식하여 늘어뜨린 것을 면류(冕旒)라 부름. 당나라 때의 황제는 흰 옥의 류(旒) 12본을 달고, 황태자는 푸른 옥의 류(旒) 9본, 신하들은 신분에 따라 류(旒)의 수가 달라짐. 신라에서는 『삼국유사』의 원종흥법 · 염촉멸신 조에서 법흥왕이 흥륜사가 완성되었을 때 면류관을 쓰고 방포를 입었다고 했으나 『삼국사기』에 이에 관한 기록이 없는 것으로 보아 실제는 사용하지 않는 것으로 보임. 아마도 왕위를 상징하는 언어로 사용된 듯함.
〈미시나 『三國遺事考證』〉

8) 북천(北川) : 시가지의 북쪽을 흐른다하여 북천이라는 속명이 생겼으며 신라시대에는 알천이었음.

9) 김씨〔金武〕: 본문의 武는 氏의 오기.

王乃辟禁左右而請解之. 曰. 脫幞頭者・人無居上也. 著素笠者・冕旒之兆也. 把十二絃琴者・十二孫傳世之兆也. 入天官井・入宮禁之瑞也.

王曰. 上有周元. 何居上位. 阿飧曰. 請密祀北川神可矣. 從之.

未幾宣德王崩. 國人欲奉周元爲王. 將迎入宮. 家在川北. 忽川漲不得渡. 王先入宮卽位. 上宰之徒衆・皆來附之. 拜賀新登之主. 是爲元聖大王. 諱敬信. 金武. 盖厚夢之應也.

周元退居溟州. 王旣登極. 時餘山巳卒矣. 召其子孫賜爵. 王之孫有五人. 惠忠大子・憲平大子・禮英匝干・大龍夫人・小龍夫人等也.

大王誠知窮達之變. 故有身空詞腦歌. (歌亡未詳.) 王之考大角干孝讓. 傳祖宗万波息笛. 乃傳於王. 王得之. 故厚荷天恩. 其德遠輝.

辟 : 물리칠 벽
冕 : 황제가쓰는관 면
旒 : 면류관앞뒤에드리운구슬 류
瑞 : 길할징조 서
祀 : 제사 사

幾 : 얼마 기
漲 : 물불을 창
渡 : 건널 도
附 : 붙일 부
武 : 氏의 오기
盖(蓋의속자) : 아마 개
厚 : 좋을 후
巳 : 已의 오기
爵 : 벼슬 작
孫 : 子의 오기
大 : 太의 오기
匝 : 두루 잡
窮 : 곤란하여막힐 궁
讓 : 사양할 양
荷 : 짐멜 하
輝 : 빛날 휘

10) 자손〔孫〕: 혜충태자 · 헌평태자 등은 왕의 아들이므로 본문의 孫은 子의 오기 또는 자손의 의미.
11) 혜충태자(惠忠太子) : 원성왕의 맏아들인 인겸태자. 원성왕 원년에 태자로 책봉되었으나 원성왕 7년에 죽자 혜충이라는 시호를 내림.
12) 헌평태자(憲平太子) : 원성왕의 차남으로 인겸이 죽자 태자로 책봉되었으나 원성왕 10년에 죽으니 헌평이라는 시호를 내림.
13) 예영잡간(禮英匝干) : 원성왕의 3남. 예영의 후손들이 43대 희강왕(僖康王)부터 52대 효공왕(孝恭王)까지 왕위를 이어감. 잡간(匝干)은 신라 17관위 중 제3위의 관위.
14) 신공사뇌가(身空詞腦歌) : 色卽是空, 空卽是色이라는 반야심경의 원리를 터득한 향가(나경수, 『향가문학론과 작품연구』)라는 설과, 궁달(窮達)의 변(變)에 관한 향가(황패강, 『향가문학의 이론과 해석』)라는 설이 있음.

정원[15] 2년 병인(786) 10월 11일에 일본 왕 문경[16](『일본제기』를 보면 제55대[17] 왕인 문덕왕[18]이 이 임금인 것 같은데 그 밖에 문경은 없다. 어떤 책에는 이 왕의 태자라 했다.)이 군사를 일으켜 신라를 치려다가 신라에 만파식적이 있다는 소문을 듣고 군사를 퇴각시켰다. 사신을 보내 금 50냥으로 그 피리를 달라고 청하였다. 왕이 사신에게 말하기를 "짐은 윗대 진평왕 때에 그 피리가 있었다고 들었을 뿐이고 지금은 어디에 있는지 알지 못한다"고 했다. 그 이듬해 7월 7일에 다시 사신을 보내 금 1천냥을 주면서 청하여 말하기를 "제가 원하는 것은 그 신물을 얻어서 보고 돌려드리는 것입니다"라 했다. 왕이 역시 전번과 같은 대답으로 이를 거절하면서 사신에게 은 3천냥을 주어서 돌려보내고 금은 받지 않았다. 8월에 사신이 돌아가자 그 피리를 내황전에 간직하였다.

왕이 즉위한 지 11년 되는 을해(795)에 당나라 사신이 서울에 와서 한 달 동안 머물다 돌아간 지 하루만에 두 여자가 대궐 안뜰에 들어와 아뢰기를 "저희들은 바로 동지 · 청지(청지는 곧 동천사[19]의 샘이다. 절의 기록을 보면 샘은 바로 동해 용이 왕래하면서 불법을 듣던 곳이다. 절은 바로 진평왕이 지은 것으로 5백나한[20]과 5층탑과 아울러 밭과 일하는 사람을 헌납했다.)에 있는 두 용의 아내입니다. 당나라 사신이 하서국[21] 사람 둘을 데리고 와서 저희들의 남편인 두 용과 분황사 우물[22]에 있는 용 등 세 마리에게 술법을 써서 작은 물고기로 변하게 하여 통에 넣어서 돌아가 버렸습니다. 원컨대 폐하께서 두 사람에게 명령하여 저희 남편 등 나라를 지키는 용들을 여기에 있도록 해주십시오"라 했다.

15) 정원(貞元) : 당나라 덕종의 연호.
16) 일본 왕 문경(日本王文慶) : 정원 2년은 786년으로 당시의 일본 천황은 환무천황(재위 781~806)으로, 이름은 山部인데 문경이라는 이름은 전해지지 않음.
17) 제55대〔第五十五年〕: 본문의 年은 代의 오기.
18) 문덕왕(文德王) : 문덕천황의 재위기간은 850~858년으로 정원 2년(786)과 시대가 다름.
19) 동천사(東泉寺) : 경주시 동천동에 있었던 절로 추정되나 정확한 위치는 알 수 없음.

貞元二年丙寅十月十一日. 日本王文慶. (按日本帝紀. 第五十五年文德王疑是也. 餘無文慶. 或本云是王大子.) 擧兵欲伐新羅. 聞新羅有万波息笛退兵. 以金五十兩遣使請其笛. 王謂使曰. 朕聞上世眞平王代有之耳. 今不知所在. 明年七月七日. 更遣使以金一千兩請之曰. 寡人願得見神物而還之矣. 王亦辭以前對. 以銀三千兩賜其使. 還金而不受. 八月使還. 藏其笛於內黃殿.

疑 : 그럴듯할 의
年 : 代의 오기
大 : 太의 오기
更 : 다시 갱

王卽位十一年乙亥. 唐使來京. 留一朔而還. 後一日有二女進內庭. 奏曰. 妾等乃東池靑池(靑池卽東泉寺之泉也. 寺記云. 泉乃東海龍往來聽法之地.寺乃眞平王所造. 五百聖衆・五層塔. 幷納田民焉). 二龍之妻也. 唐使將河西國二人而來. 呪我夫二龍及芬皇寺井等三龍・變爲小魚. 筒貯而皈. 願陛下勅二人. 留我夫等護國龍也.

將 : 거느릴 장
呪 : 신에게재앙을빌 주
筒 : 대나무로만든통 통
貯 : 둘 저

20) 5백니한〔五百聖衆〕 : 원문의 聖衆(성중)은 석가가 죽은 후 그의 경전을 꾸미고자 모여든 제자들을 말함.
21) 하서국(河西國) : 중국에서는 일반적으로 황하강 서쪽 지역을 하서(河西)라 하므로 중앙아시아에 있던 국가로 추정.
22) 분황사 우물〔芬皇寺井〕 : 분황사는 경주시 구황리에 있는 절로 선덕여왕 3년(634)에 창건한 절이며, 분황사 안에 있는 현재의 우물은 신라시대의 우물로 전해짐.

분황사 우물과 탑

왕이 하양관[23]까지 뒤쫓아가서 친히 잔치를 베풀어 주고서 하서 사람들에게 말하기를 "너희들은 어찌하여 우리의 세 용을 잡아서 이곳까지 왔느냐? 만약 사실대로 말하지 않으면 반드시 극형에 처할 것이다"라 했다. 이에 고기 세 마리를 꺼내어 바치므로 세 곳에 놓아주도록 하였더니 각기 한 길 가량 솟도록 기뻐 뛰놀면서 돌아다녔다. 당나라 사람들이 왕의 명철하고 거룩함에 감복했다.

왕이 하루는 황룡사[24]〔주 : 어떤 책에서는 화엄사[25] 또는 금강사[26]라 했는데 아마도 절 이름과 불경 이름이 뒤섞였을 것이다.〕의 승려 지해를 대궐로 청해 50일 동안 『화엄경』을 독경하게 했다. 사미승[27]인 묘정이 매일 금광정[28] (대현법사[29]로 인해서 이 이름을 얻었다.)가에서 밥그릇을 씻는데 큰 자라 한 마리가 우물 속에서 떠올랐다가 잠기곤 하였다. 사미승은 매번 음식찌꺼기를 먹이면서 장난을 하였다. 법석이 끝날 무렵 사미승이 자라에게 말하기를 "내가 너에게 오랫동안 공덕을 베풀었는데 무엇으로 갚겠느냐?"라 했다. 며칠 지나서 자라가 작은 구슬 하나를 토해내어 마치 사미승에게 주려는 듯하였다. 사미승이 그 구슬을 얻어 허리띠 끝에 달았다.

그 후로부터 대왕이 사미승을 보고는 사랑하고 소중히 여겨 대궐까지 맞아들여 옆에서 떠나지 못하게 했다. 이때 잡간[30] 한 사람이 당나라에 사신으로 가게 되었는데 그 또한 사미승을 귀여워하여 같이 가기를 청하니 왕이 이를 허락했다. 이들이 함께 당나라에 들어가니 당나라 황제도 역시 사미승을 보자 매우 귀엽게 여기고 재상과 왕 측근의 신하들도 모두 그를 존경하고 신뢰하지 않는 자가 없었다.

23) 하양관(河陽館) : 지금의 경북 경산시 하양에 있던 숙소 건물로 추정.
24) 황룡사(皇龍寺) : 진흥왕 때부터 선덕여왕까지 93년 간에 걸쳐 안압지와 분황사 사이에 세워졌던 신라의 가장 큰 사찰이었으나 지금은 초석만 남아 있음.
25) 화엄사(華嚴寺) : 전남 구례에 있는 절로 경덕왕 때 연기(烟起)가 창건.
26) 금강사(金剛寺) : 신인종(神印宗)의 개조 명랑법사에 의해 창건된 절로 명랑법사와 관계되는 금광사(金光寺)와 남간사(南澗寺)의 부근에 있었을 것으로 추정.
27) 사미승〔沙彌〕 : 산스크리트어 sramanera의 음사(音寫)로 10계(戒)를 받고 불도를 닦는 7~20세의 어린 승려.

王追至河陽館. 親賜享宴. 勑河西人曰. 爾輩何得取我三龍至此. 若不以實告. 必加極刑. 於是出三魚獻之. 使放於三處. 各湧水丈餘. 喜躍而逝. 唐人服王之明聖.

王一日請皇龍寺「注. 或本云. 華嚴寺又金剛寺香. 盖以寺名經名・光混之也」. 釋智海入內. 稱華嚴經五旬. 沙弥妙正. 每洗鉢於金光井(因大賢法師得名.)邊. 有一黿浮沈井中. 沙弥每以殘食・餽而爲戲. 席將罷. 沙弥謂黿曰. 吾德汝日久. 何以報之. 隔數日. 黿吐一小珠. 如欲贈遺. 沙弥得其珠・繫於帶端.

自後大王見沙弥愛重. 邀致內殿. 不離左右. 時有一匝干. 奉使於唐. 亦愛沙弥. 請與俱行. 王許之. 同入於唐. 唐帝亦見沙弥而寵愛. 承相左右莫不尊信.

享 : 잔치 향 **宴** : 잔치 연
輩 : 무리 배 **湧** : 솟아날 용
餘 : 넉넉할 여 **躍** : 뛸 약
逝 : 갈 서 **服** : 생각할 복

香 : 是의 오기 **光** : 交의 오기
內 : 대궐안 내 **稱** : 講의 오기
旬 : 열흘 순
弥(彌와 동일) : 조금 미
洗 : 씻을 세 **鉢** : 밥그릇 발
黿 : 큰자라 원 **浮** : 뜰 부
沈 : 가라앉을 침 **殘** : 나머지 잔
餽 : 먹일 궤 **戲** : 희롱할 희
罷 : 마칠 파 **隔** : 멀(지날) 격
吐 : 토할 토 **珠** : 구슬 주
贈 : 줄 증 **遺** : 줄 유
繫 : 맬 계 **端** : 끝 단
邀 : 맞을 요 **俱** : 함께 구
寵 : 총애할 총

28) 금광정(金光井) : 『삼국유사』 의해편의 현유가·해화엄 조에서 가뭄이 심하여 대현이 경덕왕의 부름을 받아 금광경을 강독하여 비를 오게 할 때 궁중 안에 있던 우물에서 물이 7자나 솟아오르자 이 우물을 금광정이라 명명.
29) 대현법사(大賢法師) : 유가종(瑜伽宗) 즉 법상종(法相宗)의 조사.
30) 잡간(匝干) : 신라 17관위 중 제3위의 잡찬.

8세기 당나라 서울에 온 각국 사신 벽화

관상 보는 어떤 한 사람이 황제에게 말씀드리기를 "이 나이 어린 승려를 살펴보면 좋은 상이라고는 하나도 없는데 남에게 신뢰와 존경을 받고 있으니 틀림없이 신이한 물건을 지니고 있을 것이옵니다"라 했다. 사람을 시켜 뒤져보았더니 허리띠 끝에 작은 구슬이 있었다. 황제가 말하기를 "짐에게 여의주[31] 네 개가 있었는데 작년에 한 개를 잃었었다. 지금 이 구슬을 보니 바로 내가 잃었던 구슬이구나"하며 황제가 사미승에게 그 구슬을 갖게 된 사연을 물었다. 사미승이 그것을 얻게 된 사연을 자세히 이야기하였더니 황제가 대궐에서 구슬을 잃었던 날짜와 묘정이 구슬을 얻은 것은 같은 날이었다. 황제가 그 구슬을 압수하고 사미승을 돌려보냈다. 그 후부터는 사미승을 사랑하고 신뢰하는 사람이 없었다.

왕의 능[32]은 토함산 서쪽 마을의 곡사[33](지금의 숭복사이다.)에 있는데 최치원이 지은 비[34]가 있다. 또 왕은 보은사와 망덕루를 세웠다. 왕의 조부인 훈입잡간을 흥평대왕으로, 증조부인 의관잡간을 신영대왕으로, 고조부인 법선대아간을 현성대왕으로 추증하여 봉했다. 현성의 부친은 바로 마질차잡간이다.

31) 여의주(如意珠) : 여의주는 일정한 형상이 없으며, 맑고, 가볍고 묘하여 모든 천하의 물건들을 환히 나타내며, 불가사의한 힘이 있어 능히 어떤 병도 제거한다는 신비한 구슬. 마니주 또는 보주라고도 함.

32) 왕의 능〔王之陵〕 : 원성왕릉은 괘릉이라고 불리는데 괘릉이 된 사유는 『동경잡기』에 「…… 전설에 의하면 수중에 장사지내고 관을 돌 위에 걸어 두었다가 여기에 흙을 쌓아 능을 만든 까닭에 괘릉이라는 이름이 생겼다.」고 한 기록에 의함. 이 능이 원성왕릉이 된 것은 『삼국유사』의 기록에 주목한 조선조 후기의 경주부윤을 지낸 권이진이 괘릉을 원성왕릉으로 비정한데서 기인.

왕릉으로서 완비된 모습의 원성왕릉

有一相士奏曰. 審此沙弥. 無一吉相·得人信敬. 必有所持異物. 使人撿看. 得帶端小珠. 帝曰. 朕有如意珠四枚. 前年失一个. 今見此珠. 乃吾所失也. 帝問沙弥. 沙弥具陳其事. 帝內失珠之日. 與沙弥得珠同日. 帝留其珠而遣之. 後人無愛信此沙弥者.

審 : 살필 심
枚 : 낱(갯수) 매
个 : 낱 개
陳 : 고할 진
遣 : 보낼 견

王之陵在吐含岳西洞鵠寺.(今崇福寺.) 有崔致遠撰碑. 又刱報恩寺又望德樓. 追封祖訓入匝干爲興平大王. 曾祖義官匝干爲神英大王. 高祖法宣大阿干爲玄聖大王. 玄聖大王 玄聖之考卽摩叱次匝干.

鵠 : 고니 곡
撰 : 지을 찬
刱(創과 같은 자) : 세울 창
考 : 죽은아비 고
叱 : 꾸짖을 질
玄聖大王 : 필요없는 문장〔衍文〕

33) 곡사(鵠寺) : 숭복사라고도 하는 곡사는 경주시 외동읍 말방리에 있으며 괘릉이 원성왕릉임을 증명하는 단서가 된 절. 절터에는 근래에 복원된 두 개의 탑이 있음.

34) 최치원이 지은 비〔崔致遠撰碑〕: 비석은 단편만 발견된 것으로 최치원의 비문집 『四山碑文』에 「…… 숭복사는 원성왕후인 숙정왕후의 외조부되는 파진찬 김원량이 창건한 절로 고니 모양의 바위가 있으므로 곡사라고 했다.……」로 기록.

숭복사터 비석받침

숭복사터에서 출토된 비편

원성대왕 조의 구성과 의미

<table>
<tr><td colspan="2">비합리적 · 초인간적인 힘이 왕권과 국가의 흥망을 결정</td></tr>
<tr><td colspan="2">도입[起] : 김경신이 초월적 힘에 의해 김주원을 물리치고 원성왕에 즉위</td></tr>
<tr><td>〈원문내용〉
• 김주원의 아랫자리에 있던 김경신이 꿈을 꾸다
• 북천의 홍수로 김경신이 왕위에 오르다</td><td>〈의미〉
합리적 절차로는 김주원이 왕위에 올라야 하나 북천신(北川神)의 도움으로 김경신이 왕위에 오른 것은 초인간적인 힘의 작용에 의해 왕권이 결정된다는 신이사관(神異史觀) 피력</td></tr>
<tr><td colspan="2">전개[承] : 만파식적과 호국룡 같은 신이적(神異的) 존재의 중요성 강조
약화된 만파식적과 호국룡은 나라의 기울어짐을 의미</td></tr>
<tr><td>• 만파식적(萬波息笛)의 전수(傳受)와 효능
· 원성대왕이 선조 때부터 전해 내려오던 만파식적을 받은 후 하늘로부터 은혜를 후하게 받다
· 일본 왕이 침략하려다 만파식적이 있다는 것을 알고 침략을 중지하고 그것을 사려했으나 원성왕이 없다 하며 거절하다

• 포획된 호국룡(護國龍)
· 당나라 사신이 동지 · 청지 · 분황사 우물 용 등 세 마리를 잡아가다
· 원성왕이 사신을 좇아가 지혜로 호국룡을 찾으니 사신들이 왕의 명철함에 놀라다</td><td>• 왕권의 정통성은 부여받았으나 호국기능은 약화
· 조상으로부터 만파식적을 전해 받은 것은 왕권의 정통성을 부여받았다는 의미
· 하늘로부터 은혜를 후하게 받았다함은 38대 원성왕 이후 52대 효공왕까지 그의 자손들이 왕위를 이어감을 의미
· 만파식적으로 일본의 침략이 중지된 것은 아직도 만파식적이 호국의 효능이 있다고 할 수 있으나, 일본이 금 50냥의 작은 돈으로 사려한다는 것은 만파식적의 권능이 떨어졌다는 것을 뜻함

• 약화된 호국룡은 나라의 기울어감을 상징
· 호국룡이 인간에 의해 지배당한 것은 신성(神性)을 상실했다는 것으로 국가의 흥망을 좌우할 초인간적인 힘을 잃었다는 의미
* 합리적인 원성왕의 지혜와 명철함만으로는 나라의 쇠퇴를 막을 수 없음</td></tr>
</table>

<table>
<tr><td colspan="2">전환[轉] : 묘정설화의 비유로 국가의 흥망은 초인간적 힘에 의해
결정된다는 것을 은유적으로 묘사</td></tr>
<tr><td>〈원문내용〉</td><td>〈의미〉</td></tr>
<tr><td>• 사미승 묘정설화

· 자라가 사미승 묘정에게 중국 황제의 여의주를 주다
· 여의주를 찼더니 왕과 신하들이 총애하다
· 사신을 따라 중국에 가니 황제와 신하들이 총애하다
· 묘정이 여의주를 압수 당하자 총애를 잃어버리다</td><td>• 여의주는 만파식적 및 호국룡과 동일한 신이적(神異的) 존재
* 여의주는 용의 전용물이며 조화를 부리는 근거로서 용을 상징
· 자라가 중국 황제의 여의주를 가져온 것은 당나라 사신이 호국룡을 가져 가려한 것에 대비한 내용
· 묘정이 총애를 받은 것은 그의 능력이나 노력에 의한 것이 아니라 단지 여의주라는 초인간적인 힘에 의함</td></tr>
<tr><td colspan="2">결론[結] : 신이가 사라진 신라는 급격히 쇠퇴(원성대왕 조 이후)</td></tr>
<tr><td colspan="2">원성대왕 이후 신라는 국론을 통일할 정신적 · 신이적 요소를 잃어버린 뒤, 지배계층간의 분열과 대립으로 나라가 쇠퇴하여 망하다</td></tr>
</table>

자라와 인물 토우

조 설[1)]

– 일찍 내린 눈 –

제40대 애장왕의 말년인 무자(808) 8월 15일에 눈이 내렸다.[2)] 제41대 헌덕왕[3)] 원화[4)] 13년인 무술(818) 3월 14일에 큰 눈이 왔다.[5)](어떤 책에는 병인이라 했으나 잘못이다. 원화는 15년에 끝났으므로 병인은 없다.)

제46대 문성왕[6)] 기미(839) 5월 19일에 많은 눈이 내렸다.[7)] 8월 1일에는 천지가 어두웠다.

1) 조설(早雪) : 겨울철이 아닌 시기에 눈이 내리는 것을 조설(早雪)이라 하며, 이는 어떤 조짐을 나타낸 것임. 동양에서는 옛날부터 재이(災異)를 하늘이 앞으로 일어날 일을 미리 알려 주는 것으로 인식함. 즉 지상의 황제나 왕 등의 통치자가 그들이 지켜야 할 법도를 지키지 못할 때 자연의 운행을 맡고 있는 하늘이 자연의 운행질서를 어기는 이상상태를 보여 인간들로 하여금 깨닫게 하는 것으로 이것을 체계화한 것이 음양오행설(陰陽五行說)임. 중국의 사서(史書)인 『한서』를 시작으로 『후한서』·『수서』·『신당서』 등의 오행지(五行志)에 음양오행설에 입각하여 폭넓게 이상현상을 해석하고 있음.
『수서(隋書)』에 「하늘이 인간에 내리는 온갖 상징이 비〔雨〕다. 그러나 비가 심하게 오는 것은 음(陰)이며 음이 매우 많이 쌓인 것이 눈이다. 이는 신하가 신하답지 못할 때 일어난다.」하였음. 『한서』에 「큰 눈이 내리는 이변은 음(陰)이 양(陽)의 위치에 있고 음기(陰氣)가 성(盛)하여 일어나며, 경방(京房) 이 『역전(易傳)』에서 말하기를 '여름에 눈이 오면 계신(戒臣)이 난을 일으킨다'」고 하였음.

2) 제40대 애장왕의 말년인 무자(808) 8월 15일에 눈이 내렸다. : 조설은 신하가 난을 일으킬 조짐. 808년 8월에 눈이 내린 것은 제륭과 균정의 난이 발생할 것을 나타낸 것으로 추정. 즉 신라 제40대 애장왕이 788년에 태어나 열세살의 어린 나이로 등극하니 숙부 언승이 섭정. 애장왕이 성장하여 친정을 하며 내외의 정사를 직접 챙기기 시작하자 언승 일파의 힘은 약화됨. 이에 위기감을 느낀 언승과 그의 아우 제옹이 군대로 궁궐을 장악하여 반정에 성공한 후 애장왕을 죽임. 이 때가 조설(早雪)이 내린 808년의 다음 해인 809년(애장왕 10) 7월임.
3) 헌덕왕(憲德王) : 신라 제41대 왕. 재위 809~826. 이름은 언승으로 애장왕을 죽이고 왕위에 오름. 헌덕왕 10년까지는 안정되었으나 819년부터 전국 각지에서 초적들이 일어났으며, 특히 822년에 원성왕 김경신과의 왕위 쟁탈전에 실패한 김주원의 아들 김헌창이 반란을 일으킴.
4) 원화(元和) : 당나라 현종(806~820)의 연호.

早 雪

第四十哀莊王. 末年戊子. 八月十五日有雪. 第四十一憲德王. 元和十三年戊戌. 三月十四日大雪.(一本作丙寅. 誤矣. 元和盡十五. 無丙寅.)

第四十六文聖王. 巳未五月十九日大雪. 八月一日. 天地晦暗.

巳 : 己의 오기
晦 : 어두울 회
暗 : 어두울 암

5) 제41대 헌덕왕 원화 13년인 무술(818) 3월 14일에 큰 눈이 왔다. : 3월 14일에 눈이 온 것도 조설(早雪)로서 이는 그 다음해부터 초적(草賊)들이 일으킨 난의 조짐(兆朕)으로 추정.

6) 문성왕(文聖王) : 신라 제46대 왕. 재위 839~857. 신무왕의 태자로 왕위에 올랐으나 왕 3년(841)에 홍필의 난을 시작으로 장보고의 난, 양순의 반란, 김식의 반란 등이 일어난 어지러운 시대.

＊문성왕(文聖王)의 세계(世系)

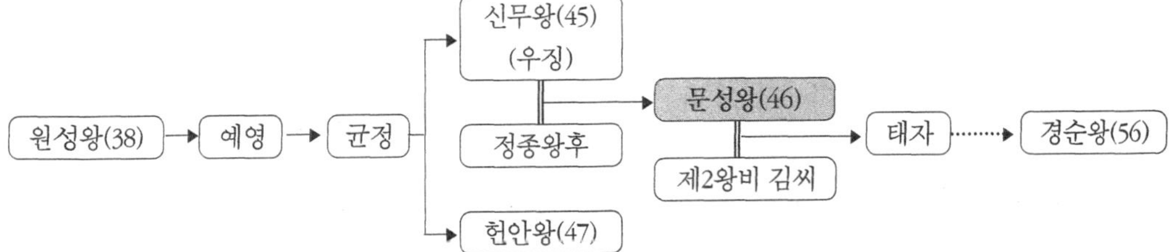

7) 제46대 문성왕 기미(839) 5월 19일에 많은 눈이 내렸다. : 문성왕 때 일어난 반란 사건들의 조짐으로 추정.

傳문성왕릉

흥덕왕[1] 앵무

– 흥덕왕과 앵무–

제42대 흥덕대왕은 보력[2] 2년 병오(826)에 왕위에 올랐다. 얼마 안되어 당나라에 사신으로 갔던 사람이 앵무새 한 쌍을 가지고 왔다. 오래지 않아 암놈이 죽자 홀로 된 수놈이 슬피 울기를 그치지 않았다. 왕이 사람을 시켜 앵무새 앞에 거울을 걸어 놓게 했다. 새가 거울 속의 그림자를 보고 제 짝인 줄 알았다가 그만 그 거울을 쪼아보고는 그것이 그림자인 것을 깨닫고 슬피 울다 죽었다. 왕이 노래를 지었다고 하는데 자세한 것은 알 수 없다.

1) 흥덕왕(興德王) : 신라 제42대 왕. 재위 826~836. 41대 헌덕왕의 친동생으로 비는 친조카인 소성왕의 딸 정목왕후. 헌덕왕에게 아들이 있음에도 동생이 흥덕왕으로 즉위. 즉위하자 대아찬 김우징을 시중으로, 장보고를 청해진 대사로 삼고, 한화정책을 추진하였으며 복색제도 등 율령을 개정하고 분에 넘는 사치를 금함. 후사 없이 죽으니 5촌 조카인 균정이 왕위를 이어감.

2) 보력(寶曆) : 당나라 경종(824~826)의 연호.

흥덕왕 앵무 조의 의미

이 설화는 흥덕왕이 왕후의 죽음을 슬퍼했다는 사실에 근거하여 만들어졌다는 설과 흥덕왕의 정치적 입장과 정책의 특성을 상징화한 것이라는 설이 있음.

1. 흥덕왕이 왕후의 죽음을 애도한 설화

『삼국사기』 흥덕왕조에 의하면 「왕비 장화부인이 세상을 떠나매 추봉하여 정목왕후라 했다. 왕은 비를 잊지 못하여 즐거움을 몰랐다. 신하들이 표를 올려 왕비를 들일 것을 청하니 왕이 말하기를 "홀로된 새도 짝을 잃은 슬픔이 있거늘 하물며 좋은 배필을 잃고서랴. 어찌 차마 무정하게 곧 왕비를 뽑을까 보냐" 하고는 시녀까지 가까이 오지 못하게 하니 주위에는 환관뿐이었다.…… 왕이 세상을 떠나자 유언에 의해 장화왕비의 능에 합장하였다.」라는 기록에 따라 만들어진 설화로 추정된다.

2. 흥덕왕의 정치적 입장과 정책의 특성을 상징

앵무새는 서로 짝이 있다. 즉 흥덕왕과 헌덕왕은 친형제 사이로 헌덕왕과 서로 짝이 되어 조카인 애장왕을 죽이고 헌덕왕의 4명의 아들을 제치고 짝이었던 헌덕왕을 이어받아 흥덕왕으로 즉위하였다. 또한 흥덕왕과 그의 부인 장화부인은 『삼국사기』에 기록된 것처럼 금실 좋은 부부였다.

興德王 鸚鵡

鸚 : 앵무새 앵
鵡 : 앵무새 무

第四十二興德大王. 寶曆二年丙午卽位. 未幾有人奉使於唐. 將鸚鵡一雙而至. 不久雌死. 而孤雄哀鳴不巳. 王使人掛鏡於前. 鳥見鏡中影. 擬其得偶. 乃啅其鏡而知其影. 乃哀鳴而死. 王作歌云. 未詳.

將 : 가질 장
雙 : 쌍 쌍
雌 : 암놈 자
孤 : 홀로 고
巳 : 已의 오기
已 : 그칠 이
掛 : 걸 괘
擬 : 헤아릴 의
偶 : 짝 우
啅(啄과 동일) : 쪼을 탁

앵무새의 또 다른 특성은 남의 목소리를 흉내낸다. 흉내를 낸다는 것은 새로운 것을 창조하는 것이 아니라 남의 것을 모방하는 것이다. 흥덕왕의 중요한 정책은 율령질서(律令秩序)의 재정비와 확충을 통해서 하대(下代) 신라 왕조에 있어서 고대적(古代的) 질서의 재건을 꾀한 것이었다. 그가 실시한 율령은 의복제도 · 거기제도(車騎制度) · 생활용품 · 가옥제도에 이르는 생활의 전반에 걸쳐 모든 신분층이 지켜야 할 법령이 망라되었으나 그 성격은 왕실의 권위를 강화하는 것이었다. 이는 경덕왕이 왕권강화를 위해 한화정책을 실시한 것을 모방한 것으로 당나라에서 가져온 앵무는 바로 흥덕왕의 한화정책을 의미한다. 앵무가 거울 속의 그림자를 보고 제 짝인 줄 알았다가 그만 그 거울을 쪼아보고는 그것이 그림자인 것을 깨닫고 슬피 울다 죽었다는 것은 경덕왕의 왕권강화정책이 실패하였듯이 흥덕왕의 왕권강화정책도 실패한 것을 상징한 것이다.

흥덕왕릉 비석받침

흥덕왕릉

신무대왕[1] 염장[2] 궁파[3]

– 신무대왕과 염장과 궁파 –

제45대 신무대왕이 왕위에 오르기 전에 의협스러운 인물인 궁파에게 말하기를 "나에게는 같은 하늘 아래서 함께 살아갈 수 없는 원수가 있다. 네가 나를 위해 그를 없애 준다면 내가 왕위에 오른 뒤 너의 딸을 맞아 왕비로 삼겠다"라 하니 궁파가 이를 허락했다. 함께 마음과 힘을 합쳐 군사를 일으켜 서울로 쳐들어감으로써 일을 성공시킬 수 있었다.

왕위를 빼앗은 뒤 궁파의 딸을 왕비로 삼으려 하자[4] 여러 신하들이 완강하게 반대하면서 말하기를 "궁파는 미천하므로 대왕이 그의 딸을 왕비로 삼는다는 것은 있을 수 없사옵니다"라 하니 왕은 그 말에 따랐다. 이 당시 청해진에서 국경을 지키고 있던 궁파가 왕이 약속을 어긴 것에 대해 원망하면서 반란을 일으키려 하였다. 이때 장군 염장이 이를 듣고 왕에게 말씀드리기를 "궁파가 장차 반역을 할 것이니 청하건대 소신이 이 자를 제거하겠나이다"라 하자 왕이 기뻐하며 이를 허락하였다.

1) 신무대왕(神武大王) : 신라 제45대 왕. 재위 839년 4월~7월. 원성왕의 손자인 균정의 아들로 이름은 우징. 김명이 반란을 일으켜 희강왕(僖康王)을 목매어 죽게 하고 왕위에 오르자 우징이 장보고의 도움으로 민애왕인 김명을 살해하고 즉위하니 이가 신무대왕임. 왕위에 오른 지 3개월만에 병으로 세상을 떠남.
2) 염장(閻長) : 신라 신무왕 · 문성왕 때의 무주 출신의 장군. 신무왕 1년에 우징이 청해진에서 5천명의 군사를 일으키자 그 휘하 6명의 장수 중 수석이 되어 민애왕 김명을 죽인 후 우징을 왕위에 오르게 하는데 큰 공을 세움. 그 후 청해진으로 돌아가 장보고를 암살함.
3) 궁파(弓巴) : 장보고의 이름 중 하나.
   *문헌에 기록된 장보고의 이름

문 헌 명	성 명	비 고
『삼국유사』	弓巴(궁파)	일반 백성은 당시에 성이 없으므로 이름이 弓巴일 것임
『삼국사기』 신라본기	弓福(궁복)	○弓巴가 의미가 있는 한자식으로 굴절되어 弓福이 된 듯함 ○弓福의 弓을 따서 張씨를 칭하고 福은 음절에 따라서 保皐의 2자로 나눈 것으로 추정
〃 장보고 열전	張保皐(장보고)	
『신증동국여지승람』	弓福(궁복)	
『신당서』	張保皐(장보고)	
『속일본후기』	張宝高(장보고)	일본에서 宝高라고 표기. 장보고가 청해진대사로서 부와 권력을 장악한 무역왕임을 상징한 호칭인 것으로 추정
入唐求法巡禮行記(円仁)	〃	

神武大王 閻長 弓巴

第四十五神武大王潛邸時. 謂俠士弓巴曰. 我有不同天之讎. 汝能爲我除之. 獲居大位. 則娶爾女爲妃. 弓巴許之. 協心同力. 擧兵犯京師. 能成其事.

既簒位. 欲以巴之女爲妃. 羣臣極諫曰. 巴側微. 上以其女爲妃則不可. 王從之. 時巴在清海鎭爲軍戍. 怨王之違言. 欲謀亂. 時將軍閻長聞之. 奏曰. 巴將爲不忠. 小臣請除之. 王喜許之.

閻 : 여염 염
巴 : 큰뱀 파, 꼬리 파
潛 : 숨을 잠
邸 : 개인집 저
俠 : 협기 협
讎 : 원수 수
娶 : 장가들 취
師 : 서울 사
京師 : 서울
簒 : 簒(빼앗을 찬)의 오기
簒 : 책편찬할 찬
側 : 미천할 측
戍 : 변방지킬 수

*장보고의 일생

출생과 당에서의 활동		해상왕국 건설		해상왕국의 몰락과 유산
ㅇ출생 내력 - 삼국사기 : 불명 - 덕수 장씨 대동보 : 애장왕 2년(801) 완도읍 장좌리에서 장백익의 아들로 탄생 *平人 이하의 하층 계급으로 추정 ㅇ당에서의 활동 - 젊은 나이에 당으로 가 서주의 무령군에 복무 *30세에 1천 명을 지휘하는 군중소장(軍中小將)으로 승진	→	ㅇ귀국 동기 - 신라인의 노예매매 방시 - 신라 · 당 · 일본의 3국 무역 장악 계획 - 당나라의 감군정책 ㅇ청해진 설치 - 흥덕왕의 승인아래 1만 명의 군졸로 청해진 설치 *청해진은 중앙정부의 통제에서 다소 벗어난 것으로 추정 ㅇ해상왕국의 번영 - 동아시아 삼국의 통제가 이완된 상태에서 무역 독점 *노예무역 근절을 핑계로 타무역인 단속과 在唐 신라인 활용으로 해상왕국 건설	→	ㅇ몰락의 배경 - 청해신의 사무역 독섬에 따른 군소 해상세력가의 불만 점증 - 경제력과 군사력 증강에 중앙정계의 경계감 확산 ㅇ해상왕국의 몰락 - 군소 해상 세력가와 중앙 정계의 합작에 의해 제거 ㅇ장보고의 유산 - 해상 세력가들의 독자적 활동으로 상업자본 축적 - 해상 세력가 왕건 등장

염장이 왕의 명령을 받들어[5] 청해진[6]으로 가서 연락하는 사람을 만나 그를 통하여 말하기를 "저는 우리 왕에게 약간의 원한이 있어서 현명한 그대에게 의탁하여 몸과 목숨을 보전하려 하오"라 했다. 궁파가 이 말을 듣고 크게 화를 내며 말하기를 "너희 놈들이 왕에게 참소해서 내 여식이 왕비가 되지 못하게 해놓고 어찌 나를 보려하느냐?"라 하였다. 염장이 연락하는 사람을 통하여 다시 말하기를 "그것은 여러 신하들이 참소한 것일 뿐 저는 그 모의에 참여한 적이 없습니다. 현명한 그대는 의심하지 마십시오"라 했다.

궁파가 이 말을 듣고 관청의 사무실로 그를 불러들여 말하기를 "그대는 무슨 일로 여기에 왔는가?"라 하니 염장이 대답하기를 "왕에게 거슬린 일이 있으므로 귀하에게 의탁해서 해를 면하고자 할 뿐입니다"라 했다. 궁파가 다행이라 말하며 술자리를 마련하고 매우 기뻐하였는데 염장이 궁파의 긴칼을 뽑아 그를 베어 죽이니 부하군사들이 놀라고 두려워서 땅에 엎드렸다. 염장이 이들을 이끌고 서울로 와서 왕에게 왕명 수행 결과를 말씀드리기를 "이미 궁파를 베었사옵니다"라 했다. 왕이 기뻐하여 상을 내리고 아간[7]이라는 벼슬을 주었다.

4) 왕위를 빼앗은 뒤 궁파의 딸을 왕비로 삼으려 하자 : 『삼국사기』 신라본기에는 문성왕 7년에 장보고의 딸을 왕비로 삼으려는 문제가 제기되었으나 『삼국유사』에서는 신무왕 때의 사건으로 기록됨. 이는 왕비 문제가 처음부터 신무왕과 약속됨으로써 장보고가 불만을 품고 난을 도모함에 타당성을 부여하기 위함. 즉 장보고가 단순히 그의 딸을 왕비로 들이지 못한 것에 불만을 품고 난을 도모한 것이 아니라 약속을 어긴 신무왕의 비도덕성을 드러냄과 아울러 장보고가 신의를 중요시하는 성격을 강조하고자 사실과 다르게 기록된 것으로 추정.

5) 염장이 왕의 명령을 받들어 : 왕비 문제가 신무왕이 아닌 문성왕 때의 일이었듯이 장보고가 반역하려는 마음을 품은 것과 염장이 암살 명령을 받은 것은 문성왕 때의 사건이었음. 여기서 신무왕이라한 것은 4)항과 같은 이유로 사실과 다르게 기록하였을 것임.

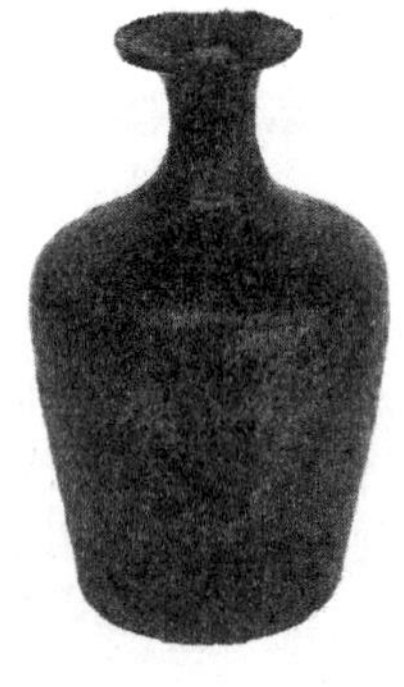

청해진에서 출토된 항아리(左)와 청동병(右)

閻長承旨歸淸海鎭. 見謁者通曰. 僕有小怨於國君. 欲投明公. 以全身命. 巴聞之大怒曰. 爾輩諫於王而廢我女. 胡顧見我乎. 長復通曰. 是百官之所諫. 我不預謀. 明公無嫌也.

巴聞之·引入廳事. 謂曰. 卿以何事來此. 長曰. 有忤於王. 欲投幕下而免害爾. 巴曰幸矣. 置酒歡甚. 長取巴之長劒斬之. 麾下軍士·驚慴皆伏地. 長引至京師. 復命曰. 巳斬弓巴矣. 上喜賞之. 賜爵阿干.

見 : 만나볼 견
旨 : 칙서 지
謁 : 말씀드릴 알
謁者 : 중간에서 연결시켜 주는 사람
僕 : 저(나) 복
胡 : 어찌 호
復 : 다시 부
預 : 참여할 예
嫌 : 의심할 혐
忤 : 거스릴 오
幕 : 군대막사 막
歡 : 기뻐할 환
斬 : 목베일 참
麾 : 대장기 휘
驚 : 놀랄 경
慴 : 두려워할 섭
伏 : 엎드릴 복
復 : 심부름갔다올 복
巳 : 已의 오기

6) 청해진(淸海鎭) : 지금의 전남 완도 장좌리(長佐里)에 청해진이 설치된 것으로 추정. 본영이 있었던 곳은 장도(將島)로서 주위에 890m의 성곽과 남쪽 해변 331m에 직경 40cm의 원목을 촘촘히 세워 만든 방어용 목책(木柵)이 발견됨. 여기에서 제사에 관련된 유물이 발견되어 신라의 국가적 제사라는 중사(中祀)가 행해진 곳이라는 『삼국사기』의 기록을 뒷받침하고 있음.

7) 아간(阿干) : 신라 제17관위 중 제6위인 아찬의 별칭.

청해진과 목책

제48대 경문대왕[1)]

왕의 이름은 응렴으로 나이 18세에 국선[2)]이 되었다. 20세[3)] 때에 헌안대왕[4)]이 그를 불러 궁중에서 연회를 베풀면서 묻기를 "그대가 국선이 되어 사방을 두루 유람했을 것인데 무슨 특이한 것을 본 적이 있는가?" 하니 낭이 말씀드리기를 "신은 아름다운 행실 세 가지를 보았습니다"라 했다. 왕이 "그 이야기를 내게 들려주게나" 하니 낭이 말하기를 "남의 윗자리에 있으면서 겸손하여 남의 아랫자리에 앉는 것이 그 하나이옵고, 큰 부자이면서 옷차림을 검소하게 하는 것이 두번째이옵니다. 본래부터 귀하고 세력이 있는데도 그 위력을 부리지 않는 사람이 세번째이나이다"라 했다.

그 이야기를 들은 왕이 그가 현명하다는 것을 알고, 자기도 모르게 눈물을 흘리면서 말하기를 "짐에게 두 딸이 있는데 청컨대 그대에게 시집을 보내고자 한다"[5)]라 했다. 낭이 자리에서 비켜나며 절을 드리고 머리를 숙인 채 물러나와 부모에게 말씀드렸다. 부모가 놀라고 기뻐하면서 그의 가족들을 모아 의논하여 말하기를 "왕의 맏공주[6)]는 용모가 매우 추하나 둘째 공주[7)]가 매우 고우니 그를 아내로 삼으면 좋을 것이다"라 했다.

1) 경문대왕(景文大王) : 신라 제48대 왕. 재위 861~875. 이름은 응렴으로 희강왕의 손자이며 아찬 계명(啓明)의 아들. 제륭(悌隆)파와 균정(均貞)파의 정치적 결탁으로 16세의 어린 나이로 왕위에 오르니 헌안왕의 왕비인 태후와 다섯 살이 많은 그의 비 영화부인이 권력을 휘두름. 그 후 경문왕은 가뭄과 전염병으로 민심이 흉흉한데도 무리한 공사를 추진하여 백성들이 등을 돌림. 또 이찬 윤흥 형제와 이찬 근종 등의 반란으로 동요가 심했던 시기.
*경문대왕의 세계(世系)

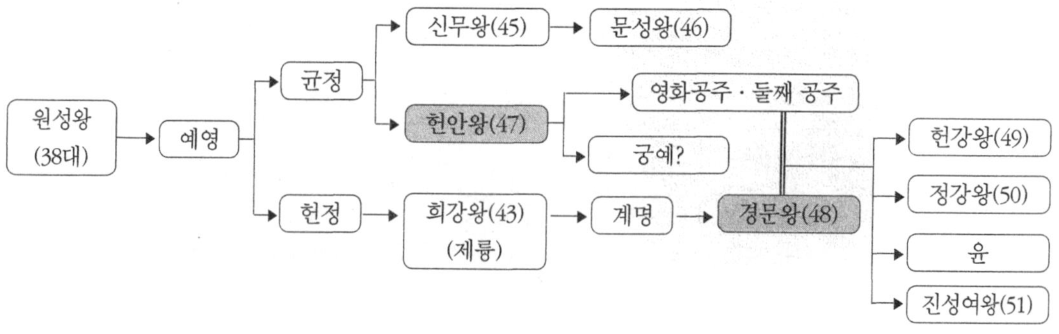

四十八 景文大王

王諱膺廉. 年十八爲國仙. 至於弱冠. 憲安大王召郎. 宴於殿中. 問曰. 郎爲國仙. 優遊四方. 見何異事. 郎曰. 臣見有美行者三. 王曰. 請聞其說. 郎曰. 有人爲人上者. 而撝謙坐於人下. 其一也. 有人豪富而衣儉易. 其二也. 有人本貴勢而不用其威者. 三也.

王聞其言而知其賢. 不覺墮淚而謂曰. 朕有二女. 請以奉巾櫛. 郎避席而拜之. 稽首而退. 告於父母. 父母驚喜. 會其子弟議曰. 王之上公主皃甚寒寑. 第二公主甚美. 娶之幸矣.

諱 : 죽은사람의이름 휘
膺 : 가슴 응
廉 : 청렴할 렴
弱 : 젊을 약
冠 : 어른될 관
優 : 놀 우
撝 : 도울 위
謙 : 겸손할 겸
撝謙 : 남을 높이고 제 몸을 낮춤
豪 : 클 호
儉 : 검소할 검
儉易 : 검소하고 간편함
墮 : 떨어질 타
淚 : 눈물 루
巾 : 수건 건
櫛 : 머리빗는빗 즐
稽 : 머리숙일 계
皃(貌와 동일) : 모양 모
寒 : 뼈에사무칠 한
寑 : 못생길 침
娶 : 장가들 취

2) 국선(國仙) : 김유신 조 참조.
3) 20세〔弱冠〕 : 원문의 약관(弱冠)은 『예기』에서 「20세를 약(弱)이라 하며 관(冠)을 쓴다.」를 인용함. 약관(弱冠)은 남자 20세를 말하며, 관을 쓴다는 것은 성인이 된다는 의미.
4) 헌안대왕(憲安大王) : 신라 제47대 왕. 재위 857~861. 신무왕의 이복동생으로 왕위에 올라 별다른 업적 없이 재위 5년 만에 세상을 떠나면서 사위였던 왕족 응렴을 후계로 세움.
5) 시집을 보내고자 한다〔奉巾櫛〕 : 원문의 奉巾櫛(봉건즐)을 직역하면 '수건과 빗을 받든다'는 뜻으로 이것은 천한 여인들이 하는 것이나 여기서는 남의 아내가 되어 남편의 시중을 든다는 의미.
6) 맏공주〔上公主〕 : 맏공주인 영화부인은 스무 살이던 860년에 경문왕과 결혼한 후 이듬해에 경문왕이 왕위에 오르자 왕비가 되고 866년에 시호를 받아 문의왕후로 봉해졌다가 870년에 세상을 떠남. 영화부인이 경문왕과 결혼하기 전에 다른 남자에게 시집을 가 윤이라는 아들을 둔 듯하며, 이 아들이 후에 경문왕의 양자로 받아들여진 것으로 보임.
7) 둘째 공주〔第二公主〕 : 스무 살 되던 863년에 경문왕의 둘째 왕비에 책봉되었고 언제 죽었는지 그녀의 소생이 누군인지 기록이 없음.

낭의 무리 중에 우두머리인 범교사[8)]가 이를 듣고 그의 집에 와서 낭에게 묻기를 "그대께서 공주를 공의 아내로 삼고자 한다는데 사실입니까?" 하니 낭이 "그렇다"고 했다. 그가 "어느 공주에게 장가들렵니까?" 하니 낭이 말하기를 "부모께서는 저에게 마땅히 동생을 취하라고 하셨습니다"라 했다. 범교사가 말하기를 "낭이 만약 동생에게 장가들면 저는 반드시 낭의 눈 앞에서 죽게 될 것이고 맏공주에게 장가들면 반드시 세 가지 좋은 일이 있을 것이니 잘 살펴야 할 것이오"라 하자 낭이 말하기를 "시키는 말씀대로 하겠습니다"라 했다.

얼마 후에 왕이 날을 받아 사람을 보내 낭에게 말하기를 "두 딸은 그대가 지정하는 대로 따를 것이다"라 했다. 그 사람이 돌아와 낭의 뜻을 보고 드리기를 "맏공주를 모시겠다고 하옵니다"라 했다.

그 후 세 달이 지나서 왕의 병이 위독하게 되자 여러 신하들을 불러 말하기를 "짐에게는 사내자손이 없으니 내 죽은 뒤의 일은 마땅히 큰사위인 응렴이 계승해야 할 것이다" 하고는 그 다음 날 왕은 세상을 떠났다. 낭이 왕의 유언을 받들어 왕위에 올랐다. 이에 범교사가 왕에게 나아가 말하기를 "제가 말씀드린 세 가지 아름다운 일들이 지금 모두 이루어졌습니다. 맏공주를 취함으로써 이제 왕위에 등극한 것이 그 하나요, 전일에 흠모하던 아름다운 둘째 공주를 지금 쉽게 취할 수 있는 것이 그 둘째요, 맏공주에게 장가드셨기 때문에 선대왕과 왕비가 매우 기뻐하신 것이 그 셋째입니다"라 했다. 왕은 그 말을 고맙게 여겨 대덕[9)]이라는 벼슬을 내리고 금 130냥을 하사했다. 왕이 세상을 뜨자 시호를 경문이라 했다.

왕이 잠자는 방에는 날마다 저녁이면 수많은 뱀들이 모여들었다. 대궐에 일하는 사람들이 놀라고 두려워하여 이를 쫓아내려 하자 왕이 말하기를 "과인은 뱀이 없으면 편히 잘 수가 없으니 막지 않는 것이 좋겠다"고 했다. 왕이 잘 때마다 뱀이 혀를 내밀어 온 가슴을 덮고 있었다.

8) 범교사(範教師) : 『삼국사기』 헌안왕조에 「……부모가 말하기를 "두 공주의 용모를 듣건대 아우가 아름다우니 …… 아우를 취하는 편이 좋다"고 하였으나 주저하며 결정을 못하고 흥륜사의 승려에게 물었다.」는 구절로 보아 범교사는 당시 흥륜사의 승려로 추정.

郎之徒上首範敎師者聞之. 至於家問郎曰. 大王欲以公主妻公信乎. 郎曰然. 曰奚娶. 郎曰. 二親命我宜弟. 師曰. 郎若娶弟. 則予必死於郎之面前. 娶其兄. 則必有三美. 誡之哉. 郎曰. 聞命矣.

既而王擇辰而使於郎曰. 二女惟公所命. 使歸以郎意奏曰. 奉長公主爾.

奚 : 어찌 해
宜 : 마땅할 의
誡 : 경계할 계
擇 : 가릴 택
辰 : 날(日) 신
惟 : 오직 유

既而過三朔. 王疾革. 召群臣曰. 朕無男孫. 窀穸之事. 宜長女之夫膺廉繼之. 翌日王崩. 郎奉遺詔卽位. 於是範敎師詣於王曰. 吾所陳三美者·今皆著矣. 娶長故·今登位一也. 昔之欽艶第主·今易可取二也. 娶兄故·王與夫人喜甚三也. 王德其言. 爵爲大德. 賜金一百三十兩. 王崩. 謚曰景文.

王之寢殿. 每日暮無數衆蛇俱集. 宮人驚怖. 將驅遣之. 王曰. 寡人若無蛇不得安寢. 宜無禁. 每寢吐舌滿胸鋪之.

朔 : 초하루 삭
革 : 병급할 극
窀 : 무덤 둔
穸 : 무덤 석
膺 : 응할 응
廉 : 맑을 렴, 검소할 렴
繼 : 이을 계
詔 : 왕이명령내릴 조
著 : 드러날 저
第 : 弟의 오기
詣 : 나아갈 예
欽 : 흠모할 흠
艶 : 고울 염
德 : 은혜 덕
謚 : 죽은 뒤 공덕 기려 줄 이름 시
寢 : 잘 침
暮 : 저녁 모
蛇 : 뱀 사
俱 : 함께 구
怖 : 두려워할 포
驅 : 몰아낼 구
吐 : 토할 토
胸 : 가슴 흉
鋪 : 펼 포

9) 대덕(大德) : 고려조 즉 일연(一然) 당시 선종(禪宗) 최하위의 위계이나 신라에도 이와 같은 위계가 있었는지 알 수 없음.
*고려시대 선종의 승계 : 대덕 → 대사 → 중대사 → 삼중대사 → 선사 → 대선사

왕위에 오르자 왕의 귀가 갑자기 길어져서 당나귀 귀처럼 되었다. 왕후와 궁전의 일하는 사람들 모두가 이를 알지 못했지만 오직 복두 만드는 사람만이 그것을 알았다. 그러나 그는 평생 다른 사람에게 이런 이야기를 하지 않다가 죽을 때가 되어서야 도림사[10) 대나무 숲으로 들어가 아무도 없는데서 대나무를 향해 소리치기를 "우리 임금의 귀는 당나귀 귀와 같다"고 했다. 그 후에 바람이 불면 대나무가 소리를 내어 「우리 임금의 귀는 당나귀 귀와 같다.」하였다. 왕이 이것을 싫어하여 곧 대나무를 베어버리고 산수유를 심었더니 바람이 불면 다만 「우리 임금 귀가 길다네.」하는 소리만 났다.(도림사는 예전에 서울로 들어가는 곳의 숲 가에 있었다.)

국선 요원랑 · 예흔랑 · 계원 · 숙종랑 등이 금란[11)]을 유람하는데 은근히 임금을 위하여 나라를 바르게 할 뜻을 품고 노래 세 수를 지어 벼슬이 사지[12)]인 심필을 시켜 초별 원고를 주어 대구화상[13)]에게 보내어 세 곡의 노래를 짓도록 했다. 첫째의 노래 이름은 「현금포곡」이요, 둘째는 「대도곡」이요, 셋째는 「문군곡」이었다. 대궐에 들어가 왕에게 말씀드리니 왕이 크게 기뻐하여 상을 주었다. 노래는 알 수가 없다.

10) 도림사(道林寺) : 도림사의 위치를 정확히 알 수 없으나 도림(道林)이라고 기록된 이 숲은 오릉의 남쪽 망성산(望星山) 가까이에 있었을 것이며 도림사 또한 그 근처인 지금의 고속도로 진입로 부근에 있었을 것으로 추정.

11) 금란(金蘭) : 지금의 강원도 통천의 옛 이름.

12) 사지(舍知) : 신라 17관위 중 제 13위.

13) 대구화상〔大矩和尙〕 : 원문의 炬(거)는 矩(구)의 오기. 신라 때 승려. 진성여왕 2년(888) 왕명에 의하여 각간 위홍과 함께 향가집 『삼대목』을 편찬함.

신라 토용

乃登位. 王耳忽長如驢耳. 王后及宮人皆未知. 唯幞頭匠一人知之. 然生平不向人說. 其人將死. 入道林寺竹林中無人處. 向竹唱云. 吾君耳如驢耳. 其後風吹. 則竹聲云. 吾君耳如驢耳. 王惡之. 乃伐竹而植山茱萸. 風吹則但聲云. 吾君耳長.(道林寺舊在入都林邊.)

驢 : 당나귀 려
唯 : 오로지 유
幞 : 두건 복
生平 : 平生의 오기인 듯
唱 : 노래부를 창
吹 : 불 취
惡 : 싫어할 오
茱 : 수유나무 수
萸 : 수유나무 유

國仙邀元郎 · 譽昕郎 · 桂元 · 叔宗郎等遊覽金蘭. 暗有爲君主理邦國之意. 乃作歌三首. 使心弼舍知授針卷 · 送大炬和尙處. 令作三歌. 初名玄琴抱曲. 第二大道曲. 第三問羣曲. 入奏於王. 王大喜稱賞. 歌未詳.

邀 : 맞을 요
譽 : 명예 예
昕 : 날샐 흔
叔 : 삼촌 숙
桂 : 계수나무 계
覽 : 두루볼 람
炬 : 矩(법 구)의 오기
暗 : 몰래할 암
炬 : 횃불 거
針 : 바늘 침
羣 : 무리 군
稱 : 날릴 칭

토우로 장식된 항아리

경문대왕 조의 구성과 의미

<table>
<tr><th>구분</th><th>본문 내용</th><th>의 미</th></tr>
<tr><td>도 입
[起]</td><td>●헌안대왕은 응렴(경문대왕)이 유람하면서 알게 된 아름다운 행실 세 가지의 이야기를 듣자 그의 현명함을 알다</td><td>응렴의 실제 행동과 상반된 말을 첫머리에 제시한 것은 경문왕을 부정적으로 평가하려는 의도.
●응렴이 말한 세 가지의 미덕은 그가 왕위에 오른 뒤 행한 정책과는 상반된 내용임. 즉 말만 잘해서 왕이 됨
• 윗자리에 있으면서 겸손하여 남의 아랫자리에 앉는다고 했으나 그는 반란에 연루된 자들의 삼족을 멸하는 극단적인 조치를 취함
• 큰 부자이면서 검소한 것이 미덕이라 했으나 그는 황룡사탑과 월상루를 고치는 등 웅장함과 화려함을 추구함
• 세력이 있는데도 위력을 부리지 않는 것이 미덕이라 했으나 그는 왕위에 오르자 대규모 공사를 위해 백성들을 강제로 동원하는 위세를 부림</td></tr>
<tr><td>전 개
[承]</td><td>●헌안대왕이 응렴을 부마로 삼고자 하다
●응렴이 추한 만공주 대신 둘째공주에 마음을 두다

●범교사로 인해 만공주를 취하다</td><td>헌안왕의 부자연스런 경문왕의 선택은 타협의 산물임을 암시
●경문왕이 왕위에 오른 것은 헌안왕이 제륭파의 도움으로 왕위에 오를 때 제륭의 자손을 사위로 삼아 그에게 왕위를 계승토록 한 협상의 결과로 추정
●만공주가 추하다는 것은 그녀의 용모가 아니라 결혼의 결격사유가 있는 것으로 추정
• 영화부인이 다른 사람과 결혼의 경력이 있을 수 있으며, 그 사이에 아들을 얻은 듯함
- 경문왕의 아들 중 윤이 관례에서 벗어나 이찬이 아닌 소판의 벼슬을 받은 것은 그가 경문왕의 친자가 아니라 영화부인이 낳은 아들을 양자로 받아들인 것으로 판단됨
●범교사의 강권에 의해 만공주를 취한 것으로 보아 大義보다 미모에, 내실보다 외형에 강한 집착을 보였다는 것을 상징함</td></tr>
</table>

구분	본문 내용	의 미
전환 [轉]	 ●왕은 잠잘 때 뱀이 있어야 편히 자며, 잘 때 언제나 뱀이 혀를 내밀어 온 가슴을 덮다 ●왕에 오르자 왕의 귀가 늘어져 당나귀 귀처럼 되다 •복두로 감추고 이 사실을 아무도 이야기 못하게 하다 •대나무 숲에서 이 소리가 나자 대를 베고 산수유를 심다 •산수유 숲에서 임금의 귀는 길다고 함	**왕권을 확보한 경문왕의 과욕과 민심의 통제** ★ 뱀은 왕권을 보호해 주는 낭도의 무리 ●경문왕은 등극 초기에 왕권을 확보하지 못하고 헌안왕의 왕비인 태후를 비롯한 귀족들이 전권을 행사 •뱀의 무리가 저녁에 궁궐로 모여든다는 것은 실권 없는 왕을 돕고자 낭도들이 밤이면 귀족들을 피하여 궁궐에 숨어들어오는 것을 의미 •뱀이 혀를 내밀어 가슴을 덮었다는 것은 낭도들이 왕의 생명을 보호했으며 그들의 보호로 잠을 잘 수 있었음을 의미 ★ 당나귀 귀에 관한 설화는 경문왕이 권력의 힘으로 민심의 통제를 상징 •당나귀는 미련한 짐승으로 대표되며 귀의 의미는 소귀에 경읽기처럼 무능한 경문왕에게 진실이 들리지 않음을 의미 - 재해와 반란으로 곤궁한 백성들을 헤아리지 않고 대규모 부역동원과 같은 미련한 정책의 강행 •복두는 왕의 무능과 미련함을 감추는 허위의 상징 •이야기를 못하게 하고 도림사의 대나무 숲을 베었다 함은 무능과 미련함을 떠드는 여론의 탄압을 의미 •대나무 숲을 베고 산수유를 심었다 함은 어용적 곡론(曲論)의 유포를 뜻함. 산수유는 사대부의 정원에는 심지 않는 나무 •산수유 숲의 말은 언론통제와 진리의 표출 욕구 사이의 타협
결론 [結]	국선들이 임금을 위하여 노래를 지으니 왕이 기뻐 칭찬하다	•이 노래의 가사는 알 수 없으나 경문왕이 헌안왕에게 말한 세 가지 미덕과 유사한 내용이거나 경덕왕 조의 안민가와 같이 충고하는 노래일 것으로 추정

처용랑[1] 망해사

– 처용랑과 망해사 –

제49대 헌강대왕[2] 대에 서울에서 지방에 이르기까지 집이 촘촘하여 담장이 이어져 있었고 초가는 하나도 없었다. 풍악과 노래 소리가 길에서 끊이지 않았고 바람과 비도 사시사철 순조로왔다.

이때 대왕이 개운포[3](학성[4] 서남쪽에 있으니 지금의 울주이다.)에 놀이를 갔다.[5]

1) 처용랑(處容郞) : 처용(處容)의 어의(語義)에 관한 학설

구 분	내 용	주장학자, 『저서』
—	속칭 제웅이라 하므로 치윰 · 제융의 차자(借字)	양주동, 『고가연구』
허수아비	• 추령(芻靈) · 초용(草俑)에서 유래 · 추령 · 초용 : 나이가 나후직성에 들면 액을 쫓기 위해 정월 대보름 전날 밤에 길에 버린 풀이나 짚으로 만든 허수아비	홍석모, 『동국세시기』
용(龍)	처용의 반절음 → 춍(칭) → 용(龍), 鷄林類事에 龍曰稱을 근거	김용구, 『처용연구』
	龍이 머문 곳의 뜻인 處龍에서 處容으로 변화	엄원대, 『처용에 관한 종합적 고찰』
가 면	• 터〔處〕+알〔下〕+바가지〔容〕에서 下가 생략되어 處容이 됨 – 터알바가지 : 터알이라는 病鬼를 쫓기 위한 가면	김영수, 『처용무와 처용가』
慈 充	• 용신제(龍神祭)의 사제자(司祭者)인 무당 – 무(巫) · 승(僧)의 원어인 차차웅=자충=처용	김동욱, 『처용가 연구』
商 人	이재술에 능한 이슬람 상인	이용범, 『처용설화의 일고찰』

2) 헌강대왕(憲康大王) : 신라 제49대 왕. 재위 875~886. 경문왕의 장남으로 15세 전후에 왕위에 올라 죄수를 사면하고 황룡사에 백고좌를 열어 민심의 안정을 꾀했으나 당시의 정세는 혼미했음. 886년에 20대의 젊은 나이로 병이 들어 죽으니 보리사 동쪽에 장사지냄.

3) 개운포(開雲浦) : 지금의 울산시 온산공단 부근의 해안. 『신증동국여지승람』에 「신라 헌강왕이 학성에서 놀다가 바다 포구에 이르자 운무가 자욱해서 길을 잃었는데 海神에게 빌었더니 운무가 걷혔다 해서 이렇게 이름지었다.」라 기록됨.

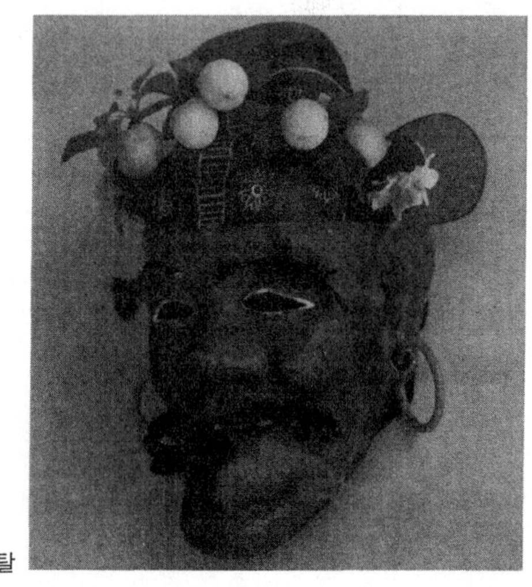

처용탈

處容郎 望海寺

第四十九憲康大王之代. 自京師至於海內. 比屋連墻無一草屋. 笙歌不絶道路. 風雨調於四時.

比 : 빽빽할 비
墻 : 담장 장
屋 : 집 옥
笙 : 생황(악기의 일종) 생

於是大王遊開雲浦(在鶴城西南. 今蔚州).

4) 학성(鶴城) : 『신증동국여지승람』에 「학성은 울산의 산 이름으로 戒邊天神(계변천신 : 護國天神)이 학을 타고 신두산(神頭山)에 내려와서 사람의 수록(壽錄)을 주관하였다하여 생긴 이름이다.」로 기록됨.

5) 대왕이 개운포에 놀이를 갔다. : 의미에 관한 학설

내 용	주장학자, 『저서』
농경예축제의(農耕豫祝祭儀)와 호국제의(護國祭儀)의 양면성을 띈 동해용신제의(東海龍神祭儀)에 참석	김승찬, 『처용가』
처용암을 神體로 한 별신굿을 벌이기 전에 실시한 탑신 공양 또는 사당에서 祭儀의 행사	김영하, 『신라시대 순수의 성격』

개운포와 처용암

왕의 행차가 돌아오면서 낮에 물가에서 쉬고 있는데 홀연히 구름과 안개가 자욱하게 끼어 길을 잃어버렸다.[6] 왕이 괴이하게 생각하여 측근의 신하들에게 물으니 일관(日官)이 말씀드리기를 "이것은 동해 용[7]의 변덕이오니 마땅히 좋은 일을 행하여 풀어야 할 것이옵니다"라 했다. 이에 관원에게 명하여 근처에 용을 위한 절을 짓게 했다. 이 명령이 내려지자 구름이 걷히고 안개는 흩어져버렸다. 그래서 그곳을 개운포라고 이름지었다.

동해 용이 기뻐서 곧 아들 일곱을 거느리고 임금이 탄 수레 앞에 나타나 왕의 덕을 찬양하며 춤을 추고 음악을 연주했다.[8] 그의 아들 하나가 왕을 따라 서울로 와서 왕의 정치를 도와 주었는데[9] 그의 이름을 처용이라 했다. 왕은 아름다운 여인을 그의 아내로 삼게 하고 그를 머물러 있게 하고자 다시 급간이라는 관직도 주었다. 그의 처는 매우 아름다워 역신[10]이 그를 흠모하여 사람으로 변한 뒤 밤이면 그의 집으로 가서 몰래 그녀와 잤다.[11] 처용이 밖에 나갔다가 집에 들어와 두 사람이 누워 있는 것을 보자 이에 노래를 부르고 춤을 추면서 물러 나왔다.[12]

6) 구름과 안개가 자욱하게 끼어 길을 잃어버렸다. : 의미에 관한 학설

내　　　용	주장학자, 『저서』
장차 나라가 망할 것을 왕에게 알려 주기 위한 경고의 표시	김승찬, 『처용가』
용신(龍神)이 치제(致祭)를 받기 위해 일으킨 이변	현용준, 『처용설화고』
동해 용신은 국왕의 행차까지 운무로써 저지한 영능(靈能)을 보임으로써 처용의 출신을 신성화 하기 위한 수법	서대석, 『처용가의 무속적 고찰』

7) 동해 용(東海龍) : 의미에 관한 학설

내　　　용	주장학자, 『저서』
나라를 지키는 용〔護國龍〕	김승찬, 『처용가』
왕에게 견줄만한 지방세력의 상징	박인희, 『처용설화의 새로운 해석』

8) 동해 용이 …… 음악을 연주했다. : 의미에 관한 학설

내　　　용	주장학자, 『저서』
동해용신제의(東海龍神祭儀)가 끝난 뒤 사제자(司祭者)가 일곱의 남무(男巫)를 거느리고 찬덕헌무주악(贊德獻舞奏樂)을 하는 것	김승찬, 『처용가』
동해용의 위엄과 세력을 표현하는 하나의 수단	박인희, 『처용설화의 새로운 해석』

王將還駕. 晝歇於汀邊. 忽雲霧冥曀. 迷失道路. 怪問左右. 曰官奏云. 此東海龍所變也. 宜行勝事以解之. 於是勑有司・爲龍刱佛寺近境. 施令巳出. 雲開霧散. 因名開雲浦.

晝 : 낮 주
歇 : 쉴 헐
汀 : 물가 정
霧 : 안개 무
冥 : 어두울 명
曰 : 日의 오기
曀 : 구름낄 예
勑 : 천자가글내릴 칙
巳 : 已의 오기
刱 : 지을 창

東海龍喜. 乃率七子現於駕前. 讚德獻舞奏樂. 其一子隨駕入京. 輔佐王政. 名曰處容. 王以美女妻之. 欲留其意. 又賜級干職. 其妻甚美. 疫神欽慕之. 變無人・夜至其家. 竊與之宿. 處容自外至其家. 見寢有二人. 乃唱歌作舞而退.

現 : 나타날 현
讚 : 칭찬할 찬
獻 : 드릴 헌
隨 : 따를 수
輔 : 도울 보
佐 : 도울 좌
疫 : 돌림병 역
欽 : 공경할 흠
慕 : 사모할 모
竊 : 몰래 절
無 : 爲의 오자

9) 왕의 정치를 도와 주었는데〔輔佐王政〕: 의미에 관한 학설

내　　　용	주장학자, 『저서』
역신을 물리치는 굿으로 보좌	조동일, 『처용가무의 연극사적 이해』
병을 고치는 무당(醫巫)으로서의 보좌	윤영옥, 『처용가』
처용의 출신지인 울산에 관한 자문	이우성, 『처용설화의 분석』
위기의 경제체재를 개혁하기 위한 理財家로서의 보좌	이용범, 『처용설화의 일고찰』
기상의 변화를 다스리는 직책	박노준, 『처용가』

10) 역신(疫神) : 의미에 관한 학설

내　　　용	주장학자, 『저서』
분쟁 · 유혹 · 타락 · 질병 등의 부정적 가치를 대표	황패강, 『처용가』
왕과 대립되는 기득권을 가진 세력	박인희, 『처용설화의 새로운 해석』
환락(歡樂)을 상징	김승찬, 『처용가』
타락한 화랑들의 행위로 병든 도시의 상징	이우성, 『처용설화의 분석』
국가를 위기에 빠뜨리려는 악신의 상징	장진호, 『退疫神歌』
열병(熱病) 즉 천연두 · 홍역 · 학질 등을 상징	김원경, 『처용가 연구』

11) 몰래 그녀와 잤다〔竊與之宿〕: 의미에 관한 학설

내　　　용	주장학자, 『저서』
질병(疾病) 전염의 사실	유동식, 『한국巫教의 역사와 구조』
國將亡을 가져오는 역신에 여인공희(女人供犧)의 의미	장진호, 『退疫神歌』
신라 말기 서민층의 윤리적 타락현상을 상징	박노준, 『처용가』
왕과 대립되는 기득권 세력의 지방세력 견제	박인희, 『처용설화의 새로운 해석』

그 노래는 다음과 같다.

김 완 진	신 재 홍	황 패 강
東京 밝은 달에 밤들이 노니다가 들어 자리를 보니 다리가 넷이러라. 둘은 내해였고 둘은 누구핸고. 본디 내해다마는 빼앗은 것을 어찌하리오.	동경 밝은 달에 밤들도록 놀며 다니다가 들어서 자리[를] 보니 가랑이가 넷이어라. 둘은 내 것인데 둘은 누구 것인가? 본래 내 것이다마는 [도로] 빼앗아 옴을 [사람들이] 어떻다[고] 하리오?	서울 밝은 달 아래 밤들도록 놀고 다니다가 들어와 자리를 보니 다리가 넷이러라. 둘은 내 것이고 둘은 뉘 것인고 본디 내 것이언만 빼앗음을 어떠하리꼬.

조선조의 궁중무용이었던 처용무

12) 노래를 부르고 춤을 추면서 물러 나왔다〔唱歌作舞而退〕: 의미에 관한 학설

내 용	주장학자, 『저서』
역신을 감화시키는 춤으로 신을 달래기 위한 제의의 절차	장진호, 『退疫神歌』
무격(巫覡)인 처용이 질병을 쫓아내기 위한 주가(呪歌)	김열규, 『향가의 문학적 연구 일반』
분노 · 허탈 · 자조의 감정을 극복하여 체념하는 초월의 모습	박노준, 『처용가』
민중의 상징적 인물인 처용이 민중의식을 바탕으로 한 민요적 향가	김학성, 『처용설화의 형성과 변이과정』
無我와 애증의 세계를 초월한 처용이 교화를 위한 佛歌	황패강, 『처용가』
지방세력인 처용이 반 신라세력인 역신에게 보내는 타협의 메시지	박인희, 『처용설화의 새로운 해석』

歌曰.

東京 明 期　月 良　夜 入 伊 游 行 如 可
① 김완진→東京 붉 긔 드랄 랑　밤들이놀니 다가
② 신재홍→東京 불기　돌 아　밤들이놀니 다가
③ 황패강→시블 불기　ᄃ　래　밤드리노니 다가

良:어질 량
游:노닐 유

入 良 沙　寢 矣 見 昆　脚　烏 伊　四 是 良 羅
① 들 랑 사　자 의 보 곤　가롤 오 이　네ㅎ이 랑 라
② 들 어 사 자릐 ᄋᆡ 보 곤　가로 오 이　네ㅎ ㅣ어 라
③ 드 러 ᄉᆞ 자리　보 곤 가ᄅᆞ　리 네　히어 라

昆:형 곤
脚:다리 각

二 肹 隱 吾 下 於 叱 古　二 肹 隱 誰　支 下 焉 古
① 두블 흘 은 나 하 어ㅅ 고　두블 흘　은 누기 기 하 언 고
② 두블 흘ㄴ　내 해 어ㅅ 고　두블 흘　ㄴ 눅　기 해 언 고
③ 둘　흔　내 해 엇　고　둘　흔　뉘　해 언 고

肹:클 힐
隱:숨을 은
叱:꾸짖을 질

本 矣 吾 下 是 如 馬 於 隱 奪 叱 良 乙　何 如　爲 理 古.
① 본　ᄃᆡ 나하이다 마늘은 앗　랑 을 엇　디　ᄒᆞ리고
② 아ᄋᆡ ᄋᆡ 내해 ㅣ다 마놀 ㄴ 앗 ㅅ아 ㄹ 엇뎌다　ᄒᆞ리고
③ 본　ᄃᆡ 내해　다 마 른 아ᄉᆞ　놀 엇　디　ᄒᆞ릿고

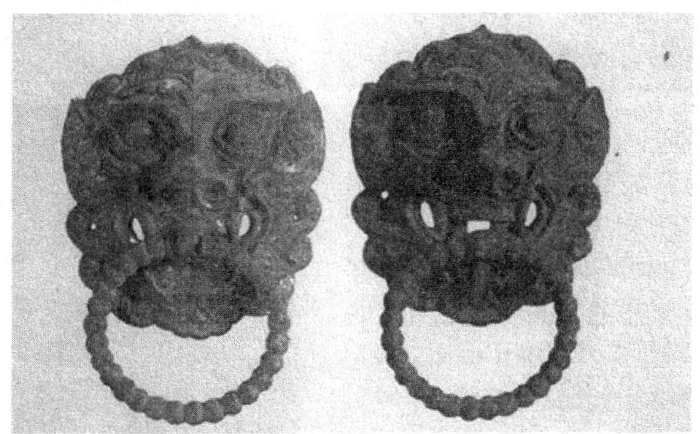
안압지에서 출토된 금동 문고리

이때 역신이 형체를 드러내어 처용의 앞에 꿇어앉아 말하기를 "내가 공의 아내를 탐내어 지금 잘못을 저질렀으나 공은 노하지 않으니 감격스럽고 장하게 여겨집니다. 맹세코 이제부터는 공의 모습이 그려진 것만 보아도 그 문 안으로 들어가지 않겠습니다"라 했다. 이로 인하여 나라 사람들이 처용의 형상을 문에 붙여 나쁜 귀신을 물리치고 경사스러운 것을 맞아들이게 되었다.[13)]

왕이 돌아와서는 즉시 영축산[14)] 동쪽 기슭에 좋은 자리를 잡아 절을 세우고 망해사[15)]라 불렀다. 또는 이 절을 신방사라 했는데 이는 용을 위하여 세운 것이다.

또 왕이 포석정[16)]에 행차했더니 남산의 신이 왕 앞에 나타나 춤을 추었으나 주위 신하들 눈에는 보이지 않고 오직 왕의 눈에만 보였다.

13) 공의 모습이 …… 맞아들이게 되었다.: 문신(門神)의 의미에 관한 학설

내 용	주장학자, 『저서』
門神 연기설화(緣起說話)와 결부되고 궁중의 나례의식(儺禮儀式)에 채용됨으로써 벽사진경(辟邪進慶)하는 능력을 가지게 됨	김승찬, 『처용가』
처용의 초월적인 태도가 무격(巫覡)사회에 존숭의 대상이 되면서 문신(門神)으로 추앙	박노준, 『처용가』
왕에 대하여 모반을 일으킬 때 자신의 무리라는 표시로 처용의 얼굴 사용	박인희, 『처용설화의 새로운 해석』

14) 영축산〔靈鷲山〕: 동해 용을 위해 지은 망해사가 있는 영축산(336m)은 울산에 있는 문수산(599m)의 동쪽에 위치한 명산으로 보살이 사는 제10 법운지(法雲地)임. 이 산에 있는 영축사는 문무대왕 대에 낭지와 원성왕 대에 연회(緣會)가 신통력을 가지고 생활했던 법화령장(法華靈場)으로서 산주(山主)인 변재천녀(辯才天女)의 음조(陰助)가 많았다고 전해지는 사찰.

15) 망해사(望海寺): 울산시 청량면 율리 문수산에 있던 절. 지금은 보물 173호로 지정된 통일신라 시대의 8각형 사리탑만이 남아 있음.

16) 포석정(鮑石亭): 『고려사』와 『삼국사기』에는 경애왕이 포석정에 나가 연회를 베풀며 놀고 있었다고 하나, 그곳은 유희를 즐기는 곳이 아니라 제를 올리는 사당 즉 포석사가 있었으며 포석정은 제를 올린 후 군신간의 음복을 했던 장소로 추정.

망해사지 부도

時神現形・跪於前曰. 吾羨公之妻. 今犯之矣. 公不見怒. 感而美之. 誓今巳後. 見畫公之形容. 不入其門矣. 因此國人門帖處容之形. 以僻邪進慶.

王旣還. 乃卜靈鷲山東麓勝地置寺. 曰望海寺. 亦名新房寺. 乃爲龍而置也.

又幸鮑石亭. 南山神現舞於御前. 左右不見. 王獨見之.

跪 : 꿇어앉을 궤
羨 : 부러워할 선
誓 : 맹세할 서
巳 : 已의 오기
帖 : 붙일 첩
僻 : 피할 벽
邪 : 사악 사
卜 : 가릴 복
鷲 : 독수리 취
麓 : 산기슭 록
勝 : 경치좋을 승

영축산과 망해사지

석가모니 설법의 주무대가 되는 실제의 영축산

어떤 사람(신)이 왕 앞에서 춤을 추니 왕 자신도 신이 추는 모양대로 따라 춤을 추었다. 신의 이름을 상심[17]이라고도 했으므로 지금까지 나라 사람들이 이 춤을 전해오면서 「어무상심」이라고도 하고 「어무산신」이라고도 한다. 혹은 말하기를 원래 신이 나와서 춤을 출 때 그 모습을 자세히 본떠〔審象〕 조각하는 공인에게 그대로 새기도록 하여 후대에 보였으므로 상심(象審)이라고 했다. 혹은 상염무[18]라고도 했는데 이것은 그 형상에 따라서 이름을 지은 것이다.

왕이 또 금강령[19]에 행차했을 때 북악[20]신이 춤을 추어 보였는데 춤 이름이 「옥도검」이었다. 또 동례전에서 연회를 할 때에 지신이 나와서 춤을 추었으므로 춤 이름을 「지백급간」[21]이라 했다.

『어법집』에 이런 말이 있다.

「이 당시 산신이 춤을 추면서 노래 부른 '「지리다도파도파(智理多都波都波)」라는 말들은 대개 지혜〔智〕로 나라를 다스리〔理〕는 사람들이 미리 알고 많이〔多〕 도망〔都→逃〕하여 도읍〔都〕이 장차 파괴〔波→破〕될 것이다' 고 말한 것이라 한다.」

이는 지신과 산신이 장차 나라가 망할 것을 알았기 때문에 일부러 춤을 추어 경고한 것이나 나라 사람들은 깨닫지 못하고 좋은 징조가 나타났다하여 유흥에만 너무 빠졌었다. 그래서 끝내 나라가 망했던 것이다.

17) 상심(詳審) : 산신(山神)과 음이 상통.
18) 상염무(霜髥舞) : 상염(霜髥)은 흰 수염으로 산신의 형상이니 산신이 춤추는 모습.
19) 금강령(金剛嶺) : 경주 시청에서 북동쪽으로 1km 지점에 있는 금강산. 신라시대 4곳의 성지(聖地) 중 하나.
20) 북악(北岳) : 금강산을 가리킴. 토함산을 동악, 선도산을 서악, 함월산을 남악, 금강산을 북악이라 부름.
21) 지백급간〔地伯級于〕 : 지백(地伯)은 토지의 주인이며 급간은 원래 신라의 제9관위이나 여기서는 존칭으로 추정. 본문의 于는 干의 오기.

有人現舞於前. 王自作舞. 以像示之. 神之名或曰祥審. 故至今國人傳此舞. 曰御舞祥審. 或曰御舞山神. 或云. 旣神出舞. 審象其皃. 命工摹刻. 以示後代. 故云象審. 或云霜髥舞. 此乃以其形稱之.

又幸於金剛嶺時. 北岳神呈舞. 名玉刀鈐. 又同禮殿宴時. 地神出舞. 名地伯級于.

祥 : 상서로울 상
審 : 살필 심
皃 : 모양 모
摹 : 본뜰 모
刻 : 새길 각
霜 : 서리 상
髥 : 구레나루 염
嶺 : 고개 령
呈 : 나타낼 정
鈐 : 비녀장 검
宴 : 잔치 연
伯 : 맏 백
于 : 干의 오기

語法集云.

于時山神獻舞. 唱歌云. 智理多都波都波等者. 盖言以智理國者. 知而多逃. 都邑將破云謂也.

逃 : 도망할 도
悟 : 깨달을 오
瑞 : 상서 서
耽 : 빠질 탐
滋 : 더욱 자
滋甚 : 매우 심함

乃地神山神知國將亡. 故作舞以警之. 國人不悟. 謂爲現瑞. 耽樂滋甚. 故國終亡.

도깨비무늬의 신라기와(鬼面瓦)

처용랑 망해사 조의 구성과 의미

『삼국유사』에 실려 있는 설화 중에 처용랑 만큼 다양한 연구가 이루어진 설화도 없다. 학자에 따라 무속학적 관점 · 역사학적 관점 · 불교학적인 관점 등 여러 측면에서 다양한 방법으로 고찰하고 있어서 결론도 여러 가지 형태로 추출되고 있다. 이들 연구의 대부분이 처용랑 중심의 처용가에 관한 것이었다. 그러나 처용설화를 좀더 정확하게 이해하기 위해서는 일연선사가 기이편을 편찬한 의도 속에서 그 의미를 파악해야 할 것이다.

기이편이 국가의 흥망에 관한 신이사(神異事)이며 그중 처용랑이 있는 기이 제2는 신라의 몰락과정을 기록한 것으로 혜공왕과 원성왕부터 망국의 조짐이 연속적으로 기록되었다. 따라서 헌강왕대에 일어난 처용랑 설화도 그 연장선상의 의미로 해석해야 할 것이다.

처용랑과 망해사 조의 구성은 귀족들의 향락에 영향을 받아 서민계층까지 윤리적 타락으로 발전하자 호국신들이 나라가 망할 것이라는 경고를 주었다. 그러나 나라 사람들이 오히려 상서로 알아 더욱 유흥에 빠져 결국 나라가 망하게 되었다는 형태로 구성되었다. 이를 정리하면 아래와 같다.

<table>
<tr><td colspan="2">도입[起] : 귀족들의 향락에 불안을 느낀 헌강왕이 개운포로 순행하니
동해용이 나라의 위태로움을 경고하다.</td></tr>
<tr><td>〈본문내용〉</td><td>〈의미〉</td></tr>
<tr><td>●서울에서 지방에까지 담장이 이어지고 초가는 없으며 풍악과 노래 소리가 끊이지 않다.</td><td>●태평성대를 구가하던 당시의 호화로운 시대상을 말해 주는 문맥이나 실상은 중앙귀족들의 소비적인 기풍 · 퇴폐적인 환락의 향락생활은 그들의 불안을 잊고 태평을 가장하려는 것의 표현</td></tr>
<tr><td>●헌강왕이 개운포로 놀이를 갔을 때 구름과 안개로 길을 잃은 후 동해용을 위해 절을 짓게 하니 구름과 안개가 걷혔다.</td><td>●헌강왕이 정치적 · 사회적 불안과 위기의식의 발생이 자신의 부덕의 소치로 생각하고 國將亡을 방지하기 위해 지방을 순행. 이때 동해용이 구름과 안개로 장차 나라가 위태로울 것을 알려 주니 이에 대한 보답으로 동해용 즉 海神을 위해 절을 세우게 함</td></tr>
</table>

<table>
<tr><td colspan="2">전개[承] : 처용과 그의 처를 통해 서민계층의 윤리적 타락상을 보여 주다.</td></tr>
<tr><td>〈본문내용〉</td><td>〈의미〉</td></tr>
<tr><td>●왕을 보좌하는 처용이 밤늦도록 놀러 다니자 역신이 처용의 처를 범접하다. 그것을 보고 처용이 노래를 부르다.</td><td>●경주에 온 처용이 유락(遊樂)에 빠져 밤늦도록 놀러 다니며, 성적으로 문란한 그의 처와 타락한 인간을 상징하는 역신의 교접을 통해 서민계층의 윤리적 타락상을 보여 줌
• 처용가의 「동경 밝은 달 아래 밤늦도록 노니다가」는 처용이 유락에 빠진 것을 「들어와 자리를 보니 다리가 넷이어라.」는 문란한 그의 처와 역신의 음사(淫事)를 표현한 것으로 당시의 윤리적 타락을 상징. 「둘은 누구 것인가?」는 너의 정체를 드러내라는 주가적(呪歌的)이며, 「빼앗은 것을 어찌하리오」하면서 춤을 추고 물러나는 것은 분노·허탈을 극복하여 조용히 체념하는 초월의 모습을 표현</td></tr>
<tr><td>●초연한 처용을 보고 역신이 용서를 빌다. 그 후 처용의 얼굴이 벽사진경(辟邪進慶)의 門神이 되다.</td><td>●처용의 관대한 면모에 역신이 개오(改悟)했으며, 이것이 무격(巫覡)사회에서 존숭의 대상이 되면서 민간에 퍼져 문신으로 추앙되었고, 이에 근거하여 벽사진경(辟邪進慶)의 무속과 처용무의 민간신앙적 풍속을 낳음</td></tr>
<tr><td colspan="2">전환[轉] : 경고해 준 해신에게 망해사를 세워 보답하다.
남산신·북악신·지신이 國將亡을 알려 주는 춤을 추다.</td></tr>
<tr><td>●왕이 영축산에 망해사를 세우다.
●남산의 신이 춤을 추니 왕만 보이고 신하들은 보이지 않다. 왕은 신이 춤추는 모습을 따라 춤추다.
●북악의 신과 지신이 나와서 춤을 추다.</td><td>●경고해 준 해신을 위해 망해사를 세웠으나 실제의 뜻은 국난극복의 정신적 지주로 삼기 위함
●산신이 「智理多都波」하면서 나라가 망할 것을 알려 주는 춤을 추었던 바 환락에 깊이 빠진 신하들과 백성들은 알지 못하고 왕만 그 뜻을 알았으나 신라의 대세는 이미 기울어 나라가 망하게 됨
●남산신의 춤과 동일 선상에 있는 춤으로 나라가 망할 것이라는 경고의 춤</td></tr>
<tr><td colspan="2">결론[結] : 신들이 춤을 추어 경고했으나 나라 사람들은 깨닫지 못하고 좋은 징조가 나타났다하여 유흥에 빠져 나라가 망하게 되었다.</td></tr>
</table>

진성여대왕[1] 거타지[2]

– 진성여대왕과 거타지 –

제51대 진성여왕이 왕위에 오른 지 몇 년이 되자 유모인 부호부인과 그녀의 남편 위홍잡간[3] 등 서너 명의 총애하는 신하들이 권력을 제멋대로 하여 정치를 어지럽히자 도적들이 벌떼처럼 일어났다.[4] 나라 사람들이 이를 걱정하여 다라니[5]로 은어를 만들어 글로 써서 길 위에 던져두었다. 왕과 권세를 잡은 신하들이 이것을 주워 보고 말하기를 " 왕거인이 아니고서야 누가 이런 글을 지을 것이겠는가?" 하고는 즉시 왕거인을 옥에 가두었다. 왕거인이 시를 지어 하늘에 호소하였다. 이에 하늘이 옥에 벼락을 쳐서 그를 나가게 했다.

1) 진성여대왕(眞聖女大王) : 신라 제51대 왕. 재위 887~897. 제50대 정강왕이 후사 없이 죽자 유언에 따라 왕위에 오름. 진성여왕이 즉위할 무렵 신라사회는 국가 기강이 무너지고 체제가 와해되는 형국이었음. 여왕이 즉위한 후 실제의 정사는 그의 숙부이자 남편인 위홍이 주관했으나 왕 2년에 위홍이 죽자 측근 신하들이 실정을 거듭하니 도적과 군벌이 발호하여 지방의 통제력을 상실함. 897년 병마에 시달리던 왕이 헌강왕의 서자 요에게 왕위를 물려주고 그 해에 생을 마감함.

*진성여왕의 世系

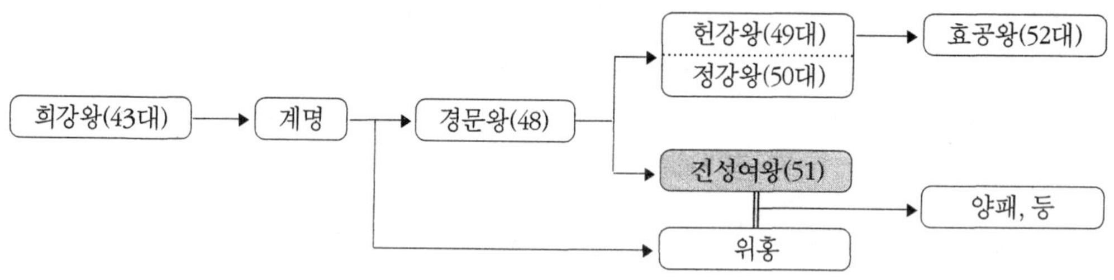

2) 거타지(居陁知) : 이름이 거타이며 지는 이름 뒤에 붙는 존칭어미.

3) 위홍잡간(魏弘匝干) : 위홍은 헌강왕 원년(875)에 이찬에서 상대등이 됨. 진성여왕 2년에 각간으로 승격하였으며 이 해에 위홍이 죽자 혜성대왕으로 추증됨. 잡간(匝干)은 신라 제3위의 관등인 잡찬의 별칭.

眞聖女大王 居陁知

第五十一眞聖女王. 臨朝有年. 乳母鳬好夫人. 與其夫魏弘匝干等三四寵臣. 擅權撓政. 盗賊蜂起. 國人患之. 乃作陁羅尼隱語. 書投路上. 王與權臣等得之. 謂曰此非王居仁. 誰作此文. 乃囚居仁於獄. 居仁作詩訴于天. 天乃震其獄囚以免之.

陁(**陀**와 동일) : 바다가운데산 타
鳬 : 물오리 부
匝 : 두루 잡
寵 : 총애 총
擅 : 마음대로할 천
撓 : 어지럽힐 요
蜂 : 벌 봉
患 : 근심 환
獄 : 감옥 옥
震 : 천둥소리 진
訴 : 하소연할 소

4) 도적들이 벌떼처럼 일어났다〔盜賊蜂起〕 : 진성여왕 3년(889)에 사벌(沙伐 : 상주)에서 일어난 아자개의 농민 반란 세력을 시작으로 전국에서 크고 작은 반란이 일어남.

5) 다라니〔陁羅尼〕 : 고대 인도의 산스크리트 언어로 주문을 외우는 것을 진언(眞言) 또는 다라니〔陁羅尼〕라 하며 짧은 문장을 진언, 긴 문장형태를 다라니라 함. 진언이나 다라니는 문장형태의 불경과는 다르게 그것을 발음하는 그 자체에 의미를 부여함. 인도에서는 자연의 음인 다라니에 정령(精靈)이 깃들어 있다하여 이것을 암송하면 정신통일을 이룩하여 부처와 같이 될 수 있다고 생각함.

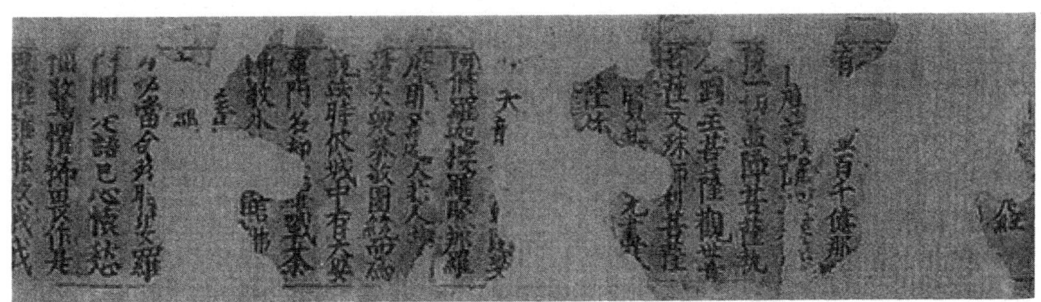

불국사 석가탑에서 나온 무구정광대다라니경

그 시는 이러하다.

연단[6]의 피눈물 무지개가 해를 뚫었고,
추연[7]의 품은 원한 여름에도 서리 내렸네.
오늘의 나의 불우함 옛일과 비슷한데,
하늘은 어이해서 상서 내림 없는가.

다라니는 이러하다.

「나무망국[8] 찰리나제[9] 판니판니소판니 우우삼아간 부이사바하」

해설하는 사람이 말하기를 「'찰리나제' 란 여왕을 가리키는 말이요, '판니판니 소판니' 란 두명의 소판[10]을 뜻하는 것이니 소판이란 관작 명칭이다. '우우' 는 세 아간이며[11] '부이' 란 부호부인을 말한 것이다.」라 했다.

이 임금 시대에 왕의 막내아들인 아찬[12] 양패가 사신이 되어 당나라로 가는데 후백제의 해적들이 진도[13]에서 길을 막고 있다는 소리를 듣고 활 쏘는 군사 50명을 뽑아 그들을 데리고 갔다. 배가 곡도[14](우리말로는 골대도라 한다.)에 도착했을 때 풍랑이 크게 일어 십여 일 동안 묵게 되었다. 양패공이 이를 근심하여 사람을 시켜 점을 치게 했더니, 말하기를 "이 섬에 귀신 못이 있는데 제사를 지내면 괜찮을 것입니다"라 했으므로 못 위에 제물을 차려 놓으니 못의 물이 한 길이 넘게 높이 솟아올랐다. 그 날 밤 꿈에 노인이 나타나 공에게 말하기를 "활 잘 쏘는 사람 하나를 이 섬에 남겨 두면 순풍을 얻을 것입니다"라 했다.

6) 연단(燕丹) : 전국시대 연나라 태자인 단(丹)을 말함. 진나라가 제후국을 차례로 멸망시키자 연나라에도 화가 미칠 것을 두려워하여 태자 단이 자객 형가(荊軻)를 보내어 진나라왕을 암살하려다 실패함. 이에 진왕이 연나라를 치니 연나라의 왕이 태자 단의 목을 베어 진나라에 보냄.

7) 추연(鄒衍) : 전국시대 제(齊)나라 사람으로 연나라 소왕(昭王)이 그를 맞이하여 스승으로 섬김. 후에 아들 혜왕(惠王)이 왕위에 오르자 주위의 참소로 옥에 가두었더니 여름철에 서리가 내렸다는 일화가 전해옴.

8) 나무망국〔南無亡國〕 : 南無는 산스크리트어 Namo의 음사(音寫)로 중생이 불 · 법 · 승의 삼보에 귀의(歸依)한다는 뜻. 나무망국〔南無亡國〕은 나라가 망하는 곳으로 가고 있다는 의미.

詩曰.

燕丹泣血虹穿日.
鄒衍含悲夏落霜.
今我失途還似舊.
皇天何事不垂祥.

泣 : 소리없이울 읍
虹 : 무지개 홍
穿 : 뚫을 천
鄒 : 나라이름 추
衍 : 넘칠 연
含 : 품을 함
途 : 길 도
垂 : 드리울 수

陁羅尼曰.

南無亡國. 刹尼那帝. 判尼判尼.

蘇判尼于于三阿干. 鳧伊娑婆訶.

說者云. 刹尼那帝者. 言女主也. 判尼判尼蘇判尼者. 言二蘇判也. 蘇判爵名. 于于三阿干也. 鳧伊者. 言鳧好也.

此王代阿飡良貞. 王之季子也. 奉使於唐. 聞百濟海賊梗於津鳧. 選弓士五十人隨之. 舡次鵠島.(鄉云骨大島) 風濤大作. 信宿俠旬. 公患之. 使人卜之. 曰島有神池. 祭之可矣. 於是具奠於池上. 池水湧高丈餘. 夜夢有老人. 謂公曰. 善射一人. 留此島中. 可得便風.

祥 : 상서 상
娑 : 승려가입는옷 사
婆 : 늙은계집 파
訶 : 꾸지람 가
飡 : 저녁밥 손(飧과 통함)
貞 : 貝의 오기
季 : 막내 계
梗 : 막힐 경
鳧 : 島의 오기
舡 : 배 선
次 : 도착할 차
鵠 : 과녁 곡
濤 : 물결 도
信 : 이틀묵을 신
信宿 : 이틀밤을 묵음
俠 : 浹(하루 협)의 오기
俠 : 협기 엽
旬 : 열흘 순
浹旬 = 浹日 = 10일간
奠 : 제사지낼 전
湧 : 솟을 용
便 : 순할 편
便風 = 順風

9) 찰리나제〔刹尼那帝〕: 고대 인도의 왕족계급인 크샤트리아(Kshatria)와 석가모니를 연관시켜 신라왕족을 찰제리종(刹帝利種 : Kshatria)이라 함. 찰리나제〔刹尼那帝〕는 찰제리(刹帝利)에서 온 것으로 추정.

10) 소판(蘇判) : 신라의 17관위 중 제3관위인 잡찬의 별칭.

11) '우우'는 세 아간이며〔于于三阿干〕: 원문의 于于三阿干 뒤에 者言三四寵臣이 누락된 것으로 보면 우우삼아간이란 서너 명의 총신을 말한 것으로도 해석됨.

12) 아찬〔阿飡〕: 신라 17관위 중 제6관위.

공이 꿈을 깨어 그 일에 대해 주위의 사람들에게 "누구를 남겨 두는 것이 좋을까?"라 물었다. 여러 사람들이 말하기를 "나무 조각 50개에 우리들의 이름을 써 물에 가라앉게 해서 제비를 뽑으시면 될 것입니다"라 했다. 공이 이 말에 따랐더니 거타지라는 병사의 이름을 쓴 나무 조각이 물에 가라앉았으므로 그 사람을 남겨두자 갑자기 순풍이 불어 배는 지체 없이 나아갔다.

거타지가 수심에 잠겨 섬에 서 있노라니 홀연히 한 노인이 못에서 나와 말하기를 "나는 서해약[15]인데 해뜰 때마다 늘 한 젊은 중이 하늘로부터 내려와 다라니를 외우면서 이 못을 세 번 돌면 우리 부부와 자손들이 모두 물 위로 뜨게 됩니다. 젊은 중은 내 자손의 간과 창자를 빼 먹고 오직 남아 있는 것이라곤 우리 부부와 딸 하나 뿐이오. 내일 아침에도 반드시 올 것이니 그대는 활을 쏘아 주시오"라 했다. 거타지가 말하기를 "활을 쏘는 것은 나의 장기이니 말씀대로 하겠습니다"라 하자 노인이 고맙다는 인사를 하고 물 속으로 사라졌다.

거타지가 엎드려 숨어서 기다렸다. 이튿날 동쪽이 밝아오자 과연 중이 와서 전처럼 주문을 외워 늙은 용의 간을 빼먹으려 했다. 이때 거타지가 활을 쏘아 중을 맞추자 중은 바로 늙은 여우로 변하여 땅에 쓰러져 죽었다. 이에 노인이 나타나 사례하면서 말하기를 "공의 덕택으로 내 생명을 보전하게 되었소. 청컨대 내 딸을 아내로 삼아 주기 바라오" 하니 거타지가 말하기를 "따님을 주시고 저를 버리지 않는다면 그것은 참으로 제가 바라던 바입니다"라 했다. 노인이 그의 딸을 한 가지 꽃으로 변화시켜 그의 품속에 넣어주고 또다시 두 용에게 명령하여 거타지를 모시고 사신이 탄 배를 따라가도록 했다. 그래서 사신의 배를 보호하여 당나라 땅으로 들어갔다.

당나라 사람들이 신라의 배가 용 두 마리에 업혀 오는 것을 보고 그 사실을 자세히 황제에게 말씀드리니 황제가 말하기를 "신라의 사신은 아무래도 보통 인물이 아닐 것이다"하고 연회를 베푸는데 그를 여러 신하들의 윗자리에 앉히고 금과 비단을 후하게 주었다. 본국으로 돌아오자 거타지는 꽃가지를 꺼내어 여자로 변하게 하여 함께 살았다.

13) 진도〔津㠀〕: 원문의 㠀는 島의 오기.
14) 곡도(鵠島) : 『삼국사기』 지리지의 고구려 지명 중에 「곡도는 지금의 백령진이다.」라 했으며 『신증동국여지승람』에 「백령도는 본래 고구려의 곡도로서 고려 때는 백령진이라 했다.」는 기록으로 보아 지금의 황해도 옹진군 강령리 지방의 섬으로 추정.

公覺而以事諮於左右曰. 留誰可矣. 衆人曰. 宜以木簡五十片. 書我輩名. 沈水而鬮之. 公從之. 軍士有居陁知者. 名沈水中. 乃留其人. 便風忽起. 舡進無滯.

諮 : 물을 자
簡 : 대나무쪽 간
輩 : 무리 배
鬮 : 제비뽑을 구
滯 : 막힐 체

居陁愁立島嶼. 忽有老人・從池而出. 謂曰. 我是西海若. 每一沙弥. 日出之時. 從天而降. 誦陁羅尼. 三繞此池. 我之夫婦子孫皆浮水上. 沙弥取吾子孫肝腸. 食之盡矣. 唯存吾夫婦與一女爾. 來朝又必來. 請君射之. 居陁曰. 弓矢之事吾所長也. 聞命矣. 老人謝之而沒.

愁 : 근심 수
嶼 : 섬 서
誦 : 외울 송
繞 : 두를 요
浮 : 뜰 부
腸 : 창자 장
長 : 우수할 장

居陁隱伏而待. 明日扶桑既暾. 沙弥果來. 誦呪如前. 欲取老龍肝. 時居陁射之中. 沙弥卽變老狐. 墜地而斃. 於是老人出而謝曰. 受公之賜. 全我性命.

請以女子妻之. 居陁曰. 見賜不遺. 固所願也. 老人以其女・變作一枝花. 納之懷中. 仍命二龍・捧居陁趂及使舡. 仍護其舡入於唐境.

唐人見新羅舡有二龍負之. 具事上聞. 帝曰. 新羅之使. 必非常人. 賜宴坐於羣臣之上. 厚以金帛遺之. 既還國. 居陁出花枝・變女同居焉.

扶 : 도울 부
桑 : 동쪽 상
扶桑 : 동쪽바다의 해가 뜨는 곳
暾 : 해처음돋을 돈
中 : 맞힐 중
狐 : 여우 호
墜 : 떨어질 추
斃 : 죽을 폐
賜 : 은혜 사
見 : 당힐 견
懷 : 품을 회
捧 : 받들 봉
趂 : 다닫을 진
負 : 짐질 부
帛 : 비단 백

15) 서해약(西海若) : 서해의 신(神). 『장자』 秋水 제17에 「望洋向若而嘆(망연자실하여 북해신을 향해 탄식했다)」이라는 구절이 있고 그 주에 「若 海神(약은 바다의 신이다)」이라 함.

호국용의 변모와 진성여대왕 거타지 조의 의미

1. 『삼국유사』에서 용[護國龍]의 변모

● 신라의 흥망성쇠에 따른 용(호국용)의 변모

모든 문명이 발생 → 성장 → 좌절 → 해체의 단계를 밟듯이 신라문명도 예외가 아니다. 이러한 문명의 흥망은 정신적 흥망과 물질적 흥망으로 나누어 볼 수 있으며, 대체로 정신이 물질문명보다 앞선다. 그러나 정신적이든 물질적이든 신라문명의 각 단계별 전환점이 어느 왕대인지 정확히 알기는 어렵다. 단지 정신적 흥망의 변환점은 문무왕 또는 신문왕 초기로 상정할 수 있으며 물질적 흥망의 변환점은 경덕왕 때라고 볼 수 있다.

『삼국유사』에 등장하는 용(호국용)의 성격은 신라의 흥망에 따라 그 성격이 달라짐을 알 수 있다. 문명의 발생기라고 할 수 있는 혁거세왕이나 탈해왕 때 나타나는 용과 성장기인 선덕여왕과 문무왕 시대에 등장하는 용의 성격이 다르며 좌절 또는 해체기인 원성왕과 진성여왕 때 나타나는 용의 성격도 성장기와는 확연히 다르다. 이러한 관계를 아래의 그림과 표로 요약하여 나타내었다.

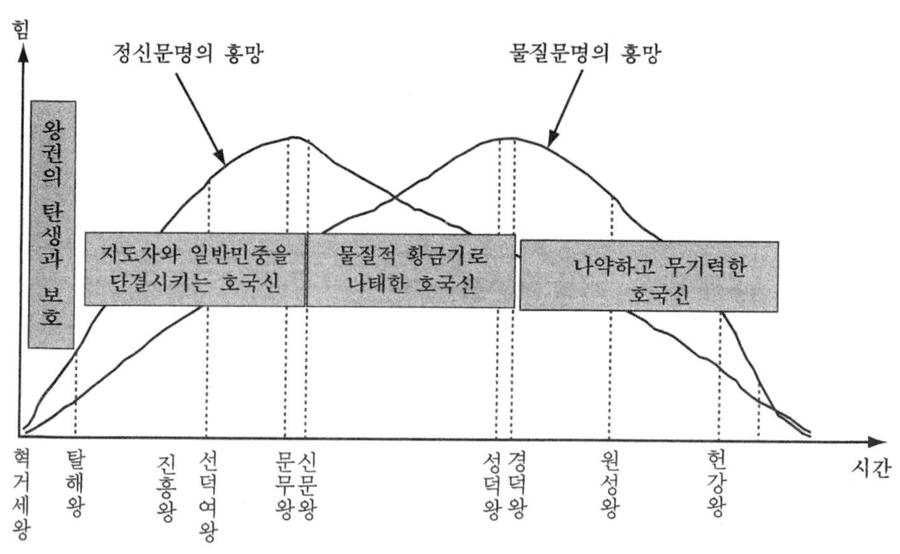

〈그림1〉 문명의 흥망사로 본 용(호국용)의 변모도

〈표1〉 정신문명의 흥망사로 본 용(호국용)의 변모표

구 분	왕 대	삼국유사의 내용	용(호국용)의 성격
발생기	혁거세왕	계룡(鷄龍)의 옆구리로 혁거세의 왕비 알영을 낳다.	왕권(문명)의 탄생과 보호에 기여하다.
	탈해왕	용왕의 자손인 탈해가 붉은 용의 호위를 받고 신라로 오다.	
성장기	진흥왕	월성 동쪽에 대궐을 짓는데 그 터에 황룡이 나타나 왕이 이를 고쳐 황룡사로 만들다.	불교로 정신적 통일을 기해 지도자와 일반민중이 일치단결토록하다.
	선덕여왕	명랑법사가 당나라에서 돌아올 때 바다의 용에게 시주를 받아 금광사를 세우다.	
		중국 태화지 못의 神人이 자장에게 「황룡사의 호법룡이 나의 장남이다. 돌아가 9층탑을 세우면 9한이 조공할 것이다.」라 하다.	
	문무왕	의상이 낙산사 굴속에서 용궁의 8부시중으로부터 수정염주를, 동해용으로부터 여의주를 받다.	
		명랑법사가 용궁에 들어가 문두루를 얻어 신유림에 사천왕사를 창건하고 이웃 나라의 침범을 예방하다.	
	신문왕	용이 만파식적과 흑옥대를 바치다.	
좌 절 · 해체기	효소왕	신문왕 때 당나라의 나쁜 용이 혜통을 원망하여 신라에 와서 효소왕 때 해독을 끼치다.	물질적 황금기로 할 일 없는 용들이 장난을 치다.
	성덕왕	바다용이 수로부인을 납치하다.	
	원성왕	당나라 사신에 의해 동지·청지의 용과 분황사의 우물용 등 호국용 세 마리가 포획당하다.	●나약하고 무기력한 용으로 변모하다. ●새로운 세계를 준비하다.
	헌강왕	동해용이 장차 신라가 망할 것을 경고하다.	
	진성여왕	●사미승에 의해 용의 권속이 죽임을 당하다. ●서해신의 딸이 꽃으로 변하다.	

2. 진성여대왕과 거타지 조의 구성과 의미

왕거인(王居仁) 설화: 神異(다라니)가 현인의 제거에 악용되고 天은 현인만 보호하다.	
〈원문내용〉	〈의미〉
● 진성여왕과 그 측근들의 실정을 걱정하여 國人들이 다라니를 유포하다.	● 다라니는 여왕과 두 명의 소판과 세 명의 아간 그리고 부호부인에 의해 나라가 망하는 쪽으로 가고 있다는 것으로 이들의 실정을 바로 잡아달라는 뜻을 기원한 것임
● 측근들이 왕거인의 소행으로 추정하고 그를 옥에 가두다.	● 측근들이 다라니를 악용하여 그 당시 최고의 문인으로 실권자들을 견제할 수 있는 왕거인을 제거하기 위해 그를 옥에 가둠
● 왕거인이 하늘에 호소하자 하느님이 그를 방면하다.	● 나라의 흥망은 초인간적인 힘의 작용에 의하나 하늘은 失政을 한 여왕과 그 측근들을 제거하지 못하고 왕거인만 구하니 신라는 그 운명이 다함

거타지 설화 : 다라니가 호국신을 괴롭히는데 악용되고, 호국신은 새로운 세계로 재탄생하다.	
● 사미승이 다라니를 외워서 西海神 가족의 간을 빼먹다.	● 호국신인 西海神이 사미승에 의해 박해를 당할 정도로 무기력하고 나약한 존재로 전락하고, 神異한 다라니가 호국신을 제거하는데 사용. 이것은 나라의 흥망을 좌우하는 초월적인 힘이 악용되거나 무기력한 존재로 되었다는 것을 뜻함. 특히 사미승에 의해 박해를 받는다는 뜻은 정의와 불의가 전도된 그 당시의 국가적 현실과 일치
● 居陀知가 활로 사미승을 쏘아 죽이다. 꽃으로 화한 서해신의 딸을 부인으로 삼아 용의 보호로 무사히 임무를 마치다. 귀국하여 꽃이 여자로 변하니 그와 함께 살다.	● 불타가 머무는 뜻으로 생각할 수 있는 居陀知가 세속의 사미승을 제거한다는 것은 새로운 세계 질서의 창조이며, 꽃은 새로운 세계의 의미. 죽음을 면한 서해신은 새로운 세계의 호국신으로 활약 ● 거타지 설화의 의미는 무기력한 신라가 몰락하고 새로운 나라의 탄생을 예고

효 공 왕[1)]

제52대 효공왕 때인 광화[2)] 15년(912) 임신(사실은 주(후)량의 건화[3)] 2년(912)이다.)에 봉성사[4)]의 바깥문 동서 21간 집에 까치가 집을 지었다.[5)] 또 신덕왕[6)]이 왕위에 오른 지 4년(915)되는 을해(옛 책에는 천우 12년이라고 했으나 당연히 정명 원년이라 해야 할 것이다.[7)])에 영묘사 안 행랑채에 까치집 34개와 까마귀집 40개가 있었다.[8)] 또 3월에는 두 번이나 서리가 내렸고[9)] 6월에는 참포의 물과 바닷물의 물결이 사흘 동안이나 서로 싸웠다.[10)]

1) 효공왕(孝恭王) : 49대 헌강왕의 서자로 그의 나이 열 살 때에 진성여왕에 의해 태자로 책봉된 뒤 진성왕이 병으로 죽기 전 열두 살의 어린 나이로 즉위. 이 당시 궁예가 북쪽을 차지하고 견훤이 호남지역을 장악하여 신라는 간신히 도성 주변만 유지. 이런 상태에서 효공왕은 절망감에 사로잡혀 정치는 제쳐두고 총애하는 후비와 정사에만 몰두하자 당시의 실권자이던 은영이 왕의 애첩을 죽임. 이후 효공왕은 왕권을 빼앗기고 허수아비 왕으로 전락. 912년에 갑자기 왕이 죽자 은영의 백부로서 박씨인 경휘가 53대 신덕왕으로 즉위.
2) 광화(光化) : 당나라 소종의 연호(898~901)로 3년뿐임. 여기서 광화 15년이라 한 것은 신라가 마지막으로 당에 사신을 보낸 것이 광화 연간이므로 그 후에 있었던 연호의 변천을 무시한 것으로 추정.
3) 건화(乾化) : 10세기 전후는 당나라 말의 혼란기로 황소의 난에 참가했던 주온(朱溫)이 901년에 양왕(梁王)에 봉해짐. 904년에는 주온이 당나라 소종(昭宗)을 도와 수도를 장안에서 낙양으로 옮기었으나 소종이 여러 제후에게 주온의 횡포를 폭로하자 주온이 소종을 살해하고 애제(哀帝)를 세움. 그 후 907년에 애제를 퇴위시킨 뒤, 그가 후량의 태조로 등극하여 연호를 건화로 함. 주량(朱梁)이라 한 것은 후량을 세운 태조의 성이 朱이기 때문.
4) 봉성사(奉聖寺) : 기이 제2편 혜공왕 조 참조.
5) 봉성사의 바깥문 동서 21간 집에 까치가 집을 지었다. : 『신당서』에 「까마귀가 변해서 까치가 되는 것은 백성이 적(賊)을 따를 상(象)이다.」라는 것으로 보아 까치는 적(賊)을 의미. 까치는 다른 새의 집을 뺏는 특성이 있으니 『신당서』에 「까치가 나무에 집을 짓지 않고 땅에 집을 지으면 그 땅을 잃어버린다.」라 한 바, 신라가 다른 나라에게 멸망할 조짐으로 추정. 『수서』에 「까마귀와 까치가 황제의 휘장에 집을 지었다. 그 뒤 황제가 시해 당했다.」로 기록됨. 이해에 효공왕이 사망했는데 효공왕이 은영에 의해 피살당한 것을 상징할 수도 있음.

傳효공왕릉

孝恭王

第五十二孝恭王. 光化十五年壬申. (實朱梁乾化二年也.) 奉聖寺外門東西二十一間鵲巢. 又神德王卽位四年乙亥. (古本云天祐十二年. 當作貞明元年.) 靈廟寺內行廊鵲巢三十四. 烏巢四十. 又三月. 再降霜. 六月. 斬浦水與海水 波相鬪三日.

鵲 : 까치 작
巢 : 집 소
祐 : 귀신이도울 우
廟 : 사당 묘
廊 : 회랑 랑
斬 : 베일 참
鬪 : 싸울 투

6) 신덕왕(神德王) : 신라 제53대 왕. 재위 912~917. 제8대 아달라왕의 먼 후손으로 헌강왕의 사위. 타락한 효공왕이 박씨 세력에 의해 제거되고 연로한 나이로 왕위에 올라 난국을 수습하려 했으나 5년 후 세상을 떠나니 육신은 화장하고 능은 죽성에 마련.

＊52대 효공왕과 53대 신덕왕 이후의 세계

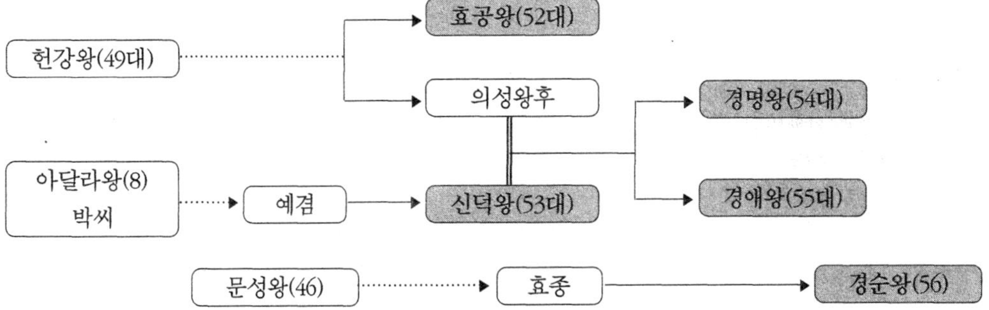

7) 천우 12년이라고 했으나 당연히 정명 원년이라 해야 할 것이다. : 천우(天祐)는 당나라 최후의 왕인 애제(哀帝)의 연호로서 신덕왕 4년인 915년에 후량의 태조가 애제를 퇴위시키고 양(梁)의 개평(開平)연호가 사용됨. 915년은 후량 말제(末帝)의 연호인 정명(貞明) 원년이라 해야 하나 신라가 후량을 중국의 정통왕조로 인정하지 않아 당의 연호를 계속 쓴 것임.

8) 까치집 34개와 까마귀집 40개가 있었다. : 5)항 설명 참조.

9) 3월에는 두 번이나 서리가 내렸고 : 『수서』에 「양천감 3년 3월과 6년 3월에 서리가 내려 초목이 죽었다. 경방(京房)이 『역전(易傳)』에서 말하기를 '병이 일어나 함부로 사람을 죽이니 이는 법을 잃음이며 그 벌로 서리가 내린다.'」로 기록됨. 두 번 서리가 내렸다는 것은 궁예와 견훤 등이 병을 일으켜 사람을 함부로 죽인 것을 상징한 듯함.

10) 참포의 물과 바닷물의 물결이 사흘 동안이나 서로 싸웠다. : 참포(斬浦)는 지금의 포항시 흥해에서 칠포해수욕장으로 흐르는 곡강으로 신라시대 중사(中祀)의 사독(四瀆:맑은 물로써 제사 지내는 곳) 중 하나. 바닷물은 호국신을 의미하므로 사독인 참포의 물과 바닷물이 싸웠다는 것은 호국신이 노여움을 보인다는 뜻.

경 명 왕[1)]

제54대 경명왕 시대인 정명[2)] 4년 무인(918)에 사천왕사[3)] 벽화 속의 개가 짖으므로 3일 동안 불경을 외워 이를 물리쳤으나 반나절도 안 되어 또 짖었다.[4)]

7년 경진(920) 2월에 황룡사[5)] 탑의 그림자가 벼슬이 사지[6)]인 금모의 집 뜰에 한달 동안 거꾸로 서서 비추었다.[7)] 또 10월에는 사천왕사 오방신의 활줄이 모두 끊어지고[8)] 벽화 속의 개가 뜰 안으로 뛰쳐나왔다가 다시 벽의 그림 속으로 들어갔다.

1) 경명왕(景明王) : 신라 제54대왕. 재위 917~924. 신덕왕의 장남으로 신덕왕이 죽자 왕위에 즉위. 이 당시는 왕건과 견훤이 서로 패권을 다투던 시기로 신라는 서라벌 주위에만 통치력이 미치는 형국. 견훤이 신라를 압박하자 경명왕이 고려의 왕건에 의지하여 쇠락한 나라를 유지하기 위해 노력했으나 924년 병으로 생을 마감.

2) 정명(貞明) : 후량(後梁) 말제(末帝)의 연호. 정명 5년의 五는 四의 오기.

3) 사천왕사(四天王寺) : 선덕왕지기삼사 조(善德王知幾三事條) 참조.

4) 사천왕사 벽화 속의 개가 …… 또 짖었다. : 『신당서』에 「개는 짖어서 성〔鎭〕을 지키는 것을 그 임무로 하나 짖지 못한다는 것은 도적으로부터 성〔鎭〕을 지키지 못할 조짐이다.」라 하여 개가 짖지 못할 때 나라를 지키지 못함의 조짐을 나타내나 여기서는 불교적으로 해석하는 것이 타당하다고 생각됨. 사천왕사는 문무왕 때 명랑법사가 당나라의 침략을 막기 위해 세운 호국사찰임. 호국사찰의 벽화 속에 개가 울었다는 것은 나라를 지키는 불법이 쇠퇴하여 나라가 위기에 처했으나 국정을 책임진 위정자들이 제 역할을 하지 못하자 개가 짖어서 그들을 각성토록 한 것을 상징. 불경을 외워 이를 물리쳤으나 반나절만에 또 짖었다는 것은 철저한 각성 없이는 국력회복이 어렵다는 것을 뜻한 듯함.

5) 황룡사(皇龍寺) : 신라에서 가장 큰 사찰로 553년(진흥왕)에 시작하여 645년(선덕여왕)에 완성. 그 후 1238년 몽고군에 의해 불타버리고 지금은 주춧돌만 남아 있음.

6) 사지(舍知) : 신라의 제17관위 중 13관위.

7) 황룡사 탑의 그림자가 …… 거꾸로 서서 비추었다. : 황룡사 9층탑은 신라 삼보(三寶) 중의 하나로, 나라의 위엄을 세워 구한(九韓)이 조공토록 한 탑이며 이 탑을 세운 후 천지가 태평하고 삼한을 통일한 영험한 탑임. 이러한 탑이 거꾸로 서서 비추었다는 것은 신라의 운명이 다했음을 상징.

景明王

第五十四景明王代. 貞明五年戊寅. 四天王寺壁畫狗鳴. 說經三日禳之. 大半日又鳴.

七年庚辰二月. 皇龍寺塔影. 倒立於今毛舍知家庭中一朔. 又十月. 四天王寺五方神. 弓弦皆絶. 壁畫狗出走庭中. 還入壁中.

五 : 四의 오기
壁 : 벽 벽
禳 : 물리칠 양
大 : 不의 오기
倒 : 거꾸러질 도
朔 : 초하루날 삭
弦 : 줄 현

8) 사천왕사 오방신의 활줄이 모두 끊어지고 : 오방신(五方神)이란 동서남북과 중앙의 다섯 방위를 지키는 신을 뜻함. 호국사찰인 사천왕사를 지키는 오방신의 활줄이 모두 끊어졌다함은 신라를 지키는 신들도 그 능력을 상실했다는 것을 상징.

아달라왕(8대), 신덕왕(53대), 경명왕(54대)의 능이라고 전해지는 삼릉

경 애 왕[1)]

제55대 경애왕이 왕위에 오른 동광[2)] 2년 갑신[3)](924) 2월 19일에 황룡사에서 백좌[4)]를 열어 불경을 강설하였다. 겸하여 참선중인 승려 300명에게 음식을 공양하고 대왕이 친히 행차하여 향을 피워 불공을 드렸다. 이것이 선종과 교종이 백좌를 함께 강설한 시초였다.

1) 경애왕(景哀王) : 신라 제55대 왕. 재위 924~927. 경명왕이 후사 없이 죽자 924년 8월에 왕위에 오름. 이 당시 신라의 장군들이 고려로 속속 투항할 뿐만 아니라 신라가 고려 편에 서자 견훤이 신라를 습격. 포석정에 있던 포석사에서 국가의 안녕을 기원하던 경애왕은 자결로 생을 마감하자 새로 등극한 경순왕 김부가 시체를 수습하여 남산 해목령에 장사지냄.

포석정

景哀王

第五十五景哀王卽位. 同光二年甲辰二月十九日. 皇龍寺說百座說經. 兼飯禪僧三百. 大王親行香致供. 此百座通說禪教之始.

辰 : 申의 오기
兼 : 겸할 겸
說 : 設의 오기
飯 : 먹을 반

2) 동광(同光) : 후당(後唐) 장종(莊宗 : 923~925)의 연호.
3) 갑신〔甲辰〕: 동광 2년(924)의 간지가 甲申이므로 辰은 申의 오기.
4) 백좌(百座) : 백 명의 고승을 모시고 호국삼부경인 『인왕경』·『금광명경』·『법화경』을 강설하는 법회 의식.

傳경애왕릉

김부대왕[1]

제56대 김부대왕의 시호는 경순이다. 천성[2] 2년 정해(927) 9월에 백제 견훤이 신라의 고울부[3]까지 침범하자 경애왕이 우리(고려) 태조에게 구원을 청했다. 태조가 장수에게 명하여 정예병 1만 명을 거느리고 가서 그들을 구하도록 하였다. 구원병이 미처 도착하기도 전에 견훤은 겨울 11월에 신라 서울을 습격했다.

왕과 비빈 및 왕족들이 포석정에 놀러가서 잔치를 열어 즐겁게 놀고 있느라[4] 아무것도 모르고 있다가 적병이 쳐들어오매, 창졸간에 어찌할 바를 모르고 왕과 왕비는 달아나 후궁으로 들어갔다. 왕족들과 재상 · 대신 및 상류층의 남녀들은 사방으로 흩어져 달아나다가 적에게 사로잡혀 귀천을 가릴 것 없이 땅에 엎드려 노비가 되기를 빌었다. 견훤은 군사를 풀어 국가와 개인의 재물을 닥치는 대로 약탈하고 왕궁에 들어가 거처하면서 즉시 부하들에게 명하여 왕을 찾도록 했다. 왕은 왕비 및 첩 몇 사람과 함께 후궁에 숨어 있다가 잡혀서 군영 안으로 끌려왔다. 왕을 핍박하여 자결[5]토록 하고 왕비를 강간하였으며 그의 부하들을 풀어놓아 왕의 빈과 첩을 욕보였다. 그리고는 왕의 일가 동생인 부를 세워 왕으로 삼으니 왕은 견훤의 천거에 의하여 즉위하게 되었으나 전왕의 시신을 서쪽의 빈소로 모시고 여러 신하들과 함께 통곡했다. 우리 태조가 사신을 보내어 조문하고 제사를 지내게 했다.

1) 김부대왕(金傅大王) : 신라 제56대 경순왕으로 이름은 김부. 재위 927~935. 제46대 문성왕의 후예. 견훤에 의해 왕위에 올랐으나 견훤이 돌아가면서 도성을 지키던 병사들을 포로로 끌고감에 따라 군대가 없는 이름뿐인 왕. 그 후 견훤이 후백제의 내분으로 고려에 투항하자 경순왕도 고려에 귀순하니 천년역사의 신라는 종막을 고함. 그 후 김부는 경주를 녹읍으로 받아 다스리다가 978년에 생을 마감.

2) 천성(天成) : 5대(五代) 후당(後唐) 명종(明宗 : 926~929)의 연호.

3) 고울부(高鬱府) : 지금의 경북 영천시. 신라시대 초기의 이름이 절야화군(切也火郡)이던 것을 경덕왕 때 고울부로 바꾼 후 고려시대에 도동(道同) · 임천(臨川) 두 개 현(縣)이 고울부에 합쳐져 영천으로 개명됨.

金傅大王

傳 : 스승 부

第五十六金傅大王. 諡敬順. 天成二年丁亥九月. 百濟甄萱. 侵羅至高鬱府. 景哀王請救於我太祖. 命將以勁兵一万往救之. 救兵未至. 萱以冬十一月掩入王京.

王與妃嬪宗戚・遊鮑石亭宴娛. 不覺兵至. 倉卒不知所爲. 王與妃奔入後宮. 宗戚及公卿大夫士女・四散奔走. 爲賊所虜. 無貴賤匍匐乞爲奴婢. 萱縱兵摽掠公私財物. 入處王宮. 乃命左右索王. 王與妃妾數人匿在後宮. 拘致軍中. 逼令王自進. 而强淫王妃. 縱其下亂其嬪妾. 乃立王之族弟傅爲王. 王爲萱所擧卽位. 前王戶殯於西堂. 與羣下慟哭. 我太祖遣使弔祭.

諡 : 죽은후공덕기려줄이름 시
甄 : 질그릇구을 견
萱 : 원추리 훤
鬱 : 우거질 울
勁 : 굳셀 경
掩 : 갑자기공격할 엄
嬪 : 궁녀벼슬이름 빈
戚 : 친할 척
鮑 : 전복 포
娛 : 즐거워할 오
倉 : 갑자기 창
奔 : 달릴 분
虜 : 사로잡을 로
匍 : 기어갈 포
匐 : 기어갈 복
縱 : 놓을 종
摽 : 칠 표
掠 : 빼앗을 략
索 : 찾을 색
匿 : 숨을 닉
拘 : 잡을 구
逼 : 핍박할 핍
進 : 盡의 오기
盡 : 마칠 진
傅 : 傳의 오기
殯 : 빈소 빈
慟 : 애통할 통

4) 왕과 비빈 및 왕족들이 포석정에 놀러가서 잔치를 열어 즐겁게 놀고 있느라 : 경애왕이 노골적으로 고려를 지원하고 견훤을 비난함에 따라 견훤이 서라벌을 치려고 영천까지 진출. 경애왕이 고려에 지원을 요청하는 한편 다급한 심정으로 왕비와 궁녀 그리고 왕족들이 포석사로 가서 제를 올리고 국가의 안녕을 기원하는데 백제군이 들이닥쳐 유린. 경애왕이 포석정에 나가 연회를 베풀며 놀고 있었다하나 그 시기가 엄동설한인 음력 11월이며, 포석정은 유희를 즐기는 곳이 아니라 제를 올리는 사당인 만큼 연회를 베풀었다는 것은 맞지 않음. 이것은 고려의 사가들이 신라 멸망의 당위성을 역설하기 위해 『삼국사기』에서 경애왕이 국가의 위태로운 상황에서 춤추며 즐기고 놀았다고 표현한 데서 기인.

5) 자결〔自進〕 : 본문의 進은 盡의 오기.

이듬해인 무자년(928) 봄 3월에 태조가 기병 50여 명을 거느리고 순행을 하면서 서울(경주) 근방에 도착했을 때 왕이 모든 신하와 함께 교외에서 맞아 대궐로 들어가[6] 서로 정감어린 예의를 다하였다. 임해전[7]에서 연회를 베풀었는데 술이 얼근하게 취하자 왕이 말하기를 "나는 하늘이 돕지 않아 침략을 당해서 재앙을 불러일으켰고 나라가 어지럽게 되었습니다. 견훤이 제멋대로 나쁜 짓을 행하여 우리나라를 망쳐 놓았으니 이 얼마나 원통한 일입니까"[8] 하며 눈물을 줄줄 흘리며 흐느끼니 주위의 여러 사람들도 울지 않은 자가 없었다. 태조도 또한 눈물을 흘렸다.

태조는 수십 일 동안 머물다가 돌아갔는데 부하 군사들이 엄숙하고 정숙하여 추호도 잘못을 저지르지 않았다. 이에 서울의 남녀들이 서로 기뻐하여 말하기를 "전에 견훤이 왔을 때는 늑대와 범을 만난 것 같더니 지금 왕공이 온 것은 마치 부모를 만난 것만 같다"고 했다. 8월에 태조가 사신을 보내 왕에게 비단 저고리와 안장을 갖춘 말을 보내고 아울러 여러 관료와 군인들에게도 차등을 두어 선물을 주었다.

청태[9] 2년 을미(935) 10월에 사방의 국토[10]가 모두 다른 나라의 땅이 되고 국력은 약해지고 형세는 고립되어 스스로 안정을 찾을 수 없었다.[11] 이에 여러 신하들과 함께 국토를 바쳐 태조에게 항복할 것을 의논하였다. 여러 신하들의 찬성과 반대가 분분하여 끝이 나지 않았다.

6) 대궐로 들어가〔入〕: 원문의 入의 뒤에 宮 또는 闕이 빠짐.

7) 임해전(臨海殿) : 지금의 안압지에 건립된 전각으로 674년에 조성. 신라가 멸망하면서 폐허가 되었으나 1980년대에 발굴되어 지금의 형태로 복원됨. 안압지라는 이름이 붙여진 것은 본래의 모습을 잃은 못가에 무성한 갈대와 부평초 사이를 오리와 기러기가 날아다니자 조선조의 묵객들이 붙인 것이라고 함. 절묘하고 오묘한 직선과 곡선으로 이루어져 못가 어느 곳에서 바라보아도 못 전체가 한눈에 들어오지 않도록 설계하여 마치 바다를 보는 듯함.

안압지 전경

明年戊子春三月. 大祖率五十餘騎・巡到京幾. 王與百官郊迎. 入※相對. 曲盡情禮. 置宴臨海殿. 酒酣王言曰. 吾以不天. 侵致禍亂. 甄萱恣行不義. 喪我國家. 何如之. 因泣然涕泣. 左右莫不嗚咽. 太祖亦流涕.

大 : 太의 오기
幾 : 가까울 기
※ : 宮 또는 闕 결락
酣 : 술얼근할 감
禍 : 재앙 화
恣 : 제멋대로할 자
泣 : 泫(눈물흘릴 현)의 오기
涕 : 눈물흘릴 체
咽 : 목멜 열

因留數旬乃廻駕. 麾下肅靜. 不犯秋毫. 都人士女相慶曰. 昔甄氏之來也. 如逢豺虎. 今王公之至. 如見父母. 八月. 太祖遣使遺王錦衫鞍馬. 幷賜羣僚將士有差.

清泰二年乙未十月. 以四方地盡爲他有. 國弱勢孤. 不巳自安. 乃與羣下謀. 擧土降太祖. 羣臣可否. 紛然不巳.

麾 : 대장기 휘
肅 : 엄숙할 숙
駕 : 임금탄수레 가
毫 : 잔털 호
逢 : 만날 봉
豺 : 승냥이 시
錦 : 비단 금
衫 : 적삼 삼
鞍 : 말안장 안
幷 : 합할 병
僚 : 벼슬아치 료
巳 : 已의 오기
紛 : 어지러울 분
巳 : 已의 오기

8) 이 얼마나 원통한 일입니까?〔何如之〕: 안정복(安鼎福)이 그의 수택본(手澤本)에 何如之를 何痛如之로 고침에 따라 해석도 何痛如之로 함.
9) 청태(淸泰) : 5대 후당(後唐)의 끝 황제인 폐제(廢帝 : 934~935)의 연호.

10) 사방의 국토〔四方地〕: 『삼국사기』의 원문은 四方土地임.
11) 스스로 안정을 찾을 수 없었다〔不巳自安〕: 『삼국사기』의 원문이 不能自安이므로 不巳自安을 不能自安으로 고쳐 해석.

왕태자가 말하기를 "나라의 존망은 반드시 하늘의 명이 있는 것이니 마땅히 충성스런 신하와 의로운 인사들과 함께 민심을 수습해서[12] 힘을 다한 후에야 그만 둘 일입니다. 어찌 1천 년의 사직을 가벼이 남에게 내어 줄 수 있겠습니까?"라 하니 왕이 말하기를 "나라가 이같이 고립무원의 위기에 처했으니 우리의 세력을 보전할 수 없게 되었다. 이미 강해질 수도 없고 또 더 약해질 수도 없으니 죄 없는 백성들의 간과 뇌를 길에 바르게 하는[13] 것은 내 차마 할 수 없는 일이다"고 말했다. 이에 벼슬이 시랑[14]인 김봉휴를 시켜 국서를 태조에게 보내 항복을 청하였다.

태자가 울며 왕을 하직하고 바로 개골산[15]으로 들어가서 삼베옷을 입고 나물을 뜯어 먹다가 세상을 마쳤다. 막내아들은 머리를 깎고 화엄종에 속한 승려가 되어 법명을 범공이라 했으며 그 후 법수사[16]와 해인사[17]에 머물렀다고 한다.

태조가 신라의 국서를 받고 태상 왕철[18]을 보내어 왕을 영접하게 했다. 왕이 모든 신하들을 거느리고 우리 태조에게로 귀순해 오는데 아름답게 꾸민 수레와 말들이 30여 리나 연달아 뻗쳐 도로가 막히고 구경꾼들이 담처럼 죽 늘어서 있었다. 태조가 교외까지 나아가 맞이하여 위로하고 대궐 동쪽의 한 구역(지금의 정승원이다.)을 주었다. 태조의 맏딸인 낙랑공주[19]를 그의 아내로 삼게 하니 왕이 자기 나라를 버리고 다른 나라에 살게 되었기 때문에 이를 난새에 비유하여 신란공주로 호칭을 고쳤으며 시호를 효목이라 했다.

왕을 정승에 봉하니 그의 위계는 태자의 위에 있었다. 녹봉으로 1천 석을 주었으며 왕을 모시고 따라온 사람들과 관원 및 장수들도 모두 등용해 주었으며 신라를 경주로 고쳐 그의 식읍[20]으로 했다.

12) 민심을 수습해서〔收合心〕: 『삼국사기』의 원문이 收合民心이므로 收合心을 收合民心으로 고쳐 해석.
13) 간과 뇌를 길에 바르게 하는〔肝腦塗地〕: 죽음의 참혹함을 이른 말로 사마천이 지은 『사기』에 「使天下之民 肝腦塗地 父子暴骨中野(천하의 백성들로 하여금 간과 뇌를 땅에 바르게 하고 아버지와 아들의 해골은 들에 널려있고…)」라 기록됨.
14) 시랑(侍郎) : 경덕왕 때 신라 집사성의 제2위의 관직명으로 사용했던 명칭.
15) 개골산(皆骨山) : 북한에 있는 금강산.

王大子曰. 國之存亡. 必有天命. 當與忠臣義士收合心. 力盡而後巳. 豈可以一千年之社稷. 輕以與人. 王曰. 孤危若此. 勢不能全. 旣不能强. 又不能弱. 至使無辜之民. 肝腦塗地. 吾所不能忍也. 乃使侍郞金封休齎書・請降於太祖.

大 : 太의 오기
巳 : 已의 오기
社 : 사직 사, 땅귀신 사
稷 : 곡신 직
孤 : 외로울 고
辜 : 허물 고
塗 : 칠할 도
齎 : 가질 재
降 : 항복할 항

大子哭泣辭王. 徑往皆骨山. 痲衣草食. 以終其身. 季子祝髮. 隸華嚴・爲浮圖. 名梵空. 後住法水海印寺云.

太祖受書. 送太相王鐵迎之. 王率百僚歸我太祖. 香車寶馬連亘三十餘里. 道路塡咽. 觀者如堵. 太祖出郊迎勞. 賜宮東一區.(今正承院.) 以長女樂浪公主妻之. 以王謝自國居他國. 故以鸞喩之. 改號神鸞公主. 謚孝穆. 封爲正承. 位在太子之上. 給祿一千石. 侍從員將皆錄用之. 改新羅爲慶州. 以爲公之食邑.

大 : 太의 오기
徑 : 곧 경
祝 : 끊을 축
髮 : 머리털 발
隸 : 부속될 례
梵 : 중의글 범
歸 뒤에 于 결락
亘 : 뻗칠 긍
塡 : 막힐 전
咽 : 막힐 열
堵 : 담 도
鸞 : 난새 란
喩 : 비유할 유
穆 : 온화할 목
正 : 政의 오기

16) 법수사(法水寺) : 경북 성주의 가야산 남쪽에 있던 절로 지금은 절터만 있음.

17) 해인사(海印寺) : 신라 제40대 애장왕 3년(802)에 순응(順應)스님이 창건을 시작하여 이정(利貞)스님이 완성한 화엄10찰 중 하나.

18) 태상 왕철(太相王鐵) : 고려의 관직명에 태상(太相)은 보이지 않음. 왕철(王鐵)의 관직은 『고려사』에 섭시중(攝侍中)이며, 섭(攝)은 次・副・從 등의 의미이고 시중은 고려 때 문하부(文下部)의 장관을 시중이라 했으므로 왕철은 문화부의 고위 관리로 추정됨.

왕이 국토를 바치면서 항복해 오자 태조가 매우 기뻐하여 깍듯한 예로 대접하고 사람을 시켜 말하기를 "지금 왕이 나라를 과인에게 주시니 그것은 매우 큰 하사품입니다. 원하건대 왕의 종실과 혼인하여 영구히 사위와 장인의 좋은 관계를 맺고자 합니다"라 하니 왕이 대답하기를 "내 백부인 억렴(왕의 아버지인 효종각간 즉 추봉된 신흥대왕의 아우이다.)에게 딸이 있는데 덕행과 용모가 모두 아름답습니다. 이 분이 아니면 안살림을 잘 다스릴 수가 없을 것입니다"라 했다.

태조가 그에게 장가를 드니 이가 신성왕후 김씨다.(고려조 벼슬이 등사랑[21]인 김관의[22]가 지은 『왕대종록』에 의하면 「신성왕후 이씨는 본래 벼슬이 경주 대위인 이정언이 합주[23]의 수장으로 있을 때 태조가 이 고을에 행차하였다가 그녀를 왕비로 맞았다. 그런 이유로 그를 합주군이라고도 한다. 왕비의 명복을 빌어 세운 절은 현화사[24]이며 3월 25일이 제삿날이고 정릉에 장사지냈다. 아들 하나를 낳으니 안종[25]이다.」라 했다. 이 밖에 25명의 왕비 중에 김씨의 사적은 실려 있지 않으니 자세히 알 수 없다. 그러나 사신(김부식)의 의론에는 역시 안종을 신라왕의 외손이라 했다. 마땅히 역사의 기록이 옳다고 해야 할 것이다.)

태조의 손자 경종[26] 주는 정승공의 딸을 맞아 왕비로 삼았으니 이가 헌승황후이다. 이로 인해서 정승공을 봉해서 상부로 삼았다. 태평흥국[27] 3년 무인(978)에 세상을 뜨니 시호를 경순이라 했다.

상부로 책봉한 글은 이러하다.

「조칙을 내리노니 희씨[28]의 주나라가 나라를 성스럽게 열어간 초년에 먼저 여망[29]을 봉했고 유씨[30]가 한나라를 일으키던 시초에 먼저 소하[31]를 책봉했도다. 이로부터 천하[32]가 크게 안정되었고 왕업을 넓게 열어 주나라 왕실은 30대를 세워[33] 400년을 이어오며[34] 해와 달이 더욱 밝고[35] 천지가 서로 조화를 이루니,[36] 비록 임금이 스스로 다스리지 않아도[37] 신하로 해서 이루어진 것이로다.

19) 낙랑공주(樂浪公主) : 고려 태조의 9명의 딸 중 맏딸. 어머니는 신명태후 유씨.
20) 식읍(食邑) : 나라에서 공신 등에게 한 고을을 주어서 그 지방의 조세 징수권을 부여 한 것.
21) 등사랑(登仕郎) : 고려시대 29관위 중 제27관위.
22) 김관의(金寬毅) : 고려 의종(1146~1170) 때에 징사랑(徵仕郎) · 검교(檢校) · 군기감(軍器監)을 지낸 하급관료로 『편년통감』을 편찬.
23) 합주〔俠州〕 : 지금의 합천(陜川)으로 俠州(협주)는 陜州(합주)의 오기.

初王納土來降. 太祖喜甚. 待之※厚禮. 使告曰. 今王以國與寡人. 其爲賜大矣. 願結婚於宗室. 以永甥舅之好. 王答曰. 我伯父億廉(王之考孝宗角干. 追封神興大王之弟也)有女子. 德容雙美. 非是無以備內政.

太祖娶之. 是爲神成王后金氏(本朝登仕郞金寬毅所撰王代宗錄云. 神成王后李氏. 本慶州大尉李正言爲俠州守時. 太祖幸此州. 納爲妃. 故或云俠州君願堂玄化寺三月二十五日立忌. 葬貞陵. 生一子. 安宗也. 此外二十五妃主中不載金氏之事. 未詳. 然而史臣之論. 亦以安宗爲新羅外孫. 當以史傳爲是.)

太祖之孫景宗伷. 聘政承公之女爲妃. 是爲憲承皇后. 仍封政承爲尙父. 大平興國三年戊寅崩. 謚曰敬順.

册尙父誥曰.

勑. 姬周啓聖之初. 先封呂主. 劉漢興王之始首開簫何. 自大定寰區. 廣開基業. 立龍圖三十代. 躡麟趾四百年. 日月重明. 乾坤交泰. 雖自無爲之主. 乃開致理之臣.

※ : **以**의 결락
甥 : 사위 생
舅 : 장인 구
廉 : 청렴할 렴

娶 : 장가들 취
毅 : 굳셀 의
撰 : 지을 찬
俠 : 협기 협
俠 : **陜**의 오기
伷 : 맏아들 주
聘 : 장가들 빙
仍 : 인할 잉
大 : **太**의 오기
誥 : 깨우쳐고할 고
主 : **望**의 오기
簫 : 퉁소 소
開 : **册**의 오기
簫 : **蕭**(쑥 소)의 오기
自 뒤에 **此** 결락
寰 : 서울근방고을 환
躡 : 밟을 섭
麟 : 기린 린
趾 : 발자욱 지

24) 현화사(玄化寺) : 지금의 개성군 영남면 현화리에 있었던 절로 현재는 7층석탑만 남아 있음. 현종이 어릴 때 세상을 떠난 어머니의 명복을 빌기 위해 지은 사찰.
25) 안종(安宗) : 고려 태조의 여덟째 아들로 제8대 현종의 아버지. 이후 고려의 왕들은 모두 현종의 후손.
26) 경종(景宗) : 고려 제5대 왕. 재위 975~981. 이름은 주(伷). 고려 태조의 손자이며 제4대 광종의 장남.
27) 태평흥국(太平興國) : 송나라 태종의 연호.
28) 희씨(姬氏) : 주나라 왕실의 성(姓).

관광순화 위국공신 상주국[38] 낙랑왕 정승 식읍 8천 호인 김부는 대대로 계림에 자리를 잡아 벼슬은 왕의 지위였고, 영특한 기상은 하늘을 업신여길 만하고 문장은 땅을 진동시킬 만한 재주[39]가 있었도다. 부유함이 일년 내내 계속되고 존귀함은 신라[40]에 깃들어 있으며 온갖 전략[41]이 진실로 가슴 속에 들어 있어 제갈량의 7종 5신[42]은 손바닥 안에 있었노라.

우리 태조는 비로소 이웃과 화목하게 지내는 우호를 닦으시니[43] 일찍부터 신라의 문화[44]를 인식하고 때를 가려서 그대를 사위[45]로 맞아들여 인척이 되니 안으로 큰 충절에 보답했도다. 집안이나 나라가 통일을 이루게 되었고 임금과 신하가 완연히 삼한에 합쳐 그대의 아름다운 이름은 널리 퍼지고 그대의 뛰어난 모범은 빛나고 숭상되니 상부 도성령의 칭호를 더해 주고 추충신의 숭덕수절공신의 칭호를 주니 훈봉은 전과 같을 것이며 식읍은 앞서의 것과 합하여 1만 호로 하노라. 담당 관원은 날을 가려서 예를 갖추어 책명해야 할 것이니 일을 맡은 자가 시행토록 하라.

개보[46] 8년(975) 10월일」

29) 여망〔呂主〕: 원문의 主는 望(망)의 오기. 강태공으로 주나라 초기의 뛰어난 신하. 원래 여상(呂尙)이었으나 주나라 문왕이 그를 맞아 태공망이라 일컬으며 상부로 모심.

30) 유씨(劉氏): 한나라 왕실의 성. 여기서는 한나라를 세운 고조 유방.

31) 소하(簫何): 簫는 蕭(소)의 오기. 승상으로 유방을 도와 한나라를 세운 일등 공신.

32) 천하〔寰區(환구)〕: 천지간(天地間), 또는 국내(國內)란 뜻. 『후한서』에 「自治寰區之外(스스로 나라의 바깥까지도 다스리다.)」

33) 주나라 왕실은 30대를 세워〔立龍圖三十代〕: 용도(龍圖)는 용마(龍馬)가 등에 지고 나왔다는 그림으로 제왕 출현의 상서로움을 나타내는 증서. 30대는 주(周)나라 왕실의 역대 왕 37명을 개략적으로 나타낸 것.

34) 이어오며〔麟趾(린지)〕: 『시경』「주남(周南)」의 편명인 린지지(麟之趾)에서 인용. 기린은 살아 있는 벌레나 풀을 발로 밟지 않는 짐승으로 태평성대를 상징. 주나라 문왕의 자손과 종족이 번성함을 이른 말. 여기서는 후손(後孫) 곧 국조(國祚), 국운(國運)의 뜻.

35) 해와 달이 더욱 밝고〔日月重明〕: 해와 달이 나란히 빛난다는 말. 『역경(易經)』 十翼 彖辭편에 「日月麗乎天 …… 重明以麗乎正……(해와 달은 하늘에 붙어 있고 …… 중첩된 광명으로 정당한 자리에 속해 있으니 ……)」

36) 천지가 서로 조화를 이루니〔乾坤交泰〕: 천지 음양이 조화하여 천하가 태평하다는 말. 『역경』 十翼 彖辭편에 「天地交泰(하늘과 땅이 교접하는 것이 泰卦이다.)」

37) 다스리지 않아도〔無爲〕: 무위이치(無爲而治) 즉 덕화(德化)로써 백성을 다스려 형벌을 일삼지 않아도 나라가 잘 다스려진다는 뜻. 『논어』 위령공(衛靈公)편에 「無爲而治者 其舜也與(아무것도 하지 않고 잘 다스리기는 순임금이었도다.)」

觀光順化衛國功臣上柱國樂浪王政承食邑八千戶. 金傳. 世雞林. 官分王爵. 英烈振淩雲之氣. 文章騰擲地之才. 富有春秋. 貴居茅土. 六韜三略. 拘入胸襟. 七縱五申·撮皈指掌. 我太祖須載接陸擲之好·早認餘風. 尋時頒駙馬之姻·內酬大節. 家國旣歸於一統. 君臣宛合於三韓. 顯播令名. 光崇懿範. 可加號尙父都省令. 仍賜推忠愼義崇德守節功臣號. 勳封如故. 食邑通前爲一万戶. 有司擇日備禮册命. 主者施行.

傳 : 傅의 오기　世 뒤에 處의 결락
爵 : 작위 작
振 : 떨칠 진　淩 : 업신여길 릉
騰 : 오를 등
擲 : 던질 척　茅 : 띠 모
韜 : 병법 도　襟 : 가슴 금
拘 : 恂(진실할 순)의 오기
縱 : 놓을 종
撮 : 양손에쥘 촬
皈(歸와 동일) : 붙을 귀
須載接陸擲 : 始修睦鄰의 오기로 봄
頒 : 나눌 반　駙 : 부마 부
姻 : 혼인할 인　酬 : 갚을 수
宛 : 완연 완　播 : 뿌릴 파
懿 : 아름다울 의
愼 : 삼갈 신
勳 : 공적 훈
通 : 모두 통
擇 : 가릴 택

開寶八年十月日.

38) 상주국(上柱國) : 중국 전국시대 초(楚)나라의 제도에 '전쟁에서 승리를 얻거나 적장을 죽인 자에게 주는 최상위의 관명. 고려에서도 국가 최고의 공신에게 주는 관명.
39) 땅을 진동시킬 만한 재주〔擲地之才〕: 원문의 擲地(척지)는 擲地作金石聲(척지작금석성)을 줄인 말로 문장이 정묘하여 땅에 던지면 금석(金石)의 소리가 난다는 뜻.
40) 신라〔茅土〕: 원문의 茅土(모토)는 봉토(封土)와 같은 말로 제후를 봉할 때 내어준 땅. 천자가 제후를 봉할 때 그 방향 빛깔의 흙(동 : 청색, 서 : 백색, 남 : 적색, 북 : 흑색, 중앙 : 황색)을 흰 띠인 백모(白茅)에 싸서 주었으므로 모토(茅土)라 함.
41) 온갖 전략〔六韜三略〕: 병서의 이름으로 육도(六韜)는 태공망이 지었다하며 삼략(三略)은 황석공(黃石公)이 지었다하나 모두 후세의 위작(僞作)이라고 함.
42) 7종 5신(七縱 五申) : 7종은 제갈량이 남만을 칠 때 추장 맹획을 일곱 번 잡았다가 일곱 번 놓아 주었다는 것으로서 전략의 탁월함을 말함. 5신은 3령5신(三令五申) 즉 재삼고계(再三告誡)한다는 뜻으로 군기가 철저한 것을 뜻함.
43) 비로소 이웃과 화목하게 지내는 우호를 닦으시니〔須載接陸擲之好〕: 원문의 須載接陸擲은 안정복의 수택본에 기록된 始修睦鄰으로 고쳐 해석함.
44) 신라의 문화〔餘風〕: 전대(前代) 즉 신라의 풍교(風敎 : 풍속을 잘 교화시킴).
45) 사위〔駙馬〕: 원문의 부마(駙馬)는 부마도위(駙馬都尉)의 약칭. 부마도위는 천자의 말을 담당하는 직책의 관명이었으나 위진(魏晉) 이후 천자의 사위는 반드시 이 직책에서 선택됨에 따라 부마가 천자의 사위 명칭으로 됨.

「대광 내의령[47] 겸 총한림[48] 신하 핵선이 받들어 시행하니 받들게 된 칙명은 위와 같고 공문이 도착하여 시행했다.

개보 8년(975) 10월 일」

「시중[49] 서명 · 시중 서명 · 내봉령[50] 서명 · 군부령[51] 서명 · 군부령 서명 없음 · 병부령[52] 서명 없음 · 병부령 서명 · 광평시랑[53] 서명 · 광평시랑 서명 없음 · 내봉시랑 서명 없음 · 내봉시랑 서명 · 군부경 서명 없음 · 군부경 서명 · 병부경 서명 없음[54] · 병부경 서명.[55]

'추충신의 숭덕수절공신 상부 도성령 상주국 낙랑군왕 식읍 1만호 김부' 에게 칙명을 위와 같이 받들었으며 문서가 도착하여 시행했다.

주사[56] 서명 없음. 낭중[57] 서명 없음. 서령사[58] 서명 없음. 공목[59] 서명 없음.

개보 8년(975) 10월 일 하」

역사를 맡은 관리[60]의 평론은 다음과 같다.

「신라의 박씨 · 석씨는 모두 알에서 탄생했다. 김씨는 하늘로부터 황금 상자 속에 넣어져서 내려 왔다고도 하고 황금으로 된 수레를 타고 왔다고도 하는데 이것은 너무나 괴이해서 믿을 수 없다. 그러나 세속에서는 이렇게 전해 오면서 실제 사실처럼 되었다. 이제 다만 건국 초의 일을 살펴보면 위에 있는 사람은 자기 자신을 위해서는 검소했고 남에게는 관대하였으며 관직의 설치는 간략했으며 행사는 간소했다. 정성껏 중국을 섬겨 산을 넘고 바다를 건너가는 사신이 서로 잇달아서 끊어지지 않았으며 항상 자제들을 중국에 보내 조정에 나아가 황제를 호위하게 하고 교육기관에 들여보내 학습토록 하여 성현의 풍도와 교화를 이어받아 미개[61]한 습속을 개혁함으로써 예의 있는 나라로 만들었다.

46) 개보(開寶) : 송나라 태조의 연호. 개보 8년은 975년으로 광종 26년에 해당.
47) 대광 내의령(大匡內議令) : 국정 전반을 관장하는 내의성의 최고직으로 조선조의 영의정에 해당.
48) 총한림(摠翰林) : 한림학사(翰林學士)의 最高位職으로 추정.
49) 시중(侍中) : 문하성(門下省)의 최고위직.
50) 내봉령(內奉令) : 내봉성의 최고위직.
51) 군부령(軍部令) : 병조(兵曹)의 책임직위 관직.
52) 병부령(兵部令) : 〃
53) 광평시랑(廣坪侍郎) : 원문 廣坪의 坪은 評(평)의 오기. 시랑은 차관(次官)직.

大匡內議令兼摠翰林臣翮宣奉行. 奉勑如右. 牒到奉行.

開寶八年十月日.

侍中署・侍中署・內奉令署・軍部令署・軍部令無署・兵部令無署・兵部令署・廣坪侍郎署・廣坪侍郎無署・內奉侍郎無署・內奉侍郎署・軍部卿無署. 軍部卿署. 兵部卿無署・兵部卿署・

告推忠愼義崇德守節功臣尙父都省令・上柱國樂浪都王・食邑一万戶・金傳奉勑如右・符到奉行. 主事無名・郎中無名・書令史無名・孔目無名.

開寶八年十月日下.

史論曰.

新羅朴氏昔氏. 皆自卵生. 金氏從天入金樻而降. 或云乘金車. 此尤詭怪不可信. 然世俗相傳爲實事. 今但厚厥初. 在上者. 其爲已也儉. 其爲人也寬. 其設官也略. 其行事也簡. 以至誠事中國. 梯航朝聘之使・相續不絶. 常遣子弟・造朝※宿衛. 入學而誦習. 于以襲聖賢之風化. 革鴻荒之俗. 爲禮義之邦.

摠 : 거느릴 총
翰 : 붓 한
翮 : 날개쭉지 핵
右 : 위 우
牒 : 공문 첩
署 : 표기할 서
坪 : 評의 오기
坪 : 評의 오기
都 : 郡의 오기
傳 : 傅의 오기

樻 : 신령스런나무 궤
樻 : 櫃의 오기
櫃 : 상자 궤
尤 : 더욱 우
詭 : 괴이할 궤
但 : 다만 단
厚 : 原의 오기
原 : 추구할 원
已 : 己의 오기
梯 : 사다리 제
聘 : 사신보낼 빙
造 : 나아갈 조
※ : 而 결락
誦 : 읽을 송
襲 : 입을 습
鴻 : 클 홍
荒 : 거칠 황

54) · 55) 서명 없음 · 서명 : 서명이 있고 없다는 것은 두 명씩 있는 관직에서 서명을 한 자, 또는 서명에 빠진 자를 기록한 문서를 사실대로 서술.
56) · 57) 주사(主事) · 낭중(郎中) : 고려 관제(官制)에서 5품 사무관직.
58) · 59) 서령사(書令史) · 공목(孔目) : 관용문서를 처리하는 이속(吏屬) 즉 아전.
60) 역사를 맡은 관리〔史〕: 『삼국사기』를 지은 김부식.
61) 미개〔鴻荒(홍황)〕: 洪荒(홍황)과 같은 말로 태고(太古) 또는 미개라는 뜻.
62) 백성〔齊民〕: 평민과 같은 말.
63) 중이 되자〔緇褐 : 치갈〕: 승려는 검은 장삼을 입으므로 승려가 되는 것은 검은 옷을 뜻하는 치갈(緇褐)로 일컬음.

또 당나라 군사의 위력과 영험함을 빌려 백제와 고구려를 평정하고 그 땅을 취하여 군현으로 삼았으니 번창하였다고 할 만하다. 그러나 불법을 숭상하여 그 폐단을 깨닫지 못하여 동네 마을에까지 불탑과 절이 즐비하게 되었다. 백성[62]들이 도피하여 중이 되자[63] 군사나 농민이 점차 줄어들었다. 그래서 나라는 날로 쇠약하여졌으니 어찌 어지러워지지 않겠으며 망하지 않을 수 있겠는가?

이러한 때에 경애왕은 그 위에다가 방탕한 쾌락에 빠져 궁녀 및 측근자들과 포석정에 나가 놀면서 술자리를 벌이고 잔치를 하다가 견훤이 들이닥치는 것도 몰랐으니 문 밖의 한금호[64]나 누각 위의 장려화[65]와 다를 바가 없었다. 경순왕이 태조에게 귀순한 것은 비록 어쩔 수 없이 한 일이기는 하나 또한 아름답다 할 수 있을 것이다. 만약 힘을 다하여 싸워 죽음도 불사하고 고려군사에 대항하여 지키려고 했던들 힘도 다하고 기세도 소진하여 반드시 그의 가족을 뒤엎고 죄 없는 백성들에게 위해가 미쳤을 것이다.

그런데 명령을 기다리지도 않고 나라의 창고를 봉하고 군과 현의 호적을 가지고 귀순하였으므로 조정에 대해서는 공로가 있고 백성에게 끼친 덕은 매우 컸었다. 옛날 전씨[66]가 오와 월나라를 송나라에 바치며 귀순한 것을 소자첨[67]은 그를 충신이라 하였는데 지금 신라의 공덕은 그 보다도 훨씬 더하다 하겠다. 우리 태조는 왕비와 후궁들이 매우 많아서 그 자손들도 또한 번창했다. 현종도 신라의 외손으로 왕위에 오르게 되면서부터 이후에 왕통을 계승한 이는 모두 그의 자손이었으니 어찌 그 음덕이 아니겠는가?」

신라가 이미 땅을 바치고 나라가 없어지니 벼슬이 아간[68]인 신회는 지방 근무를 그만두고 돌아와 서울이 황폐한 것을 보고 서리리[69]의 탄식을 하면서 노래를 지었는데 그 노래는 없어져 자세히 알 수 없다.

64) 한금호(韓擒虎) : 수(隋)나라 사람. 문제(文帝) 때 한금호가 5백명으로 진(陳)나라 수도인 금릉(金陵)을 손에 넣고 후주(後主)를 사로잡음. 여기서는 한금호를 견훤에 비유.

65) 장려화(張麗華) : 남조(南朝)의 진(陳)나라 후주(後主)의 비. 수나라 장수 한금호가 금릉으로 들어오자 후주와 함께 우물 속에 숨었다가 붙잡혀 죽임을 당함. 여기서 장려화는 경애왕의 비빈에 비유.

66) 전씨(錢民) : 오대(五代) 때 오월왕(吳越王) 전숙(錢俶)을 말함. 송나라 태조 때 입조한 후, 태종 때 오월국 13주를 송나라에 바침. 원문의 民은 氏의 오기.

又憑王師之威靈. 平百濟高句麗. 取其地郡縣※. 可謂盛矣. 然而奉浮屠之法. 不知其弊. 至使閭里比其塔廟・齊民逃於緇褐. 兵農侵小. 而國家日衰. 幾何其不亂且亡也哉.

於是時. 景哀王加之以荒樂. 與宮人左右出遊鮑石亭. 置酒燕衎. 不知甄萱之至. 與門外韓檎虎・樓頭張麗華. 無以異矣. 若敬順之歸命太祖. 雖非獲巳. 亦可佳矣. 向若力戰守死. 以抗王師. 至於力屈勢窮. 即必覆其家族. 害及于無辜之民.

而乃不待告命. 封府庫籍郡難・以歸之. 其有功於朝廷. 有德於生民甚大. 昔錢民以吳越入宋. 蘇子瞻謂之忠臣. 今新羅功德・過於彼遠矣. 我太祖妃嬪衆多. 其子孫亦繁衍. 而顯宗自新羅外孫即寶位. 此後繼統者. 皆其子孫. 豈非陰德也歟.

新羅既納土國除. 阿干神會・罷外署還. 見都城離潰. 有黍離離嘆. 乃作歌. 歌亡未詳.

憑 : 의지할 빙
※ : 之 결락
緇 : 검을 치
閭 : 마을 려
比 : 빽빽할 비
侵 : 浸의 오기
荒 : 거칠 황
燕 : 잔치 연
衎 : 즐길 간
檎 : 사과 금
檎 : 擒의 오기
獲 : 얻을 획
巳 : 已의 오기
抏 : 꺾을 완
抏 : 抗의 오기
屈 : 다할 굴
窮 : 다할 궁
覆 : 엎지를 복
辜 : 허물 고

難 : 縣의 오기
錢 : 돈 전, 호미 전
民 : 氏의 오기
瞻 : 볼 첨
繁 : 많을 번
衍 : 넘칠 연
歟 : 그런가 여
離 : 흩어질 리
潰 : 무너질 궤
黍 : 기장 서
嘆 : 한숨쉴 탄

67) 소자첨(蘇子瞻) : 북송(北宋)의 문인. 당송 8대가 중 한 명으로 이름은 식(軾), 자는 자첨 또는 동파(東坡 : 1036~1101).

68) 아간(阿干) : 신라 제6위의 관위.

69) 서리리(黍離離) : 『시경』「왕풍(王風)」에서 주(周)나라의 대부가 옛 도성을 지나다가 도성이 황폐화되고 왕실이 없어져 종묘와 궁실이 모두 밭이 된 것을 민망히 여겨 지은 시에서 나온 말. 『시경』「彼黍離離 彼稷之苗(기장 이삭 늘어지고 피의 싹도 돋았구나.)」

남부여[1] 전백제[2] 북부여[3] (북부여는 이미 위에 나와 있다.)

– 남부여와 전백제와 북부여 –

부여군[4]은 전백제의 수도인데 혹 소부리[5]군이라고도 한다. 『삼국사기』에 의하면 「백제 성왕 16년[6] 무오(538) 봄에 수도를 사비[7]로 옮기고 나라 이름을 남부여라 했다.」고 하였다. 해석하여 말하기를 「그 지명은 소부리이다. 사비는 지금의 고성진[8]이다. 소부리는 부여의 다른 이름이다.」라 했는데 이것은 주석이다.

또 『양전장적』[9]을 살펴보면 「소부리군 전정주첩」[10]이라 쓰여 있는데 지금 말하는 부여군이란 아주 옛날의 이름을 다시 찾은 것으로서 백제왕의 성이 부씨이므로 그렇게 불렀던 것이다. 혹 여주라고 부르는 것은 군의 서쪽에 있는 자복사의 설법하는 높은 좌석 위에 수놓은 휘장이 있는데 그 수놓은 글에 「통화[11] 15년 정유(997) 5월 일 여주 공덕대사[12]의 수장이다.」라 하였기 때문이다. 또 옛날 하남에 임주자사를 두었는데 그 때의 그림과 책 중에 여주라는 두 글자가 있었다. 임주는 지금의 가림군[13]이고 여주는 지금의 부여군이다.

『백제지리지』에서 말하기를 「『후한서』에 삼한은 대개 78국인데 백제는 그 중의 한 나라이다.」라 했다.

1) 남부여(南扶餘) : 백제의 또 다른 명칭. 『삼국사기』의 성왕 16년조에 「수도를 사비(일명 소부리)로 옮기고 국호를 남부여라 했다.」라 한 것으로 보아 그 당시부터 국호를 남부여로 함. 남부여로 한 것은 백제왕족이 부여 · 고구려와 같은 계열로 부여의 시조전승을 의식하여 붙인 것으로 추정.
2) 전백제(前百濟) : 견훤이 세운 後백제를 의식하여 붙여진 이름.
3) 북부여(北扶餘) : 기이 제1의 북부여 조 참조.
4) 부여군(扶餘郡) : 백제의 수도는 처음 위례(慰禮)에 정했다가 하남 위례성으로 옮김. 그 후 웅진(熊津)으로 옮겼다가 다시 사비(泗沘)로 천도함. 사비가 부여군으로 개칭된 시기는 경덕왕 16년이며, 백제 시대에는 그 지방을 소부리군(所夫里郡)이라 불렀음.
5) 소부리(所夫里) : 所夫里는 ᄉᆡ블 곧 徐耶伐 · 沙伐 · 舒發과 같은 말 〈양주동〉
6) 성왕 16년〔聖王二十六年〕: 원문의 二十六은 十六의 오기.
7) 사비〔泗沘〕: 사비는 동명(東明)의 뜻인 ᄉᆡᄇᆞᆰ → ᄉᆡ배 → 사비. 〈양주동〉
8) 사비는 지금의 고성진〔泗沘今之古省津〕: 『동국여지승람』에 「고성진 즉 사비하(泗沘河)는 부소산 아래에 있다.」로 기록. 사비는 백제 수도이나 원래는 금강 중류 부소산 부근의 지명을 사비하라고 불렀으며 사비는 강가의 모래언덕을 뜻함. 사비는 지금의 고성진으로 추정됨. 〈미시나〔三品〕, 『三國遺事考證』〉

南扶餘 前百濟 北扶餘(巳見上)

巳 : 已의 오기

扶餘郡者. 前百濟王都也. 或稱所夫里郡. 按三國史記. 百濟聖王二十六年戊午春. 移都於泗泚. 國號南扶餘. 注曰. 其地名所夫里. 泗泚. 今之古省津也. 所夫里者. 扶餘之別號也. 巳上注.

又按量田帳籍. 曰所夫里郡田丁柱貼. 今言扶餘郡者. 復上古之名也. 百濟王姓扶氏. 故稱之. 或稱餘州者. 郡西資福寺高座之上. 有繡帳焉. 其繡文曰. 統和十五年丁酉五月日餘州功德大寺繡帳. 又昔者. 河南置林州刺史. 其時圖籍之內. 有餘州二字. 林州・今佳林郡也. 餘州・今之扶餘郡也.

百濟地理志曰. 後漢書曰. 三韓凡七十八國. 百濟是其一國焉.

二十六 : 十六의 오기
泗 : 물이름 사
泚 : 沘의 오기
沘 : 물이름 비
泚 : 고을이름 자
巳 : 已의 오기
帳 : 치부책 장
柱 : 기둥 주
貼 : 붙일 첩
復 : 되돌릴 복
繡 : 수놓을 수
帳 : 휘장 장
寺 : 師의 오기
刺 : 찌를 자, 뽑을 자
佳 : 아름다울 가

9) 양전장적(量田帳籍) : 토지 측량대장.
10) 전정주첩(田丁柱貼) : 농사하는 일꾼에 관한 것을 기록한 대장.
11) 통화(統和) : 거란 성종(聖宗 : 983~1031)의 연호.
12) 공덕대사(功德大寺) : 원문의 寺는 師의 오기. 공덕대사의 출신내력 미상.
13) 임주는 지금의 가림군〔林州今佳林郡〕: 임주는 백제시대에 가림군(可林郡)이라 했으며 신라 경덕왕 때 가림군(嘉林郡)으로 개칭. 嘉林郡이 佳林郡으로 된 시기는 불명확.
14) 북사(北史) : 북조(北朝)의 위(魏) · 북제(北齊) · 주(周) · 수(隋)의 네 왕조 242년 동안의 역사. 당나라 이연수(李延壽)가 지음.

백제초기의 읍성인 몽촌토성

『북사』[14]에서 말하기를 「백제의 동쪽 끝은 신라이고 서남쪽은 큰 바다가 가로막히고 북쪽은 한강을 경계로 했다. 수도[15]는 거발성[16] 또는 고마성이라고 하며 이 밖에 또 오방성이 있다.」라 했다.

『통전』에는 「백제는 남쪽으로 신라에 접해 있고 북쪽에는 고구려가 접해 있으며 서쪽으로는 큰 바다에 막혀 있다.」라 했다.

『구당서』에는 「백제는 부여[17]의 한 종족[18]으로 동북쪽은 신라이고 서쪽으로 바다를 건너면 월주에 이르고[19] 남쪽으로 바다를 건너면 왜에 이르며 북쪽은 고구려이다. 그 왕이 거처하는 곳의 동서에 두 성이 있다.」고 했다.

『신당서』에는 「백제의 서쪽 경계는 월주이고 남쪽은 왜인데 모두 바다를 건너야 하며 북쪽은 고구려이다.」라 했다.

『삼국사기』 본기에는 「백제의 시조는 온조이며 그의 아버지는 추모왕인데 혹 주몽이라고도 한다. 그는 북부여로부터 난을 피하여 졸본부여에 도착하였다. 그곳의 왕에게는 아들이 없고 딸만 셋 있었다. 그는 주몽이 범상한 사람이 아닌 것을 알고 둘째딸을 아내로 주었다. 얼마 안 되어 부여 땅의 왕이 세상을 뜨자 주몽이 왕위를 이어 받아 아들 둘을 낳으니 맏아들이 비류이고 둘째가 온조이다.

그들은 후에 태자에게 인정을 받지 못할까 두려워하여 드디어는 오간 · 마려 등 10여 명의 신하[20]들과 남쪽으로 가니 그들을 따르는 백성이 많았다. 마침내 한산[21]에 도착하여 부아악에 올라 살 만한 곳을 살펴보았다. 비류가 해변에 살려고 하자 열명의 신하들이 말리면서 권고하여 말하기를 "이 하남 땅은 북쪽으로는 한수[22]가 띠처럼 둘러쳐져 있고, 동쪽은 높은 산에 의지하며 남쪽으로는 기름진 습지를 바라보고, 서쪽에는 큰 바다에 막혀 천연적으로 험한 지리적 이점이 있어 얻기 어려운 형세입니다. 여기에 도읍을 만드는 것이 아무래도 좋지 않겠습니까?"라 했다.

15) 수도〔郡〕: 원문의 郡은 都의 오기.
16) 거발성〔居扶城〕: 扶는 拔(발)의 오기.
17) 부여〔扶夫〕: 夫는 餘의 오기.
18) 종족〔程〕: 程은 種의 오기.

北史云. 百濟東極新羅. 西南限大海. 北際漢江. 其郡曰居扶城. 又云固麻城. 其外更有五方城.

通典云. 百濟南接新羅. 北距高麗. 西限大海.

舊唐書云. 百濟・扶夫之別程. 東北新羅. 西渡海※越州. 南渡海至倭. 北高麗. 其王所居. 有東西兩城.

新唐書云. 百濟西界越州. 南倭. 皆踰海. 北高麗.

史本記云. 百濟始祖溫祚. 其父雛牟王. 或云朱蒙. 自北扶餘逃難. 至卒本扶餘. 州之王無子. 只有三女. 見朱蒙知非常人. 以第二女妻之. 未幾. 扶餘州王薨. 朱蒙嗣位. 生二子. 長曰沸流. 次曰溫祚.

恐後大子所不容. 遂與烏干馬黎等※臣南行. 百姓從之者多. 遂至漢山. 登負兒岳. 望可居之地. 沸流欲居於海濱. 十臣諫曰. 惟此河南之地. 北帶漢水. 東據高岳. 南望沃澤. 西阻大海. 其天險地利. 難得之勢. 作都於斯. 不亦宜乎.

際 : 경계 제
郡 : 都의 오기
扶 : 拔(뽑을 발)의 오기
距 : 이를 거
夫 : 餘의 오기
程 : 種의 오기
※ : 至 결락
越 : 월나라 월
踰 : 넘을 유

祚 : 복(福) 조
雛 : 새이름 추
牟 : 클 모
逃 : 달아날 도
薨 : 왕, 제후죽을 훙
沸 : 끓을 비
遂 : 마침내 수
大 : 太의 오기
黎 : 검을 려
※ : 十 결락
濱 : 물가 빈
據 : 의지할 거
沃 : 기름질 옥
澤 : 늪지 택
阻 : 막힐 조
宜 : 마땅할 의

19) 바다를 건너면 월주에 이르고〔渡海越州〕: 渡海의 뒤에 至의 결락. 월주는 중국의 절강성 지방.
20) 오간・마려 등 10여 명의 신하〔烏干馬黎等臣〕: 馬黎等의 뒤에 十의 결락.
21) 한산(漢山) : 지금의 경기도 광주.
22) 한수(漢水) : 지금의 한강.

비류는 듣지 않고 백성들을 나누어 미추홀[23]로 가서 살았다. 온조는 하남 위례성[24]에 도읍을 정하고 신하 열 명의 보필을 받아 나라 이름을 십제라 했으니 이 때가 한나라 성제 홍가[25] 3년(BC 18)이었다. 비류는 미추홀의 땅이 습하고 물이 짜서 편안히 살 수 없게 되자 위례성에 돌아와 보았다. 도읍은 안정되어 있고 백성들은 편안히 살고 있었으므로 마침내 부끄러워 후회하다가 죽으니 그 신하들과 백성들이 모두 위례성으로 돌아왔다. 그 후 백성들이 돌아 올 때 기뻐했다 하여 나라 이름을 백제로 고쳤다. 그의 집안 계보는 고구려와 마찬가지로 부여에서 나왔으므로 '해'로써 성씨를 삼았다. 그 뒤 성왕 때 도읍을 사비로 옮기니 지금의 부여군이다.(미추홀은 인주이며 위례는 지금의 직산이다.)」라 했다.

『고전기』에 의하면 「동명왕의 셋째아들 온조가 전한 홍가 3년 계유(B.C. 18)에 졸본부여에서 위례성으로 와서 도읍을 정하고 왕이라고 칭했다. 14년 병진(B.C.5)에 도읍을 한산(지금의 광주이다.)으로 옮겨 389년을 지냈다. 13대 근초고왕 때인 함안[26] 원년(371)에 고구려의 남평양[27]을 빼앗아 도읍을 북한성(지금의 양주이다.)으로 옮겨 105년 동안 지냈다. 22대 문주왕이 즉위한 원휘[28] 3년 을묘(475)에 도읍을 웅천(지금의 공주이다)으로 옮겨 63년을 지낸 뒤 26대인 성왕 때 도읍을 소부리로 옮기고 나라 이름을 남부여라 하여 31대 의자왕까지 120년을 지냈다. 당나라 현경[29] 5년(660)은 바로 의자왕이 왕위에 있은 지 20년째 되는 때이다. 이때에 신라 김유신이 소정방과 함께 백제를 쳐서 평정했다.」라고 하였다.

백제는 원래 5부가 있어 37군 200여 개의 성[30]으로 나누어 다스렸으며 집은 76만 호였다. 당나라가 그 땅에 웅진 · 마한 · 동명 · 금련 · 덕안 등 다섯 도독부를 두었다. 그리고는 그 지방의 추장으로 도독부 자사로 삼았으나 얼마 안 되어 신라가 그 땅 모두를 합치고는 웅주 · 전주 · 무주의 3개 주와 여러 군현을 두었다.

23) 미추홀(弥雛忽) : 지금의 인천.
24) 하남 위례성(河南慰禮城) : 위례성의 위치는 직산이라는 설과 서울의 풍납동이라는 두 가지 학설이 있음.
25) 홍가(鴻佳) : 佳는 嘉의 오기. 한나라 성제(成帝)의 연호.

沸流不聽. 分其民・歸弥雛忽居之. 溫祚都河南慰禮城. 以十臣爲輔翼. 國號十濟. 是漢成帝鴻佳三年也. 沸流以弥雛忽土濕水醎. 不得安居. 皈見慰禮都邑鼎定・人民安泰. 遂慙悔而死. 其臣民皆皈於慰礼城. 後以來時百姓樂悅. 改號百濟. 其世系與高句麗同出扶餘. 故以解爲氏. 後至聖王. 移都於泗泚. 今扶餘郡.(弥雛忽. 仁州. 慰礼. 今稷山.)

雛 : 병아리 추
輔 : 도울 보
翼 : 도울 익
佳 : 嘉의 오기
醎 : (鹹 : 소금기짤 함)의 속자
鼎 : 세발달린솥 정
慙 : 부끄러울 참
悔 : 후회할 회
悅 : 기쁠 열
泚 : 沘의 오기
稷 : 곡신 직

按古典記云. 東明王第三子溫祚. 以前漢鴻佳三年癸酉. 自卒本扶餘. 至慰礼城. 立都稱王. 十四年丙辰. 移都漢山.(今廣州.) 歷三百八十九年. 至十三世近肖古王. 咸安元年. 取高句麗南平壤. 移都北漢城.(今楊州.) 歷一百五年. 至二十二世文周王卽位. 元徵三年乙卯. 移都熊川.(今公州.) 歷六十三年. 至二十六世聖王. 移都所夫里. 國號南扶餘. 至三十一世義慈王. 歷一百二十年.

佳 : 嘉의 오기
肖 : 닮을 초
徵 : 徽의 오기

至唐顯慶五年. 是義慈王在位二十年. 新羅金庾信與蘇定方討平之. 百濟國舊有五部. 分統三十七郡・二百濟城・七十六万戶. 唐以※地. 分置熊津・馬韓・東明・金漣・德安等五都督府. 仍※其酋長爲都督府剌史. 未幾. 新羅盡幷其地. 置熊・全・武三州及諸郡縣.

濟 : 餘의 오기
※ : 其 결락
漣 : 물놀이할 련
※ : 以 결락
酋 : 두목 추

26) 함안(咸安) : 동진(東晋)의 제8대 간문제(簡文帝 : 371~372)의 연호.
27) 남평양(南平壤) : 지금의 서울.
28) 원휘〔元徵〕: 원문의 徵은 徽(휘)의 오기. 원휘는 남조(南朝) 유송(劉宋) 후폐제(後廢帝 : 473~476)의 연호.
29) 현경(顯慶) : 당나라 고종의 연호.
30) 200여 개의 성〔二百濟城〕: 원문의 濟는 餘(여)의 오기.

또 호암사[31]에는 정사암[32]이란 바위가 있는데 나라에서 재상을 뽑으려 의논하고는 마땅히 뽑혀야 할 사람 3,4명의 이름을 써서 상자에 넣고 봉해서 바위 위에 두었다. 조금 뒤 가져다 보고 이름 위에 도장의 흔적이 있는 사람을 재상으로 했기 때문에 그렇게 이름이 붙여진 것이다.

또 사비하 강둑에 바위 하나가 있다. 소정방이 일찍이 이 바위 위에 앉아 어룡을 낚아 올렸으므로 바위 위에는 용이 꿇어앉은 흔적이 있다. 그래서 그 바위를 용암[33]이라 했다.

또 고을 안에는 세 개의 산이 있으니 일산[34] · 오산[35] · 부산[36]이라 한다. 백제가 융성할 때에는 각각의 산 위에는 신들이 살면서 아침저녁으로 끊임없이 날아다니면서 왕래했다.

31) 호암사(虎嵓寺) : 충청남도 부여군 호암리에 절터가 있음. 『신증동국여지승람』의 부여현 고적조에 「호암사는 … 천정대 아래에 하나의 암석이 있는데 그 암석 위에 호랑이 발자국이 있어서 그렇게 이름을 지었다.」고 기록됨.

32) 정사암(政事嵓) : 정사암을 천정대라고도 함. 『신증동국여지승람』의 부여현 고적조에 「부여현의 북쪽 10리쯤에 깎아지른 봉우리에 전망대와 같은 바위가 있는데 아래로는 강물이 흐르고 있다. 세속에서 전하기로는 백제시대에 재상을 뽑고자 할 때 마땅히 뽑혀야 할 사람의 이름을 써서 상자에 봉하여 바위 위에 놓아두었다. 조금 뒤 가져다 보고 이름 위에 도장의 흔적이 있는 사람을 재상으로 했기 때문에 그렇게 이름이 붙여진 것이다.」고 기록됨.

논밭으로 변한 호암사터

정사암(천정대)

又虎嵓寺有政事嵓. 國家將議宰相. 則書當選者名・或三四. 函封置嵓上. 須臾取看. 名上有印跡者爲相. 故名之.

又泗泚河邊有一嵓. 蘇定方嘗坐此上. 釣魚龍而出. 故嵓上有龍跪之跡. 因名龍嵓.

又郡中有三山. 曰※山・吳山・浮山. 國家全盛之時. 各有神人居其上. 飛相往來. 朝夕不絶.

嵓 : 바위 암
函 : 상자 함
須 : 잠깐 수
臾 : 잠깐 유
跡 : 자취 적
泚 : 沘의 오기
釣 : 낚시 조
跪 : 꿇어앉을 궤
※ : 日의 결자

33) 용암(龍嵓) : 『신증동국여지승람』의 부여현 고적조에 「조룡대(釣龍臺) : 호암(虎岩)에서 강물이 남쪽으로 흘러 부소산 아래에 이르면 강의 모래톱에 불쑥 튀어나온 괴석이 하나 있다. 이 괴석 위에 용의 자취가 있다. 세속에서 전하기를 소정방이 백제를 정벌하려고 강을 건너려 할 때 갑자기 폭풍우가 몰아쳤다. 이때 백마가 읍을 하자 한 마리의 용이 낚시에 잡히니 순식간에 구름이 흩어졌다. 마침내 군사들이 강을 건너 백제를 정벌했다. 그래서 강 이름을 백마라 하고 바위를 조룡대라 했다.」는 기록이 있음. 부여군에서 나온 자료에 의하면 백마강은 「백제의 제일 큰 강」이란 뜻으로 규암리 호암면 천정대에서 세도면 반조원리까지 16km의 금강을 일컫는다 함.

부소산 고란사에서 백마강 상류 쪽으로 500m 지점에 있는 용암(조룡대)

34) 일산(日山) : 소재 불명.
35) 오산(吳山) : 지금의 충남 부여읍에 있는 오산.
36) 부산(浮山) : 〃 〃 〃 부산.

또 사비하 언덕에 돌 하나가 있는데 10여 명이 앉을 수 있다. 백제왕이 왕흥사에 행차하여 예불을 할 때 먼저 이 돌을 부처인 듯이 바라보고 절을 하면 그 돌이 스스로 따뜻해져서 그 돌을 돌석[37]이라 했다.

또 사비하 양쪽 절벽이 마치 그림을 그린 병풍과 같아서 백제왕이 늘 그 곳에서 잔치를 열어 노래를 부르고 춤을 추었다. 이 때문에 지금까지도 대왕포[38]라고 부른다.

또 시조 온조왕[39]은 바로 동명왕의 셋째아들로서 몸이 건장하고 성품이 효성스럽고 우애가 있으며 말타기와 활쏘기를 잘했다. 또 다루왕[40]은 너그럽고 후덕했으며 위엄과 명망이 있었다. 또 사비왕[41](사이왕이라 고도 한다.)은 구수왕[42]이 세상을 뜨자 뒤를 이어 왕위에 올랐으나 너무 어려 정사를 보살필 수 없었으므로 즉시 폐하고 고이왕[43]을 세웠다. 혹은 경초 3년[44] 기미(239)에 사비왕이 붕어하자 고이왕이 왕위에 올랐다고도 한다.

37) 돌석(堗石) : 돌석은 후대에 자온대로 명명됨. 『신증동국여지승람』의 부여현 고적조에 「자온대(自溫臺) : 부여현의 서쪽 5리에 있다. 낙화암에서 강물이 흐르는 서쪽에 강의 모래톱에 불쑥 튀어나온 괴석이 있는데 20여 명이 앉을 수 있다. 세속에서 전하기를 백제왕이 이 바위에 놀러오면 이 바위가 스스로 따뜻해지기 때문에 붙여진 이름이다.」로 기록됨.

돌석(자온대)

38) 대왕포(大王浦) : 지금의 부여읍 대왕초등학교 부근.

又泗泚岸又有一石. 可坐十餘人. 百濟王欲幸王興寺禮佛. 先於此石望拜佛. 其石自煖. 因名堗石.

又泗泚河兩岸如畫屛. 百濟王每遊宴歌舞. 故至今稱爲大王浦.

又始祖溫祚乃東明第三子. 体洪大. 性孝友. 善騎射. 又多婁王. 寬厚有威望. 又沙沸王.(一作沙伊王.) 仇首崩. 嗣位. 而幼少不能政. 卽廢而立古爾王. 或云至樂初二年巳未乃崩. 古爾方立.

泚 : 沘의 오기
岸 : 언덕 안
煖 : 따뜻할 난
堗 : 굴뚝 돌
泚 : 沘의 오기
岸 : 낭떠러지 안
屛 : 병풍 병

騎 : 말탈 기

樂 : 景의 오기
二 : 三의 오기
巳 : 己의 오기

39)~43) 온조왕(溫祚王)~고이왕(古爾王) : 백제 초기의 세계(世系).

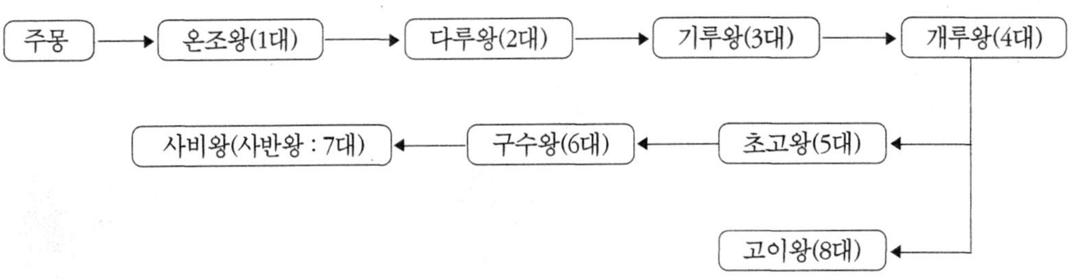

44) 경초 3년[樂初二年] : 원문의 樂은 景(경)의 오기이며 二는 三의 오기. 경초는 조위(曹魏) 명제의 연호.

무 왕[1](고본에는 무강이라 했으나 잘못이다. 백제에는 무강이 없다.)

제30대 무왕의 이름은 장이다. 그의 어머니는 과부인데 서울의 남쪽 못가에서 집을 짓고 살다가 못 속의 용과 관계를 맺어 그를 낳으니[2] 어릴 때 이름은 서동(薯童)[3]이다. 그는 재능과 도량이 커서 헤아리기 어려웠다. 항상 마를 캐어 팔아서 생계를 이었으므로 나라 사람들이 서동이라고 이름을 지었다.

신라 진평왕의 셋째공주인 선화(善花)[4](善化라고 도한다.)가 세상에서 제일 예쁘고 곱다는 소문을 듣고 머리를 깎은 후 신라 서울로 왔다. 동네 아이들에게 마를 먹이니 그들은 서동과 친하여 그를 따르게 되었다. 이에 동요를 지어 아이들을 꾀어 노래부르도록 하였는데 그 노래는 이러하다.

1) 무왕(武王) : 백제 30대왕. 재위 600~641. 신라 서쪽 국경을 여러 번 침공하여 긴장관계가 지속됨. 사비궁을 중수하고 왕흥사를 창건. 만년에 사치와 유흥에 빠져 백제 멸망의 원인 제공.

＊동성왕 ~무왕, 의자왕의 왕조계보

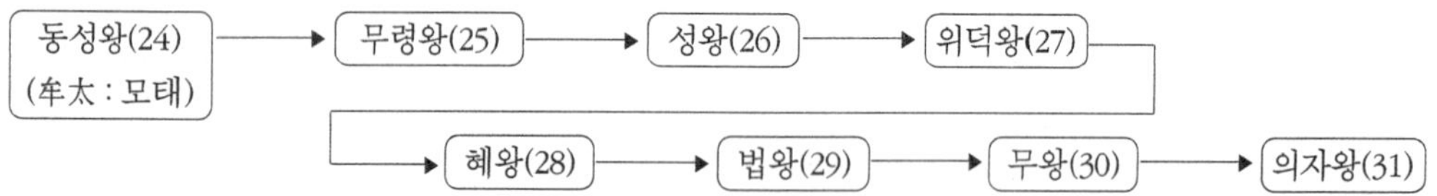

2) 그의 어머니가 …… 용과 관계를 맺어 그를 낳으니 : 아버지 없이 아이가 태어났다는 것은 부모의 쾌락에 의해 우연히 태어나지 않고 이 세상을 구하고자 하는 원(願)에 의해 영웅이 태어났다는 상징적 의미.

3) 서동(薯童) : 막내아들의 의미인 맏둥 즉 말자(末子)의 뜻.
- 서(薯) → 마 → 맛 → 뭇 末의 뜻 뭇의 고음(古音) 맏
- 동(童) → 고음(古音)은 둥. 소아 명칭에 둥(童)이 흔히 사용

＊『세종실록지리지』와 『고려사』에 무왕을 末通大王(말통대왕)이라 기록.
· 末 → 맏 通 → 고음(古音) 퉁
〈양주동 『고가연구』〉

傳무왕릉

武王(古本作武康. 非也. 百濟無武康.)

第三十武王名璋. 母寡居. 築室於京師南池邊. 池龍交通而生. 小名薯童. 器量難測. 常掘薯蕷. 賣爲活業. 國人因以爲名.

璋 : 아들낳은경사 장　薯 : 마 서
掘 : 팔 굴　蕷 : 마 여

聞新羅眞平王第三公主善花(一作善化)美艶無雙. 剃髮來京師. 以薯蕷餉閭里羣童. 羣童親附之. 乃作謠·誘群童而唱之云.

艶 : 고울 염　雙 : 짝 쌍
剃 : 머리깎을 체　餉 : 먹일 향
閭 : 동네 려　羣 : 무리 군
附 : 붙을 부　謠 : 노래 요
誘 : 이끌 유

ㅇ무왕조의 성격과 무왕 · 서동과의 관계에 관한 학설

내　　용	주장학자, 『저서』
서동은 무왕	양주동 등
동성왕 • 동성왕의 이름 牟太(모태)는 맛둥과 유사 •『삼국사기』 동성왕조에 신라와 백제 왕과의 혼인기록 근거	이병도, 『서동설화에 대한 신고찰』
무령왕 : 무왕의 주에서 무강왕이라 한 바 무강왕은 무령왕을 지칭 즉 서동은 무령왕의 가면을 쓰고 등장한 전설적 영웅	사재동, 『서동설화』
元曉 : 무왕과 원효설화의 내용 일치	김선기, 『쇼뚱노래』

4) 선화(善花) : 예쁜 여자아이의 뜻인 읻희 또는 셋째 딸을 의미하는 셋희 의 차자(借字)
- 善 : 뜻을 나타낼 경우 예쁜 → 읻.　음을 나타낼 경우 선 → 셋
- 花 : 신라 사람들의 여자이름 밑에 붙는 희의 차자　〈양주동〉

5) 夘乙의 해석에 관한 학설

구 분	내　　용	주장학자, 『저서』
음 독 (音讀)	몰(몰래)	양주동, 『고가연구』
	믈(무엇을)	이탁, 『국어학논고』
	몰올(마름)	황패강, 『향가문학의 이론과 해석』
훈 독 (訓讀)	알〔睾丸(고환)〕	서재극, 『신라향가의 어휘 연구』
	알(당시의 은어인 듯함)	김완진, 『향가해독법연구』
	알〔陰核(음핵)〕	홍재걸, 『한국고시율격연구』

김 완 진	신 재 홍	황 패 강
선화공주님은 남 몰래 짝 맞추어 두고 서동 방을 밤에 알을[5] 안고 간다.	선화공주님은 남 몰래 성숙해 있다가 맛둥이 서방을 밤에 덥석 안을거다.	선화공주님은 남 모르게 사귀어 두고 서동의 방을 밤에 마를 안고 간다.

동요가 서울에 널리 퍼져 대궐에까지 알려지자 모든 신하들이 임금에게 강하게 권고하여 공주를 먼 곳으로 귀양 보내도록 했다. 떠날 때 왕후가 순금 한 말을 노자로 주었다. 공주가 유배지에 도착하려 할 즈음 서동이 도중에서 나타나 절을 올리며 모시고 가겠다고 했다. 공주는 비록 그가 어디에서 왔는지 알 수는 없지만 어딘지 모르게 믿음이 가고 좋았기 때문에 따라오게 하여 남몰래 관계를 맺었다. 그런 후 서동이란 이름을 알고서 동요의 징험을 믿게 되었다.

함께 백제에 도착하여 모후가 준 금을 꺼내 놓으며 장차 살아갈 계획을 세우려 하자 서동이 크게 웃으면서 말하기를 "이것이 무슨 물건이요?" 하니 공주가 대답하기를 "이것은 황금인데 한평생 부자로 지낼 수 있습니다"라 했다. 서동이 말하기를 "내가 어릴 때부터 마를 캐던 곳에 이것을 버려 흙더미처럼 쌓여 있소"라 했다. 공주가 듣고 크게 놀라 말하기를 "이것은 천하에서 다시없는 보물입니다. 당신이 지금 금이 있는 곳을 알면 그 보물을 부모님의 궁전에 실어 보내는 것이 어떻겠습니까?"라 하니 서동이 "좋소이다" 하여 금을 끌어모아 산더미처럼 쌓아 놓고 용화산[6] 사자사[7] 지명법사의 처소로 가서 금을 실어나를 계책을 물었다. 법사가 말하기를 "내가 신통력으로 보낼 수 있으니 금을 가지고 오시오"라 했다.

공주가 편지를 써서 금과 함께 사자사 앞에 갖다 놓으니 법사가 신통한 힘으로 하룻밤 사이에 신라의 궁중으로 날라다 두었다. 진평왕이 그러한 신통스런 변술을 신이하게 여겨 그를 매우 존경하여 항상 편지를 보내서 안부를 물었다. 서동이 이로 인하여 인심을 얻어 왕위에 올랐다.

6) 용화산(龍華山) : 지금의 전라북도 익산군에 있는 미륵사지의 뒷산.

善化公主 主 隱 他 密 只 嫁良置古
김완진→①善化公主 니림 은 놈 그슥 ㄱ 얼 랑 두 고
신재홍→②善化公主 님 은 놈 그슥 기 얼 어 두 고
황패강→③善化公主 님 은 놈 그스 기 얼 어 두 고

薯童房乙夜矣 夘 乙 抱遣去如
①薯童房을밤의 알 을 안고 가다.
②맛둥방올밤이 물/더블 ㄹ 안고 거다.
③서동방을밤의 몰 올 안고 간다.

童謠滿京. 達於宮禁. 百官極諫. 竄流公主於遠方. 將行. 王后以純金一斗贈行. 公主將至竄所. 薯童出拜途中. 將欲侍衛而行. 公主雖不識其從來. 偶爾信悅. 因此隨行. 潛通焉. 然後知薯童名. 乃信童謠之驗.

同至百濟. 出母后所贈金. 將謀計活. 薯童大笑曰. 此何物也. 主曰. 此是黃金. 可致百年之富. 薯童曰. 吾自小掘薯之地. 委積如泥土. 主聞大驚曰. 此是天下至寶. 若今知金之所在. 則此寶輸送父母宮殿何如. 薯童曰可. 於是聚金. 積如丘陵. 詣龍華山師子寺知命法師所. 問輸金之計. 師曰. 吾以神力可輸. 將金來矣.

主作書·幷金置於師子前. 師以神力. 一夜輸置新羅宮中. 眞平王異其神變. 尊敬尤甚. 常馳書問安否. 薯童由此得人心·即王位

禁 : 대궐 금
竄 : 쫓을 찬
贈 : 줄 증
偶 : 뜻밖에 우
爾 : 그러할 이
悅 : 기쁠 열
潛 : 숨을 잠
通 : 간음할 통

掘 : 팔 굴
委 : 버릴 위
泥 : 진흙 니
聚 : 모을 취
陵 : 큰언덕 릉
詣 : 갈 예
尤 : 더욱 우
馳 : 전할 치

7) 사자사(師子寺) : 익산군 용화산에 있던 절로 지금의 미륵산 사자암.

하루는 왕이 부인과 함께 사자사에 가려고 용화산 아래의 큰 못가에 도착했더니 미륵삼존이 못 속에서 나타나므로 수레를 멈추고 치성을 드리며 경의를 표했다. 부인이 왕에게 말하기를 "제발 여기에 큰 절을 지어 주십시오. 저의 간절한 소원입니다"라 하니 왕이 이를 허락하였다. 지명법사에게 가서 못을 메울 일을 물었더니 신통한 힘으로 하룻밤 사이에 산을 헐어 못을 메워 평지로 만들었다.

이리하여 미륵이 3회 설법[8]을 하는 불상을 만들고 전각과 탑 및 회랑을 각각 세 곳에 세워 이름을 미륵사[9]라 했다.(『국사』에는 왕흥사라 했다.) 진평왕이 많은 기술자를 보내 그 일을 돕게 했는데 지금까지도 그 절이 보존되어 있다.(『삼국사』에서는 이분을 법왕의 아들이라 했는데 여기에 전하기를 과부의 아들이라고 했으니 자세히 알 수 없다.)

8) 미륵이 3회 설법〔彌勒三會〕: 미륵하생신앙에 의하면 미래불인 미륵이 석가 입멸 후 56억 7천만 년 뒤 인간세계에 내려와 용화수 아래에서 3회의 설법으로 인간을 구원한다는 의미.

9) 미륵사(彌勒寺) : 익산군 용화산 밑에 있었던 백제 최대의 사찰 중 하나. 지금은 석탑과 당간지주만 남아 있음.

용화산과 미륵사 모형(자료원 : 『미륵사지 유물전시관』)

우리나라 석탑의 시원인 미륵사지석탑

一日. 王與夫人. 欲幸師子寺. 至龍華山下大池邊. 彌勒三尊出現池中. 留駕致敬. 夫人謂王曰. 須創大伽籃於此地. 固所願也. 王許之. 詣知命所. 問塡池事. 以神力一夜頹山塡也爲平地.

伽 : 절 가
籃 : 절 람
須 : 모름지기 수
塡 : 메울 전
頹 : 무너뜨릴 퇴

乃法像彌勒三會 · 殿塔廊廡各三所創之. 額曰彌勒寺.(國事云王興寺.) 眞平王遣百工助之. 至今存其寺.(三國史云是法王之子. 而此傳之獨女之子. 未詳.)

廊 : 결채 랑
廡 : 행랑 무
額 : 현판 액

무왕 조의 구성과 의미

무왕의 출생 : 과부인 母가 용과 관계하여 서동을 낳음
• 신성확보 · 쾌락에 의해 우연히 태어나지 않고 인간들을 구원하고자 하는 원에 의해 탄생 · 그 당시 성행하던 용신앙을 이용하여 왕권의 존엄성 확보 *용은 미륵하생신앙과 밀접한 관련

↓

선화공주와 결혼 : 미륵사 창건에 신라의 영향 반영

무왕즉위 : 서동이 금을 이해한 후 인심을 얻어 왕위에 오름
• 민심수렴 · 황금설화는 미륵하생경에 나오는 금 이야기로서 이 지역이 미륵이 내려오는 지역을 의미 · 인심을 얻어 왕위에 올랐다 함은 미륵신앙에 의해 민심을 수렴했다는 의미

미륵사 창건 : 못에서 미륵삼존의 출현으로 미륵사를 창건
• 귀족계층의 상생신앙에서 민중을 중심으로 한 하생신앙으로 전환 · 미륵사가 세워진 용화산은 미륵하생경에 나오는 용화수를 상징 · 미륵삼존 출현은 3회 설법을 뜻함. 이에 따라 미륵사를 3탑 · 3금당 · 3회랑으로 건립

후백제 견훤[1]

– 후백제와 견훤 –

『삼국사』[2] 본전에 이런 기록이 있다.

「견훤은 상주 가은현[3] 사람으로 함통[4] 8년 정해(867)에 태어났다. 본래 성은 이씨였으나 후에 견을 성씨로 삼았다. 아버지 아자개는 농사를 지어 생활을 하다가 광계[5] 연간(885~887)에 사불성[6](지금의 상주이다.)에 웅거하여 스스로 장군이라 칭하였다. 아들은 넷으로 모두 세상에 이름이 알려 졌는데 견훤은 지혜와 책략이 많아서 출중하게 뛰어났다.」

『이제가기』에 이런 기록이 있다.

「진흥대왕의 비 사도의 시호는 백숭부인인데 그녀의 셋째 아들은 구륜공이다. 구륜공의 아들은 파진간 선품이고, 선품의 아들은 각간 작진이다. 작진의 처 왕교파리가 각간 원선을 낳으니 이 사람이 아자개이다.

아자개의 첫째 부인은 상원부인이고 둘째 부인이 남원부인이다. 아들 다섯과 딸 하나를 낳았는데 그 맏아들이 상부 견훤이고 둘째 아들이 장군 능애, 셋째 아들이 장군 용개, 넷째 아들이 보개, 다섯째 아들이 장군 소개이며 한 명의 딸은 대주도금이다.」

또 『고기』에 이런 기록이 있다.

「옛날에 광주 북촌에 사는 한 부자가 딸 하나를 두었는데 태도와 용모가 단정했다. 딸이 아버지에게 말하기를 "자줏빛 옷을 입은 남자가 밤마다 저의 침실에 와서 관계를 합니다" 하니 아버지가 말하기를 "너는 긴 실을 바늘에 꿰어 남자의 옷에 꽂아 두어라"고 했다.

1) 견훤(甄萱 ? ~936) : 후백제의 시조. 재위 892~932. 신라 장군 아자개의 아들로 본래 신라의 비장으로 있다가 892년(진성여왕 6)에 반기를 듦. 900년에 완산에 도읍을 정하여 후백제를 세움. 넷째 아들 금강에게 왕위를 주려하자 장남 신검의 반란으로 935년에 고려로 망명.

2) 삼국사(三國史) : 김부식이 지은 『삼국사기』

3) 상주 가은현(尙州加恩縣) : 신라시대에는 상주관내의 고령에, 고려 말에는 문경현에 속하였으며 지금의 상주 · 함창 부근으로 추정.

4) 함통(咸通) : 당나라 17대 의종(懿宗 : 859~873)의 연호.

5) 광계(光啓) : 당나라 제18대 희종(僖宗 : 873~888)의 연호(885~887).

6) 사불성(沙弗城) : 지금의 경북 상주.

後百濟 甄萱

甄 : 질그릇 견
萱 : 원추리 훤

三國史本傳云.

甄萱尙州加恩縣人也. 咸通八年丁亥生. 本姓李. 後以甄爲氏. 父阿慈个. 以農自活. 光啓中據沙弗城.(今尙州.) 自稱將軍. 有四子. 皆知名於世. 萱號傑出. 多智略.

李碑家記云.

眞興大王妃思刀・謚曰白鮁夫人. 第三子仇輪公之子・波珎干善品之子角干酌珎. 妻王咬巴里生角干元善. 是爲阿慈个也. 慈之弟※妻上院夫人・第二妻南院夫人. 生五子一女. 其長子是尙父萱. 二子將軍能哀. 三子將軍龍盖. 四子寶盖. 五子將軍小盖. 一女大主刀金.

又古記云.

昔一富人居光州北村. 有一女子. 姿容端正. 謂父曰. 每有一紫衣男到寢交婚. 父謂曰. 汝以長絲貫針刺其衣.

个 : 낱 개
號 : 크게부르짖을 호
傑 : 빼어날 걸
碑 : 磾의 오기
磾 : 사람이름 제
鮁 : 새매 숭
仇 : 짝 구
珎 : 珍의 속자
酌 : 술잔채울 작
咬 : 새지저귈 교
巴 : 땅이름 파
弟 : 第의 오기
※ : 一의 결락
紫 : 자줏빛 자
寢 : 잠잘 침
絲 : 실 사
貫 : 꿸 관
針 : 바늘 침
刺 : 찌를 자

※이제가기(李碑家記)에 기록된 견훤의 가계(家繼)

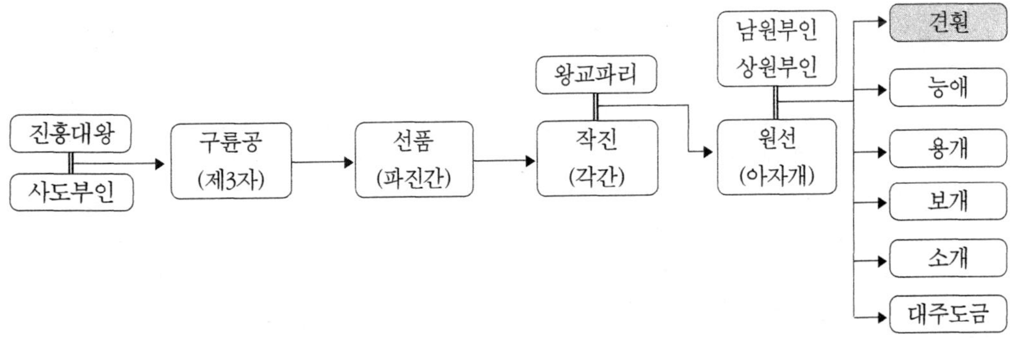

딸이 그 말대로 했다. 날이 밝자 실은 북쪽 담장 아래에서 찾았는데 바늘은 큰 지렁이 허리에 꽂혀 있었다. 이로 인하여 그 후 임신하게 되어 사내아이를 낳았다.[7] 아이 나이 15세가 되자 스스로 견훤이라고 일컬었다. 경복[8] 원년 임자(892)에 이르러 왕이라 칭하고 완산군[9]에 도읍을 세워 43년 간을 다스렸다.

청태 2년 을미(935)[10]에 견훤의 세 아들이 반역함에 따라 견훤은 태조에게 투항하고 그의 아들 신검이 왕위에 올랐다. 천복[11] 원년 병신(936)에 고려군사와 일선군[12]에서 싸워 후백제가 패하니 나라가 망했다고 한다.」

처음에 견훤이 태어나 젖먹이로서 강보에 있을 때에 아버지는 들에서 밭을 갈고 어머니는 밥을 나르면서 어린아이를 숲 속에 뉘어 놓았더니 호랑이가 와서 그에게 젖을 먹였다. 마을 사람들이 이를 듣고 신이하게 여겼다. 아이가 장성하자 체격과 용모가 웅장하고 기이했으며 뜻과 기품이 활달하고 비범했다. 군인이 되어 서울에 들어 왔다가 서남쪽에 가서 바다를 지킬 때는 창을 베고 적을 기다렸다. 그 기개가 항상 군사들의 앞장이 되니 그 공로로 비장[13]이 되었다.

당나라 소종 경복 원년(892)은 신라 진성왕이 즉위한 지 6년인데 총애 받는 신하가 왕의 곁에 있으면서 은밀하게 국권을 농간하니 기강이 문란하고 해이해졌다. 거기에 기근이 더하여 백성들은 떠돌아다니고 도적들이 벌떼처럼 일어났다. 이에 견훤이 남몰래 반역할 마음을 품고 무리를 불러모아 서울의 서남쪽에 있는 주와 현을 공격하자 가는 곳마다 호응하여 한 달만에 무리가 5천이나 되었다.

7) 옛날에……바늘은 큰 지렁이 허리에 꽂혀……낳았다. : 견훤이 지렁이의 자손이라는 이 설화는 견훤과 그의 가족이 지렁이의 특성이 있는 것을 상징. 즉 왕을 통상 용(龍)으로 나타내는바 지렁이도 토룡(土龍)이라 하나 실제의 용보다 격이 떨어짐. 이는 견훤이 왕이었으나 삼국을 통일하지 못하고 고려에 귀순하는 비운의 왕이어서 지렁이의 자손으로 표현. 또 지렁이는 몸체가 나누어져도 각각의 몸체가 살아 움직임. 이는 견훤과 그의 아버지 아자개가 각각 독립적으로 살다가 아자개가 먼저 고려에 귀순했으며 견훤의 아들들도 서로 반목하며 견훤을 배반하는 등 가족 간 융화와 단합이 없었음. 이 설화는 이러한 것을 상징화한 것임.

從之. 至明尋絲於北墻下. 針刺於大蚯蚓之腰. 後因娠生一男. 年十五. 自稱甄萱. 至景福元年壬子稱王. 立都於完山郡. 理四十三年.

墻 : 담장 장　蚯 : 지렁이 구
蚓 : 지렁이 인　腰 : 허리 요
理 : 고려 성종의 휘인 治의 避諱代字

以淸泰元年甲午. 萱之三子纂逆. 萱投大祖. 子金剛卽位. 天福元年丙申. 與高麗兵會戰於一善郡. 百濟敗績國亡云.

元年甲午 : 二年乙未의 오기
纂 : 簒의 오기　簒 : 빼앗을 찬
纂 : 책편찬할 찬　大 : 太의 오기
金剛 : 神劍의 오기

初萱生孺褓時. 父耕于野. 母餉之. 以皃置于林下. 虎來乳之. 鄕黨聞者異焉. 及壯體皃雄奇. 志氣倜儻不凡. 從軍入王京. 赴西南海防戍. 枕戈待敵. 其氣恒爲士卒先. 以勞爲裨將.

孺 : 젖먹이 유　褓 : 포대기 보
餉 : 먹일 향　皃 : 모양 모
倜 : 구속되지않을 척
儻 : 얽매이지않을 당
赴 : 다달을 부　戍 : 변방지킬 수
枕 : 베개 침　戈 : 창 과
待 : 막을 대　裨 : 편대장 비
嬖 : 총애받을 폐　豎 : 종놈 수
竊 : 가만히 절　弄 : 업신여길 롱
紊 : 어지러울 문
弛 : 해이할 이　飢 : 주릴 기
饉 : 흉년 근　蜂 : 벌 봉

唐昭宗景福元年. 是新羅眞聖王在位六年. 嬖豎在側. 竊弄國權. 綱紀紊弛. 加之以飢饉. 百姓流移. 群盜蜂起.

於是萱竊有※心. 嘯聚徒侶. 行擊京西南州縣. 所至響應. 旬月之間. 衆至五千.

※ : 叛(반역할 반)의 결락
嘯 : 휘파람 소　聚 : 모을 취
侶 : 짝 려　擊 : 칠 격
旬 : 가득할 순

8) 경복(景福) : 당나라 소종(昭宗 : 888~904)의 연호.
9) 완산군(完山郡) : 지금의 전주.
10) 청태 2년 을미(935)〔淸泰元年甲午〕: 청태는 5대(五代) 후당(後唐) 폐제(廢帝 : 934~936)의 연호. 원문에 淸泰元年甲午라 했으나 실제 세 아들이 반역한 해는 청태 2년 을미임.
11) 천복(天福) : 5대(五代) 후진(後晋) 고조(高祖 : 936~942)의 연호.
12) 일선군(一善郡) : 지금의 선산.
13) 비장(裨將) : 비(裨)는 부(副)의 의미로 비장은 준장군.

마침내 무진주[14]를 습격하여 스스로 왕으로 자처했으나 감히 공공연하게 왕이라고 칭하지는 못하고 제 스스로 신라 서남도통 행 전주자사 겸 어사중승 상주국 한남국 개국공이라 했다. 이때는 용기[15] 원년 기유(889)였다. 또는 경복 원년 임자(892)라고도 한다.

이때 북원[16]의 도적 양길[17]이 굳세고 강하므로 궁예[18]는 자진하여 그의 부하가 되었다. 견훤이 이를 듣고 멀리서 양길에게 비장의 직책을 주었다. 견훤은 서쪽으로 순행하여 완산주에 도착하자 그 주의 백성들이 환영하며 위로했다. 인심을 얻은 것이 기뻐서 주위의 측근들에게 말하기를 "백제가 나라를 세운 지 6백여 년에 당나라 고종이 신라의 요청으로 장군 소정방을 보내서 수군 13만 명이 바다를 건너고, 신라 김유신이 휩쓸어 황산을 넘어 당나라 군사와 합세하여 백제를 쳐서 멸망시켰으니 내 이제 어찌 도읍을 세워 묵은 원한을 풀지 않을 수 있겠는가?" 하고는 스스로 후백제 왕이라 칭하고 관직을 설치하여 직책을 나누었다. 이때가 당나라 광화[19] 3년(900)이며 신라 효공왕 4년이다.

정명[20] 4년 무인(918)에 수도인 철원의 민심이 갑자기 변하여 우리 태조가 추대되어 왕위에 올랐다. 견훤이 이를 듣고 사신을 보내 축하하면서 공작의 깃털로 된 부채와 지리산의 대나무로 만든 화살 등을 바쳤다. 견훤이 우리 태조와 속으로는 상극이었지만 겉으로는 화친하는 체하여 태조에게 푸르고 흰 빛이 나는 명마를 바쳤다.

3년[21](925) 겨울 10월에 견훤은 3천의 기병을 거느리고 조물성(지금은 자세히 알 수 없다.)에 도착하자 태조도 역시 정병을 거느리고 나아가 싸웠으나 견훤의 병사도 날쌔어 승부를 결정하지 못했다. 태조는 작전상 화친하여 견훤의 군사를 피로하게 하려고 서신을 보내 화친을 청하고 4촌 아우인 왕신을 볼모로 보내니 견훤도 역시 생질인 진호를 인질로 교환했다.

14) 무진주(武珎州) : 지금의 광주지역.

15) 용기〔龍化〕 : 원문의 化는 紀의 오기. 용기는 당나라 소종(昭宗 : 889~904)의 연호.

16) 북원(北原) 지금의 강원도 원주.

17) 양길(良吉) : 신라 진성여왕의 실정으로 국정이 문란해지자 진성여왕 3년(889)에 북원에서 반란을 일으켜 강원도 지역에서 세력을 떨쳤으나 부하인 궁예에게 세력을 잃음.

遂襲武珎州自王. 猶不敢公然稱王. 自署爲新羅西南都統行全州刺史兼御史中永上柱國漢南國開國公. 龍化元年己酉也. 一云景福元年壬子.

是時北原賊良吉雄强弓裔自投爲麾下. 萱聞之. 遙授良吉職爲裨將. 萱西巡至皃山州. 州民迎勞. 喜得人心. 謂左右曰. 百濟開國六百餘年. 唐高宗以新羅之請. 遣將軍蘇定方. 以舡兵十三万越海. 新羅金庾信卷土歷黃山. 與唐兵合攻百濟滅之. 予今敢不立都・以雪宿憤乎. 遂自稱後百濟王. 設官分職. 是唐光化三年. 新羅孝恭王四年也.

貞明四年戊寅. 鐵原京衆心忽變. 推戴我太祖卽位. 萱聞之遣使稱賀. 遂獻孔雀扇. 地理山竹箭等. 萱與我太祖 陽和陰剋. 獻驄馬於太祖.

三年冬十月. 萱率三千騎. 至曹物城.(今未詳.) 大祖亦以精兵來與之角. 萱兵銳. 未決勝負. 大祖欲權和. 以老其師. 移書乞和. 以堂弟王信爲質. 萱亦以外甥眞虎交質.

遂 : 마침내 수
襲 : 습격할 습
猶 : 오히려 유
化 : 紀의 오기
裔 : 후예 예
麾 : 대장기 휘
遙 : 아득할 요
巡 : 돌 순
皃 : 完의 오기
皃 : 모양 모
舡 : 배 선
越 : 넘을 월
歷 : 넘을 력
雪 : 씻을 설
宿 : 묵을 숙
憤 : 분할 분

戴 : 받들 대
扇 : 부채 선
箭 : 화살 전
剋 : 이길 극
驄 : 옥색말 총
騎 : 말탈 기
大 : 太의 오기
角 : 다툴 각
銳 : 날카로울 예
權 : 모사할 권
大 : 太의 오기
甥 : 생질 생
質 : 볼모 질

18) 궁예(弓裔) : ?~918(경명왕 2년). 신라 47대 헌안왕 또는 48대 경문왕의 아들로 전해짐. 양길의 부하로 있다가 태봉국의 임금이 되었으나 왕건과 그의 추종자들에게 죽임을 당함.
19) 광화(光化) : 당나라 소종(昭宗 : 888~904)의 연호.
20) 정명(貞明) : 오대(五代) 후량(後梁) 말제(末帝)의 연호.
21) 3년(三年) : 동광 3년임. 동광은 후당(後唐) 장종의 연호.

12월에 견훤이 거서[22](지금은 자세히 알 수 없다.) 등 20여 성을 쳐서 빼앗고 사신을 후당[23]에 보내 번국[24]으로 자처하니 후당이 책명하여 「검교태위 겸 시중 판백제군사」의 벼슬을 주고 전과 같이 「도독행전주자사 해동사면도통지휘병마판치등사 백제왕」으로 하고 식읍을 2500호로 했다.

4년(926)에 진호가 갑자기 죽자 고의로 죽였다고 의심하여 즉시 왕신을 가두고 사람을 시켜 전년에 보냈던 총마를 돌려보내라고 요청하니 태조가 웃으면서 이것을 돌려보냈다.

천성[25] 2년 정해(927) 9월에 견훤이 근품성[26](지금의 산양현이다.)을 쳐서 빼앗아 그 성에 불을 지르자 신라왕이 태조에게 구원을 요청했다. 태조가 군사를 출발시키려고 할 때에 견훤은 고울부[27](지금의 울주[28]이다.)를 습격하여 빼앗고 시림(계림의 서쪽 교외라고도 한다.)으로 진격하여 졸지에 신라 서울로 돌입하였다. 신라왕과 그의 부인은 포석정에 나가 놀이를 할 때여서 크게 패하였다. 견훤은 왕의 부인을 강제로 끌어다가 난행하고 왕의 친족 아우 되는 김부로 하여금 왕위를 잇게 했다. 그런 후 왕의 아우 효렴과 재상 영경을 포로로 하고 또 나라의 진귀한 보물과 병기를 빼앗고 자녀들과 많은 기술자 중에서 우수한 자들을 몸소 데리고 갔다.

태조가 날랜 기병 5천으로써 공산[29] 아래서 견훤을 맞아 크게 싸웠으나 태조의 장수인 김락[30]과 숭겸[31]이 여기서 죽고 모든 군사들이 패배했으며 태조도 간신히 죽음을 면하였을 뿐 저항도 해보지 못한 채, 그로 하여금 마음대로 하도록 했다. 견훤이 승리한 여세를 몰아 방향을 돌려 대목성[32](지금의 약목이다.)과 경산부[33]와 강주[34]를 약탈하고 부곡성[35]을 쳤다. 또 의성부[36]의 수령 홍술[37]이 항전하다 죽었다. 태조가 이를 듣고 말하기를 "내 오른팔을 잃었구나!"라 했다.

22) 거서(居西) : 『삼국사기』 견훤전에는 거창(居昌)이라 기록.
23) 후당(後唐) : 중국 5대(五代)의 두 번째 왕조(923~936).
24) 번국〔藩〕 : 후당을 종주국으로, 후백제는 제후국 또는 속국이라는 뜻.
25) 천성(天成) : 후당(後唐) 명종(明宗 926~933)의 연호.
26) 근품성(近品城) : 지금의 문경군 산양면 일대.

十二月攻取居西(今未詳.)等二十餘城. 遣使入後唐稱藩. 唐策授檢校大尉兼侍中判百濟軍事. 依前都督行全州刺史海東四面都統指揮兵馬判置等事百濟王・食邑二千五百戶.

四年眞虎暴卒. 疑故殺. 卽囚王信. 使人請還前年所送驄馬. 太祖笑還之.

天成二年丁亥九月. 萱攻取近品城(今山陽縣.)燒之. 新羅王求救於太祖. 太祖將出帥. 萱襲取高鬱府.(今蔚州.). 進軍族始林. (一云. 雞林西郊.)卒入新羅王都. 新羅王與夫人出遊鮑石亭時. 由是甚敗. 萱强引夫人亂之. 以王之族弟金傳嗣位. 然後虜王弟孝廉・宰相英景. 又取國珎寶・兵仗・子女・百工之巧者. 自隨以歸.

太祖以精騎五千. 要萱於公山下大戰. 太祖之將金樂崇謙死之. 諸軍敗北. 太祖僅以身免. 而不與相抵. 使盈其貫. 萱乘勝轉掠大木城.(今若木.) 京山府康州. 攻缶谷城. 又義成府之守洪述. 拒戰而死. 太祖聞之曰. 吾失右手矣.

藩 : 제후나라 번
大 : **太**의 오기
揮 : 지휘할 휘
卒 : 죽을 졸
暴 : 급할 폭
驄 : 옥색말 총

燒 : 태울 소
帥 : **師**의 오기
鬱 : 무성할 울
族 : **於**의 오기
族 : 무리 족
卒 : 갑자기 졸
傳 : **傅**의 오기
虜 : 사로잡을 로
廉 : 청렴할 렴
仗 : 무기 장
兵仗 : 전쟁에 쓰는 무기
巧 : 기술뛰어날 교
要 : 맞을 요
北 : 패하여달아날 배
僅 : 겨우 근
掠 : 빼앗을 략
缶 : 장군 부

27) 고울부(高鬱府) : 지금의 경상북도 영천시. 영천은 임고군(臨皐郡)이던 것을 경덕왕 때 영주(永州)로 고친 후 조선조 태종 때 다시 영천(永川)으로 개명.
28) 울주(蔚州) : 울주는 지금의 울산이므로 고울부가 울주라는 것은 틀림.
29) 공산(公山) : 지금의 대구 팔공산(八公山).
30) 김락(金樂) : 고려의 개국공신. 후백제와 싸워 공을 세웠으나 공산 전투에서 전사.
31) 숭겸(崇謙) : 신숭겸으로 궁예를 몰아내고 왕건을 추대한 고려의 개국공신.

42년 경인[38](930)에 견훤이 고창군(지금의 안동이다.)을 치려고 군사를 크게 일으켜 석산에 진영을 세우니 태조는 100보 떨어진 군의 북쪽 병산에 군영을 세웠다. 여러 번 싸워서 견훤이 패하매 시랑 김악이 사로잡혔다. 다음 날 견훤이 군사를 수습하여 순주성을 습격하여 깨뜨리니 성주 원봉은 막아낼 수 없어 성을 버리고 밤에 도망쳤다. 태조가 크게 노하여 그 고을의 격을 떨어뜨려 하지현[39](지금의 풍산현이다. 원봉이 본래 순주성 사람이기 때문이다.)으로 만들었다.

신라의 임금과 신하들은 나라가 쇠퇴한 말기가 되어 다시 일어서기 어려우므로 우리 태조를 이끌어 들여 우호를 맺고 후원으로 삼으려 했다. 견훤이 이를 듣고 또 신라 서울로 들어가 악행을 저지르려고 하였으나 태조가 먼저 들어 갈 것을 염려하여 태조에게 다음과 같은 편지를 보냈다.

「지난번에 신라 재상 김웅렴 등이 족하[40]를 신라 서울로 불러들이려 한 것은 작은 자라가 큰 자라의 소리에 호응[41]하는 것과 같은 것이며 종달새가 새매의 날개를 찢으려는 것[42]과 같아서 반드시 백성들이 도탄에 빠지고 나라는 폐허가 될 것이요. 나는 이 때문에 먼저 조적의 채찍[43]을 잡고 홀로 한금호의 도끼[44]를 휘둘러 모든 신하들에게 밝은 해를 두고 맹세하고 6부 백성에게는 올바른 교화로써 타일렀더니 뜻밖에 간신은 피하여 도망가고 임금이 죽는 변고가 생겼소. 이에 경명왕의 외 4촌 아우인 헌강왕의 외손자를 받들어 왕위에 권하여 오르게 하니 위태로운 나라를 다시 세우고 없어진 임금을 모시게 하여 이제야 자리가 잡혔소.

32) 대목성(大木城) : 지금의 경북 칠곡 지방.
33) 경산부(京山府) : 〃 〃 성주 〃
34) 강주(康州) : 지금의 경남 진주 지방.
35) 부곡성(缶谷城) : 지금의 충청북도 보은 부근으로 추정.
36) 의성부(義成府) : 지금의 경북 의성 지방.
37) 홍술(洪述) : 『고려사』에 의성부(義成府) 홍유(洪儒)로 기록되어 고려의 개국공신인 홍유로 추정.
38) 42년 경인(四二庚寅) : 원문대로 경인이면 견훤 39년에 해당됨. 42년이 맞으면 이는 진성여왕 3년에 도적떼가 봉기하던 때로부터 기산하여 42년이라는 뜻임.

四十二年庚寅. 萱欲攻古昌郡.(今安東※.) 大擧而石山營寨. 太祖隔百步而郡北甁山營寨. 累戰萱敗. 獲侍郎金渥. 翌日萱收卒. 襲破順※城. 城主元逢不能禦. 弃城宵遁. 太祖赫怒. 貶爲下枝縣.(今豊山縣. 元逢本順※城人故也.)

新羅君臣以衰季·難以復興. 謀引我太祖結好爲援. 萱聞之. 又欲入王都作惡. 恐太祖先之. 寄書于太祖曰.

※ : 府가 결락
寨 : 공격대비용목책 채
隔 : 사이 격
甁 : 물넣는병 병
渥 : 두터울 악
※ : 州 결락
弃 : 버릴 기
宵 : 밤 소
遁 : 달아날 둔
赫 : 벌컥성낼 혁
貶 : 떨어질 폄
※ : 州 결락
衰 : 쇠퇴할 쇠
季 : 말세 계
寄 : 부칠 기
昨 : 어제 작

昨者※國相金雄廉等將召足下入京. 有同鼈應黿聲. 是欲鷃披準翼. 必使生靈塗炭·宗社丘墟. 僕是以先著祖鞭·獨揮韓鉞. 誓百寮如皎日. 諭六部以義風. 不意奸臣遁逃·邦君薨變. 遂奉景明王表弟獻康王之外孫. 勸即尊位. 再造危邦. 喪君有君. 於是乎在.

※ : 新羅가 결락된 듯함
鼈 : 작은자라 별
黿 : 큰자라 원
準 : 隼의 오기
鷃 : 종달새 안
披 : 찢을 피
隼 : 새매 준
翼 : 날개 익
塗 : 진흙탕 도
墟 : 터 허
丘 : 고을 구
著 : 착수할 착
鞭 : 채찍 편
揮 : 휘두를 휘
鉞 : 도끼 월
誓 : 맹세 서
皎 : 달밝을 교
寮 : 벼슬아치 료
獻 : 憲의오기

39) 순주성 · 하지현〔順城 · 下枝縣〕: 원문의 順 뒤에 州 결락. 『고려사』 지리지에 「순주 · 하지현은 안동부에 속한 현이며, 풍산현은 신라시대에 하지현(下枝縣)이던 것을 경덕왕 때 영안(永安)으로 개정하였으며 예천군에 속했다.」로 기록됨. 따라서 순주성, 하지현은 안동과 예천 사이에 있는 지금의 풍산으로 추정.

40) 족하(足下) : 동년배에 대한 경어.

41) 작은 자라가 큰 자라의 소리에 호응〔鼈應黿聲〕: 원명별응(黿鳴鼈應)에서 인용한 말로 작은 자라〔鼈〕는 큰 자라〔鼈〕 소리에 호응한다는 뜻. 신라를 큰 자라에, 고려를 작은 자라에 비유한 것. 『후한서』에 「樊噲披帷入見 高祖踞洗以對酈生 當次之會 乃黿鳴而鼈應也(번쾌가 장막을 들치고 들어가 보니 고조가 세수를 하면서 역생에게 말하기를 이번의 회는 바로 큰 자라가 우니 작은 자라가 따라 우는 것이다.)」

42) 종달새가 새매의 날개를 찢으려는 것〔鷃披準翼〕: 어림도 없는 짓을 한다는 의미. 종달새는 고려와 신라를, 매는 후백제를 비유.

족하는 내 충고를 자세히 살피지 않고 단지 유언비어만 듣고 온갖 계책을 다 써서 틈을 노리며 여러 방면으로 침략했으나 내 말의 머리도 보지 못했고 나의 소털 하나도 뽑지 못했소. 초겨울에는 도두[45] 색상이 성산의 진지 밑에서 붙잡히고 이 달에는 좌장군 김락이 미리사 앞에서 무참히 죽었으며, 죽인 자도 많거니와 사로잡은 자도 적지 않소. 강하고 약한 것이 이와 같으니 이기고 지는 것을 짐작할 수 있을 것이오. 내가 바라는 바는 평양의 누각에 활을 걸고 말에게 패강의 물을 먹이는 것이오.

그런데 지난 달 7일에 오월국의 사신 반상서가 와서 왕의 조서를 전하기를 '경은 고려와 화목하게 좋은 사이로 오랫동안 통하고 서로 이웃나라로서의 맹약을 맺은 것으로 알았는데, 근래 양쪽의 볼모가 죽게 되어 마침내 화친하던 옛날의 우호관계를 버리고 서로 국경을 침범하여 싸움이 그치지 않으므로 이제 이 일을 전담하는 사신을 경의 본도로 보내고 또 고려에도 글을 보냈으니 각기 서로 친하게 지내서 영원히 믿고 평화롭게 지내길 바라노라' 라 했소.

내가 의리로는 왕을 높이 받들고 정리로는 대국을 충실히 섬기는 터에 왕이 타이르는 조칙을 듣고 즉시 공경하게 받들려고 하나 다만 족하가 싸움을 그치고 싶어도 그만둘 수 없는 곤경에 처하여 오히려 싸우려고 하는 것을 염려하오. 지금 이 조서를 베껴 보내니 유의하여 자세히 살펴보기 바라오. 토끼와 사냥개가 함께 지쳐서 피곤하면 마침내는 필시 조롱을 받게 되고 조개와 도요새가 서로 버티면 또한 웃음거리[46]가 되는 것이오. 마땅히 미혹하여 거듭 잘못되는 것을 경계하여 후회하는 일을 스스로 불러들이는 일이 없도록 하기 바라오.」

천성 2년(927) 정월에 태조는 다음과 같이 답서를 보냈다.

「삼가 오월국의 사신 반상서가 전한 조서 한 통을 받들고 겸하여 족하가 보낸 긴 사연의 편지도 받아 보았소. 오월국의 사자[47]가 조서를 가지고 왔고 좋은 소식[48]을 전하는 편지에 겸하여 가르침도 받았소. 오월왕의 조서[49]를 받아 비록 감격은 더 했으나 편지를 펴 보고 의심스런 마음을 금하기 어려웠소. 금번 돌아가는 사신 편에 하고 싶은 말[50]을 하려하오.

43) 조적의 채찍〔祖鞭〕: 진(晉)나라의 맹장 조적(祖逖)의 채찍이라는 말로 먼저 착수한다는 뜻. 진나라 유곤(劉琨)이 자기보다 먼저 조적이 임용되는 것〔先鞭〕을 두려워했다는 고사에서 유래. 『진서』에 「劉琨與范陽祖逖爲友 常恐祖生先我著鞭(유곤과 범양조적이 친구가 되었는데, 항상 유곤은 조적이 먼저 임용되는 것을 두려워했다.)」

44) 한금호의 도끼〔韓鉞〕: 한금호(韓擒虎)는 수(隋)나라 장수로, 진(晉)나라를 쳐서 후주(後主)를 사로잡은 사람. 여기서는 어질지 못한 자를 친다는 의미.

45) 도두(都頭): 頭와 統의 음이 유사하므로 도통(都統)으로 추정. 〈미시나〔三品〕〉

足下勿詳忠告. 徒聽流言. 百計窺覦. 多方侵擾. 尙不能見僕馬首·拔僕牛毛. 冬初都頭索湘束手※星山陣下. 月內左將金樂曝骸※美利寺前. 殺獲居多. 追禽不小. 强羸若此. 勝敗可知. 所期者. 掛弓於平壤之樓·飮馬於浿江之水.

然以前月七日. 吳越國使班尙書至. 傳王詔旨. 知卿與高麗. 久通和好. 共契隣盟. 比因質子之兩亡. 遂失和親之舊好. 互侵疆境. 不戢干戈. 今專發使臣. 赴卿本道. 又移文高麗. 宜各相親比. 永孚于休.

僕義篤尊王. 情深事大. 及聞詔諭. 卽欲祗承. 但慮足下欲罷不能. 困而猶鬪. 今錄詔書寄呈. 請留心詳悉. 且兎獹迭憊·終心貽譏. 蚌鷸相持. 亦爲所笑. 宜迷復之爲誡·無後悔之自貽.

※二年正月. 太祖答曰.

伏奉吳越國通使班尙書所傳詔旨書一道. 兼蒙足下辱示長書敍事者. 伏以華軺膚使. 爰到制書. 尺素好音·兼蒙敎誨. 捧芝檢而雖增感激. 闢華牋而難遣嫌疑. 今托廻軒. 輒敷危衽.

徒 : 다만 도　窺 : 엿볼 규
覦 : 넘겨다볼 유　擾 : 어지러울 요
尙 : 오히려 상　拔 : 뽑을 발
索 : 찾을 색　湘 : 물이름 상
曝 : 쬘 폭　骸 : 뼈 해
※ : 於결락　※ : 於결락
禽 : 사로잡을 금　羸 : 파리할 리
掛 : 걸 괘　詔 : 조서 조
旨 : 뜻 지　隣 : 이웃 린
比 : 근래 비　疆 : 지경 강
戢 : 그칠 즙　干 : 방패 간
戈 : 창 과　赴 : 다다를 부
比 : 아우를 비　孚 : 미쁠 부
休 : 그칠 휴　諭 : 깨우칠 유
祇 : 祗(공경할지) 오기
慮 : 생각할 려　猶 : 오히려 유
呈 : 뵈일 정　悉 : 모두 실
詳悉 : 속속들이 알아냄
兎 : 토끼 토
獹 : 좋은개 로　迭 : 번갈아 질
憊 : 고달플 비　貽 : 끼칠 이
譏 : 나무랄 기　蚌 : 조개 방
鷸 : 도요새 휼　誡 : 경계할 계
※ : 天成의 결락
伏 : 엎드릴 복
蒙 : 입을 몽　敍 : 베풀 서
軺 : 작은수레 초
通使 : 삼국사기에 通和使로 기록됨
膚 : 아름다울 부　爰 : 이에 원
捧 : 받들 봉
芝 : 지초 지　闢 : 열 벽
激 : 찌를 격　牋 : 편지 전
嫌 : 의심할 혐　軒 : 수레 헌
輒 : 문득 첩　敷 : 펼 부
衽 : 옷깃 임

46) 조개와 도요새가 서로 버티면 또한 웃음거리〔蚌鷸相持 · 亦爲所笑〕: 전국책(戰國策)에 나오는 말로 도요새와 조개가 서로 싸우다가 어부에 잡혔다는 고사.

47) 오월국의 사자(華軺膚使) : 원문의 華軺(화초)는 사신이 타고 온 좋은 수레란 뜻이며, 膚使(부사)는 선량한 사자란 의미임. 여기서는 오월국의 사신을 말함.

48) 소식〔尺素(척소)〕: 고대에는 편지를 비단에 썼던 까닭으로 서신을 척소라 함.

49) 오월왕의 조서〔芝檢〕: 원문의 芝(지)는 상서로운 징조를 나타내는 신비로운 풀의 이름이며, 檢(검)은 문서를 넣는 상자. 그러므로 芝檢(지검)은 훌륭한 문서를 넣은 상자로 여기서는 조서.

내가 위로는 하늘의 명령을 받들고 아래로는 백성들의 추대에 못이겨 과분하게도 장수의 직권을 외람되이 맡아서 나라를 경륜하는 기회를 얻었소. 근래에는 삼한이 액운을 만나고 전국에 흉년이 들어 많은 백성들이 도적 떼가 되고, 논밭은 황폐하게 되지 않은 곳이 없소. 전쟁의 위험을 그치게 하고 나라의 재난을 구하려고 스스로 선린의 우호를 맺었더니 과연 수 천 리에 농사짓고 누에치는 일을 즐기고 병사들은 7~8년을 한가롭게 쉬었소.

을유년[51](925)이 되자 이 해 10월에 갑자기 사건이 생겨 교전을 하게까지 되었소. 족하가 처음에 적을 가벼이 여겨 바로 진격해 왔으나 이는 마치 사마귀가 수레바퀴를 막는[52] 것처럼 하다 마침내 어려움을 알고 용감히 후퇴하였으니 이는 마치 모기가 산을 짊어진[53] 것과 같았소. 그리고 손을 맞잡고 인사를 한 후 하늘을 가리키면서 맹세하기를 "오늘 이후로는 영원히 즐겁게 화목 할 것이며 만약에 혹시라도 이 맹세를 어긴다면 신이 죽일 것이다"라 했소.

내 또한 창칼을 쓰지 않는 무(武)를 숭상하고 죽이지 않는 어진 것을 추구하여 드디어는 여러 겹 에워싸던 포위를 풀고 피로한 군사들을 쉬게 했으며 볼모를 잡는 것도 사양하지 않고 다만 백성만을 편안하게 하려 했으니 이것은 바로 내가 남쪽 사람들에게 큰 은덕을 준 것이었소. 그런데 맹약의 피가 마르기도 전에 흉악한 위협이 다시 일어나 벌과 전갈과 같은 놈들의 독이 백성들에게 해를 끼쳤고 이리와 호랑이의 광기가 서울[54] 근교를 가로막아 서울이 궁색하자 왕실은 떨면서 놀라고 있었으나 누가 패권을 차지한 환공과 문공[55]처럼 의리를 지켜 주나라를 떠받들 듯 하는 자가 있었소. 기회를 틈타 한나라를 도모하던 왕망과 동탁[56]의 간사함을 볼뿐이었소. 지극히 높은 왕으로 하여금 몸을 굽혀 족하의 아들이라 칭하게 하여 존귀함과 비속함의 구별을 잃어버리니 상하 모두가 근심하였으나, 뛰어나게 보필하는 순수한 충성이 없다면 어찌 다시 나라를 편안하게 할 수 있겠소. 나의 마음에는 어떠한 악함도 품지 않고 왕실을 받드는 뜻만 간절하여 신라 조정에 도움을 주어 나라의 위기를 구해 보려 했소.

50) 하고 싶은 말〔敷危衽(부위임)〕: 『초사』의 「跪敷衽以陳辭兮(무릎 꿇고 옷깃을 여미며 말을 하니)」란 문구에서 따온 말로 하고 싶은 말을 진술한다는 의미.

51) 을유년〔癸酉〕: 원문에는 癸酉(계유)이나 고려와 후백제가 항쟁하던 시기에 계유가 없음.

52) 사마귀가 수레바퀴를 막는〔螳螂之拒轍〕: 사마귀가 팔을 벌리고 수레바퀴를 막는다는 뜻이니 약한 것이 제 역량도 헤아리지 않고 강한 것에 대적한다는 의미.
『장자』에 「猶螳螂之怒 臂以當車轍 則必不勝其任矣(사마귀가 화가 나서 팔을 벌리고 수레바퀴를 막는 것과 같이 그 일은 필히 이루어질 수 없을 것이다.)」에서 인용

僕仰承天假. 俯迫人推. 過叨將帥之權. 獲赴經綸之會. 項以三韓厄會・九土凶荒. 黔黎多屬於黃巾. 田野無非其赤土. 庶幾弭風塵之警. 有以救邦國之災. 爰自善隣. 於爲結好. 果見數千里農桑樂業・七八年士卒閑眠.

及至癸酉年・維時陽月. 忽焉生事. 至乃交兵. 足下始輕敵以直前・若螳螂之拒轍. 終知難而勇退・如蚊子之負山. 拱手陳辭. 指天作誓. 今日之後. 永世歡和. 苟或渝盟. 神其殛矣.

假 : 클 가
俯 : 구부릴 부
叨 : 외람될 도
綸 : 다스릴 륜
項 : 頃(요사이 경)의 오기
厄 : 재앙 액
黔 : 검을 검
黎 : 검을 려
庶 : 바랄 서
弭 : 그칠 미
塵 : 티끌 진
爰 : 이에 원
閑 : 한가할 한
癸 : 乙의 오기
維 : 이 유
螳 : 사마귀 당
螂 : 사마귀 랑
轍 : 바퀴자국 철
蚊 : 모기 문
負 : 질 부
拱 : 손맞잡을 공
陳 : 고할 진
歡 : 기쁠 환
苟 : 만약 구
渝 : 변할 투
殛 : 죽일 극
圍 : 둘러쌀 위
疲 : 고달플 피

僕尒尙止戈之忎. 期不殺之仁. 遂解重圍以休疲卒. 不辭質子但欲安民. 此卽我有大德於南人也. 豈期歃血未乾・凶威復作. 蜂蠆之毒侵害於生民. 狼虎之狂爲梗於畿甸. 金城窘忽. 黃屋震驚. 仗義尊周・誰似桓文之霸. 乘間謀漢. 唯看莽卓之奸. 致使王之至尊・枉稱子於足下. 尊卑失序. 上下同憂. 以爲非有元輔之忠純. 豈得再安社稷. 以僕心無匿惡・志切尊王. 將援置於朝廷. 使扶危於邦國.

尒 : 너 이
尒 : 亦의 오기
忎 : 혜종의 휘 **武**의 避諱代字
歃 : 입에피발라맹세할 삽
復 : 다시 부
蜂 : 벌 봉
蠆 : 전갈 채
梗 : 막을 경
畿 : 서울근방 기
甸 : 서울근방 전
忽 : **急**의 오기인 듯
窘 : 군색할 군
仗 : 의지할 장
莽 : 풀 망
卓 : 닥상 탁
枉 : 굽을 왕
憂 : 근심 우
匿 : 숨을 닉
扶 : 부축할 부

53) 모기가 산을 짊어진〔蚊子之負山〕: 힘이 모자라면서 중임을 맡은 것을 비유. 『장자』에 「使蚊負山」.
54) 서울〔金城〕: 신라의 서울 경주를 가리킴.
55) 환공과 문공〔桓文〕: 춘추시대 패자인 제나라의 환공과 진나라의 문공으로 이 두 제후는 다른 제후들을 다스려 주나라 황실을 높임.
56) 왕망과 동탁〔莽卓〕: 전한(前漢) 말기의 왕망과 후한(後漢) 말기의 동탁으로 두 사람은 모두 임금을 갈아치우는 등 반역적인 행동을 함.

그런데 족하는 털끝 같은 조그만 이익에 눈이 어두워 천지의 두터운 은혜를 잊어버리고 임금을 목베어 죽이며 궁궐을 불태우고 대신들을 참혹하게 살해했으며 백성들을 도륙하였소. 궁녀들을 붙잡아 함께 데려가고 진귀한 보물이면 빼앗아 여러 수레에 실어 갔으니 크나큰 흉악함은 걸주[57]보다 더 하였고 잔인함에는 경짐승과 올빼미[58]보다 더 심하여 나의 원한은 하늘을 무너뜨릴 듯 극에 달했소.

나는 해를 뒷걸음치게[59] 할 만한 깊은 정성과 큰 매가 새매를 쫓는 것을 본받아 개나 말처럼 충성[60]을 다 하기로 하여 다시 군사를 일으킨 지 두 해가 지났소. 육로로 진격할 때는 번개가 번뜩이고 벼락이 치듯 하였으며 물에서 공격할 때는 범처럼 치고 용처럼 날아 오르니 움직이면 반드시 성공하였소. 군사를 일으키면 헛되이 일어난 것이 없었으니 윤경을 해안에서 쫓을 때는 갑옷이 산처럼 쌓였고 추조를 성 주변에서 사로잡을 때는 넘어진 시체가 들판을 덮었소. 연산군[61] 부근에서는 길환을 군영 앞에서 목베었고 마리성[62](이산군인 듯하다.) 주변에서는 수오를 깃발 아래서 죽였고 임존성(지금의 대흥군이다.)을 함락시키던 날 형적 등 수백 명이 목숨을 버렸소. 청천현[63](상주 영내의 현 이름이다.)을 격파할 때는 직심 등 4~5명의 무리들이 머리를 바쳤고 동수(지금의 동화사이다.)에서는 깃발만 바라보고 산산이 흩어졌으며 경산[64]에서는 구슬을 입에 물고 항복[65]해 왔고 강주[66]는 남으로부터 귀순해 왔으며 나부[67]는 서쪽에서 와서 귀속하였소.

공략함이 이와 같았으니 수복이 어찌 멀다 하겠소. 기필코 저수[68]의 군영 중에서 장이[69]의 쌓이고 쌓인 원한을 씻고 오강[70] 언덕에서 한왕이 크게 한번 이기려는 것과 같은 마음을 이루어 마침내 바람과 물결을 그치게 하여 길이 천하를 맑게 할 것이오.

57) 걸주(桀紂) : 하나라의 걸왕과 은나라의 주왕으로, 중국 고대의 대표적인 포악한 군주.

58) 경짐승과 올빼미〔獍梟(경효)〕 : 경짐승은 나면서 애비를 잡아먹고 올빼미는 나면서 어미를 잡아먹는 불효를 상징하는 대표적인 짐승.

59) 해를 뒷걸음치게〔却日(각일)〕 : 정성을 다한다는 뜻으로 춘추전국시대에 노(魯)나라 양공(陽公)이 전쟁을 하면서 창을 휘둘러 해를 뒤로 돌렸다는 고사.

60) 큰 매가 새매를 쫓는 것을 본받아 개나 말처럼 충성〔鷹鸇之逐. 以申犬馬之勤〕 : 큰매는 왕건이며 새매는 견훤으로 왕건이 개나 말처럼 충성을 바쳐 견훤을 쳐부수겠다는 의미.

61) 연산군(燕山君) : 지금의 충청북도 청주.

62) 마리성(馬利城) : 지금의 경상남도 함양 근방.

足下見毫氂之小利. 忘天地之厚恩. 斬戮君主. 焚燒宮闕. 葅醢卿佐. 虔劉士民. 姬姜則取以同車. 珍寶則奪之相載. 元惡浮於桀紂. 不仁甚於獍梟. 僕怨極崩天.

誠深却日. 約效鷹鸇之逐. 以申犬馬之勤. 再擧干戈. 兩更槐柳. 陸擊則雷馳電激. 水攻則虎慱龍騰. 動必成功. 擧無虛發. 逐尹卿於海岸・積甲如山. 禽雛造於城邊・伏尸蔽野. 燕山郡畔・斬吉奐於軍前. 馬利(疑伊山郡.)城※・戮隨晤於纛下. 拔任存(今大興郡.)之日・刑積等數百人捐軀. 破淸川縣(尙州領內縣名.)之時. 直心等四五輩授首. 桐藪(今桐華寺.)望旗而潰散. 京山銜璧以投降. 康州則自南而來. 羅府則自西移屬.

侵攻若此. 收復寧遙. 必期泜水營中・雪張耳千般之恨. 烏江岸上・成漢王一捷之心. 竟息風波. 永淸寰海

毫 : 가늘고긴털 호　　氂 : 털끝 리
戮 : 죽일 륙
焚 : 불사를 분　　燒 : 불사를 소
葅 : 절일 저
醢 : 젓담그는형벌 해
虔 : 죽일 건　　劉 : 죽일 류
姜 : 妾의 오기
浮 : 넘칠 부　　獍 : 맹수이름 경
梟 : 올빼미 효　　却 : 물러갈 각
鷹 : 매 응　　鸇 : 새매 전
逐 : 쫓을 축　　槐 : 느티나무 괴
擊 : 칠 격
慱 : 搏(칠 박)의 오기
騰 : 오를 등　　禽 : 사로잡을 금
雛 : 새이름 추　　蔽 : 덮을 폐

※ : 邊의 결락　　畔 : 지경 반
晤 : 밝을 오　　纛 : 깃발 독
捐 : 버릴 연　　軀 : 몸 구
破 : 깨뜨릴 파　　桐 : 오동나무 동
藪 : 큰숲 수　　潰 : 무너질 궤
銜 : 머금을 함　　璧 : 구슬 벽
寧 : 어찌 녕　　遙 : 멀 요
泜 : 물이름 저　　般 : 오랠 반
捷 : 이길 첩
寰 : 서울근방고을 환
寰海 = 天下

63) 청천현(淸川縣) : 지금의 경상북도 김천.
64) 경산(京山) : 지금의 경상북도 성주.
65) 구슬을 입에 물고 항복〔銜璧以投降〕 : 패전하여 항복하려고 나가면서 패백으로 구슬을 주려고 입에 물고 간다는 것.
66) 강주(康州) : 지금의 경상남도 진주.
67) 나부(羅府) : 지금의 전라남도 나주.
68) 저수(泜水) : 중국에 있는 강 이름. 북저수라고도 함.
69) 장이(張耳) : 중국 초한(楚漢) 때 사람. 처음 조나라 제상으로 있었으나 진여(陳餘)와의 불화로 한나라로 망명하여 한신과 함께 조나라를 쳐서 저수위에서 진여를 베어 죽임.

이는 하늘이 돕는 바이니 천명이 어디로 돌아가겠소. 하물며 오월왕 전하의 덕은 변방까지도 포용하고[71] 약한 백성들을 애육하는[72] 인자함이 깊어 특별히 대궐[73]에 윤음을 내려 우리 강토[74]에서 난리를 그치라고 타일렀소. 이미 훈계하는 교서를 받았으니 어찌 받들어 행하지 않겠소. 만일 족하도 삼가 명철한 조서를 받들어 흉악한 전쟁을 모두 멈춘다면 오월국의 어진 은혜에 보답할 뿐만 아니라 나아가서는 우리 강토의 끊어진 대(代)[75]도 이을 수 있을 것이오. 만약 허물이 있는데도 고칠 수 없다면 후회해도 소용이 없을 것이요.」(글은 바로 최치원이 쓴 것이다.[76])

장흥[77] 3년(932)에 견훤의 신하 공직이 용감하고 지략이 있더니 태조에게 와서 항복했다. 견훤은 공직의 두 아들과 딸 하나를 붙잡아 다리의 힘줄을 불로 지져서 끊었다. 가을 9월에 견훤은 일길을 시켜 수군으로 고려의 예성강에 침입토록 하여 3일 동안 머물면서 염주[78] · 백주[79] · 정주[80]의 3개 주의 배 1백 척을 빼앗아 불사르고 돌아갔다 한다.

청태 원년 갑오(934)에 견훤은 태조가 운주[81](자세히 알 수 없다.)에 주둔하고 있다는 말을 듣고 곧 바로 정예병사를 선발하여 새벽 일찍 밥을 먹여[82] 급습토록 했다. 영루에 닿기도 전에 장군 유금필[83]이 강력한 기병으로 이를 쳐서 3천여 명을 목베자 웅진[84] 이북의 30여 성이 이 소문을 듣고 스스로 항복하였다. 견훤의 부하였던 술사 종훈과 의원 지겸, 용장인 상달 · 최필 등이 태조에게 항복했다.

70) 오강(烏江) : 중국 안휘성(安徽省) 화현(和縣)에 있는 강. 초의 항우가 한왕 유방과의 싸움에서 패하여 이곳에서 자결함.

71) 변방까지도 포용하고〔包荒〕: 원문의 包荒(포황)은 황예(荒穢 : 거칠고 더러운 것)를 포용한다는 뜻이니 사람을 포용하는 도량이 크다는 말. 『역경』에 「包荒用憑河(여러 오랑캐 족속을 포섭해서 맨 몸으로 황하를 건너다.)」

72) 약한 백성들을 애육하는〔字小〕: 小民〔약한 백성〕을 字育 즉 愛育한다는 뜻.

73) 대궐〔丹禁(단금)〕: 금성(禁城) 즉 대궐을 의미.

74) 우리 강토〔靑丘(청구)〕: 중국에서 우리나라를 부를 때 청구라 함.

75) 끊어진 대〔絶緖(절서)〕: 절사(絶嗣)와 같은 말로 후사가 끊어짐을 의미. 『후한서』 장위전에 「絶緖言無後也(절서란 후사가 없는 것을 말한다.)」

76) 최치원이 쓴 것이다. : 믿기 어려움.

天之所助. 命欲何歸. 況承吳越王殿下·德洽包荒·仁深字小. 特出綸於丹禁. 諭戢難於靑丘. 旣奉訓謀. 敢不尊奉. 若足下祇承睿旨. 悉戢凶機. 不唯副上國之仁恩. 抑可紹東海之絶緖. 若不過而能改. 其如悔不可追.(書乃崔致遠作也.)

洽 : 화할 흡
綸 : 왕의말 륜
諭 : 타이를 유
戢 : 그칠 집
謀 : 謨(올바른명령 모)의 오기
尊 : 존귀할 존
祇 : 삼갈 지
睿 : 슬기로울 예
悉 : 모두 실
唯 : 뿐 유
抑 : 발어사 억
紹 : 이을 소
東海 : 海東의 오기
緖 : 실끝 서

長興三年甄萱臣龔直. 勇而有智略. 來降太祖. 萱捉龔直二子一女. 烙斷股筋. 秋九月. 萱遣一吉. 以舡兵入高麗禮城江. 留三日. 取鹽白眞三州船一百艘. 焚之而去.(云云)

清泰元年甲午. 萱聞太祖屯運州.(未詳.) 遂簡甲士. 蓐食而至. 未及營壘. 將軍黔弼以勁騎擊之. 斬獲三千餘級. 熊津以北三十餘城. 聞風自降. 萱麾下術士宗訓·醫者之謙·勇將尙逢雀弼等降於太祖.

龔 : 성(姓) 공
捉 : 잡을 착
烙 : 지질 락
股 : 넓적다리 고
筋 : 힘줄 근
鹽 : 소금 염
眞 : 貞의 오기인 듯
艘 : 배 소
簡 : 가릴 간
甲 : 으뜸 갑
蓐 : 자리 욕
未 : 末의 오기
壘 : 진 루
勁 : 굳셀 경
擊 : 칠 격
雀 : 참새 작
逢 : 達의 오기
雀 : 崔의 오기

77) 장흥(長興) : 5대(五代) 후당(後唐) 명종(明宗 : 926~933)의 연호.
78) 염주〔鹽〕 : 지금의 황해도 연안(延安).
79) 백주〔白〕 : 지금의 황해도 백천(白川).
80) 정주〔眞〕 : 원문의 眞은 貞의 오기인 듯함. 정주(貞州)는 지금의 임진강과 한강이 만나는 부근.
81) 운주(運州) : 지금의 충청남도 홍성 부근.
82) 새벽 일찍 밥을 먹여〔蓐食〕 : 잠자리 위에서 밥을 먹음을 의미하니 일찍 밥을 먹는다는 뜻. 『좌전』에 「秣馬蓐食 潛師夜起(병사들이 가만히 밤에 일어나 말에게 풀을 먹이고 잠자리 위에서 밥을 먹었다.)」
83) 유금필(庾黔弼) : 고려의 명장. 태조를 도와 많은 전공을 세움.
84) 웅진(熊津) : 지금의 충청남도 공주.

병신년(936) 정월에 견훤이 그의 아들에게 말하기를 "이 늙은 아비가 신라 말기에 후백제라는 이름으로 나라를 세워 여러 해가 되었다. 군사는 북쪽 군에 비해 두 배가 되나 오히려 불리할 뿐이었으니 아마도 하늘이 고려를 위하여 힘을 빌려 주는[85] 것 같다. 어찌 북쪽 고려왕에게 귀순해서 목숨을 보전하지 않겠는가?"라 했다 그의 아들 신검 · 용검 · 양검 등 셋은 모두 듣지 않았다.

『이제가기』에 다음과 같이 적혀 있다.

「견훤에는 아들 아홉이 있었다. 맏아들은 신검(견성이라 고도 한다.)이다. 둘째는 태사 겸뇌이고 셋째는 좌승 용술이며 넷째는 태사 총지이다. 다섯째는 대아간 종우이고 여섯째는 궐이며 일곱째는 좌승 위흥이다. 여덟째는 태사 청구이며 하나 있는 딸은 국대부인이니 모두 상원부인의 소생이다. 견훤은 처첩이 많아서 아들을 10여 명이나 두었다. 넷째 아들 금강은 키가 크고 지혜가 많아서 견훤이 특별히 그를 사랑하여 왕위를 넘겨주려 하였다. 그의 형 신검 · 양검 · 용검이 이를 알고 몹시 근심했다. 이때 양검이 강주도독이 되고 용검이 무주도독이 되니 홀로 신검만이 견훤의 옆에 있었다. 이찬 능환이 강주와 무주의 두 주에 사람을 보내 양검 등과 모의하여 청태 2년 을미(935) 봄 3월에 영순 등과 함께 신검에게 권하여 견훤을 금산사 불당[86]에 유폐시키고 사람을 보내 금강을 살해했다. 신검은 스스로 대왕이라 칭하고 나라안의 죄수들을 풀어 주었다.」고 한다.

처음에 견훤이 잠자리에서 아직 일어나지도 않았는데 멀리 대궐 뜰에서 함성 소리가 들렸다. 이것이 무슨 소리냐고 물었더니 아버지에게 말하기를 "왕께서 연로하시어 나라의 군사업무와 정치에 어두워 맏아들인 신검이 아버지의 왕위를 대신하였다 하여 여러 장수들이 축하하는 환호성입니다"라 했다.

85) 하늘이 고려를 위하여 힘을 빌려 주는〔天假手爲高麗〕: 원문의 天假手(천가수)는 하늘이 사람의 손을 빌려 일을 한다는 의미. 『서경』「皇天降災 假手我有命(황천이 재앙을 내리는 것은 하늘이 사람의 손을 빌려 나에게 명을 내림이다.)」

丙申正月. 萱胃子曰. 老父新羅之季. 立後百濟名. 有年于今矣. 兵倍於北軍. 尙爾不利. 殆天假手爲高麗. 盖歸順於北王・保首領矣. 其子神劍・龍劍・良劍等三人皆不應.

胃 : 謂의 오기
胃 : 밥통 위
尙 : 오히려 상
爾 : 뿐 이
盖(蓋의 속자) : 어찌아니할 합

李磾家記云.

萱有九子. 長曰神劍.(一云甄成.) 二子太師謙腦. 三子佐承龍述. 四子大師聰智. 五子大阿干宗祐. 六子闕. 七子佐承位興. 八子大師靑丘. 一女國大夫人. 皆上院夫人所生也. 萱多妻妾. 有子十餘人. 第四子金剛・身長而多智. 萱特愛之. 意欲傳位. 其兄神劍・良劒・龍劒知之憂憫. 時良劒爲康州都督. 龍劒爲𤨏州都督. 獨神劒在側. 伊飧能奐使人往康𤨏二州. 與良劒等謀. 至淸泰二年乙未春三月. 與英順等勸神劒. 幽萱於金山佛宇. 遣人殺金剛. 神劒自稱大王. 赦境內.(云云.)

假 : 빌릴 가
甄 : 밝을 견, 질그릇 견
大 : 太의 오기
聰 : 밝을 총
大 : 太의 오기
憂 : 근심 우
憫 : 근심할 민
𤨏 : 혜종의 휘 武의 避諱缺劃
飧(飡의 속자) : 저녁밥 손
𤨏 : 혜종의 휘 武의 避諱缺劃
幽 : 가둘 유
宇 : 집 우
遙 : 멀 요
喊 : 고함지를 함
歟 : 그런가할 여
攝 : 대신할 섭

初萱寢未起. 遙聞宮庭呼喊聲. 問是何聲歟. 告父曰. 王年老. 暗於軍國政要. 長子神劒攝父王位. 而諸將歡賀聲也.

86) 금산사 불당〔金山佛宇〕: 전라북도 김제군 수류면 무악산에 있는 절. 백제 법왕 원년인 599년에 왕의 복을 비는 사찰로 창건된 후, 혜공왕 2년에 진표율사가 중창할 때 미륵 장륙상을 조성. 임진왜란 후 불탄 것을 1601년 문수대사가 재건.

얼마 후 아버지를 금산사 불당으로 옮기고 파달 등 장사 30명으로 지키게 했다.

다음과 같은 동요가 있었다.

가엾구나, 완산 아이,
아비 잃고 눈물 짓네.

견훤은 후궁과 나이 어린 남녀 두 사람과 시비 고비녀 및 나인 능우남[87] 등과 함께 갇혀 있었다. 4월에 이르러 술을 빚어서 지키는 군사 30명에게 취하도록 먹였다.[88] (도망오니 태조가) 소원보 향우 · 오염 · 충질 등에게 바닷길로 그를 맞이하게 했다. 고려에 도착하자 견훤이 태조보다 10년이나 연상이라 하여 존칭으로 상부라 하고 남궁에 편안히 살도록 했다. 양주[89]를 식읍과 전장으로 하고 노비 40명, 말 9필을 하사했으며 그 나라로부터 먼저 와서 항복한 신강을 아전으로 임명했다.

견훤의 사위인 장군 영규[90]는 그의 처에게 은밀히 말하기를 "대왕이 40여 년 간 애를 써서 노력한 끝에 대업의 성과가 이루어졌는데 하루아침에 가족 간의 불화로 나라를 잃고 고려로 가셨소이다. 무릇 정조 있는 여자는 두 남편을 허락하지 않고 충신은 두 임금을 섬기지 않소. 만약 내 임금을 버리고 반역한 아들을 섬긴다면 무슨 낯으로 천하의 의로운 사람들을 대한단 말이오. 더구나 고려의 왕공은 인자하고 후덕하며 겸손하고 검소해서 민심을 얻었으니 이는 아마도 하늘이 인도하여 반드시 삼한의 임금이 될 것이오. 어찌 우리 왕에게 편안하게 지내도록 위로하는 글을 올리며 겸하여 왕공에게도 공손하게 처신하여 뒷날 돌아올 복을 도모하지 않을 수 있겠소" 하니 그의 처가 말하기를 "당신의 말씀은 바로 저의 뜻입니다"라 했다.

87) 능우남(能又男) : 『삼국사기』와 『고려사』에는 능우남이 견훤의 막내아들 능예(能乂)로 기록됨.
88) 군사 30명에게 취하도록 먹였다〔醉守卒三十人〕 : 이 뒤에 「고려로 도망해 왔다.」는 말이 빠진 듯함. 『삼국사기』에 「견훤은 금산사로부터 금성으로 도망하여 태조에게 투항했다. 태조가 기뻐하며 장군 금필 · 만세 등을 보내어 위로하는 동시에 오게 했다.」라 기록됨.

俄移父於金山佛宇. 以巴達等壯士三十人守之.

童謠曰.

可憐完山兒.

失父涕連洒.

俄 : 잠시 아
憐 : 불쌍히여길 련
涕 : 눈물 체
洒 : 물뿌릴 쇄

萱與後宮年小男女二人・侍婢古比女・內人能又男等囚縶. 至四月. 釀酒而飮. 醉守卒三十人. ■而與小元甫香乂・吳琰・忠質等以海路迎之. 旣至. 以萱爲十年之長. 尊號爲尙父. 安置于南宮. 賜楊州食邑田莊・奴婢四十口・馬九匹. 以其國先來降者信康爲衙前.

甄萱婿將軍英規密語其妻曰. 大王勤勞四十餘年. 功業垂成. 一旦以家人之禍. 失地從於高麗. 夫貞女不可二夫. 忠臣不事二主. 若捨巳君. 以事逆子. 卽何顔以見天下之義士乎. 況聞高麗王公仁厚懃儉・以得民心. 殆天啓也. 必爲三韓之主. 盍致書以安慰我王. 兼慇懃於王公. 以圖後來之福乎. 妻曰子之言是吾意也.

內 : 여자하인 나
囚 : 갇힐 수
縶 : 맬 계
釀 : 술빚을 양
醉 : 술취할 취
■ : 문장이 빠짐
琰 : 옥 염
衙 : 관청 아
婿 : 사위 서
垂 : 드리울 수
夫 : 어조사 부
捨 : 버릴 사
巳 : 己의 오기
卽 : 則의 오기
懃 : 은근할 근
慇 : 은근할 은
子 : 당신 자

89) 양주(楊州) : 지금의 경기도 양주.

90) 영규(英規) : 승주 출신으로 후백제의 장군. 고려가 신라를 합치고 견훤이 고려로 달아난 뒤 영규는 태조와 밀통하여 내응. 그 공으로 태조로부터 좌승의 벼슬과 토지・마필 등을 상으로 받았으며, 아들 두 형제는 모두 고려에서 벼슬을 함.

이에 천복 원년 병신(936) 2월에 사람을 보내어 태조에게 뜻을 전하여 말하기를 “왕께서 정의의 깃발을 드신다면 청컨대 안에서 호응하여 왕의 군대를 맞이하겠습니다”라 했다. 태조가 기뻐하며 그의 사자에게 후하게 선물을 주어 보내면서 영규에게 사례하여 말하기를 “만약 은혜를 입게 되어 하나로 합세해서 길이 막히지 않게 되면 바로 장군을 먼저 뵌 후에 대청에 올라가 부인에게 절하고 형님으로 섬기고 누님으로 받들어 반드시 끝까지 후하게 보답하겠소. 천지신명이 모두 이 말을 들을 것이오”라 했다.

6월 견훤이 태조에게 말하기를 “늙은 이 몸이 전하에게 의탁한 까닭은 전하의 신령스런 위엄을 빌려 반역한 자식을 처단하기만을 위한 것이었습니다. 삼가 바라옵건대 대왕께서 신병을 빌려주시어 적자난신을 섬멸하게 하시면 비록 죽더라도 여한이 없을 것이외다”라 하니 태조가 말하기를 “그들을 토벌하지 않으려는 것이 아니라 그 때를 기다리는 것이었습니다”라 하며 먼저 태자 무[91]와 장군 박술희[92]를 시켜 보병과 기병 10만을 거느리고 천안부로 서둘러 가도록 했다.

가을 9월 태조는 3군[93]을 거느리고 천안으로 가서 군사들을 합하여 일선으로 진군하니 신검이 군사들로 대항했다. 갑오일에 일리천[94]을 사이에 두고 대치했는데 태조의 군대는 동북방을 등지고 서남방[95]을 향해 진을 쳤다. 태조는 견훤과 함께 병영을 바라보니 홀연히 검과 창 모양의 흰 구름이 일어나 우리 군대 쪽에서 적진 쪽으로 향하여 갔다. 이에 북을 치며 행군하여 진격하니 백제 장군 효봉 · 덕술 · 애술 · 명길 등이 우리 군의 위세가 크고 정연한 것을 바라보고 갑옷을 버리고 진지 앞에 와서 항복했다. 태조가 그들의 노고를 위로하고 장수가 있는 곳을 물으니 효봉 등이 말하기를 “총대장인 신검은 중군에 있습니다”라 했다.

91) 태자 무(太子 武) : 태조 왕건의 장자. 왕건이 금성(지금의 나주)을 공략할 때 그 지방의 호족인 오씨의 딸인 장화왕후에게서 태어남. 제2대 혜종(943~945)으로 즉위했으나 3년 만에 병으로 죽음.

92) 박술희(朴述希) : ?~945. 고려 태조 때의 장군. 개국공신으로 대광이 되었으나 혜종 때 강화로 귀양갔다가 왕규에게 피살당함.

93) 3군(三軍) : 주(周)나라의 제도에 천자는 6군을 거느리고 제후는 3군 즉 상군 · 중군 · 하군을 거느린다는 것이나 후에는 군대의 통칭이 됨.

於是天福元年丙申二月. 遣人致意於太祖曰. <u>若</u>擧義旗. 請爲內應. 以迎王師. 太祖喜. 厚賜其使者遣之. 謝英規曰. 若蒙恩一合. 無道路之梗. 卽先致謁於將軍. 然後升堂拜夫人. 兄事而姊尊之. 必終有以厚報之. 天<u>下</u>鬼神皆聞此語.

若 : 君의 오기
梗 : 막힐 경
謁 : 뵈올 알
姊 : 맏누이 자
下 : 地의 오기

六月. 萱告太祖. 老臣所以投身於殿下者. 願仗殿下威稜·以誅逆子耳. 伏望大王借以神兵. 殲其賊亂. 臣雖死無憾. 太祖曰. 非不欲討之. 待其時也. 先遣太子<u>及乏</u>將軍述希. 領步騎十万·趣天安府.

仗 : 기댈 장
稜 : 신령의 위엄 릉
誅 : 목벨 주
賊亂＝賊子亂臣 : 무모를 해치는 아들과 나라를 어지럽히는 신하
殲 : 멸할 섬
憾 : 한스러울 감
趣 : 빨리갈 취
及乏 : 乏及의 오기
乏 : 혜종의 이름 武의 避諱缺劃
次 : 행차 차
艮 : 간방(동북방) 간
陳 : 陣(진칠 진)의 오기
坤 : 곤방(서남방) 곤
戟 : 갈래진창 극
火 : 大의 오기
弃 : 버릴 기

秋九月. 太祖率三軍至天安. 合兵進次一善. 神劒以兵逆之. 甲午. 隔一利川相對. 王師背艮向坤而<u>陳</u>. 太祖與萱觀兵. 忽白雲狀如劒戟. 起我師向彼行焉. 乃鼓行而進. 百濟將軍孝奉·德述·哀述·明吉等. 望兵勢<u>火</u>而整. 弃甲降於陣前. 太祖勞慰之. 問將帥所在. 孝奉等曰. 元帥神劒在中軍.

94) 일리천(一利川) : 경상북도 선산군을 흐르는 낙동강 또는 그 지류로 추정.
95) 동북방〔艮〕· 서남방〔坤〕: 8괘에 의한 방위표.

건(乾)	태(兌)	이(離)	진(震)	손(巽)	감(坎)	간(艮)	곤(坤)
서북	서	남	동	동남	북	동북	서남

태조가 장군 공훤 등에게 명하여 삼군이 일시에 협공하여 진격하게 하니 백제군사가 궤멸하여 패주하였다. 황산 탄현에 오니 신검이 두 아우와 장군 부달 · 능환 등 40여 명과 함께 와서 항복했다. 태조는 그들의 항복을 받아들이고 나머지도 모두 그들의 노고를 위로하고 처자들과 함께 상경할 것을 허락했다.

태조가 능환을 문책하여 말하기를 "처음에 양검 등과 은밀히 모의하여 대왕을 가두고 그의 아들을 왕위에 세운 것은 너의 꾀였으니 신하가 된 의리로 보아 이렇게 할 수 있는가?" 하니 능환이 머리를 숙이고 말을 하지 못했다. 마침내 명령하여 그를 목베었다. 신검이 참람되게 왕위에 오른 것은 다른 사람의 위협이었지 그의 본심이 아니었고 게다가 항복하여 죄를 빌었으니 특별히 그의 죽음을 면하게 해 주었다. 견훤이 이를 분하게 여겨 등에 종기가 생겨 수일만에 황산 불사에서 죽었다. 9월 8일이며 나이는 70세였다.

태조의 군령이 엄격하고 분명하여 군사들이 조금도 범하지 않으니 고을 사람들이 안도하며 늙은이나 젊은이가 모두 만세를 불렀다. 태조가 영규에게 말하기를 "앞서 왕이 나라를 빼앗긴 후 그의 신하로서 한 사람도 위로해 주는 사람이 없었는데 오직 경의 부부만이 천리 밖에서 계속해서 서신을 전하여 성의를 다 했고 아울러 과인에게 귀순하는 아름다움이 있었으니 그 의리를 잊을 수 없소" 하고는 좌승이라는 벼슬을 주고 전지 1천 경을 내렸으며 역마 35필을 빌려주어 그의 가족들을 맞이하게 했으며 그의 두 아들에게도 관직을 주었다.

견훤은 당나라 경복 원년(892)에 나라를 세워 진나라 천복 원년(936)까지 도합 45년만인 병신년에 멸망했다.

역사를 담당하는 관원이 다음과 같이 논했다.

「신라는 천운이 다하고 왕도를 잃어 하늘이 돕지 않으니 백성들이 돌아 갈 곳이 없게 되었다. 이에 도적의 무리들이 틈을 타 일어나니 마치 고슴도치의 털과 같았다. 그 중에서 가장 두드러진 자가 궁예와 견훤 두 사람이었다. 궁예는 본래 신라의 왕자였으나 도리어 가족과 나라를 원수로 삼아 선조의 초상화를 칼로 베기까지 하였으니 그의 어질지 못함이 너무도 심하였다.

太祖命將軍公萱等. 三軍齊進狹擊. 百濟軍潰北. 至黃山炭峴. 神劒與二弟・將軍富達・能奐等四十餘人生降. 太祖受降. 餘皆勞之. 許令與妻子上京.

問能奐曰. 始與良劒等密謀. 囚大王立其子者. 汝之謀也. 爲臣之義. 富如是乎. 能奐俛首不能言. 遂命誅之. 以神劒僭位爲人所脅・非其本心. 又且歸命乞罪. 特原其死. 甄萱憂懣發疽. 數日卒於黃山佛舍. 九月八日也. 壽七十.

太祖軍令嚴明. 士卒不犯秋毫. 州縣安堵. 老幼皆呼万歲. 謂英規曰. 前王失國後. 其臣子無一人慰之者. 獨卿夫妻. 千里嗣音. 以致誠意. 兼歸美於募人. 其義不可忘. 許職左承. 賜田一千項. 許借驛馬三十五匹. 以迎家人. 賜其二子以官.

甄萱起唐景福元年. 至晋天福元年. 共四十五年. 丙申滅.

史論曰.

新羅數窮道喪. 天無所助. 民無所歸. 於是羣盜投隙而作. 若猬毛然. 其劇者弓裔. 甄萱二人而巳. 弓裔本新羅王子. 而反以家國爲讎. 至斬先祖之畵像. 其爲不仁甚矣.

狹 : 挾(낄 협)의 오기
狹 : 좁을 협
潰 : 무너질 궤
北 : 패하여달아날 배
富 : 當의 오기
俛 : 굽힐 면
僭 : 참람할 참
脅 : 위협할 협
原 : 용서할 원
懣 : 번민할 만
疽 : 종기 저

堵 : 편안히살 도
募 : 寡의 오기
項 : 頃의 오기
投 : 나아갈 투
隙 : 틈 극
猬 : 고슴도치 위
巳 : 已의 오기

견훤은 신라의 백성으로 일어나 신라의 국록을 먹으면서도 나쁜 마음을 품고 나라의 위기를 행운으로 여기며 도읍을 침략하여 임금과 신하를 짐승처럼 죽였으니 실로 천하 죄악의 원흉이다. 그러므로 궁예가 그의 신하로부터 버림을 받았고 견훤은 그의 아들에게서 화근이 발생했다. 모두 제 스스로 불러들인 것이니 또 누구를 탓할 것인가. 비록 항우와 이밀[96]의 뛰어난 재주로도 한나라와 당나라가 일어남을 막아내지 못했거늘 하물며 궁예와 견훤 같은 흉악한 사람이 어찌 우리 태조를 상대하여 대항할 수 있으랴!」

96) 이밀(李密) : 수나라 말기 당나라 초기 사람(582~618). 수나라 말기에 양현감이 군사를 일으키자 그의 군사(軍師)가 됨. 양현감이 죽자 당나라에 항복한 후 다시 모반을 기도하다 죽임을 당함.

傳견훤릉(충남 논산 소재)

甄萱起自新羅之民. 食新羅之祿. ※包藏禍心. 幸國之危. 侵軼都邑. 虔劉君臣若禽獸. 實天下之元惡. 故弓裔見弃於其臣. 甄萱産禍於其子. 皆自取之也. 又誰咎也. 雖項羽李密之雄才. 不能敵漢唐之興而況裔萱之凶人. 豈可與我太祖相抗歟.

※ : 而 결락
藏 : 감출 장
禍 : 재앙 화
軼 : 범할 일
虔 : 죽일 건
劉 : 죽일 류
咎 : 허물 구
抗 : 抗의 오기
抗 : 꺾을 완

가락국기(고려 문종[1] 때인 대강[2] 연간에 금관지주사[3]로 있던 문인[4]이 지은 것이다. 여기에 간략하게 싣는다.)

천지가 처음 열린 후로 이 땅에는 아직 나라 이름이란 없었다. 또 임금과 신하의 칭호도 없었다. 있다는 것이 아도간 · 여도간 · 피도간 · 오도간 · 유수간 · 유천간 · 신천간 · 오천간 · 신귀간 등 9간[5]이 있었다. 이들 추장들이 백성들을 통솔했으니 무릇 1만 호에 7만 5천 명이었다. 이들 모두가 산과 들에 살면서 스스로 우물을 파서 마시고 농사를 지었다.

마침내 후한 세조[6] 광무제[7] 건무 18년 임인(42)[8] 3월 계욕일[9]에 그들이 살고 있는 북쪽의 구지[10](이것은 산봉우리 이름인데 마치 열 마리의 거북이 엎드린 모양과 같아서 이렇게 불렀다.)에서 이상한 소리로 부르는 기척이 있어 2~3백 명의 무리들이 여기에 모였더니 사람의 목소리 같은 것이 들렸다. 그 형체는 감추고 소리만 내어 말하기를 "여기에 누가 없는가?"라 했다.

1) 문종〔文廟朝〕: 고려 제11대 왕으로 고려의 최 전성기. 재위 1046~1083. 경순왕의 외손인 현종의 셋째 아들.
2) 대강(大康) : 요(遼)나라 도종(道宗) 때의 연호 중 하나. 대강 연간은 1075~1085.
3) 금관지주사(金官知州事) : 금관은 옛 금관가야로 지금의 김해지역임. 고려시대에 금주(金州)라고 부름. 주(州)의 장관이 되는 지주사(知州事)의 정식 명칭은 지금주사(知金州事)이며 금관지주사(金官知州事)는 속칭임. 〈미시나〔三品〕〉
4) 문인(文人) : 사람 이름이 문인인지 글 쓰는 사람을 뜻하는 文人인지 불명확.
5) 아도간 · 여도간 · 피도간 · 오도간 ……등 9간 : 어원 및 의미에 관한 학설

내용	주장학자, 『저서』
• 인칭대명사+촌락단위 조직체+추장 - 아(我) · 여(汝) · 피(彼) · 오(五) 등은 인칭대명사 또는 숫자 - 도(刀) : 梁〔돌〕· 喙〔돌〕· 徒와 같이 두레의 차음자(借音字)로 촌락 - 간(干) : 추장의 의미인 듯 ＊我刀干 → 우리 두레 추장, 汝刀 → 너의 두레, 彼刀 → 그의 두레 五刀干 → 四刀干의 오기인 듯.(五刀干 이후로 五,六의 숫자를 붙인 듯함) ＊留水干 · 留天干 등등의 이름은 후세의 개작	이병도, 『두레와 그 어의』
• 수로왕 이전의 호족들의 존호(尊號) - 我刀干 : 가락 호족의 대표자. 我 → 나(뜻) → 나라〔國〕, 刀 : 존칭 또는 ……의 - 유천간 · 유수간 : 수로왕비 영접 담당으로 首露廟의 祭儀 담당 神官 ＊기타는 중국의 9경 제도(3공의 아래에 9명의 대신)를 본떠 개작	미시나〔三品〕, 『三國遺事考證』

駕洛國記(文廟朝大康年間. 金官知州事文人所撰也. 今略而載之.)

開闢之後. 此地未有邦國之號. 亦無君臣之稱. 越有我刀干・汝刀干・彼刀干・五刀干・留水干・留天干・神天干・五天干・神鬼干等九干者. 是酋長. 領總百姓. 凡一百戶・七万五千人. 多以自都山野. 鑿井而飮. 耕田而食.

屬後漢世祖光䖍帝建䖍十八年壬寅三月禊洛之日. 所居北龜旨(是峯巒之稱. 若十朋伏之狀. 故云也.) 有殊常聲氣呼喚. 衆庶二三百人集會於此. 有如人音. 隱其形而發其音曰. 此有人否.

駕 : 임금탄수레 가
闢 : 열 벽
酋 : 두목 추
都 : 거주할 도
屬 : 마침 속
䖍 : 고려 혜종의 휘인 武의 避諱缺劃
禊 : 푸닥거리할 계
洛 : 浴의 오기인 듯
龜 : 거북 구
巒 : 산봉우리 만
朋 : 무리 붕
呼 : 부를 호
喚 : 부를 환
廟 : 사당 묘
越 : 이에 월
百 : 万의 오기
鑿 : 뚫을 착

6) 세조(世祖) : 후한(後漢) 광무제(光武帝)의 묘호(廟號).
7) 광무제(光武帝) : 후한의 시조. 생몰(生沒)연대 B.C.5~A.D.57.
8) 건무 18년 임인(建䖍十八年壬寅) : 건무는 세조의 연호로 가락국기에서 건무 18년인 A.D.42년에 수로가 가락의 왕이 된 해로 믿기 어려움. 신라의 기원을 제1위로 하여(B.C.57), 고구려(B.C. 37), 백제(B.C. 18), 가락(A.D.42) 등의 순위로 이는 신라중심의 사고방식에서 꾸며진 흔적이 보임.
〈이병도, 『수로왕고』〉
9) 계욕일〔禊洛之日〕: 원문의 계락(禊洛)이란 고대 중국의 낙양을 관통하는 낙수(洛水)에서 푸닥거리(액을 막는 제사)를 하면서 주연을 하는 행사. 우리나라에서는 푸닥거리를 의미하는 계(禊)는 사제자(司祭者)가 하천의 물로 몸을 청결히 하여 신에게 제사지내는 것을 의미함.
10) 구지(龜旨) : 경상남도 김해에 있으며 거북머리처럼 생겼다 하여 구수봉(龜首峰)이라 함.

수로왕 탄생 상징 조형물

9간들이 대답하기를 "우리들이 있습니다"하니 또 말하기를 "내가 있는 곳이 어디인고?"라 했다. "구지입니다"라 대답하자, 또 말하기를 "하느님이 나에게 이곳에 새로운 나라를 세우고 임금이 되라고 한 까닭으로 여기에 내려온 것이다. 그대들은 반드시 봉우리 꼭대기의 흙을 파면서 노래 부르기를

거북아 거북아
머리를 내밀어라.
만일 내밀지 않으면
구워서 먹겠다.[11]

라 하면서 춤을 추어라. 그러면 이것이 대왕을 맞이하여 즐겨 뛰노는 것으로 될 것이다" 라 했다.

9간들이 그 말대로 모두 기뻐하면서 노래 부르고 춤을 추었다. 얼마 안되어 우러러 쳐다보니 보랏빛 줄만이 하늘로부터 드리워져 땅에 닿아 있었다. 줄 끝을 찾으니 붉은 보자기에 싸여진 금으로 된 합이 보여, 그것을 열어 보자 해처럼 둥근 황금알 여섯 개가 있었다.[12]

여러 사람들이 모두 다 놀라고 기뻐하며 함께 수없이 절을 했다. 얼마 있다가 다시 보자기에 싸 가지고 아도간의 집으로 돌아와 탁자 위에 놓아 두고 무리들은 각자 흩어졌다. 하루가 지나고 그 이튿날 아침 일찍 여러 사람들이 다시 모여 합을 열었더니 여섯 개의 알이 변하여 용모가 매우 뛰어난 어린아이로 되었다. 이내 평상 위에 앉자 사람들이 축하하는 절을 하면서 정성을 다하여 공경하였다. 이들이 나날이 자라 10여 주야를 지나니 키가 9자[13]로 은나라 천을[14]과 같고 얼굴이 용같아 한나라의 고조라 할 수 있었다. 눈썹이 여덟 가지 빛깔인 것은 도당의 요임금과 같고 눈동자가 겹으로 된 것은 우나라의 순임금과 같았다.

11) 구지가(龜旨歌) : 신탁(神託)에 따라 군신(君神)을 맞이하려는 무도(舞蹈)에 수반되어 제창된 노래로서 제의(祭儀)의 한 부분. 그 형태는 은유의 명령법에 의한 주가(呪歌).
① 龜何龜何〔거북아 거북아〕 : 반복을 통해 시가(詩歌)적인 운율감 유지.
*거북은 신령스런 존재일 수 있으나 군장 자체는 아님.
② 首其現也〔머리를 내밀어라〕 : 유사한 것이 유사한 것을 초래하게 된다는 주술(呪術) 심리가 작용.
- 나타나기 힘든 거북의 머리가 출현되면 신의 출현도 가능하리라는 사고방식이 작용.
- 명령법에 의한 강압은 거북의 머리에 가해지는 것일 뿐 직접 군장에 가해지는 것은 아님.

九干等云. 吾徒在. 又曰. 吾所在爲何. 對云龜旨也. 又曰. 皇天所以命我者. 御是處. 惟新家邦. 爲君后. 爲玆故降矣. 你等須掘峯頂撮土. 歌之云.

龜何龜何.

首其現也.

若不現也.

燔灼而喫也.

以之蹈舞. 則是迎大王. 歡喜踊躍之也.

九干等如其言. 咸忻而歌舞. 未幾仰而觀之. 唯紫繩自天垂而著地. 尋繩之下. 乃見紅幅裹金合子. 開而視之. 有黃金夘六圓如日者.

衆人悉皆驚喜. 俱伸百拜. 尋還裹著. 抱持而歸我刀家. 寘榻上. 其衆各散. 過浹辰. 翌日平明. 衆庶復相聚集開合. 而六夘 化爲童子. 容皃甚偉. 仍坐於床. 衆庶拜賀. 盡恭敬止. 日日而人. 踰十餘晨昏. 身長九尺則殷之天乙. 顏如龍焉則漢之高祖. 眉之八彩則有唐之高. 眼之重瞳則有虞之舜.

御 : 다스릴 어
惟 : 꾀할 유
玆 : 이곳 자
你 : 당신 니
掘 : 땅팔 굴
峯 : 봉우리 봉
撮 : 집을 촬
燔 : 구울 번
灼 : 구울 작
喫 : 먹을 끽
蹈 : 춤출 도
歡 : 기뻐할 환
踊 : 뛸 용
躍 : 뛸 약
咸 : 모두 함
唯 : 오직 유
繩 : 줄 승
幅 : 천 폭
裹 : 속 리
忻 : 기쁠 흔
著 : 着의 오기
夘 : 卵의 略體字
垂 : 드리울 수
悉 : 모두 실
驚 : 놀랄 경
俱 : 함께 구
伸 : 펼 신
尋 : 얼마되지않을 심
著 : 입을 착
寘 : 놓아둘 치
榻 : 탁자 탑
浹 : 하루 협
夘 : 卵의 略體字
偉 : 잘난이 위
踰 : 넘을 유
晨 : 일찍 신
晨昏 : 아침 저녁
眉 : 눈썹 미
焉 : 어조사 언
高 : 堯의 피휘
瞳 : 눈동자 동
虞 : 순임금나라이름 우

③ 若不現也 燔灼而喫也〔만약 내밀지 않으면 구워 먹으리라〕 : ①·②에 발해진 명령의 수행을 더욱 확실하게 보장해 주는 ①·②의 종속적인 주사(呪詞).

• 명령형인 ①·②와 서술형인 ③의 형태는 우리나라 주사(呪詞)의 지배적 양식임.

– 삼국유사 수로부인의 『해가』에서 「……내놓지 않으면 그물로 잡아 구워 먹으리라.」도 동일한 형식. 〈김열규, 『가락국기신화』〉

12) 보랏빛 줄 …… 황금알 여섯 개가 있었다. : 혁거세 조에 기록된 내용과 유사한 것으로 혁거세 조 注 51)·52) 참조.

13) 키가 9자〔身長九尺〕 : 9자는 학자들의 견해에 따라 최소 180cm에서 최대 315cm.

14) 천을(天乙) : 은나라의 시조인 탕왕(湯王).

그 달 보름에 왕위에 올랐다. 처음 세상에 나타났다 하여 이름을 수로[15] 또는 수릉(수릉은 그가 세상을 떠난 뒤의 시호이다.)이라고도 했다. 나라를 대가락 또는 가야국이라고도 하였으니 곧 여섯 가야의 하나이다. 나머지 다섯 사람도 각각 돌아가 5가야의 임금이 되었다.

가야의 동쪽은 황산강, 서남쪽은 창해, 서북쪽은 지리산, 동북쪽은 가야산이며 남쪽은 나라의 끝이었다.[16] 임시로 대궐을 세우게 하고 거처하면서 질박과 검소를 바랄 뿐으로 집에 이은 이엉도 자르지 않았고 흙으로 된 계단도 3자였다.

2년 계묘(43) 봄 정월에 왕이 말하기를 "짐이 도읍을 정해야겠다" 하고는 임시로 지은 대궐의 남쪽 신답평[17](이곳은 옛날부터 묵은 밭인데 새로 경작했기 때문에 신답평이라 했다. 답(畓)은 속자이다.)에 행차하여 사방의 산악을 바라보다가 신하들을 돌아보면서 말했다. "이 땅은 협소하기가 여뀌잎과 같지만 수려하고 기이하여 가히 16나한[18]이 머물 만하다. 더욱이 1로부터 3을 이루고 3으로부터 7을 이루므로 일곱 분의 성인[19]이 머물만한 곳으로도 이곳이 가장 적합하다. 그러니 이곳을 개척하여 마침내 참으로 좋은 곳[20]으로 하는 것이 어떻겠느냐?"

15) 수로(首露) : 의미와 어원에 관한 학설

내 용	주장학자, 『저서』
• 수로(首露) : 고위(高位) · 수위(首位) · 신성(神聖) · 高 · 首 · 神을 의미하는 고어 : 수리 · 술 · 솔 → 수로	이병도, 『수로왕고』
• 천신(天神) 수로(首露)의 본질은 구지(龜旨)의 산령(山靈) · 수로는 산봉우리[峰]의 고훈(古訓)인 수리 · 술에서 유래	미시나[三品], 『三國遺事考證』

16) 여섯 가야……남쪽은 나라의 끝이었다. : 6가야의 위치와 경역(境域) → 5가야 조 참조.

17) 신답평(新畓坪) : 경상남도 김해시에 있는 봉황대 부근으로 추정. 아유가이[鮎貝]는 수전(水田) 즉 논을 뜻하는 畓(답)이라는 글자는 중국에서 온 것이 아니라 우리나라에서 만든 글자라 주장. 이노우에[井上]는 坪의 뜻[訓]은 들 · 평야로 원래 백제어의 촌락을 의미하는 珍(달 · 돌) · 等良 · 月等의 변형으로 추정. 즉 신답평(新畓坪)이란 백제어를 音借하면서 한자의 뜻에 근접한 것.

부산 복천동 1호분 출토 금동관

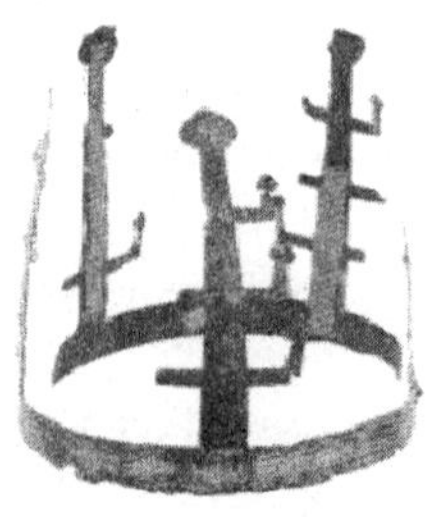

양산 금조총 출토 금동관

其於月望日卽位也. 始現故諱首露. 或云首陵.(首陵是崩後諡也.) 國稱大駕洛. 又稱伽耶國. 卽六伽耶之一也. 餘五人各歸爲五伽耶主.

東以黃山江. 西南以滄海. 西北以地理山. 東北以伽耶山. 南而爲國尾. 俾創假宮而入御. 但要質儉. 茅茨不剪. 土階三尺.

二年癸卯春正月. 王若曰. 朕欲定置京都. 仍駕幸假宮之南新畓坪.(是古來閑田. 新耕作故云也. 畓乃俗文也.) 四望山嶽. 顧左右曰. 此地狹小如蓼葉. 然而秀異. 可爲十六羅漢住地. 何況自一成三・自三成七. 七聖住地・固合于是. 托土開疆. 終然允臧歟.

望 : 보름달 망
陵 : 큰언덕 릉
諡 : 시호 시
滄 : 물이름 창
俾 : 하여금 비
質 : 검소할 질
茅 : 띠 모
茨 : (띠・억새 따위로)지붕일 자
剪 : 싹뚝벨 전
閑 : 오래될 한
顧 : 돌아볼 고
狹 : 협소할 협
蓼 : 여뀌 료
托 : 의탁할 탁
疆 : 지경 강
允 : 마땅할 윤
臧 : 좋을 장
歟 : 그런가할 여

왕궁 추정지와 봉황대

18) 16나한(羅漢) : 나한은 아라한(阿羅漢)이라고도 하는데 인간이 수행을 통해 도달할 수 있는 최고의 경지이나 붓다의 아래에 위치. 통상 16나한은 석가의 대표적 제자로서 영세(永世)에 살면서 부처의 정법(正法)을 수호.

이에 주위의 둘레가 1,500보[21] 되는 외곽성을 쌓고 궁궐과 전각 및 여러 관청의 청사 · 무기고 · 창고의 터를 잡았다. 일을 마치고 궁궐로 돌아와 두루 나라 안의 장정과 인부와 기술자들을 불러모아서 그 달 20일에 성곽[22]을 쌓기 시작하여 3월 10일에 공사를 끝냈다. 궁궐과 관사는 바쁘지 않은 농한기를 기다려 공사를 하는데, 드디어 그 해 10월에 시작하여 갑진(44) 2월에 완성했다. 좋은 날을 받아 새로운 대궐로 들어가 모든 정사[23]를 처리하고 일체의 사무도 부지런히 보살폈다.

홀연히 완화국 함달왕의 부인이 임신하여 달이 차서 알을 낳았다. 그 알이 변하여 사람이 되니 그 이름을 탈해라 했다. 그가 바다를 따라왔는데 키는 석자이고 머리 둘레가 한자였다. 그는 기꺼이 대궐로 들어가 왕에게 말하기를 "내가 왕의 자리를 빼앗으려고 왔다"고 했다. 왕이 대답하기를 "하늘이 나를 명하여 왕위에 오르게 하고 장차 나라를 안정시키며 백성들을 편안하게 하는데 감히 하늘의 명령을 어기고 왕위를 남에게 줄 수 없다. 또 우리나라와 우리 백성들을 너에게 맡길 수도 없다"고 했다.

탈해가 말하기를 "그렇다면 술법으로 겨뤄 보겠는가?"라 하니 왕이 "좋다"고 했다. 순간 탈해가 변하여 매가 되자 왕은 변해서 독수리가 되었다. 탈해가 또 변해서 참새가 되자 왕은 변하여 새매가 되었다. 이럴 즈음 순식간에 탈해가 본래의 모습으로 돌아오니 왕도 역시 전의 모습으로 돌아왔다.[24] 탈해가 그제야 항복을 하고 말하기를 "제가 술법을 겨루는 판에 매가 독수리에게, 참새가 새매에게 죽음을 면하게 된 것은 이야말로 대개 성인이 죽이기를 싫어하는 어진 덕으로 해서 그러함이 아니오리까? 제가 왕을 상대하여 임금의 자리를 다툰다는 것은 진실로 어렵겠습니다"라 했다.

19) 1로부터 3을 이루고 3으로부터 7을 이루므로 일곱 분의 성인〔自一成三自三成七七聖住地〕: 노자사상과 불교의 구사론(俱舍論)이 결합한 것. 노자사상인 도교의 우주관에 의하면 一切는 一로부터 생하고 一에서 三元이 생기는데 三元에는 각각 교주가 있음. 이들은 三位一體로서 호칭은 틀리나 본래는 한 가지임. 七聖은 불교의 구사론(俱舍論)에 『무학위(無學位 : 아라한의 위치)에 七聖者가 있으니 일체의 성자는 모두 여기에 포함됨. 七聖者의 一에 수신행(隨信行) 二에 수법행(隨法行) 三에 신행(信行), 四에 견지(見至 : 正見에 도달한 자), 五에 신증(身証), 六에 혜해탈(慧解脫), 七에 구해탈(俱解脫 : 번뇌와 해탈의 장애를 없애고 滅盡定에 이르는 것)』로 기록됨.

築置一千五百步周廻羅城·宮禁殿宇·及諸有司屋宇. 虎庫倉廩之地. 事訖還宮. 徧徵國內丁壯人夫工匠. 以其月二十日資始金陽. 曁三月十日役畢. 其宮闕屋舍. 候農隙而作之. 經始于厥年十月. 逮甲辰二月而成. 涓吉辰御新宮. 理万機而懃庶務.

忽有琓夏國含達王之夫人妊娠. 旀月生夘·夘化爲人. 名曰脫解. 從海而來. 身長三尺. 頭圓一尺. 悅焉詣闕. 語於王云. 我欲奪王之位故來耳. 王答曰. 天命我俾卽于位. 將令安中國而綏下民. 不敢違天之命·以與之位. 又不敢以吾國吾民·付囑於汝.

解云. 若爾可爭其術. 王曰可也. 俄頃之間. 解化爲鷹. 王化爲鷲. 又解化爲雀. 王化爲鸇. 于此際也. 寸陰未移. 解還本身. 王亦復然. 解乃伏膺曰. 僕也適於角術之場. 鷹之鷲·雀之於鸇. 獲免焉. 此盖聖人惡殺之仁而然乎. 僕之與王. 爭位良難.

廻 : 돌아올 회 **羅** : 벌릴 라
禁 : 대궐 금
虎 : 혜종의 휘 武의 避諱代字
廩 : 곳집 름
訖 : 마칠 글 **徧** : 두루 편
徵 : 징발할 징
陽 : **湯**의 오기
曁 : **暨**(미칠 기)의 오기
候 : 기다릴 후
資 : 취할 자
畢 : 마칠 필
隙 : 틈 극
逮 : 미칠 체(태)
涓 : 가릴 연
懃 : 수고로울 근
旀 : **弥**(찰 미)의 오기
旀 : 하며 며
夘 : 卵의 略體字
悅 : 기쁠 열
詣 : 나아갈 예
奪 : 빼앗을 탈
耳 : 뿐 이
俾 : 하여금 비
中國 : **國中**의 오기. **綏** : 편안할 수
囑 : 부탁할 촉
俄 : 잠깐 아
頃 : 잠깐 경
鷹 : 매 응
鷲 : 독수리 취
雀 : 참새 작
鸇 : 새매 전
際 : 끝 제
膺 : 당할 응
角 : 다툴 각
之 뒤에 **於** 결락 → 之於鷲

20) 참으로 좋은 곳〔允臧〕: 원문의 윤장(允臧)은 『시경』 鄘風(용풍)편에 「卜云其吉 終焉允臧(거북점에서 길하다고 하더니 끝내 정말 좋구료.)」에서 인용.
21) 1500보 : 당시 사용한 척도의 학설에 따라 최소 1.8km에서 최대 3km.
22) 성곽〔金陽〕: 원문의 陽은 湯의 오기. 金湯은 金城湯池의 준말로 매우 튼튼한 성곽과 성지(城池)를 뜻함. 『한서』 「皆爲金城湯池 不可攻也(모두가 금성탕지이니 공략하지 못한다.)」

탈해는 곧 하직하고 나아가서 인근에 있는 교외의 나루터에 도착하여 중국에서 온 배가 다니는 물길을 따라 가려고 했다. 수로왕은 탈해가 머물러 있으면서 반란을 꾀할까 염려하여 급히 수군 500척을 보내서 그를 쫓게 했으나 탈해가 계림의 땅 안으로 달아나 들어갔으므로 수군은 모두 돌아왔다. 그런데 여기에 실린 일의 기록이 신라의 것과는 많이 다르다.[25)]

그 뒤 건무 24년 무신(48) 7월 27일에 9간 등이 조회하면서 말씀드리기를 "대왕께서 하늘로부터 영험하게 내려오신 이래로 아직 좋은 배필을 얻지 못하였사오니 저희들의 딸 중에서 가장 좋은 사람을 뽑아서 궁중에 들여보내 대왕의 배필이 되도록 청하옵니다"라 했다. 왕이 말하기를 "짐이 여기 온 것은 하늘의 명령이다. 나에게 짝을 지어 왕후로 삼게 함도 또한 하늘의 명령이 있을 것이니 그대들은 염려하지 말라"라 했다. 왕이 드디어 유천간에게 명하여 가벼운 배와 빠른 말을 가지고 망산도[26)]에 가서 기다리게 했다. 또한 신귀간에게 명령하여 승점(망산도는 서울 남쪽의 섬이고 승점[27)]은 서울 아래에 있는 언덕이다.)에 가도록 했다. 홀연히 바다의 서남쪽 모퉁이로부터 붉은 빛의 돛을 달고 붉은 깃발을 펼친 배가 북쪽으로 향하고 있었다. 유천간 등이 먼저 망산도 위에서 횃불을 들어 올리니 그 배에서 사람들이 다투어 육지로 내려와 뛰어왔다.

23) 모든 정사〔万機〕: 원문의 만기(万機)는 임금은 만사의 기미(幾微)를 살펴야 된다는 뜻으로 여기서는 모든 정사를 의미. 『서경』 고요모(皐陶謨)편에 「兢兢業業 一日二日萬幾(삼가 조심을 거듭하고 두려워 해야합니다. 하루 이틀에 모든 일들이 결정될 싹이 움틉니다.)」

24) 탈해가 변하여 …… 전의 모습으로 돌아왔다. : 탈해가 수로에게 술법으로 도전하는 것은 수로왕 즉위의 통과의례에서 필수적인 경쟁 · 경합을 상징. 이는 지배자로서 자질을 보장받는 전제로서 겪는 시련 및 간난(艱難)을 상징. 여기서 새〔鳥〕로 변신함은 새가 지상의 인간세상과 천상계를 연결하는 매개자이기 때문.

25) 여기에 실린 일의 기록이 신라의 것과는 많이 다르다. : 기이1의 탈해왕 조 참조.

26) 망산도(望山島) : 지금의 경상남도 김해시 풍류동과 명법동 부근의 칠산으로 추정.

27) 승점(乘岾) : 지금의 경상남도 김해시 봉황동 부근으로 왕궁에 인접한 언덕으로 추정.

승점(봉황대)의 조망대 상상도

便拜辭而出. 到麟郊外渡頭. 將中朝來泊之木道而行. 王竊恐滯留謀亂. 急發舟師五百艘而追之. 解奔入雞林地界. 舟師盡還. 事記所載多異與新羅.

屬建乇二十四年戊申七月二十七日. 九干等朝謁之次. 獻言曰. 大王降靈已來. 好仇未得. 請臣等所有處女絶好者. 選入宮闈. 俾爲伉儷. 王曰. 朕降于玆天命也. 配朕而作后. 亦天之命. 卿等無慮. 遂命留天干押輕舟·持駿馬. 到望山島立待. 申命神鬼干就乘岾.(望山島. 京南島嶼也. 乘岾·輦下國也.) 忽自海之西南隅. 掛緋帆·張茜旗·而指乎北. 留天等先擧火於島上. 則競渡下陸. 爭奔而來.

便 : 문득 변
麟 : 隣(인근 린)의 오기
渡 : 나루 도
泊 : 정박할 박
木 : 水의 오기
滯 : 오래머물 체
艘 : 배 소
奔 : 달아날 분
屬 : 이을 촉
乇 : 혜종의 이름 武의 避諱缺劃
謁 : 뵈올 알
仇 : 짝 구
闈 : 대궐중문 위
儷 : 짝 려
駿 : 준마 준
嶼 : 섬 서
岡 : 산등성이 강
掛 : 걸 괘
帆 : 돛대 범
旗 : 깃발 기
竊 : 가만히 절
舟 : 배 주
伉 : 짝 항
押 : 거느릴 압
岾 : 고개 점
輦 : 궁중의길 련
隅 : 모퉁이 우
緋 : 붉을 비
茜 : 꼭두서니 천

태정마을에서 본 망산도(칠산)

신귀간이 이를 바라보고 대궐로 달려와 이 사실을 왕에게 아뢰니 왕이 듣고 크게 기뻐했다. 곧 9간 등을 보내어 목란으로 만든 키를 바로잡고 계수나무로 만든 노를 저어서 그들을 맞이하여 급히 대궐로 모시려 하니 왕후가 즉시 말하기를 "내가 너희들을 평생 처음 보았는데 어찌 함부로 경솔하게 갑자기 따라갈 수가 있겠는가?"라 했다. 유천 등이 돌아와 왕후의 말을 전하니 왕이 옳게 여겨 관리들을 거느리고 행차하였다. 대궐 아래에서 서남쪽으로 60보쯤 되는 산기슭에 장막을 치고 임시궁전[28]을 만들어 공경하게 기다렸다. 왕후는 산 바깥쪽 별포 나루터에 배를 대고 육지로 올라와 높은 산 위에 쉬면서 입고 있던 비단바지를 벗어 폐백으로 삼아 산신령에게 바쳤다.[29]

그 외에 시종으로 온 신하[30]가 두 사람이었는데 이름이 신보와 조광이었다. 그들의 아내 두 사람은 모정과 모량이라 했다. 또 노비[31]가 도합 20여 명이었으며 가지고 온 금수·능라와 의상·옷감과 금·은·주옥 및 각종 구슬로 만든 노리개 등은 이루 다 기록할 수 없었다.

왕후가 왕이 계신 곳[32]에 가까이 이르니 왕이 나아가 그녀를 맞아 함께 장막으로 만든 궁전에 들어갔다. 왕후를 시종해 온 신하를 비롯한 여러 사람들은 계단 아래에서 왕을 뵙고 즉시 물러났다.

허황후 신행길 관련 지명도(자료원 : 김태식, 『미완의 문명 7백년 가야사』)

神鬼望之. 走入闕奏之. 上聞欣欣. 尋遣九干等. 整蘭橈・揚桂楫而迎之. 旋欲陪入內. 王后乃曰. 我與等素昧平生. 焉敢輕忽相隨而去. 留天等返達后之語. 王然之. 率有司動蹕. 從闕下西南六十步許地. 山邊設幔殿祗候. 王后於山外別浦津頭・維舟登陸. 憩於高嶠. 解所著綾袴爲贄. 遺于山靈也.

其地侍從媵臣二員. 名曰申輔・趙匡. 其妻二人. 號慕貞・慕良. 或臧獲幷計二十餘口. 所齎錦繡綾羅・衣裳疋段・金銀珠玉・瓊玖服玩器・不可勝記.

王后漸近行在. 上出迎之. 同入帷宮. 媵臣巳下衆人. 就階下而見之卽退.

尋 : 얼마되지아니할 심
橈 : 배키 요
揚 : 발동할 양
楫 : 노 즙
旋 : 빨리 선
陪 : 모실 배
內 : 대궐안 내
與 : 뒤에 爾의 결락
昧 : 어두울 매
蹕 : 거둥 필
幔 : 장막 만
祗 : 공경할 지
候 : 기다릴 후
維 : 연하여맬 유
憩 : 휴식할 게
嶠 : 산쭈삣할 교
著 : 입을 착
綾 : 비단 릉
袴 : 바지 고
贄 : 폐백 지
地 : 他의 오기인 듯

媵 : 몸종 잉
匡 : 바를 광
臧 : 노비 장
獲 : 노비 획
齎 : 가져올 재
錦 : 비단 금
繡 : 비단 수
裳 : 치마 상
疋 : 옷감단위 필
瓊 : 옥 경
玖 : 검은옥돌 구
漸 : 차차 점
帷 : 휘장 유
巳 : 已의 오기

28) 임시궁전〔幔殿〕: 신부 마중을 위한 예비적 부계(父系) 주거.

29) 비단바지를 벗어 폐백으로 삼아 산신령에게 바쳤다. : 의미에 관한 학설

내 용	주장학자, 『저서』
합일(合一) 촉구	김열규, 『가락국기 신화』
초행지를 통과할 때 통과의례	김태식, 『미완의 문명 7백년 가야사』
지주신(地主神)적 존재인 산신령에게 바지를 벗어 준다는 것은 외래자가 가장 중요한 자기 자신의 일부를 헌납한다는 의미	미시나〔三品〕, 『三國遺事考證』

30) 시종해 온 신하〔媵臣〕: 원문의 媵臣(잉신)은 중국상고시대에 정부인이 아들을 낳지 못한다든가, 병사하였을 때 그 배상으로 정부인과 같은 성을 가진 여자를 다시 보내는 배상혼인 유풍에서 유래한 것. 여기서는 시집갈 때 따라가는 시신(侍臣)을 의미.

31) 노비〔臧獲〕: 원문의 臧獲(장획)은 노비란 뜻. 『漢書注』「臧獲 敗敵所被虜獲爲奴隸者(장획은 적에게 패하여 포로로 잡혀 노예가 된 자이다.)」

32) 왕이 계신 곳〔行在〕: 행재소(行在所) 또는 행궁(行宮)이라고도 하며 임금이 순행할 때 잠시 머무는 곳.

왕이 관리에게 명령하여 시종해 온 신하와 그 부인을 안내하도록 하면서 말하기를 "사람마다 각각 방 하나씩 주어 편안히 있도록 하고 그 이하 노비들은 방 하나에 5,6명씩 편안히 있게 하라" 하면서 난초로 만든 음료와 좋은 술을 주고 무늬와 채색이 있는 자리에서 자도록 했다. 또한 의복과 비단과 보화들은 많은 군사를 뽑아 지키게 했다.

이어 왕과 왕후가 함께 침전에 들자 왕후가 조용히 왕에게 말하기를 "저는 아유타국[33]의 공주로서 성은 허씨이고 이름은 황옥이며 나이는 열여섯이옵니다. 본국에 있을 때인 금년 5월에 부왕과 황후께서 저에게 말씀하시기를 「아비와 어미가 어젯밤 꿈에서 함께 하늘의 상제를 뵈었다. 상제께서 말씀하시기를 '가락국의 시조 수로는 하늘이 내려보내어 왕위에 앉게 했으니 신령스럽고 성스런 이는 오직 그 분일까 한다. 그런데 그가 나라를 새로 다스리고 있으나 아직 배필을 정하지 못하였다. 경들은 반드시 공주를 보내 그의 배필을 삼게 하라' 하고 말을 마치자 하늘로 올라가 버렸다. 꿈을 깬 후에도 상제의 말씀이 오히려 귀에 쟁쟁할 뿐이니 너는 여기서 빨리 우리와 작별하고 그곳으로 떠나라.」 고 하셨습니다. 저는 바다를 건너 멀리 남해〔蒸棗〕에 가서 찾기도 하였고 방향을 바꾸어 멀리 동해〔蟠桃〕로도 가 보았습니다. 그러다가 이제야 보잘것없는 모양을 가다듬고[34] 감히 용안을 가까이 하게 되었습니다"라 했다.

왕이 대답하기를 "짐은 나면서부터 자못 신성하여 공주가 멀리서 올 것을 미리 알아서 신하들이 왕비를 들이라는 청이 있었으나 기어코 듣지 않았소이다. 이제 현숙한 그대가 스스로 오셨으니 이 사람에게는 참으로 다행이요"라 했다. 드디어 혼인하여 두 밤을 지내고 또 하루 낮을 보냈다. 그리고는 그들이 타고 온 배를 돌려보냈는데 뱃사공 15명 모두에게 각각 쌀 열 섬과 베 30필씩을 주어 본국으로 돌아가게 했다.

33) 아유타국(阿踰陁國) : 중인도(中印度)에 있는 고대 왕국으로 『대당서역기』에 「아유타국은 둘레가 5천여 리이며 도읍의 성은 주위가 2십 여 리이다. 식량과 맛있는 과일이 풍성하며 기후도 화창하다. …… 절은 100여 개가 있고 스님들은 3천여 명이 있다.」로 기록됨. 이곳은 아육왕(阿育王)이 다스리던 곳이며, 무착(無着) · 세친(世親) 등의 저명한 승려가 있었던 곳. 수로왕설화에 아유타국이 등장하는 것은 허왕후로 표상되는 왕비족이 바다를 통해 유입한 사실의 줄거리만 있다가 후에 왕후사 창건 연기담과 토착 지명과 관련된 전승 등이 추가되면서 허왕후 설화가 완성된 것으로 추정. 그 과정에서 신화에 신비로운 요소를 부가하기 위해 불교적으로 윤색되었을 것임.

〈김태식 『미완의 문명 7백년 가야사』〉

上命有司．引媵臣夫妻曰．人各以一房安置．巳下臧獲各一房五六人安置．給之以蘭液蕙醑．寢之以文茵彩薦．至於衣服疋段寶貨之類．多以軍夫遴集而護之．

巳 : 已의 오기
液 : 즙 액
蕙 : 난초 혜
醑 : 좋은술 서
茵 : 자리 인
薦 : 자리 천
遴 : 뽑을 린

於是王與后共在御國寢．從容語王曰．妾是阿踰陁國公主也．姓許名黃玉．年二八矣．在本國時．今年五月中．父王與皇后顧妾而語曰．爺孃一昨夢中．同見皇天上帝．謂曰．駕洛國元君首露者．天所降而俾御大寶．乃神乃聖．惟其人乎．且以新莅家邦．未定匹偶．卿等須遣公主而配之．言訖升天．形開之後．上帝之言．其猶在耳．你於此而忽辭親向彼乎往矣．妾也浮海遐尋於蒸棗・移天敻赴於蟠桃．螓首敢叨．龍顏是近．

從 : 순할 종
容 : 천천할 용
踰 : 넘을 유
陁 : 바다가운데산 타
爺 : 아버지 야
孃 : 어머니 양
昨 : 어제 작

莅 : 왕으로군림할 리
匹 : 짝 필
偶 : 짝 우
遐 : 멀 하
尋 : 찾을 심
蒸 : 찔 증
棗 : 대추 조
敻 : 멀 형
赴 : 다달을 부
蟠桃＝仙桃 : 3천년만에 한번씩 열매가 열린다는 전설상의 복숭아
蟠 : 서릴 반
螓 : 매미 진
叨 : 외람되이 도
頗 : 자못 파
屆 : 도착할 계
臻 : 이를 진
眇 : 작을 묘
躬 : 몸 궁
宵 : 밤 소
篙 : 배젓는삿대 고
粮 : 양식 량
粳 : 메벼 갱
碩 : 클 석

王答曰．朕生而頗聖．先知公主自遠而屆．下臣有納妃之請．不敢從焉．今也淑質自臻．眇躬多幸．遂以合歡．兩過淸宵．一經白晝．於是遂還來船．篙工楫師共十有五人．各賜粮粳米十碩・布三十疋．令歸本國．

34) 모양을 가다듬고〔螓首(진수)〕: 매미의 머리와 같다는 말로 미인의 네모 반듯한 이마를 말함. 『시경』 위풍편에 「齒如瓠犀 螓首蛾眉(치아는 박씨 같으며 매미 이마에다 나방의 수염 눈썹.)」

8월 1일에 왕후와 함께 수레를 타고 돌아오는데 왕후를 수행하던 시종 부부들도 말고삐를 나란히 하였으며, 중국에서 가지고 온 여러 가지 물건도 모두 수레에 싣게 하여 천천히 대궐로 들어오니 이때 시각은 정오가 되려하였다. 왕후는 중궁에 거처하고 시종 부부들과 그들의 노비들에게는 비어 있는 두 집에 나누어 살게 했다. 그 밖의 수행해 온 자들도 손님을 위한 20여 칸 되는 집 한 채에 사람 수효를 적절히 배정 구별하여 편안히 들게 하였으며 날마다 풍족하게 음식을 주었다. 그들이 싣고 온 보물들은 대궐 창고에 보관하여 왕후의 사철 비용으로 삼았다.

하루는 왕이 신하들에게 말하기를 "9간들은 모두가 일반 관료의 우두머리로 그 위품과 명칭이 모두 소인이나 농부의 칭호이다. 높은 벼슬[35]의 호칭을 정돈하지 않을 시 혹시라도 이웃 나라 사람들이 전해 듣는다면 반드시 수치스런 웃음거리가 될 것이다. 이리하여 아도를 아궁으로, 여도를 여해로, 피도를 피장으로, 오도를 오상으로 고쳤다. 유수와 유천의 명칭은 앞의 글자는 그대로 두고 뒤의 글자만 고쳐 유공과 유덕이라 했으며, 신천을 고쳐 신도로, 오천을 고쳐 오능이라 했다. 신귀(神鬼)는 음은 바꾸지 않고 뜻만 고쳐 신귀(神貴)라 했다.[36] 계림의 관직과 의례를 취하여 각간 · 아질간 · 급간의 품계를 두었다. 그 이하의 관료는 주나라의 판례와 한나라의 법도에 의하여 나누어 정하니, 이것은 옛것을 혁신하고 새것을 취하여[37] 관직을 나누어 설치하는 방법이라고 볼 수 있을 것이로다!

이로부터 나라를 다스리고 집안을 정돈하여 백성들을 자식처럼 사랑하니 그 교화는 엄숙하지 않아도 위엄이 있고, 그 정치가 엄하지 않아도 다스려졌다. 더욱이 왕과 왕후가 함께 사는 것은 마치 하늘에 대하여 땅이 있고, 해에 대하여 달이 있고, 양에 대하여 음이 있는 것과 같았다. 그 공은 도산[38]이 하를 돕고 당원[39]이 요를 일으킨 것과 같았다. 그 해에 왕후가 아들 낳는 꿈[40]을 꾸고 태자 거등공을 낳았다.

35) 높은 벼슬[簪履] : 원문의 簪履(잠리)는 고관 · 귀인의 관복을 뜻하나 여기서는 높은 벼슬의 의미.
36) 아도를 아궁으로 …… 신귀(神貴)라 했다. : 아도간(我刀干) · 여도간(汝刀干) 등의 干은 유목사회에서 추장을 뜻함. 수로가 왕이 되면서 권한이 강한 추장의 명칭을 관료의 명칭으로 바꾼 것으로 추정.

八月一日廻鑾. 與后同輦. 媵臣夫妻齊鑣並駕. 其漢肆雜物. 感使乘載. 徐徐入闕. 時銅壺欲午. 王后爰處中宮. 勑賜媵臣夫妻・私屬・空閑二室分入. 餘外從者以賓館一坐二十餘間. 酌定人數. 區別安置. 日給豊羨. 其所載珍物. 藏於內庫. 以爲王后四時之費.

鑾 : 천자타는수레 란
輦 : 천자타는수레 련
鑣 : 말재갈 표
感 : 咸의 오기
肆 : 베풀 사
咸 : 모두 함
壺 : 병 호
爰 : 이에 원
午 : 11시~13시 사이 오
室 : 집 실
羨 : 넘칠 선

一日上語臣下曰. 九干等俱爲庶僚之長. 其位與名・皆是宵人野夫之號. 頓非簪履職位之稱. 儻化外傳聞. 必有嗤笑之恥. 遂改我刀爲我躬. 汝刀爲汝諧. 彼刀爲彼藏. 五方爲五常. 留水留天之名. 不動上字. 改下字留功・留德. ※改爲神道. 五天改爲五能. 神鬼之音不易. 改訓爲臣貴. 取雞林職儀. 置角干・阿叱干・級干之秩. 其下官僚. 以周判漢儀而分定之. 斯所以革古鼎新設官分職之道歟.

宵 : 작을 소
頓 : 정돈할 돈
簪 : 비녀 잠
履 : 가죽신 리
儻 : 혹시 당
嗤 : 비웃을 치
恥 : 부끄러울 치
躬 : 몸 궁
諧 : 화합할 해
方 : 刀의 오기
※ : 神天의 결락
鼎 : 새로울 정
肅 : 엄숙할 숙
鼎新 = 革新 : 낡은 것을 개혁하여 새롭게 함

於是乎理國齊家. 愛民如子. 其敎不肅而威. 其政不嚴而理. 況與王后而居也. 比如天之有地・日之有月・陽之有陰. 其功也. 塗山翼夏. 唐媛興嬌. 頻年有夢得熊羆之兆. 誕生太子居登公.

比 : 此의 오기
塗 : 진흙 도
翼 : 도울 익
媛 : 아리따울 원
嬌 : 아리따울 교
嬌 : 姚(어여쁠 요)의 오기
頻 : 연이을 빈
熊 : 곰 웅
羆 : 큰곰 비

37) 옛것을 혁신하고 새것을 취하여〔革古鼎新〕 : 『역경』 十翼 서괘전에 「井道不可不革 故受之以革 革物者莫如鼎 故受之以鼎(우물의 도는 혁신하지 않을 수 없다. 그러므로 이것을 혁괘로 받으니 물건을 혁신하는 것은 솥 만한 것이 없다. 그래서 이것을 정괘로 받는다.)」

38) 도산(塗山) : 도산의 딸이 하나라 우왕에게 시집가서 우왕을 돕고 계왕을 낳음.

영제 중평[41] 6년 기사(189) 3월 1일에 왕후가 세상을 뜨니 나이가 157세였다. 나라 사람들이 마치 땅이 꺼질듯이 슬퍼하면서 구지봉 동북쪽 언덕에 장사지냈다. 그리고 백성들을 자식처럼 사랑하는 은혜를 잊지 않으려고 왕후가 처음 와서 닻을 내렸던 도두촌을 주포촌[42]이라 하고 비단바지를 벗었던 높은 언덕을 능현[43]이라 했으며 붉은 기를 달고 들어오던 바닷가를 기출변[44]이라 했다.

왕후를 수행했던 시종인 천부경 신보와 종정감 조광 등은 가락국에 온 지 30년 만에 각각 두 딸을 낳았다. 그들 부부들은 1,2년을 더 산 뒤 모두 세상을 떠났다. 그밖에 노비들은 온 지 7~8년이 되도록 이곳에서 자식을 낳지 못하고 다만 고향을 그리워하는 슬픔을 품고 모두들 고향 쪽으로 머리를 두고 죽었다.[45] 그들이 살았던 빈관은 아무도 없이 텅 비었다.

왕은 늘 외로운 베개를 의지하며 몹시도 슬퍼하다가 10년 후인 헌제 건안[46] 4년 기묘(199) 3월 23일에 세상을 떠났으니[47] 나이가 158세[48]였다. 나라 사람들이 마치 부모를 잃은 듯[49] 했으며 슬퍼함이 왕후가 돌아가시던 때보다 더 하였다. 마침내 대궐의 동북쪽 평지에 높이가 1장이며 둘레가 300보[50] 되는 빈궁을 만들어 여기에 장사지내고 수릉왕묘라 했다.

39) 당원(唐媛) : 요임금의 딸 아황과 여영을 말함. 이 두 딸은 순임금에게 시집가서 가족으로부터 학대받는 순임금을 보호하며 순임금의 후예인 요(姚)씨를 일으켰다는 전설에서 유래된 것으로 결국 당원이란 부덕의 귀감을 의미함.

40) 아들 낳는 꿈〔熊羆之兆〕: 熊(웅)과 羆(비)는 곰으로 산에 살며 陽을 상징. 이것이 태몽으로 나타나면 남자아이를 낳을 징조. 『시경』 소아(小雅) · 사간(斯干)에 「吉夢維何 維熊維羆 男子之祥 維虺維蛇 女子之祥(좋은 꿈이란 어떤 꿈인가? 곰에 큰 곰 꿈은 남자가 태어날 꿈이요 이무기에 뱀 꿈은 여자아기가 태어날 꿈이로다.)」

41) 영제 중평(靈帝中平) : 영제는 후한(後漢)의 11대 황제. 중평은 영제의 연호.

42) 주포촌(主浦村) · 43) 능현(綾峴) · 44) 기출변(旗出邊) : 주포촌의 주는 공주를, 능현의 능은 공주의 비단바지를, 기출변의 기는 배의 깃발을 의미.

45) 고향 쪽으로 머리를 두고 죽었다〔首丘而沒〕: 근본을 잊지 않는다는 뜻, 즉 고향을 잊지 않는다는 말로 사용됨. 『예기』 「古之人有言曰 狐死正首丘 仁也(옛 사람들이 말하기를 여우가 죽을 때 고향 쪽으로 머리를 두는 것은 인자함 때문이다.)」

46) 헌제 건안〔獻帝立安〕: 헌제(189~220)는 후한(後漢)의 마지막 황제. 건안(建安)은 헌제의 연호. 원문의 立(입)은 고려 태조의 이름 建을 피하기 위한 代字.

靈帝中平六年己巳三月一日后崩. 壽一百五十七. 國人如嘆坤崩. 葬於龜旨東北塢. 遂欲※忘子愛下民之惠. 因號初來下纜渡頭村曰主浦村. 解綾袴高岡曰綾峴. 茜旗行入海涯曰旗出邊.

嘆 : 탄식할 탄
坤 : 황후 곤
塢 : 산언덕 오
※ : 不의 결락
纜 : 닻줄 람
涯 : 물가 애

媵臣泉府卿申輔·宗正監趙匡等到國三十年後. 各產二女焉. 夫與婦踰一二年而皆抛信也. 其餘臧獲之輩. 自來七八年間. 未有孳生. 唯抱懷土之悲. 皆首丘而沒. 所舍賓館. 圓其無人.

元君乃每歌鰥枕. 悲嘆良多. 隔二五歲. 以獻帝立安四年巳卯三月二十三日而殂落. 壽一百五十八歲矣. 國中之人若亡天只. 悲慟甚於后崩之日. 遂於闕之艮方平地. 造立殯宮. 高一丈·周三百步而葬之. 號首陵王廟也.

後 : 늦을 후　　踰 : 넘을 유
抛 : 拋(버릴 포)의 오기인 듯함
孽 : 孼의 오기　　孳 : 교접할 자
孼 : 첩자식 얼
孳 : 뒤에 子의 결락
歌 : 攲(기울어질 기)의 오기
鰥 : 홀아비 환　　枕 : 베개 침
立 : 태조의 이름 建의 避諱代字
巳 : 己의 오기
隔 : 멀 격　　殂 : 죽을 조
慟 : 애통할 통
殯 : 빈소 빈
艮 : 동북방위 간

47) 세상을 떠났으니[殂落(조락)] : 원문의 殂落은 제왕이 죽는다는 말이나 후세에 와서는 제왕 이외의 군주에게만 사용. 『서경』「帝乃殂落(황제는 곧 세상을 떠났다.)」
48) 158세 : 건국 시조의 신이성과 위대성을 자랑하고자 하는 의식의 표현. 또 다른 학설로는 가락국의 세대가 10대이나 가락국의 지속 연수가 490년으로 역세(歷世)와 역년(歷年)을 맞추기 위함이라는 것임.

허황후릉

수로왕릉

그의 아들 거등왕으로부터 9대손 구형왕까지 이 사당에 배향하고, 반드시 매년 정월 3일과 7일,[51] 5월 5일,[52] 8월 5일과 15일[53]이면 성대하고도 깨끗한 제사가 계속하여 끊이지 않았다.

신라 제30대 왕 법민은 용삭[54] 원년 신유(661) 3월 어느 날에 조서를 내려 말하기를 「가야국 시조 왕의 9대 손인 구형왕이 우리나라에 항복할 때에 데리고 온 아들이 세종이요, 세종의 아들인 솔우공의 아들 서현잡간의 딸이 문명황후인데, 이분이 나를 낳으셨으므로 시조 왕은 나에게는 바로 15대 조상이다. 그가 다스리던 나라는 이미 멸망했으나 장사를 지낸 묘는 지금도 남아 있으니 이를 종묘에 합하여 계속 제사를 지내도록 하라.」고 하였다.

이에 사자를 옛터[55]에 보내 사당에서 가까운 가장 좋은 밭 30경[56]으로 제사를 모시는 토지로 삼아 왕위전이라 부르고 본래 있던 토지에 부속시켰다. 17대손 갱세급간이 조정의 뜻을 삼가 받들어 그 밭을 주관하였다. 매년 술과 감주를 만들고 떡과 밥 · 차 · 과일 등 여러 가지를 갖추고 제사를 지내어 한해도 빠뜨리지 않았다. 제삿날도 거등왕이 정했던 연중 다섯 날을 어기지 않았다. 향기롭고 효성스런 제사는 비로소 우리에게 맡겨졌다. 거등왕이 즉위한 기묘년(199)에 별실을 설치한 후부터 구형왕 말년까지 내려오면서 330년 동안 사당에서 지내는 제사는 오랫동안 어김이 없었다. 그러나 구형왕이 왕위를 잃고 나라를 떠난 뒤부터 용삭 원년 신유(661)까지 60년[57] 동안은 이 사당에 지내는 제사를 가끔 빠뜨리기도 했다.

아름답도다! 문무왕(법민왕의 시호이다.)이여!
먼저 조상을 받드니 효성스럽구나!
끊어졌던 제사를 이어 다시 이를 행함이여!

49) 마치 부모를 잃은 듯〔若亡天只〕: 원문의 天은 부모의 뜻을 내포하고 있으며, 원문의 只는 말을 끝내는 조사.

50) 높이가 한 길이며 둘레가 300보〔高一丈周三百步〕: 1장은 한 길로 10자. 1보는 6자.

51) 정월 3일과 7일〔孟春三之日七之日〕: 원문의 맹춘은 음력 정월의 다른 이름. 정월 3일은 세배를 드리는 마지막 날이며, 7일은 중국에서는 복을 불러들이는 민간행사를 행함. 우리나라에서의 민간행사에 장수를 축원하는 칠성제(七星祭)가 7일에 행해지는 것으로 이를 반영한 듯함.

自嗣子居登王洎九代孫仇衝之享是廟. 須以每歲孟春三之日七之日 · 仲夏五之日 · 仲秋初五之日 · 十五之日. 豊潔之奠 · 相繼不絶.

洎新羅第三十王法敏龍朔元年辛酉三月日. 有制曰. 朕是伽耶國元君九代孫仇衝王之降于當國也. 所率來子世宗之子 · 率友公之子 · 庶云匝干之女 · 文明皇后寔生我者. 玆故元君於幼冲人. 乃爲十五代始祖也. 所御國者巳曾敗. 所葬廟者今尙存. 合于宗祧. 續乃祀事.

仍遣使於黍離之趾. ※近廟上上田三十頃. 爲供營之資. 號称王位田. 付屬本土. 王之十七代孫賡世級干祗稟朝旨. 主掌厥田. 每歲時釀醪醴. 設以餅飯茶菓庶羞等奠. 年年不墜. 其祭日不失居登王之所定年內五日也. 芬苾孝祀. 於是乎在於我. 自居登王卽位巳卯年置便房. 降及仇衝朝未. 三百三十載之中. 享廟禮曲. 永無違者. 其乃仇衝失位去國. 逮龍朔元年辛酉. 六十年之間. 享是廟禮或闕如也. 美矣哉. 文武王.(法敏王諡也.). 先奉尊祖. 孝乎惟孝. 繼泯絶之祀 復行之也.

洎 : 미칠 계
衝 : 衡의 오기
享 : 흠향할 향
潔 : 맑을 결
奠 : 제사올릴 전
制 : 임금의말씀 제
衝 : 衡의 오기
庶云 : 舒玄의 오기
寔 : 이 식
巳 : 已의 오기
曾 : 일찍 증
祧 : 사당 조
黍 : 기장 서
※ : 以 또는 納의 결락
称 : 稱의 속자
賡 : 이을 갱
祗 : 공경할 지
稟(禀의 속자) : 명받을 품
釀 : 술빚을 양
醪 : 막걸리 료
醴 : 단술 례
餅 : 떡 병
飯 : 밥 반
菓 : 과실 과
庶 : 여러가지 서
羞 : 맛있는음식 수
墜 : 떨어질 추
芬 : 향기 분
苾 : 향기날 필
巳 : 己의 오기
衝 : 衡의 오기
未 : 末의 오기
衝 : 衡의 오기
逮 : 미칠 체, 태
泯 : 망할 민

52) 5월 5일〔仲夏五之日〕: 중하(仲夏)는 음력 5월. 5월 5일은 단오(端午)로서 창포(菖蒲)로 머리 감아 병에 걸리지 않도록 하고 부적을 문에 붙여 재앙을 없애는 등의 민속행사가 열리는 날임. 여기서 5월 5일은 이를 반영한 듯함.

53) 8월 5일과 15일〔仲秋初五之日十五之日〕: 중추는 음력 8월. 8월은 추석이 있는 달로 이때에 묘소나 산천에 제사지냄.

54) 용삭(龍朔) : 당나라 고종(高宗)의 연호.

55) 옛터〔黍離之趾〕: 원문의 黍離之趾(서리지지)는 국가가 멸망하고 옛 서울의 종묘와 궁궐이 파괴되고 빈터만 남아 있는 것을 말함. 서리(黍離)는 『시경』 왕풍편(王風篇)에 나오는 시의 이름.

신라 말기에 벼슬이 잡간인 충지라는 사람이 금관의 높은 성을 쳐서 성주장군[58]이 되었다. 이에 벼슬이 아간인 영규가 장군의 위엄을 빌려 사당의 제사를 빼앗아 함부로 제사[59]를 지냈다. 마침 단오날 제사를 지내다가 사당의 대들보가 까닭 없이 부러져 떨어지며 덮쳐서 깔려 죽었다. 이에 장군이 혼자 중얼거리기를 "다행히 전세의 인연으로 외람되이 성스런 왕이 다스리던 나라의 제사를 받들게 되었으니 마땅히 나는 그의 모습을 그려 향을 피우고 촛불을 밝혀 깊고 깊은 은혜를 갚아야 하겠다"고 했다. 그리고는 무늬 있는 비단 석자에 수로왕의 모습을 그려 벽 위에 모시고 아침저녁으로 기름불을 켜서 경건하게 받들었다. 그런 지 3일만에 영정의 두 눈에서 피눈물이 흘러내려 땅 위에 고였는데 거의 한 말이나 되었다.

장군이 너무도 두려워 그 진영을 모시고 사당 밖으로 나아가 불태워 없애고 즉시 수로왕의 직계후손인 규림을 불러서 말하기를 "어제 상서롭지 못한 일이 있었는데 어찌해서 이런 일들이 거듭해서 닥치는고! 이는 필시 사당에 모신 영혼이 내가 수로왕의 모습을 그려 놓고 받드는 것이 불손해서 크게 노하신 것이다. 영규가 이미 죽었으므로 나는 매우 괴이하게 생각되고 두려워서 영정을 불살라 버렸으니 남 모를 벌을 받을 것만 같다. 그대는 왕의 직계 후손이니 예전대로 제사를 모시는 것이 참으로 합당한 일일 것이다"라 했다.

규림이 대를 이어 제사를 받들더니 나이 88세에 죽었다. 그의 아들 간원경이 계속해서 매우 정성스럽게 제사를 모셨다. 단옷날에 사당에 참배하는 제사를 지내는데 영규의 아들 준필이 또 발광하여 사당에 와서 간원이 차려 놓은 제물을 치우고 자기의 제물을 차려 놓고 제사를 드렸는데 삼헌도 끝나지 아니하여 갑자기 병을 얻어 집으로 돌아가 죽었다. 그래서 옛 사람들의 말에 '함부로 지내는 제사는 복을 받지 못할 뿐만 아니라 도리어 재앙을 받는다' 했는데, 앞에서는 영규가 그러했고 뒤에는 준필의 일이 있었으니 이들 부자를 두고 이르는 말인가?

56) 30경(三十頃) : 당시의 척도로 추정되는 주척(周尺)으로 30경은 약 14만 평임.
57) 60년(六十年) : 가락국이 망한 뒤부터 661년까지는 120년 이상이므로 60년은 오기.
58) 성주장군(城主將軍) : 성주는 군의 태수 · 현령 등을 의미하고 장군은 군인의 최고위치의 칭호이나 신라 말기에 와서 지방의 호족들이 지방을 무력으로 점령하여 성주장군이라는 호칭을 사용.

新羅季末有忠至匝干者. 攻取金官高城. 而爲城主將軍. 爰有英規阿干. 假威於將軍. 奪廟享而淫祀. 當端午而致告祀. 堂梁無故折墜. 因覆壓而死焉. 於是將軍自謂. 宿因多幸. 辱爲聖王所御國城之奠. 宜我畵其眞影. 香燈供之. 以酬玄恩. 遂以鮫絹三尺. 摸出眞影. 安於壁上. 旦夕膏炷. 瞻仰虔至. 才三日. 影之二目. 流下血淚. 而貯於地上. 幾一斗矣.

將軍大懼. 捧持其眞. 就廟而焚之. 卽召王之眞孫圭林而謂曰. 胙有不祥事. 一何重疊. 是必廟之威靈. 震怒余之圖畵. 而供養不孫. 英規旣死. 余甚怖畏. 影巳燒矣. 必受陰誅. 卿是王之眞孫. 信合依舊以祭之.

圭林繼世奠酹. 年及八十八歲而卒. 其子間元卿. 續而克禋. 端午日謁廟之祭. 英規之子佼必又發狂. 來詣廟. 俾徹間元之奠. 以巳奠陳享. 三獻未終. 得暴疾・歸家而斃. 然古人有言. 淫祀無福. 反受其殃. 前有英規・後有佼必父子之謂乎.

季 : 끝 계
匝 : 두루 잡
爰 : 이에 원
假 : 빌릴 가
梁 : 대들보 양
覆 : 덮을 부
宿 : 前世 숙
宿因 : 전세로부터의 인연
辱 : 더럽힐 욕
酬 : 갚을 수
鮫 : 구슬무늬 교
絹 : 비단 견
摸 : 모뜰 모
膏 : 기름 고
炷 : 심지 주
瞻 : 우러러볼 첨
虔 : 경건할 건
淚 : 눈물 루
懼 : 두려워할 구
捧 : 받들 봉
焚 : 불사를 소
胙 : 昨의 오기
一 : 같은 일
疊 : 겹칠 첩
余 : 나 여
怖 : 怪의 오기
怖 : 두려울 포
巳 : 已의 오기
燒 : 불사를 소
誅 : 벨 주
信 : 참될 신
酹 : 제사지낼 뢰
禋 : 제사정성스러이지낼 인
佼 : 俊의 오기
俾 : 하여금 비
巳 : 已의 오기
徹 : 치울 철
暴 : 급할 포
斃 : 죽을 폐
殃 : 재앙 앙
佼 : 俊의 오기인 듯

59) 함부로 제사〔淫祀〕: 원문의 淫祀(음사)는 제사를 지내서는 안 되는 곳에 제사를 지내는 것. 『예기』에 「非其可祭而祭之 名曰淫祀 淫祀無福(제사를 지내면 안 되는데 제사를 지내는 것을 음사라 하며 음사에는 복이 없다.)」

또 도둑의 무리들이 사당에 금과 옥이 많이 있다하여 와서는 그것을 훔쳐가려고 했다. 처음에 도적들이 이곳에 오자 몸에 갑옷을 입고 투구를 쓰고 큰 활에 화살을 먹인 한 용사가 사당 안에서 나와 사방으로 비 오듯이 화살을 쏘아 7~8명을 맞혀 죽이니 도적 무리는 달아났다. 도둑들이 며칠이 지나서 다시 왔는데 길이가 30여 자나 되는 큰 구렁이가 눈을 번갯불처럼 번쩍이면서 사당 옆에서 나와 8~9명을 물어 죽였다. 겨우 죽음을 면한 자들도 모두 자빠지고 엎어지면서 흩어져버렸다. 그래서 능원의 안팎에는 틀림없이 신령스런 것이 있어 능을 호위하고 있음을 알게 되었다.

건안 4년 기묘(199)에는 처음 능원을 조성한 때부터 지금의 임금〔고려 문종〕이 다스린 지 31년 되는 대강[60] 2년 병진(1076)까지 무릇 878년이 되었으나 이 능원의 좋은 봉토는 흙이 이지러지거나 허물어지지 않았고 심어 놓은 아름다운 나무는 마르지도 썩지도 않았다. 더구나 거기에 배열된 수많은 옥으로 만든 것들도 상하거나 부러지지도 않고 있다. 이것으로 보건대 신체부[61]가 "옛날부터 오늘에 이르기까지 망하지 않은 나라가 어디 있으며 허물어지지 않은 무덤이 어디에 있겠는가?"라고 말했는데 오직 가락국이 옛날에 이미 망했다는 것은 신체부의 말이 맞았다고 하겠다. 그러나 수로왕의 사당이 아직도 허물어지지 않는 것에 대해서는 신체부의 말은 족히 믿을 수 없다고 해야 할 것이다.

이 가운데 또 유희와 오락으로 수로왕을 사모하는 놀이가 있다. 매년 7월 29일이면 일반 백성과 하급관리 및 군졸들이 승점에 올라가서 장막을 치고 술과 음식을 먹으면서 즐겁게 논다. 그리고 동서로 우두머리를 내보내 건장한 인부들을 좌우로 나누어서 망산도로부터 급히 말을 몰아 다투어 육지를 향해 달리고, 뱃머리[62]를 두둥실 띄워 물에서 서로 밀면서 북쪽 고포로 향해 달아났다. 대개 이것은 옛날에 유천간과 신귀간 등이 황후가 오는 것을 바라보고 황급히 수로왕에게 보고하였던 옛 자취이다.

60) 대강(大康) : 중국 요(遼)나라 홍종(興宗)의 연호.
61) 신체부(辛替否) : 당나라 중종 때 사람.

又有賊徒. 謂廟中多有金玉. 將來盜焉. 初之來也. 有躬擐甲冑・張弓挾矢. 猛士一人從廟中出. 四面雨射. 中殺七八人. 賊徒奔走. 數日再來. 有大蟒長三十餘尺. 眼光如電. 自廟旁出. 咬殺八九人. 粗得完免者. 皆僵仆而散. 故知陵園表裏・必有神物護之.

擐 : 입을 환
甲 : 갑옷 갑
冑 : 투구 주
挾 : 낄 협
蟒 : 구렁이 망
旁 : 곁 방
咬 : 물 교
粗 : 대략 조
僵 : 쓰러질 강
仆 : 자빠질 부

自逮安四年巳卯始造. 逮今上御圖三十一載・大康二年丙辰. 凡八百七十八年. 所封美土. 不騫不崩. 所植佳木. 不枯不朽. 況所排列万蘊玉之片片. 亦不頹圻. 由是觀之. 辛替否曰. 自古迄今. 豈有不忘之國・不破之墳. 唯此駕洛國之昔曾亡. 則替否之言有徵矣. 首露廟之不毁. 則替否之言. 未足信也.

逮 : 建의 오기
巳 : 己의 오기
圖 : 國의 오기
騫 : 이지러질 건
崩 : 무너질 붕
佳 : 아름다울 가
枯 : 마를 고
朽 : 썩을 후
万 : 많을 만
蘊 : 쌓을 온
頹 : 무너질 퇴
圻 : 坼(터질 탁)의 오기
圻 : 언덕 은
迄 : 이를 흘

此中更有戲樂思慕之事. 每以七月二十九日. 土人吏卒. 陟乘岵. 設帷幕. 酒食歡呼. 而東西送目. 壯健人夫. 分類以左右之. 自望山島. 駮蹄駸駸 而競湊於陸. 鷁首泛泛而相推於水. 北指古浦而爭趨. 蓋此昔留天神鬼等望后之來. 急促告君之遺迹也.

土 : 고향 토
陟 : 오를 척
駮 : 짐승 박
蹄 : 짐승다리 제
駸 : 말몰아달릴 침
湊 : 달릴 주
鷁 : 새이름 익
泛 : 뜰 범
趨 : 달아날 추
促 : 재촉할 촉

62) 뱃머리〔鷁首(익수)〕: 뱃머리에 鷁鳥(익조)를 그린 까닭으로 뱃머리를 익수라 함.

가락국이 망한 후에는 대대로 그 칭호가 같지 않았다. 신라 제31대 정명왕[63]이 즉위한 개요[64] 원년 신사(681)에는 금관경[65]이라 부르고 태수를 두었다. 그로부터 259년 후에 우리 태조가 통합한 뒤로는 계속 임해현으로 하여 배안사[66]를 두었던 것이 48년 동안이었다. 다음에는 임해군 또는 김해부가 되어 도호부를 둔 것이 27년 간이며, 또 방어사를 둔 것이 64년 간이었다.

순화[67] 2년(991)에 김해부 양전사[68] 중대부[69] 조문선이 조사하여 올린 장계에 「수로왕의 능묘에 속한 밭이 너무 많으니 마땅히 옛 관례인 15결[70]로 하고 그 나머지는 부역을 하는 사람에게 나누어 주는 것이 좋겠습니다.」라 했다. 이 일을 맡은 관서에서 그 장계를 올리니 그 때 조정에서 왕명을 내리기를 「하늘이 내린 알이 거룩한 임금으로 화하여 왕위에 있으면서 수명이 158세였다. 저 삼황[71] 이래로 극히 드문 일로 그와 어깨를 견줄만한 이가 있을 것인가? 수로왕께서 세상을 떠난 후 선대로부터 능묘에 속하게 한 전답을 지금에 와서 줄인다는 것은 참으로 의아스럽고 두려운 일이다.」 하고는 이를 허락하지 않았다.

양전사가 또 다시 아뢰자 조정에서도 옳게 여겨 절반은 그대로 능묘에 두고 절반은 부역하는 지방의 장정들에게 나누어 주도록 했다. 절사(양전사를 칭하는 것이다.)가 조정의 명을 받아 즉시 절반을 능원에 소속시키고 반은 관청에 부역하는 장정들에게 주었다. 거의 일이 끝나갈 무렵 양전사가 몹시 피곤하였던 어느 날 밤 홀연히 꿈에 7~8명의 귀신이 나타나 포승과 검을 잡고 말하기를 "네가 큰 죄를 지었으므로 목베어 죽이겠다"라 했다. 양전사가 형을 받는다하여 몹시도 애통해하며 아파하다가 소스라치게 놀라 잠을 깼다. 그리고는 병이 들어 남에게는 알리지도 않고 밤에 도망을 갔으나 병이 낫지 않아 관문을 지나다 죽고 말았다. 이 때문에 토지대장에 그의 도장이 찍히지 않았다.

63) 정명왕(政明王) : 신라 제31대 신문왕의 이름이 정명(政明).
64) 개요(開耀) : 당나라 고종의 연호.
65) 금관경(金官京) : 『삼국사기』에는 문무왕 20년(680)에 가야군에 금관소경(金官小京)을 두었다하여 본문과는 1년의 차이가 있음. 신라는 국토확장에 따라 중요한 지방에는 소경(小京)을 두어 지방의 문화적 중심지로 삼음. 통일 후에는 5소경을 두었는바 김해소경 이외에 중원소경 · 북원소경 · 서원소경 · 남원소경을 둠.

國亡之後. 代代稱號不一. 新羅第三十一 政明王卽位·開耀元年辛巳. 號爲金官京. 置太守. 後二百五十九年. 屬我大祖統合之後. 代代爲臨海縣. 置排岸使. 四十八年也. 次爲臨海郡. 或爲金海府. 置都護府. 二十七年也. 又置防禦使. 六十四年也.

耀 : 빛날 요
大 : 太의 오기
省 : 살필 성
稱 : 일컬을 칭
貫 : 관례 관

淳化二年金海府量田使·中大夫趙文善申省狀稱. 首露陵王廟屬田結數多也. 宜以十五結仍舊貫. 其餘分折於府之役丁. 所司傳狀奏聞. 時廟朝宣旨曰. 天所降夘. 化爲聖君. 居位而延齡. 則一百五十八年也. 自彼三皇而下. 鮮克比肩者歟. 崩後自先代俾屬廟之壟畝. 而今減除. 良堪疑懼. 而不允.

使又申省. 朝廷然之. 半不動於陵廟中. 半分給於鄕人之丁也. 節使.(量田使稱也.) 受朝旨. 乃以半屬於陵園. 半以支給於府之徭役戶丁也. 幾臨事畢. 而甚勞倦. 忽一夕夢見七八介鬼神·執縲紲·握刀劍而至. 云你有大憝. 故加斬戮. 其使以謂受刑而慟楚. 驚懼而覺. 仍有疾瘵. 勿令人知之. 宵遁而行. 其病不間. 渡關而死. 是故量田都帳不著印也.

夘 : 卵의 略體字
鮮 : 드물 선
肩 : 어깨 견
壟 : 밭두둑 롱
畝 : 밭두둑 무(묘)
良 : 진실로 량
堪 : 맡을 감
懼 : 두려워할 구
允 : 허락할 윤
徭 : 부역 요
倦 : 피로할 권
縲 : 포승 루
紲 : 오라 설
握 : 잡을 악
憝 : 죄지을 대
斬 : 목베일 참
劍 : 칼 검
戮 : 죽일 륙
慟 : 애통할 통
楚 : 쓰라릴 초
瘵 : 앓을병 채
宵 : 밤 소
遁 : 달아날 둔
間 : 병나을 간
帳 : 치부책 장
著 : 둘 착

66) 배안사(排岸使) : 고려시대에 해안방어를 담당하던 관직명칭.
67) 순화(淳化) : 송나라 태종의 연호.
68) 양전사(量田使) : 고려시대에 토지의 측량을 담당하던 관직명.
69) 중대부(中大夫) : 고려 때 종4품의 벼슬.

그 후에 양전사를 제수 받은 사람이 와서 그 밭을 자세히 조사해 보니 11결 12부 9속[72]으로 3결 87부 1속이 모자랐다. 즉시 가로챈 것을 단단히 조사해서 중앙과 지방의 관청에 보고하여 임금의 명으로 넉넉히 지급토록 하였으니 이 또한 고금에 탄식할 일이었다.

시조 수로왕 8대손 되는 김질왕이 매우 근면하게 정치를 했다. 또 불법을 숭상하여 그의 조상 할머니인 허황후를 위하여 명복을 빌고자 했다. 원가[73] 29년 임진(452)에 수로왕과 황후가 결혼했던 자리에 절을 세우고 편액에 왕후사[74]라 했으며 사람을 보내 절 근처의 편편한 밭 10결을 측량하여 삼보를 공양하는 비용으로 삼게 했다. 이 절이 생긴 지 5백 년 후에 장유사[75]를 세우게 되어 이 절에 바친 밭과 땔나무를 채취하는 땅이 모두 3백 결이었다. 그러자 장유사를 관리하는 승려[76]들이 왕후사가 장유사의 땔나무를 채취하는 땅의 동남쪽 지역 안에 있다고 해서 왕후사를 폐하여 농업용 막사로 만들었다. 가을에 곡식을 거두어 저장하는 장소와 말을 먹이고 소를 기르는 외양간으로 만들었으니 슬픈 일이다.

시조 이하 9대손의 연대를 아래에 기록한다.

사적을 새긴 문구는 이러하다.

천지가 처음 열리니 해와 달[77]이 비로소 밝아지고,
사람들의 생활은 이루었으나 임금의 자리는 아직 없었네.
중국의 왕조는 거듭했지만 동국의 서울은 나누어져서,
계림이 먼저 정해지고 가락국은 후에 생겼네.
스스로 다스릴 자 갖추지 못하니 어느 누가 백성을 보살피랴.
드디어 그윽한 창조주가 저 백성을 보살피사.

70) 15결(十五結) : 結은 頃과 같은 경지의 면적 단위로, 15결은 지금의 약 7만 평.
71) 삼황(三皇) : 중국의 전설적인 삼황 5제의 삼황을 의미.
72) 11결 12부 9속〔才一結十二負九束〕: 才는 十의 오기. 주척으로 52,016평.

*주척의 단위

구 분	1자〔尺〕	1보(步)	1파(把)	1속(束)	1부 · 묘〔負 · 畝〕	1결 · 경(結 · 頃)
관계	(19.4cm)	6.4자	$(1보)^2$	10파	$(10보)^2$	$(100보)^2$
現 면적(평)	-	-	0.467	4.67	46.7	4,674

〈박홍수, 『신라 및 고려의 양전법에 관하여』〉

後人奉使來. 審撿厥田. 才一結十二負九束也. 不足者三結八十七負一束矣. 乃推鞠斜入處. 報告內外官. 勑理足支給焉. 又有古今所嘆息者.

元君八代孫金銍王克勤爲政. 又切崇眞. 爲世祖母許皇后奉資冥福. 以元嘉二十九年壬辰. 於元君與皇后合婚之地創寺. 額曰王后寺. 遣使審量近側平田十結. 以爲供億三寶之費. 自有是寺五百後. 置長遊寺. 所納田柴幷三百結. 於是右寺三剛. 以王后寺在寺柴地東南標內. 罷寺爲莊. 作秋收冬藏之場・秣馬養牛之廐. 悲夫.

世祖巳下九代孫曆數. 委錄于下.

銘曰.

元胎肇啓　利眼初明
人倫雖誕　君位未成
中朝累世　東國分京
雞林先定　駕洛後營
自無銓宰　誰察民氓
遂玆玄造　顧彼蒼生

審 : 살필 심
才 : 十의 오기
撿 : 조사할 검
推 : 힐난하여물을 추
鞠 : 문초할 국
斜 : 흩어질 사
理 : 처리할 리
銍 : 벼베는낫 질
供 : 이바지할 공
億 : 이바지할 억
百 : 뒤에 年 또는 歲의 결락
柴 : 땔나무 시
剛 : 綱의 오기
秣 : 말먹일 말
夫 : 矣의 오기인 듯
廐 : 마굿간 구
巳 : 已의 오기
委 : 쌓을 위
銘 : 새길 명

胎 : 시작 태
肇 : 비로소 조
啓 : 열 계
銓 : 갖출 전
宰 : 다스릴 재
氓 : 백성 맹
顧 : 돌아볼 고
蒼 : 백성 창
蒼生 : 백성

73) 원가(元嘉) : 남조 유송(劉宋) 문제(文帝)의 연호.
74) 왕후사(王后寺) : 지금의 김해시 장유면 태정마을에 있었던 절.
75) 장유사(長遊寺) : 지금의 김해시 장유면 장유리에 있었으며 지금의 장유암은 아님.
76) 관리하는 승려〔三剛〕: 원문의 剛은 綱의 오기. 삼강은 승직명으로 상좌(절의 장로), 사주(절의 일을 관장하는 승려), 유나(절의 기강을 유지하는 직)의 3개의 직을 말함.
77) 해와 달〔利眼(이안)〕: 원문의 利眼은 해와 달을 의미.

임금 표적 친히 주어 특별히 정령 보내시니,
산중에 알 내리고 안개 속에 모습 가리웠네.
그 안이 아직도 막막하고 바깥 또한 캄캄한데,
바라보면 없는 듯한 모습, 귀 기울이면 들리는 소리.
무리들은 노래 불러 아뢰고 춤을 추어 보이네.
이레가 지나서 일시에 고요해져.
바람 부니 구름 걷혀 창공이 맑아져 하늘은 푸른데,
내려온 여섯 개의 둥근 알이 한 가닥 자줏빛 끈에 매달렸네.
낯선 지방 이상한 땅에 즐비한 가옥들의 지붕이 연결되고,
바라보는 사람들은 담벽처럼 늘어서고 뵈옵는 사람들은 그리운 듯 바라보네.
다섯 분은 각 읍으로 돌아가고 한 분은 이 성중에 있었네.
한 날 한 시에 태어나 행적도 같으니 아우와 형이 한가지로다.
진실로 하늘이 덕 있는 분을 낳아 세상 위해 질서 만들었네.
왕위에 처음 오르니 온 나라 온 천하가 맑아지려 하네.
옛 법 본떠 대궐 지으니 평평한 흙 계단이건만,
온갖 정사 비로소 보살피며 정치 널리 시행하고,
기울지도 치우치지도 않으니 오직 한결같이 정밀했네.
길 가던 나그네 길 양보하고, 농부는 농사일 양보하니,
사방 모두 안정되어 만 백성은 태평성대로다.
풀잎의 이슬 같은 인생이라 장수하던 연세[78] 그만 끊어지니,
건곤은 기운이 없어지고 만 백성은 애통에 잠겼어라.
그의 행적 금빛처럼 찬란하고 그의 명성 옥소리처럼 떨쳤네.[79]
뻗쳐진 후손들 끊어지지 않아 사당의 제사가 향기롭도다.
덧없는 세월은 흘러가건만 제도와 예절은 변함이 없네.

78) 장수하던 연세〔椿齡(춘령)〕: 원문의 椿(춘)은 『장자』에 나오는 대춘(大椿)으로 1만 6천 세를 살았다 함. 여기서는 장수를 의미.

用投符命　特遣精靈
山中降夘　霧裏藏刑
內猶漠漠　外亦冥冥
望如無象　聞乃有聲
羣歌而奏　衆舞而呈
七日而後　一時所丁
風吹雲卷　空碧天靑
下六圓夘　垂一紫纓
殊方異土　比屋連甍
觀者如堵　覩者如羹
五歸各邑　一在茲城
同時同迹　如弟如兄
實天生德　爲世作程
寶位初陟　寰區欲淸
華搆徵古　土階尙平
万機始勉　庶政施行
無偏無儻　惟一惟精
行者讓路　農者讓耕
四方奠枕　萬姓迓衡
俄晞薤露　靡保椿岭
乾坤變氣　朝野痛情
金相其躅　玉振其聲
來苗不絶　薦藻惟馨
日月雖逝　規儀不傾

夘 : 卵의 略體字
藏 : 감출 장
刑 : 形의 오기
猶 : 같을 유
漠 : 아득할 막
冥 : 어둘 명
呈 : 보일 정
丁 : 寧의 오기 또는 약체자
吹 : 불 취
卷 : 걷을 권
碧 : 푸른 벽
夘 : 卵의 略體字
纓 : 갓끈 영
比 : 빽빽할 비
甍 : 대마루 맹
堵 : 담 도
覩 : 볼 도
羹 : 국 갱
迹 : 발자취 적
程 : 질서 정
陟 : 오를 척
寰 : 경기고을 환
搆 : 構의 오기
徵 : 구할 징
偏 : 기울 편
儻 : 치우칠 당
耕 : 밭갈 경
迓 : 맞을 아
衡 : 기울어지지않을 형
俄 : 이윽고 아
晞 : 마를 희
薤 : 부추 해
靡 : 없을 미
椿 : 참죽나무 춘
岭 : 齡의 오기
躅 : 자취 탁
振 : 떨 진
苗 : 후예 묘
薦 : 제사 천
藻 : 글 조
馨 : 향기 형
逝 : 갈 서
傾 : 기울어질 경

79) 옥소리처럼 떨쳤네〔玉振〕: 옥경쇠가 울린다는 말로 덕(德)이 대성되었다는 의미.

거등왕(居登王) 아버지는 수로왕이며 어머니는 허왕후이다. 건안 4년 기묘(199) 3월 23일에 즉위하여 39년 간 나라를 다스리다가 가평[80] 5년 계유(253) 9월 17일에 세상을 떠났다. 왕비는 천부경 신보의 딸 모정으로 태자 마품을 낳았다. 『개황력』[81]에서는 「성은 김씨이니 대개 나라의 시조가 금빛 알에서 난 까닭에 성을 김씨로 삼았다.」고 했다.

마품왕(麻品王) 마품(馬品)이라고도 하는데 김씨이다. 가평 5년 계유(253)에 즉위하여 39년 간 나라를 다스리다가 영평[82] 원년 신해(291) 1월 29일에 세상을 떠났다. 왕비는 종정감 조광의 손녀 호구로 태자 거질미를 낳았다.

거질미왕(居叱弥王) 금물(今勿)[83]이라고도 하는데 김씨이다. 영평 원년(291)에 즉위하여 56년 간 나라를 다스리다가 영화[84] 2년 병오(346) 7월 8일에 세상을 떠났다. 왕비는 아궁아간의 손녀 아지로 왕자 이품을 낳았다.

이시품왕(伊尸品王) 김씨로 영화 2년(346)에 즉위하여 62년 간 나라를 다스리다가 의희[85] 3년 정미(407) 4월 10일에 세상을 떠났다. 왕비는 사농경 극충의 딸 정신으로 왕자 좌지를 낳았다.

좌지왕(坐知王) 김질(金叱)이라고도 하며 의희 3년(407)에 즉위했다. 하녀에게 장가가서 그녀의 가까운 무리들을 관리로 등용하여 나라 안이 시끄러워지자 신라가 정벌하려는 계획을 세웠다. 그러자 박원도라는 신하가 임금에게 충고하여 말하기를 "길가의 이름 없는 풀도 새들이 숨을 수 있는 법인데 하물며 사람이야 오죽하겠습니까? 하늘이 무너지고 땅이 꺼지면 사람이 어느 곳에 보전하겠습니까? 또 점쟁이가 점을 쳐 해(解)괘를 얻었는데 그 풀이에서 말하기를 「소인을 물리치면 군자인 벗들이 와서 도울 것이다.」[86]라 했습니다. 임금께서는 『역경』의 괘를 살피시옵소서"라 했다.

80) 가평(嘉平) : 중국의 조위(曹魏) 제왕(齊王)의 연호.
81) 개황력(開皇曆) : 개황은 수나라 연호로서 590~600년 간.
82) 영평(永平) : 서진(西晉) 혜제(惠帝) 때의 연호.
83) 금물(今勿) : 거질미왕을 금물이라 하는바 거질과 금의 음이 서로 통하며, 미와 물의 음이 서로 통함.
84) 영화(永和) : 동진(東晋) 목제(穆帝) 때의 연호.

居登王 父首露王. 母許王后. 立安四年己卯三月二十三日即位. 治三十九年. 嘉平五年癸酉九月十七日崩. 王妃泉府卿申輔女慕貞. 生太子痲品. 開皇曆云. 姓金氏. 盖國世祖從金夘而生. 故以金爲姓尒.

痲品王 一云馬品. 金氏. 嘉平五年癸酉即位. 治三十九年. 永平元年辛亥一月二十九日崩. 王妃宗正監趙匡孫女好仇. 生太子居叱弥.

居叱弥王 一云今勿. 金氏. 永平元年即位. 治五十六年. 永和二年丙午七月八日崩. 王妃阿躬阿干孫女阿志. 生王子伊品.

伊尸品王 金氏. 永和二年即位. 治六十二年. 義熙三年丁未四月十日崩. 王妃司農卿克忠女貞信. 生王子坐知.

坐知王 一云金叱. 義熙三年即位. 娶傭女. 以女黨爲官. 國內擾亂. 雞林國以謀欲伐. 有一臣名朴元道. 諫曰遺草閱閱亦含羽. 況乃人乎. 天亡地陷. 人保何基. 又卜士筮得解卦. 其辭曰. 解而悔. 朋至斯孚. 君鑒易卦乎.

立 : 태조의 이름 **建**의 避諱代字
夘 : 卵의 略體字
尒 : 그렇다할 이

弥 : 두루 미
娶 : 장가들 취
傭 : 품팔이할 용
擾 : 어지러울 요
閱 : 용납할 열
陷 : 꺼질 함
卜 : 점칠 복
筮 : 점칠 서
解 : 괘이름 해
悔 : **拇**(엄지손가락 무)의 오기
孚 : 기를 부
鑒(**鑑**과 동일) : 거울 감

85) 의희(義熙) : 동진(東晋) 안제(安帝 : 396~418) 때의 연호.
86) 해(解)괘 ……「소인을 물리치면 그들은 후회하고 군자인 벗들이 와서 도울 것이다.」: 소인과 절교 못하는 군자의 모습은 마치 자기의 발가락을 끊어버리지 못하는 것과 같음. 만일 발가락과 같은 더러운 소인과 절교하면 좋은 동지가 포로를 데리고 함께 온다는 뜻.

왕이 사과하며 말하기를 "그 말이 옳다"하고는 하녀를 물리쳐 하산도로 귀양보내고, 정치를 고쳐 행하여 오랫동안 백성을 편안하게 다스렸다. 나라를 다스린 지 15년 되는 영초[87] 2년 신유(421) 5월 12일에 세상을 떠났다. 왕비는 도녕대아간의 딸 복수로 왕자 취희를 낳았다.

취희왕(吹希王) 질가(叱嘉)라고도 하는데 김씨이다. 영초 2년에 즉위하여 31년 간 나라를 다스리다가 원가[88] 28년 신묘(451) 2월 3일에 세상을 떠났다. 왕비는 진사각간의 딸 인덕으로 왕자 질지를 낳았다.

질지왕(銍知王) 김질왕(金銍王)[89]이라고도 한다. 원가 28년에 즉위하여 이듬해에 시조와 허황옥 왕후의 명복을 빌기 위해 왕후가 처음 시조를 만난 곳에 절을 지어 왕후사라 하고 밭 10결을 바쳐 비용에 충당하게 했다. 42년 간 나라를 다스리다가 영명[90] 10년 임신(492) 10월 4일에 세상을 떠났다. 왕비는 김상사간의 딸 방원으로 왕자 겸지를 낳았다.

겸지왕(鉗知王) : 김겸왕(金鉗王)이라고도 한다. 영명 10년에 즉위하여 30년 간 나라를 다스리다가 정광[91] 2년 신축(521) 4월 7일에 세상을 떠났다. 왕비는 출충각간의 딸 숙으로 왕자 구형을 낳았다.

구형왕(仇衡王) 김씨로 정광 2년에 즉위하여 42년 간 나라를 다스렸다. 보정[92] 2년 임오(562) 9월에 신라 제24대 임금인 진흥왕이 군사를 일으켜 쳐들어오자, 왕이 친히 군졸들을 지휘했으나 적의 수는 많고 이 편은 적어 싸움을 감당할 수가 없었다. 그래서 그의 형제인 탈지이질금을 보내어 본국에 머물러 있게 하고 왕자와 장손 졸지공 등이 항복하여 신라로 들어갔다.[93] 왕비는 분질수이질의 딸 계화로 아들 셋을 낳았으니, 첫째가 세종각간이고 둘째가 무도각간이며 셋째가 무득각간이다. 『개황력』의 기록에 「양나라 중대통[94] 4년 임자(532)에 신라에 항복했다.」고 했다.

87) 영초(永初) : 남조(南朝) 송(宋)나라 무제(武帝)의 연호(420~422).
88) 원가(元嘉) : 〃 〃 문제(文帝)의 연호.
89) 김질왕(金銍王) : 김(金)은 성을 나타내며 질지(銍知)의 知는 인칭어미이므로 질지와 김질은 동일한 인물이 됨.
90) 영명(永明) : 남조(南朝) 제(齊)나라 무제(武帝)의 연호(483~493).

王謝曰可. 擯傭女・貶於荷山島. 改行其政. 長御安民也. 治十五年. 永初二年辛酉五月十二日崩. 王妃道寧大阿干女福壽. 生子吹希.

吹希王 一云叱嘉. 金氏. 永初二年卽位. 治三十一年. 元嘉二十八年辛卯二月三日崩. 王妃進思角干女仁德. 生王子銍知.

銍知王 一云金銍王. 元嘉二十八年卽位. 明年爲世祖許黃玉玉后. 奉資冥福於初與世祖合御之地. 創寺曰王后寺. 納田十結充之. 治四十二年. 永明十年壬申十月四日崩. 王妃金相沙干女邦媛. 生王子鉗知.

鉗知王 一云金鉗王. 永明十年卽位. 治三十年. 正光二年辛丑四月七日崩. 王妃出忠角干女淑. 生王子仇衡.

仇衡王 金氏. 正光二年卽位. 治四十二年. 保定二年壬午九月. 新羅第二十四君眞興王. 興兵薄伐. 王使親軍卒. 彼衆我寡. 不堪對戰也. 仍遣同氣脫知尒叱今留在於國. 王子上孫卒支公等・降入新羅. 王妃分叱水尒叱女桂花. 生三子. 一世宗角干. 二茂刀角干. 三茂得角干. 開皇錄云. 梁中大通四年壬子. 降于新羅.

謝 : 사과할 사
擯 : 물리칠 빈
貶 : 귀양보낼 폄

銍 : 벼베는낫 질
玉 : 王의 오기
御 : 婚의 오기인 듯
媛 : 아름다울 원
鉗 : 세력으로써남누를 겸
薄 : 침노할 박
視 : 親의 오기
衆 : 많을 중
寡 : 적을 과
堪 : 견딜 감
尒 : 爾(너 이)와 동일
茂 : 풀우거질 무

91) 정광(正光) : 북위(北魏) 효명제(孝明帝)의 연호(520~525).
92) 보정(保定) : 북조(北朝) 주(周) 무제(武帝)의 연호(561~565).
93) 항복하여 신라로 들어갔다[降入新羅] : 진흥왕 때가 아니라 법흥왕 19년 때임.
94) 중대통(中大通) : 수나라 문제(文帝)의 연호.

논평하여 본다. 『삼국사』를 살펴보면 「구형왕이 양나라 중대통 4년 임자(532)에 땅을 바쳐 신라에 항복했다.」고 했다. 그렇다면 수로왕이 처음 즉위한 동한 건무 18년 임인(42)부터 구형왕 말년의 임자(532)까지 490년이나 된다. 만약 다른 기록[95]으로 고증한다면 국토를 바친 것은 원위[96] 보정 2년 임오(562)인즉 30년이 더하여 모두 520년 동안이다. 여기서는 두 가지 다 기록해 둔다.

義曰. 案三國史. 仇衡以梁中大通四年壬子・納土投羅. 則計自首露初即位. 東漢建武十八年壬寅. 至仇衡末壬子. 得四百九十年矣. 若以此記考之. 納土在元魏保定二年壬午. 則更三十年. 摠五百二十年矣. 今兩存之.

95) 다른 기록〔此記〕: 『삼국사』가 아닌 다른 기록이어야만 뜻이 통함.
　*가락 즉 금관가야는 532년에 멸망했고 대가야는 562년에 멸망함.
96) 원위(元魏) : 보정(保定)은 북조(北朝) 주(周) 무제(武帝)의 연호로 원위가 아니라 북주(北周)로 추정.

가락국기 조의 구성과 의미

도입[起] : 천신이 내려와 가락국의 기틀 확립	
〈원문내용〉	〈의　미〉
●9간들이 구지봉에서 구지가를 부르니 자주색 줄에 알이 하강하다.	●천신강림 · 구지봉은 하늘과 지상을 연결해 주는 신이로운 곳 · 구지가는 인간과 천신, 지상과 하늘 사이의 교섭 · 자주색과 같은 붉은 계통은 태양 즉 하늘의 빛으로 태양신적 요소 반영 · 새가 알에서 출생하고 곡물이 발아하는 신비적 현상은 신의 출현을 상징
●알이 12일 후에 9척의 훤칠한 청년으로 성장하다.	●12일은 영혼이 하늘에서 내려와 육신으로 화하는 통과의례적인 기간
●탈해가 수로의 왕위를 뺏기 위해 술법을 겨뤘으나 패하여 계림으로 도주하다.	●즉위식이나 취임식 등의 통과의례에서 필수적인 경쟁・경합을 의미 · 지배자로서 자질을 보장받는 전제로서 겪는 시련 · 새로의 변신은 새가 지상의 인간세상과 천상계를 연결하는 매개자이기 때문

↓

<table>
<tr><th colspan="2">전개[承] : 천신인 수로왕과 지모신인 허황후의 결합으로 새로운 문명세계 창조</th></tr>
<tr><td>●수로의 짝은 하늘이 지정하며 허황후도 상제의 명에 따라 배필을 내정하다.
●허황후가 아유타국에서 바다를 건너 도착하다.
●신부 마중을 위해 임시궁전을 설치하고 비단바지를 공물로 산신령에게 바친 후 합혼하다.
●나라가 안정되고 태자 거등공 탄생하다.</td><td>●상고시대 혼인은 공동체간 교환체계에 의해 상호교환
●바다를 건너 온 허황후는 남방 농경문화의 지모신(생산신)을 상징
●천신인 수로와 지모신인 허황후의 결합
· 의례절차 : 신랑측의 예의를 다한 기다림 → 신부의 의도적인 지연 · 저항 → 장막궁전 설치 → 신부의 폐백과 공물 → 합혼
●새로운 문명세계 창조</td></tr>
</table>

<table>
<tr><th colspan="2">전환[轉] : 신(神)의 질서에 인간이 굴복(비합리적 神異史觀 반영)</th></tr>
<tr><td>●신라 말기 수로왕에 대한 음사(淫祀)로 흉사 빈발
- 영규아간 제사중 횡사하다.
- 충지잡간이 그린 영정에서 피눈물이 나다.
- 영규 아들이 제사 중 횡사하다.
●수로왕릉 도굴범의 참변
- 용사와 뱀에 의해 도적 다수 죽다.
●수로왕릉에 속한 밭을 줄인 양전사 조문선이 횡사하다.</td><td>●재위 중 수로왕은 탈해에 의해 신성을 도전 받으나 사후에 신성 확보
●흉사는 신의 질서에 인간이 굴복함을 표현
- 용사와 뱀은 수로왕의 현시
*뱀은 재생의 상징으로 지하와 지상을 연결해 주며 사자의 영혼이나 선조 등의 모습으로 나타나는 동물</td></tr>
</table>

종결[結] : 신성한 능력이 없는 후예 왕으로 멸망에 이름

이범교

경북 봉화 출생. 경동고 졸업. 한양대학교 전자과 졸업.

현재 신라문화원 전문위원 겸 경주박물관회 부회장.

E-mail//bk77678@hanmir.com

삼국유사의 종합적 해석(상)

— 왕력 · 기이 —

2019년 1월 5일 초판 5쇄 발행
2021년 11월 30일 초판 6쇄 발행

ⓒ 역 해 이 범 교
감 수 김원주 · 이근직 · 송금매
발행자 윤 재 승

발행처 민 족 사
등록 제1-149. 1980. 5. 9.
서울 종로구 청진동 208-1 금강빌딩 2층
전화 (02)732-2403~4, 팩스 (02)739-7565
E-mail//minjoksa@chol.com

값 35,000원 ISBN 978-89-7009-561-5 04910
ISBN 978-89-7009-560-8 (전2권)